中华人民共和国通史

【第二卷】（1956—1966）

郑谦 庞松 主编

罗平汉 赵鹏 著

国家出版基金项目
NATIONAL PUBLICATION FOUNDATION

中宣部 2019 年主题出版重点出版物

SPM 南方传媒 广东人民出版社
·广州·

图书在版编目（CIP）数据

中华人民共和国通史. 第二卷，1956—1966 / 郑谦，庞松主编；罗平汉，赵鹏著. —广州：广东人民出版社，2020.1（2024.10 重印）

ISBN 978-7-218-14151-0

Ⅰ．①中… Ⅱ．①郑… ②庞… ③罗… ④赵… Ⅲ．①中国历史—现代史—1956—1966 Ⅳ．①K27

中国版本图书馆 CIP 数据核字（2019）第 292418 号

中华人民共和国通史·第二卷（1956—1966）

郑谦、庞松主编　罗平汉、赵鹏著

出 版 人：肖风华

出版策划：钟永宁
责任编辑：卢雪华　曾玉寒　廖智聪　伍茗欣　李宜励
责任校对：王立东　梁敏岚　胡艺超　林　俏　吴丽平
装帧设计：书窗设计工作室
责任技编：吴彦斌

出版发行：广东人民出版社
地　　址：广州市越秀区大沙头四马路 10 号（邮政编码：510199）
电　　话：（020）85716809（总编室）
传　　真：（020）83289585
网　　址：http://www.gdpph.com
印　　刷：广州市豪威彩色印务有限公司
开　　本：787mm×1092mm　1/16
印　　张：301.25　字　数：3900 千
版　　次：2020 年 1 月第 1 版
印　　次：2024 年 10 月第 4 次印刷
定　　价：1380.00 元（全七卷）

如发现印装质量问题，影响阅读，请与出版社（020-85716849）联系调换。
售书热线：020-87716172

总　序

一

在中华人民共和国成立 70 周年之际，我们组织撰写了这部《中华人民共和国通史》。

本书所叙史事，始于 1949 年中华人民共和国成立，截止于 2019 年书稿完成。全书共分七卷，前后贯通共和国 70 年发展中政治、经济、文化、国防、外交等各领域，其中包括国体与政体、中央与地方、中国与世界相互关系的历史演变和不同时期人民生活的变化，以及经济变革、政治发展、社会变迁带来的人口、环境、教育、城镇化、社会分层、利益结构等相当丰富又复杂交织的历史内容，依时间顺序，分卷次予以叙述。

1949 年 9 月 30 日，中国人民政治协商会议第一届全体会议向世界庄严宣告中华人民共和国成立，中国人民从此站起来了。这一伟大事件，彻底改变了近代以来 100 多年中国积贫积弱、受人欺凌的悲惨命运，中华民族从此走上了实现伟大复兴的道路。

以中华人民共和国成立为起点，在中国共产党的坚强领导下，在第二次世界大战后并不宽松的国际环境中，依靠社会主义制度，依靠全国各族人民的团结奋斗，中国从一个近代史上不断走向衰败、贫穷落后的东方大国，发展成为独立自主、巍然屹立于国际社会、以坚定的步伐走向社会主义现代化的国家。这无论如何是一个奇迹。综观中华人民共和国70年历史发展，"我国相继实现了从半殖民地半封建社会到民族独立、人民当家作主新社会的历史性转变，从新民主主义革命到社会主义革命和建设的历史性转变，从高度集中的计划经济体制到充满活力的社会主义市场经济体制、从封闭半封闭到全方位开放的历史性转变"。这是执政的中国共产党站在时代的高度，对中华人民共和国历史发展主线的科学概括。

中国的成功有哪些独特的背景、内容、原因和经验？中国的崛起面临哪些问题和挑战？又是如何渐次解决的？中国的崛起向世界贡献了哪些独特经验？中国的复兴还会经历哪些考验，还需要进行哪些探索？这些问题对于中外有识之士始终具有特殊的魅力。

二

中国改革开放40多年来，共和国史研究出现空前活跃的局面，从官方到民间，从科研院所到高等学校，从资料发掘到专题研究，从宏观叙事到微观考察，从译介国外学术动态到向国外介绍国内研究成果，都有许多值得重视的新观点、新成果、新方法。经过多年的积累和提升，学界对共和国史的认识已经今非昔比。

历史学的发展，一是要靠史料的发掘和积累，一是要靠认识方法、分析方法的提高、更新。历史事实是既定的，一旦发生了就不可更改，历史研究必须忠实于史实。但是，认识历史的理论、方法、分析框架却是在不断发展、更新的。在不同的历史时期，人们对历史可以有不同的认识，不同的理论高度和深度。在理性的、专业的研究和写作中，应该注意学习、借鉴国外一些科学的历史研究方法和成果。但我们觉得，迄今为止，开放的、不断发展的马克思主义的历史唯物主义，仍被证明是观察和解释历史、经济、政治、文化及国际事务的科学、有效的分析工具，这是我们写作这部通史的理论遵循。中国特色社会主义理论作为马克思主义在当代中国的最新形态，不断开阔我们的研究视野，提升我们的认识高度，给我们与时俱进的勇气与追求。用它来审视当代中国史，会有许多新的视角，产生一些新结论、新认识。

国家的发展、规律性的揭示和对未来的正确把握，需要深刻的历史经验和历史智慧的支撑。谁在这方面做得好，谁就掌握了话语权和主动权，就能顺应历史潮流引领时代发展，就能真正让历史智慧之光照进现实。一个对历史浮光掠影、浅尝辄止、一知半解或采取虚无主义、实用主义态度的民族，无法企及"历史的高度"，无缘于历史的自觉。

三

这部通史为七卷本，按照历史的发展顺序及其内在逻辑，在总体结构上将中华人民共和国史分为三个大的阶段：

第一阶段——社会主义革命和建设时期（1949—1976），包括：第一卷（1949—1956）；第二卷（1956—1966）；第三卷（1966—1976）。

第二阶段——改革开放和加快现代化建设时期（1976—2012），包括：第四卷（1976—1992）；第五卷（1992—2002）；第六卷（2002—2012）。

第三阶段——建设中国特色社会主义新时代，以第七卷

（2012—2019）作为进入新时代及其后续篇章的开卷。

我们认为，通史采用这种历史分期法，既能较好地展现三个阶段各自的历史特点，又能贯通新中国成立70年发展脉络的内在联系，特别是反映建设中国特色社会主义新时代的由来及历史方位。当然，我们也注意到共和国史研究中其他一些有见地的分期方法及其所体现的治史理念。例如，在社会主义革命和建设时期，本书是按目前较通行的分期法，把新中国成立的头七年作为一个整体来叙述的。但我们注意到这七年中前三年和后四年明显的阶段性区分，即"新中国的成立和新民主主义建国纲领在全国的实施"（1949—1952）和"社会主义基本制度在中国的确立"（1953—1956）两个阶段。把头三年的"新民主主义建设"作为一个阶段，本是历来的分期法，是当时中央领导人的共识，党中央的文件也是这样表述的。过去中共党史、共和国史及经济史著作曾把这三年概括为"国民经济恢复时期"，但现在看来，这并不能充分反映这个时期的历史本质。按照历史的原貌，那时中国共产党就是以新民主主义的《共同纲领》来号召人民的，其实质内容是对新民主主义建国方略的稳健实施。本书虽然在形式上未将这头三年单独分期，但吸取了它的精华要义，即：突出而不是刻意淡化新民主主义建国论、新民主主义改革论及新民主主义建设论；强调新中国成立初期经历了一个由半殖民地半封建社会向新民主主义社会的转变过程，通过发展新民主主义经济、政治，为向社会主义过渡准备基本条件。由于1949—1952年坚持贯彻《共同纲领》进行新民主主义建设，新中国发生了翻天覆地的变化，政治昌明，经济迅速恢复，社会面貌焕然一新。正是在从半殖民地半封建社会到民族独立、人民当家作主新社会的历史性转变所创造的现实基础上，1953年中国共产党提出党在过渡时期的总路线，团结全国各族人民为实现向社会主义转变的总任务而奋斗，反映了历史必然性。

又如，中华人民共和国历史发展的新时期应该从何时算起？历史学家胡绳先生在 20 世纪 90 年代提出并体现在《中国共产党历史》第二卷中的分期法，是以中共十一届三中全会为标志，把新中国的历史划分为两大时期，即"社会主义革命和建设时期"和"改革开放新时期"。胡绳强调这不仅是一个编写历史划分篇章的形式问题，其"实质意义是在把党的十一届三中全会的历史地位突出出来"，说明不是以 1976 年粉碎"四人帮"、结束"文化大革命"作为新时期的开始，而是以 1978 年中共十一届三中全会作为共和国发展史上具有开辟新时期、新道路，开创新理论意义的历史标志。这在编写中国共产党历史的分期上，当然是一种卓见。

但是在编写共和国史的时候，我们考虑到不妨有另一种叙史的角度，即如本书第三卷就写到 1976 年粉碎"四人帮"，这在客观历史上也标志着十年"文化大革命"时期的结束。第四卷书写开辟改革开放的新时期，首先是 1976—1978 年中共十一届三中全会之前徘徊前进的两年。这两年的历史进程非常重要，面对"文化大革命"十年内乱造成的重大损失，国家建设百业待兴，党内外强烈要求纠正"文化大革命"的错误，使党和国家从危难中重新奋起。随着党和国家正常政治生活的逐步恢复，国民经济的复苏，平反冤假错案的开始，关于真理标准问题的讨论在全党全国引发思想解放的大潮，批判因袭着历史重负的"两个凡是"错误方针，推动了党和国家工作重点转移思想的酝酿和提出。这两年安定社会政治秩序、恢复国民经济的举措和指导理论上的正本清源，都为 1978 年中共十一届三中全会实现伟大历史转折做了充分和必要的准备，这是促进理性回归、达成社会和解、逐步实现伟大转折不可或缺的客观历史进程，是开辟新时期、新道路，开创新理论的前奏。通观中华人民共和国史，这些内容不宜放到第三卷的末尾捎带来写，而应放在第四卷的开头作为实现伟大转折的历史背景来写。如同历史发展中存在多种选择一样，对历史的叙述也可以有不同的考虑，以上两种分期法各有侧重，各有所长，为新中国史的进一步研究提供了选择的多样性，体现了唯物史观在治史的切入点和叙述角度上亦当有所不同。

再如，关于建设中国特色社会主义新时代，2017 年 10 月，中共十九大报告对我国发展新的历史方位作了科学的判断，指出："经过长期努力，中国特色社会主义进入了新时代，这是我国发展新的历史方位。"这是基于我国社会主要矛盾发生新变化的新特点，与分两步走全面建设社会主义现代化国家的新目标有机结合起来而作出的重大政治论断。"进入新时代"最关键的理论和实践基础是，我国社会主要矛盾已经从"人民日益增长的物质文化需要同落后的社会生产之间的矛盾"，转化为"人民日益增长的美好生活需要和不平衡不充分的发展之间的矛盾"。这表明，人民美好生活的需要已经不再局限于物质文化层面，还包括民主法治、公平正义、公共服务、社会福利、生态环境等更多层面。同时，经济社会发展中还存在着城乡之间、地区之间、群体之间、行业之间及社会福利、公共服务等方面的不平衡，并且已成为经济社会发展新的制约因素。

社会主要矛盾发生新变化，针对发展不平衡不充分状况提出解决新矛盾的总任务，是中国特色社会主义进入新时代的重要标志，也是新时代的重要特征。这意味着中国特色社会主义站到更高层级的历史方位上，要求全面提升物质文明、政治文明、精神文明、社会文明和生态文明，实现国家治理体系和治理能力现代化，使中国成为综合国力和国际影响力领先的国家，中国人民基本实现共同富裕、享有更加幸福安康的生活，中华民族以更加自信、昂扬的姿态屹立于世界民族之林。历史起点和逻辑前提在这里结合起来得到统一。

第七卷（2012—2019）主要记述中共十八大以来，以习近平同志为核心的中央领导集体提出一系列新理念、新思想、新战略，出台一系列重大方针政策，推出一系列重大举措，推进一系列重大工作，推动党和国家事业取得全方位、开创性成就的历史进程。当然，第七卷所书写的内容，还仅仅是一个开端，必须随着人民共和国的新征程新发展而续写新篇章。

四

我们从哪里来，到哪里去？我们为什么会选择这样的发展道路和战略而不是别样的发展道路和战略？本书希望从对历史的学习、研究中，发掘历史的深层规律和意义，进一步接近历史演进的肌理和纹路。例如，对新中国成立初期选择重工业优先的发展战略，我们在书中强调了它并不只是简单地学习苏联模式，而是当时国际冷战环境和国内经济结构性矛盾演化的必然结果。朝鲜战争的爆发和美国为首西方国家的封锁禁运，使得中国领导人不得不把国家安全放在首位来考虑，不能不更多地强调国家工业化要以重工业（国防工业）为中心。优先发展重工业不是一种照搬外国经验的外源性战略，不取决于人们的主观意志，而是当时特定历史条件下中国政治、经济现实状况内生的需要，是历史背景决定的。如果新中国在成立之初不采取重工业优先的国策，而是像西方发达国家早期现代化那样采取农业—轻工业—重工业的发展路径，显然是一条不适合中国亟需改变落后面貌、迎头赶上的发展道路。历史上的选择从来不会只是在"全优"或"全劣"中进行的，有的只能是在反复权衡利弊后的次优选择。工业化道路如此，其他各方面的选择又何尝不是如此。

进一步的研究使我们发现，正所谓"牵一发而动全身"，当年工业化道路这个重大的战略选择又引起了经济基础和上层建筑领域一系列深刻的变化。而对这些变化，有些我们至今认识得还比较肤浅。例如，为保证重工业优先，必须加快经济的计划化，限制"看不见的手"的作用；强调运用行政权力来引导和推动经济发展；强调领导体制的高度集中；强调意识形态领域的集中统一领导，如此等等。所以，如同优先发展重工业是内生型的一样，社会其他方面的变革也是具有内生性的，是前者的派生物。当然，还有历史、人文等其他方面的各种因素的影响。半个多世纪过去了，当年中国工业化起步时起过重要历史作用的那些体制、机制，如今很多已成为改革的对象。如同恩格斯所论述："一切依次更替的历史状态都只是人类社会由低级到高级的无穷发展进程中的暂时阶段。每一个阶段都是必然的，因此，对它发生的那个时代和那些条件说来，都有它存在的理由；但是对它自己内部逐渐发展起来的新的、更高的条件来说，它就变成过时的和没有存在的理由了；它不得不让位于更高的阶段。"

本书还注重考察国际环境因素的变化对中国发展的影响，在各个发展阶段抓住中美关系、中苏（俄）关系、中日关系的折冲和演变的基本线索，包括中国与发展中国家、周边民族独立国家以及西欧发达国家之间关系的发展变化等，把中国的事情放在国际形势和全球环境背景下加以全面考量，以证中国不断融入国际社会和经济全球化的必然趋势，以及倡导构建人类命运共同体的历史逻辑。

许多中外学者在面对改革开放以来中国的巨变时，都会不约而同地发问：这种巨变从何而来？其原因何在？人们可以列出的原因很多，几乎所有人都注意到1978年中共十一届三中全会前后的思想解放运动对当代中国的影响。但是，迄今为止，对这场思想解放运动的深层原因、意义、影响的发掘似乎还欠"火候"。当代社会主义各国的改革从上世纪50年代就已开始，而且多是以不同形式、不同程度的思想解放为先导，并一度都取得一些成就，但这些改革又多以"改旗易帜"而告终。同样都有思想解放，为什么结果却如此不同？这就不能不考虑到中国的思想解放运动对"左"倾教条主义冲击的广度、深度和力度。如果再进一步思考，为什么这种思想解放只能产生于 70 年代末至 80 年代初？中国的改革开放的进程与之前的历史尤其是"文化大革命"刻骨铭心的教训有着怎样的深层关联？

中华人民共和国的主要缔造者毛泽东说过："人类的历史，就是一个不断地从必然王国向自由王国发展的历史。这个历史永远不会完结。""因此，人类总得不断地总结经验，有所发现，有所发明，有所创造，有所前进。停止的论点，悲观的论点，无所作为和骄傲自满的论点，都是错误的。"中国道路的成功，正在于以毛泽东为主要代表的中国共产党人，把马克思列宁主义基本原理同中国革命具体实践结合起来，团结带领全党全国各族人民，经过长期浴血奋斗，完成了新民主主义革命，建立了中华人民共和国，确立了社会主义基本制度，成功实现了中国历史上最深刻最伟大的社会变革，为当代中国一切发展进步奠定了根本政治前提和制度基础。在探索过程中，虽然经历了严重曲折，但党在社会主义革命和建设中取得的独创性理论成果和巨大成就，为在新的历史时期开创中国特色社会主义提供了宝贵经验、理论准备、物质基础。中共十一届三中全会以后，以邓小平为主要代表的中国共产党人，团结带领全党全国各族人民，深刻总结我国社会主义建设正反两方面经验，借鉴世界社会主义历史经验，顺应经济社会发展的规律和需要，成功开创了中国特色社会主义道路。

中华人民共和国成立 70 年特别是经过 40 多年的改革开放，极大改变了中国的面貌、中华民族的面貌、中国人民的面貌、中国共产党的面貌。中华民族迎来了从站起来、富起来到强起来的伟大飞跃！中国特色社会主义迎来了从创立、发展到完善的伟大飞跃！中国人民迎来了从温饱不足到小康富裕的伟大飞跃！中华民族正以崭新姿态屹立于世界的东方！

"为什么我的眼里常含泪水？因为我对这土地爱得深沉"。主编这部《中华人民共和国通史》的我们，同为共和国的同龄人，这是我们永远的骄傲。"中国应当对于人类有较大的贡献"——毛泽东的这句话，我们在中学时代就铭记于心。50多年过去了，它一直在我们这一代人的灵魂深处闪耀，成为我们精神世界的一部分，给我们以勇气、胸怀和力量。如今，青年时代的憧憬、梦想已成为现实，这是我们的荣耀与幸福。我们毫不怀疑，祖国的明天会更加美好。我们庆幸能生活在这样一个充满奋斗、巨变与希望的新时代。

与人民共和国同龄、同行，共同经历了风风雨雨、沧桑巨变，目睹了中国道路的曲折与辉煌。这种亲身的经历及长期的理性思考，使我们加深了一个认识，70年中，不论是巨大的成就还是发展中的曲折，都是中国人民在中国共产党的领导下，探索中国自己的建设社会主义道路过程中获得和发生的。正确地总结这些历史经验是非常必要的，因为它们无论是正面的还是反面的，都是中国人民的宝贵财富，都是中华民族贡献给世界文明的智慧结晶。

郑谦　庞松
2019年10月
于北京·中关村西区

目　录 | Contents

第一章 探索走自己的路

1956 年初，各地不断传出社会主义改造胜利完成的消息，这就意味着中国即将实现新民主主义到社会主义的转变，也意味中国即将进入大规模社会主义建设时期。由此，将一个落后的农业国转变为先进的工业国，把中国建设成一个伟大的社会主义国家，就成为摆在中国人民面前的重要任务，中国人民也由此开始了对社会主义建设道路的探索并且开局良好。中共中央召开知识分子问题会议发出"向现代科学进军"的号召，提出要"百花齐放、百家争鸣"以繁荣社会主义科学文化事业，制订了科学技术发展的长远规划。针对经济建设中一度出现的冒进倾向，形成既反保守又反冒进的经济建设方针。在调查研究的基础上，毛泽东发表著名的《论十大关系》，强调要调动一切积极因素，建设社会主义伟大国家。1956 年 9 月召开的中国共产党第八次全国代表大会，正确地分析国内外形势和国内主要矛盾的变化，提出了许多富有创造性的新方针。中共八大之后，在如何改革经济管理体制等问题上进行有益探索，取得了不少积极成果。

一、向现代科学进军

（一）知识分子问题会议

中华人民共和国建立初期，主要是进行国民经济的恢复和各项社会改革，发展科学技术问题和知识分子问题，还没有来得及摆到执政党和新政府工作的突出位置，但中共中央对于科学技术工作和知识分子问题却非常重视。中共中央和毛泽东曾明确指出：革命需要知识分子，建设尤其需要知识分子；必须善于充分地利用旧社会培养的知识分子，使他们为新中国的建设事业服务，并继续培养出一批又一批的新的优秀科技干部，否则就很难完成繁重的经济建设任务。

在这个思想的指导下，中国的知识分子队伍逐渐壮大。据统计，从1949年到1955年，中国各条战线的高级知识分子从六万多人增加到十万多人。其中，地质、重工业、石油、煤炭等行业的科技干部增加得相当快。他们各尽其责，发挥特长，为国家的各项建设作出了积极的贡献。然而，技术人才在数量上、质量上，远不能满足大规模经济建设迅速发展的需要，这就要求一方面尽快培养国家建设所需要的知识分子，另一方面尽可能地发挥现有知识分子队伍的作用。但是，当时一些干部对于科学技术和科技人员的重要性缺乏认识，甚至存在不尊重知识分子的严重的宗派主义倾向。毛泽东已经意识到这个方面的问题，他在1955年初就指出：过去几年，其他事情很多，还来不及抓这件事。这件事总是要抓的。现在到时候了，该抓了。这年3月召开的中国共产党全国代表会议上，他进一步指出："我们进入了这样一个时期，就是我们现在所从事的、所思考的、所钻研的，是钻社会主义工业化，钻社会主义改造，钻现代化的国防，并且开始要钻原子能这样的历史的新时期。""因为现在我们面临的是新问题：社会主义工业化、社会主义改造、新的国防、其他各方面的新的工作。适合这种新的情况钻进去，成为内行，这是我们的任务。"①

---

① 《毛泽东文集》第6卷，人民出版社1999年版，第395页。

　　1955 年下半年，中国农业、手工业和资本主义工商业的社会主义改造进入高潮。伴随社会主义改造任务的提前完成，中国将进入大规模的经济建设时期，因而科学技术和知识分子的作用也就日显重要。

　　但是，当时在知识分子政策和知识分子工作上却存在许多问题。受中共中央统战部的委托，民盟中央文教委员会曾在这年下半年花了两三个月的时间，对知识分子的思想状况以及他们的愿望和要求，作了一次广泛的调查，收集了大量的第一手资料。随后，中共中央统战部民主党派工作处对这些材料所反映出的问题进行了分类研究，并将之大体分为六大类，也就是党对知识分子的工作存在六个方面的问题：一是对他们的政治进步和业务水平估计不足，二是信任不够，三是安排不妥，四是使用不当，五是待遇不公，六是帮助不够，简称为"六不"。

　　上述种种问题的存在，表明知识界的状况与即将开始的大规模经济建设的要求不相适应。这种局面如果不加以改变，实现国家工业化的目标就有可能落空。因此，如何解决知识分子工作中存在的问题，调动知识分子的积极性，就成为党和政府面临的一个重大课题。

　　1955 年 11 月 22 日，周恩来同刚从外地视察回来的毛泽东谈了知识分子问题的情况，认为现在这个问题已到了非常严重的地步，非解决不可了，表示打算在即将召开的全国政协会议上对此进行讨论。毛泽东同意周恩来关于知识分子问题的看法，并且表示，应先在党内开展讨论，然后提出和解决这个问题。第二天，毛泽东召集中央书记处成员和中央有关部门负责人开会，决定在 1956 年 1 月召开一次大型会议，全面解决知识分子问题，并成立由周恩来负总责的中央研究知识分子问题十人领导小组，下设办公室，具体负责会议的筹备工作。

　　中央研究知识分子问题十人领导小组成立后，责成各省市和中央各部门对知识分子问题开展调查研究，并向中央上报相关调查研究的材料，调查内容包括高等院校、科学研究机构、卫生部门、文化艺术界、工程技术部门和中小学校六个方面，每一个方面都要求有好、中、差三类典型，同时还要有几年来党的知识分子政策贯彻执行情况、对知识分子队伍所发生的变化的基本估计和提出解决知识分子问题的具体意见等三项内容。

按照中央十人领导小组的要求，各地迅速报来了上述材料。在此基础上，领导小组办公室写出了《关于高级知识分子人数的调查报告》《关于科学家研究工作条件问题的情况和意见》《关于高级知识分子待遇问题的意见》等十一个专题报告。这些专题报告对知识分子工作中存在的各种问题作了分析，并提出了解决这些问题的具体办法。

上述专题报告形成后，在周恩来的主持下，中央研究知识分子问题十人领导小组起草了《中共中央关于知识分子问题的指示草案》（下称《指示草案》）。1955 年 12 月 16 日，中共中央将这个草案下发给上海局、各省市自治区党委、中央各部委、中央国家机关和人民团体各党组、解放军总政治部，要求在各自即将召开的知识分子问题会议上对此加以讨论并征求意见。

《指示草案》明确指出："正确地对待和使用知识分子，是党的政策的最重要问题之一"，现在知识分子的基本队伍已经为社会主义而积极工作。《指示草案》在肯定几年来知识分子工作取得了成绩的同时，也指出，目前仍存在对知识分子的变化和作用缺乏充分的认识，还没有给知识分子创造充分发挥力量的工作条件等问题。《指示草案》强调："在伟大的社会主义建设时期，为了完成国家工业化和国民经济的技术改造的艰巨任务，每一项工作愈来愈多地依靠科学、文化和技术，也就是愈来愈多地依靠高级知识分子的积极参加。"①

1956年1月14日，中共中央关于知识分子问题的会议，在中南海的怀仁堂隆重举行。会议由刘少奇担任执行主席。刘少奇宣布大会开幕后，由周恩来代表中共中央作《关于知识分子问题的报告》的主题报告。

报告一开始就讲到了知识分子问题的重要性。周恩来指出："我们所以要建设社会主义经济，归根结底，是为了最大限度地满足整个社会经常增长的物质和文化的需要，而为了达到这个目的，就必须不断地发展社会生产力，不断地提高劳动生产率，就必须在高度技术的基础上，使社会主义生产不断地增长，不断地改善。因此，在社会主义时代，比以前任何时代都更加需要充分地提高生产技术，更加需要充分地发展科学和利用科学知识。"

报告认为，通过组织知识分子参加土地改革、镇压反革命、抗美援朝和"三反""五反"运动，参观工厂和农村，访问苏联，参加各种国际活动，领导他们学习马克思列宁主义的基本知识，批判唯心主义观点，并且在学习的基础上展开批评和自我批评，通过帮助知识分子掌握理论和实际相联系的原则，学习苏联先进经验，改进工作方法，提高业务能力，知识分子"中间的绝大部分已经成为国家工作人员，已经为社会主义服务，已经是工人阶级的一部分。在团结、教育、改造旧知识分子的同时，党又用了很大的力量来培养大量的新的知识分子，其中已经有相当数量的劳动阶级出身的知识分子。由于这一切，我国的知识界的面貌在过去六年来已经发生了根本的变化"。②

周恩来在肯定几年来知识分子工作取得巨大成绩的同时，尖

---

① 中共中央文献研究室编：《周恩来年谱（1949—1976）》上卷，中央文献出版社1997年版，第525页。

② 《关于知识分子问题的报告》，《人民日报》1956年1月30日。

锐地指出，在知识分子工作上"还有不少的缺点"，并提出要采取如下三项措施对这些问题加以解决：第一，应该改善对于知识分子的使用和安排，使其能够发挥对于国家有益的专长。第二，应该对于所使用的知识分子有充分的了解，给他们以应得的信任和支持，使他们能够积极地进行工作。第三，应该给知识分子以必要的工作条件和适当的待遇。

周恩来在报告中还着重谈了"向现代科学进军"的问题。他说："我想在这里稍微多说一点科学方面的事情，这不但因为科学是关系我们的国防、经济和文化各方面的有决定性的因素，而且因为世界科学在最近二三十年中，有了特别巨大和迅速的进步，这些进步把我们抛在科学发展的后面很远。现代科学技术正在一日千里地突飞猛进。""这些最新的成就，使人类面临着一个新的科学技术和工业革命的前夕。""我们必须赶上这个世界先进科学水平。我们要记着，当我们向前赶的时候，别人也在继续迅速地前进。因此我们必须在这个方面付出最紧张的劳动。"[1] 报告提议由国家计划委员会负责，会同有关部门制订 1956—1967 年科学技术发展的远景规划。

16 日至 20 日，知识分子问题会议进入小组讨论和大会发言阶段。会上，国务院副总理李富春作了《为提早完成过渡时期总任务而奋斗》的报告，国务院第二办公室副主任范长江作了《关于学位、学衔和知识分子待遇问题》的发言，劳动部副部长毛齐华作了《关于工程技术人员工资待遇情况和意见》的发言，国务院第二办公室副主任钱俊瑞作了《十二年科学文教工作的初步规划》的发言。此外，30 名中央机关、中央国家机关、全国性群众团体负责人，32 名各省、自治区、市党委负责人，16 名高等学校负责人，7 名中国科学院系统负责人，4 名企业负责人，以

---

① 《周恩来选集》下卷，人民出版社 1984 年版，第 181、182 页。

及铁道兵司令员王震、解放军总政治部副主任肖华和甘泗淇也在会上发了言。

1月20日，即会议的最后一天，毛泽东作了讲话。他的讲话是漫谈性质的，讲到了领导方法的问题，也讲到了文字改革及社会主义一定要比资本主义好的问题，提出各项工作要加紧一点，社会主义改造和工业化，只要是行得通的，有根据的，就要尽可能早一点时间。最后，毛泽东强调：现在是革技术的命，叫技术革命。要搞科学，要革愚蠢同无知的命，叫文化革命。没有他们（按：指高级知识分子）是不行的，单靠我们老粗那就不行。要向党员作广大的教育。现在打仗，飞机要飞到一万八千公尺的高空，超音速，不是过去骑着马了，没有高级知识分子是不行的。要在比较短的时期内，造就大批的高级知识分子，同时要有更多的普遍知识分子。将来我们要做一个全面的规划，把这件事抓起来。①

毛泽东讲完话后，由周恩来作总结报告，他着重回答了与会代表提出的脑力劳动与体力劳动、知识分子的数量与质量、理论与实践、教育与研究、提高与普及、保护祖国的文化遗产等问题。他再次强调，要又多、又快、又好、又省地发展社会主义建设，除了必须依靠工人阶级和广大农民的积极劳动外，还必须依靠知识分子的积极劳动，依靠体力劳动与脑力劳动的密切合作，依靠工人、农民和知识分子的兄弟联盟。

知识分子问题会议结束不久，即1月30日，政协第二届全国委员会第二次会议在北京举行，作为政协全国委员会主席的周恩来，在会上作了政治报告。报告中，他又一次讲到了知识分子问题，并要求会议对这个问题进行重点讨论。周恩来重申，现有

---

① 参见中共中央文献研究室编：《毛泽东年谱（1949—1976）》第2卷，中央文献出版社2013年版，第515页。

知识分子的绝大多数已经成为国家工作人员，已经为社会主义服务，已经是工人阶级的一部分。他再次强调，人类正面临着一个新的工业革命的前夕，知识分子已经到了向现代科学大进军的时候。必须制订科学发展的全面规划，加强和扩大科学研究机构，大量培养科学研究人才，为发展科学事业准备一切必要的条件。①

2月24日，中共中央政治局会议通过了《中共中央关于知识分子问题的指示》。这个《指示》是在年前下发的《中共中央关于知识分子问题的指示草案》的基础上修订而成的。经过各地征求意见与知识分子问题会议的讨论，它的内容与初稿相比自然有了很大的变化，但主题仍然是要求党的各级组织和各级干部重视知识分子工作，进一步把知识分子问题放在全党和整个国家的各个工作部门的议事日程上，全面规划，加强领导，克服在这方面工作中的缺点和错误，采取一系列的有效措施，充分地动员和发挥现有知识分子的力量。

4月16日，国务院发出《关于改善高级知识分子工作条件的通知》。该通知除责成中央各部门从各方面进行这项工作外，还要求各省、自治区、直辖市人民委员会对科研机关、高等学校等处的科学家、教授、工程师的工作条件做一次检查，督促有关单位采取具体措施，改善他们的工作条件。

按照这些文件的精神，知识分子问题会议后，各地立即采取措施检查知识分子工作中存在的问题，改善知识分子的工作条件和生活待遇。例如这次会议一结束，清华大学就决定给教授、副教授、担任教研室主任或副主任的讲师，以及学校的主要行政干部共137人发优等证，凭证在食堂买饭，在合作社买副食品、理发，在校医院治病，在校内看电影、看演出，可以享受优先待遇，其子女可以优先送入保育所。清华大学还新设了一个可容纳

---

① 参见《政治报告》，《人民日报》1956年1月31日。

200 人的教师专用阅览室，室内有各种技术科学书籍和俄、英、德、法、日文的百科全书，供教师们备课和查阅科学文献。此外，学校的合作社对上述人员还实行预购副食、定时送货和电话预约，校医院安排专门的保健大夫，专门负责教授的保健工作。为解决教授们宿舍中小孩吵闹影响备课的问题，学校专门在教授住宅区腾空了一所房子，供教授们备课使用。①

根据国务院工资改革决定的精神，有关部门还对知识分子的工资进行了调整，使高级知识分子的工资收入有了较大幅度的增加。据对中国人民大学、北京大学、清华大学、北京医学院、北京钢铁学院和北京地质学院六所院校的统计，教授、副教授的平均工资原为 169.74 元，调整后为 228.79 元，平均增长了 59.09 元；讲师平均工资原为 90.39 元，调整后为 116.26 元，平均增加 25.87 元。②

这次会议后知识分子境遇的另一个变化，就是有相当一批高级知识分子被吸收入党。1956 年 1 月以来两个半月的时间里，上海共吸收了 110 名高级知识分子入党。此后一段时间，各地不断地传来高级知识分子入党的消息，人们从《人民日报》《光明日报》这些媒体关于高级知识分子入党的公开报道中，感受到知识分子正在日益受到党和政府的重视。

（二）"双百"方针的提出

新中国成立后头几年，中国不仅在经济建设领域，就是在意识形态甚至在自然科学方面，都是全方位向苏联学习的。在学习

---

① 参见中共北京市委知识分子问题五人小组办公室：《知识分子问题参考材料（三十六）》，1956 年 3 月 2 日。

② 参见北京市高校党委办公室：《北京市高等学校调整工资工作的情况报告》，1956 年 8 月 23 日。

的过程中难免出现教条主义的倾向，有时甚至教条到滑稽可笑的地步。时任中宣部部长的陆定一在一篇回忆文章中曾讲了这样一件事："有一位老同志，也是很好的同志，战争中间担任军队的卫生部长，战争后做中央人民政府卫生部的副部长。他知道了苏联的巴甫洛夫学说之后，要改造中国的医学，对我说：'中医是封建医，西医（以细胞病理学者魏尔啸的学说为主导）是资本主义医，巴甫洛夫是社会主义医。'我想，在这样的认识指导之下，当然就应该反对中医和西医，取消一切现在的医院，靠巴甫洛夫的药（只有一种药，就是把兴奋剂与抑制剂混合起来，叫'巴甫洛夫液'）来包医百病。"① 当时人们对苏联盲目崇拜的态度却由此可见一斑。

苏联的"巴甫洛夫液"自然未能成为主宰中国医药界的神药。但是，在生物学界，却完全是苏联的"米丘林学派"（实际上是李森科学派）一边倒，而摩尔根学派却一直受到排挤和压制。

李森科是一位政治化的生物学家。他在政治家的支持下，经过政治斗争的方式，采取一系列的手段，在苏联排挤和打击真正符合科学原理的摩尔根学派，给摩尔根学派扣上了"资产阶级""反动""唯心主义""形而上学""伪科学"等帽子，禁止在课堂上讲授摩尔根遗传学，封闭摩尔根学派学者的试验室，解除他们的行政和学术职务。李森科自称属于"米丘林学派"（米丘林是苏联著名的生物学家，李森科不过是打着他的招牌而已），标榜自己是"无产阶级的""辩证唯物主义的""科学的"和"联系实际的"，并长期独霸着苏联生物学界的领导地位。

新中国成立之初，由于中国全面学习苏联，不但在社会科学领域以苏联的是非为是非，而且在自然科学领域也不例外。早在

① 《陆定一文集》，人民出版社1992年版，第842页。

1949 年，李森科在同摩尔根学派对立取得"斗争的完全胜利"的大会（即 1948 年全苏列宁农业科学院会议）上所作的报告——《论生物科学状况》，就在中国大量印行，成为大学生物系和农业院校师生的必读文件。

在中国，生物学的学术思想原本是从西方引进的，生物学界特别是遗传学领域的学者，不少人曾在欧美留过学，有的人甚至在摩尔根的实验室里学习和研究过，直接间接地成为摩尔根的弟子。新中国成立后，在全面学习苏联的过程中，李森科学派的那一套理论也就自然而然地在中国生物学界取得了统治地位。新中国成立之初，北京农业大学的一位负责人，为了推行李森科的那一套理论，竟然停开了摩尔根遗传学，校内的摩尔根学派的教授被迫改教其他课程，有一位从事群体遗传学研究的教授，因为不同意批判摩尔根遗传学，愤而离开学校，经香港去了美国，造成了很不好的国际影响。

虽然这位负责人受到了毛泽东的批评，并调离了农业大学，但摩尔根学派的处境并未有所改观。在 1952 年的知识分子思想改造中，摩尔根学派的学者大多受到了批判。此后，摩尔根学派的遗传学课程基本被停止，以摩尔根理论为指导的研究工作也被迫中断。

对于这种状况，广大生物学界的学者们很不满意。1955 年，中国著名的植物分类学家、中国科学院植物研究所研究员胡先骕，出版了《植物分类学简编》一书，对李森科提出了公开的批评。胡先骕说："李森科关于生物种的新见解，在初发表时由于政治力量的支持，一时颇为风行。""这场争论在近代生物学史上十分重要；中国科学工作者，尤其是植物分类工作者必须有深刻的认识，才不致被引入迷途。"这本书出版后，一位在高等教育部工作的苏联专家曾为此提出"严重抗议"，指责说"这是对苏联在政治上的污蔑"。北京农业大学的六位教师，联名写信给高等教育出版社，认为该书犯了严重的政治错误。1955 年 10 月，中国科学院和中华全国自然科学专业委员会共同举办"纪念米丘林诞生 100 周年"纪念活动，在中共中央宣传部的直接干预下，对胡先骕的"错误"进行了公开批判。

应当说，毛泽东在学习苏联的问题上，是反对全盘照抄苏联的做法的。长期以来，他对苏共、斯大林的民族利己主义、大国沙文主义和以老子党自居也甚为反感。怎样才能克服学术研究中存在的教条主义，毛泽东给学术界提出的方案是："百花齐放、百家争鸣"。

在此之前，毛泽东曾在不同的场合提出过要"百花齐放"和"百家争鸣"。1950 年 11 月至 12 月，全国戏曲工作会议在北京召开，会上发生了以京剧还是以地方剧为主的争论。1951 年 4 月，中国戏曲研究院在北京成立，著名京剧表演艺术家梅兰芳任院长。毛泽东亲笔为中国戏曲研究院题词祝贺："百花齐放、推陈出新"。毛泽东在 1956 年 4 月 28 日的中共中央政治局扩大会议上说："百花齐放"是群众中间提出来的，不晓得是谁提出来的。当时康生插话说：是周扬提出来的。毛泽东接着说：有人要我写字，我就写了"百花齐放，推陈出新"。1951 年 5 月，政务院发布《关于戏曲改革工作的指示》，根据毛泽东提出的"百花齐放，推陈出新"的方针，提出："中国戏曲种类极为丰富，应普遍地加以采用、改造与发展，鼓励各种戏曲形式的自由竞赛，促成戏曲艺术的'百花齐放'。"①

"百家争鸣"最初是毛泽东就中国历史问题的研究而提出的。1953 年 8 月，中共中央批准成立中国历史问题研究、中国文字改革研究和中国语文教学研究三个委员会。中国历史问题研究委员

① 中共中央文献研究室编：《建国以来重要文献选编》第 2 册，中央文献出版社 1992 年版，第 252 页。

会主任陈伯达向毛泽东请示历史研究工作的方针，毛泽东说要"百家争鸣"。1956 年以前，毛泽东还两次讲过历史研究要"百家争鸣"。一次是 1952 年或者 1953 年，中共中央宣传部约请翦伯赞、邵循正、胡华合写一本《中国历史概要》，请示毛泽东如何解决一些有争议的问题，如中国古代史的分期问题等。毛泽东回答说："把稿子印发给全国历史学家讨论，实行百家争鸣。"另一次是 1955 年 9 月或 10 月，陆定一向毛泽东请示关于中共党史编写问题的意见，毛泽东也回答说："百家争鸣"。①

虽然在此之前，毛泽东已明确提出要实行"百家争鸣"的方针，但它所涉及的领域仅是历史研究。这大概与毛泽东对中国的历史十分熟悉有关，他熟读过许多中国古代的典籍，对历史很有研究，说他是一位历史学家是不算为过的。正因为如此，他也深感历史研究"百家争鸣"的必要。

1956 年 2 月 1 日，中共中央宣传部给中共中央写了一个报告，说他们接到广州中山大学的反映，有一位在中国讲学的苏联学者，在访问孙中山的故居时，向陪同人员谈起，他对毛泽东的《新民主主义论》中关于孙中山先生世界观的论点有不同的看法。中宣部认为，这"有损于我党负责同志的威信"，请示中共中央是否有必要将此事向苏联方面反映。2 月 19 日，毛泽东批示说："我认为这种自由谈论，不应当去禁止。这是对学术思想的不同意见，什么人都可以谈论，无所谓损害威信。因此，不要向尤金（按：尤金时任苏联驻华大使）谈此事。如果国内对此类学术问题和任何领导人有不同意见，也不应加以禁止。如果企图禁止，那是完全错误的。"②

① 参见黎澍：《毛泽东与"百家争鸣"》，转引自文严：《"双百"方针提出和贯彻的历史考察》，《党的文献》1990 年第 3 期。

② 《毛泽东文集》第 7 卷，人民出版社 1999 年版，第 9 页。

1956 年 4 月中旬，毛泽东又看到了一份关于学术问题的材料，这是德国统一社会党中央宣传部部长哈格尔 3 月 2 日的谈话纪要。哈格尔说，过去教条主义的错误，主要在过分强调苏联的先进经验和科学成就。例如，宣传苏联农学家李森科的学说一切都好，将德国科学家很有权威的魏尔啸一切都否定了，认为奥地利遗传学家孟德尔的一切都是反动的，而在德国的生物学家，绝大多数是孟德尔派。科学可以有各种学派。相信久而久之可以使一些真正研究科学的人走上唯物主义。苏联科学有好的应该学习，但不能将苏联科学界的每句话都看作是神圣的。这份材料使毛泽东产生了共鸣，他感到中国又何尝没有出现同样的情况。4 月 18 日，毛泽东给中宣部副部长张际春（部长陆定一外出）写了一封信："此件值得注意。请中宣部讨论一下这个问题。讨论时，邀请科学院及其他有关机关的负责同志参加。陆定一同志回来，将此件给他一阅。"

4 月 25 日，中共中央政治局召开扩大会议，毛泽东在会上发表了著名的《论十大关系》的讲话。讲话的核心是如何"以苏为鉴"，走中国自己的社会主义建设道路的问题。毛泽东在讲话中虽然没有"百花齐放，百家争鸣"的提法，但他强调不可盲目地学习外国，学术研究也不能搞教条主义，资本主义国家的好的东西也应该学习等，实际上已经包含了"双百"方针的内容。

这次政治局扩大会议原本计划讨论农业合作化问题，毛泽东作了这个讲话后，会议的主题自然发生了变化，就转而讨论讲话的内容。

4 月 27 日，政治局扩大会议继续讨论毛泽东的讲话。陆定一在发言时谈到了一个重要的观点，他认为对于学术性质、艺术性质、技术性质的问题要让它自由争鸣，要把政治思想问题同学术性质的、艺术性质的、技术性质的问题区分开来。

陆定一首先介绍了胡先骕的情况。他说："那个时候我们给他加了几句，就是着重他的政治问题，因为他那个时候骂苏联，所以我们就气了。他讲的问题是生物学界很重要的问题，这个人在生物学界很有威望。"这时，毛泽东插话说："不是什么人叫我们跟他斗一斗吗？"陆定一说："后来我们把那个东西和缓了，报纸上没有提他的名字，是在一个什么米丘林的纪念会上有几个人讲话讲到他，我们掌握了这一点，就是报纸上一个名字都不讲，因此还没有和他撕破脸。"

毛泽东又问："胡先骕的那个文章对不对？"陆定一说："他批评李森科的那个东西很好，那是属于学术性质的问题，我们不要去干涉比较好。"康生说："我问了一下于光远，他觉得胡先骕还是有道理的。胡先骕是反对李森科的，什么问题呢？李森科说，从松树上长出一棵榆树来，这是辩证法的突变，松树可以变榆树，这是一个突变论。"毛泽东问："能不能变？"康生答："怎么能变呢？那棵松树上常常长榆树，那是榆树掉下来的种子长出来的。这件事情胡先骕反对是对的。但胡先骕说李森科可以吃得开是有政治势力支持着的，其实，斯大林死了以后，苏共批评了李森科，没有支持李森科，所以胡先骕这一点没有说对。但是整个的来讲，胡先骕讲得还是对的，他只讲错了一个例子，我们不应该去抓人家的小辫子，就说他都是错误的。"

陆定一接着说："那倒不一定去向他承认错误。"毛泽东说："那个人是很顽固的，他是中国生物学界的老祖宗，年纪七八十了。他赞成文言文，反对白话文。"看来毛泽东对胡先骕还是很熟悉的。毛泽东所说的胡先骕反对白话文，那是在 20 世纪 20 年代初，胡先骕在东南大学任教时，与梅光迪、吴宓等创办《学衡》杂志，曾与新文化运动的倡导者之间，就怎样对待中国传统文化、对待五四新文化等问题展开了激烈论争。胡先骕与梅光迪、吴宓等人曾表示反对废除文言采用白话，其主要理由就是，文言与白话的区别，"非古今之别，而雅俗之别也"，认为文言是雅，白话为俗，自然没有废雅存俗之理。胡先骕、梅光迪、吴宓等人曾被人们称为"学衡派"。

毛泽东又问："这个人现在是学部委员吗？"陆定一答："不是，没有给。"毛泽东说："恐怕还是要给，他是中国生物学界的老祖宗。"

陆定一接着讲到了医药界的问题，并且表示，不能说巴甫洛夫是社会主义医学，魏尔啸是资本主义医学，中医是封建医学，这是根本错误的。在生物学方面，有的说摩尔根、孟德尔是资产阶级的，李森科、米丘林是社会主义的。这根本同社会主义没有关系。在物理学方面，不能说牛顿的物理学是封建的，爱因斯坦的物理学是资本主义，这种说法是没有道理的。把那些资本主义和封建主义的帽子套到自然科学上去是错误的。他还说，中国现在发展科学，向科学进军，如果有人出一个主张，把大帽子一扣，说某某学者或某某学派是资产阶级的，那科学的发展就完蛋了。这样对中国的建设是很不利的。

陆定一又讲到文艺问题，认为这个问题也值得研究。他说，要写新人物，写新人物当然是有道理的，但写一写老人物也可以。如果现在有一个人能把上海30年代社会的变化写出来，那是世界第一的小说，好极了。毛泽东说："《乌鸦与麻雀》，那是部很好的电影，那是写上海新四军还没有进城的前夜，我们电影局就是不许它演，这两天可以找出来给大家看一看，见识见识，这是中国一篇很好的历史。"①

第二天，政治局扩大会议继续进行讨论。会上，陈伯达也讲到科学、文化的相关政策问题。他说：毛主席给文学艺术界"百花齐放"这个口号，现在看起来起了很大的作用，现在我们到国外去，当然还很可怜的，搞来搞去还是什么三岔口啊，荷花舞、

① 《陆定一文集》，人民出版社1992年版，第494—495、497页。

采茶舞啊，闹天宫等等。可是这点本钱，还是提出"百花齐放"才搞出来的，要是没有"百花齐放"的号召，还没有这些东西呢！陈伯达还讲到了毛泽东关于历史研究要"百家争鸣"的情况，并说，这是一个方针，即是说，在中国容许很多的学派，大家争论，不要马上统一于一尊。他觉得在文化上、科学上，恐怕基本上要提出这样两个口号贯彻，就是"百花齐放""百家争鸣"，一个在艺术上，一个在科学上。①

4月28日，毛泽东在中共中央政治局扩大会议上作总结讲话，第一次明确地宣布要实行"百花齐放、百家争鸣"的方针。讲话指出："艺术问题上的百花齐放，学术问题上的百家争鸣，我看应该成为我们的方针。'百花齐放'是群众中间提出来的，不晓得是谁提出来的。人们要我题词，我就写了'百花齐放，推陈出新'。'百家争鸣'，这是两千年以前就有的事，春秋战国时代，百家争鸣。讲学术，这种学术也可以讲，那种学术也可以讲，不要拿一种学术压倒一切。你讲的如果是真理，信的人势必就会越来越多。"②

5月2日，毛泽东在最高国务会议第七次会议上作总结讲话时，再次重申了这个方针。他说：我们在中共中央召集的各省、市委书记会议（按：即4月25日至28日的政治局扩大会议）上还谈到了这一点，就是百花齐放、百家争鸣。在艺术方面的百花齐放的方针，在学术方面的百家争鸣的方针，是有必要的。这个问题曾经谈过。百花齐放是文艺界提出的，后来有人要我写几个字，我就写了"百花齐放，推陈出新"。现在春天来了嘛，一百种花都让它开放，不要只让几种花开放，还有几种花不让它开

---

① 参见中共中央文献研究室编：《毛泽东传（1949—1976）》（上），中央文献出版社2003年版，第490—491页。

② 《毛泽东文集》第7卷，人民出版社1999年版，第54—55页。

放，这就叫百花齐放。百家争鸣，是说春秋战国时代，两千年以前那个时候，有许多学派，诸子百家大家自由争论，现在我们也需要这个。在大的范围内，让杜威来争鸣好不好？那不好嘛。让胡适来争鸣好不好呢？也不好。那么说胡适要回来可以不可以呢？只要他愿意回来，是可以回来的，让我们批评过他以后再回来，就批评不着他了嘛，批评已经过去了嘛。只有反革命议论不让发表，这是人民民主专政。香港报纸、台湾报纸在北京出版是不是许可，应该不许可，不许可有好处。在《中华人民共和国宪法》范围之内，各种学术思想，正确的、错误的，让他们去说，不去干涉他们。李森科、非李森科，我们也搞不清，有那么多的学说，那么多的自然科学，就是社会科学，这一派，那一派，让他们去说，在刊物上、报纸上可以说各种意见。①

一个星期后，即 5 月 9 日，国务院第二办公室副主任钱俊瑞在全国先进生产者代表会议上的讲话中，第一次把中共中央将在学术方面贯彻"百家争鸣"的方针透露了出来。他说："在学术性和技术性的问题上，我们不要害怕而且应该鼓励形成有独创见解的学派。应该容许对同一学术问题抱有各种不同的见解，并且要开展这些不同见解之间的实事求是的自由的争论，以便在相互争辩中求得学术的不断发展和前进。"5 月 11 日，《人民日报》以《学术方面应该执行百家争鸣的方针　钱俊瑞在全国先进生产者代表会议上讲话》为题，发表了这个讲话的内容。这是中共中央机关报第一次刊登有关"百家争鸣"的消息，实际上向全社会发出了在学术研究上将实行"百家争鸣"的信号。

"双百"方针确定之后，有必要通过一定的方式正式向全社会特别是知识界公布，并由此推动中国文艺和科学研究的繁荣。

---

① 参见毛泽东：《在艺术方面的百花齐放的方针，学术方面的百家争鸣的方针，是很有必要的》，《党的文献》1990 年第 3 期。

5月26日，中国科学院和中国文学艺术界联合会组织了自然科学界、社会科学界、文艺界、医药卫生界的知识分子1000余人聚集在中南海的怀仁堂，邀请陆定一就中国共产党对文艺工作和科学工作的政策作一次报告。陆定一利用这一机会，代表中共中央对"双百"方针作了详尽阐释。

陆定一首先解释了为什么提出这样的政策及为什么现在才着重提出这样的政策的问题。他说："我国要富强，除了必须巩固人民的政权，必须发展经济，发展教育事业，加强国防以外，还必须使文学艺术和科学工作得到繁荣的发展，缺少这一条是不行的。"他接着说："要使文学艺术和科学工作得到繁荣的发展，必须采取'百花齐放，百家争鸣'的政策。文艺工作，如果'一花独放'，无论那朵花怎么好，也是不会繁荣的。""在科学工作方面，我国也有历史经验。我国在两千年前的春秋战国时代，学术方面曾经出现过'百家争鸣'的局面，这成了我国过去历史上学术发展的黄金时代。我国的历史证明，如果没有对独立思考的鼓励，没有自由讨论，那末，学术的发展就会停滞。反过来说，有了对独立思考的鼓励，有了自由讨论，学术就能迅速发展。"

自然科学有没有阶级性，对这个问题当时有不同看法，当时在座的知识界人士对此也是十分关心的。对此，陆定一作了明确的回答："自然科学本身没有阶级性。"他说："文学艺术和科学研究，虽然同阶级斗争密切有关，可是它和政治终究不是完全相同的。政治斗争，是阶级斗争的直接的表现形式，文艺和社会科学，可以直接地表现阶级斗争，也可以比较曲折地表现阶级斗争。以为文艺和科学同政治无关，可以'为艺术而艺术'，'为科学而科学'，这是一种右的片面性的看法，是错误的。反之，把文艺和科学同政治完全等同起来，就会发生另一种片面性的看法，就会犯'左'的简单化的错误。"

那么，如何理解文学艺术实行"百花齐放"，科学研究实行

"百家争鸣"方针，陆定一解释说："我们所主张的'百花齐放，百家争鸣'是提倡在文学艺术工作和科学研究工作中有独立思考的自由，有辩论的自由，有创作和批评的自由，有发表自己的意见、坚持自己的意见和保留自己的意见的自由。""我们所主张的'百花齐放，百家争鸣'，是人民内部的自由。我们主张随着人民政权的巩固而扩大这种自由。"①

陆定一的这个报告，在更大的范围内宣布中国共产党将执行"双百"方针。随后，陆定一对报告作了一些修改，于6月7日送给毛泽东审阅。毛泽东对个别地方作了改动，并在第二天作出批示："此件很好，可以发表。"6月13日，《人民日报》正式发表了这个报告。

"双百"方针的提出，给中国的文学艺术和科学研究带来了新的气象。1957年4月，中宣部副部长周扬以《答文汇报记者问》的形式，对"双百"方针提出以来学术界、文艺界的重要收获作了这样的总结："学术界自由讨论的风气浓厚起来了。一年来，关于遗传学，关于中国历史、中国哲学史，关于美学，关于文学艺术中的现实主义等等问题，都展开了不同意见的争辩。学术和文艺刊物大为增多，颇有'雨后春笋'之势。由于提倡'百花齐放、百家争鸣'的方针，由于提倡'向科学进军'，去年出版的学术著作比从1950到1955六年内所出版的全部加起来还要多。剧目开放是戏曲界的一件大事。去年全国各地挖掘出了大量的传统剧目，其中不少剧目经过整理加工在舞台上重新取得了生命。文艺创作的取材范围比以前广阔得多了，体裁和风格也更多样化了。尖锐地揭露和批评生活中的消极现象的作品，愈来愈引起了人们的注目。所有这些，基本上都是好的，正常的，健康的

---

① 《百花齐放，百家争鸣——一九五六年五月二十六日在怀仁堂的讲话》，《人民日报》1956年6月13日。

现象。这是一种活跃和兴旺的气象。"① 更重要的是，随着"双百"方针的提出，科学家、艺术家的积极性大大提高，许多人感觉到他们的眼界开阔起来了，思想活泼起来了，心情也舒畅起来了。

（三）编制科学发展规划

知识分子问题会议以后，广大干部和知识分子积极投入科学技术、文化教育的本职工作中。就党和政府这方面的工作来说，最重要的就是 12 年科学技术发展远景规划的制订。

早在 1954 年，中国科学院就着手搜集有关科学长远发展的资料。在 1955 年 6 月中国科学院第一次学部大会上，院长郭沫若在大会的报告中，又将加强科学工作的计划性、研究并制订中国科学发展的远景规划，列为中国科学院和各学部今后的一项重要任务。同年 9 月 15 日，科学院院务常务会议讨论并通过学术秘书处起草的《关于制订中国科学院 15 年发展远景计划的指示》，决定自 1955 年 10 月起开始进行科学院第一个至第三个五年计划期间发展远景计划的讨论与制订。并指出，远景计划的内容，包括重大科学问题的研究、学科发展、机构设置、重要的调查和考察工作、重要的科学著作和图书资料的编纂、干部的培养以及基本建设和财务概算。

1955 年下半年，毛泽东在几次旨在加快中国农业合作化运动速度的讲话中，一再讲到"全面规划，加强领导"的问题，认为这是做好各项工作的基本方针。根据这一精神，各部门都开始制订远景规划。

1955 年秋，国家计划委员会主任李富春给中国科学院副院长

---

① 《就"百花齐放、百家齐鸣"问题　周扬同志答文汇报记者问》，《人民日报》1957 年 4 月 11 日。

张稼夫写信，要求中国科学院将全国科学发展远景规划抓起来。当时，中国科学院对全国的科学力量了解不够，领导全国的科学规划工作有一定的困难。张稼夫将这一情况向国务院第二办公室（主管全国科教文卫）主任林枫作了汇报，并请国务院二办主持这一工作，林枫于是决定由副主任范长江具体负责。①

1月5日，李富春就科学规划问题致信国务院各有关办公室和各部中共党组书记。信中提出，为了保证中国科学事业的高速发展，使科学研究工作能满足工农业生产和国防建设的迫切需要，必须对科学研究的规划采取根本性的措施。这个规划必须是向科学和科技大进军的规划，必须是"迎头赶上"世界先进科学技术水平的规划。因此，必须采取有效措施，争取在第三个五年计划左右接近和赶上世界的科学技术水平。必须像规划工业建设中的156项重点建设项目一样，来确定迅速发展中国主要学科和重大专题的科学技术研究项目。

当时，中共中央、国务院对科学规划工作十分重视。1956年1月21日，科学院副院长兼数理化部主任吴有训、副院长兼生物地学部主任竺可桢、办公厅主任兼技术科学部主任严济慈等科学家，在中南海怀仁堂给毛主席、刘少奇、周恩来、陈云、彭真等中央领导人和参加知识分子问题会议的1000多名各级领导干部，作关于科学工作的报告，从而使中国领导人进一步了解到中国科技工作现状与世界先进科技水平的差距。竺可桢在当天的日记里写道："今天大会极为庄严，料不到人民政府看科学如此重要。"②

---

① 参见武衡：《科技战线五十年》，科学技术文献出版社1992年版，第160页。

② 《竺可桢日记Ⅲ（1950—1956）》，科学出版社1989年版，第641页。

在 1956 年 1 月 25 日召开的最高国务会议第六次会议上，毛泽东指出：“我国人民应该有一个远大的规划，要在几十年内，努力改变我国在经济上和科学文化上的落后状况，迅速达到世界上的先进水平。”① 在随后召开的全国政协二届二次全体会议上，周恩来发出“向现代科学技术大进军”的号召，认为“必须制订科学发展的全面规划，加强和扩大科学研究机构，大量培养科学研究人才，为发展科学事业准备一切必要的条件”。他要求国家计划委员会会同科学院和国务院各部门拟制 1956 年到 1967 年中国科学发展的远景计划。并且明确指出：“这个远景计划的出发点，是要按照需要和可能，把世界科学的最先进成就尽可能迅速地介绍到我国来，把我国科学事业方面最短缺而又最急需的门类尽可能迅速地补足起来，根据世界科学已有的成就来安排和规划我国的科学研究工作，争取在第三个五年计划期末使我国最急需的科学部门能够接近世界先进水平。”② 这就为制订 12 年科学技术发展远景规划明确了方向。

1 月 31 日，科学规划委员会召开有中国科学院、国务院各有关部门、高等学校领导人和科技人员参加的动员大会。这次会议宣布成立以范长江为组长的科学规划十人小组，成员有张劲夫、刘杰、周光春、张国坚、李登瀛、薛暮桥、刘皑风、于光远、武衡等。

制订这样的大型科学发展远景规划，在中国还是第一次。在当时的历史条件下，自然需要苏联的帮助。1956 年 2 月，周恩来致电苏联部长会议主席布尔加宁：“为了使我国的科学研究工作能够满足社会主义建设的要求，并且使某些重要的学科尽快地接近世界上先进的科学水平，我们科学家正在积极地进行拟制发展

① 《毛泽东文集》第 7 卷，人民出版社 1999 年版，第 2 页。
② 《政治报告》，《人民日报》1956 年 1 月 31 日。

中国科学事业的长期规划的工作。"中国科学家"希望苏联科学家在这个工作中给予他们直接的帮助"。周恩来表示，中国方面拟请机械数学、电子学、半导体物理、自动控制等16门学科的苏联科学家来华短期讲学，并帮助中国科学家拟制发展科学事业的长期规划。① 3月22日，苏联驻华大使尤金通知周恩来，苏联方面同意派出以苏联科学技术情报研究所所长柯夫达通讯院士为首的16位科学家来华帮助工作。这些苏联科学家来华后，有的作了学科国际现状和发展前景的报告，有的对中国的科学规划及某些新兴的尖端科学技术如何发展提出了中肯的意见。

1956年3月，国务院决定成立以陈毅为主任，李富春、郭沫若、薄一波、李四光为副主任，张劲夫为秘书长兼委员会办公室主任，范长江和杜润生为办公室副主任，共有35人组成的科学规划委员会。

从1956年3月起，科学规划十人小组以中国科学院物理学数学化学部、生物学地学部和技术科学部为基础，集中全国600多位科学家，其中包括全部自然科学的学部委员，进行科学规划的拟制工作。可以说，这次规划集中了当时中国最优秀的科技人才。这些科学家将科学规划看成是"我国今后十二年内科学研究的宪章"，为能参加这项工作感到十分自豪，同时他们也以加速中国科技发展，尽快使中国的科技工作赶上世界先进水平的强烈责任感，夜以继日地进行规划的拟制工作。聂荣臻回忆说："他们真可以说是做到了废寝忘食的程度，大家吃在一起，住在一起，谈论的都是怎样使国家进步强盛起来。"②

党和国家领导人也十分关注科学规划的拟制工作。周恩来多

① 参见中共中央文献研究室编：《周恩来年谱（1949—1976）》上卷，中央文献出版社1997年版，第547—548页。

② 《聂荣臻回忆录》（下），解放军出版社1984年版，第772页。

次听取十人小组的汇报，并要求在制订规划时要尽量采取世界先进技术，瞄准当时的新兴科学、新兴技术，不失时机地迎头赶上；同时又要根据中华人民共和国成立不久、国力有限的客观实际，做到重点发展，避免分散力量，拖延时日。① 5 月 26 日，周恩来在中南海怀仁堂举行盛大酒会，招待参加全国科学规划工作的科学家，勉励科学家们努力开展科学研究工作，学习苏联和其他一切先进国家的科学技术，争取在 12 年内使中国重要的和急需的科学技术部门接近和赶上世界先进水平。6 月 14 日，毛泽东、朱德、陈云、邓小平、林伯渠等中央领导人又接见了参加规划工作的全部科学家。

规划开始时，与会科学家各自就比较熟悉的科学领域，提出大批课题。十人小组根据周恩来在知识分子问题会议上提出的"在制定这个远景计划的时候，必须按照可能和需要，把世界科学的最先进的成就，尽可能迅速地介绍到我国的科学部门、国防部门、生产部门和教育部门中来，把我国科学界所最短缺而又是国家建设所最急需的门类尽可能迅速地补足起来，使 12 年后，我国这些门类的科学和技术水平，可以接近苏联和其他世界大国"② 的要求，提出以"重点发展，迎头赶上"作为 12 年科学规划的发展战略。这个方针的内涵，一是要赶上世界先进科学水平，为社会主义建设服务；二是要在现有国力的基础上选择重点项目，调动现有科技人员的积极性，加快培育新的人才，集中人力物力，限期完成规划目标。

当时，有人对"重点发展"表示赞成，但对于"迎头赶上"认为脱离中国实际，不太现实，从而主张从打基础开始。但是参

① 参见中共中央文献研究室编：《周恩来传（1949—1976）》（上），中央文献出版社 1998 年版，第 252 页。

② 《关于知识分子问题的报告》，《人民日报》1956 年 1 月 30 日。

加规划的科学家，看到中国同世界先进水平的差距已拉得很大，认为不加快速度赶上去不行，中国大规模的经济建设和国防建设，也需要科学技术的支持，由此产生了强烈的历史责任感。同时，1954 年日内瓦会议后有数百位在西方国家留学或工作的科学家回国，成为填补空白学科和加强薄弱环节的生力军。因此，大家认为"迎头赶上"不但是完全必要的，而且也是可能的。①

集中起来的几百名科学家来自不同的部门，从事不同学科的研究，所以在讨论规划原则时，有人提出按任务来规划，即根据国民经济和国防建设对于科学技术所提出的任务来进行规划；也有人认为按学科来规划。科学规划委员会考虑到如果按学科来规划，虽然可以取得一批单项的科研成果，但由于有相当多的科学家不是很了解国家对科学技术的需要，因此在规划中难以使理论与实际很好地结合起来，而且还会使一些现在无人研究或研究力量薄弱的学科和环节得不到填补和加强。经过充分讨论，科学规划委员会最后确定了"按任务带学科"的规划基本原则。②

规划委员会将"按任务带学科"的原则向周恩来作了汇报，周恩来听后提出了一个问题：那些任务带不动的学科怎么办？他建议补充一个基础科学的规划。根据周恩来的意见，规划中增加了"若干重要基本理论的研究"一项任务，其中包括数学、力学、天文学、物理学、地学、化学、生物学、地质学及地理学等8 个基础学科的规划。③

---

① 参见张劲夫：《怀念集》，中共中央党校出版社 1994 年版，第31—32 页。

② 参见《聂荣臻回忆录》（下），解放军出版社 1984 年版，第771 页。

③ 参见武衡：《科技战线五十年》，科学技术文献出版社 1992 年版，第 164 页。

在规划的制订中，"任务"主要是由中国科学院的苏联顾问扎连科列出的，其办法是按建设需要提出一个个科技课题，作为项目任务，每一个项目都要求掌握现有的、创造新的科技。"任务"提出后进行分组讨论，把任务讨论清楚，将需要相关学科解决什么问题定出来。然后按照定出来的 57 个重要任务，组成一个个小组，组织起草文件。"每一项任务，都确定一个负责单位、多个参加单位，还写明有些什么课题，要求派多少学生出去留学，要求国家多少财政支持，设什么机构，预定工作时限。"①

经过 6 个月的努力，23 个单位的 757 名科学家和技术专家初步完成了《1956—1967 年科学技术发展远景规划纲要（草案）》和四个附件的起草。这四个附件是：《任务说明书和中心问题说明书》《基础科学学科规划说明书》《任务和中心问题名称一览》《1956 年紧急措施和 1957 年研究计划要点》，共 600 余万字。

1956 年 8 月和 10 月，国务院科学规划委员会两次举行扩大会议，对《1956—1967 年科学技术发展远景规划纲要（草案）》（简称《规划纲要（草案）》）进行讨论和修改，特别着重讨论了《规划纲要（草案）》中一些主要的有争论的问题，如规划重点的确定、科研体制等。

整个规划共提出任务 57 项，并从中提出 12 个重点任务。在讨论过程中，有的科学家不同意将"危害我国人民健康最大的几种主要疾病的防治和消灭"和"自然科学中若干重要的基本理论问题"列为重点。科学规划委员会经过认真讨论，认为中国有几种疾病（如血吸虫病）严重地危害着几千万人民的生命，不是一件小事，理论问题也绝对不能忽视，因此将这两个问题列为重点是必要的。

---

① 刘振坤：《春风秋雨二十年——杜润生访谈录》，《百年潮》1999年第 6 期。

对于科学研究工作体制的讨论，主要是两个问题。一个是要不要成立常设的高级协调机构；一个是科学院的技术科学部应否继续存在。经过讨论，这两个问题也取得了一致意见，认为应当建立一个常设的高级协调机构，以协调和监督科学院、高等学校、产业部门等系统对规划的执行情况，并建议把科学规划委员会保留下来，设一精干办公机构担负这一任务。同时大多数人认为科学院技术科学部要多负责理论性的研究，它对发展技术科学关系重大，是绝对不能取消的。但科学院的技术科学部应该注意主动地加强和产业部门的联系，适当分工协作，摊子不要铺得过大。

1956年10月29日，陈毅、李富春和聂荣臻三位科学规划委员会的正副主任，将科学规划的进展情况向中共中央作了汇报，同时建议将草案发给各部门、各省市讨论以提出修改意见，其中某些紧急工作，各部门可暂先参照执行，并建议保留科学规划委员会作为高级协调机构，其主要任务是：1. 监督科学规划的实施，特别是监督重点任务的实施；2. 初步汇总平衡各个系统年度的和长期的科学研究计划，作为国家计划的一部分；3. 解决各个系统在科学研究工作中的重大的协调问题；4. 研究和组织解决科学研究工作中重要的工作条件问题（如图书、资料、仪器、基建等）；5. 统一安排科学研究工作的国际合作问题。同时报送的还有《1956—1967年科学技术发展远景规划纲要（草案）》和四个附件。

随后，陈毅的工作主要转向外交方面。为此，中共中央和国务院于1956年11月任命聂荣臻为国务院副总理兼科学规划委员会主任。

随后，科学规划委员会又组织科学家对《规划纲要（草案）》进行修正，形成了《1956—1967年科学技术发展远景规划纲要（修正草案）》（简称《纲要（修正草案）》），于1956年12

月 20 日报送给了中共中央。12 月 22 日，中共中央将《纲要（修正草案）》转发各省市自治区党委和国家机关各党组，认为这是"国家的重要规划文件"，要求各地"注意研究"，并将意见和各方面的反映告诉国家科学规划委员会党组。① 至此，新中国第一个科学技术发展远景规划基本形成。

规划首先确定了未来 12 年中国科学技术工作的基本任务，这就是："迅速壮大我国的科学技术力量，力求某些重要的和急需的部门在十二年内接近或赶上世界先进水平，使我国建设中许多复杂的科学和技术问题能够逐步地依靠自己的力量加以解决，作到更好更快地进行社会主义建设。"②

规划确立了"重点发展，迎头赶上"的发展科学方针，并提出要实现这一方针，必须注意以下三点：

一是应该根据国民经济发展的需要和科学发展的方向，确定国家的重要科学技术任务，把各个科学部门的力量汇合在统一的目标下。所有确定的各项重要任务中应挑选出更重要的和更急需的任务作为重点，集中必要的力量，大力开展研究，并带动其他有关部门的发展。

二是在进行科学研究时，应该首先掌握世界上现有的先进科学成就，尽量避免重复研究国外早已解决了的问题。在学习、掌握和利用国外成就时，应该特别注意中国资源情况和技术要求，总结经验，取长补短，发挥创造性和实事求是精神，防止简单的抄袭和盲目的模仿。

三是必须及时地积极地积累自己的科学储备，大力加强和充

---

① 参见中共中央文献研究室编：《建国以来重要文献选编》第 9 册，中央文献出版社 1994 年版，第 425 页。

② 中共中央文献研究室编：《建国以来重要文献选编》第 9 册，中央文献出版社 1994 年版，第 436—437 页。

实理论研究的力量，克服忽视理论研究的近视的倾向。①

规划从13个方面提出了57项重要的科学技术任务。这13个方面是：自然条件及自然资源，矿冶，燃料和动力，机械制造，化学工业，建筑，运输和通讯，新技术，国防，农、林、牧，医药卫生，仪器、计量和国家标准，若干基本理论问题和科学情报。每一个方面有一项或几项任务。每一个任务又包括若干个中心问题。每一个中心问题都参照国际先进水平，结合我国情况，提出了解决问题的科学途径和最近两年的研究题目。这57项任务中总共包括616个中心问题。

在这57项任务中，又有12个重点任务：1. 原子能的和平利用；2. 无线电电子学中的新技术；3. 喷气技术；4. 生产过程自动化和精密仪器；5. 石油及其他特别缺乏的资源的勘探，矿物原料基地的探寻和确定；6. 结合中国资源情况建立合金系统并寻求新的冶金过程；7. 综合利用燃料，发展重有机合成；8. 新型动力机械和大型机械；9. 黄河、长江综合开发的重大科学技术问题；10. 农业的化学化、机械化、电气化的重大科学问题；11. 危害中国人民健康最大的几种主要疾病的防治和消灭；12. 自然科学中若干重要的基本理论问题。此外，由航空工业委员会、总参装备计划部、国防工业部共同拟定的武器装备发展计划，也是12年科学规划的组成部分。

在规划中还对全国科学研究工作的体制（主要是科学院、产业部门和高等学校三个方面之间的分工合作与协调原则）、现有人才的使用方针、培养干部的大体计划和分配比例、科学研究机构设置的原则等作了一般性的规定。

此外，规划中还有一些国际合作项目，如留学生的选派，派

① 参见武衡、杨浚主编：《当代中国的科学技术事业》，当代中国出版社1992年版，第91页。

遣科学家、研究生出国考察、学习，请外国帮助建立研究工作基地，聘请外国科学家来华讲学或帮助研究工作，与苏联、东欧国家建立科学联系和进行某些研究项目等。

在制订 12 年科学技术发展远景规划的过程中，为了发展无线电电子学、自动化、半导体和计算技术这四个在现代科学技术发展中具有关键作用的新学科领域，使其在短时期内改变现状，接近国际水平，科学规划委员会提出了《发展计算技术、半导体技术、无线电电子学、自动学和远距离操纵技术的紧急措施方案》（后来简称为"四大紧急措施"）。"四大紧急措施"实施方案报到国务院后，周恩来亲自过问审议，立即批准，并同意由科学院迅速集中科技力量，着手筹建有关研究机构。1956 年 7 月 28 日，中国科学院第 20 次院务常务会议决定成立计算技术研究所、自动化及远距离操纵研究所以及电子学研究所的筹备委员会和应用物理研究所半导体物理研究小组，分别由华罗庚、钱伟长、李强和王守武等科学家负责筹备。按照这个方案，中国科学院很快就着手建立计算技术研究所、半导体研究所（开始叫物理研究所半导体实验室）、电子学研究所和自动化研究所。

有了规划，就有了奋斗目标。从 1957 年起，12 年科学技术发展远景规划全面实施。虽然随后发生的反右派斗争和"大跃进"运动，使中国的科学技术发展工作受到了一定的影响。但是，在周恩来、聂荣臻等老一辈革命家的组织领导下，经过广大科研人员的不懈努力，12 年科学技术规划的主要任务，到 1962 年，57 项任务中有 50 项基本上达到了原定的目标，另外有些项目是长期任务，并不是 12 年内所能完成的，但这些项目也取得了重大进展。

二、《论十大关系》的发表

（一）《论十大关系》的形成过程

1955 年 12 月 7 日起，刘少奇为起草中共八大政治报告，逐一找中央各部门负责人个别谈话。至 1956 年 3 月 8 日，共约谈了 32 个国家部委（包括国务院直属局）。1956 年 1 月 12 日，毛泽东从外地回到北京。随后不久，国务院副总理薄一波向他汇报工作时，偶然谈及刘少奇正在听取国务院一些部委的汇报，此事引起了毛泽东的兴趣，对薄一波说："这很好，我也想听听。你能不能替我也组织一些部门汇报？"① 于是，从 1956 年 2 月 14 日至 4 月 24 日，毛泽东总共听取了 43 天的汇报。

对于这次听取各个经济部门的汇报，被认为是毛泽东"建国后乃至在他一生中所作的规模最大、时间最长、周密而系统的经济工作调查"②。他自己后来也说："那个十大关系怎么出来的呢？我在北京经过一个半月，每天谈一个部，找了三十四个部的同志谈话，逐渐形成了那个十条。如果没有那些人谈话，那个十大关系怎么会形成呢？不可能形成。"③ 就在听取汇报的过程中，毛泽东对经济建设中的一些重要关系开始进行归纳，同时也对如何加快社会主义建设发表自己的看法。

---

① 薄一波：《若干重大事件与决策的回顾》上卷，中共中央党校出版社 1991 年版，第 466 页。

② 中共中央文献研究室编：《毛泽东传（1949—1976）》（上），中央文献出版社 2003 年版，第 483 页。

③ 中共中央文献研究室编：《毛泽东传（1949—1976）》（上），中央文献出版社 2003 年版，第 471 页。

2月16日，毛泽东听取第一、第二、第三机械工业部汇报，在讲到好大喜功的问题时说：好大喜功好像是坏事，历来骂汉武帝好大喜功，可不名誉哩。木船变轮船，马车变汽车、火车，都是好大喜功，不加区别地说好大喜功都不好是不妥当的。① 第二天在继续听取这几个部汇报时他又说：去年由于农业合作化、资本主义工商业改造迅速发展，反过来推动了建设。知识分子问题也是这期间提出来的，干部也是知识分子问题，高级知识分子要搞一百万嘛。搞建设，想缩短犯主观主义的时间。看样子三个五年计划可能加快，三个五年计划变成两个五年完成，甚至还要缩短，这是可能的。②

2月25日，毛泽东听取重工业部汇报时再次讲到发展速度问题。他说："我国建设能否超过苏联头几个五年计划的速度？我看是可以赶上的，工业也可以超过。中国有两条好处，一曰穷，二曰白，一点负担没有。美国在华盛顿时代，也是白，所以发展起来是很快的。要打破迷信，不管中国的迷信，外国的迷信。我们的后代也要打破对我们的迷信。我国工业化，工业建设，完全应该比苏联少走弯路。我们不应该被苏联前几个五年计划的发展速度所束缚。我们有可能超过它，理由有四：国际条件不同；国内条件不同；技术水平不同；中国人口多，农业发展快。同样，即使在技术发展方面，在现代技术发展方面，也可以超过苏联，有社会主义的积极性，群众路线，少搞官僚主义。"③

---

① 参见中共中央文献研究室编：《毛泽东年谱（1949—1976）》第2卷，中央文献出版社2013年版，第531页。

② 参见中共中央文献研究室编：《毛泽东年谱（1949—1976）》第2卷，中央文献出版社2013年版，第532页。

③ 中共中央文献研究室编：《毛泽东年谱（1949—1976）》第2卷，中央文献出版社2013年版，第537页。

4月19日，毛泽东将边听取汇报边思考的问题归纳为三个关系，提出三个关系都必须很好地解决，即沿海与内地关系；轻工业与重工业关系；个人与集体关系。他指出：真想建设内地，就必须充分利用沿海；真想建设重工业，就必须建设轻工业；真想搞好集体所有制，就必须搞好个人所得。①

4月20日，毛泽东在听取国家计委主任李富春关于第二个五年计划的汇报时，提出了五个关系。他说：重工业是重点是无可争论的。但如果把轻工业建设投资比重定得不恰当，轻工业定低了，就是立志不想搞重工业。要搞重工业就要适当增加轻工业的投资。除了轻工与重工，沿海与内地，个人与集体，地方与中央几个关系，还有经济与国防的关系。减少些国防，多搞些工业，正是为了国防。②

4月24日，继续听取李富春关于第二个五年计划的汇报，毛泽东根据两个多月来听取经济工作部门汇报的情况，归纳了六大矛盾，即六大关系。1. 轻工业与重工业：为了发展重工业，就必须注意在轻工业上多投些资。2. 沿海与内地：为了建设内地，就必须充分利用沿海。3. 国防、行政与经济、文化：要尽可能地减少国防和行政的费用，来扩大经济和文教的建设。4. 个人与集体：要发展集体利益就必须照顾个人利益。增加工人工资，正是为了提高工人的积极性，达到增产。农民中有两重关系，即国家与合作社，社与社员，必须照顾社员的收入能年年增加，才能提高社员增产的积极性。5. 地方与中央：分权正是为了集权，不注意地方，削弱地方的权限，对中央是不利的。6. 少数民族

---

① 参见中共中央文献研究室编：《毛泽东年谱（1949—1976）》第2卷，中央文献出版社2013年版，第562页。

② 参见中共中央文献研究室编：《毛泽东年谱（1949—1976）》第2卷，中央文献出版社2013年版，第563页。

与汉族：搞好少数民族的工作，对汉族大有好处。少数民族虽然人口只占十四分之一，而土地却占百分之五六十。毛泽东说：这几个矛盾如果调整得好，工作就会搞得更好些，犯错误也犯在这些矛盾上。如斯大林就在第四个矛盾上犯了错误，东欧兄弟国家在第一个矛盾上犯了错误。①

就在毛泽东开始听取各个经济部门汇报之际，1956 年 2 月，苏联共产党举行第二十次全国代表大会。在大会闭幕前，赫鲁晓夫作了题为《关于个人崇拜及其后果》的秘密报告，揭露了斯大林在领导苏联社会主义建设中的严重错误，以及对他个人崇拜所造成的严重后果，在苏联国内和国际上都引起极大的震动。这时，中国的社会主义改造即将基本完成，必须把工作重心转移到经济建设和文化建设上来。毫无疑问，在中国这样一个贫穷落后、人口众多的国家建设社会主义，是一个十分困难和复杂的问题。因此，如何以苏联为鉴戒，寻找一条适合自己国情的建设道路，尽快把中国建设成为一个强大的社会主义国家，就成为中国共产党和全国人民面临的一个重大课题。

1956 年 3 月至 4 月，中共中央政治局和书记处相继召开一系列会议，讨论苏共二十大及其影响。毛泽东认为，赫鲁晓夫的秘密报告，一是揭了盖子，二是捅了娄子。一方面，赫鲁晓夫"破除了那种认为苏联、苏共和斯大林一切都是正确的迷信，有利于反对教条主义。不要再硬搬苏联的一切了，应该用自己的头脑思索了。应该把马列主义的基本原理同中国社会主义革命和建设的具体实际结合起来，探索在我们国家里建设社会主义的道路"②。

---

① 参见中共中央文献研究室编：《毛泽东年谱（1949—1976）》第 2 卷，中央文献出版社 2013 年版，第 566 页。

② 中共中央文献研究室编：《毛泽东年谱（1949—1976）》第 2 卷，中央文献出版社 2013 年版，第 550 页。

另一方面，秘密报告无论在内容上还是方法上都有严重错误，主要是不恰当地全盘否定斯大林。他还说，苏共二十大给中国的教益，"最重要的是要独立思考，把马列主义的基本原理同中国革命和建设的具体实际相结合。民主革命时期，我们吃了大亏之后才成功地实现了这种结合，取得了新民主主义革命的胜利。现在是社会主义革命和建设时期，我们要进行第二次结合，找出在中国怎样建设社会主义的道路"①。他表示，这个问题几年前他就开始考虑，先在农业合作化问题上考虑怎样把合作社办得又多又快又好，后来又在建设上考虑能否不用或者少用苏联的拐杖，不像第一个五年计划那样照搬苏联的一套，自己根据中国的国情，建设得又多又快又好又省。② 苏共二十大特别是赫鲁晓夫的秘密报告，不但揭开了斯大林问题的盖子，使中共破除了对苏联的迷信，也增强了毛泽东的自信，认为中国共产党不但能走出一条不同于苏联的革命道路，也完全可以走出一条不同于苏联的社会主义建设道路。

4月25日，有各省市自治区党委书记参加的中共中央政治局扩大会议召开。这次政治局扩大会议的原定议题是讨论农业生产合作社等问题，但"谁也没有料到毛泽东要在这次会上发表《论十大关系》的讲话。他讲了以后，会议便集中讨论这篇讲话"③。这次会议毛泽东所讲的十大关系，是在24日他所归纳的六大关系的基础上，增加了党与非党的关系，革命与反革命的关系，是非关系，中国与外国的关系。

---

① 中共中央文献研究室编：《毛泽东年谱（1949—1976）》第2卷，中央文献出版社2013年版，第557页。

② 吴冷西：《回忆主席与战友》，人民出版社2016年版，第29页。

③ 中共中央文献研究室编：《毛泽东传（1949—1976）》（上），中央文献出版社2003年版，第483页。

5月2日，毛泽东在最高国务会议第七次会议上，又一次对十大关系作了系统的阐述，并且着重谈到了"百花齐放、百家争鸣"问题，斯大林问题，中国共产党和民主党派的关系问题，犯人的问题等。

（二）《论十大关系》的主要内容

对于《论十大关系》基本思想，毛泽东在讲话的开头与就明确提出："最近两个月来，政治局分别听取了中央的经济、财政三十四个部门的工作汇报，交换了一些意见，政治局又讨论了几次，综合起来，有十个问题，十个矛盾。提出这十个问题，都是为着一个目的，为着调动一切积极因素，动员一切可用的力量，来多、快、好、省地建设社会主义。"① 很显然，毛泽东之所以搞这一次调研并形成这样一个报告，就是试图在社会主义改造基本完成之后，加快调动一切积极因素，加快社会主义建设的速度，在尽可能短的时间里把中国建设成为一个社会主义强国。而且毛泽东认为，通过社会主义改造必将极大地解放生产力，而苏共二十大及赫鲁晓夫的秘密报告所揭露出来的问题，说明中国完全可以少走苏联曾走过的弯路，而走出一条多快好省的社会主义建设道路，因此，他说："最近苏联方面暴露了他们在建设社会主义过程中的一些缺点和错误，他们走过的弯路，你还想走？过去我们就是鉴于他们的经验教训，少走了一些弯路，现在当然更要引以为戒。""我们要学的是属于普遍真理的东西，并且学习一

---

① 目前能看到《论十大关系》有两个版本，一是1956年作为中央文件发表的版本，一是1976年12月26日由《人民日报》公开发表的版本，收入1999年出版的《毛泽东文集》第7卷是该版本。这两个版本内容有所不同，这一段话来自于1956年的版本。

定要与中国实际相结合。"① 毛泽东认为，只有把这十大关系即十个矛盾解决好了，中国才能走出一条比苏联更快更好的社会主义建设道路。

"十大关系"包括：重工业和轻工业、农业的关系，沿海工业与内地工业的关系，经济建设和国防建设的关系，国家、生产单位和生产者个人的关系，中央和地方的关系，汉族和少数民族的关系，党和非党的关系，革命和反革命的关系，是非关系，中国和外国的关系。这十大关系涉及生产力与生产关系、经济基础与上层建筑的方方面面，但又不是平行关系，其中主要讨论经济问题。这反映了在新的形势下，毛泽东在分析国内社会矛盾全局的时候，已经把经济建设中的矛盾摆在中心的地位。从这一指导思想出发，毛泽东提出要正确处理十个方面的关系。

《论十大关系》前五个关系，主要是经济建设问题。毛泽东在论及各种关系时，其着眼点主要是如何加快经济和工业发展的问题。

关于重工业和轻工业、农业的关系问题，讲话肯定过去在处理这方面关系上没有犯多大错误，比苏联和一些东欧国家做得好些。同时强调，现在的问题，就是还要适当地调整重工业和农业、轻工业的投资比例，更多地发展农业、轻工业。这样，一是可以更好地供给人民生活的需要，二是可以更快地增加资金的积累，因而可以更多更好地发展重工业。毛泽东说："你对发展重工业究竟是真想还是假想，想得厉害一点，还是差一点？你如果是假想，或者想得差一点，那就打击农业、轻工业，对它们少投点资。你如果是真想，或者想得厉害，那你就要注重农业、轻工业，使粮食和轻工业原料更多些，积累更多些，投到重工业方面

---

① 《毛泽东文集》第7卷，人民出版社1999年版，第23、42页。

的资金将来也会更多些。"①

关于沿海工业和内地工业的关系。讲话指出，为了平衡工业发展的布局，内地工业必须大力发展。在这两者的关系问题上，最近几年对于沿海工业有些估计不足，对它的发展不那么十分注重。过去朝鲜在打仗，国际形势还很紧张，不能不影响对沿海工业的看法。现在可能有十年或者更长一点的和平时期。好好地利用和发展沿海的工业，可以更有力量来支持和发展内地工业。毛泽东说："好好地利用和发展沿海的工业老底子，可以使我们更有力量来发展和支持内地工业。如果采取消极态度，就会妨碍内地工业的迅速发展。所以这也是一个对于发展内地工业是真想还是假想的问题。如果是真想，不是假想，就必须更多地利用和发展沿海工业，特别是轻工业。"②

关于经济建设和国防建设的关系。讲话认为，经过抗美援朝战争和几年的整训，军队加强了，装备也有所改进。今后如何发展，可靠的办法就是把军政费用降到一个适当的比例，增加经济建设费用。只有经济建设发展得更快，国防建设才能有更大的发展。他说："这里也发生这么一个问题，你对原子弹是真正想要、十分想要，还是只有几分想，没有十分想呢？你是真正想要、十分想要，你就降低军政费用的比重，多搞经济建设。你不是真正想要、十分想要，你就还是按老章程办事。"③

关于国家、生产单位和生产者个人的关系。讲话提出，国家和工厂、合作社的关系，工厂、合作社和生产者个人的关系，这两种关系都要处理好。国家和工厂，国家和工人，工厂和工人，国家和合作社，国家和农民，合作社和农民，都必须兼顾，不能

① 《毛泽东文集》第 7 卷，人民出版社 1999 年版，第 25 页。
② 《毛泽东文集》第 7 卷，人民出版社 1999 年版，第 26 页。
③ 《毛泽东文集》第 7 卷，人民出版社 1999 年版，第 27—28 页。

只顾一头。无论只顾哪一头，都是不利于社会主义，不利于无产阶级专政的。

关于中央和地方的关系，毛泽东在 1956 年 2 月 14 日听取主管重工业的国务院第三办公室汇报就曾说："我去年出去了几趟，跟地方同志谈话。他们流露不满，总觉得中央束缚了他们，地方同中央有些矛盾，若干事情不放手让他们管。他们是块块，你们是条条，你们无数条条往下达，而且规格不一，也不通知他们。他们的若干要求，你们也不批准，约束了他们。"3 月 2 日，他在听取地方工业部汇报时又说："苏联有一个时期很集中，也有好处，但缺点是使地方积极性减少了。我们现在要注意这个问题。地方政权那么多，不要使他们感到无事可做。"① 因此，毛泽东在《论十大关系》中认为，应当在巩固中央统一领导的前提下，扩大一点地方的权力，给地方更多的独立性，让地方办更多的事情。中国面积大、人口多、情况复杂，有中央和地方两个积极性，比只有一个积极性好得多。要发展社会主义建设，就必须发挥地方的积极性，省市也要注意发挥地、县、区、乡的积极性，都不能框得太死。在毛泽东看来，只有发挥了中央和地方两个方面的积极性，"这对我们建设强大的社会主义国家比较有利"②。

除了上述五个方面的关系，讲话还论及汉族和少数民族的关系、党和非党的关系、革命和反革命的关系、是非关系、中国和外国的关系。这些是属于政治生活和思想文化生活方面的问题。

毛泽东指出，在处理民族关系上，必须搞好汉族与少数民族的关系，既要反对大汉族主义，也要反对地方民族主义，巩固各民族的团结，共同努力于建设伟大的社会主义祖国。在党与非党

---

① 中共中央文献研究室编：《毛泽东年谱（1949—1976）》第 2 卷，中央文献出版社 2013 年版，第 528、540 页。

② 《毛泽东文集》第 7 卷，人民出版社 1999 年版，第 31 页。

的关系上，讲话提出还是几个党好，不但过去是如此，而且将来也可以如此，中国共产党与各民主党派长期共存、互相监督，要把民主党派的积极性调动起来为社会主义服务。对于革命与反革命的关系，讲话在肯定过去镇反、肃反必要性的前提下，提出反革命已经大为减少，今后社会上镇反要"少捉少杀"，机关内部肃反也要坚持"一个不杀，大部不捉"的方针，对一切反革命分子要给以生活出路，给他们以自新的机会。对于是非关系，毛泽东指出，党内党外都要分清是非，对犯错误的人要做到"惩前毖后，治病救人"。对于中国与外国的关系，毛泽东强调，一切民族、一切国家的长处都要学，政治、经济、科学、技术、文学、艺术的一切真正好的东西都要学，包括"学习资本主义国家的先进的科学技术和企业管理方法中合乎科学的方面"，但不要盲目地学，不能一切照抄，机械搬用。

由此可见，毛泽东的这篇讲话，核心是在社会主义改造基本完成、中国已经跨进社会主义的情况下，如何避免苏联在建设问题上走过的弯路，加快中国经济发展，走出一条有别有于苏联的社会主义建设道路。其中所论及的不论是前五个经济关系还是后五个政治关系，毛泽东之所以强调要处理好这些关系，正如他在讲话中最后所说的那样："总之，我们要调动一切积极的因素，直接的因素，间接的因素，直接的积极因素，间接的积极因素，为建设伟大的社会主义国家而奋斗！"①

毛泽东在《论十大关系》的讲话中，提出了以苏为鉴，探索适合中国国情的社会主义建设道路的任务。《论十大关系》的发表，标志着在中国刚刚进入社会主义社会时，中国共产党和中国人民就开始了对适合本国情况的建设社会主义道路的探索，并且取得了初步成果，使中国共产党比较系统地探索中国自己的建设

① 见1956年作为中共中央文件下发的《论十大关系》。

社会主义道路有了一个良好的开端。这个讲话成为随后召开的中共八大政治报告的指导思想。毛泽东后来回顾这段历史时说："一九五六年四月的《论十大关系》，开始提出我们自己的建设路线，原则和苏联相同，但方法有所不同，有我们自己的一套内容。"① 他还说："前八年照抄外国的经验。但从一九五六年提出十大关系起，开始找到自己的一条适合中国的路线。"②

三、冒进与反冒进

（一）经济建设中冒进倾向的出现

1955 年下半年，通过对所谓"小脚女人"即右倾保守思想的批判，中国农业和资本主义工商业的社会主义改造进入高潮，原定 15 年左右才能完成的社会主义改造任务大大提前。在这种情况下，毛泽东认为，不但社会主义改造的速度应当而且可以加快，就是各项建设事业的速度也应当是如此。1955 年 12 月 5 日，中共中央政治局召开有各省、自治区、市和中央党政军各部门负责人参加的座谈会，由刘少奇传达毛泽东关于召开中共八大的指示。刘少奇在讲话提纲中写道："各方面的潜力还是很大，事业的进行还可加快，事情还可以多办。""（八大）中心思想，反对右倾保守主义，提早完成社会主义建设和改造的计划。""要利用目前世界休战的时期，加快速度来完成我国总任务。那时不论和战都好办得多。未完成而战困难更多。""一切工作要求办得又多、又快、又好。""以前反盲目冒进，反贪多、贪大、贪快，是

---

① 《毛泽东文集》第 7 卷，人民出版社 1999 年版，第 369—370 页。

② 中共中央文献研究室编：《建国以来重要文献选编》第 13 册，中央文献出版社 1996 年版，第 418 页。

对的，但出了毛病，把干部和群众的积极性也反掉了。"①

据薄一波回忆，毛泽东批判经济建设领域的右倾保守思想，也是"事出有因"：

一是毛泽东感到国务院有些部门设想的长期计划指标偏低了。1955 年夏，国务院在北戴河开会，按照过渡时期总路线总任务的要求，讨论编制 15 年（1953—1967）远景计划和第二个五年计划轮廓的问题，由各部汇报自己的设想。按照各部的汇报，到 1967 年，全国粮食产量 6000 亿斤，棉花产量 5600 万担，钢产量 1800 万吨，煤炭产量 28000 万吨；工农业产值平均年增长速度："一五"计划 8.6%，"二五"计划 9.9%，"三五"计划 10.1%，15 年平均年增长 9.5%。10 月 5 日，国家计委将有关情况汇总报告中共中央，但毛泽东对这个设想不满意。

二是毛泽东对 1955 年国民经济计划执行情况有看法。1955年原计划基本建设投资 97.9 亿元（新币，下同），比上年增长 31.5%。执行中，经济生活中出现一些新情况，几次调整计划。在调整中，由于不适当地削减了某些非生产性（如校舍和职工宿舍等）建设项目，投资总额调减为 91.7 亿元。到年底，原来安排收支平衡的预算，结余资金 18.1 亿元。钢材、木材、水泥等物资也有较多的结余。又由于没有经验，还没认识到保留必要储备的重要性，一度决定钢材出口，水泥减产，木材和部分器材减价出售。②

按照毛泽东批评右倾保守思想的精神，1956 年元旦，《人民日报》发表题为《为全面地提早完成和超额完成五年计划而

---

① 《建国以来刘少奇文稿》第 7 册，中央文献出版社 2008 年版，第 407—408 页。

② 参见薄一波：《若干重大决策与事件的回顾》上卷，中共中央党校出版社 1991 年版，第 523—524 页。

奋斗》的社论，明确提出又多、又快、又好、又省的口号。随后，毛泽东主持起草《一九五六年到一九六七年全国农业发展纲要》草案（简称"农业四十条"），"要求在农业合作化的基础上，迅速地、大量地增加农作物的产量，发展农、林、牧、副、渔等生产事业"。① 该纲要要求在 12 年内，把粮食每亩的平均产量，在黄河、秦岭、白龙江以北，由 1955 年的 150 多斤提高到 400 斤，黄河以南、淮河以北地区由 1955 年的 208 斤提高到 500 斤，淮河、秦岭、白龙江以南地区由 1955 年的 400 斤提高到 800 斤，即著名的"四、五、八"。把棉花每亩的平均产量，由 1955 年的全国平均 35 斤皮棉，按照各地情况，分别提高到 60 斤、80 斤和 100 斤皮棉。按照这种亩产量的水平，到 1967 年，全国的粮食总产量将比 1955 年增加一倍半以上，棉花总产量将比 1955 年增加两倍。这个要求显然过高，难以实现，到 1967 年，全国粮食作物每亩平均产量只有 244 斤，棉花每亩的平均产量只有 62 斤。

随着对右倾保守思想的批判和又多、又快、又好、又省口号的提出，一些地方开始不顾实际可能提出一些过高的指标。例如，1956 年 1 月召开的广东省粮食生产会议要求全省 1956 年的粮食总产量，在 1955 年的 220 多亿斤的基础上再增产 18.5%，即增产 40 亿斤，比原订的增产计划提高了 12 亿斤，并把增产 56 亿斤作为争取实现的目标。② 安徽省提出，12 年后，全省粮食每亩平均产量，在淮北平原地区，将由 1955 年的 200 斤提高到 600 斤，淮南丘陵地区将由 1955 年的 280 斤提高到 800 斤，长江两岸

---

① 《关于 1956 年到 1967 年全国农业发展纲要的说明》，《人民日报》1956 年 1 月 26 日。

② 参见《广东省重新修改了粮食增产计划》，《人民日报》1956 年 2 月 4 日。

将由 1955 年的 600 斤提高到 1400 斤，皖南山区将提高到 900 斤。农民一年生产的粮食够两年吃。全省普通的水旱灾害和地方疾病也都消灭。文盲完全扫除，一部分人还可以受到中等教育。全省建立起 2000 个发电站，农村初步电气化，乡乡有电灯，社社都通电话。农业合作社都有俱乐部、运动场。安徽人民将过着幸福富裕的生活。① 甘肃省提出，1956 年全省粮食要在 1955 年总产量 78 亿多斤的基础上增加到 103 亿多斤，较 1955 年实际产量增加 31.8%；棉花要在 1955 年总产量 9.98 万多担的基础上增加到 25.2 万多担，较 1955 年实际产量增加 152%。②

国务院各部也纷纷修改 1955 年夏季在北戴河汇报时提出的长期计划指标。1956 年 1 月 14 日，由国家计委汇总报告给中共中央、国务院。其中，1967 年粮、棉、钢、煤四大指标修改如下：粮食 9500 亿斤（加上大豆实为 1 万亿斤），比 1955 年夏各部门在北戴河汇报时的 6000 亿斤提高 3500 亿斤；棉花 1 亿担，比原汇报的 5600 万担增加 4400 万担；钢 2400 万吨，比原汇报的 1800 万吨增加 600 万吨；原煤 33000 万吨，比原汇报的 28000 万吨增加 5000 万吨。不少原定 1967 年实现的指标，提早 5 年，改为 1962 年实现。③

2 月 22 日，国家计委向中共中央报送《关于 1956 年度国民经济计划草案的报告》。该报告说，1956 年度国民经济计划草案，是在国民经济全面高涨的情况下，根据中共中央关于反对右倾保守

---

① 参见《未来的"千斤省"——安徽省社会主义建设积极分子大会旁听记》，《人民日报》1956 年 2 月 24 日。

② 参见《要改变落后的农业生产面貌——记中共甘肃省第一次区委书记会议》，《人民日报》1956 年 4 月 2 日。

③ 参见薄一波：《若干重大决策与事件的回顾》上卷，中共中央党校出版社 1991 年版，第 527 页。

主义，计划既要积极又要可靠的指示和提前完成五年计划的精神编制的。1956 年度国民经济计划的主要内容是：1. 工业总产值535.7 亿元，比上年增长 19.7%，已达到五年计划中 1957 年水平；2. 农业总产值 606.8 亿元，比上年增长 9.3%；粮食 3989 亿斤，增长 8.4%；棉花 3556 万担，增长 17%；3. 基本建设总额 147.35亿元，增长 70.6%；4. 铁路运输增长 9.9%，内河运输增长36.2%，海上运输增长 24.2%，汽车运输增长 35.4%；5. 国营、合作社营、公私合营企业和国家机关、文教卫生等部门工作人员总数 1782 万人，比上年增加 82 万人，上述部门工作人员的平均工资计划比 1955 年增长 8.1%；6. 高等学校招生 18.3 万人，在校学生达到 40 万人，增长 39.1%，中等专业学校招生 44.4 万人，在校学生达到 80.1 万人，增长 49.5%；普通高中计划招生 36.6万人，在校学生达到 79 万人，增长 36.2%。

上述国民经济计划的主要指标的增长幅度，都大大超过了以往年份。3 月，国务院批准了国家计委提出的 1956 年度国民经济计划（草案）。

反右倾保守导致的经济建设中的急躁冒进倾向，最突出的表现是基本建设投资规模一加再加。1955 年 10 月，中共中央批准国家计委提出的 1956 年国民经济计划控制数字：1956 年基本建设投资 112.7 亿元，比 1955 年的预计完成数增长 30.4%，比"一五"计划中规定的 1956 年投资多 12.4%。但只过了两个月，这个数字就被大大突破。国家计委 1956 年 1 月 5 日在一份报告中说，各省市、部门要求的投资已达 153 亿元。随后，又增加到180 亿、200 多亿元，比 1955 年预计完成数增加一倍多。第一个五年计划规定，五年内限额以上基本建设项目 694 个，建成的455 个；1956 年初召开的第一次全国基建会议将建设项目追加到745 个，建成的追加到 477 个；不久又将建设项目追加到 800 个，建成项目追加到 500 多个。① 基本建设规模的扩大，必然导致投资的大幅度增加，造成国家的财政赤字，同时它还致使钢铁、水泥、煤炭等原材料供不应求，造成国民经济的全面紧张。

（二）形成既反保守又反冒进方针

本来，对于在经济建设领域批判右倾保守思想，周恩来等领导人也是赞成的。在 1955 年 12 月刘少奇主持的座谈会上，周恩来说：最近政府在各方面的工作，或多或少存在保守的倾向，反对盲目冒进是对的，但又带来了副作用。今年的生产是保守了，用框子把生产限制了。现在，我们的情况可以用这么一副对联来表示：客观的可能超过了主观的认识，主观的努力落后于客观的需要。② 12 月 8 日，他出席北京市青年纪念一二·九运动 20 周年和一二·一运动 10 周年大会，在演讲中又表示："毛主席说，检查过去六年的工作，主要的倾向还是保守倾向。当然保守主义倾向的主要责任又在于我们领导。这样，给了我们一个推动，也就使得我们原来设想在三个五年计划内基本完成的工业化，有可能加快这个速度，提前完成"。③

1956 年 1 月 14 日的知识分子问题会议上，周恩来代表中共中央作了《关于知识分子问题的报告》，其中也对反右倾保守思想作了充分肯定，认为 1955 年取得的农业合作化运动的突飞猛进，资本主义工商业的全行业公私合营迅速发展，发展国民经济

---

① 参见薄一波：《若干重大决策与事件的回顾》上卷，中共中央党校出版社 1991 年版，第 531—532 页。

② 参见中共中央文献研究室编：《周恩来年谱（1949—1976）》上卷，中央文献出版社 1997 年版，第 524 页。

③ 中共中央文献研究室编：《周恩来年谱（1949—1976）》上卷，中央文献出版社 1997 年版，第 526 页。

的第一个五年计划整个地将要提前和超额完成等"巨大的动人的成就，在一年以前还是不可想像的；如果不展开反对右倾保守思想的斗争，那末这些成就，到现在也还是不可能获得的"①。

但是，作为具体负责经济工作的领导人，周恩来十分清楚一味扩大基本建设规模、追加基本建设投资的后果。因此，一方面他不能不对反右倾保守表示拥护，另一方面又从1956年1月起，不断呼吁在反右倾保守的同时要注意急躁冒进。1月20日，他在知识分子问题会议上作总结讲话就表示：经济建设中，不要做那些不切实际的事情，要"使我们的计划成为切实可行的实事求是的，不是盲目冒进的计划"。"这次，国务院召集的计划会议和财政会议要解决这个问题"②。

过了10天，在全国政协二届二次会议的政治报告中，周恩来又说："现在，摆在全国人民面前的问题，是要把各项建设事业做得又多、又快、又好、又省，以便使各项事业的发展，适应已经变化了的情况，适应国家和人民的需要。我们应该努力去做那些客观上经过努力可以做到的事情，不这样做，就要犯右倾保守的错误；我们也应该注意避免超越现实条件所许可的范围，不勉强去做那些客观上做不到的事情，否则就要犯盲目冒进的错误。"③

2月6日，周恩来召集国家计委主任李富春、财政部部长李先念、国家计委副主任张玺、财政部副部长金明开会，研究在计划会议和财政会议上压缩指标的问题。周恩来指出：反右倾保守，轰轰烈烈，是社会主义的喜事，但也带来一个缺点，不小心

① 《关于知识分子问题的报告》，《人民日报》1956年1月30日。

② 中共中央文献研究室编：《周恩来年谱（1949—1976）》上卷，中央文献出版社1997年版，第540页。

③ 《政治报告》，《人民日报》1956年1月31日。

谨慎办事，有冒进、急躁倾向，社会主义的积极性要鼓励，不能泼冷水，但各部门搞计划要实事求是，不能超过客观可能，没有根据地乱提计划。各部门专业会议打的计划很大，计委、财政部要压一压。①

2月8日，在国务院第二十四次全体会议上，周恩来再次强调经济工作要实事求是的问题。他说："现在有点急躁的苗头，这需要注意。社会主义积极性不可损害，但超过现实可能和没有根据的事，不要乱提，不要乱加快，否则就很危险。""绝不要提出提早完成工业化的口号。冷静地算一算，确实不能提。工业建设可以加快，但不能说工业化提早完成。晚一点宣布建成社会主义社会有什么不好，这还能鞭策我们更好地努力。""各部门订计划，不管是十二年远景计划，还是今明两年的年度计划，都要实事求是。当然反对右倾保守是主要的，对群众的积极性不能泼冷水，但领导者的头脑发热了的，用冷水洗洗，可能会清醒些。各部专业会议提的计划数字都很大，请大家注意实事求是。"②

4月10日，国务院召开常务会议，讨论国家计委《关于1956年基本建设计划安排和要求增加部分投资的补充报告》，周恩来在讲话中指出，"搞计划必须注意实事求是"，"搞生产就要联系到平衡"，并指定国家经委主任薄一波和计委副主任张玺负责平衡工作。③ 陈云也认为，计划应该按比例发展，而基建和生产的比例是最重要的，如基建超过了生产就不行。以后订计划应

---

① 参见中共中央文献研究室编：《周恩来年谱（1949—1976）》上卷，中央文献出版社1997年版，第545页。

② 《周恩来选集》下卷，人民出版社1984年版，第190—191页。

③ 参见《周恩来经济文选》，中央文献出版社1993年版，第253页。

该首先进行物资平衡，再进行财力平衡。①

1956 年 5 月，刘少奇主持召开中共中央会议，讨论为 6 月召开的一届全国人大三次会议起草文件，主要是讨论起草 1956 年国家预算报告问题。会议提出，中国经济发展要实行既反保守、又反冒进，坚持在综合平衡中稳步前进的方针。刘少奇还要求中共中央宣传部就反对"两个主义"问题，代《人民日报》写一篇社论。②

6 月 1 日，中共中央宣传部部长陆定一在部分省市委宣传部长座谈会上宣布："反对右倾保守，现在已高唱入云，有必要再提一个反对急躁冒进。中央要我们写篇社论，把两个主义反一反。"③ 同一天，周恩来和陈云主持召开国务院常务会议，再次研究压缩 1956 年计划指标和编制 1957 年计划问题。周恩来说：今年的"基本建设投资额，去年夏天在北戴河开会时订得差不多，共一百二十一亿元，比去年已经增长百分之三十二，后来增加到一百七十亿，比去年增加将近百分之九十"。2 月会议压缩后，"3 月份下达的基本建设投资是 147 亿元，比去年增加 68%。增长这么大的数字不可能完成，因此要好好计算一下"④。

6 月 4 日，刘少奇主持中共中央会议，讨论《关于 1955 年国家决算和 1956 年国家预算的报告（初稿）》，周恩来代表国务院介绍了半年来经济建设急躁冒进带来的种种矛盾和问题，提出要

① 参见中共中央文献研究室编：《陈云传》（下），中央文献出版社 2005 年版，第 1011 页。

② 参见中共中央文献研究室编：《刘少奇年谱（1898—1969）》下卷，中央文献出版社 1996 年版，第 368 页。

③ 薄一波：《若干重大决策与事件的回顾》上卷，中共中央党校出版社 1991 年版，第 534 页。

④ 薄一波：《若干重大决策与事件的回顾》上卷，中共中央党校出版社 1991 年版，第 535 页。

削减财政支出，压缩基本建设投资。根据国务院的意见，这次会议提出了既反保守又反冒进，即在综合平衡中稳步前进的经济建设方针。①

第二天，周恩来主持召开国务院常务会议，讨论 1956 年预算报告草案。会议决定削减预算 5%，投资总额由 147 亿元减少到 140 亿元。周恩来在讲话中指出："右倾保守应该反对，急躁冒进现在也有了反映。这次人大会上要有两条战线的斗争，既反对保守，也反对冒进。"②

6 月 12 日，周恩来和陈云联合主持国务院第三十次全体会议，讨论通过《1955 年国家决算（草案）和 1956 年国家预算（草案）》。周恩来在发言中再次讲到了既反保守又反冒进的问题。他说：从去年反保守到现在，注意了发掘群众的积极性，所以各方面都出现了高潮。农业、手工业和资本主义工商业的三大改造高潮，推动了工作，迎来了整个社会主义建设高潮。但反保守也带来了一些不实际的主观主义的要求，带来了急躁冒进。去年 12 月以后冒进就冒了头，因此，现在的情况和去年不同了，已经不是预防而是需要反对冒进了！如果冒进继续下去，又会脱离实际，脱离群众，脱离今天的需要和可能。不能向群众泼冷水，但也不能把少数积极分子的要求当成群众的要求。今年的收入不能打得太冒，要打在稳妥可靠的基础上。③

6 月 15 日，李先念在一届全国人大三次会议上作了《关于1955 年国家决算和 1956 年国家预算的报告》。报告强调："在当

---

① 参见中共中央文献研究室编：《周恩来年谱（1949—1976）》上卷，中央文献出版社 1997 年版，第 585 页。

② 《周恩来经济文选》，中央文献出版社 1993 年版，第 262 页。

③ 参见《周恩来经济文选》，中央文献出版社 1993 年版，第 263—264 页。

前的生产领导工作中，必须着重全面地执行多、快、好、省和安全的方针，克服片面地强调多和快的缺点。""生产的发展和其他一切事业的发展都必须放在稳妥可靠的基础上。在反对保守主义的时候，必须同时反对急躁冒进的倾向，而这种倾向在过去几个月中，在许多部门和许多地区，都已经发生了。急躁冒进的结果并不能帮助社会主义事业的发展，而只能招致损失。"① 1958 年 1 月南宁会议时，这段话成为毛泽东批评反冒进的靶子之一。

6 月 16 日，《人民日报》发表社论《读 1956 年国家预算报告》，认为这年的预算报告一个最值得注意的特点，就是在反对保守主义的同时，提出了反对急躁冒进的口号，并且说，这是总结了过去半年中执行国民经济计划的经验得来的结论，而急躁冒进这种倾向在过去几个月中，在许多部门和许多地区，都已经发生了。社论还列举了急躁冒进倾向的具体表现：许多农业合作社的增产计划过大，而且片面地着重粮棉而忽视副业，生产和非生产的投资都过多，一部分合作社的规模过大，对社员的干涉过多，要求过高，对社员收入的增加和女社员的健康注意不够；许多建设部门的计划过大，超过了材料和设备供应的限度，而准备工作又单纯地偏重了施工力量，并且在工程中片面地要求多和快，而忽视好、省和安全。在其他方面，例如商业和文化教育事业的某些方面，也有类似的情形。社论认为，这种急躁冒进的倾向并不符合于反保守主义的正确的要求，因为反保守主义是要求充分利用客观的可能，并不是要求做不可能做的事情，当然更不是要求做不应该做的事情。因此，反对急躁冒进，也绝不是容许保守主义。在实际工作中应正确地进行两条战线的斗争——既反对保守主义，又反对急躁冒进。此后正式形成了既反保守又反冒

---

① 《关于 1955 年国家决算和 1956 年国家预算的报告》，《人民日报》1956 年 6 月 16 日。

进的经济建设方针。

6 月 20 日，《人民日报》发表中宣部起草、经刘少奇审改的社论：《要反对保守主义，也要反对急躁情绪》的社论。社论指出，在反对保守主义之后，发生了一种值得严重注意的新情况，这就是最近一个时期中在有些工作中又发生了急躁冒进的偏向，有些事情做得太急了，有些计划定得太高了，没有充分考虑到实际的可能性。社论尖锐地指出：急躁情绪所以成为严重的问题，是因为它不但是存在在下面的干部中，而且首先存在上面各系统的领导干部中，下面的急躁冒进有很多就是上面逼出来的。全国农业发展纲要四十条一出来，各个系统都不愿别人说自己右倾保守，都争先恐后地用过高的标准向下布置工作，条条下达，而且都要求得很急，各部门都希望自己的工作很快做出成绩来。中央几十个部，每个部一条，层层下达，甚至层层加重，下面就必然受不了。这篇社论不但指出了急躁冒进的危害，同时也分析了急躁冒进产生的原因，在当时产生了很大的影响。

一届全国人大三次会议通过 1956 年的预算后，编制一个符合实际、稳妥可靠的"二五"计划成为当务之急。这年召开的中共八大讨论了关于这个计划的建议。受反右倾保守思想的影响，最初设想的"二五"计划指标过高。中共八大开幕在即，而 6 月全国人代会提出的经济发展的方针却不能在"二五"计划草案中得到体现，周恩来等人很是着急。他认为：确定经济建设速度，必须根据可能，建立在稳妥可靠的基础上。计算生产潜力，除人力条件外，还必须考虑到物资等其他条件。

7 月 3 日到 5 日，周恩来连续三天召开国务院常务会议，讨论国家计委报送的两个"二五"计划草案。周恩来指出："第一个方案冒进了"，第二个方案确定粮食产量到 1962 年达到 5500 亿斤也是"不可靠的"，"危险的"。经过认真讨论，大家一致同意精打细算，按五年财政收支 2350 亿元至 2400 亿元来安排，在稳妥可靠的基础上搞一个比较可行的方案，作为向八大提出的"二五"计划的建议。会后，国家计委又一次调整"二五"计划方案，在 7 月下旬编出一个新方案。8 月 3 日到 16 日，周恩来、陈云又召开国务院常务会议，对国家计委调整后的方案加以审查。再次反复推敲后，国务院最后提交给中共中央的"二五"计划的方案，1962 年的粮食产量为 5000 亿斤，棉花产量 4800 万担。与 1955 年国务院在北戴河开会时提出的指标相比，粮食产量只增加 400 亿斤，棉花只增加 500 万担。

由于贯彻了既反保守又反冒进的方针，从而保证了 1956 年国民经济的健康发展。这一年，全国工业总产值达到 1286 亿元，比上年增长 28.2%，超过了"一五"计划规定的 1957 年的水平。钢产量为 447 万吨，比上年增长了 56.8%，煤 1.1 亿吨，比上年增长 12.2%。生铁、钢材、纯碱、水泥等 27 种产品的产量已经达到或者超过"一五"计划规定的 1957 年的水平。粮食产量达到了 3855 亿斤，比上年增长了 4.8%，棉花产量为 2890 万担，比上年下降了 4.8%，基本建设实际投资 148 亿元，比上年增加了 59.1%。

四、中共八大的召开

（一）八大的准备工作

1956 年 9 月，中国共产党第八次全国代表大会在北京召开，这是中国共产党执政后召开的第一次全国代表大会，是一次团结的大会、民主的大会、探索中国自己社会主义建设道路的大会。八大正确地分析了社会主义制度基本建立后中国社会的主要矛盾和党的主要任务，发出了调动一次积极因素建设社会主义伟大事业的号召，对党的领导体制、党内民主制度和党代表大会制等都进行了有益的探索。

按照 1945 年中共七大通过的党章规定，党的全国代表大会通常情况下每三年召开一次。七大是 1945 年召开的，三年后的 1948 年，正值人民解放战争进入大决战时期，这时显然不具备召开党的全国代表大会的条件。

新中国成立之初，百废待兴，需要继续完成民主革命遗留下来的任务，在国民党留下来的烂摊子上，恢复国民经济，制止通货膨胀，恢复和发展生产，保障和改善人民生活。这时，新解放区的土地改革尚未完成，新生的人民政权还不巩固，反革命分子的颠覆破坏时有发生，中国人民还要全力进行美国人强加的抗美援朝战争。因此，党还没有时间来召开第八次全国代表大会。

1952 年底，全国范围的土地改革基本完成，通过开展镇压反革命运动，社会秩序已经稳定，抗美援朝进入边打边谈阶段，战线已稳定在三八线附近。这时，中共中央开始考虑召开八大的问题。但是，到了 1953 年，第一个五年计划开始实施，新中国进入大规模的经济建设时期，这一年又发生了高岗、饶漱石事件，八大召开的时间又只得后延。

1955 年 3 月，为总结高饶事件的经验教训，按照原定的计划，中国共产党全国代表会议在北京召开。在 3 月 31 日的闭幕会上，毛泽东在闭幕讲话中代表中共中央宣布：决定在 1956 年下半年召开党的第八次全国代表大会。他在讲话中提出：八大有三个议事日程，一是中央委员会的工作报告，二是修改党章，三是选举中央委员会。明年 7 月以前要完成代表的选举及文件的准备工作。要在这一年多的时间内，经济、文教、军事、党务、政治思想等工作都要大进一步，为胜利召开八大而斗争。

讲话中，毛泽东还解释了为什么要抓紧时间召开八大的原因。他说：党的代表大会十年没有开，很不好。到 1956 年 8 月十年半了，只好明年开。当然头五年不应该开，头五年兵荒马乱，又开了七大，后五年可以开而没有开。没有开也有好处！高饶问题搞清楚再开，不然他们要利用八大做文章。同时，我们的五年计划也上了轨道，社会主义总路线提出后各方面都清楚了。又经过这次代表会议使大家在思想上更加统一了，为召开党的第八次代表大会准备了条件。他还说：定期召开会议，进行批评和自我批评，这是一种同志间互相监督，使党和国家的事业迅速进步的好办法。

中共中央决定召开八大后，大会的筹备工作便紧锣密鼓地展开。在中共七届五中全会上被选为政治局委员的邓小平，作为中共中央秘书长，具体负责筹备召开八大的各项组织工作。

1955年10月，中共中央召开扩大的七届六中全会，讨论和通过了《关于召开党的第八次全国代表大会的决议》。会上，邓小平代表中央政治局作了《关于召开党的第八次全国代表大会的决案草案的说明》。

1955年12月初，中央政治局在北京召开了一次有各省、市委负责人参加的座谈会，布置召开八大的筹备事宜。主持会议的刘少奇宣布中央政治局决定于1956年9月召开八大，并且传达了毛泽东关于召开八大的指示精神：八大的中心思想是要反对右倾思想，反对保守主义，提前完成中国的社会主义工业化和社会主义改造，保证十五年同时争取十五年超额完成。

召开党的全国代表大会，最重要的筹备工作就是准备大会文件。毛泽东在七届六中全会上说过，八大标志中国共产党前进了一步，而开好这次大会，使党更上一层楼，关键在于有好的文件。八大的主要文件有大会政治报告、修改党章的报告、党章修改草案、关于第二个五年计划建议的报告、关于"二五"计划的建议。

为准备好这些文件，早在1955年中共中央就组织了三个写作班子：一个是由王稼祥、刘少奇、陈云、邓小平、陈伯达、胡乔木、陆定一等7人组成的政治报告起草委员会；一个是由邓小平、谭震林、杨尚昆、安子文、刘澜涛、宋任穷、李雪峰、胡乔木、马明方等9人组成的修改党章和修改党章报告起草委员会；再一个是由周恩来组织国家计委人员起草"二五"计划的建议和建议的报告。

按照政治局事先的决定，八大上刘少奇将代表中共中央作政治报告。七届六中全会后，刘少奇陆续听取国家机关、中央各部委的负责人的汇报。从1955年12月7日开始，一直到1956年3月上旬，连续听了30多个部门的汇报，目的在于通过调查研究了解更多的实际情况，写出一个好的政治报告来。在座谈的过程中，刘少奇对各部门当前的工作和今后的目标，提出了许多具有指导意义的意见，例如：在大力发展内地工业的同时，也有注意发挥沿海工业的潜力，这样可以为国家积累更多的资金；今后投资的重点有两个，一个是重点建设，一个是利润大、生效快的事业；应当充分利用中国轻工业发达的特点发展中国的工业，把机器工业与手工业结合起来，接受轻工业的优良传统技术，同时帮助轻工业机器化，提高生产效率；企业内部要高度重视经营管理工作，加强科学研究，学习和尽量采用国外先进技术，研制新产品；要发挥知识分子的作用，积极创造条件，采用多种办法培养和选拔懂技术的干部，同时注意发挥资本家的一技之长，虚心向资本家学技术，学管理；学习外国经验时，要从中国的特点出发，不能照搬外国经验；等等。这些观点，后来许多都吸收到了八大的政治报告中。

这年4月25日，毛泽东主持中央政治局扩大会议，在会上发表了《论十大关系》的著名讲话。《论十大关系》中，贯穿一个基本的思想，这就是要"以苏为鉴戒"，走中国自己的社会主义建设道路。为此，毛泽东强调："特别值得注意的是，最近苏联方面暴露了他们在建设社会主义过程中的一些缺点和错误，他们走过的弯路，你还想走？过去我们就是鉴于他们的经验教训，少走了一些弯路，现在当然更要引以为戒。"讲话的最后，毛泽东指出："我们一定要努力把党内党外、国内国外的一切积极的因素，直接的、间接的积极因素，全部调动起来，把我国建设成为一个强大的社会主义国家。"① 这就是《论十大关系》的基本方针，也是毛泽东当时关于怎样建设社会主义的指导思想，并成为八大政治报告的基调。

修改党章和起草修改党章的报告，是互为关联的两件事，主要的负责人都是邓小平。邓小平先抓了修改党章的工作。经过起草委员会五个月的紧张工作，到 1955 年 10 月，党章的第一次修改稿，即《中国共产党章程（初稿）》起草出来了。随后，邓小平对党章初稿从内容到文字，都作了仔细的推敲和逐字逐句的修改，并加写了"人民解放军党组织"一条。后又经过半年的反复修改，于 1956 年 4 月形成了《中国共产党章程（第二次修改稿）》。

1956 年 4 月 25 日至 28 日，中共中央政治局召开有各省、自治区、市党委书记参加的扩大会议，中心议题有两项，一是听取毛泽东作《论十大关系》的报告，二是讨论党章第二次修改稿，并提出修改意见。在 28 日的闭幕会上，毛泽东专门就设几个中央副主席、党代会的常任制等问题发表了意见。他说："中央究竟是设一个副主席还是设几个副主席，也请你们讨论。少奇同志提出设几个副主席，现在的这个党章草案上是说设一个副主席。还有，是否可以仿照人民代表大会的办法，设党的常任代表。我们有人民的国会，有党的国会，党的国会就是党的代表大会。设常任代表有什么好处呢？就是可以一年开一次代表大会。我们已经有十年没有开党的代表大会了，有了常任代表制度，每年就非

---

① 《毛泽东文集》第 7 卷，人民出版社 1999 年版，第 23、44 页。

开会不可。是不是可以考虑采用这个办法，比如五年一任。这还没有写到党章草案上去，提出来请大家考虑，看是否可以。"①

根据毛泽东的意见和政治局扩大会议的讨论情况，邓小平主持党章修改小组对党章第二次修改稿又作了修改，其中重要的一条是加写了从中央到县一级的党代表采用"常任制"。这是党内民主建设上的一个重大创造。

在充分听取各省、自治区、市党委和中央各部委党组的意见后，同年7月，中共中央决定成立一个专门委员会，负责落实中央机构的设置方案，向中央政治局提出报告。这个委员会以陈云为第一召集人，邓小平为第二召集人，成员中包括彭真、彭德怀、董必武等共20人。

8月5日，邓小平将专门委员会讨论的中央机构设置方案，报送毛泽东、刘少奇、周恩来、朱德等。这个方案的内容是：党的中央委员会全体会议选举中央政治局、中央政治局常委会和书记处，并且选举中央委员会主席一人和副主席若十人；中央政治局和它的常委会，在中央委员会全体会议闭幕期间，行使中央委员会的职权；中央书记处在中央政治局和它的常务委员会领导之下，处理中央日常工作；中央委员会的主席和副主席同时是中央政治局的主席和副主席；中央委员会认为有必要的时候，可以设立中央委员会名誉主席一人。

毛泽东对这个方案比较满意，基本没再作什么改动，只是在"副主席若干人"之后，亲笔加写了"和总书记一人"六个字。至于总书记人选，毛泽东已是胸有成竹，那就是邓小平。

由于各起草委员会的努力，各项文件的起草工作顺利进行。毛泽东、刘少奇、周恩来、朱德等随后多次开会研究讨论，并分别对这几个文件草稿逐字逐句进行了重要修改。从1955年8月

① 《毛泽东文集》第7卷，人民出版社1999年版，第54页。

22 日至 1956 年 9 月 14 日，中央政治局召集研究八大事宜的各种会议、约谈、会见共达 130 余次。在这些文件的起草和修改过程中，充分体现出民主精神，毛泽东在 9 月 13 日的七届七中全会第三次会议谈到这三个报告的修改过程时说："第一次推翻你的，第二次推翻他的，推翻过来，推翻过去，这说明我们是有民主的。不管什么人写的文件，你的道理对，就写你的，完全是讲道理，不讲什么人，对事不对人。"①

从 1956 年 8 月开始，周恩来着手组织第二个五年计划建议的编制工作。起初提出了一个比较接近实际的大体数字，但由于这年底随着农业合作化运动高潮的到来，各领域各部门都提出要反右倾保守思想，使得各项计划指标突破了实际承受的可能，并由此引发了经济建设中的冒进倾向，使国民经济发展有比例失衡的危险。为此，1956 年春夏，周恩来、陈云等提出了反冒进的主张，并将"二五"计划建议中的高指标大幅度地降了下来，并按照反冒进的思想领导了《关于发展国民经济的第二个五年计划（1958—1962）的建议（草稿）》的编制。7 月下旬，建议草稿基本写成。在起草"二五"计划建议的同时，周恩来也组织了关于"二五"计划建议报告的起草。

在这两个文件的初稿中，曾多次提到"多、快、好、省"的问题。对于这个口号，周恩来在最初修改的时候曾给予保留，但又在后面加写了"又安全"三个字。但在反冒进的过程中，周恩来感到，自从"多、快、好、省"的口号提出后，人们往往只注重"多"与"快"，而忽视"好"与"省"，变成了片面追求高速度和高指标。经过再三考虑，他把两个稿子中多次出现的"以多、快、好、省的精神"等字句删掉了。在此后的一年多时间

---

① 中共中央文献研究室编：《毛泽东年谱（1949—1976）》第 2 卷，中央文献出版社 2013 年版，第 623 页。

里，也没有再提"多、快、好、省"。

这样，经过一年多时间的起草、讨论和修改，到 1956 年 8 月中旬，各项重要文件的起草基本完成。

与此同时，各省、自治区、市和中央及国家直属机关、人民解放军，相继举行本地区或本系统的党的代表大会，选举产生出席八大的代表。全党共选出正式代表 1026 人，候补代表 107 人。

（二）七届七中全会和八大预备会议

1956 年 8 月 22 日，中共七届七中全会在中南海的勤政殿举行第一次会议。出席会议的有中央委员 37 人、候补中央委员 21 人，中央各部委负责人和各省、自治区、市党委第一书记 42 人列席了会议。

毛泽东主持了会议并作了讲话。他说：这次全会的任务，就是准备八次大会。第一，有五个文件，一个是政治报告，一个是党章，一个是党章报告，一个是经济计划，一个是经济计划报告，请大家讨论修改。第二，关于新的中央委员会的选举问题。第三，发言问题，准备有 80 人左右发言，原则是不要太长，内容要精彩一点。七次大会我们取得了革命的胜利，并且开始了建设。这一次大会后我们要得到建设的胜利，建设一个伟大的社会主义国家的胜利。这次大会的基本方针是：马克思列宁主义同中国的实际情况相结合，团结党内、国内、国际一切可以和应该团结的力量，为建设一个伟大的社会主义国家而奋斗。凡是不利于这样的方法（团结一切力量）、这样的目的（建设社会主义）的思想和方针，我们就要批评和反对。这是我们这次大会、也是我们党历来的旗帜。

邓小平就有关事项作了说明，在讲到大会的几个主要文件时，他要求各代表团必须在 9 月 7 日前，全都把意见提出来。

这时，毛泽东插话道：政治报告 9 万字，我现在提议，这个报告有些地方要重写，精简节约，能够缩减三分之一就好。缩小三分之一，更通达一点，看起来不那么费力，大家还欢迎。政治局准备公推少奇同志作报告。如果中央委员会同意，就请少奇同志作报告。①

对于大会发言，邓小平提出，发言一般不超过 20 分钟，有 20 分钟发言的，有 3 分钟发言的，有 5 分钟发言的，4 分钟发言的，十几分钟发言的，要多样化，活泼一点。无论如何以 8000 字左右为限度，最多不超过 1 万字。这次大会发言算起来 8 天，36 小时，争取 100 人发言。在邓小平讲话中，毛泽东插话说："原则是不要太长，内容要精彩一点。"又说，还可以组织一些短稿子，他还对发言的内容提出要求，认为发言中要有丰富的批评，如果开一次会议没有批评，净讲一套歌功颂德，那就没有生气，那无非一个"好"字就行了，还要多讲干什么？但也不是每一个稿子一定要批评什么东西，如果没有就根本不许讲，那也不好。

邓小平又对大会的选举工作作了说明。接着，毛泽东就选举问题讲了三点意见。

第一是关于常任代表制。毛泽东说："过去十一年没有开会，有各种原因，其中有一种原因，就是惰性。总而言之，战争那么忙是难开的。现在情况改变了，完全可以经常开，有常任代表。这样，可以经常展开批评，民主生活可以发展。"可见，这时的毛泽东是非常注重党内批评和党内民主的。

毛泽东讲的第二个问题是关于中央的组成。他说："为了国家的安全，为了工作的有利，准备设几层屏障，有总书记。中央

---

① 中共中央文献研究室编：《毛泽东年谱（1949—1976）》第 2 卷，中央文献出版社 2013 年版，第 605 页。

政治局准备向新的中央委员会建议，推举邓小平当总书记。想组织一个书记处，管日常工作。政治局还设一个常委会，相当于过去的书记处。还有主席、副主席。"过去没有总书记，也没有副主席。为什么要增设这些职务，毛泽东解释说：我们这么一个大国，6亿人口，1100万党员，一个主席，一个副主席，总觉得孤单。"天有不测风云，人有旦夕祸福"，或者是从飞机上掉下来，或者一个炸弹下来，把主席打死了，还有副主席，把一个副主席打死了，还有三个副主席，把两个打死了，还有两个，把三个打死了，还有一个，统统打死了，还有总书记，总而言之是有备无患。

第三个问题是关于七大和八大间的中央委员会及它的政治局实行的路线对不对。毛泽东对此作了充分肯定。认为这11年来，虽然工作中也有错误，但路线是正确的。这条路线在同机会主义路线奋斗后产生，是七大所规定的路线，中央执行了七大的路线，而七大的路线是正确的。[①]

8月30日晚，八大预备会议在中南海的怀仁堂举行第一次会议，出席会议的代表有946人。毛泽东主持会议，邓小平代表中央政治局作报告，主要说明大会日程、规则、预备会议期间的工作安排、代表团团长副团长候选人的提名等问题。

在邓小平作完报告后，毛泽东作了《增强党的团结，继承党的传统》的讲话。讲话的主要内容有三点：第一，关于大会的目的和宗旨。毛泽东说："这次大会要解决什么问题，达到什么目的？总的说来，就是总结七大以来的经验，团结全党，团结国内外一切可以团结的力量，为建设伟大的社会主义中国而奋斗。"

----

① 参见中共中央文献研究室编：《毛泽东年谱（1949—1976）》第2卷，中央文献出版社2013年版，第606页；中共中央文献研究室编：《毛泽东传（1949—1976）》（上），中央文献出版社2003年版，第520页。

第二，关于继承党的传统。毛泽东说："这次大会应当继续发扬我们党在思想方面和作风方面的优良传统，把主观主义、宗派主义这两个东西切实反一下，此外，还要反对官僚主义。"① 第三，关于中央委员会的选举。邓小平在报告中提出，八届中央委员会的名额为150到170人，比七届中央委员会的77人增加一倍多一点。毛泽东对此作了肯定，认为这样比较妥当。最后，毛泽东满怀信心地表示，这次大会是可以开好的，代表们的水平是能够保证这次大会开好的。

9月10日下午，八大预备会议在中南海怀仁堂举行第二次会议。毛泽东主持会议，陈云代表中共中央对八届中央委员候选人名单和提出的经过作了说明。薄一波、李先念、谭震林分别代表华北、中南、华东代表团作了发言，就这个名单发表了各自的意见。会上，毛泽东就中国革命和建设的经验，搞建设要造就知识分子队伍，中央委员会的候选人名单等问题，作了讲话。对于候选人名单，毛泽东说："有很多同志，才也好，德也好，错误犯得也比较少。论才、论德、论犯错误的情况，他们都很好，但是没有列上，是否不公道呢？……问题是这个名单如果要扩大，就要扩大到二百多、二百五六十，一扩大到二百五六十，就要扩大到三百多。"他还说，各种不公平的事情在任何社会都是难免的。这次也可能有个别的同志虽然在名单中提出了，但是选不上。可以建议，但是不能强加于人，不能强加于代表们，权利完全在代表们手里头。② 会议通过了候选人名单。9月12日，各代表团对八届中央委员会候选人进行了第一次预选，结果有170人被提名为八届中央委员会候选人。八大预备会议也就于这天结束。

9月13日，七届七中全会举行第三次会议，毛泽东再次就大

① 《毛泽东文集》第7卷，人民出版社1999年版，第87页。
② 《毛泽东文集》第7卷，人民出版社1999年版，第108页。

会的文件、中央委员会的选举和中央机构的设立等问题作了讲话。他重点讲了选举问题，再次提到了为什么要设四个副主席和总书记的原因，主要是为了国家的安全，为了党的安全。他还说："我们这些人，包括我一个，总司令一个，少奇同志半个（不包括恩来同志、陈云同志跟邓小平同志，他们是少壮派），就是做跑龙套工作的。我们不能登台演主角，没有那个资格了，只能维持维持，帮助帮助，起这么一个作用。你们不要以为我现在在打退堂鼓，想不干事了，的确是身体、年龄、精力各方面都不如别人了。"他还说："我是准备了的，就是到适当的时候就不当主席了，请求同志们委我一个名誉主席。名誉主席是不是不干事呢？照样干事，只要能够干的都干。"

在讲话中，毛泽东还对邓小平和陈云作了很高的评价。毛泽东说："至于秘书长改为总书记，那只是中国话变成外国话。"这时，邓小平插话说："我还是比较安于担任秘书长这个职务。"毛泽东接过话头说："他愿意当中国的秘书长，不愿意当外国的总书记。其实，外国的总书记就相当于中国的秘书长，中国的秘书长就相当于外国的总书记。他说不顺，我可以宣传宣传，大家如果都赞成，就顺了。我看邓小平这个人比较公道，他跟我一样，不是没有缺点，但是比较公道。他比较有才干，比较能办事。""大体说来，这个人比较顾全大局，比较厚道，处理问题比较公正，他犯了错误对自己很严格。他说他有点诚惶诚恐，他是在党内经过斗争的。"他还称赞陈云说："我看他这个人是个好人，他比较公道、能干，比较稳当，他看问题有眼光。我过去还有些不了解他，进北京以后这几年，我跟他共事，我更加了解他了。不要看他和平得很，但他看问题尖锐，能抓住要点。"[1]

---

[1] 《毛泽东文集》第 7 卷，人民出版社 1999 年版，第 111—112 页。

（三）盛况空前的大会

1956 年 9 月 15 日，具有深远历史意义的中国共产党第八次全国代表大会，在北京全国政协礼堂隆重开幕。这是中共在革命胜利后召开的第一次全国代表大会，是一次盛况空前的大会，1026 位代表出席会议，107 名候补代表列席。此外，50 多个国家的共产党、工人党、劳动党和人民革命党的代表，中国各民主党派的领导人和无党派民主人士的代表，以及不是代表的中央直属机关、中央国家机关、中国人民解放军和各人民团体的负责人，也列席了会议。

下午 2 时，会议开始，第七届中央政治局委员毛泽东、刘少奇、周恩来、朱德、陈云、彭德怀、彭真、林伯渠、董必武、张闻天、康生、林彪、邓小平主持大会。下午 2 时 5 分，毛泽东宣布："中国共产党第八次全国代表大会现在开幕。"全体代表顿时起立，长时间地热烈鼓掌，庄严的《国际歌》声响彻会场。

接着，毛泽东致开幕词。开幕词中说："我们这次大会的任务是：总结从七次大会以来的经验，团结全党，团结国内外一切可能团结的力量，为了建设一个伟大的社会主义的中国而奋斗。"开幕词总结了七大以来党领导新民主主义革命和社会主义革命的成绩，分析了取得胜利的原因，指出了党在今后工作中必须坚持的基本方针，向全党提出了今后社会主义建设的伟大任务和为完成这任务必须采取的态度，描绘了中国社会主义建设的光明前景。

开幕词指出："我国的革命和建设的胜利，都是马克思列宁主义的胜利。把马克思列宁主义的理论和中国革命的实践密切地联系起来，这是我们党的一贯的思想原则。"毛泽东强调，中国共产党人现在面临的任务，就是要把一个落后的农业的中国改变成为一个先进的工业化的中国。中国共产党面前的工作是很艰苦的，经验也很不够。"因此，必须善于学习。要善于向我们的先进者苏联学习，要善于向各人民民主国家学习，要善于向世界各兄弟党学习，要善于向世界各国人民学习。""虚心使人进步，骄傲使人落后，我们应当永远记住这个真理。"① 毛泽东在致开幕词的过程中，全场不时响起雷鸣般的掌声，简短的开幕词竟被30余次掌声所打断。

毛泽东致完开幕词后，大会在当天的执行主席周恩来主持下，选举了大会主席团、秘书处和代表资格审查委员会，通过了大会日程和会议规则。大会通过的会议规则有四条：1. 大会会议每日下午2时开会，下午7时休会（中间休息20分钟到30分钟）；2. 大会发言先向主席团报告，发言时间一般不超过20分钟，但个别代表的发言，在得到主席的同意之后，可以超过20分钟；3. 通过大会决议的时候，用举手方式，分赞成和反对两种表决；4. 选举中央委员会的时候，采用无记名投票的方式。

在进行完上述程序后，大会继续举行，由刘少奇代表第七届中央委员会向大会作政治报告。

刘少奇在报告中首先指出："从我们党的第七次代表大会以来，十一年已经过去了。我们的祖国在这十一年内经历了两次有世界意义的伟大历史事变。在一九四九年，我们党领导人民推翻了帝国主义、封建主义、官僚资本主义的反动统治，建立了中华人民共和国。在去年下半年和今年上半年，我们党又领导人民取得了农业、手工业、资本主义工商业的社会主义改造的全面的决定性的胜利。由于这两次胜利，我们国家的内外关系发生了一系列的根本变化。"刘少奇接着指出："我们党现时的任务，就是要依靠已经获得解放和已经组织起来的几亿劳动人民，团结国内外

① 《毛泽东文集》第 7 卷，人民出版社 1999 年版，第 114、116、117 页。

一切可能团结的力量，充分利用一切对我们有利的条件，尽可能迅速地把我国建设成为一个伟大的社会主义国家。""为了完成这个巨大的任务，我们应当正确地总结过去时期的斗争经验，继续完成我国的社会主义改造，进一步加强我国的社会主义建设，进一步健全我国的政治生活，正确地处理国际事务，进一步巩固我们党。"① 政治报告共分六个部分：1. 党在过渡时期的总路线；2. 社会主义改造；3. 社会主义建设；4. 国家的政治生活；5. 国际关系；6. 党的领导。刘少奇的政治报告长达五万字，共历时四个半小时。

大会第二天举行第二次会议，下午 2 时开始，下午 7 时 40 分休会，出席会议的代表有 1011 人，请假 15 人。大会主要有两项议程：一是邓小平作了关于修改党章的报告；二是周恩来作关于发展国民经济的第二个五年计划的建议的报告。

邓小平在报告的第一部分中，分析了党所面临的形势，以及在新形势下出现的新情况和新问题，提出了在新的历史时期党的建设的总任务。这一部分是他亲自加写的，文字虽然不长，却是整个报告的纲。邓小平指出，执政党的地位，很容易使共产党员身上滋长骄傲自满的情绪。脱离实际和脱离群众的危险，对于党的组织和党员来说，不是比过去减少而是比过去增加了。针对着这种情况，邓小平强调："党必须经常注意进行反对主观主义、官僚主义和宗派主义的斗争，经常警戒脱离实际和脱离群众的危险。为此，党除了应该加强对于党员的思想教育之外，更重要的还在于从各方面加强党的领导作用，并且从国家制度和党的制度上作出适当的规定，以便对于党的组织和党员实行严格的监

---

① 《刘少奇选集》下卷，人民出版社 1985 年版，第 202、203、204 页。

督。"① 报告的第二部分着重阐述了党的群众路线问题。邓小平指出，群众路线是中国共产党的组织工作中的根本问题，是党章中的根本问题，是需要在党内反复进行教育的。邓小平在报告中还论述了坚持民主集中制和坚持集体领导的重要性，强调要反对个人崇拜。

邓小平作完关于修改党章的报告后，周恩来作了关于发展国民经济的第二个五年计划的建议的报告。周恩来的报告分三部分：一是第一个五年计划执行的情况；二是第二个五年计划的基本任务；三是关于第二个五年计划建设的若干问题。

报告中，周恩来在介绍第一个五年计划执行的情况后，着重提出了近年来在领导经济工作中所感到的几个比较突出的问题。这些问题是：1. 应该根据需要和可能，合理地规定国民经济的发展速度，把计划放在既积极、又稳妥可靠的基础上，以保证国民经济比较均衡地发展。2. 应该使重点建设和全面安排相结合，以便国民经济各部门能够按比例地发展。3. 应该增加后备力量，健全物资储备制度。4. 应该正确地处理经济和财政的关系。周恩来还针对以上问题，根据已经取得的经验和教训，提出了一些意见。为此，周恩来强调："经验还证明，我们在编制年度计划的时候，在有利的情况下，必须注意到当前和以后还存在着某些不利的因素，不要急躁冒进；相反地，在不利的情况下，又必须注意到当前和以后还存在着许多有利的因素，不要裹足不前。这就是说，我们应该对客观情况作全面的分析，同时尽可能地把本年度和下年度的主要指标作统一的安排，以便使每个年度都能够互相衔接和比较均衡地向前发展。"② 这实际上重申了在经济建中必须坚持既反保守、又反冒进的方针。

① 《邓小平文选》第 1 卷，人民出版社 1994 年版，第 215 页。
② 《周恩来选集》下卷，人民出版社 1984 年版，第 219 页。

会议的第三天，董必武作了关于代表资格的审查报告，接着是大会发言和致词。

大会第一个发言的是朱德，发言的中心内容是如何巩固和发展全党和全国各族人民的大团结问题。他强调：全国六亿人民在中国共产党的领导下，在人民政府的领导下，团结一致，以高度的积极性和创造性去发展生产力，这就是我们以比较快的速度来建成高度工业化的社会主义国家的最根本的有利条件。朱德指出："必须反对在党内关系上任何种类的宗派主义情绪，每个同志都要学会和其他同志团结，特别要学会和自己意见不一致的人团结。""只要我们能够加强党内团结，加强和全国人民的团结，我们一定能够实现这次大会将要规定下来的全党现时的基本任务，团结国内外一切可以团结的力量，充分利用一切对我们有利的条件，把我国建设成为一个伟大的社会主义国家。"①

在大会发言的中间，中国国民党革命委员会主席李济深代表各民主党派向大会致祝词，然后是各民主党派和无党派民主人士的代表向大会献礼品。有一件象牙雕刻的工艺品，雕刻的是长征中红军英雄胜利渡过大渡河。李济深说：我们用这件礼品来象征我们各民主党派在中国共产党领导下"同舟共济"，胜利地过渡到繁荣幸福的社会主义和共产主义社会。这天的大会执行主席邓颖超、李富春接受了礼品。邓颖超代表大会感谢各民主党派和无党派民主人士的祝贺和赠礼。在献礼的时候，代表们全体起立，雷鸣般的掌声经久不息。

各民主党派祝词和献礼后，大会休息了30分钟，接着由苏联共产党代表团团长米高扬、波兰统一工人党代表团团长奥哈布、德国统一社会党代表团团长乌布利希、罗马尼亚工人党代表团团长乔治乌－德治相继向代表大会致词。

---

① 《朱德选集》，人民出版社1983年版，第343、344页。

此后的几天，大会都是下午 2 时开始，下午 7 时左右结束，主要的内容是大会发言和兄弟党代表团负责人致词。

9 月 20 日，陈云在大会上作了《社会主义改造基本完成以后的新问题》的发言，提出了许多有价值的思想观点，尤其是提出了"三个主体、三个补充"的构想。他说："我们的社会主义经济的情况将是这样：在工商业经营方面，国家经营和集体经营是工商业的主体，但是附有一定数量的个体经营。这种个体经营是国家经营和集体经营的补充。至于生产计划方面，全国工农业产品的主要部分是按照计划生产的，但是同时有一部分产品是按照市场变化而在国家计划许可范围内自由生产的。计划生产是工农业生产的主体，按照市场变化而在国家计划许可范围内的自由生产是计划生产的补充。因此，我国的市场，绝不会是资本主义的自由市场，而是社会主义的统一市场。在社会主义的统一市场里，国家市场是它的主体，但是附有一定范围内国家领导的自由市场。这种自由市场，是在国家领导之下，作为国家市场的补充，因此它是社会主义统一市场的组成部分。"① 陈云实际上讲到的是初步建立的社会主义经济体制的改革问题，是对社会主义的所有制结构、经济运行机制和市场机制的重要探索。可惜，后来的经济工作并没有很好地按陈云的意见去做。

9 月 18 日至 9 月 25 日，继续是大会发言和致词。整个八大期间，共有 68 人在大会上作了发言，45 人作了书面发言。

（四）选举新一届中央委员会

选举新一届中央委员会，是八大的最后一项议程。

事先，中共中央并没有提出一个候选人名单，选举工作的第一步，是各位代表自由提名候选人，这大大出乎许多代表的意

---

① 《陈云文选》第 3 卷，人民出版社 1995 年版，第 13 页。

料。八大还规定，在提名过程中，不确定人数，也不分中央委员和候补中央委员，代表们自由提名后，由各代表团汇总提名名单。

第二步是中央政治局、第七届中央委员和候补中央委员与各代表团团长、副团长，分别或联合举行会议，讨论汇总上来的名单。在 9 月 8 日的七届七中全会上，正式确定候选人名额为 170 人，并且通过了候选人名单。

9 月 12 日，进行选举的第三步，各代表团讨论七届七中全会通过的候选人名单，对名单提出意见，进行预选。结果，170 人被提名为候选人，仍不分中央委员和候补中央委员。

9 月 24 日，进行第二次预选，97 人被提名为中央委员候选人，73 人被提名为候补中央委员候选人。

9 月 26 日下午，大会正式选举中央委员会。在投票前，这天的大会执行主席李富春对选举工作进行说明，提出 26 日前后两天分别选举中央委员和候补中央委员。当天下午 5 时 15 分，出席大会的 1026 位代表，以无记名投票的方式，选举了 97 名中央委员会的正式委员。

八大是一次团结的大会、民主的大会。有代表回忆说："中央委员的选举，在八大是很民主的。不是先提出候选名单，而是先进行一次没有候选名单也不限名额的预选，只是在预选前中央的同志讲过一些原则的意见，并在各代表团进行了讨论。预选的结果按照得票多少全部公布，然后整理成一份候选名单，各代表团再进行讨论。讨论中，中央的同志也发表自己的意见。记得刘少奇提出李昌是一二·九运动后的中华民族解放先锋队的总队长，应该列入候选者的名单中。在吸收了代表们的意见后，才提出一份候选名单的草稿，再进行一次预选。并又一次把预选结果拿出去，让代表们选举出一份正式候选名单，然后代表们再在大会上投票选举。"① 还有代表回忆说："八大的民主作风还体现在新一届中央委员会的选举上。这次选举中央不预提名单，由代表自己提，想提什么人就提什么人。各代表团提出一个名单，交中央汇总，然后由政治局同代表团团长商讨，定出一个预选名单发下来，再由各代表团讨论、上报汇总，最后向大会提交正式候选人名单。大会选举无记名投票的方式。"②

9 月 27 日，是大会的最后一天，这天的大会共有五项议程：1. 选举八届中央委员会候补委员；2. 宣布八届中央委员会正式委员和候补委员的选举结果；3. 通过关于政治报告的决议；4. 通过关于发展国民经济的第二个五年计划的建议；5. 大会闭幕。

选举结束后，陈云代表主席团向大会宣布中央委员和候补中央委员的选举结果：中央委员候选名单 97 人和候补中央委员名单 73 人，每人得到的票数都超过半数以上，按照选举规定，他们全部当选。接着，由大会秘书处宣读中央委员和候补中央委员的名单。票数排在前十位的中央委员是：毛泽东、刘少奇、林伯渠、邓小平、朱德、周恩来、董必武、陈云、林彪、吴玉章。得票最少的是陈绍禹（即王明）。

选举结束后，大会一致通过了《中国共产党第八次全国代表大会关于政治报告的决议》，批准刘少奇代表第七届中央委员会所作的政治报告。该决议认为，随着社会主义改造已取得决定性的胜利，中国的无产阶级同资产阶级之间的矛盾已经基本上解决，几千年来的阶级剥削制度的历史已经基本上结束，社会主义的社会制度在中国已经基本上建立起来了。国内的主要矛盾，已经是人民对于建立先进的工业国的要求同落后的农业国的现实之

---

① 于光远：《难忘党的八大》，《中共党史研究》1996 年第 4 期。
② 伍洪祥：《参加八大的回忆点滴》，《福建支部生活》2005 年第 6 期。

间的矛盾，已经是人民对于经济文化迅速发展的需要同当前经济文化不能满足人民需要的状况之间的矛盾。这一矛盾的实质，在中国社会主义制度已经建立的情况下，也就是先进的社会主义制度同落后的社会生产力之间的矛盾。党和全国人民的当前的主要任务，就是要集中力量来解决这个矛盾，把中国尽快地从落后的农业国变为先进的工业国。这个任务是很艰巨的，中国共产党必须在经济、政治、文化等方面采取正确的政策，团结国内外一切可能团结的力量，利用一切有利的条件，来完成这个伟大的任务。正确分析中国社会的主要矛盾和党的主要任务，是八大的一个重要的历史性贡献。

大会还一致通过了《中国共产党第八次全国代表大会关于发展国民经济的第二个五年计划》的建议，并且号召全党在中共中央和毛泽东的领导下，进一步团结全国各族人民、各民主党派、各人民团体、国外华侨和一切爱国人士，继续巩固和扩大人民民主统一战线，为超额完成第一个五年计划和积极准备第二个五年计划而奋斗。最后，陈云代表主席团宣布大会闭幕。

八大闭幕的第二天，即 9 月 28 日，八届中央委员会第一次全体会议在中南海怀仁堂举行，出席会议的有中央委员 96 人，候补中央委员 70 人。请假的有中央委员陈绍禹，候补中央委员邵式平、张宗逊、潘复生。八届一中全会的主要任务是选举中央领导机构。全会分两个阶段进行。第一阶段是当天下午进行预选，第二阶段是当天晚上进行正式选举。

预选前，邓小平对选举问题作了说明。接着，毛泽东就提名过程中的不同意见作了讲话。他说：对这个名单有许多意见，因此我看还是讲民主吧，就是大家进行两次选举。今天下午 4 点钟开始，大概有一个钟头，各人提一张名单，你们想提什么人就提什么人，只有一个数目的限制，原来那张名单（指八大主席团常委提的名单）仅作参考资料。

毛泽东又说：政治局委员原先16个，现在最多可以提17个，也可以是15个，再少于15个恐怕就不好了。可不可以16个呢？喜欢双数的你就写16个，也可以。至于这个15个、16个、17个是姓张、姓李，完全由个人自己写，完全可以不依靠原来提的那个名单，那个名单仅作参考。政治局候补委员最多名额是8个。原先6个，可以增加两个，你也可以写5个，也可以写6个，也可以写7个，也可以写8个。少可以，多不可以。你们还可以商量一下，可以两个人商量，可以3个人商量，可以4个人商量，可以不商量。看这个办法可不可以？假如可以的话，那么现在我们就写票，半个钟头就可以写完毕了，到11点钟再来这里集合正式投票。

当天晚上11点，通过无记名投票，选出了中央领导机构。中央委员会主席：毛泽东；中央委员会副主席：刘少奇、周恩来，朱德、陈云等；中央委员会总书记：邓小平（以上6人组成政治局常委会）；中央政治局委员：毛泽东、刘少奇、周恩来、朱德、陈云、邓小平、林彪、林伯渠、董必武、彭真、罗荣桓、陈毅、李富春、彭德怀、刘伯承、贺龙、李先念等；中央政治局候补委员：乌兰夫、张闻天、陆定一、陈伯达、康生、薄一波；中央书记处书记：邓小平、彭真、王稼祥、谭震林、谭政、黄克诚、李雪峰等。此外，八届一中全会还选举出了以董必武为书记、刘澜涛等为副书记的中央监察委员会。

历史证明，八大所确定的路线、方针、政策都是正确的。这次大会集中了全党的智慧，对中国社会主义建设中的许多重大理论和实践问题，作了积极探索，提出了许多正确的、或比较正确的观点，它体现了中国共产党人在马克思主义指导下，结合本国实际，寻求适合中国国情的社会主义建设道路的开拓精神，如果沿着八大确定的正确道路坚定不移地走下去，中国的社会主义建设事业将取得更大的成就。然而，历史常常给人们留下许多的惋惜和遗憾，八大也是如此，因为八大后不久，大会所提出的许多正确主张并没有坚持贯彻下去。

五、改革管理体制

（一）实行"新经济政策"

众所周知，"新经济政策"是苏维埃俄国1921年起实施的用粮食税代替余粮收集制等一系列经济政策。[1] 前苏联领导人赫鲁晓夫回忆说，"新经济政策""就其实质而言，它为私有制的起死回生和富农的恢复活力开辟了可能性，更不必说中农了"。[2] 中共八大以后，毛泽东也表示要实行类似的带有退却性质的"新经济政策"。

八大以后，自由市场更加活跃，个体工商户数量有了明显增长。以上海为例，1956年9月有个体手工业户1661家，10月时增长至2885家，到年底则达到4236家。在个体户增加的背景下，出现了自发经营的较大手工业个体户和手工工场，人们称其为"地下工厂"，相类似地，还出现了"地下商店"。如何对待社会主义改造以后出现的这类事物，引起社会各界尤其是原工商业者的注意。[3]

八大闭幕以后，一些民主党派陆续召开会议。黄炎培在11

---

[1] 参见闻一：《俄罗斯通史（1917—1991）》，上海社会科学院出版社2013年版，第104—107页。

[2] 〔苏〕尼基塔·谢·赫鲁晓夫著，述弢等译：《赫鲁晓夫回忆录》第1卷，社会科学文献出版社2015年版，第14页。

[3] 参见《龚育之党史论集》上卷，湖南人民出版社2009年版，第248页。

月 30 日给毛泽东写信汇报会议情况时说，全行业公私合营后，大部分工商业者的表现是好的，少数人消极，"白天社会主义，夜里资本主义"，还出现了"地下工厂""地下商场"等。12 月 7 日，毛泽东约民建、工商联负责人黄炎培、陈叔通等谈话，就此问题发表了自己的意见。① 他说，"地下工厂"之所以能发展起来，是因为社会有需要，"要使它成为地上，合法化"，"最好开私营工厂，同地上的作对，还可以开夫妻店，请工也可以。""只要社会需要，地下工厂还可以增加。可以开私营大厂，订个协议，十年、二十年不没收。华侨投资的，二十年、一百年不要没收。可以开投资公司，还本付息。可以搞国营，也可以搞私营。"毛泽东把这个思路概括为："可以消灭了资本主义，又搞资本主义。"他还指出："这叫新经济政策。"②

毛泽东的"新经济政策"大体上属于中共八大确定的"三个主体、三个补充"思想的延续，如果能够落实到政策和执行层面，至少在短期内、一定程度上可以缓解社会主义改造后所有制形式过于单一的问题。不过，毛泽东上述讲话中提出的一些重要思想"没有深入研究下去，更没有付诸实践"。③ 尽管如此，他的观点得到了刘少奇、周恩来等中共高层领导人的呼应，这种思想火花即便不能立即化作熊熊烈火，也总能成为火种，为日后的改革开放作出某种铺垫。

其中，刘少奇 1956 年 12 月 17 日同中共中央工人阶级问题十人小组和中共中央工业交通工作部负责人座谈时说："有些资本

---

① 中国社会科学院、中央档案馆编：《1953—1957 中华人民共和国经济档案资料选编》（综合卷），中国物价出版社 2000 年版，第 786 页。

② 《毛泽东文集》第 7 卷，人民出版社 1999 年版，第 170 页。

③ 中共中央文献研究室编：《毛泽东传（1949—1976）》（上），中央文献出版社 2003 年版，第 463 页。

主义或小生产者，有什么不好呢？这对人民有利，是社会主义经济的补充。"但他同时指出："国营厂工人到私营厂做工，可以合法，但要向他提出问题，你到底去哪里干？如果到私营，国营就可以不干了。"① 12 月 29 日，他在一届全国人大常委会第五十二次会议上说："我们国家有百分之九十几的社会主义，有百分之几的资本主义，我看也不怕，它是社会主义经济的一个补充嘛！""有这么一点资本主义，一条是它可以作为社会主义经济的补充，另一条是它可以在某些方面同社会主义经济作比较"，不过，"关于这个问题，现在要通过什么决议，颁布什么法律，还为时过早，需要积累经验，还要看趋势"。1957 年 3 月 21 日，他在听取中共湖南省委负责人汇报工作时又说："我们现在有一个迷信思想：'我是社会主义，就比私人资本主义先进'。这种迷信思想要不得，一定要去掉，实际上现在在某些方面社会主义比私人资本主义落后。只要我们去掉这种迷信思想，我们有人有钱，社会主义的名声又好，靠这样多的优越条件，再加上学习私人资本主义的先进经验，社会主义就一定会竞争赢资本主义。否则，就是资本主义优越于社会主义。"② 5 月 7 日，刘少奇在听取中央党校学员开展整风运动情况时，进一步提出了社会主义经济的多样性和灵活性问题。他指出，苏联"只有社会主义经济的计划性，只讲究计划经济，搞得呆板"，而"我们一定要比资本主义经济搞得更多样，更灵活"，否则"还有什么社会主义的优越性呢"？他要求研究如何"使我们人民的经济生活丰富多彩，更方便、更灵活"，甚至指出："整风学习中要把这些经济问题搞清楚后，再搞

---

① 中共中央文献研究室、中华全国总工会编：《刘少奇论工人运动》，中央文献出版社 1988 年版，第 437 页。

② 中共中央文献研究室编：《刘少奇论新中国经济建设》，中央文献出版社 1993 年版，第 326—327、333 页。

思想政治问题。"①

　　周恩来也在 1957 年 4 月的国务院全体会议上说："主流是社会主义，小的给些自由，这样可以帮助社会主义的发展。工业、农业、手工业都可以采取这个办法。""大概工、农、商、学、兵除了兵以外，每一行都可以来一点自由，搞一点私营的。文化也可以搞一点私营的。这样才好百家争鸣嘛！在社会主义建设中，搞一点私营的，活一点有好处。""一切东西都靠国家生产不行，各方面都应该有百分之几的自由活动，太死了不行。不仅商业方面如此，工业方面也可以如此。资本主义复活不了。"②

　　与此同时，理论工作者也展开了对经济体制问题的研究。他们认为，社会主义改造完成以后，价值规律仍将起重要作用，因为商品生产仍将广泛存在。社会主义国营企业所生产的各种消费品都必须通过市场交换才能分配给全国人民，合作社和个体劳动者的各种产品更必须通过市场交换才能用来满足国家和人民的需要。社会主义国营企业的生产资料的生产和分配，仍在一定程度上受价值规律影响；社会主义企业的经济核算，只有利用价值规律才能进行。那种认为社会主义经济内不应当有个体经济，不应当有自由贸易，不应当利用价值规律来为社会主义服务的想法是教条主义的。③

　　不过，必须指出的是，中国的"新经济政策"即使付诸行动，也不是要突破苏联式的计划经济模式。因为"党在过渡时期

---

① 　中共中央文献研究室、中共中央党校编：《刘少奇论党的建设》，中央文献出版社 1991 年版，第 679、680 页。

② 　《周恩来经济文选》，中央文献出版社 1993 年版，第 350—351 页。

③ 　参见中共中央党史研究室：《中国共产党历史·第二卷（1949—1978）》上册，中共党史出版社 2011 年版，第 406 页。

的总路线的实质，就是使生产资料的社会主义所有制成为我国国家和社会的唯一的经济基础"。① 毛泽东甚至曾经提出要使"资本主义绝种，小生产也绝种"。② 这些才是更加根深蒂固的思想倾向。而且不只是毛泽东，刘少奇、周恩来、陈云等也都是计划经济的坚定信奉者，刚刚尝到计划经济的甜头，当然不会产生根本性的怀疑，只是希望为这种模式注入一些灵活性。实际上，虽然中共八大的相关文献表示允许个体经济和分散经营作补充，但大会通过的党章却把消灭资本家和个体劳动者"私有制残余"当作最终建成社会主义的标志。可见，所谓"补充"只是一种策略性的退却，最终的目标还是"消灭"。

（二）整顿和巩固农业合作社

中共八大政治报告指出，在农业合作化方面，"有一部分合作社的成立是比较急促的，还需要迅速处理许多遗留问题，或者还需要调整现有的组织形式"。③ 对于一个农业国而言，整顿和巩固农业合作社，无疑是一项非常重要的任务。

恰在此时，即 1956 年秋收分配前后，高级形式的农业合作化运动高潮方兴未艾，要求过急、工作过粗、改变过快、形式过于简单划一所带来的弊端也集中暴露出来。一是为了追求公有化程度，没有严格遵循自愿原则。高级社不仅将农民的土地收归公有，而且往往对耕畜、农具、林木、果树、水利设施等作价偏

---

① 中共中央文献研究室编：《建国以来重要文献选编》第 4 册，中央文献出版社 2011 年版，第 603 页。

② 中共中央文献研究室编：《建国以来重要文献选编》第 7 册，中央文献出版社 2011 年版，第 262 页。

③ 中共中央文献研究室编：《建国以来重要文献选编》第 9 册，中央文献出版社 2011 年版，第 49 页。

低，甚至将某些生产资料无代价地划归合作社。老社、富社和新老上中农也在并社升级中被新社、穷社、贫下中农"共了产"。二是过分强调集中统一，助长了官僚主义作风。由于高级社赋予干部远超以往的权力，作风问题的出现便不可避免了。一些干部只靠命令办事，甚至用"扣工分""不派活"的办法来推动工作；还有人觉得"百姓百条心"，商量多了反而难办事，正所谓"千人吃饭，一人当家"，有些问题就是要独断专行，于是随意改变作物品种、耕作制度，例如变桑园、果园为粮田，结果当然是劳民伤财、得不偿失。更有甚者，还出现了铺张浪费、打人骂人、贪污腐化等严重问题。三是由于不适合农村生产规律，生产管理出现困难。高级社规模普遍较大，基层干部缺乏甚至不可能具有管理如此规模经济组织的能力，"上工一条龙，干活大呼隆"的现象普遍存在，评工记分往往记的是"大概工"，"干多干少一个样，干好干坏一个样"的平均主义"大锅饭"就此产生。上述状况影响了社员的生产积极性和农业生产合作社的巩固，并导致一些地方发生社员退社或要求退社的现象，有的地区甚至发展成为群众性的退社风潮。[1]

面对农业合作化运动中的问题，中共中央首先关注的是干部作风。1957 年初，毛泽东派陈伯达回福建老家摸底。陈伯达领导的工作组在给福建省委和中央的报告中反映，农村中有一批干部严重脱离群众，为了自私自利的企图而滥用权力，违反党的政策，政治生活、思想蜕化，引起群众极大反感。群众迫切要求解决分配不公平，财务不公开，干部参加劳动少、补贴工分多，干部挪用公款等问题，以及干部办事不同群众商量、命令主义严

---

[1]　参见《当代中国》丛书编辑部编：《当代中国的农业》，当代中国出版社 1992 年版，第 110—111 页；罗平汉：《农业合作化运动史》，福建人民出版社 2004 年版，第 311—316 页。

重、"官官相卫"、选举是少数人事先布置好包办的等问题。① 据此，中共中央于当年 3 月 15 日发出《关于民主办社几个事项的通知》，提出：农业合作社要按时公开财政收支，社和队决定问题要同群众商量，干部要参加生产。② 4 月 25 日，中共中央又在批转一份关于农村基层干部参加生产、改进作风的报告时指出："仅仅是干部'脱鞋下田'一件事，就引起农村生产面貌的很大变化，而这种与农民同甘共苦的作风，是我党多年来的优良传统，只要领导上注意发扬它，我们就一定能够像过去革命战争和土改时期一样，取得农民群众的热烈拥护，从而把合作社办好，促进农业生产的大发展。"③

除了整风以外，高级社的体制和经营管理方面也有所调整。4 月间，邓子恢在中共北京市委召开的乡党委书记扩大会议上指出，"权力下放，社队分权"是一种新创造，是合作社管理上的新体制，是民主办社中的一项关键性制度。④ 6 月 25 日，一届全国人大常委会第七十六次会议讨论了周恩来提出的关于适当增加合作社社员自留地的议案，决定允许抽出一定数量的土地分配给社员种植猪饲料。连同种植蔬菜的土地一起，自留地的数量不能

---

① 参见杜润生主编：《当代中国的农业合作制》（上），当代中国出版社 2002 年版，第 415、448—449 页。

② 参见中共中央文献研究室编：《建国以来重要文献选编》第 10 册，中央文献出版社 2011 年版，第 113—115 页。

③ 杜润生主编：《当代中国的农业合作制》（上），当代中国出版社 2002 年版，第 449—450 页。

④ 参见杜润生主编：《当代中国的农业合作制》（上），当代中国出版社 2002 年版，第 419 页。

超过当地每人平均土地数的 10%。①

9 月，中共中央召开第四次全国农村工作会议，着重讨论整顿和巩固农业生产合作社问题。会上，邓子恢肯定了山东、湖北某些地方实行包产到队、包工到组、田间管理包到户的责任制形式，并总结了全国各地合作社改进生产管理的经验。他把各地创造的管理制度概括为"统一经营，分级管理，明确分工，个人负责制"，并把其具体制度归纳为：实行"三包制"（由生产队包工、包产、包财务），超产提成，减产扣分，工包到组，组包片，田间零活包到户；大活集体干，小活分开干；统筹兼顾，逐户安排，用人所长，各得其所；牲口分户喂养，养用合一；等等。②

会议讨论了邓子恢主持起草的《关于整顿农业生产合作社的指示》《关于做好农业合作社生产管理工作的指示》和《关于在农业合作社内部贯彻执行互利政策的指示》。9 月 14 日，三份指示发布，对高级社的经营管理方法、体制等作了如下调整：

第一，整顿干部作风。文件提出，要帮助农业合作社干部改正工作上的缺点和错误，改善工作方法，提高工作能力，提高政治水平和思想水平，并把那些全心全意为人民服务而带有某些缺点和错误的多数干部，同那些违法乱纪、严重错误的极少数人分别开来。要放手让社员群众在各种会议上对干部的缺点或错误提出批评。③ 第二，调整社队规模。文件认为，合作社和生产队的

①　参见中华人民共和国国家农业委员会办公厅编：《农业集体化重要文件汇编（1949—1957）》上册，中共中央党校出版社 1981 年版，第 699 页。

②　参见杜润生主编：《当代中国的农业合作制》（上），当代中国出版社 2002 年版，第 420—421 页。

③　中共中央文献研究室编：《建国以来重要文献选编》第 10 册，中央文献出版社 2011 年版，第 487—488 页。

组织规模应该根据具体情况确定，而不应该千篇一律。一般来说，一村一社是比较适当的。规模仍然过大而又没有办好的社，均应根据社员要求，适当分小，或者保持联社的形式，由分社（有的叫大队）自负盈亏。生产队则一般以 20 户左右为宜。社队组织规模确定之后，应该宣布 10 年内不予变动。① 第三，加强生产管理。文件规定，必须建立"统一经营，分级管理"的制度。必须普遍推行包工、包产、包财务的"三包制"，并实行超产提成奖励、减产扣分的办法。必须切实建立集体的和个人的生产责任制，可以推行工包到组、田间零活包到户的办法。还要做到大活集体干、小活分开干，避免干活"一窝蜂"。② 第四，照顾不同群体。文件指出，要正确执行贫农和中农之间的互利政策，一方面要保护贫下中农的利益，另一方面也要对于上中农合理的经济利益给以适当照顾，甚至作某些必要的让步。但是，上中农是"具有动摇性的一个阶层"，对待他们还必须加强说服教育。③

　　文件发出后，各地相继对农业生产合作社进行了整顿。尽管"两条道路大辩论"影响了三份指示的贯彻执行，但一些重要问题由于符合广大干部群众的要求，仍能得到落实。例如，高级化初期，全国合作社的平均规模是 250 户，到 1956 年底降到 198户，1957 年春耕时又减少到 150 户。又如，到 1957 年底，包工、包产、包财务和大活集体干、小活分开干等规定基本上在全国得

---

① 参见中共中央文献研究室编：《建国以来重要文献选编》第 10册，中央文献出版社 2011 年版，第 488、494 页。

② 参见中共中央文献研究室编：《建国以来重要文献选编》第 10册，中央文献出版社 2011 年版，第 491—493 页。

③ 参见中共中央文献研究室编：《建国以来重要文献选编》第 10册，中央文献出版社 2011 年版，第 498—499 页。

到了落实。①

此外，9 月 25 日，中共中央还发出了《关于农业生产合作社干部必须参加生产劳动的指示》，要求合作社干部在值班或者开会以外的时间，都同一般社员一样参加生产劳动，并按劳动的数量和质量记工分。干部参加社务工作的补贴工分总数，一般应该力求不超过全社工分总数的 1%。②

上述指示的发布在不同程度上促进了高级社的巩固和农业生产的发展，但由于高级农业合作化过急而遗留下的大量问题仍然未能完全解决。社队干部科学文化水平的提高和组织集体经济经验的积累，更非一日之功。由于经营管理工作搞得不好，农业生产受到明显影响，1956 年和 1957 年出现了大牲畜头数减少、粮食产量增长率下降的状况。③

此外，值得一提的是，从 1956 年到 1957 年上半年，四川、安徽、浙江、广东、河北等一些地方还出现了包产到户之类的试验。其中浙江永嘉县搞的包产到户试验最为突出，虽然引起了争议，但由于效果很好，一度得到省里的支持。④

（三）建设规模必须同国力相适应

1956 年底，周恩来和陈云把注意力放到了 1957 年国民经济

---

① 参见杜润生主编：《当代中国的农业合作制》（上），当代中国出版社 2002 年版，第 416 页。

② 参见中华人民共和国国家农业委员会办公厅编：《农业集体化重要文件汇编（1949—1957）》上册，中共中央党校出版社 1981 年版，第 738 页。

③ 参见《当代中国》丛书编辑部编：《当代中国的农业》，当代中国出版社 1992 年版，第 114 页。

④ 参见罗平汉：《农业合作化运动史》，福建人民出版社 2004 年版，第 329—336 页。

计划的编制上。尽管既反保守又反冒进的方针在中共八大上得到确认，急躁冒进情绪却依旧明显地存在于中共党内，计划指标仍然居高不下。为此，周、陈二人继续反冒进，并提出了建设规模必须同国力相适应的原则。

编制 1957 年经济计划时，各部委、各省市区上报的基本建设投资指标共计 243 亿元，比 1956 年已经冒进了的 140 亿元还多 103 亿元。负责计划编制的国家经委主张压缩，但到底是压到 150 亿元还是 100 亿元，两种意见相持不下，经委主任薄一波只好上报周恩来、陈云定夺。①

从 10 月 20 日到 11 月 9 日，在三个星期的时间里，周恩来共主持召开了 10 次国务院常务会议，检查 1956 年计划执行情况，商议 1957 年计划控制数字。会上，个别与会者仍主张下一年的指标可以定得高一些。对此，周恩来断然表示："各部提出不能减的理由，就是完不成第二个五年的数字，达不到第三个五年的水平。我们答复他们：可以达不到。"② 10 月 23 日，陈云发言说，中国的建设规模究竟应该多大，是个根本性的问题。国家建设和人民生活的矛盾要很好地解决，现在国内市场很紧张，人人都有意见。今后搞建设，粮食、肉、植物油等吃的东西必须得到保证。③

11 月 6 日，国务院发出《关于严格审查与控制 1956 年基本建设的紧急指示》（简称《指示》），指出：由于 1956 年对基建

---

① 参见薄一波：《若干重大决策与事件的回顾》上卷，中共党史出版社 2008 年版，第 390 页。

② 中共中央文献研究室编：《周恩来传（1898—1976）》（下），中央文献出版社 2008 年版，第 1126、1127 页。

③ 参见中共中央文献研究室编：《陈云年谱》中卷，中央文献出版社 2000 年版，第 337—338 页。

控制不严，发生了分散使用投资的偏向，造成财政和建筑材料供应紧张的局面。各部、各省市拟议中的 1957 年基建规模更大，这种情况必须改变。1957 年全国基建投资总额将大大低于 1956 年，必须有重点地集中使用。为了减少因基建工程停工过多而造成更大的损失，《指示》作出了若干具体规定。①

11 月 9 日，周恩来在前述 10 次国务院常务会议的总结发言中说："我们国家这么大，很落后，人口多，要建设，又要注意人民生活"，现在的速度"已经是很了不起了"。"明年度的计划必须采取退的方针"，各部"都应该退"，"目的是保持平衡"，使"明年不能再有赤字"。陈云在这一天的会议上指出，宁愿慢一点，慢个一年两年，到三个五年计划，每个五年计划慢一年。稳当一点，就是说右倾一点。右倾一点比"左"倾一点好。② 周恩来接着说，这里"不发生'左'倾、右倾的问题。不像政治方面，'左'了就是盲动，右了就是投降"。他强调："搞重工业不要失掉人民，否则就没有了基础，就成了沙滩上的建筑物。""就是要在人民需要的基础上建立重工业"，"同时也注意轻工业和农业，使人民的长远利益和目前利益结合起来，否则就要吃亏"。所以，对于高指标"应该勇于抵抗，敢于修改，这才是马克思主义者"。③ 经过努力，会议将 1957 年基本建设投资指标由 243 亿元压缩为 111 亿元，比 1956 年实际完成数还减少了 20%。④

---

① 参见徐达深主编：《共和国史记》第 1 卷，吉林人民出版社 1996 年版，第 1287 页。

② 参见中共中央文献研究室编：《陈云年谱》中卷，中央文献出版社 2000 年版，第 338 页。

③ 中共中央文献研究室编：《周恩来传（1898—1976）》（下），中央文献出版社 2008 年版，第 1128 页。

④ 参见当代中国研究所编：《中华人民共和国史编年（1956 年卷）》，当代中国出版社 2011 年版，第 704 页。

国务院常务会议一结束，11月10日至15日，中共八届二中全会在北京召开。这次会议有三项议程：（1）目前时局；（2）1957年国民经济发展计划和财政预算的控制数字；（3）粮食和主要副食品（猪肉和食油）问题。第一天，由刘少奇就第一个问题作报告，接着由周恩来就第二个问题作报告；第二天，由陈云就第三个问题作报告。

周恩来在报告中提出，1957年应当实行"重点发展，适当收缩"的方针。他说："社会主义国家也可能犯而且有的已经犯了沙文主义的错误。按照毛泽东同志的分析，这种错误，就是对外的大国主义，对内的大民族主义，对人民的专制主义。"周恩来指出："优先发展重工业，这个原则是对的，但是在发展中忽视了人民的当前利益。直接与人民利益关系最大的是轻工业、农业，轻视这两者就会带来不好的后果，就会发生经济发展上的严重不平衡。毛泽东同志在这几个月常说，我们又要重工业，又要人民。这样结合起来，优先发展重工业才有基础。""如果不关心人民的当前利益，要求人民过分地束紧裤带，他们的生活不能改善甚至还要降低水平，他们要购买的物品不能供应，那么，人民群众的积极性就不能很好地发挥，资金也不能积累，即使重工业发展起来也还得停下来。""一些社会主义国家发生的事件值得我们引为教训。"他还说："所谓完整的工业体系，是不是一定要有很高的产量呢？当然，产量是要高一点，但是不一定很高，这个任务的实现是决定于东西的有无，不决定于是否有很高的产量。""这样一个大国，数量上的增长稍微慢一点，并不妨碍我们实现工业化和建立基本上完整的工业体系。"他明确指出："明年的计划方针应该是，保证重点，适当退却或者适当收缩。""总的方面是要收缩一下的，不然站不稳，那就会影响我们的货币、物资、劳动、工资等各方面。"针对其他人的顾虑，周恩来鼓励大家把思想从原先已定下的"框框"里解脱出来。他说："八大的建议和农业四十条，是规定了每年进度指标的。这两个文件经过我们研究以后觉得可以修改。上不去，就不能勉强，否则把别的都破坏了，钱也浪费了，最后还得退下来。凡是不合实际的都可以修改，这样就把我们的思想解脱了，不然自己圈住了自己。"周恩来甚至提出，即便发生战争，到时候由于没有加紧发展重工业、国防工业而造成军火不够，目前也要调整、收缩。"只有这个办法，不然就徘徊歧路，东边走几步又回到西边走。把器材、资金统统集中搞国防工业，别的生产少了，人民的生活也不能改善，各方面紧张，而武器制造出来，仗又不打，炮不能吃，枪也不能吃，子弹生产多了还不利。所以非下决心不可。"① 中共八届二中全会同意了周恩来提出的 1957 年经济工作方针和控制数字。

会后，在陈云主持下，国务院对计划指标作了进一步的压缩调整。11 月 19 日，陈云在商业部扩大的部务会议上指出，经济建设和人民生活必须兼顾，必须平衡，但在相当长的一段时间内，这种平衡大体上是个比较紧张的平衡。建设也宽裕，民生也宽裕，是比较困难的。但是，绝不能紧张到使平衡破裂。②

12 月 4 日，陈云主持国务院常务会议。在讨论《国务院关于编制 1957 年度国民经济计划草案的指示》时，他指出，中共八届二中全会决定 1957 年基本建设投资为 126 亿元，关键要看材料够不够，不够就要砍下来。

12 月 27 日，陈云再次就 1957 年基建投资问题在国务院常务会议上发言。他警告说："现在马跑得很危险，这样骑下去，后

①　中共中央文献研究室编：《周恩来传（1898—1976）》（下），中央文献出版社 2008 年版，第 1129—1131 页；《周恩来选集》下卷，人民出版社 1984 年版，第 229—238 页。

②　参见中共中央文献研究室编：《陈云年谱》中卷，中央文献出版社 2000 年版，第 348 页。

年、大后年更危险。"他说："明年要削减投资，必须要搞些死办法，灵活了不行，哪些东西不搞就是不搞，人不准增加就是不能增加，要砍就砍下来。当然，我们共产党最好是按辩证法办事，但这样不行，不来个绝对主义办不了事。"会上有人提出，投资削减以后，有些项目就不能搞了，工人也不好安排。对此，陈云指出："我看不能搞就不能搞，计划完不成就完不成，工人能做别的就做别的，不能做就照发工资。这样对不对呢？我看不会不对，如果到明年8月我们看不对，8月以后再搞也来得及。我们是个大国，明年不稳当心里不安。"

陈云还表示，国务院主持经济工作的同志要敢于负责、勇于负责。他说：经济工作还是大家讨论，我们决定，我们向中央负责。"我们责无旁贷，少奇同志管党的工作，小平同志担任党的总书记，总司令也不管这些事，总理忙得很，首先是我们几个人（指李先念、李富春、薄一波等）负责，我们肩上担着六万万人的事，如果搞得天下大乱，打我们的屁股。""实事求是不是小脚女人"，"不要怕别人说机会主义"。

陈云的这些话对于反对急躁冒进情绪起到了重要的作用。后来，他总结这一时期的教训时说，当时的办法就是"砍"，"砍"到国家财力、物力特别是农业生产所能承担的程度才定下来。①

接着，陈云于1957年1月18日在省、直辖市、自治区党委书记会议上讲话，对经济建设的指导方针作了进一步总结，提出了建设规模必须同国力相适应的论点，后来的学者把相关观点概括为"国力论"。②

---

① 参见郭德宏等主编：《中华人民共和国专题史稿》卷二，四川人民出版社2009年版，第77—78页。

② 参见唐研主编：《陈云思想研究资料》，中央文献出版社2013年版，第161页。

陈云说："建设规模的大小必须和国家的财力物力相适应。适应还是不适应，这是经济稳定或不稳定的界限。像我们这样一个有六亿人口的大国，经济稳定极为重要。建设的规模超过国家财力物力的可能，就是冒了，就会出现经济混乱；两者合适，经济就稳定。当然，如果保守了，妨碍了建设应有的速度也不好。但是，纠正保守比纠正冒进要容易些。因为物资多了，增加建设是比较容易的；而财力物力不够，把建设规模搞大了，要压缩下来就不那么容易，还会造成严重浪费。"①

从这点出发，陈云认为应该注意：财政收支和银行信贷都必须平衡，而且应该略有结余；在原材料供应紧张的时候，首先要保证生活必需品生产部门的最低限度需要，其次要保证必要的生产资料生产的需要，剩余的部分用于基本建设；人民的购买力要有所提高，提高的程度必须同能够供应的消费物资相适应；基本建设规模和财力物力之间的平衡，不单看当年，而且必须瞻前顾后；中国农业对经济建设的规模有很大的约束力。② 应该说，中共八大刚刚结束时，党内的民主氛围还是比较浓厚的。正因为如此，建设规模必须同国力相适应的原则才得以提出。

（四）管理体制改革的探索

高度集中的计划经济体制的建立，有其符合短期现实需要的一面，但随着社会主义改造的基本完成，市场调节大体上退出经济领域，指令性计划"一统天下"，高度集中所带来的弊端必然暴露在中共高层面前。与此同时，由经济基础决定的上层建筑也必然面临一个转轨、转型的问题，也就是从以统治职能为主转移

---

① 《陈云文选》第 3 卷，人民出版社 1995 年版，第 52 页。

② 中共中央文献研究室编：《陈云传》（下），中央文献出版社 2005 年版，第 1068 页。

到以社会管理职能为主的轨道，从集权型模式转变为相对分权型模式。为此，中共八大以后，以简政放权为内容的经济、政治管理体制改革被提上了议事日程。

由于毛泽东在发表《论十大关系》和此前听取 34 个部委汇报时多次提出要改进经济管理体制，所以这方面的工作在中共八大之前就已经启动了。1956 年 5 月至 8 月，国务院召开全国体制会议，针对中央集权过多的现象做检查，讨论改进办法，并制定了《国务院关于改进国家行政体制的决议（草案）》（简称《决议（草案）》）。这里所说的行政体制，其实就是经济管理体制。八大闭幕后不久，10 月 30 日，中共中央、国务院将修改后的《决议（草案）》下发全国各地征求意见。

《决议（草案）》提出的改进行政管理体制的方案涉及计划、财政、工业、基本建设、农业、林业、水利、运输、邮电、商业、文化、教育、科学、卫生、政法、劳动、机构编制、少数民族等 18 个方面。文件提出了两个方面的设想：一是划分中央与各省、自治区、直辖市的行政管理权限，划分省与县、县与乡的经济管理权限；二是扩大地方各级的行政管理权限。在《决议（草案）》中，国务院还提出了这项工作的总体步骤，即当年准备，第二年试办，"二五"计划期间全面实施，稳步进行。除了18 个方面的问题外，国务院还提出，要继续研究、解决以下问题：（1）国务院各部门的职掌范围、各委员会和各部门的协作关系；（2）扩大各种企业、事业单位的职权；（3）省、自治区、直辖市所属各级人民委员会与企业、事业单位管理权限的划分。①

1957 年 1 月 10 日，中共中央决定成立以陈云为组长，李富春、薄一波、李先念、黄克诚为委员的中央经济工作五人小组，

---

① 参见中共中央文献研究室编：《建国以来重要文献选编》第 9 册，中央文献出版社 2011 年版，第 325—347 页。

在中共中央政治局之下，统一领导全国经济工作，并着手落实上述《决议（草案）》。

当时，各省市区要求下放企业管理权、基建审批权、财政包干权和物资分配权的呼声很高，而中央部门对此颇有顾虑。1月27日，在中共中央召开的省市区党委书记会议（也就是提出"国力论"的那次会议）最后一天，五人小组组长陈云表示："中国一个省等于外国一个国，如果像现在这样，地方机动的余地很少，这种情况不能是经常的，中央不可能包揽全国的事情，所以五人小组会议认为应该有适当的分权，重点不能过分集中。"①

根据五人小组的建议，国务院组织了工业、交通、农林水利、文化教育、商业、财政等六个小组，研究中央和地方在企业管理权和财政管理权方面的分配方案。到7月中旬，形成了《关于在若干工作中划分中央和地方管理权限问题的意见（草稿）》（简称《意见（草稿）》）。《意见（草稿）》将焦点集中在了急需分权的工业、商业和财政三个领域。陈云还到沈阳、上海等地，广泛听取地方领导意见。在此基础上，他将《意见（草稿）》改写成了《关于改进工业管理体制的规定》《关于改进商业管理体制的规定》和《关于改进财政体制和划分中央与地方对财政管理权限的规定》等三份国务院文件草案。

9月20日至10月9日，中共八届三中全会在北京召开。虽然管理体制改革不是会议的"重头戏"，但也是重要议题之一。9月24日，陈云在会上作了《关于改进国家行政管理体制问题和关于农业增产问题的报告》。

作为负责具体经济工作的中央领导人，陈云赞成适当分权。

①　中共中央文献研究室编：《陈云传》（下），中央文献出版社2005年版，第1076页。

他说："扩大地方的职权是完全必要的，一般来说，当地的事情，地方比中央看得更清楚一些。体制改变以后，地方更可以因地制宜地办事。"但是，他又担心分权以后搞不好全国范围的综合平衡。他提醒道："没有全局、整体的平衡，就不是有计划的经济。过去中央各部可能忽视地方，但是职权下放以后，地方也可能发生不顾全局的倾向。"因此，必须加强对各个地方的平衡工作。例如，只顾沿海城市，不顾内地是不对的；但内地样样都要求自给自足，也是不对的。他提出，地方要切实掌握资金的投放方向，应重点投向化肥工业、兴修水利、开垦荒地等与农业生产有关的方面。中央与省市分权以后，省市还要与各县分权。他还指出："今后各地方和各企业，都有机动的财力，比较好办事；但如果管理不好，就会坏事。"因此，必须建立相应的财务管理制度。"例如，要建立会计制度，无论那一个单位都必须有账，有使用款项的规定。用款，不能由一个人批，要经一定的组织通过。要有报告制度，地方必须将全部收支列入各级政府的报告；企业的财务，要列入企业的年度报告。要有检查制度，财政部、监察部和各级政府要定出检查办法。"此外，"中央和地方各种分成制度，基本上三年不变；但执行一年以后，如果有不适应的地方，应该有局部的调整"。①

全会基本通过陈云起草的三份国务院文件。这三份文件是对中共八大关于经济管理体制改革思路的具体化，总的精神是改变权力过多集中于中央的状况，将人、财、物，产、供、销等各个环节的若干权限下放给地方和企业，以调动其积极性、主动性。具体来说，在工业方面，主要是把中央直接管理的部分企业下放给省、自治区、直辖市，增加地方人民委员会在物资分配方面的权限，划定下放企业在中央和地方之间的利润分成比例，增加地

---

① 《陈云文选》第3卷，人民出版社1995年版，第75—77页。

方的人事管理权，将国务院的指令性计划指标由 12 个减少为 4 个，以及明确国家只规定年度计划，等等；在商业方面，主要是确定地方商业机构的设置由相应的人民委员会决定，明确中央各商业部门和地方政府对商业企业的不同领导关系，下放一部分商业企业给地方，同时还有精简中央计划指标、实行利润分成等内容；在财政方面，主要是划定中央和地方财政的收支范围、分成比例，使地方有一定数量的机动财力来安排自己的支出，并规定地方预算的年终结余全部留给地方，地方由此而多得的收入则应该有一个限度，等等。①

三份文件后经全国人大常委会原则批准，由国务院发布，原拟从 1958 年起施行。然而，由于"大跃进"运动的出现，文件的实际执行结果同原来拟定的改进管理体制的精神不相符合，没有达到预期目的。②

在进行权力下放的同时，管理体制改革的探索还涉及精简机构等内容。新中国成立以来，中央和地方的各级政府机关逐渐膨胀，管理机构臃肿，办事人员冗多，领导层次复杂，直接影响了工作效率。经济管理体制改革实行权力下放后，原有管理机关的业务相对减少，管理人员相对过剩，管理机构与所管业务更加不成比例。1957 年，中共中央、国务院就精简机构问题进行研究讨论，提出改革方案，并从 1958 年开始实施。1958 年至 1960 年，国务院机关进行了较大幅度的精简，撤销、合并了一批职能部门和办事机构。例如，一机部、电机部和二机部合并为一机部，电力部和水利部合并为水电部，建工部、建材部和城建部合并为建

---

① 参见中共中央文献研究室编：《建国以来重要文献选编》第 10 册，中央文献出版社 2011 年版，第 587—601 页。

② 参见中共中央文献研究室编：《陈云传》（下），中央文献出版社 2005 年版，第 1106 页。

工部，轻工部和食品工业部合并为轻工部，森林工业部和林业部合并为林业部，高等教育部和教育部合并为教育部，等等。到1960年底，国务院的机关比1957年减少19个单位，部委机构由48个减至40个，直属机构由23个减至15个，办事机构由9个减至6个。与此同时，地方各级政府机关也进行了一定的精简。①

　　行政管理体制的改革虽然是初步的，但它无疑会给此前集中较多、管理较死的体制注入一股活力，还会在党的领导体制、干部人事体制、意识形态管理体制等方面产生间接效应。然而，随着"大跃进"运动的开始，这项本着谨慎稳妥精神部署的改革却被纳入高指标、高速度的轨道。盲目冒进的权力下放导致中央政府对地方失控，地方上级政府对下级政府失控，各个层级的计划指标成了脱缰野马，把本来就指标过高的经济计划彻底打乱了。

---

① 参见郑谦等：《当代中国政治体制发展概要》，中共党史资料出版社1988年版，第81—82页；中共中央党史研究室著：《中国共产党历史·第二卷（1949—1978）》上册，中共党史出版社2011年版，第408页。

第二章　整风运动与反右派斗争

受波匈事件影响，1956 年秋冬，国内也出现了一些不安定因素。如何分析和解决社会主义社会中存在的矛盾，成为国家政治生活中的一个重要问题。1957 年 2 月，毛泽东在最高国务会议上发表《关于正确处理人民内部矛盾的问题》讲话，研究回答了中国社会主义改造基本完成后出现的新问题，提出严格区分两类不同性质矛盾、正确处理人民内部矛盾的理论。针对党内当时存在的官僚主义、宗派主义和主观主义现象，中共中央决定进行一次全党范围的整风运动。然而，事物的发展是曲折的，难以预料的情况发生了，整风运动迅速转为反右派斗争。反右派斗争是正确的和必要的，但出现了严重的扩大化，留下了深刻的经验教训。

一、正确处理人民内部矛盾

（一）三大改造完成后出现的新情况

1956 年下半年至 1957 年初，中国刚刚完成生产资料私有制的社会主义改造，中共八大刚刚描绘了全面建设社会主义的蓝图，就在这个人们对一个"完美社会"满怀期许的时候，许多矛盾、冲突却出人意料地出现了。

1955 年夏季以后，农业合作化运动骤然提速，一大批刚刚建立的初级社尚未站稳脚跟，社员入股的土地报酬、生产资料折价偿付等问题未及时解决，便急速地并社、升级了。许多初级社成批地转为高级社，还有不少互助组甚至单干农民直接跨入了高级社阶段。结果，高级社集中生产、统一经营、统一经济核算的生产、管理模式在许多地方遭遇"水土不服"，引起农民群众不满。1956 年夏收以后，不少地方连续发生闹缺粮、闹退社的风潮。例如，据不完全统计，广东全省有 7 万余户农民退社，102 个社解体，个别地区形成群众性退社风潮。①

　　社会主义改造步伐的加快，还使得财政、物资面临极大压力，这也就是前文提过的"冒进"倾向。1956 年下半年，许多城市出现粮食、肉类和日用品短缺，一些学生、工人和复员转业军人在升学、就业和安置等方面遇到困难，部分人以罢工、请愿等方式表示抗议。例如，当年 6 月至 9 月，内蒙古森林工业管理局所属单位发生了 6 起工人罢工、请愿事件，参加者少则数十人，多则 300 人。又如，截至 12 月上旬，上海轻纺工业有 53 个合营工厂的 1834 名工人因工资和福利问题罢工、怠工、退社、请愿，其中罢工的有 10 个厂、116 人，怠工的有 3 个厂、60 人，请愿的有 2 个厂、29 人，在厂内闹事并包围公方代表、准备罢工请愿的有 38 个厂、1629 人。②

　　除此之外，"百花齐放、百家争鸣"方针提出后，知识分子的思想日趋活跃，开始在政治、经济、文化、教育、科学等问题上发表各种意见，以至批评党和政府工作中的缺点和党员干部工作作风中的问题，其中有不少尖锐意见，也有一些错误议论。

---

　　① 参见中共中央文献研究室编：《建国以来重要文献选编》第 9 册，中央文献出版社 1994 年版，第 550—551 页。

　　② 参见姚燕：《中国共产党执政后应对第一次大范围社会群体性事件的回顾与思考》，《当代中国史研究》2011 年第 5 期。

面对新出现的矛盾，许多干部缺乏思想准备。他们倾向于套用过去的经验，将群众闹事和尖锐批评一概视为"阶级斗争"的表现，认为凡是聚众闹事的，就是"敌我矛盾"，进而照搬革命时期的办法处理问题，这就进一步激化了矛盾。例如，内蒙古昭盟地区的 8 个旗县在一年多的时间内共发生非法逮捕、拘留事件 152 起，预审及监所管理违法乱纪事件 32 起，非法搜查与捆打公民 70 起，因工作方法不当而造成的严重事件 13 起。①

针对国内出现的不稳定情况，中共中央在 1957 年上半年多次开会讨论。在当年 2 月召开的最高国务会议上，毛泽东引用了五代南唐时期冯延巳《谒金门》中的名句"风乍起，吹皱一池春水"，意指国内有那么一点小风波，但是七级台风引起那样大的波浪是没有。他认为，中国共产党和人民政府在人民中有很高的威信，全国性的大乱子闹不起来。② 这也是中共高层普遍的认识。

毛泽东、刘少奇、邓小平等高层领导还先后到各地视察、调研。在此期间，毛泽东指出，闹事主要是因为工作中的缺点，犯了主观主义、官僚主义的错误。③ 刘少奇说，人民群众起来闹事的主要原因是领导机关的官僚主义和经济性质的切身问题。④ 邓小平认为，群众闹事大体上是党员干部官僚主义严重，对群众的正当要求不闻不问。⑤ 这些问题归根到底，主要是人民内部矛盾的反映。因此，在工作重心转向经济文化建设的时候，有必要通

① 参见沈志华：《一九五七年整风运动是如何开始的》，《中共党史研究》2008 年第 6 期。

② 参见中共中央党史研究室著：《中国共产党历史·第二卷（1949—1978）》上册，中共党史出版社 2011 年版，第 444 页。

③ 参见《毛泽东文集》第 7 卷，人民出版社 1999 年版，第 289 页。

④ 参见《刘少奇选集》下卷，人民出版社 1985 年版，第 305 页。

⑤ 参见中共中央文献研究室编：《邓小平年谱（1904—1974）》（下），中央文献出版社 2009 年版，第 1348 页。

过适当形式使党员干部从阶级斗争的思路中跳出来，学会正确处理人民内部矛盾。1957年全党整风的主题，就是正确处理人民内部矛盾。

全党整风的另一个重要动因，是社会主义阵营中影响既深且巨的波匈事件。甚至从某种意义上说，相比于国内的"小风波"，遥远的多瑙河畔发生的波匈事件反而对中共高层，特别是毛泽东造成了更大的冲击。

1956年2月，苏联共产党第二十次代表大会突然对斯大林大搞个人崇拜及其严重后果作了深刻揭露，暴露了苏共和国际共运中的许多负面情况。加之斯大林去世后，苏联领导人出于国家利益考虑，对东欧国家内政外交的控制表现出一定程度的松动，东欧各国长久以来积累的对苏联大国沙文主义的不满情绪终于爆发了出来。

6月，波兰西部波兹南地区的工人要求政府提高工资，降低物价，减少税收。28日，由于传言工人代表遭到逮捕，和平示威演变为暴力骚乱，波兰政府为此动用了武力，并造成流血冲突。苏联将波兹南事件定性为"帝国主义代理人"挑起的"反人民"事件，这在波兰党内外引起强烈抵制和不满。改革派在波兰党内本就力量强大且深得民心，眼看即将召开的波兰统一工人党八中全会将改组领导层，当初因反对成立共产党和工人党情报局①而被免去职务的哥穆尔卡又要重新上台，保守派和亲苏势力则将被排除在外，10月19日，赫鲁晓夫率苏共代表团在未受邀请的情况下抵达波兰首都华沙，并依据"华沙条约"下令驻扎在波兰的

---

① 共产党和工人党情报局是为对抗以美国为首的西方国家，在斯大林和铁托的倡议下，于1947年在欧洲九国共产党和工人党之间成立的类似第三国际的组织，目的是在各国共产党之间交换情报信息。苏联试图通过这个组织控制各国共产党。

苏军向华沙进发。同时，苏共中央决定将此事通告各兄弟党。

10 月 19 日、21 日，中共中央两次接到来自苏联的电报，苏方认为波兰局势十分严重，要求中共中央派遣由刘少奇或周恩来率领的高级代表团去莫斯科商谈。为此，中共中央接连召开会议，讨论波兰局势和苏共的要求。21 日晚召开的中央政治局常委扩大会议决定派遣一个代表团前往莫斯科，任务是调解，方针是着重批评苏共的大国沙文主义，同时劝说波兰党顾全大局，方式是只分别同苏共或波兰党会谈，不参加苏波两党的会谈。22 日凌晨，毛泽东约见苏联驻华大使尤金，表示波兰局势虽然比较复杂，但"看来还不像马上要脱离社会主义阵营，走入西方集团"，应当承认目前波兰统一工人党中央的领导，在平等的基础上同它合作，争取波兰留在社会主义阵营里。毛泽东的语气是婉转的，态度却十分明确，暗含着对苏联大国沙文主义的批评。23 日，由刘少奇、邓小平、王稼祥、胡乔木组成的中共代表团启程前往苏联。①

与此同时，在异常紧张的形势下，波苏两党代表团正在举行谈判。波兰方面虽然不断得到苏军逼近的消息，但一时无法判断苏联此举是决心诉诸武力还是仅仅为了施压，因此哥穆尔卡只是提出抗议，赫鲁晓夫则称苏军的行动是"军事演习"。得到消息的华沙工人、学生纷纷涌上街头，举行声势浩大的游行示威，强烈谴责苏联干涉波兰内政，表示坚决拥护改革派，要求实行民主化。最终，在得知波兰改革派同样有军事方面的准备，亲苏派基本失去对军队的控制后，赫鲁晓夫终止了"军事演习"，决定同意哥穆尔卡担任波兰党中央第一书记。波兰新领导人也保证不会退出社会主义阵营。所以，当刘少奇一行飞抵莫斯科时，波兰方

① 参见中共中央党史研究室：《中国共产党历史·第二卷（1949—1978）》上册，中共党史出版社 2011 年版，第 423 页。

面的形势已经缓和了下来。

可是，一波未平一波又起，就在此时，匈牙利事件爆发了。匈牙利的情况原本与波兰有几分相似：10月23日，首都布达佩斯的大批学生、工人以及国家机关工作人员等游行示威，反对苏联模式和苏联控制。当晚，匈牙利领导人发表广播讲话，认定这次运动是"敌对势力"企图"颠覆工人阶级政权"和"破坏秩序"，是"民族主义的宣传和挑衅活动"。这番讲话引起强烈愤慨，抗议活动几乎演变为武装暴动。

与波兰事件情形不同的是，苏联极其迅速地派兵控制了局面。24日晨，苏联军队进入布达佩斯并占领匈牙利其他大城市。此时距离局势开始恶化还不到12个小时。不过，有了在波兰的教训和中国的劝说，苏联人也在反思，甚至有所后退。他们不但接受了以改革派领袖纳吉为首的新政府，还决定撤出军队。不料，就在看似和平在望的时候，匈牙利大地上波澜再起。30日，中共代表团从苏联方面得知，匈牙利的形势持续恶化，纳吉政府已经宣布退出华沙条约组织，实行多党制，并把保安队和保安机关解散，人民民主专政的体制已经解体，暴乱分子烧死、绞死、活埋保安队员和共产党人，全国处于无政府状态。

面对匈牙利的情况，应该何去何从？毛泽东提出：暂时不忙作决定，看多少天以后再说。如果采取进攻政策，要等反革命更多地暴露、人民看清楚的时候，这样比较适当。于是中共代表团向苏方提出这些意见，并指出：在还可以挽救的时候，是不是尽最后的力量把它挽救一下，匈牙利问题同波兰问题性质不同，应该采取两种不同的方针。① 苏共中央原本还有些犹豫，但在中国方面的支持下最终决定武力解决问题。11月4日，苏军对匈牙利

---

① 参见中共中央文献研究室编：《毛泽东传（1949—1976）》（上），中央文献出版社2003年版，第605页。

发起大规模进攻，很快控制了局面。纳吉下令放弃抵抗，匈牙利新政府成立。

（二）《关于正确处理人民内部矛盾的问题》

远有波匈事件的教训，近有国内的各种矛盾，中国领导人不能不思考：导致波匈事件发生的原因和条件在中国是否也程度不同地存在？东欧的危机会不会对中国造成负面影响？应该如何应对在中国已经出现的群众闹事现象？中共代表团回到北京后，毛泽东立即连续召集政治局常委会议，了解相关情况。他指出，波匈事件应使我们更好地考虑中国的问题。①

那段时间里，中国领导人都在认真寻找上述问题的答案。在1956 年 11 月召开的中共八届二中全会上，刘少奇指出，要防止党和国家的领导机关及各级领导人脱离工农劳动群众，形成新的"贵族阶层"。为此，他提出，要在人民和干部中间进行教育，加强人民群众对领导机关的监督，限制国家领导人的权力，取消一些特殊待遇，等等。② 周恩来则着重于经济建设，提出：1957 年应当实行"重点发展，适当收缩"的方针。他说："优先发展重工业，这个原则是对的，但是在发展中忽视了人民的当前利益。直接与人民利益关系最大的是轻工业、农业，轻视这两者就会带来不好的后果，就会发生经济发展上的严重不平衡。""一些社会主义国家发生的事件值得我们引为教训。""总的方面是要收缩一下的……我们应该意识到，不要使中国也发生'波兹南'，几十

---

① 参见中共中央文献研究室编：《毛泽东年谱（1949—1976）》第 3 卷，中央文献出版社 2013 年版，第 23 页。

② 参见中共中央文献研究室编：《刘少奇传》（下），中央文献出版社 2008 年版，第 741—742 页。

万人或者几千万人站在街头上请愿，那问题就大了。"①

毛泽东认为，斯大林的严重错误之一，就是"混淆敌我矛盾和人民内部矛盾，拿对付敌人的办法来对待人民"。斯大林的错误和波匈事件表明，社会主义制度下仍然存在着各种矛盾。能否正确区分和处理敌我矛盾和人民内部矛盾，关系到社会主义建设的成败，关系到人民政权的存亡。在共产党执政的情况下，这是一个极为重要的问题。他还指出：在革命时期，大家集中力量去对付阶级斗争了，人民内部矛盾不突出。建设时期剩下一部分阶级斗争，大量表现的是人民内部的斗争，对于这个东西我们的经验不足，值得好好研究一下。这是一种科学。总而言之，中共试图以波匈事件为鉴戒，从整顿党的作风入手，正确处理人民内部矛盾，以缓解党和人民群众关系间的某些紧张状态。②

1957 年 2 月 27 日，在有 1800 多位各方面人士出席的最高国务会议第十一次（扩大）会议上，毛泽东以《如何处理人民内部的矛盾》为题发表讲话，系统阐明了关于严格区分社会主义社会的敌我和人民内部两类矛盾以及正确处理人民内部矛盾的问题。后来，毛泽东根据现实政治需要，对讲话作了不少修改、补充，在公开发表时将题目改为《关于正确处理人民内部矛盾的问题》。

毛泽东在讲话中指出，矛盾是普遍存在的，社会主义社会也充满着矛盾，正是这些矛盾推动着社会主义社会不断地向前发展。社会主义社会的基本矛盾仍然是生产力和生产关系、经济基础和上层建筑之间的矛盾，不过社会主义社会的这些矛盾同旧社

---

① 中共中央文献研究室编：《周恩来传（1898—1976）》（下），中央文献出版社 2008 年版，第 1129、1130 页。

② 参见中共中央党史研究室：《中国共产党历史・第二卷（1949—1978）》上册，中共党史出版社 2011 年版，第 427—428 页。

会的这些矛盾具有根本不同的性质和情况，可以经过社会主义制度本身的自我调整和完善，不断地得到解决。他指出，社会主义社会存在着敌我之间和人民内部两类性质根本不同的矛盾，前者需要用强制的、专政的方法去解决，后者只能用民主的、说服教育的、"团结—批评—团结"的方法去解决，决不能用解决敌我矛盾的方法去解决人民内部的矛盾。这样，就把正确处理人民内部矛盾作为国家政治生活的主题，并且从理论上提出了关于社会主义社会矛盾的新学说，同那种不承认社会主义社会仍然存在矛盾、一遇到矛盾便把它当作外来的敌我矛盾的理论区别了开来。

毛泽东还联系农业合作化问题、工商业者问题、知识分子问题、少数民族问题、如何看待肃反的问题、少数人闹事的问题，以及关于统筹兼顾、适当安排，百花齐放、百家争鸣，长期共存、互相监督，勤俭节约和中国工业化道路等问题，系统分析和阐明了正确处理各方面人民内部矛盾的方针和方法。他说："现在的情况是：革命时期的大规模的急风暴雨式的群众阶级斗争基本结束，但是阶级斗争还没有完全结束；广大群众一面欢迎新制度，一面又还感到不大习惯；政府工作人员经验也还不够丰富，对一些具体政策的问题，应当继续考察和探索。"他认为，在这个时候，提出划分敌我和人民内部两类矛盾的界限，提出正确处理人民内部矛盾的问题，以便团结全国各族人民，发展中国的经济和文化，巩固新制度，建设新国家，"是十分必要的"。①

最高国务会议后，中共中央在北京召开有党内外思想工作者800多人参加的全国宣传工作会议，传达《如何处理人民内部的矛盾》的讲话。毛泽东在会上进一步指出，社会大变动时期，几亿人口进入社会主义改造运动，各种不同意见在思想上有所反映，这种情况是完全可以理解的。制度的变化，是一个大变化。

---

① 《毛泽东文集》第7卷，人民出版社1999年版，第204—243页。

现在思想这样混乱，就是社会基础变动而来的反映。但是怎样解决思想问题，有两种截然不同的方法。他主张："不能用专制、武断、压制的办法，要人服，就要说服，而不能压服。"针对党员干部中对"收"还是"放"的认识很不统一的情况，他指出：领导我们的国家应该采取"放"的方针，就是放手让大家讲意见，使人们敢于说话，敢于批评。"百花齐放、百家争鸣"的方针，只会发展真理，发展艺术，使我们少犯错误。

政治活动原本就是围绕特定利益展开的，由利益而引发的矛盾冲突不可避免。然而，传统意识形态对社会主义条件下的矛盾问题语焉不详，甚至或多或少地带有一些乌托邦式的想象。相比较而言，毛泽东的社会主义社会矛盾学说就显得颇具理论意义了。不过，他在讲话中也指出："应该承认，这两类矛盾有时是容易混淆的。"实践中如何避免一遇到矛盾便将其定为"敌我性质"？是主要凭借各级领导干部的主观判断，还是通过建立体制机制确保公权力规范运行？这个问题显然值得人们深入思考。

（三）《关于正确处理人民内部矛盾的问题》精神在各地的贯彻

《如何处理人民内部的矛盾》在党内外传达的范围非常广，因此引发了强烈反响。其中，知识界和民主人士纷纷热烈拥护。例如，著名报人、《文汇报》总编徐铸成这样回忆听毛泽东讲话录音时的情形："毛主席在讲话中深入浅出，妙语泉涌……听的人都十分兴奋。以后几天，一直成为话题的中心。""有一天，我跟傅雷兄到中山公园去喝茶，看鱼赏花。我说：'听了毛主席的讲话录音，感到浑身都热呼呼的。'他也兴奋地说：'共产主义者遍天下，毛主席真是千古一人。'随后，我们还相约回沪后各自为发展我国文化事业而努力。"① 又如，《傅雷家书》中有一段常被引用的描述："毛主席的讲话，那种口吻，音调，特别亲切平易，极富于幽默感；而且没有教训口气，速度恰当，间以适当的pause（停顿），笔记无法传达。他的马克思主义是到了化境的，随手拈来，都成妙谛，出之以极自然的态度，无形中渗透听众的心。讲话的逻辑都是隐而不露，真是艺术高手。沪上文艺界半年来有些苦闷，地方领导抓得紧，仿佛一批评机关缺点，便会煽动群众；报纸上越来越强调'肯定'，老谈一套'成绩是主要的，缺点是次要的'等等。（这话并不错，可是老挂在嘴上，就成了八股）毛主席大概早已嗅到这股味儿，所以从一月十八日至二十七日就在全国省市委书记大会上提到百家争鸣问题，二月底的最高国务会议更明确地提出，这次三月十二日对我们的讲话，更为具体，可见他的思考也在逐渐往深处发展。他再三说人民内部矛盾如何处理对党也是一个新问题，需要与党外人士共同研究；党内党外合在一起谈，有好处；今后三五年内，每年要举行一次。他又嘱咐各省市委也要召集党外人士共同商量党内的事。他的胸襟博大，思想自由，和我们旧知识分子没有分别，加上极灵活的运用辩证法，当然国家大事掌握得好了。毛主席是真正把古今中外的哲理融会贯通了的人。"② 长长的一段话里，钦佩、喜悦之情可谓溢于言表。

相比之下，中共党内的意见则在拥护之外多了几分疑虑。例如，中共湖北省委报告说，毛泽东的讲话传达以后，"有些党的干部（包括一部分领导干部）大吃一惊，他们怀疑人民内部是否

① 徐铸成：《徐铸成回忆录》，生活·读书·新知三联书店 1998 年版，第 262—263 页。

② 傅敏编：《傅雷家书》，生活·读书·新知三联书店 1994 年版，第 158 页。

存在着矛盾，他们说'天下本无事，庸人自扰之'"。一些干部认为，对于人民群众闹事，"由领导上的官僚主义负主要责任"，是"不公平"的。对于在基层单位放手发扬民主和执行"双百"方针，他们顾虑重重，怕"放"出错误的东西来难以收场，说"放"也可以，但是"要首先解决马列主义的立场、观点和方法问题"。

又如，中共甘肃省委报告说，对于中央的方针，"党外比党内接受的快，情绪高"，党内受到"很大震动"，部分干部，特别是党员干部"在思想上还有程度不同的怀疑和顾虑、甚至抵触情绪"。在高级干部中，"思想基本搞通"的只是小部分人，大多数人是"原则上通了，也认为中央的方针、政策完全正确，表示拥护。但遇到具体问题，特别是与本单位和自己有直接关系的具体问题时，就不通了"。还有极少数人"抱有很大的抵触情绪"，认为"革命几十年都没叫人监督，现在革命胜利了反倒要叫人监督了，真想不通"。甚至有人说："党外人士、知识分子现在更嚣张了，不把他们整下去总不甘心。"

再如，中共山西省委报告说，毛泽东的讲话在各级干部中传达后，"争辩之多，是空前的"。"多数人表示拥护，但对若干原则问题抱有怀疑和抵触情绪"，他们提出：如此强调扩大民主，"是否会助长极端民主化？""现在已有极端民主化的倾向，再要扩大民主，事情就更不好了"。他们还认为"闹事没好人，好人不闹事"，"不承认闹事的主要原因是由于领导上的官僚主义"。也有个别人"公开表示怀疑和反对"，提出"这次毛主席报告的精神是否右倾了"的疑问，认为"毛主席的报告替民主人士、知识分子、资本家和过去的地主、富农说的话太多了，而替劳动人民说的话太少了"。"大学生中有百分之八十的人出身于剥削家庭，他们毕业后都将当干部，难道毛主席就不怕重复匈牙利事件的教训吗？究竟还要不要专政？谁专谁的政呢？这真是长他人的志气，灭自己的威风"。上述情况，在其他多个省委的报告中都有所反映。①

中共高层对党内认识上的差异早有察觉，并采取了一系列措施为整风造势。1957 年 3 月 16 日，中共中央发出《关于传达全国宣传工作会议的指示》，指出："现在，党与知识分子的关系中，存在着一些不正常的状态。这种不正常状态的原因，是党内存在着两种反马克思列宁主义的思想，就是教条主义和右倾机会主义。教条主义，用粗暴的而不是说服的办法，用斥责而不是说理的办法，用强迫而不是自愿的办法，来对待知识分子，对待思想问题，对待学习马克思主义的问题。""右倾机会主义，则对于我们过去的工作否定一切，只看到缺点，没有看到成绩，因而丧失信心，把伟大的革命和建设事业描写为漆黑一团。"因此，"必须在党内党外，反对这两种错误思想"。该指示要求充分发扬民主，特别要让党外人士讲出心里话。② 中共中央还针对半年来发生的工人罢工、学生罢课和群众性游行等事件，连续发出《关于处理罢工、罢课问题的指示》《关于研究有关工人阶级的几个重要问题的通知》，强调反对官僚主义。

与此同时，毛泽东、刘少奇、周恩来、邓小平等高层领导分别视察各地，沿路作报告，要求各级干部充分认识由革命到建设的转变，充分理解和认真贯彻正确处理人民内部矛盾的方针。

其中，毛泽东先后视察天津、济南、南京、上海、杭州等地，沿途宣讲如何正确处理人民内部矛盾的问题。关于"百花齐放、百家争鸣"的方针，他强调，这不仅是发展科学和文艺的基

---

① 参见沈志华：《一九五七年整风运动是如何开始的》，《中共党史研究》2008 年第 6 期。

② 参见中共中央文献研究室编：《建国以来重要文献选编》第 10 册，中央文献出版社 1994 年版，第 133、134 页。

本方针，而且是在新的历史条件下处理人民内部矛盾的基本方针。"采取现在的方针，文学艺术、科学技术会繁荣发达，党会经常保持活力，人民事业会欣欣向荣，中国会变成一个大强国而又使人可亲。"① 关于全党工作重点的转移，毛泽东说：阶级斗争基本结束，我们的任务转到什么地方？转到搞建设，率领整个社会，率领6亿人口，同自然界做斗争，把中国兴盛起来，变成一个工业国。毛泽东给全中国人民描绘的社会主义发展进程是：20世纪，上半个世纪搞革命，下半个世纪搞建设；现在是由革命到建设的转变时期，今后的中心任务是搞建设；从现在到21世纪中叶，用100年的时间把中国建设好。② 为了达到这个宏伟目标，他号召党员干部保持艰苦奋斗、密切联系群众的作风，并满怀激情地说："我们要保持过去革命战争时期的那么一股劲，那么一股革命热情，那么一种拼命精神，把革命工作做到底。"③

刘少奇在中共上海市委党员干部大会上阐述人民内部矛盾问题时，特别强调消除官僚主义的意义。他认为，人民内部矛盾大量地表现在人民群众同领导者之间的矛盾问题上，更确切地讲，是表现在领导上的官僚主义与人民群众的矛盾问题上。"如果领导机关不犯官僚主义，问题就可以解决了，矛盾就缓和了。"他指出，一些地方开始萌芽一种等级制度，这是一种封建制度，应该废除。刘少奇还提出，人民内部矛盾的主要表现及其产生的主要原因是分配问题，是经济利益问题。所以，解决人民内部矛盾问题不仅要从思想工作入手，也要从物质利益入手，研究分配问

---

① 《毛泽东文集》第7卷，人民出版社1999年版，第291页。

② 参见中共中央文献研究室编：《毛泽东传（1949—1976）》（上），中央文献出版社2003年版，第646、648页。

③ 《毛泽东文集》第7卷，人民出版社1999年版，第285页。

题，解决物质利益问题。①

周恩来在中共浙江省委扩大会议上着重阐明了"长期共存，互相监督"的方针。他指出，这个方针实际上是扩大民主，要把6亿人的生活搞好，建设社会主义，没有互相监督，不扩大民主，是不可能做得好的；互相监督的面还要扩大，不能缩小。周恩来说：我们党寿命有多长，民主党派的寿命就有多长，一直要共存到将来社会的发展不需要政党的时候为止。所以，认为只要有一个共产党，问题就都可以解决了，这是一个简单化的想法。这样做必然会使我们的耳目闭塞起来。大家都是"王麻子"，都是"张小泉"，那就不行了，还是多几个牌号好一点。②

邓小平在西安党员干部大会上特别强调，共产党要想避免犯大错误，就必须接受监督。在中国，谁有资格犯大错误？就是中国共产党。犯了错误影响也最大。宪法上规定了党的领导，党要领导好，就必须接受监督。他强调，监督来自三个方面：党的监督，群众的监督和民主党派、无党派民主人士的监督。"如果我们不受监督，不注意扩大党和国家的民主生活，就一定要脱离群众，犯大错误。因为我们如果关起门来办事，凭老资格，自以为这样就够了，对群众、对党外人士的意见不虚心去听，就很容易使自己闭塞起来，考虑问题产生片面性，这样非犯错误不可。"③

经过一番努力，党外人士和人民群众要求共产党改进作风的呼声日益高涨。中共中央认为，发动整风运动的时机已经成熟了。

---

① 参见《刘少奇选集》下卷，人民出版社 1985 年版，第 303、304—305 页。

② 参见《周恩来统一战线文选》，人民出版社 1984 年版，第 349—350、351 页。

③ 《邓小平文选》第 1 卷，人民出版社 1994 年版，第 270 页。

二、整风运动的发动和全面展开

（一）整风运动的酝酿与发动

1957 年的整风运动实际上在 1956 年召开的中共八大上就开始酝酿了。毛泽东在八大开幕词中说："在我们的许多同志中间，仍然存在着违反马克思列宁主义的观点和作风，这就是：思想上的主观主义、工作上的官僚主义和组织上的宗派主义。""必须用加强党内的思想教育的方法，大力克服我们队伍中的这些严重的缺点。"① 邓小平则在关于修改党章的报告中提出，各地区各部门党的组织必须运用过去整党工作的经验，采取群众性的批评和自我批评的方法，经常对党员进行工作作风的整顿。②

1956 年 10 月，在中共八届二中全会上，毛泽东把工人罢工、学生罢课这一类问题产生的根源归结为官僚主义。他说："县委以上的干部有几十万，国家的命运就掌握在他们手里。如果搞不好，脱离群众，不是艰苦奋斗，那末，工人、农民、学生就有理由不赞成他们。我们一定要警惕，不要滋长官僚主义作风，不要形成一个脱离人民的贵族阶层。谁犯了官僚主义，不去解决群众的问题，骂群众，压群众，总是不改，群众就有理由把他革掉。"

正是在这次会议上，毛泽东宣布："我们准备在明年开展整风运动。整顿三风：一整主观主义，二整宗派主义，三整官僚主义。"他强调，整风是一种小民主的方法，"以后凡是人民内部的事情，党内的事情，都要用整风的方法，用批评和自我批评的方

---

① 《毛泽东文集》第 7 卷，人民出版社 1999 年版，第 116 页。
② 参见《邓小平文选》第 1 卷，人民出版社 1994 年版，第 224 页。

法来解决，而不是用武力来解决"。①

1957 年 3 月，毛泽东在全国宣传工作会议上对运动作了相对更具体的规划：整风先在党内整，党外自愿参加，批判主观主义（包括教条主义）、宗派主义、官僚主义，克服错误，造成自由批判的环境和习惯。整风方法，像延安那样，研究文件，批评错误，小小民主，和风细雨，治病救人，反对一棍子打死人的方法。

结束了为《关于正确处理人民内部矛盾的问题》造势的杭州之行后，毛泽东开始加紧部署整风运动。在大半个月的时间内，他几乎每天都在研究和谈论整风问题。

4 月初，中共中央根据毛泽东相关讲话精神起草了一份题为《中国共产党第八届中央委员会第三次全体会议关于在全党进行整风运动的决定（草案）》的文件，准备在八届三中全会上通过后下发。文件提出，中央决定在全党开展整风运动，1957 年进行准备工作，并在适当范围内试行，1958 年全面开展，大约在二至三年时间内完成。

4 月 9 日，毛泽东审阅了这份文件，将题目改为《关于整风运动的决定（草案）》（简称《决定（草案）》），并起草了中央关于试行这一《决定（草案）》的通知，要求各级党委、党组"取得经验，报告我们，以便修改，在中央全会通过，然后正式施行"。尽管《决定（草案）》和通知都没有下发，但仍然可以从这些"过程稿"中看到中共高层最初对这场运动的一些设计，并将其作为观察运动实际走向的一种参考。后来，中共中央根据

①　中共中央文献研究室编：《毛泽东传（1949—1976）》（上），中央文献出版社 2003 年版，第 612—613 页。

毛泽东的指示，重新起草了《关于整风运动的指示（初稿）》。①

同月 27 日，毛泽东又为中共中央起草了一份通知，要求各省、自治区、市党委和中央一级部委及党组就党与工人、农民、学生、解放军战士、知识分子、民主党派、少数民族等七个方面之间所存在的各项具体矛盾，"分别召集会议，加以分析研究，使自己心中有数，由盲目到自觉，以便有根据地说服干部和群众"。

值得一提的是，除了整风运动以外，这份通知还涉及另一件事，那就是中共中央随后发出的《关于各级领导人员参加体力劳动的指示》。毛泽东写道："这个通知提倡县、区、乡三级党政主要干部，凡能劳动的，每年抽一部分时间下田参加生产，从事一小部分体力劳动。县以上各级党政军主要干部（不是一般干部），凡能劳动的，也要这样做，每年以一部分时间，分别下田、下工厂、下矿山、下工地或者到其他场所，和工人农民一道从事可能胜任的一小部分体力劳动（哪怕是很少一点）。这样一来，党和群众就打成一片了，主观主义，官僚主义，老爷作风，就可以大为减少，面目一新。"②

4 月 27 日，陈云主持中共中央政治局扩大会议，原则通过《关于整风运动的指示》。③ 该指示提出，由于党已经在全国范围内处于执政的地位，得到广大群众的拥护，有许多同志就容易采取单纯的行政命令的办法去处理问题，而有一部分立场不坚定的分子，就容易沾染旧社会作风的残余，形成一种特权思想，甚至

---

① 参见薄一波：《若干重大决策与事件的回顾》下卷，中共党史出版社 2008 年版，第 427 页。

② 《毛泽东文集》第 7 卷，人民出版社 1999 年版，第 294 页。

③ 参见中共中央文献研究室编：《陈云年谱》中卷，中央文献出版社 2000 年版，第 378 页。

用打击压迫的方法对待群众。因此有必要在全党进行一次普遍、深入的反对官僚主义、宗派主义和主观主义的整风运动。这次整风运动应该是一次既严肃认真又和风细雨的思想教育运动，应该是一次恰如其分的批评和自我批评运动，应该多采取个别谈心或开小型的座谈会和小组会的方式，一般不要开批评大会或斗争大会。"非党员愿意参加整风运动，应该欢迎。但是必须完全出于自愿，不得强迫，并且允许随时自由退出。"① 5 月 1 日，这个指示在《人民日报》上公开发表，全党整风由此开始。

（二）邀请党外人士帮助整风

运动开始时，中共中央特别重视邀请党外人士帮助共产党整风。在毛泽东看来，只有广泛征求党外人士的意见，这次整风才能取得好的效果。

《关于整风运动的指示》见报前一天，即 1957 年 4 月 30 日，毛泽东在最高国务会议第十二次（扩大）会议上最后一次为整风"吹风"，动员民主人士畅所欲言。他说，几年来都想整风，但找不到机会，现在找到了。凡是涉及许多人的事情，不搞运动，搞不起来。现在已造成批评的空气，这种空气应继续下去。这时提整风比较自然。② 他希望通过各界人士的批评，使党的作风真正得到改进，也设想通过进一步完善党的若干领导制度，来妥善解决实际工作中党与民主党派、党与知识分子的矛盾。

会后不久，5 月 4 日，中共中央发出《关于请党外人士帮助整风的指示》，充分肯定一个时期以来党外人士提出的各种批评

---

① 中共中央文献研究室编：《建国以来重要文献选编》第 10 册，中央文献出版社 1994 年版，第 222—223、224、225 页。

② 中共中央文献研究室编：《毛泽东传（1949—1976）》（上），中央文献出版社 2003 年版，第 671 页。

意见，指出：最近两个月以来，在各种有党外人士参加的会议上和报纸刊物上所展开的关于人民内部矛盾的分析以及对于党和政府缺点错误的批评，对于党与人民政府改正错误、提高威信而言，是极为有益的，应当继续展开，以利于我党整风。"没有社会压力，整风不易收效"。该指示对整风的总体部署作出规定，提出：先请党外人士帮助共产党整风，对共产党的缺点错误进行批评，待共产党整风成功，再推动社会各界整风。"党外人士参加我党整风座谈会和整风小组，是请他们向我们提意见，作批评，而不是要他们批评他们自己，此点也请你们注意。如有不便之处，则以不请党外人士参加整风，而由党邀请党外人士开座谈会请他们畅所欲言地对工作上缺点错误提出意见为妥。请你们按当地情况斟酌处理。"① 这以后，全党整风很快进入集中征求党外人士意见的阶段。

起初，中国共产党、毛泽东请党外人士帮助整风，听取党外人士对共产党缺点错误的批评意见，确实是出于真心的，因为中共高层此时信心十足，认为决不至于"引火烧身"。1957 年 3 月 12 日，毛泽东在全国宣传工作会议上讲到"放"还是"收"的问题时说：会不会乱？会不会变成匈牙利事件？变不了的。要是搞得一点民主也没有，官僚主义十足，大民主不许可，小民主也没有，甚至于小小民主都没有，横直是不能解决问题，那就要逼上梁山。3 月 20 日上午，他在南京对江苏、安徽两省及南京军区的党员干部说：对这几百万知识分子，我们如果看不起他们，如果以为可以不要他们，这种观点是不妥当的。我们离开这几百万知识分子，可以说一步都不能走。现在党外人士生怕我们"收"，说我们"放"得不够。我们的同志则有一点想"收"。中央的意

① 中共中央文献研究室编：《建国以来重要文献选编》第 10 册，中央文献出版社 1994 年版，第 246—247 页。

见是应该坚持"百花齐放、百家争鸣"的方针，应该"放"，而不是"收"。至于这样做会不会"天下大乱"？会不会像匈牙利事件那样把人民政府打倒？毛泽东再次回答：不会。中国的情形跟匈牙利不同，共产党有很高的威信，人民政府有很高的威信。马克思主义是真理，这是批评不倒的。4 月初，有人向毛泽东反映：少数人说，共产党"放长线钓大鱼"。他说，要让人家批评，一点不生气，然后去分析。现在知识分子像惊弓之鸟，怕得厉害……共产党的政策要让大家来考验，领导者也要受被领导者考验。4 月 10 日，毛泽东又指出：争取知识分子，用什么办法？一种办法是"压"，这不会使人心服，口服心不服。我主张"松"，这样他们就靠拢我们了，有利于改造。①

　　不过，对于"放"到什么程度，毛泽东是有底线的。1957 年 1 月，他在省、市、自治区党委书记会议上提出要注意思想动向问题。他指出：（1）要准备少数人闹事，搞所谓的大民主。对待大民主的态度应当是，第一不怕，第二要加以分析，看他讲什么，做什么。（2）对知识分子和民主人士要继续思想改造。现在有一种偏向，就是重安排不重改造，"百花齐放、百家争鸣"一来，不敢去改造知识分子了。（3）"百花齐放"，还是要"放"。农民需要年年跟田里的杂草做斗争，我们党的作家、艺术家、评论家、教授，也需要年年跟思想领域的杂草做斗争。

　　2 月 27 日，毛泽东在《如何处理人民内部的矛盾》讲话中说：波兰事件和匈牙利事件出来，有些人很高兴，来一下大民主嘛！他们所谓的大民主，几十万人到街上去了。有一些同志，有一些党外朋友，他们搞不清楚大民主是对付敌对阶级的。另外有少数人是带有敌对情绪的，他们希望用大民主把共产党和人民政

---

　　①　参见中共中央文献研究室编：《毛泽东传（1949—1976）》（上），中央文献出版社 2003 年版，第 640、649、654—655、666 页。

府整那么一下，就开心了。有些人以为欧洲的民主自由很好，喜欢议会民主，说人民代表大会跟西方议会民主比要差，主张两党制，这一党在上，那一党在下，然后反过来。还要有两个通讯社，唱对台戏。有人提出早一点取消专政。有人说民主是目的。我们跟他们说，民主是手段，也可以说又是目的又是手段。民主是属于哪个范围呢？属于上层建筑，属于政治这个范畴。马克思主义的政治经济学告诉我们，人类社会的上层建筑归根结底是为经济基础服务的，改善人民生活是它的目的。有人说外国的自由很好，我们这里自由很少。我说，没有抽象的自由，只有阶级的自由、具体的自由，抽象的、一般的自由，世界上就没有那个东西。①

3月12日，毛泽东又在全国宣传工作会议上不仅强调"放"的方针，还提醒人们注意："长时间以来，人们对于教条主义作过很多批判。这是应该的。但是，人们往往忽略了对于修正主义的批判。"他指出，现在还有阶级斗争，"主要是政治战线上和思想战线上的阶级斗争，而且还很尖锐。思想问题现在已经成为非常重要的问题。"他说：我国的知识分子大约有500万左右。其中有少数人对于社会主义制度不那么欢迎，不那么高兴，甚至抱有一种敌对的情绪，认为社会主义没有优越性，社会主义"活不长"，会失败。或者有那么一些人，希望社会主义总有一天要恢复到资本主义。他还指出，说"百家争鸣"，其实只有两家——无产阶级一家，资产阶级一家。说"百家"，无非言其多也。马克思主义里面也有几家，修正主义算一家，教条主义是一家。

3月17日，毛泽东在山东宣讲如何正确处理人民内部矛盾时指出：大规模的阶级斗争基本结束了，但阶级斗争并没有结束；

---

① 参见中共中央文献研究室编：《毛泽东传（1949—1976）》（上），中央文献出版社2003年版，第622—623页。

在意识形态领域，阶级斗争将长期存在；意识形态领域谁胜谁负的问题还没有解决，还需要相当长的时间才能解决。这些意思，在 2 月 27 日的最高国务会议上和 3 月 12 日的宣传工作会议上，都没有讲到或者没有明确地指出来，而在这次讲话中却显得比较突出。他指出：1956 年下半年以来，我们党里头，社会上，人们的思想有一些乱。显然，这种情况越来越引起毛泽东的注意。①

据林克日记记载，5 月 12 日，"毛主席进一步谈到争鸣和齐放的限度是什么？限度就是不能火烧房子。批评应该：（1）有利于人民民主专政；（2）有利于发展社会主义建设；（3）有利于党的领导。而共产党的领导是有决定性的。"② 由此可见，坚持中国共产党的领导、坚持社会主义制度始终是中共的既定原则，离开这些原则的批评意见必然会被认定为错误言论。

民主人士到底提出了哪些意见呢？从 5 月 8 日开始，中共中央统战部多次召开各民主党派负责人座谈会，全国各界的著名民主人士聚集一堂，他们的发言，是党外各种意见的集中反映。

5 月 8 日，中国民主同盟中央委员会副主席、中国农工民主党中央委员会主席章伯钧谈到了"党"与"非党"关系问题。他举例说，选拔留学生，学校留助教，都是首先考察政治条件，有些有能力、有专长的人，常被认为"历史复杂"而不能入选，非党人士出国学习的机会不多。非党干部要得到提拔很困难，党员提升得快，好像只有党员才有能力，有办法。兼任交通部部长的他还提出，在非党人士担任领导的地方，实际上是党组决定一切，这是造成非党人士"有职无权"的根本原因。

---

① 参见中共中央文献研究室编：《毛泽东传（1949—1976）》（上），中央文献出版社 2003 年版，第 635—636、638、646 页。

② 郭德宏等主编：《中华人民共和国专题史稿》卷二，四川人民出版社 2009 年版，第 123 页。

中国民主建国会中央委员会副主任委员章乃器也提出了类似的问题。他认为，要实现"有职有权"，必须克服宗派主义思想，首先要明辨是非。现在有一部分党员，党内一个是非，党外一个是非，把"党党相护"当作党性。有人批评党，明明提的意见是对的，党员也不承认。有人提的意见尽管是符合党的政策的，但是只要党员负责同志一摇头，非党员要坚持意见也是很困难的。作为新中国首任粮食部部长的章乃器表示，他自己在粮食部里是"有职有权"的。他说：党组和我的关系是正常的，党组管思想政治领导，我管行政领导，党组和我有了分歧意见，要能说服我，我才同意。但是我这个"有职有权"是斗争得来的。经过斗争达到了团结的目的。①

第二天，上海《文汇报》分别以《行政领导和党组职权应该划分清楚》《解决有职有权问题必须克服宗派主义》为题，刊登了章伯钧和章乃器的发言，在社会上引起较大反响。

5月9日，民建中央副主任委员胡子昂说，工商界有人怀疑，"放""鸣"与"整"是三部曲，"放""鸣"以后有被"整"的危险。他说，"党"与"非党"的关系中间，好像有一堵墙、一道门槛，有些党员一副严肃的"政治面孔"，使人敬而远之。②

5月10日，中国国民党革命委员会中央委员会常务委员邵力子批评了"以党代政"的现象，但对党组领导制度表示肯定。他说，党在政府部门的领导，最好是通过党组。一切重大问题，党组决定后，交由党员去运用，使能贯彻执行。如果直接由党发号施令，就会差一些。改善党政关系，重要的是使政府部门真正负

---

① 参见《倾听党外意见 推进整风运动 中共中央统战部邀各民主党派负责人举行座谈会》，《人民日报》1957年5月9日。

② 参见《民主党派负责人在统战部召开的座谈会上 批评共产党员的宗派主义》，《人民日报》1957年5月10日。

起责任来，这对党的领导只有好处，没有坏处。民盟副主席罗隆基提出，现在各民主党派都参加了政权，但是过去有很多重大的政策问题，往往都是在领导党内讨论以后才拿出来协商，希望今后这些问题要在党内讨论的同时，也交民主党派去讨论，并由有关方面事前提供情况和资料。①

5月11日，民建中央委员千家驹谈到"有职有权"问题时说，共产党是领导党，党员要在工作中多负些责任，党组要保证机关工作任务的完成，这是应该肯定的，没有人反对。但事实上现在党委或党组代替行政，党组的决定有时不通过行政而下达，有些决定，担任科员、秘书工作的党员都知道了，而非党的领导干部还不知道。谈到知识分子，千家驹希望能够深入地了解高级知识分子的思想情况，而不要专听党员的片面汇报。他说，中国高级知识分子有高度自尊心，服从真理而不慑于权威，"士可杀不可辱"，这是优良传统，不应该打击。新中国成立后唯唯诺诺靠拢党，这是不好的。②

5月13日，无党派民主人士、教育部部长张奚若在这次整风所针对的三个"主义"之外，提出教条主义的问题。他说，有些人知识水平低，经验不足，为了解决问题，想不出办法，就搬教条，搬苏联经验，依靠教条解决问题。对某些党员来说，教条成了他办事的唯一蓝本。教育部许多工作没做好，教条主义之害实在是"大矣哉，大矣哉"。

张奚若还说，有不少党员知识水平太低，不够他现在所担负的工作所需要的水平。有些党员认为"天下是咱家打的"，于是

---

① 参见《民主党派负责人在统战部召开的座谈会上提出　充分发挥各民主党派的作用》，《人民日报》1957年5月11日。

② 参见《各民主党派负责人在统战部的座谈会上继续发表意见　批评共产党以党代政　要求民主人士有职有权》，《人民日报》1957年5月12日。

"老子天下第一"，以"革命功臣"自居。他们认为，给你一碗饭吃，给你官做就够了，一切不过是为了团结，并不是你真正有什么本事。因此，他有事情就照自己的办法办，正是"一朝权在手，便把令来行"。①

5月15日，无党派民主人士、文化部部长沈雁冰（茅盾）说：宗派主义的表现方式是多种多样的，比方说，一个非党专家在业务上提了个建议，可是主管的领导党员却不置可否，于是非党专家觉得这位党员领导者有宗派主义。可是，在我看来，这是冤枉了那位党员了。事实上，这位党员不精于业务，对于那位非党专家的建议不辨好歹，而又不肯老实承认自己不懂（因为若自认不懂，便有伤威信），只好不置可否，这里确实并无宗派主义。可是，隔了一个时期，上级党员也提出同样的主张来了，这时候，曾经不置可否的党员，就双手高举，大力宣扬，称颂上级党员英明领导，但是，压根儿不提某非党专家曾经提过基本上相同的建议。是不是他忘记了呢？我看不是，仍然是因为若要保住威信，不提为妙。在这里，就有了宗派主义。如果那位非党专家不识相，自己来说明他也有过那样的建议，但未被重视，于是乎那位党员很可能会强词夺理，说那位专家的建议基本上和这次上级的指示不同，或甚至给他一个帽子——"诽谤"领导，"诽谤"党。这里，宗派主义就发展到极严重的地步了。②

在这天的会议上，张奚若再次发言，批评有四种偏差：第一，好大喜功；第二，急功近利；第三，鄙视既往；第四，迷信将来。这四句话给毛泽东留下了很深的印象。

---

① 参见《在统战部召开的座谈会上民主党派负责人继续提出意见批评统战部对各民主党派帮助不够》，《人民日报》1957年5月14日。

② 参见《各民主党派负责人在统战部继续召开的座谈会上 提出尖锐批评和改进工作的积极建议》，《人民日报》1957年5月16日。

　　早在为作《论十大关系》报告而听取汇报的过程中，毛泽东就说过，好大喜功好像是坏事，历来骂汉武帝好大喜功，可不名誉哩。但是，木船变轮船，马车变汽车、火车，都是好大喜功，不加区别地说好大喜功都不好，是不妥当的。后来，到了1958年1月，他又在第十四次最高国务会议上说：不好大喜功不行。但是要革命派的好大喜功，要合乎实际的好大喜功。不急功近利也不行。《易经》上讲："君子终日乾乾，夕惕若厉。"曾子也说："夏禹惜寸阴，吾辈当惜分阴。"这都是圣人之言。我们要的是革命的、合乎实际的平均先进定额（指标）。过去的东西不轻视不能活下去。历史是要的，但对过去不能过于重视。人类历史是50万年。"拿现在来比，倒数上去，总是一代不如一代，这才叫进化，才叫进步。所以，轻视过去，在这一点意义上讲完全必要"。还有一个"迷信将来"。人类就是希望有个将来，希望也总是寄托在将来。所以说，"好大喜功，急功近利，轻视过去，迷信将来"这四句话，恰好是正确的。① 1958年1月南宁会议、1958年3月成都会议、1958年9月最高国务会议第十五次会议上，毛泽东都批驳过这四句话。

　　其实在《人民日报》发表的张奚若的讲话中，"好大喜功"讲的是很多人追求形体之大、组织之大，如建筑物一定要盖得很大，工商业组织、文化艺术组织、生活娱乐组织要搞得规模很大；谈"急功近利"时，举的例子是高等学校培养人才；"鄙视既往"强调不要一切都搬用洋教条，历史留下的文化遗产不能都当作封建的东西打倒；"迷信将来"则是说不能认为将来任何事

---

　　① 　参见中共中央文献研究室编：《毛泽东传（1949—1976）》（上），中央文献出版社2003年版，第689、473、782页。

情都是发展的。①

这些座谈会提出的绝大多数意见，虽然尖锐，但比较中肯，也富有建设性。② 而且座谈的过程中也并非"一边倒"地批评共产党。例如，罗隆基提出，有些知识分子不愿意参加民主党派，怕别人说他"落后"，而愿意争取加入共产党，这影响了民主党派的发展。同为民盟副主席的史良便立刻表示，民主党派能不能与共产党长期共存，并不在于民主党派成员人数的多少，而在于民主党派是否能在社会上发挥作用。③ 又如，无党派民主人士、北京大学校长马寅初表示，单纯批评党委制不好是不对的，党委制好的地方也要表扬。他还说，目前有些批评不够实事求是，有否定一切的现象。从团结的愿望出发，不能光讲坏处，好处一点不讲，如现在对北京大学的批评，坏的地方说得很详细，好的地方一点也不说，这是无法令人心服的，也不好共事。④

中央和地方的各种报刊大量报道整风情况，各方面人士在各种座谈会上和报刊上广泛而集中地对党的工作提出批评意见，这种局面实属新中国成立以来之所未有。随着各种批评意见急剧升温，中共对整风的态度也逐渐发生变化。时任中共中央统战部部长、主持民主党派负责人座谈会的李维汉是这样回忆的："五月中旬，汇报到第三次或第四次时，已经放出一些不好的东西，什么'轮流坐庄'、'海德公园'等谬论都出来了。毛泽东同志警

---

① 参见《各民主党派负责人在统战部继续召开的座谈会上 提出尖锐批评和改进工作的积极建议》，《人民日报》1957年5月16日。

② 参见中共中央党史研究室：《中国共产党历史·第二卷（1949—1978）》上册，中共党史出版社2011年版，第442页。

③ 参见《民主党派负责人在统战部召开的座谈会上提出 充分发挥各民主党派的作用》，《人民日报》1957年5月11日。

④ 参见《各民主党派负责人在统战部继续召开的座谈会上 提出尖锐批评和改进工作的积极建议》，《人民日报》1957年5月16日。

觉性很高，说他们这样搞，将来会整到他们自己头上，决定把会上放出来的言论在《人民日报》发表，并且指示：要硬着头皮听，不要反驳，让他们放。在这次汇报之后，我才开始有反右的思想准备。那时，蒋南翔同志对北大、清华有人主张'海德公园'受不住，毛泽东同志要彭真同志给蒋打招呼，要他硬着头皮听。当我汇报到有位高级民主人士说党外有些人对共产党的尖锐批评是'姑嫂吵架'时，毛泽东同志说：不对，这不是姑嫂，是敌我。""及至听到座谈会的汇报和罗隆基说现在是马列主义的小知识分子领导小资产阶级的大知识分子、外行领导内行之后，就在五月十五日写出了《事情正在起变化》的文章，发给党内高级干部阅读。""这篇文章，表明毛泽东同志已经下定反击右派的决心。"①

三、反右派斗争及其扩大化

（一）"事情正在起变化"

整风何以转向反右？按照前述李维汉的回忆，原因似乎在于"鸣放"中的一些言论过于激烈。这样讲当然没错，但是，前文已经列举过若干颇有代表性的"激烈言论"，全面、客观地看，那些意见似乎没有明显的反党、反社会主义倾向。可见，言论激烈与否，在相当程度上是一种主观判断，取决于被提意见者是否有足够的心理准备。事实上，民主人士的意见大大出乎毛泽东等中共领导人的意料，超出了他们预设的"底线"。毛泽东对此深

---

① 李维汉：《回忆与研究》（下），中共党史资料出版社 1986 年版，第 833—834 页。

感震惊，从而对形势作出和原来不同的严重估计。①

　　"鸣放"揭露出来的问题引起工人、农民和学生等群体强烈不满，部分单位和地方出现不稳定的情况。这或许更能引发中共高层担忧。1957 年 5 月 13 日，《人民日报》以《谈职工闹事》为题发表社论，开篇即说："近一个时期，在某些企业里，发生了一些职工群众请愿以至罢工之类的事件。"公开报道中没有描绘闹事的情形，实际上某些地区的情况还是比较严重的。例如，上海市总工会报告称："最近几个月来，职工罢工闹事数量有了增加，从今年 4 月初到 5 月 24 日止，共发生大大小小的闹事事件 200 多起，涉及工厂企业单位约有 240 个，参加闹事的群众有 10000 人左右。"特别是进入 5 月以后，闹事情况日益严重，"4 月份有 39 件 1200 余人，5 月份却有 160 余件 8200 人，4 月份一般只是工业系统，5 月份逐渐向其他行业蔓延。"又如，5 月 27 日的《内部参考》报道说："值得注意的是，在有些厂里，群众自己组织起来闹事，把共产党和干部撇在一边，干部要召集他们开会开不起来，连情报也搞不到。"中共上海市委书记马天水 23 日在全市工厂企业党员干部大会上说："这种情况值得所有的厂警惕，如果任其继续发展下去，上海要大乱。"②

　　部分农村地区的局势同样混乱。例如，从 4 月中旬到 5 月下旬，浙江省仙居县 33 个乡镇中，有 29 个先后发生了闹事事件，主要是闹退社、分社，干部不许，就殴打干部，哄闹政府或自动解散。闹事后，全县 302 个合作社中，完全解体的 116 个，部分垮台的 55 个。入社农户由 91% 降至 19%。被打干部 107 人，社

---

　　① 参见中共中央文献研究室编：《毛泽东传（1949—1976）》（上），中央文献出版社 2003 年版，第 690 页。

　　② 郭德宏等主编：《中华人民共和国专题史稿》卷二，四川人民出版社 2009 年版，第 136 页。

干部家庭被搜查的 304 户。农民普遍反映："初级社有优越性，高级社没有优越性。"①

学校里也出现了许多风波。5 月下旬恰好是毕业在即的时候，很多学生因毕业后不能升学或留在城市工作而闹事。例如，5 月 20 日至 25 日，湖北医学院学生要求改善校舍、设备等条件，发生全校性的停课风潮，矛头直指中共湖北省委。又如，27 日，天津第四十七中学部分初中应届毕业生成立了"秘密组织"，"并串连其他学校"，"印制传单，散布错误论调，积极拉拢同学，准备游行"。再如，陕西省的西安航空学院、西安建筑学院、西安动力学院、西安交通大学、陕西师范学院等闹事情况严重，学校领导"处于紧张被动状态，'四面作战'，招架不住"②。

在上述背景下，中共中央开始逐步对反击右派进攻作出部署。5 月 14 日，中共中央发出《关于报道党外人士对党政各方面工作的批评的指示》，提出："我们党员对于党外人士的错误的批评，特别是对于右倾分子的言论，目前不要反驳，以便使他们畅所欲言。""我们各地的报纸应该继续充分报道党外人士的言论，特别是对于右倾分子、反共分子的言论，必须原样地、不加粉饰地报道出来"，以便教育群众和中间分子。该指示认为，许多党报删节"反共言论"的做法是不妥当的。"这实际上是帮助了右倾分子，并且使人感到是我们惧怕这些言论。"③

---

① 中华人民共和国国家农业委员会办公厅编：《农业集体化重要文件汇编（1949—1957）》上册，中共中央党校出版社 1981 年版，第 691—697 页。

② 郭德宏等主编：《中华人民共和国专题史稿》卷二，四川人民出版社 2009 年版，第 135 页。

③ 中国人民解放军国防大学党史党建政工教研室编：《中共党史教学参考资料》第 22 册，内部资料 1986 年版，第 18 页。

　　5月16日，毛泽东为中共中央起草了《关于对待当前党外人士批评的指示》，一方面肯定党外批评意见主流是好的，指出："自从展开人民内部矛盾的党内外公开讨论以来，异常迅速地揭露了各方面的矛盾。这些矛盾的详细情况，我们过去几乎完全不知道。现在如实地揭露出来，很好。党外人士对我们的批评，不管如何尖锐……基本上是诚恳的，正确的。这类批评占百分之九十以上，对于我党整风，改正缺点错误，大有利益。"另一方面，该指示对如何对待右派言论作了部署："最近一些天以来，社会上有少数带有反共情绪的人跃跃欲试，发表一些带有煽动性的言论，企图将正确解决人民内部矛盾、巩固人民民主专政、以利社会主义建设的正确方向，引导到错误方向去，此点请你们注意，放手让他们发表，并且暂时（几个星期内）不要批驳，使右翼分子在人民面前暴露其反动面目，过一个时期再研究反驳的问题。"这就是后来一些人所说的"引蛇出洞"的策略。①

　　5月中旬，毛泽东开始写题为《走向反面》的文章。6月12日，文章署名"中央政治研究室"印发给中共党内高级干部，题目改为《事情正在起变化》，并且注明"内部文件，注意保存"。文中第一次提出"右派猖狂进攻"的问题，认为他们"不顾一切，想要在中国这块土地上刮起一阵害禾稼、毁房屋的七级以上的台风"。与当初略带诗意的"风乍起"相比，"七级以上的台风"显然是一个很严重的判断了。毛泽东估计，社会上的右派大约占全体党外知识分子的1%至10%。他还在文章中提出了鉴别政治上真假善恶的标准，指出："主要是看人们是否真正要社会主义和真正接受共产党的领导。"他说，只要是共产党执政，这两条就坚决不能动摇。这篇文章标志着中共中央、毛泽东的指导

---

　　①　参见中共中央文献研究室编：《毛泽东传（1949—1976）》（上），中央文献出版社2003年版，第693—694页。

思想发生比较彻底的转变，运动的主题开始由正确处理人民内部矛盾转向对敌斗争，由党内整风转向反击右派进攻。

《事情正在起变化》落笔后，毛泽东先是批给刘少奇、周恩来、朱德、陈云和彭真阅看，然后让中共中央办公厅主任杨尚昆印发给"中央一级若干同志并印送各省市委、内蒙党委"。文章印好后，他还特别提醒道："不登报纸，不让新闻记者知道，不给党内不可靠的人。大概要待半年或一年之后，才考虑在中国报纸上发表。"结果这一等就是 20 年——直到毛泽东逝世后，这篇文章才被编入《毛泽东选集》第五卷，于 1977 年 4 月公开发表。

在如此严格的保密下，党外人士大都无法察觉"事情正在起变化"。相反，1957 年 5 月 17 日，《人民日报》发表社论指出："在整风运动期间，我们所要求于非党同志的，是大胆尖锐毫无保留地揭发我们各方面的缺点和错误，帮助党员进行整风。"① 5 月 19 日的社论更有许多话直接摘抄自《关于对待当前党外人士批评的指示》，不过只抄了前半部分，例如："在这些日子里，党外人士对于我们的党和国家工作的批评，不管如何尖锐，基本上是诚恳的，绝大多数意见是正确的、有益处的。"② 于是，本来已经打算收官的各民主党派负责人座谈会继续进行，《人民日报》等主要报刊也按照毛泽东的指示，继续把"大量的反动的乌烟瘴气的言论"登在报刊上，以便"让人民见识这些毒草、毒气"。许多"著名的"右派言论就是在这个过程中"鸣放"出来的。

5 月 21 日，章伯钧提出"政治设计院"的主张。他说："现在工业方面有许多设计院，可是政治上的许多设施，就没有一个设计院。我看政协、人大、民主党派、人民团体，应该是政治上的四个设计院。应该多发挥这些设计院的作用。一些政治上的基

① 《欢迎非党同志帮助我们整风》，《人民日报》1957 年 5 月 17 日。
② 《继续争鸣，结合整风》，《人民日报》1957 年 5 月 19 日。

本建设，要事先交他们讨论，三个臭皮匠，合成一个诸葛亮。现在大学里对党委制很不满，应该展开广泛的讨论，制度是可以补充的，因为大家都是走社会主义的路。这样搞，民主生活的内容就会丰富起来。"① 章伯钧没有说明"政治设计院"和共产党之间的关系，但这个提议显然与坚持共产党领导的原则不太协调。

5 月 22 日，罗隆基在发言中建议在党的领导以外设立一个负责改正的领导机构，解决防止打击报复的问题。他说，有人要党提出保证，在他们对党进行批评以后，不致在将来受到打击报复。要毛主席出来讲话保证，那是笑话。可以由人民代表大会和政治协商委员会成立一个委员会，这个委员会不但要检查过去"三反"、"五反"、肃反运动中的偏差，它还将公开声明，鼓励大家有什么委屈都来申诉。这个委员会包括领导党，也包括民主党派和各方面的人士。他以为这样做有三个好处：（1）可以鼓励大家提意见。这样，各地知识分子就不会顾虑有话无处说，而是"条条大路通北京"了。（2）过去的"五反"、"三反"、肃反虽然有很大成绩，但也发生了"副作用"，使人不敢讲话。有人担心在这次的"放"和"鸣"以后，还有"收"和"整"。在过去运动中受了委屈的，要给他们"平反"，这就可以使他们减少同党和政府的隔膜。（3）现在谁都不能保证在下级机关里不发生打击报复事件，有这个机构，敢于打击报复的人有所畏惧，受到打击报复的人也有路可走，他们可以提出控告。他还主张地方人代会和政协也成立这样性质的委员会，使它成为一个系统。② 罗隆基主张设立的这个机构，后来被简化称作"平反委员会"。

---

① 《大胆开展批评　热烈进行争论　统战部邀请民主党派和无党派民主人士继续座谈》，《人民日报》1957 年 5 月 22 日。

② 参见《在统战部召开的民主党派无党派民主人士座谈会上　讨论逐步转向深刻化》，《人民日报》1957 年 5 月 23 日。

6月1日，各民主党派机关报《光明日报》总编辑储安平以《向毛主席和周总理提些意见》为题发言。他从章乃器关于"党党相护"的说法讲起，提出"党天下"的问题。他说："我认为党领导国家并不等于这个国家即为党所有；大家拥护党，但并没忘了自己也还是国家的主人。政党取得政权的主要目的是实现他的理想，推行他的政策。为了保证政策的贯彻，巩固已得的政权，党需要使自己经常保持强大，需要掌握国家机关中的某些枢纽，这一切都是很自然的。但是在全国范围内，不论大小单位，甚至一个科一个组，都要安排一个党员做头儿，事无巨细，都要看党员的颜色行事，都要党员点了头才算数，这样的做法，是不是太过分了一点？在国家大政上，党外人士都心心愿愿跟着党走，但跟着党走，是因为党的理想伟大，政策正确，并不表示党外人士就没有自己的见解，就没有自尊心和对国家的责任感。这几年来，很多党员的才能和他所担当的职务很不相称。既没有做好工作，使国家受到损害，又不能使人心服，加剧了党群关系的紧张，但其过不在那些党员，而在党为什么要把不相称的党员安置在各种岗位上。党这样做，是不是'莫非王土'那样的思想，从而形成了现在这样一个一家天下的清一色局面。我认为，这个'党天下'的思想问题是一切宗派主义现象的最终根源，是党和非党之间矛盾的基本所在。今天宗派主义的突出，党群关系的不好，是一个全国性的现象。共产党是一个有高度组织纪律的党，对于这样一些全国性的缺点，和党中央的领导有没有关系？最近大家对小和尚提了不少意见，但对老和尚没有人提意见。我现在想举一件例子，向毛主席和周总理请教。解放以前，我们听到毛主席倡议和党外人士组织联合政府。1949年开国以后，那时中央人民政府六个副主席中有三个党外人士，四个副总理中有二个党外人士，也还象个联合政府的样子。可是后来政府改组，中华人民共和国的副主席只有一位，原来中央人民政府的几个非党副主席，他们的椅子都搬到人大常委会去了。这且不说，现在国务院的副总理有十二位之多，其中没有一个非党人士，是不是非党人士中没有一人可以坐此交椅，或者没有一个人可以被培植来担任这样的职务？从团结党外人士、团结全国的愿望出发，考虑到国内和国际上的观感，这样的安排是不是还可以研究？"① 次日，上海《文汇报》在头版全文刊登了储安平的发言。

就在储安平发言的同一天，提交书面发言的民革中央副主席何香凝却说："如果或有人想入非非，那就和长期共存，互相监督的原意背道而驰了。"她还大讲国民党内右派的历史，然后联系现实说："难道在这个时代，也就一切都是清一色，再也不会有左、中、右了吗？不会的。""极少数人对社会主义是口是心非，心里向往的其实是资本主义，脑子里憧憬的是欧美式的政治，这些人我认为显然是右派了"。② 人们当时或许没有注意到，这是整风开始以来"右派"这个词第一次出现在报纸上（报道国际问题的除外），此前只有中共中央在内部文件中使用过。③

此外，前文所引李维汉那段话里讲到的"轮流坐庄"和"海德公园"也值得一提。"轮流坐庄"大概是指罗隆基的一些言论，因为后来民盟有人揭发：周恩来和罗隆基谈话时，说民主党派代表民族资产阶级和小资产阶级，中共代表无产阶级。罗隆基表示，不同意周恩来的意见。他说：周是南开出身的，毛是北大出身的，我是清华出身的，为什么他们就能代表无产阶级而要我代

---

① 《统战部召开的民主人士座谈会　昨天继续举行　发言全部结束　先后座谈十一次　八十多人发言》，《人民日报》1957 年 6 月 2 日。

② 《统战部召开的民主人士座谈会　昨天继续举行　发言全部结束　先后座谈十一次　八十多人发言》，《人民日报》1957 年 6 月 2 日。

③ 参见郭德宏等主编：《中华人民共和国专题史稿》卷二，四川人民出版社 2009 年版，第 131—132 页。

表资产阶级和小资产阶级呢？他曾向周恩来表示：我们成立人民阵线，你们代表一部分人民，我们代表另一部分人民，合作组织联合政府。"这一段话十分露骨地表示他是不愿意接受中国共产党领导，他要轮流做（引者注：坐）庄，轮流执政，而且狂妄地自封为代表一部分人民和共产党面对面讲价钱。"①

海德公园位于英国伦敦市中心，是人们举行各种政治集会和其他群众活动的场所，市民可在公园里著名的"演讲者之角"演说任何有关国计民生的话题，这个传统一直延续至今。反右派斗争中所说的"海德公园"，大约代指西方式的民主。

团中央的一份内部简报说："北京大学的大字报，内容涉及较广，最近两天已经发展成为'海德公园'式的公开演讲和争辩"。《文汇报》报道称，北大食堂前的广场上，"就像是海德公园一样，成千的同学，在倾听一场接一场的激烈辩论"。②《文汇报》后来受到毛泽东严厉批评，多少也是因为这篇报道。

北大与海德公园有一点不同：在海德公园，人们通过演说来表达观点；而在北大，大字报成了运动中的一道"风景"。5月19日清晨，第一张大字报出现在北大食堂灰色的墙壁上，内容是质问北大团委出席共青团三大的北大代表是如何产生的。接着又有人贴出大字报，建议在墙上开辟一个"民主园地"来展开争鸣，协助整风。北大的"民主墙"就这样诞生了，越来越多的学生在此张贴大字报，提出各种问题和意见。

20日，自称"一个强壮而又怀有恶意的小伙子"的物理系学生谭天荣的大字报《一株毒草》登场了，他在大字报中说："到现在为止，百家争鸣、百花齐放离我们无知的青年还有十万

---

① 《要知罗隆基一贯的反动本质　请看这些触目惊心的历史事实》，《人民日报》1957年8月11日。

② 《北京大学"民主墙"》，《文汇报》1957年5月27日。

八千里，我们国家没有检查制度，可是一切报刊（例如《人民日报》《中国青年》和《物理学报》）的编辑们对马克思主义的绝对无知，对辩证法的一窍不通和他们形而上学的脑袋中装着的无限愚蠢，就是一道封锁真理的万里长城。"也许觉得还不过瘾，谭天荣又连续写了《第二株毒草》《第三株毒草》《第四株毒草》和其他一些大字报。有了这些"毒草"，他便当之无愧地成为了北大最知名的右派。据统计，20日下午，北大宿舍和食堂的墙壁上共贴出了162张大字报。必须指出的是，这些大字报并不全是后来被划为"右派分子"的人写的，不少大字报其实是与"右派分子"展开辩论的。到22日，北大校园里的大字报已经达到几百张，其中有人直言不讳地要求取消党委负责制，要求言论、集会、结社绝对自由，彻底开放一切禁书，反对必修政治课等。

受到前述《文汇报》报道的感染和启发，一时间，全国高校的大字报铺天盖地。报道刊出后仅一夜之隔，上海第一师范学院就"完全变了样"，到处是黑板报、大字报、横幅。华东师范大学的一位同学看到报道，用红笔把标题圈了起来，画了两个惊叹号，并在旁边用红笔批注："我们要向北大同学学习。"华南师范学院出现了大量标语和大字报，有的要求减少某些学科的内容，如果不允所请，就"坚决罢考"，有的批评学生会是团委的"奴隶"。"当时形成了这样一种气氛：好像只有大字报才是鸣放的唯一方式。政治系的大字报出得少了一些，便被骂为'教条主义烂粪坑'。"[①]

除大字报以外，校园里还展开了各种演讲会、辩论会、"控诉会"，每天晚上都有数百人甚至上千人参加。一些涉世未深的青年学生，言论称得上无所顾忌。例如，中国人民大学法律系四

---

① 《右派张目向高校进攻"北大民主墙"报道掀起一阵歪风　接受读者批评　决心改正错误》，《文汇报》1957年7月16日。

年级学生程海果因为推崇敢于批评"红学"权威俞平伯的李希凡、蓝翎，给自己起了一个"林希翎"的笔名。她有一句"名言"："猴子要满意现实的话，那么我们现在都不会变成人。"① 带着这种批判精神，5月23日，林希翎登上了北大的讲台。她是这样说的："个人崇拜是社会主义制度的产物。马克思主义告诉我们，所有社会现象都有社会历史根源，斯大林问题绝不是斯大林个人的问题，斯大林问题只会发生在苏联这样的国家，因苏联过去是封建的帝国主义国家，中国也是一样，没有资产阶级的民主传统。我觉得公有制比私有制好，但我认为我们现在的社会主义不是真正的社会主义，如果是的话，也是非典型的社会主义。真正的社会主义应该是很民主的，但我们这里是不民主的。我管这个社会叫作封建基础上产生的社会主义，是非典型的社会主义，我们要为一个真正的社会主义而斗争"。② 这番讲话立即引发了争议，有人为她鼓掌，要求她签名，也有人轰她，递纸条骂她。③

总之，当时的情况使一些人产生了错觉，似乎中国共产党正在失去控制局面的能力，又一次波匈事件就要在中国发生了。各级领导干部和许多党员也对众多批评意见十分忧虑。不过，这种忧虑其实并未持续多久。毛泽东后来回忆说："去年五月底右派进攻，我就在床上吃饭，办公，一天看那些材料，尽是骂我们的。"又说："右派猖狂进攻时，哪个不着急？我看大家都有点着

---

① 林希翎：《我的思考》，牛汉、邓九平主编：《原上草：记忆中的反右派运动》，经济日报出版社1998年版，第162页。

② 林希翎：《在北大的第一次发言》，牛汉、邓九平主编：《原上草：记忆中的反右派运动》，经济日报出版社1998年版，第153—154页。

③ 参见钱理群：《林希翎：中国1957年右派的代表与象征》，http://www.aisixiang.com/data/5466.html。

急。我就是一个着急的，着急才想主意。""五月二十号后摸到底了，才真不怕"。①

5月20日，中共中央要求各省市党委"着手分类研究右翼的反动言论和其他资产阶级观点，准备在适当时机（中央届时另做通知）发表一批论文和社论，予以反驳和批判"。② 毛泽东还以比较含蓄的语言向党外人士打了招呼。25日，他在接见青年团代表时强调，中国共产党是全中国人民的领导核心，没有这样一个核心，社会主义事业就不能胜利。一切离开社会主义的言论、行动都是完全错误的。6月3日，中共中央统战部召开的各民主党派负责人座谈会结束。李维汉在会上指出，座谈会上提出的批评和意见"有相当一部分是错误的"。据他回忆，这句话是毛泽东审阅他的发言稿时特意加上的。③ 两段话都赫然出现在《人民日报》之上，但却未能引起应有的注意。"山雨欲来风满楼"，一切情况都表明，以解决人民内部矛盾为主题的整风运动即将变为反击右派的斗争。

（二）反右派斗争的开展

就在中共酝酿反击的时候，发生了卢郁文遭到匿名信恐吓的事件。卢郁文是民革中央委员、国务院秘书长助理。5月25日，他在民革中央扩大会议上发言，认为只看到共产党的缺点是片面的。会后，他收到一封匿名信，说他"为虎作伥""无耻之尤"，

---

① 中共中央文献研究室编：《毛泽东传（1949—1976）》（上），中央文献出版社2003年版，第696页。

② 中共中央党史研究室：《中国共产党历史·第二卷（1949—1978）》上册，中共党史出版社2011年版，第448页。

③ 参见李维汉：《回忆与研究》（下），中共党史资料出版社1986年版，第835页。

警告他"及早回头","不然人民不会饶恕你的"。了解到相关情况后，毛泽东决心抓住这个时机，组织对右派的反击。①

　　在反右派过程中调任《人民日报》总编辑的吴冷西回忆道，6月7日上午，毛泽东说：今天报上登了卢郁文在座谈会上的发言，说他收到匿名信，对他攻击、辱骂和恫吓。这就给我们提供了一个发动反击右派的好机会。这封匿名信好就好在它攻击的是党外人士，而且是民革成员；好就好在它是匿名的，不是某个有名有姓的人署名。过去几天我就一直考虑什么时候抓住什么机会发动反击。现在机会来了，马上抓住它，用《人民日报》社论的形式发动反击右派的斗争。社论的题目是《这是为什么?》，在读者面前提出这样的问题，让大家来思考。②

　　6月8日，《这是为什么?》登上了《人民日报》的头版。这是第一次用党报社论的形式公开批评整风以来的错误言论，是开始反击的信号。除《文汇报》和《光明日报》外，各主要报纸都转载了这篇社论。同日，毛泽东起草《关于组织力量准备反击右派分子进攻的指示》，对反击右派作出进一步的安排，指出："这是一场大战（战场既在党内，又在党外），不打胜这一仗，社会主义是建不成的，并且有出匈牙利事件的某些危险。"该指示认为，反动分子的人数不过百分之几，最积极疯狂分子不过百分之一，故不足怕。中共中央对反右派斗争的具体安排是：组织每个党派自己开座谈会，让正反两方面意见暴露，派记者予以报道，然后推动左、中分子发言，反击右派。到适当时机组织党团员分组开会，接受建设性意见，批驳破坏性意见；同时组织一些

---

① 中共中央文献研究室编：《毛泽东传（1949—1976）》（上），中央文献出版社 2003 年版，第 704 页。

② 参见吴冷西著：《忆毛主席》，新华出版社 1995 年版，第 39、40 页。

党外人士讲演，讲正面的话。然后由党的负责人作一个总结，将空气完全转变过来。① 《人民日报》社论的发表和中共中央指示的下达，标志着反右派斗争正式开始。

6月26日至7月15日，一届全国人大四次会议在北京召开。会议开幕的这一天，中共中央发出《关于打击、孤立资产阶级右派分子的指示》，要求必须认真组织群众，组织民主人士中的左派和中左分子，趁热打铁，乘势追击，对资产阶级右派分子实行内外夹击，无情地给他们以歼灭性的打击。② 在该指示精神的指导下，按照《人民日报》社论的说法，从大会的各项报告到大会发言、小组讨论，"一直充满了反对资产阶级右派的革命精神"。③ 人大代表中已被指名为右派而受到批判的人纷纷在会上作出检讨。

尽管中共中央、毛泽东试图把反右派斗争在政治上打击的范围尽量缩小到极右派，加大争取中间派的力度，但由于对整个阶级斗争的形势作了过分严重的估计，群众运动一经广泛发动便往往很难掌控。

7月1日，《人民日报》发表毛泽东起草的社论《文汇报的资产阶级方向应当批判》。社论全面论述了中共当时对形势的估计、对斗争性质的认识以及所采取的斗争策略，指出：1957年"整个春季，中国天空上突然黑云乱翻"，民主党派的一些人"有组织、有计划、有纲领、有路线"，"呼风唤雨，推涛作浪，或策

---

① 中共中央文献研究室编：《建国以来重要文献选编》第10册，中央文献出版社1994年版，第284—285页。

② 参见陈文斌等编著：《中国共产党执政五十年（1949—1999）》，中共党史出版社1999年版，第144页。

③ 《反右派斗争的一次伟大胜利——祝第一届全国人民代表大会第四次会议闭幕》，《人民日报》1957年7月16日。

划于密室，或点火于基层，上下串连，八方呼应"，"其方针是整垮共产党，造成天下大乱，以便取而代之"。社论认为，资产阶级右派就是"反共反人民反社会主义的资产阶级反动派"。他们不但有言论，而且有行动。中共对他们采取"聚集力量，等待时机成熟，实行反击"的策略是"阳谋"，因为事先告诉了敌人；"牛鬼蛇神只有让它们出笼，才好歼灭它们，毒草只有让它们出土，才便于锄掉。"社论特别强调："不管共产党怎样事先警告，把根本战略方针公开告诉自己的敌人，敌人还要进攻的。阶级斗争是客观存在，不依人的意志为转移的。就是说，不可避免的。"社论点了一些人的名字，还使用了"章罗同盟"这个词，说"风浪就是章罗同盟造起来的"。① 这是根据当时的揭发材料得出的结论，其实章伯钧与罗隆基的关系即使不算形同水火，也是十分不和的。

7 月，毛泽东在青岛参加省市委书记会议期间写了《一九五七年夏季的形势》一文，将右派同人民的矛盾定性为敌我矛盾，是对抗性的、不可调和的、你死我活的矛盾，并把批判资产阶级右派视为"一个在政治战线上和思想战线上的伟大的社会主义革命"，认为单有 1956 年在经济战线上的社会主义革命是不够的、不巩固的。他提出："还需要几个月深入挖掘的时间，取得全胜，决不可以草率收兵。要知道，如果这一仗不打胜，社会主义是没有希望的。"

在中共中央一系列部署下，反右派斗争以急风暴雨般的势头在全国范围内展开，其中尤以民主党派、教育界、文艺界、新闻界、工商界等为最。

民主党派是反右派斗争的重中之重。各民主党派原本为帮助

---

① 《文汇报的资产阶级方向应当批判》，《人民日报》1957 年 7 月 1 日。

共产党整风而召开的会议，此时风向突变，与会者纷纷指出，右派分子的言论是"向社会主义挑战、向无产阶级专政的国家和政权挑战，向共产党挑战、向以中国共产党为领导的人民民主统一战线挑战"①，是"制造混乱，模糊人们的认识，以达其反党反社会主义的目的"②，是"乘帮助党整风的机会，别有用心地来阴谋夺取党的领导权"。③"这不是帮助党整风，而是陷入了严重错误的泥坑。"④章伯钧、罗隆基、储安平更是受到了严词批判。对右派的批判，还从现实层面扩大到了历史层面。批判者认为，章伯钧、罗隆基的反党、反社会主义言行"不是偶然的，而是有其历史的思想根源"⑤，"章伯钧、罗隆基走资本主义的道路不是从今天开始，也不是从解放以后开始，而是从民盟成立那天就开始了"⑥，储安平"在民主革命时期就是右派"。⑦

工商界有一位几乎能与章、罗"齐名"的——民建中央副主任委员章乃器。他的言论已经不是第一次引起争议了。早在50年代初，社会主义改造完全未被提上议事日程的时候，他就说民

① 《民盟中央昨晚的座谈会开得特别热烈　要求民盟由右向左转》，《人民日报》1957年6月14日。

② 《不容许右派野心分子破坏社会主义》，《人民日报》1957年6月15日。

③ 《邓初民在民盟中央常委扩大会上发言　请看章伯钧的本来面目　兼斥罗隆基陈仁炳的谬论》，《人民日报》1957年6月19日。

④ 《民革中央小组扩大会议驳斥右派言论　社会主义原则绝对不可动摇》，《人民日报》1957年6月13日。

⑤ 《民盟中央作出重大决定　号召全盟揭露右派的言行　立即开始在盟内进行整风》，《人民日报》1957年6月19日。

⑥ 《民盟确定盟内整风的主要内容》，《人民日报》1957年6月20日。

⑦ 参见郭德宏等主编：《中华人民共和国专题史稿》卷二，四川人民出版社2009年版，第159页。

族工商业者的两面性和动摇性已经大体消除了。类似地，他还说："在民族资产阶级的两面性中，积极的一面是主导的、发展的，而且还有很大的积极潜力可以发挥；消极的一面是次要的、萎缩的，而主要的消极表现是自卑和畏缩。"① 民建一届二中全会对此进行过批评。毛泽东十分满意这次会议，他在给民建中央主任委员黄炎培的复信中说："批评和自我批评这个方法竟在你们党内，在全国各地工商业者之间，在高级知识分子之间行通了，并且做得日益健全，真是好消息。"② 反右派斗争开始后，章乃器的相关言论被批判为"灌输资本主义思想"，"是在制造工商界的思想混乱，借机贩卖他的资本主义思想"，"毒辣地想把革命的阶级观点推翻，把马列主义的理论基础推翻"。③ 同样的，在批判中，章乃器过去也是一贯的右派，"反社会主义由来已久"，"不断地利用机会散播他的政治毒素"。④ 不过，章乃器拒绝认错。他说他在新中国成立前就反对资本主义，他不是口是心非的人，更不是两面派，他"始终是勤勤恳恳地把自己整个生命交给党（指中国共产党），全部精力献给社会主义"。他还说，自己死了以后，"就是把骨头烧成灰，在骨灰里也找不出反社会主义的东西来"。⑤

教育界有许多教授作为民主党派成员被错划成"右派"，例

①　《评章乃器对于工商业者改造问题的几个论点》，《大公报》1957年6月14日。

②　《毛泽东文集》第7卷，人民出版社1999年版，第164页。

③　《全国工商联常委会决定商同民建会联合发指示　批判章乃器思想澄清工商界视听》，《人民日报》1957年6月13日。

④　《民建中央和全国工商联通过联合指示　立即对章乃器的反动活动展开斗争》，《人民日报》1957年6月20日。

⑤　《民建和工商联常委会联席会议揭露　章乃器坚持错误拒绝检讨》，《人民日报》1957年6月28日。

如北京大学曾昭抡、清华大学钱伟长、中央民族学院费孝通、北京师范大学陶大镛、中国人民大学吴景超、北京师范大学黄药眠等。1957年6月6日，章伯钧召集上述六位教授和其他几个人在全国政协文化俱乐部召开了一次紧急会议。由于会议开在6月6日，又有六位教授参加，有人称其为"六六六会议"。与会者认为，局势已经严重到一触即发的程度，如果要"收"，共产党离不开民盟的帮助，民盟发挥作用的时候到了。《人民日报》发表的相关文章对此评论道："为什么右派分子能自己暴露得这样彻底呢？原因就在于对形势的错误估计……"他们的确错误地估计了形势，以至于多少有些飘飘然，自视过高。例如，有人认为，学生搞起来，事情很容易扩大，当然要"收"也容易，300万军队就可以，但人心是去了，党在群众中的威信也就完了。有人说，只要民主党派站出来说话，就可以"收"，因为现在民主党派说话是有力量的，学生到处找自己的领袖，希望有人能站出来说话。根据《人民日报》的报道，章伯钧认为，此时民盟"大有搞头"，中共应该对民主党派重新估价。他还说，民主党派提意见，想来总是客客气气的，但估计不足，没估计到党会犯这样多的错误，现在出的问题大大超过了估计，真是"超额完成了任务"，弄得进退失措，"收"不好，"放"也不好。现在我们民盟有责任要帮助党……①于是，六位教授成为教育界著名的"'右派'六教授"，遭到严厉批判和处理。教育界还围绕学校领导体制、政治课的开设、对院系调整和教学改革的评价以及办学方针等问题展开了反右派斗争。

新闻界批判的火力也不可能太小。在《事情正在起变化》一文中，毛泽东将"否认报纸的党性和阶级性"，"混同无产阶级新

---

① 参见《章伯钧召集的一次紧急会议》，《人民日报》1957年7月4日。

闻事业与资产阶级新闻事业的原则区别"界定为"具有相当严重的修正主义思想"。他还在《文汇报的资产阶级方向应当批判》中写道："文汇报在六月十四日作了自我批评，承认自己犯了一些错误。作自我批评是好的，我们表示欢迎。但是我们认为文汇报的批评是不够的。这个不够，带着根本性质。就是说文汇报根本上没有作自我批评。相反，它在十四日社论中替自己的错误作了辩护……"在被毛泽东点名后的第二天，《文汇报》发表了题为《向人民请罪》的社论，再次进行自我批评。此后，《文汇报》继续作出检讨，有的检查写得太长，就进行连载。报纸的销量从十几万份跌到两三万份，处境十分艰难。①

与此同时，被毛泽东点名的《光明日报》发表文章，检查自己所犯的错误，并揭发总编辑储安平的办报思想；上海《新民晚报》社长兼总编辑赵超构也不得不检讨自己的"资产阶级办报路线"。《大公报》《中国青年报》《北京日报》等纷纷发表编辑部文章和社论，检讨自己在"鸣放"中的表现，自扣帽子，以求过关。许多关于新闻的自由和客观，以及新闻的真实性、趣味性、多样性的看法，也被当作"资产阶级新闻观点"而遭到批判。

文艺界重点批判了"丁玲、陈企霞反党集团"。其实，这在文艺界算不上"新闻"，因为早在 1955 年，中国作家协会党组就对丁、陈开展批判斗争，甚至作出了"反党小集团"的结论，并报告中共中央。与其他领域从整风到反右的经历相类似，陈企霞等人先是在整风中提出申诉，称作协党组先前的批判夹杂着周扬同他们的个人恩怨，与实际情况不符。于是中宣部开始调查核实，果然发现揭发出的"反党"行为基本均属子虚乌有。正当有意改正时，反右派斗争开始了。于是情况再次反转，那些查明不

① 参见方汉奇主编：《中国新闻传播史》，中国人民大学出版社2002 年版，第 387 页。

是事实的材料，例如说丁玲把自己的照片和鲁迅、郭沫若、茅盾的挂在一起，提出"一个人只要写出一本书来，就谁也打他不倒"等，再次在斗争会和报纸刊物上被反复引证。丁玲等人被指"反对党领导文艺"，"目的就是要使文艺脱离社会主义的轨道，使文艺成为给资产阶级服务的工具"。①

社会科学受到的冲击更大，不仅那些呼吁辩证对待西方学术理论的人被打成"右派"，社会学、政治学、心理学等学科甚至实际上被取消了。

（三）反右派斗争的扩大化及影响

在决定发动反右派斗争之初，毛泽东在《事情正在起变化》中尚且设想"除个别例外，不必具体指名，给他们留一个回旋余地，以利在适当条件下妥协下来"。此后的指示、社论也大都把斗争限制在较小范围和较短时间内。可是，随着反右派斗争迅速扩大、急剧升温，这些设想很快就被大大突破了。由于揭发、批判的内容从右派言论联系到"历史劣迹"，在报纸上被指名为右派分子的人数迅速增加。

6月29日，中共中央指示，右派中需要在各种范围点名批判的，北京大约400人，全国大约4000人。尽管限制了人数，但侧重点已经不是批判政治思潮，而是"点名"了。仅仅过了10天，7月9日，毛泽东为中共中央起草了《关于增加点名批判的右派骨干分子人数等问题的通知》，把右派人数扩大了一倍。全国右派骨干从4000人增加到8000人，在报纸上点名的人数也从占右派骨干3%增加到占10%左右。8月1日，中共中央发出《关于继续深入反对右派分子的指示》，进一步提出：反右派斗争现在一方面向地县两级（在城市是向区级和大工矿基层）展开，一方

---

① 《为保卫社会主义文艺路线而斗争》，《人民日报》1957年9月1日。

面又必须在中央一级和省市自治区一级各单位深入地加以挖掘。这样，右派分子将继续发现和挖掘出来，人数将逐步增多。因此，"登报的人数，也应适当增加。不是百分之几，也不是百分之十，而是要按情况达到极右派的百分之二十、三十、四十或五十"。① 此后，中央再也没有规定过全国的控制数字。反右派斗争扩大化的倾向迅速发展到哲学和社会科学、新闻、教育、文艺、科技等社会各界。到 9 月中共八届三中全会召开时，全国已划右派 6 万余人。当时估计，右派最多有 15 万人左右。②

八届三中全会制定了统一的《划分右派分子的标准》，指出："在根本立场上并不反对社会主义和党的领导，而只是对于局部性的工作制度，局部性的不属于根本原则的政策，工作中的问题，学术性的问题，共产党的个别组织、个别工作人员表示不满，提出批评的人，即使意见错误，措词尖锐，也不应划为右派分子；同样，在根本立场上并不反对社会主义和党的领导，而只是在思想意识上有某些错误的人，也不应划为右派分子。"③ 可是，这个标准直到 10 月 15 日才正式下发，而在当时的气氛下，强调深挖猛打，反对温情主义，在掌握政策上有"宁左勿右"的倾向，并没有执行严格区分两类不同性质矛盾的政策。④

1957 年 8 月起，中共中央相继发出一系列指示，要求在地县、市区、大厂矿和中小学教职工以及少数民族地区进行"整风

---

① 中国人民解放军国防大学党史党建政工教研室编：《中共党史教学参考资料》第 22 册，内部资料 1986 年版，第 265 页。

② 参见中共中央党史研究室著：《中国共产党历史·第二卷（1949—1978）》上册，中共党史出版社 2011 年版，第 457 页。

③ 中共中央文献研究室编：《建国以来重要文献选编》第 10 册，中央文献出版社 1994 年版，第 616—617 页。

④ 参见中共中央党史研究室：《中国共产党历史·第二卷（1949—1978）》上册，中共党史出版社 2011 年版，第 458 页。

和社会主义教育"，反右派斗争进一步在全国范围内广泛展开。同时，中共中央批评一些单位对于同党外右派分子政治面貌完全相同的党员姑息宽容，指出："决不应该漏掉真正的党内右派分子"。① 9 月 23 日，在中共八届三中全会上，邓小平的《关于整风运动的报告》指出，整风运动和反右派斗争从 5 月开始，8 月以前主要在省市以上党政机关、大专学校、民主党派、新闻界、科技界、文艺界、卫生界中进行，8 月以后逐步向工商界、工人、农民、中小学教职员和其他城乡劳动者展开，军队也同时开展了整风和反右派斗争。② 其中，1957 年冬至 1958 年春，在全国中小学教职工中开展了反右派斗争，仅小学教员中就划了 10 多万右派分子。③

中共中央曾发出通知，要求不在工人、农民中划右派分子④，不过各地还是"挖"出了大量右派。有学者估计，在右派分子中间，大约40%至50%是中小学教师，20%至30%左右是县级以下基层干部，还有5%左右是大中专学校的学生。也就是说，基层反右运动认定的右派分子占了全部右派的70%至80%，甚至更多。⑤ 基层反右运动普遍开始得比较晚，县级地区和基层单位卷入运动之中，大体上是在 1957 年秋天以后，甚至是 1958 年初。此时媒体上早已是一片讨伐右派之声，可以说基层反右是不折不

---

① 中国人民解放军国防大学党史党建政工教研室编：《中共党史教学参考资料》第 22 册，内部资料 1986 年版，第 273 页。

② 参见《关于整风运动的报告》，《人民日报》1957 年 10 月 19 日。

③ 参见中共中央党史研究室：《中国共产党历史·第二卷（1949—1978）》上册，中共党史出版社 2011 年版，第 457 页。

④ 参见中国人民解放军国防大学党史党建政工教研室编：《中共党史教学参考资料》第 22 册，内部资料 1986 年版，第 273 页。

⑤ 参见李若建：《庶民右派：基层反右运动的社会学解读》，《开放时代》2008 年第 4 期。

扣的"阳谋"。尽管如此，还是不乏有人"鸣放"，近乎自投罗网地成了右派。① 在大城市、高等院校和民主党派中，被打成右派的人多因在整风中发表了一些政治性言论，基层右派"获罪"的原因则要复杂得多，其中有对社会现状表示不满，有对基层官员表示不满，还有对粮食统购统销等政策表示不满，唯独少有涉及政治体制的言论。另有一些人，仅仅因为"历史问题"或者家庭成员的关系就被打成右派。还有一些奉命"引蛇出洞"的积极分子，最后竟"弄假成真"。更有不少人什么也没说，什么也没做，就莫明其妙地当上了右派。②

后来，在 1958 年党外人士整风交心中，一些地方和单位把党外人士自我检查中交出的"黑心"作为判定右派的依据，又错划了一批"右派"。至 1958 年夏季整个运动结束时，全国共划右派 55 万多人，另有 21 万多人被划为"中右分子"，19 万多人被划为"反社会主义分子"。③

"中右分子"，即有"不利于社会主义的言行"，但还不够右派的中间分子。1957 年 7 月 11 日，中共中央批转中央统战部《关于划分左、中、右的标准的建议》，在区分左、中、右派的同时，又把中间派细化为"中左""中中""中右"三类。④ "中右分子"属于内部掌握，有时又称"内控右派"，理论上讲，当事

---

① 参见李若建：《进步的陷阱：基层反右运动的社会学解读》，《中山大学学报（社会科学版）》2010 年第 4 期。关于参与"鸣放"的基层右派的心态和动机，也可参见该文。

② 参见李若建：《庶民右派：基层反右运动的社会学解读》，《开放时代》2008 年第 4 期。

③ 参见《当代中国》丛书编辑部编：《当代中国的统一战线》（上），当代中国出版社 1996 年版，第 321 页。

④ 参见廖盖隆主编：《中国共产党历史大辞典（社会主义时期）》，中共中央党校出版社 1991 年版，第 196 页。

人是毫不知情的，所以划分时随意性很大。虽然没有戴上右派的帽子，但"中右分子"往往也会被排斥，有些人始终不明白为什么自己在调资、提级等方面受到不公平待遇，还有不少受到党纪、行政处分以至被开除公职。

至于"反社会主义分子"这顶帽子，则是由于中共中央规定不在工人、农民中划右派而产生的，主要在工人、农民、营业员、警察等不属于国家干部的群体中划出。中共中央曾在批复辽宁省委请示时明确指出："在工人中，有突出反党反社会主义的言行的人，只作批判，不要戴反社会主义分子帽子"，"对于农村中反党反社会主义突出的分子，应在群众中指出其反社会主义性质，但不要在农村中去专门划一项'反社会主义分子'"。① 这样的指示显然没有得到有效贯彻。

20世纪70年代末，中组部、中宣部、统战部、公安部、民政部在一份请示中指出，被定为"中右分子"或工人、民警等"反社会主义分了"以及因右派问题受株连的家属，数量很大。其中，仅失去公职需要安置的，全国约有16万人。这些人员虽未戴右派帽子，但有的所受处分比右派还重，处境困难，社会上对他们很同情。② 反右派斗争扩大化牵涉人数之众，普通民众及其家属所受牵连之深，由此可见一斑。

对于不够右派标准的"中右分子"和"反社会主义分子"尚且如此，那些"正宗的"资产阶级右派又当如何定性呢？在1957年7月11日中共中央批准的中央统战部的建议中，还是讲"人民内部划分左、中、右"，同时指出右派里面有一部分极右分

---

① 云南省地方志编纂委员会总纂，中共云南省委员会办公厅编撰：《云南省志》卷四十三，云南人民出版社2000年版，第777页。

② 参见叶永烈：《反右派始末》（下），新疆人民出版社2000年版，第829页。

子，极右分子中的一部分政治上已处在敌我界限的边缘；但是，过了几天，中共中央就断定，资产阶级右派和人民的矛盾是敌我矛盾。① 这就导致后来对右派分子的处置普遍过于严厉。

被划成右派分子的人不仅政治上要受到严厉批判，组织上、行政上也面临不同程度的惩处。1958 年 1 月，各民主党派、全国工商联分别召开会议，撤销一批被划为右派分子的人在各党派、团体内所担任的各级领导职务，他们在各自所属单位的行政职务同时也被罢免。在中共中央统战部会同有关部门确定的比较知名的 96 名右派分子中，只有两人免予处分。1958 年 2 月召开的一届全国人大五次会议正式作出决议，同意原选举单位撤销 16 名被划为右派分子的人的全国人大代表资格，取消 38 人出席全国人民代表大会会议的资格，罢免其中 10 人在全国人大和国防委员会中所担任的职务。全国 205 所高等学校近 4000 名教授、副教授、讲师及助教被划为右派分子后，离开了原教学和科研岗位。② 被戴上右派分子帽子的 55 万人，轻则降职降薪，留用察看，重则扭送劳动教养或监督劳动；凡共产党员、共青团员均被开除党籍和团籍，半数以上的人丢掉了公职，少数在原单位留用的也大都用非所长。

面对反右派斗争严重扩大化的状况，民主党派和全国工商联的一些负责人一开始就明确地提出过不同意见。黄炎培表示，不要树敌过多，要把可能拉过来的人拉过来，而不要把这样的人推到反对共产党那里去。陈叔通认为，不能因为对共产党提了意见就划为右派，党的某些领导人没有掌握好这一点，现在问题很严

① 参见《当代中国》丛书编辑部编：《当代中国的统一战线》（上），当代中国出版社 1996 年版，第 321 页。

② 参见中共中央党史研究室：《中国共产党历史·第二卷（1949—1978）》上册，中共党史出版社 2011 年版，第 458—459 页。

重。邵力子说，现在有许多问题处理的方法太硬，得人心很难，失人心很易；他表示，对民革中央的反右派斗争要来个沉默抵抗。史良也指出，不赞成把揭发右派分子的材料登在报上，担心这样做会把运动搞得很大。对此，统战部曾向中共中央作过反映，但在当时的情况下，党外人士的这些意见不可能得到认真研究和处理。①

反右派斗争严重扩大化造成了很不幸的后果。大批正直的包括许多有才华的知识分子和优秀的共产党员，蒙受了不白之冤，遭到摧残和迫害，许多家庭因此受到牵连。大量的所谓右派言论，只是对具体工作中的缺点错误提出尖锐的批评，甚至只是对某个基层组织或者某个领导人提出批评，最终却都被当作划定右派分子的根据。毛泽东原本想通过发动整风运动造成一个生动活泼的政治局面，但随着反右派斗争严重扩大化，事情开始向着相反的方向发展。

反右派斗争扩大化最严重的后果，是改变了中共八大关于中国社会主要矛盾的论断，使指导思想从根本上开始向"左"偏转。1957 年 10 月，毛泽东在扩大的中共八届三中全会上说，中国有两次革命。一次是反帝反封建的民主革命，第二次是无产阶级的社会主义革命。"社会主义革命进行了一半，所有制问题解决了，但是上层建筑问题（政治战线上和思想意识形态上）还没有解决。"他明确指出，八大有关社会主要矛盾的说法是"不适当"的。"无产阶级和资产阶级的矛盾，社会主义道路和资本主义道路的矛盾，毫无疑问，这是当前我国社会的主要矛盾。"②

---

① 参见《当代中国》丛书编辑部编：《当代中国的统一战线》（上），当代中国出版社 1996 年版，第 321—322 页。

② 中共中央文献研究室编：《毛泽东传（1949—1976）》（上），中央文献出版社 2003 年版，第 718—720 页。

1958 年 5 月，中共八大二次会议从程序上正式完成了对八大决议的修正。刘少奇代表中共中央进一步断言："整风运动和反右派斗争的经验再一次表明，在整个过渡时期，也就是说，在社会主义社会建成以前，无产阶级同资产阶级的斗争，社会主义道路同资本主义道路的斗争，始终是我国内部的主要矛盾。"① 上述判断使得党和国家的中心工作长期偏离经济建设的正确方向，陷入人为制造"阶级斗争"的误区，留下了深刻的历史教训。

1981 年中共十一届六中全会通过的《关于建国以来党的若干历史问题的决议》指出："在整风过程中，极少数资产阶级右派分子乘机鼓吹所谓'大鸣大放'，向党和新生的社会主义制度放肆地发动进攻，妄图取代共产党的领导，对这种进攻进行坚决的反击是完全正确和必要的。但是反右派斗争被严重地扩大化了，把一批知识分子、爱国人士和党内干部错划为'右派分子'，造成了不幸的后果。"② 应该说，这个结论符合历史的真实，也是经得起历史检验的。

---

① 《中国共产党中央委员会向第八届全国代表大会第二次会议的工作报告》（1958 年 5 月 5 日），《人民日报》1958 年 5 月 27 日。

② 《关于建国以来党的若干历史问题的决议》，《人民日报》1981 年 7 月 1 日。

第三章 "大跃进"与人民公社化运动

以扩大的中共八届三中全会为标志，经济建设中的急躁冒进倾向开始出现。1958 年 1 月和 3 月，中共中央先后在南宁和成都召开工作会议，对反冒进作了严厉批评。同年 5 月的中共八大召开第二次会议，正式形成了"鼓足干劲，力争上游，多快好省地建设社会主义"的总路线。就这样，"大跃进"运动全面启动。在"大跃进"过程中，全国人民以迅速改变中国贫穷落后面貌的信心和决心，发挥出了前所未有的干劲，但是，"大跃进"是以高指标、放"卫星"为特征，严重脱离实际，违背了客观经济规律，助长了瞎指挥和浮夸风，欲速则不达。由于高指标和浮夸风的影响，又想当然地认为中国的生产力已经有了惊人的发展，要求有更高形式的生产关系与之适应，在未作认真试验，未作广泛调查研究的情况下，全国农村一哄而起大办"一大二公"的人民公社。

一、"大跃进"的酝酿与发动

（一）中共八届三中全会

1957 年 9 月，中共扩大的八届三中全会在北京召开。出席这次全会的有中央委员 91 人，候补中央委员 62 人。不是中央委员和候补中央委员的各省、自治区、直辖市党委第一书记，部分地委第一书记、直辖市的区委书记，以及中央各部门党组负责人416人也参加了这次会议。会议听取和讨论了邓小平作了《关于整风运动的报告》，陈云作了《关于改进国家行政管理体制问题和关于农业增产问题的报告》，周恩来作了《关于劳动工资和劳保福利问题的报告》。会议基本通过了《1956年到1967年全国农业发展纲要（修正草案）》《关于改进工业管理体制的规定（草案）》《关于改进商业管理体制的规定（草案）》《关于改进财政体制和划分中央与地方对财政管理权限的规定（草案）》，以及有关工人、职员的劳动工资和劳保福利问题的规定草案。

讨论整风运动和反右派斗争的方针政策和具体部署，是大会的主要任务。邓小平在《关于整风运动的报告》中指出：从1957年5月开始的整风运动和反右派斗争，8月以前主要在省市以上党政机关、大专学校、民主党派、新闻出版界、科学技术界、文艺界、卫生界中进行。8月以后逐步向工人、农民、工商界、中小学教职员展开。军队也同时开展了整风运动。报告指出：这一次批判资产阶级右派的意义，不要估计小了。这是一个在政治战线上和思想战线上的社会主义革命。报告同时指出，在对右派分子作出处理时要十分慎重，原则上应该是严肃和宽大相结合。政治上思想上要斗透，处理上则不宜过分，要防止打击面过宽和简单粗暴的危险。①

会议的最后一天，毛泽东作了《做革命的促进派》讲话。毛泽东在讲话中还对反冒进作了措辞较为严厉的批评。他说：

"做事情，至少有两种方法：一种，达到目的比较慢一点，比较差一点；一种，达到目的比较快一点，比较好一点。一个是速度问题，一个是质量问题。不要只考虑一种方法，经常要考虑

_____

① 参见《关于整风运动的报告》，《人民日报》1957年10月19日。

两种方法。比如修铁路，选线路要有几种方案，在几条线路里头选一条。可以有几种方法来比较，至少有两种方法来比较。"

"去年这一年扫掉了几个东西。一个是扫掉了多、快、好、省。不要多了，不要快了，至于好、省，也附带扫掉了。好、省我看没有那个人反对，就是一个多、一个快，人家不喜欢，有些同志叫'冒'了。本来，好、省是限制多、快的。好者，就是质量好；省者，就是少用钱；多者，就是多办事；快者，也是多办事。这个口号本身就限制了它自己，因为有好、省，既要质量好，又要少用钱，那个不切实际的多，不切实际的快，就不可能了。……去年下半年一股风，把这个口号扫掉了，我还想恢复。有没有可能？请大家研究一下。"

"还扫掉农业发展纲要四十条。这个"四十条"去年以来不吃香了，现在又'复辟'了。

"还扫掉了促进委员会。我曾经谈过，共产党的中央委员会，各级党委会，还有国务院，各级人民委员会，总而言之，'会'多得很，其中主要是党委会，它的性质究竟是促进委员会，还是促退委员会？应当是促进委员会。……至于某些东西实在跑得快了，实在跑得不适合，可以有暂时的、局部的促退，就是要让一步，缓一步。但是，我们总的方针，总是要促进的。"

毛泽东还讲到如何对待苏联经验及争取比苏联更快的经济建设速度问题。他说："苏联的建设经验是比较完全的。所谓完全，就是包括犯错误。不犯错误，那就不算完全。学习苏联，并不是所有事情都硬搬，教条主义就是硬搬。我们是在批评了教条主义之后来提倡学习苏联的，所以没有危险。……在革命这方面，我们是有经验的。在建设这方面，我们刚开始，只有八年。我们建设的成绩是主要的，但不是没有错误。错误将来还要犯，希望少犯一点。我们学习苏联，要包括研究它的错误。研究了它错误的那一方面，就可以少走弯路。我们是不是可以把苏联走过的弯路避开，比苏联搞的速度更要快一点，比苏联的质量更要好一点？应当争取这个可能。"①

讲话中毛泽东还提出，要通过精耕细作，使中国"变成世界第一个高产的国家"。他说：有的县现在已经是亩产千斤了，半个世纪搞到亩产2000斤行不行呀？将来是不是黄河以北亩产800斤，淮河以北亩产1000斤，淮河以南亩产2000斤？到21世纪初达到这个指标，还有几十年，也许不要那么多时间。我们靠精耕细作吃饭，人多一点，还是有饭吃。我看一个人平均3亩地太多了，将来只要几分地就尽够吃。②

扩大的八届三中全会通过了《一九五六年到一九六七年全面农业发展纲要（修正草案)》，这个修正草案是以1956年1月最高国务会议通过的纲要草案为基础，通过修改、补充后形成的。与原草案相比，基本内容没有太多的变化，但由于已经在全国实现了农业合作化，故而删除了合作化速度的要求，增加了巩固合作社的内容。纲要修正草案在序言中强调："在农业发展的道路上，困难还是会继续出现的。但是，事在人为。对于我们解放了的人民来说，没有什么困难不能克服。不怕困难，是我们劳动人民本来的伟大性格。"③

10月13日，毛泽东在最高国务会议第十三次会议上的讲话中，专门讲到了修改后的农业发展纲要问题。毛泽东说：经过两年的实践，基本要求还是那个"四、五、八"，就是粮食亩产黄

① 中共中央文献研究室编：《建国以来重要文献选编》第10卷，中央文献出版社1994年版，第604—606页。

② 参见中共中央文献研究室编：《建国以来重要文献选编》第10卷，中央文献出版社1994年版，第609—610页。

③ 《一九五六年到一九六七年全国农业发展纲要（修正草案)》，《人民日报》1957年10月26日。

河以北 400 斤，淮河以北 500 斤，淮河以南 800 斤。12 年要达到这个目标，这是基本之点。整个纲要基本上没有改，只是少数条文改了。有些问题已经解决了，如合作化问题就基本上解决了，相应的条文就作了修改。有些过去没有强调的，如农业机械、化学肥料，现在要大搞，条文上就加以强调了。还有条文的次序有些调动。这个修改过的农业发展纲要草案，经过人大常委和政协常委联席会议讨论以后，要重新公布，拿到全国农村中去讨论。

毛泽东说，发动全体农民讨论这个农业发展纲要很有必要。要鼓起一股劲来。1956 年下半年、1957 年上半年松了劲，现在整风又把这个劲鼓起来了。农业发展纲要四十条是比较适合中国国情的，不是主观主义的。原来有些主观主义的东西，现在把它改掉了。总的说来，实现这个纲要是有希望的。

10 月 26 日，中共中央发出《关于组织全民讨论"一九五六年到一九六七年全国农业发展纲要（修正草案）"的通知》，要求各级党委就纲要四十条"在全民中进行一次讨论，即在农村、工厂、机关、学校、部队和街道居民中展开一次大辩论，目的在认识方向，坚定信心，人人努力，改造中国"。同一天，纲要修正草案在《人民日报》全文发表。

第二天，《人民日报》发表题为《建设社会主义农村的伟大纲领》的社论。社论肯定纲要是"建设我国社会主义农村的伟大纲领，它给我国五亿农民指出了今后十年的奋斗目标，规定了实现这些目标的基本方法"，要求"有关农业和农村的各方面工作在十二年内都按照必要和可能，实现一个巨大的跃进"。这是中共中央第一次通过报刊正式发出"大跃进"的号召。

社论要求在开展围绕纲要四十条组织大辩论时，应该集中力量彻底打破粮食产量已经到顶的保守思想，采取必要和适当的措施，能够进一步提高单位面积产量。社论明确提出要肃清右倾保守思想，认为"在去年秋后刮起一阵邪风，放松甚至放弃了四十条纲要的目标，结果是消极因素上升，右倾思想抬头，农业生产就吃了亏。这是值得我们牢牢记住的教训"。

11月13日，《人民日报》又发表《发动全民，讨论四十条纲要，掀起农业生产的新高潮》的社论，强调全国农业发展纲要是建设中国社会主义农村和保证中国顺利实现工业化的伟大纲领。实现这个纲领，就将保证中国农业的巨大发展，保证中国农民生活大大超过富裕中农的水平；也将促进和保证中国工业的顺利发展，保证中国工农联盟的进一步巩固和全国人民生活的稳步的和普遍的改善。社论要求立即在全国所有的农村、工厂、机关、学校、部队和街道居民中，广泛地展开一次关于这四十条纲要的大讨论，并使讨论的过程成为挖掘生产潜力、克服各种保守思想的过程，成为制订或修改社、乡、区、县的生产规划的过程，成为1957年冬、1958年春的农业生产大动员的过程。

社论对反冒进作了公开的批评，其中说道："有些人害了右倾保守的毛病，象蜗牛一样爬行得很慢，他们不了解在农业合作化以后，我们就有条件也有必要在生产战线上来一个大的跃进。这是符合于客观规律的。1956年的成绩充分反映了这种跃进式发展的正确性。有右倾保守思想的人，因为不懂得这个道理，不了解合作化以后农民群众的伟大的创造性，所以他们认为农业发展纲要草案是'冒进了'。他们把正确的跃进看成了'冒进'。他们不了解所谓'冒进'是没有实际条件，因而是没有成功可能的盲目行动。而我们在1956年的跃进却完全不是这样，是有很多可以实现的条件，因而取得了巨大的成绩。否则，就无法说明，为什么1956年我国遭受了严重的自然灾害，而粮食产量却超过了大丰收的1955年一百多亿斤。"

这篇社论中关于"跃进""大的跃进"的表述，得到了毛泽东的充分肯定。1958年5月26日，毛泽东重看了这篇社论，并随即给正在此间参加中共中央政治局扩大会议的与会人员写了一封信，其中说："重看 1957 年 11 月 13 日《人民日报》社论，觉得有味，主题明确，气度从容，分析正确，任务清楚。以'跃进'一词代替'冒进'一词从此篇起。两词是对立的。自从'跃进'这个口号提出以后，反冒进论者闭口无言了，'冒进'可反（冒进即'左'倾机会主义的代名词），当然可以振振有词。跃进呢？那就不同，不好反了。要反那就立刻把自己抛到一个很不光彩的地位上去了。此文发表时，我们一些人在莫斯科，是国内同志主持的，其功不在禹下。如果要颁发博士头衔的话，我建议第一号博士赠与发明这个伟大口号（即'跃进'）的那一位（或者几位）科学家。"

其实，"跃进"一词过去在报刊上也是经常出现的。1949 年至 1956 年的《人民日报》，这个词每年都有几十篇文章使用，有时甚至偶有"大跃进"的表述。在重要文件中首次使用"跃进"一语，是 1957 年 6 月 26 日周恩来在一届全国人大四次会议上所作的政府工作报告。当时正值反右派运动进入高潮之时，周恩来在报告中批评了认为中国国民经济计划"在 1956 年全面冒进了，在 1957 年又全面冒退了"的观点，指出："我国 1956 年的计划，是在改造和建设的高潮中拟定的。社会主义革命的基本胜利，大大鼓舞了劳动人民建设社会主义的积极性，他们纷纷要求增加生产，提高工作定额。……1956 年的计划就是适应这种情况，采取了跃进的步骤，而且在各方面取得了如前所说的巨大成就。""而 1956 年，伴随着社会主义改造的高潮的到来，我国的社会主义建设有了一个跃进的发展"。① 这也是党和国家领导人第一次明确地用"跃进"一词。当然"大跃进"作为一个特殊的用语，还是这篇社论以后的事情。

12 月 12 日，《人民日报》又发表题为《必须坚持多快好省

---

① 《政府工作报告》，《人民日报》1957 年 6 月 27 日。

的建设方针》的社论。这篇社论是毛泽东亲自主持起草的，据他自己讲，社论是他在 11 月访苏前就开始写的，因为没有写完，带到莫斯科去了。"闲来无事江边望"，有点闲工夫，就在代表团中间先读一读。回来又经过斟酌，政治局还有一些人看过才发表的。①

社论再次对反冒进作了措词严厉的批评，认为又多、又快、又好、又省的发展国民经济的方针，对于中国的社会主义建设事业起了巨大的积极作用。1956 年中国国民经济的跃进的发展，证明这个方针是完全正确的、必需的和行之有效的。总的说来，实行"一五"计划的过程中，基本上是按照多快好省的方针进行建设的，但也有少数有保守思想的人实际上在反对这个方针。"在去年秋天以后的一段时间里，在某些部门、某些单位、某些干部中间刮起了一股风，居然把多快好省的方针刮掉了。有的人说，农业发展纲要四十条订得冒进了，行不通；有的人说，1956 年的国民经济发展计划全部冒进了，甚至第一个五年计划也冒进了，搞错了；有的人竟说，宁可犯保守的错误，也不要犯冒进的错误，等等。于是，本来应该和可以多办、快办的事情，也少办、慢办甚至不办了。这种做法，对社会主义建设事业当然不能起积极的促进的作用，相反地起了消极的'促退'的作用。"

这篇社论的矛头所指是显而易见的。这实际上将党内对于如何进行社会主义建设的认识分歧公开化，不但给曾主张反冒进的各级干部以巨大的压力，而且向全社会发出一个信号：凡是主张稳步前进、不赞成冒进的就是右倾保守，搞社会主义只能冒进而不能反冒进，冒进就是"跃进"，反冒进是保守主义的表现，保守就是右倾，如不改变就会变成右倾机会主义。右倾是人们普遍

---

① 参见中共中央文献研究室编：《毛泽东传（1949—1976）》（上），中央文献出版社 2003 年版，第 766 页。

不敢戴上的帽子，至于右倾机会主义就成为两条路线斗争的另一方了。因而这篇社论的发表，对"大跃进"的发动起到了直接的推动作用。

此前的 1957 年 9 月 24 日，中共中央、国务院发出了《关于在今冬明春大规模地开展兴修农田水利和积肥运动的决定》，要求各地"首先要反对保守思想"，在这年冬季，集中力量开展一个大规模的农田水利建设运动和积肥运动，使之"成为随着目前农村社会主义教育高潮而来的生产高潮的主要组成部分"。① 中共八届三中全会以后，各地按照这个文件的要求，以"大鸣、大放、大辩论、大字报"的形式，开展批判"右倾保守"，落实"农业发展纲要四十条"，部署农田水利建设和积肥运动，投入水利建设的劳动力，1957 年 10 月份两三千万人，11 月份六七千万人，12 月份八千万人，1958 年 1 月达到一亿。② 就这样，农业生产的"大跃进"正式启动。

（二）"超英赶美"口号的提出

1957 年 11 月 2 日，毛泽东来到莫斯科，这是他第二次也是最后一次出国。毛泽东此行的任务有两个：一是参加庆祝十月革命四十周年庆典活动，二是出席各国共产党工人党代表会议。这次，毛泽东带来了一个阵营强大的代表团，副团长是宋庆龄，主要成员有邓小平、彭德怀、郭沫若、李先念、乌兰夫、陆定一、陈伯达等。

11 月 6 日上午，苏联最高苏维埃联盟院和民族院举行庆祝十

---

① 中共中央文献研究室编：《建国以来重要文献选编》第 10 册，中央文献出版社 1994 年版，第 567 页。

② 参见薄一波：《若干重大决策与事件的回顾》下卷，中共中央党校出版社 1993 年版，第 681 页。

月社会主义革命四十周年联席会议，参加会议的除苏联共产党和国家领导人外，前来莫斯科参加庆典活动的各兄弟党代表团都出席了会议。

会上，赫鲁晓夫作了一个翻译成中文长达 5 万字的报告，其中提到了不久以前通过的关于制定苏联 1959—1965 年国民经济发展远景计划的决议。赫鲁晓夫列举了苏联当时生产水平的数字，来和美国相应的数字比较。他说："在最重要的工业产品中，苏联还在某几项的生产水平上相当大地落在美国的后面。但是，现在对苏联来说，美国的生产水平已经不再象二十五年、三十年前某些人看来那样高不可及了。现在，苏联在某些产品方面，例如小麦、采伐木料和糖的产量方面都超过美国的生产水平。在铁矿和煤的开采水平方面，在生铁和钢、某些机器和仪器、棉织品和毛织品的生产方面，距离已经大大缩小了。"

赫鲁晓夫在讲话中还特别指出："据估计，在各种最重要的产品产量上，苏维埃国家在最近的十五年内不仅可以赶上、而且可以超过美国目前的各种最重要的产品的总产量。自然，在这个时期内，美国的经济也可能有所发展。但是，只要考虑到苏联工业发展速度比美国快得多这一点，那末就可以认为，在最短的历史时期内在和平竞赛中超过美国这一任务是完全可以实现的。"①

毛泽东原本早有用 50 年左右的时间赶超美国的设想。例如，他 1957 年 7 月写作的《一九五七年的夏季形势》一文中说：只有经过 10 年至 15 年之后，中国的社会主义社会才算从根本上建成了。"十年至十五年以后的任务，则是进一步发展生产力，进一步扩大工人阶级知识分子的队伍，准备着逐步地由社会主义过渡到共产主义的必要条件，准备以八个至十个五年计划在经济上赶上并超过美国。"当时苏联领导人明确表示 15 年后苏联将超过

---

① 《苏联最高苏维埃举行庆祝大会》，《人民日报》1957 年 11 月 7 日。

美国，于是他开始考虑 15 年后中国在钢产量和其他主要工业产品产量方面能否超过英国的问题，以作为苏联赶超美国的回应与支持。

11 月 8 日和 9 日，毛泽东同英国共产党主席波立特、总书记高兰两次举行会谈，其间他非常仔细地询问了英国的经济情况。毛泽东说："苏联在十五年后，将会在总产量方面和按人口平均的产量方面超过美国。中国在十五年后将超过英国。我们今年的钢产量是 520 万吨，第二个五年计划之后将是 1200 万吨，第三个五年计划之后将是 2000 万到 2500 万吨，第四个五年计划之后，也就是十五年之后，将是 4000 万到 4500 万吨。"他问波立特："英国现在的钢产量是 2000 万吨。你们看，十五年后能增加到多少？顶多 3500 万吨吧！"高兰回答说："十五年后，顶多增加到 3000 万吨。"① 毛泽东由此感到 15 年钢产量超过英国是有把握的。

11 月 18 日，在各国共产党和工人党代表会议上，毛泽东公开提出了中国要用 15 年左右的时间在钢产量等方面赶上英国的问题。他说："同志们，我讲讲我们国家的事情吧。我国今年有了 520 万吨钢；再过五年，可以有 1000 万到 1500 万吨钢，再过五年，可以有 2000 万到 2500 万吨钢；再过五年，可以有 3500 万到 4000 万吨钢。当然，也许我在这里说了大话，将来国际会议再开会的时候，你们可能批评我是主观主义。但是我是有相当根据的。我们有很多苏联专家帮助我们。中国人是想努力的。中国从政治上、人口上说是个大国，从经济上说现在还是个小国。他们想努力，他们非常热心工作，要把中国变成一个真正的大国。赫鲁晓夫同志告诉我们，十五年后，苏联可以超过美国。我也可

---

① 中共中央文献研究室编：《毛泽东传（1949—1976）》（上），中央文献出版社 2003 年版，第 735 页。

以讲，十五年后我们可能赶上或者超过英国。因为我和波立特、高兰同志谈过两次话，我问过他们国家的情况，他们说现在英国年产 2000 万吨钢，再过十五年，可能爬到年产 3000 万吨钢。中国呢，再过十五年可能是 4000 万吨，岂不超过了英国吗？那末，在十五年后，在我们阵营中间，苏联超过美国，中国超过英国。"①

11 月 21 日，毛泽东离开莫斯科回国。11 月 25 日，《人民日报》为各国共产党和工人党莫斯科会议通过《莫斯科宣言》发表题为《伟大的革命宣言》的社论，把中国将用 15 年的时间超过英国的信息在国内透露出来。社论说："赫鲁晓夫同志在庆祝十月革命四十周年的演说中说，在十五年以后，苏联将在按人口计算的产量方面超过美国。可以预期，在同一期间，或者稍多一点时间，中国可能在钢铁和其他重要工业产品的产量方面赶上或者超过英国。到那个时候，社会主义阵营将在和平竞赛中把帝国主义阵营更远地抛在后面。"

12 月 2 日，中国工会第八次全国代表大会开幕，毛泽东出席了大会的开幕式，刘少奇代表中共中央致祝词。刘少奇在祝词中代表中共中央正式向全国人民公布 15 年超过英国的设想，其中说："我国工人阶级和我国人民在今后十年到十五年内的基本任务，就是要在优先发展重工业的基础上，实行工农业同时并举的方针，把我国建成为一个具有现代工业、现代农业和现代科学文化的社会主义强国。为此，就必须把社会主义革命进行到底，在经济战线上和在政治、思想战线上都取得社会主义对资本主义的彻底胜利；同时，必须继续有计划地全面地推进社会主义建设，实现国家工业化和农业现代化。在十五年后，苏联的工农业在最

① 中华人民共和国外交部、中共中央文献研究室编：《毛泽东外交文选》，中央文献出版社、世界知识出版社 1994 年版，第 296 页。

重要的产品的产量方面可能赶上或者超过美国，我们应当争取在同一期间，在钢铁和其他重要工业产品的产量方面赶上或者超过英国。那样，社会主义世界就将把帝国主义国家远远地抛在后面。"①

12月7日，李富春在会上作了《关于我国第一个五年计划的成就和今后社会主义建设的任务、方针》的报告，强调："把我国建设成为一个具有现代工业、现代农业和现代科学文化的伟大的社会主义国家，从新中国成立的时候算起，大约需要二十年左右的时间。""当我国经过三个五年计划或者更多一点的时间建成一个社会主义强国，并且进一步完成第四个五年计划的时候，我国就有可能在钢铁和其他重要工业产品的产量方面赶上或者超过英国。"

报告接着说，根据大体计算，中国到1972年，钢的产量有可能达到4000万吨左右，即比1957年的产量增长6.6倍左右。英国在1956年钢的产量已经达到2100万吨左右，但是根据英国工业发展速度慢，资源有限和市场难以扩大甚至日益缩小的情况，即使抛开其必然要发生的经济萧条和经济危机不说，在1972年钢的产量也不易达到中国同年的水平。而在煤炭、机床、水泥、化学肥料等工业品的产量方面，15年后中国肯定能够超过英国的水平。② 从此，"超英赶美"成为"大跃进"运动的著名口号和重要目标。

---

① 《在中国工会第八次全国代表大会上　刘少奇同志代表中共中央致祝词》，《人民日报》1957年12月3日。

② 《关于我国第一个五年计划的成就和今后社会主义建设的任务、方针的报告》，《人民日报》1957年12月8日。

(三) 发动"大跃进"的南宁会议

为了进一步克服党内的右倾保守思想，将"大跃进"引向高潮，进入 1958 年后，毛泽东先后主持了召开一系列的以批评反冒进为中心内容的会议。

1 月 3 日和 4 日，毛泽东在杭州召集部分省、市委书记参加的工作会议，主要讨论领导生产建设的方法问题、敌我矛盾与人民内部矛盾问题、政治与业务的关系问题和技术革命的问题等。在此前的 1957 年 12 月 16 日至 18 日，毛泽东曾在杭州召集过一次类似的工作会议，但那次会议据他自己讲，是无结果而散，没有议出什么名堂。①

在 1 月初的杭州会议上，毛泽东作了两次讲话，其中涉及反冒进的问题。他说，治淮（河）原来计划低了，后来超过了，批评了右倾保守，就很舒服，愈批评愈高兴。（农业发展纲要）四十条到第二个五年计划第三、四、五年就要修改，愉快地批判右倾。1956 年的工业产值增 31%，没有 1956 年的突飞猛进，就不能完成五年计划。1958 年 3 月比一次，夏季比一次，到 10 月开党代表会再比一次。讲话中还指名道姓地批评了主张反冒进的周恩来等人。

杭州会议刚刚开完，毛泽东于 1 月 6 日又来到了广西省会（广西省于同年 3 月改设广西壮族自治区）南宁，并准备在这里召开一次规模更大一些的中央工作会议。据薄一波回忆，毛泽东原本只打算找部分省市委第一书记参加南宁会议，但周恩来对毛泽东说，1 月份要召开一届全国人大五次会议，时间已经迫近，是否先在党的会议上讨论一下 1958 年的预算和年度计划。这样，

---

① 参见中共中央文献研究室编：《毛泽东传（1949—1976）》（上），中央文献出版社 2003 年版，第 767 页。

毛泽东同意具体负责经济工作的陈云、李富春和薄一波也到会，但陈云因病未出席会议。① 南宁会议于 1 月 11 日召开，会议由毛泽东亲自主持，主题原本是讨论 1958 年的预算和经济计划，以及正在酝酿形成的《工作方法六十条（草案）》。

会议一开始，就印发了二十二个参考文件，其中有三个文件是作为多快好省的对立面即反冒进的材料而印发。这三个材料是：李先念 1956 年 6 月 15 日在一届全国人大三次会议的报告中关于反冒进的一段话，1956 年 6 月 20 日《人民日报》的社论，周恩来 1956 年 11 月 10 日在中共八届二中全会上《关于 1957 年计划的报告》的节录。这三个材料一印发，就预示会议的主题已经变成了反冒进了，会议的气氛也就紧张起来。

果不其然，11 日晚，毛泽东作了第一次讲话，一开始就对国务院的工作和反冒进作了批评。毛泽东说：国务院向全国人大人的报告，我有两年没有看了（为照顾团结，不登报声明，我不负责）。章伯钧说国务院只给成品，不让参加设计，我很同情，不过他是想搞资产阶级的政治设计院，我们是无产阶级的政治设计院。有些人一来就是成品，明天就开会，等于强迫签字。只给成品，不给材料，不行。要离开本子讲问题，把主题思想提出来，进行交谈。说明为什么要这样办，不那么办？财经部门不向政治局通情报，报告也一般不大好谈，不讲考据之学、辞章之学和义理之学。前者是修辞问题，后者是概念和推理问题。②

毛泽东还用带着警告的语气说：不要提"反冒进"这个名词，这是政治问题。一反就泄了气，6 亿人民一泄了气，不得了。

---

① 参见薄一波：《若干重大决策与事件的回顾》下卷，中共中央党校出版社 1993 年版，第 637 页。

② 参见中共中央文献研究室编：《毛泽东传（1949—1976）》（上），中央文献出版社 2003 年版，第 768—769 页。

十个指头问题要搞清楚，伸出手看看，究竟有几个指头生了疮？不过一个指头有毛病，不过多用了一些钱，多用了一些人；就"库空如洗"呀，"市场紧张"呀。只讲一个指头长了疮，就不会形成一股风。吹掉了三个东西：一为多快好省，二为四十条纲要，三为促进委员会。这些都是属于政治问题，而不属于业务。一个指头有毛病，治一下就好了，原来"库空如洗"，"市场紧张"，过了半年不就变了吗？钱多花了，计划大了，要批评，我也批评过，如广东、河北通县专区产量定得过高。我是"抱着石头打泡泅（湖南方言，游泳之意）"，做事历来是稳当的。他还讲到如何看待工作的成绩与缺点的问题，他将之比喻为九个指头与一个指头的关系，认为这是关系6亿人的问题。①

1月12日，毛泽东第二次发表讲话，并对反冒进再作批评。毛泽东说："在杭州会议上，我当着恩来发了一通牢骚。《中国农村的社会主义高潮》一书的序言，对全国发生了很大的影响，是'个人崇拜'，'崇拜偶像'？不管什么原因，全国各地的报纸、大小刊物都登载了，发生了很大的影响。这样，我就成了'冒进的罪魁祸首'。""财经工作有很大成绩，十个指头只有一个不好，讲过一万次不灵。工作方法希望改良一下子。这一次，千里迢迢请同志们来一趟，是总理建议的。本来我不想多谈，有点灰心丧志。"② 他还说，三中全会，他讲1957年砍掉了三个东西，没人反对，他得彩了。又复辟了，就又有勇气找部长谈话了。右派一攻，把一些同志抛到和右派差不多的边缘，只剩五十米，慌起来了，什么"今不如昔"，"冒进比保守损失大"。要注意，最怕的

---

① 参见李锐：《"大跃进"亲历记》，上海远东出版社1996年版，第62—63页。

② 中共中央文献研究室编：《毛泽东传（1949—1976）》（上），中央文献出版社2003年版，第769页。

是6亿人民没有劲，抬不起头来就很不好。要群众观点，从6亿人口出发，看问题要分清主流和支流、本质和现象。①

南宁会议召开时，周恩来因为工作关系，留在北京，没有参加会议，没有直接听到毛泽东上面那些批评分散主义和反冒进的讲话。1月13日，周恩来乘飞机到达南宁。当天晚上，毛泽东同刘少奇、周恩来谈话，直到深夜。

1月14日，会议继续举行，毛泽东作第三次讲话，主要讲工作方法问题，总共讲二十四条，并继续对反冒进和国务院的工作作了措辞比较尖锐批评。说反冒进就是讲平衡，"却不知道反冒进伤了许多人的心，兴修水利、办社、扫盲、除四害都没劲了"。他再次强调，要注意九个指头与一个指头的区别，不要采取"攻其一点，不及其余"这种做法，历史上教条主义这样搞过，因小失大。②

从1月15日起，会议的主要内容是听取各省市委第一书记和国务院分管经济工作的负责人汇报1958年的工作安排。当天，负责经济工作的副总理薄一波（兼国家经济委员会主任）在会上作了《关于一九五八年计划（草案）的汇报提要》的发言。

薄一波说，1958年计划的中心是调动一切可能调动的积极因素，大力组织工农业生产高潮，迎接新的"大跃进"的一年，为第二个五年计划高速度地发展生产建设铺好道路。积极发展重工业，主要是增加燃料原材料、化学肥料、重型机械、农用动力机械和电力设备的产量，为工业生产进一步高涨准备条件，为农业的技术改革准备条件，按照物力、财力的可能，尽可能地首先扩

---

① 参见中共中央文献研究室编：《毛泽东年谱（1949—1976）》第3卷，中央文献出版社2013年版，第279页。

② 参见中共中央文献研究室编：《毛泽东传（1949—1976）》（上），中央文献出版社2003年版，第770页。

大基本建设投资，在继续保持市场物价的基础上，适当改善人民的物质生活，并且稳步地发展文化、教育、卫生等项事业。工业生产总产值有较大的增长，计划为747.47亿元，比1957年增长15.1%，其中主要是：发电量达到220亿度，比1957年增长15%；煤炭1.5亿吨，增长16%；生铁720万吨，增长22%；钢620万吨，增长17%；水泥765万吨，增长12%；木材2850万立方米，增长9.4%；金属切削机床2600台，增长3.2%；等等。农业生产总值642.5亿元，比1957年增长6.5%。粮食生产3920亿斤，比1957年增加220亿斤，增长5.9%；棉花生产3500万担，比1957年增长220万担，增长6.7%。这些大都超过往年增长水平。

上述1958年工农业生产的主要计划指标，不但不保守，而且已经有跃进的成分了，但为了避免计划指标被说成保守，薄一波在讲话中特地提出了"两本账"的问题。他说，工业增长速度他们认为还可以更提高一些。因为有高涨的群众生产积极性，材料上大体有保证，国家也需要。经委一直在和各部、省、自治区、市商量增产指标，当时定15.1%的速度，已经比1957年12月计划会议上所定的10.4%的速度提高了。当时还在继续商量。因此，准备实行"两本账"的办法：国家一本账，这是必成数；企业一本账，这是期成数。但毛泽东对他的这个发言并不太满意，批评薄一波是"中间派"，"假使不是偏右的话"。①

在1月16日的讲话中，毛泽东批评许多省委、部委整天忙于事务性工作，昼夜奔忙，考据之学、辞章之学、义理之学不搞，也不下去跑一跑，思想僵化。他提出领导干部要学理论，读点书，还要学习一点外文。毛泽东说：没有理论，凭什么做领导

---

① 参见薄一波：《若干重大决策与事件的回顾》下卷，中共中央党校出版社1993年版，第638页。

工作？领导干部要自己动手，集体创作，开动脑筋，不搞出点理论问题不行。他还要求破暮气，讲朝气。他说：暮气，就是官气，我们都相当地有一些。世界大发明家，往往不是大知识分子，都是青年。现在我们这一班人，容易压制新生力量。要讲革命朝气，保持旺盛的斗志。①

陈云曾积极参与了 1956 年的反冒进，南宁会议虽然他因病未能出席，但也受到了毛泽东的批评。薄一波回忆说："当时，大家心里在纳闷，这到底是批评谁？少奇同志说：主席的批评是针对管经济工作的几个人的。1 月 17 日晚上，毛主席约富春、先念同志和我谈话，明确讲到批评主要是对陈云同志的。"②

1 月 17 日，会议听取了李先念的汇报，毛泽东又对反冒进作了批评，他拿着《人民日报》那篇《要反对保守主义，也要反对急躁情绪》社论，念一段，批一段。说这是一篇反冒进的社论，既要反右倾保守，又要反急躁冒进，好像"有理三扁担，无理扁担三"。实际重点是反冒进的。③

由于周恩来是 1956 年反冒进的主要领导人，而刘少奇对反冒进亦采取了支持的态度，毛泽东在南宁会议上对反冒进再三批评后，在 19 日召开的全体大会上，两位领导人都不得不在会上就此作了自我批评。

南宁会议在"大跃进"运动史上，有着重要的地位。正如中央文献研究室编写的《毛泽东传（1949—1976）》一书所评

① 参见中共中央文献研究室编：《毛泽东传（1949—1976）》（上），中央文献出版社 2003 年版，第 772 页。

② 薄一波：《若干重大决策与事件的回顾》下卷，中共中央党校出版社 1993 年版，第 639 页。

③ 参见李锐：《"大跃进"亲历记》，上海远东出版社 1996 年版，第 64 页。

价的："南宁会议是一次重要的会议，它对中国后来的发展产生过重大影响。这次会议继承了中共八大以经济建设为中心的正确路线，并且提出要努力开创一个社会主义建设的新局面，迅速改变中国的落后面貌，把中国早日建设成为强大的社会主义国家。在南宁会议上表现出来的毛泽东与中央其他几位领导人的分歧，不是在是否要以经济建设为中心这个问题上，而是在建设速度的问题上。由于毛泽东严厉批评了反冒进，又提出一些超过实际可能性的高指标而被会议一致通过，这就直接导致'大跃进'的开始发动。"① 南宁会议之后，"大跃进"运动在全国迅速展开。

（四）成都会议与"大跃进"的升温

为进一步推动各项事业的"大跃进"，中共中央又于3月9日至26日，在成都召开有中央有关部门负责人和各省、自治区、市党委第一书记参加的工作会议，即成都会议。

3月9日，会议正式召开，毛泽东首先作了讲话。他提出了二十几个问题，这些问题主要是：协作问题、中心工作与非中心工作如何结合、税制和价格问题、地方工业中的劳动法、第二本账问题、究竟多久完成十年农业计划和工业计划、招工问题、平衡问题、平衡理论问题、粮食包干问题、地方分权问题、上层建筑与经济基础的关系、两种方法的比较、农具改革运动、整风问题、国际形势与外交政策等。

在讲话中，毛泽东再次对反冒进作了批评。他说：两种方法的比较，一种是马克思主义的冒进，一种是非马克思主义的反冒进。南宁会议批判了反冒进的错误。究竟采取哪一种？我看应采

---

① 参见中共中央文献研究室编：《毛泽东传（1949—1976）》（上），中央文献出版社 2003 年版，第 780 页。

取冒进。很多问题都可以这样提。如除四害，一种是老办法，不除（苏联不除）；一种是要除掉。如何除？也有两条路线，有快有慢。一说快除，就能除掉，越慢越除不掉。如执行计划，一种方法是十年计划二十年搞完，一种是两三年搞完。又如肥料，1956年比1957年多一倍，1958年要超过1956年一倍。湖北1958年积160亿担（1957年70亿担），平均每亩6600斤。肥料多好，还是少好？1957年搞"马克思主义"，生产不起劲；1958年搞冒进，还要超过1956年。哪种办法好？1957年的"马克思主义"好，还是1958年的冒进好？办任何事情都有两种方法比较。苦战三年，改变面貌，但"一天消灭四害"，"苦战三天"，当然不行。这就不是马克思主义了。

关于整风问题，毛泽东肯定了正在进行的"双反"（反浪费、反保守）运动，认为"双反"抓到题目了。他说，知识分子"红透专深"，这个口号好。刘备招亲，弄假成真。他们有部分人是真的，多数是半真半假，有小部分是假的，可以发展突变的。有1957年"整风反右"为基础，1958年又有生产高潮，使资产阶级知识分子有突变可能。他还说，基层整风如何作法？要"大鸣大放"，大整大改。群众中一些思想错误也要解决，不论工厂或农村。

毛泽东还提出，新中国成立以来八年的经验，应加以总结。反冒进是个方针性的错误问题，南宁会议提出的这个问题，有许多同志紧张，现在好了。谈清楚的目的是使大家有共同语言，做好工作，而不是不好混，他绝无要那个同志不好混之意。用中共中央文献研究室编写的《毛泽东传（1949—1976）》中的话说："成都会议期间，毛泽东的心情极为舒畅。一方面，周恩来、陈云等都对反冒进问题作了检讨，承认了错误。另一方面，各地区正在制定新的跃进指标，人民群众的劳动热情被激发起来，一个空前规模的社会主义生产高潮看起来已在各行各业普遍出现。他感到，经过杭州会议、南宁会议，到这次成都会议，情况已经根本扭转过来，'大跃进'已成定局。这使他始终处于亢奋之中。"①

3月10日，会议继续举行，毛泽东作了第二次讲话，主题是关于坚持原则与独创精神，进一步批评教条主义。在回顾民主革命时期教条主义的情况后，毛泽东讲到1949年以后的教条主义问题，说新中国成立后（1950年至1957年），在经济工作和文教工作中产生了教条主义，军事工作中搬了一部分教条，但基本原则坚持了，还不能说是教条主义。经济工作中的教条主义，主要表现在重工业工作、计划工作、银行工作和统计工作方面，特别是重工业和计划方面，因为不懂，完全没有经验，横竖自己不晓得，只好搬。统计几乎全部是抄苏联的。教育方面搬得也相当厉害，例如五分制、小学五年一贯制等，甚至不考虑解放区的教育经验。卫生工作也搬，害得他3年不能吃鸡蛋，不能喝鸡汤，因为苏联有一篇文章说不能吃鸡蛋和喝鸡汤，后来又说能吃了。不管人家的文章正确不正确，中国人都听，都奉行，总是苏联第一。商业搬得少些，因为中央接触较多，批转文件较多。轻工业工作中的教条主义也少些。社会主义革命和农业合作化未受教条主义影响，因为中央直接抓。

毛泽东认为1956年后，中国开始了摆脱教条主义的束缚，独立探索自己的社会主义建设道路。他说：1956年4月的《论十大关系》，开始提出自己的建设路线，跟苏联有同与不同，具体方法有所不同，有我们的一套。我们的同志应当认识到，老祖宗也有缺点，要加以分析，不要那么迷信。对苏联经验，一切好的应接受，不好的应拒绝。现在我们已学会了一些本领，对苏联有

---

① 中共中央文献研究室编：《毛泽东传（1949—1976）》（上），中央文献出版社2003年版，第791页。

了些了解，对自己也了解了。1957 年，在《关于正确处理人民内部矛盾的问题》的报告中，提出了工、农业同时并举，中国工业化的道路，还有农业合作化，节约等问题。这一年发生了一件大事，就是全民整风反右派，广大群众对我们工作中错误的批评，思想的启发很大。1958 年在杭州开小型会，现在在成都开中型会，前两次会大家提了很多意见和问题，开动脑筋，总结五年的经验，对思想有很大启发。①

毛泽东关于破除迷信、摆脱教条主义的论述，无疑有其合理的地方。中国革命之所以胜利，一个很重要的原因，就在于中国共产党人没有拘泥十月革命的模式，并在一定程度上破除了对苏联革命经验的迷信，解放了思想，找到了一条适合自己国情的革命道路。全国执政之后，由于建设经验不足，因而也难免在一些工作中出现了照搬苏联经验的情况，所以 1956 年苏共二十大后，毛泽东提出了"以苏为鉴戒"、走自己的工业化道路问题。在这个意义上讲，毛泽东是中国特色社会主义道路的最早探索者。但是，由于当时提出解放思想、破除迷信主要是要发动"大跃进"，并且一味地强调要发扬敢想、敢干的精神，对客观规律重视不够，结果一度使解放思想在某些地方变成了胡思乱想，敢想敢干变成了盲目蛮干。

从 3 月 10 日至 19 日（其中 16 日休会），会议主要是听取各省、自治区、市党委负责人的发言，其间毛泽东或长或短地作了一些插话。毛泽东在插话中涉及的主要问题有：

1. 关于社会主义建设总路线。他说：中国的社会主义建设路线，是在八年内逐步形成起来的。八年不算长，还不能算形成，再有五年就差不多了，苦战三年也可能形成。过去革命中损

① 参见中共中央文献研究室编：《毛泽东年谱（1949—1976）》第 3 卷，中央文献出版社 2013 年版，第 310—311 页。

失很大，八年建设中也受了一些损失，但损失不大。同时这个时期也顾不上、抽不出手来抓建设，如 1957 年春季到夏季右派进攻，1950 年到 1953 年抗美援朝，大部分力量在朝鲜，1955 年合作化高潮，也难抓建设。对事物的认识，对客观规律的认识，是在实践中才能认识清楚。现在切实抓一下，苦战三年，建设路线就可以形成。现在才有可能抽出时间来研究建设，开始摸工业。现在要苦战三年，形成一条中国社会主义建设的路线。又说：社会主义建设路线也是逐步形成，现在还不能说已经形成，至少还要五年，苦战三年再加二年。如工农业不出大乱子，路线就差不多，就可以说形成了。五年加八年，共十三年，付出一部分代价，无非是浪费一点，群众痛苦，时间延长，苦闷一点，但成绩总是主要的。

2. 关于苦战三年基本改变面貌和超英赶美问题。他说，"苦战三年，基本改变本省面貌；在七年内实现农业四十条，实现农业机械化，争取五年完成。"各省可不可以这样提？特别是农业机械化问题，各省可以议一下。实现四十条，辽宁三年，广东五年，是左派。三年恐怕有困难，可以提三年到五年。十五年赶上英国，二十年赶美国，那就自由了。

3. 关于农业社的合并问题。毛泽东对此也很关注，在插话中几次提出并社问题。他说，搞农业机械化，小社势必要合并一些；合并后仍然不能搞的，可以搞联社。为了水资源综合利用，使用大型机械，会合并一些社。除了地广人稀的地区外，五年之内逐渐合并。"二五"计划期间，平原地区合作社的规模大一些为好，可以办小学，办工厂。

4. 关于农民自留地和家庭副业问题。他说，三年内不要减少自留地和个人的养猪。增加合作社积累，分得少了，应该使农民发展一些副业，增加一些收入。自留地减少，又不要多养猪，两头堵死不好。可惜这一点在后来的人民公社化运动中，并没有坚持下来，而是将社员个人私养的猪羊鸡鸭及自留地，全部收归公社所有，大刮"共产风"。

5. 关于深翻土地问题。毛泽东说，应普遍提高人工翻地，一年翻一部分，三五年翻完，可保持三到五年丰收，这是改良土壤的基本建设。《人民日报》应该把土壤学宣传一下。改良土壤有二法：一为深翻，一为调换。可四至五年轮流深翻一遍。山东莒（南）县大山农业社就是如此。①

3月20日，毛泽东第三次在会议上讲话。主要内容有：

一是关于改良农具的群众运动。毛泽东说，应将这个运动推广到一切地方去，它的意义很大，是技术革命的萌芽，是一个伟大的革命运动。因为几亿农民在动手动脚，否定肩挑的反面，一搞就节省劳动力几倍、十倍。以机械化代替肩挑，就会大大增加劳动效率，由此而进一步机械化。又说，群众的积极性起来了，每天有新的创造，将来还会有各种新巧发明。现代化、机械化与改良农具是对立的统一，两者应同时进行，请各省市迅速推进。群众性的创造是无穷无尽的，河南、河北已形成群众运动，是自下而上搞起来的。我们发现了好的东西，就要加以总结推广。

二是关于建设的速度问题。他说，河南提出一年实现"四、五、八"（指黄河以北粮食亩产400斤，黄河以南亩产500斤，淮河长江以南亩产800斤），水利化，除四害，消灭文盲。可能有些能做到，即使全部能做到，也不要登报，两年可以做到，也不要登报，内部可以通报。像土改一样，开始不要登报，告一段落再登。大家抢先，会搞得天下大乱，实干就是了。各省不要一阵风，说河南一年，大家都一年，说河南第一，各省都要争个第一，那就不好。总有个第一，"状元三年一个，美人千载难逢"。

---

① 参见中共中央文献研究室编：《毛泽东传（1949—1976）》（上），中央文献出版社2003年版，第793—794页。

可以让河南试验一年，让河南当状元。如果河南灵了，1959 年各省再来一个运动，"大跃进"，岂不更好。如果在一年内实现"四、五、八"，消灭文盲，当然可能缺点很大，起码是工作粗糙，群众过分紧张。做工作要轰轰烈烈，高高兴兴，不要寻寻觅觅，冷冷清清。毛泽东还说，建设的速度，是个客观存在的东西，凡是主观、客观能办到的，就鼓足干劲，力争上游，多、快、好、省，但办不到的不要勉强。

三是关于社会主义建设的总路线。毛泽东说，只要路线正确——鼓足干劲，力争上游，多、快、好、省（这几句话更通俗）。那么后一年、两年、三年至五年完成四十条，那也不能算没有面子，不能算不荣誉，也许还更好一些。搞社会主义有两条路线：是冷冷清清、慢慢吞吞好，还是轰轰烈烈、高高兴兴的好？十年、八年搞个四十条，那样慢一些，人人都不舒畅，那样搞社会主义也不会开除党籍。苏联四十年才搞得那么点粮食和东西。假如中国十八年能比上四十年当然好，也应当如此。因为中国人多，政治条件不同，比较生动活泼，列宁主义比较多。①

3 月 22 日，毛泽东第四次发表讲话，主要是讲要有势如破竹、高屋建瓴的气概，要破除迷信，敢想敢说敢做。他说：要提高风格，振作精神，要有势如破竹、高屋建瓴的气概。要做到这一点，必须抓住马克思主义的基本理论和工作中的基本矛盾。但我们的同志有点精神不振的现象，是奴隶状态的表现，像京剧《法门寺》里的贾桂一样，站惯了不敢坐。对马克思主义经典著作要尊重，但不要迷信。马克思主义本身就是创造出来的，不能抄书照搬。一有迷信就把我们的脑子镇住了，不敢跳出圈子想问题。

---

① 参见中共中央文献研究室编：《毛泽东年谱（1949—1976）》第 3 卷，中央文献出版社 2013 年版，第 319—320 页。

接着，毛泽东讲了一大段有创新思想的都是学问不足的青年人的话，意在进一步破除对权威的迷信。他说：不要怕教授，进城以来相当怕，我也有一点怕；不是藐视他们，而是有无穷的恐惧。看人家一大堆学问，自己好像很少，什么都不行。马克思主义者恐惧资产阶级知识分子，不怕帝国主义，而怕教授，这也是怪事。我看这种精神状态也是源于奴隶制度"谢主隆恩"的残余。我看此事再不能容忍了，当然不是明天就去打他们一顿，而是接近他们，教育他们，交朋友。他还说，从古以来，创新思想、新学派的人，都是学问不足的青年人。他一口气举了孔夫子、释迦牟尼、孙中山、马克思、章太炎、康有为、刘师培、王弼、颜渊、李世民、秦叔宝、岳飞、梁启超为例，说明他们取得成就时，年纪都不甚大，学问都不甚多，但年轻人抓住一个真理，就所向披靡，所以老年人是比不过他们的。毛泽东在讲话中一口气举出这么多历史名人，可见他对于历史之熟悉。为了鼓励各级干部树立敢想敢说敢做的精神，毛泽东在讲话还提出要做到"六不怕"。他说，不敢讲话无非是：一怕封为机会主义，二怕撤职，三怕开除党籍，四怕老婆离婚，五怕坐班房，六怕杀头。我看只要准备好这几条，看破红尘，什么都不怕了。难道可以牺牲真理，封住我们的嘴巴吗？我们应当造成一种环境，使人敢于说话。我的企图是要人们敢说，精神振作，势如破竹，把顾虑解除，把沉闷的空气冲破。①

3月25日，毛泽东在会上第五次讲话，重点是讲思想方法问题。毛泽东说：会开得很好，重点归结到方法问题。马克思主义

---

① 参见中共中央文献研究室编：《毛泽东传（1949—1976）》（上），中央文献出版社 2003 年版，第 798 页；中共中央文献研究室编：《毛泽东年谱（1949—1976）》第 3 卷，中央文献出版社 2013 年版，第 321—322 页。

的理论基础，第一是唯物论，第二是辩证法。我们许多同志对此并不那么看重。反冒进不是什么责任问题，不要说得太多了，我也不愿听了。不要老作自我批评，作为方法问题的一个例子来讲是可以的。反冒进也是一种客观反映。反映什么呢？把个别的特殊的东西误认为一般的全面的东西。尊重唯物论、辩证法的人，是提倡争论，听取对立方面的意见的，这是对立的斗争。辩证法是研究主流与支流、本质与现象、主要矛盾与次要矛盾。过去发生反冒进等错误，即未抓住主流和本质，把支流当作主流，把次要矛盾当作主要矛盾来解决。

　　毛泽东在不断地批评反冒进，希望借此鼓起干部群众"大跃进"热情的同时，又提醒人们话不说得太满，做事要留有余地，所以在讲话中他又说：今后还要准备发生预料不到的事情。一些过高的指标不要太高，要能办得到、行得通，至少有些东西不要去登报。做是一件事，讲又是一件事。即使能做得到，讲也要谨慎些，给群众留点余地，给下级留点余地，也就是给自己留点余地。写剧本有这么一个原则，要为观众留余地，就是要使人家有点想头，如果一切动作、一切语言都在台上做完了、讲完了，并不见得好。总而言之，支票开得太多，后头难于兑现。1958年这一年，群众出现很高的热潮，他很担心一些同志在这种热潮下面被冲昏了头脑，提出一些办不到的口号。他并不想消灭空气，而只是要求压缩空气，把膨胀的脑筋压缩一下，冷静一些，不是要下马，而是要搞措施。①

　　3月26日是成都会议的最后一天，毛泽东第六次在会上作了讲话，这也是对会议作总结。他说：这次会议开得还可以，但事先未准备虚实并举，实业多了一点，虚业少了一点。这也有好

---

　　①　参见中共中央文献研究室编：《毛泽东年谱（1949—1976）》第3卷，中央文献出版社2013年版，第324—325页。

处，一次解决大批问题，并且是跟地方同志一起谈的，也就比较合乎实际。今后一段时间内多搞些虚业，或专搞一次虚业会议，以便要引导各级领导同志关心思想、政治、理论的问题，使红与专结合。一年抓四次很重要。三年看头年。由于形势发展快，很多矛盾要很快反映和解决。如果不抓四次，许多问题不能及时解决，拖久了就会影响工作。

毛泽东表示，现在有些问题还是不摸底。对农业了解比较清楚，工业、商业、文教都不清楚。工业方面，除到会的几个部接触了一下外，其余没有摸。煤、电、石油、机械、建筑、地质、交通、邮电、轻工业、商业都没有接触。财经贸易，还有文教，历来没有摸过，林业也没有摸过。1958 年有些要摸一摸，政治局、书记处都要摸一摸。

接着，毛泽东讲到了两个剥削阶级和两个劳动阶段的问题。他说，中国国内存在着两个剥削阶级、两个劳动阶级：第一个剥削阶级是帝国主义、封建主义、官僚资本主义的残余，地、富、反、坏未改造好的部分，再加上右派（全国右派在这些人中，可能有 10 万以上，改造好的不算），他们反社会主义，是敌人。第二个剥削阶级是民族资产阶级及其知识分子。劳动阶级是工人、农民，过去被剥削或不剥削人的独立劳动者。[①]

成都会议过程中，讨论并通过了 30 多份文件，其中比较重要的有：《关于 1958 年计划和预算第二本账的意见》《关于铁路规划问题的意见》《关于工业产值计算问题的意见》《关于改革工商税收制度和改变工业品出厂作价办法问题的意见》《关于发展地方工业问题的意见》《关于工业企业下放的几项规定》

---

① 中共中央文献研究室编：《毛泽东传（1949—1976）》（上），中央文献出版社 2003 年版，第 802 页；中共中央文献研究室编：《毛泽东年谱（1949—1976）》第 3 卷，中央文献出版社 2013 年版，第 326 页。

《关于继续加强对残存的私营工业、个体手工业和对小商小贩进行社会主义改造的指示》《关于在发展中央工业和发展地方工业同时并举的方针下有关协作和平衡的几项规定》《关于改进物资分配体制问题的意见》《关于调剂和补充职工问题的意见》《关于把小型的农业合作社适当地合并为大社的意见》《关于合作社社员的自留地和家庭副业收入在社员总收入中应占比例的意见》《关于农业机械化问题的意见》《关于适当扩大某些专署权限问题的意见》《关于高等学校和中等技术学校下放问题的意见》《关于在各省自治区和专区建立科学研究机构和地质队伍的意见》等。

在这些文件中，对后来的"大跃进"产生较大影响的有：

——《关于1958年计划和预算第二本账的意见》。这个文件大体同意中共国家经委党组3月7日报送的《关于1958年度计划第二本账的报告》。国家经委党组在报告中说，各地方、各部门送来的第一本账，也就是中央的第二本账，我们已经汇总起来，并且做了初步的平衡工作。这本账，比2月上旬全国人民代表大会通过的计划高了很多：工业总产值增加157亿元，农业总产值增加66亿元。这确是一本多快好省的账，它反映了中国国民经济大发展、"大跃进"的新形势。从这本账看，南宁会议的反对保守、多快好省、力争上游的精神，已经在中国经济生活中起了巨大的促进作用，中国的解放了的生产力，像原子核分裂一样，产生了巨大的能量，中国的经济形势已经发生了极大的变化。我们的民族确实大有希望。报告还提出了可以比十五年更快赶超英国的问题。其中说，中国是一个大国，一个省等于人家一个国，甚至一个专区就比欧洲的一个小国大，一旦把各省、各专区和各县举办工业的积极性统统调动起来，万马奔腾，又有大中型工业的协助和国家的统一规划、调整，中国工业化的速度没有理由不比欧洲各国快得多。纵观当前的经济形势后，可以肯定地说，只要我们贯彻执行主席所指示的方针，继续发扬革命干劲，中国社会主义工业化的速度就可能比苏联更快一些。我们就可以掌握时机，在比十五年更短的时间内赶过英国。

——《关于发展地方工业问题的意见》和《关于在发展中央工业和发展地方工业同时并举方针下有关协作和平衡的几项规定》。成都会议之前，国家经委写出了一份《让中小型工厂遍地开花的一些设想》材料，递交成都会议讨论。设想提出，花三分的力量搞中央的大工业，用七分的力量搞地方的中小工业，使工业遍地开花，有重大的意义。这就是说，从中央直到乡一级都举办自己的工业，使大型工业和中小型工业、工业和农副业，更加有机地结合在一起，形成一个强大的城乡工业网。这是一条多快好省的社会主义工业化道路，是一条促进中国国民经济迅速发展的道路。成都会议通过的两个文件规定各省、自治区、市要在大力实现农业跃进规划的同时，争取在五年或者七年的时间内，使地方工业的总产值赶上或超过农业总产值；各省、自治区、市兴办的限额以上建设项目，除了提出简要的计划任务书，其中规定产品数量、品种、建厂规模、厂址和主要的协作配合条件需要报送中央批准外，其他的设计和预算文件，一律由各省、自治区、市自行审查批准。这两个文件为各地一哄而起大办地方工业大开方便之门。成都会议后，各地迅速掀起大办地方工业的高潮，并由此招收大批的职工，致使1958年职工队伍迅速膨胀，导致工农业比例严重失调。

——《关于农业机械化问题的意见》。这个文件认为，有广大农民参加的群众性的农具改革运动是技术革命的萌芽，是一个伟大的革命运动，全国各地都应当普遍地积极推广，并提出了三至七年内（争取五年内做到）基本上实现农业机械化和半机械化的设想。该意见指出，农具的改革应当因地制宜，不要千篇一律；农业机器应该以小型的为主，配合以适当数量的大型和中型机械；在推广农业机器的同时，不要放松新式畜力农具和改良农具的推广，农业机械的制造，一般以地方工业为主；实现农业机械化，主要靠农业合作社自己的力量。受这个文件的影响，"大跃进"运动中曾开展全国性的工具改革包括运输工具的改革，大搞所谓"车子化运动""滚珠轴承化运动""绳索牵引机化运动"等等，虽然也取得了一些成效，但形式主义严重，造成很大的浪费。

——《关于把小型的农业合作社适当地合并为大社的意见》。早在1955年农业合作化高潮时，毛泽东就认为可以大办社。他在编辑《中国农村的社会主义高潮》一书时，曾写了一篇《大社的优越性》的按语，指出："小社人少地少资金少，不能进行大规模的经营，不能使用机器。这种小社仍然束缚生产力的发展，不能停留太久，应当逐步合并。"可以一乡一个社，少数地方可以几乡一个社，平原、山区都可以办大社。所以1956年合作化后，一些地方建立的合作社规模超大，出现一系列的问题，后来中共中央专门下发过文件，要求缩小合作社的规模。但"大跃进"启动后，一些地方在进行农田水利建设时，又提出农业社合并的问题。该文件指出："我国农业正在迅速地实现农田水利化，并将在几年内逐步实现耕作机械化，在这种情况下，农业生产合作社如果规模过小，在生产的组织和发展方面势将发生许多不便。为了适应农业生产和文化革命的需要，在有条件的地方，把小型的农业合作社有计划地适当地合并为大型的合作社是必要的。"① 自此之后，一些地方开始将小社并成大社，成为1958年人民公社化运动的先声。

---

① 中共中央文献研究室编：《建国以来重要文献选编》第11册，中央文献出版社1995年版，第209页。

——《关于继续加强对残存的私营工业、个体手工业和对小商小贩进行社会主义改造的指示》。指示指出，1956 年社会主义改造基本完成以后，许多地方自发地出现了一些私营工业、个体手工业和小商小贩，从业人员大约有 140 万人，其中工商各半。这些个体经济虽然对社会主义工商业起着一定的补充作用，但是，它们的生产经营还存在很大的盲目性和资本主义的自发倾向，其中一小部分是资本主义经济，在生产经营中存在着不同程度的违法行为，不仅妨碍国家对市场管理和危害消费者的利益，而且影响若干手工业、农业合作社和商业合作组织的巩固。因此，要一律把它们管起来，不允许它们未经登记进行非法经营，加强对它们的监督和管理，取缔它们的投机违法行为，对它们采取利用、限制和改造的政策。

成都会议是"大跃进"运动史上继南宁会议后的又一次重要会议。会议对反冒进作了进一步的批评，并且将冒进与反冒进的分歧上升到了马克思主义与非马克思主义的高度，这就使得任何人都不得再对冒进提出异议，不得再提反冒进一事，也就使得本来已经够高的工农业生产指标一再加码，超英赶美的时间一再缩短，急于求成的倾向日趋严重。毛泽东认为在社会主义建设存在两条路线，一条是受右倾保守思想束缚的"冷冷清清、慢慢吞吞"路线，另一条是敢想敢说敢干的"轰轰烈烈、干劲十足"路线，并在会议过程中初步形成了"鼓足干劲，力争上游，多、快、好、省"的社会主义建设总路线。这条总路线一方面反映全党和全国人民要求改变中国落后面貌的迫切愿望，也体现了毛泽东希望在尽可能短的时间把中国建成一个强大的社会主义国家的雄心壮志，其出发点无疑是好的，但由于这条总路线是在反冒进、不满所谓低速度的背景下形成的，表面上看，"多、快、好、省"兼顾到了速度与质量的统一，实际上它的核心是强调多与快，强调冒进即跃进，也就是高速度，结果使高速度变成了总路线的同义语。随着成都会议的召开和会议精神的传达，"大跃进"运动进一步被发动起来。

二、中共八大二次会议

（一）通过多快好省总路线

在中国共产党的历史上，一届全国代表大会召开两次，唯有八大。1956 年 9 月，八大召开第一次会议，这也是通常所说的八大。按照八大一次会议通过的党章规定，党的每届全国代表大会每年召开一次，即将党代会改为常任制。八大二次会议就是这种性质的会议，这是党的全国代表大会实行常任制的一个重要尝试。不过，党代会的常任制并没有坚持下来，此后再也没有举行过类似的会议。八大二次会议对于中国历史的影响，其实并不在这里，而在于它是一次全面发动"大跃进"的党代会。

这次会议是 1958 年 5 月 5 日至 5 月 23 日在北京召开的。在此之前，经过 1958 年 1 月的南宁会议和同年 3 月的成都会议对于反冒进的批评，毛泽东关于高速度发展战略的一系列思想和主张，已逐渐为党的领导层所接受，工农业生产的各种高指标已经提出，"大跃进"实际上已经启动。但是，就全党和全国而言，"大跃进"的发动还是初步的，党内党外对"大跃进"的认识也不完全一致，作为"大跃进"指导思想的社会主义建设总路线虽然在成都会议已经提出，但用毛泽东的话来说还"尚待完备"，"不可以说已经最后形成了"。因此，为了统一全党的思想，通过社会主义建设总路线使之成为全党的指导思想，全面发动"大跃进"，中共中央和毛泽东决定召开八大二次会议。

5 月 20 日，毛泽东在大会的讲话中，对为何要召开这次大会，曾作了这样的解释："为什么要开这个会？我看我们这个常任制是搞对了。过去没有每年开一次代表大会制度，现在每年开一次极好。我们这个会有南宁会议、成都会议的准备，有去年冬天、今年春天水利、积肥、'大跃进'的事实出现，这个会就好开了。水利、积肥、大跃进，工业大、中、小同时并举，什么都并举，什么都出来了，都明朗了，这个会就好开了。如果不开这样的会，你这样想，他那样想，每个人想法不同，水平不同，事情就不好办，采取比较合理的意见，搞个决议，意见一致，全国人民就有了方向。"① 这段话，实际上已经把为什么要召开八大二次会议的原因，说得很明白了。

八大二次会议的主要内容，是讨论、通过刘少奇所作的《中央委员会向第八届全国代表大会第二次会议的工作报告》（简称《工作报告》）、邓小平所作的《关于各国共产党和工人党的莫斯科会议的报告》，听取谭震林所作的《关于〈1956 年到 1967 年全国农业发展纲要（第二次修正案）〉的说明》，增选中央委员会候补委员。会上，毛泽东多次作了讲话，117 人作了大会发言，145 人作了书面发言。"代表们讨论了党的社会主义建设总路线的形成过程中的历史教训，指出了正确的思想方法的巨大意义"；"在发言中，代表们从多方面讨论了怎样贯彻执行多快好省地建设社会主义总路线的问题，并广泛地交换了关于工农业生产和其他建设事业中的经验"。② 可以说，这是一次全面发动"大跃进"的动员大会。

5 月 5 日上午，大会举行预备会议，通过了大会的日程和主席团成员名单，并组成华北、东北、西北、西南、中南、华东、

---

① 李锐：《"大跃进"亲历记》，上海远东出版社 1996 年版，第 359—360 页。

② 《"八大"二次会议号召向技术革命和文化革命进军　社会主义建设的总路线制定了》，《人民日报》1958 年 5 月 25 日。

中直、军队等八个代表团。下午大会召开第一次会议，执行主席是毛泽东、刘少奇、周恩来、朱德、陈云、邓小平等。会上，刘少奇代表中央委员会作工作报告，邓小平作关于各国共产党和工人党莫斯科会议的报告。

刘少奇报告最引人注目的地方，就是全面阐述了鼓足干劲、力争上游、多快好省建设社会主义的总路线，这也是八大二次会议取得的最重要成果，正如大会闭幕后《人民日报》发表的题为《把总路线的红旗插遍全国》的社论所言："这次大会的重大历史意义在于确定了鼓足干劲、力争上游、多快好省地建设社会主义的总路线。"①

社会主义建设总路线是在成都会议上形成的。在会议讨论的准备提交八大二次会议的《报告草稿》中，原本有"我们今后的任务是要为技术革命和文化革命而奋斗"的提法，时任中共中央宣传部副部长、毛泽东秘书的陈伯达将这一句话修改为："我们今后的任务，是要贯彻执行党中央和毛泽东同志提出的多快好省地建设社会主义、鼓起干劲、力争上游的总路线，为技术革命和文化革命而奋斗。"毛泽东又将这段话修改为："我们今后的任务，是要贯彻执行党中央和毛泽东同志提出的调动一切积极因素，正确地处理人民内部的矛盾，鼓足干劲、力争上游、多快好省地建设社会主义的总路线，为技术革命和文化革命而奋斗。"②

刘少奇在《工作报告》中，首先分析了八大一次会议以来的国际和国内形势，特别是经过反右派斗争和整风运动，焕发出了广大劳动群众"社会主义建设事业中的伟大的革命干劲"，"毛泽东同志提出的十五年赶上和超过英国的口号，鼓足干劲、力争

---

① 《把总路线的红旗插遍全国》，《人民日报》1958年5月29日。

② 薄一波：《若干重大决策与事件的回顾》下卷，中共中央党校出版社1993年版，第663—664页。

上游、多快好省地建设社会主义的口号，要当促进派、不要当促退派的口号，勤俭建国、勤俭持家的口号，苦战三年、争取大部分地区的面貌基本改观的口号，所有这些号召，迅速地被几亿人口组成的劳动大军所掌握，成为极其伟大的物质力量。在劳动中，在工作中，出现了高度的社会主义积极性，势如破竹的锐气，不达目的不止的学习和钻研的精神，无所畏惧的创造精神"。

报告总结了1958年春天全面"大跃进"以来所取得的成绩，如1月到4月的工业总产值，比1957年同期增长了26%；基本建设也已经形成了高潮，在1958年施工的限额以上的工程，将近1000项，比第一个五年计划期间开工建设的全部限额以上项目还多；由于各地进行了大规模的工业基本建设，1958年地方工业的产量将大大提高；从1957年10月到1958年4月，全国扩大了灌溉面积3.5亿亩，比新中国成立以后八年内增加的灌溉面积总和还多8000万亩，比新中国成立以前几千年间所达到的灌溉总面积还多1.2亿亩；在同一期间，全国农民积肥约3100亿担（包括各种肥料，主要是土肥和泥肥），平均每亩可施肥1.8万多斤，按肥效计算比积肥成绩很好的1956年还多两倍以上；等等。报告在总结这些成就后指出："社会生产力的发展要求社会主义革命，要求人们精神的解放；社会主义革命的胜利和人们精神的解放，又推动社会生产力的跃进；这种生产力的跃进，又继续刺激社会主义生产关系的改进和人们思想的前进。人们在不断地改造自然界的斗争中，不断地改造社会和改造人们自己。"

报告接着回顾了社会主义建设总路线的形成和发展过程，对总路线作了系统的论述，并对其基本点作了阐释。

报告指出："党中央认为，鼓足干劲、力争上游、多快好省地建设社会主义的总路线的基本点是：调动一切积极因素，正确处理人民内部矛盾；巩固和发展社会主义的全民所有制和集体所有制，巩固无产阶级专政和无产阶级的国际团结；在继续完成经济战线、政治战线和思想战线上的社会主义革命的同时，逐步实现技术革命和文化革命；在重工业优先发展的条件下，工业和农业同时并举；在集中领导、全面规划、分工协作的条件下，中央工业和地方工业同时并举，大型企业和中小型企业同时并举；通过这些，尽快地把我国建成为一个具有现代工业、现代农业和现代科学文化的伟大的社会主义国家。"①

报告详细地论述了根据这条总路线党和全国人民在技术革命和文化革命方面的主要任务。其中技术革命方面的任务是：把包括农业和手工业在内的全国经济有计划有步骤地转到新的技术基础上，转到现代化大生产的技术基础上，使一切能够使用机器的劳动都使用机器，实现全国城市和农村的电气化；使全国的大中城市都成为工业城市，并在那些条件具备的地方逐步建立新的工业基地，使全国的县城和很多乡镇都能有自己的工业，使全国各省、自治区以至大多数专区和县的工业产值都超过农业产值；在全国范围内建立一个以现代工具为主的四通八达的运输网和邮电网。在尽可能地采用世界上最新的技术成就的同时，在全国的城市和农村中广泛地开展改良工具和革新技术的群众运动，使机械操作、半机械操作和必要的手工劳动适当地结合起来。

文化革命主要任务是：扫除文盲，普及小学教育，逐步地做到一般的乡都有中等学校，一般的专区和许多的县都有高等学校和科学研究机关；完成少数民族文字的创制和改革，积极地进行汉字的改革；消灭"四害"，讲究卫生，提倡体育，消灭主要疾病，破除迷信，移风易俗，振奋民族精神；开展群众的文化娱乐活动，发展社会主义的文学艺术；培养新知识分子；改造旧知识分子，建立成一支千万人的工人阶级的知识分子队伍，其中包括

---

① 《中国共产党中央委员会向第八届全国代表大会第二次会议的工作报告》，《人民日报》1958年5月27日。

技术干部的队伍（这是数量最大的），教授、教员、科学家、新闻记者、文学家、艺术家和马克思主义理论家的队伍。

报告认为，积极实现党的社会主义建设的总路线，积极实现技术革命和文化革命，将使中国的社会生产力大大地发展起来，将要大大地提高中国的劳动生产率，使中国工业在十五年或者更短的时间内，在钢铁和其他主要工业产品的产量方面赶上和超过英国；使中国农业在提前实现全国农业发展纲要的基础上，迅速地超过资本主义国家；使中国科学和技术在实现"十二年科学发展规划"的基础上，尽快地赶上世界上最先进的水平。

在大会的讲话中，毛泽东曾对总路线作了解释。他在5月23日的讲话中，特地讲到了为什么要提"鼓足干劲，力争上游"的问题。他说："鼓足干劲，力争上游"，这个提法很好，是新鲜的提法，反映了人民的干劲。干劲用"鼓足"二字比较好，比"鼓起"好，真理有量的问题。因为干劲早就鼓起来了，问题是足不足，至少要有六七分，最好八九分，十分才足了。干劲各有不同，所以用"鼓足"二字比较好。"鼓足干劲"是个新话。"力争上游"从前也有，不是新话，现在有新意。什么叫力争上游呢？从国内来说，无非就是争"四、五、八"（指《一九五六年到一九六七年全国农业发展纲要》要求的1967年粮食每亩的平均产量，在黄河、秦岭、白龙江以北达到400斤，黄河以南、淮河以北地区到达500斤，淮河、秦岭、白龙江以南地区达到800斤），争千斤亩，争两千斤亩。鞍山出钢，不增加投资，争出钢的炉数，还要提高质量。四十条现在不要十二年了，有的省在有的项目上三年就可以实现了；有的省说可以一年实现，对外宣传要说两年实现，争取一年实现，留有余地；有些项目今年可以做到，有些明年可以做到，有些第三年可以做到，大体上五年差不多。一年抓四次，检查四次，每年下去四个月。用这样的领导方法，可能在五年内实现四十条，这不是上游吗？不是多快吗？但还要好省。

毛泽东还对总路线中为何没有主词作了解释。他说："鼓足干劲、力争上游、多快好省"，外国人看了可能不大懂，没有个主词，鼓什么人的干劲呢？本来考虑加上一句"调动一切积极因素"作为主词。其实不加主词也可以，世界上怪事多得很，就是不要主词，6亿人民就是主词，干劲就是6亿人民的干劲。

对于八大通过的社会主义建设总路线，1981年十一届六中全会通过的《关于建国以来党的若干历史问题的决议》中已经作出了客观公正的评价。决议指出："1958年，党的八大二次会议通过的社会主义建设总路线及其基本点，其正确的一面是反映了广大人民群众迫切要求改变我国经济文化落后状况的普遍愿望，其缺点是忽视了客观的经济规律"。

如果单从字面上理解，这条总路线的内容无疑是正确的，以"鼓足干劲、力争上游"的精神状态去建设社会主义，把中国早日建设成为一个社会主义现代化强国，并没有什么不对。中国原本是一个经济文化都很落后的半殖民地半封建国家，正因为经济文化的落后，才导致了近代以来屡遭列强各国的侵略；而帝国主义的侵略，又加剧了中国的贫穷落后。新中国成立后，中国人民政治上翻了身，建立了先进的社会制度，但经济文化落后的状况并没有从根本上改变，从党的领袖到普通群众都急切的希望中国早日繁荣富强。这也是总路线之所以能够制定并在当时为人们所广泛拥护的原因所在。不但如此，这条总路线从表面上看，多快好省的经济建设方针，把数量与质量、速度与效益都包含进去了，既强调多与快，又要求好与省。如果经济建设中做到了又多又快又好又省的辩证统一，既有高速度，又有高效益，既有数量，又有质量，当然很好。然而，对于这条总路线所产生的实际作用和历史影响，恰恰不能从字面上去理解和把握。

这条总路线是在1957年下半以来，毛泽东对1956年的反冒进的不断批评中提出和确立的。1956 年由周恩来、陈云等主持的反冒进，以及八大一次会议确定的既反保守又反冒进、在综合平衡中稳步前进的经济建设方针，本来是正确的。但是，自 1953 年过渡时期总路线提出，特别是 1955 年在农业合作化运动中开展对所谓"小脚女人走路"的批评后，毛泽东在社会主义建设问题上急于求成的思想便不断流露出来。他本来就不赞成反冒进，只是由于当时国际共产主义运动内部发生了波匈事件，接着国内又开展了反右派斗争，他的主要精力放到了这两件事的处理上，对反冒进采取了容忍和默许的态度。波匈事件平息和反右派斗争结束后，一方面他将注意力放到了经济建设上，再次提出要把工作重心转移到经济建设（即技术革命和文化革命）上来。但是另一方面，此时他却把右派的进攻与反冒进联系起来，加之 1957 年经济建设的速度有所降低，出现了他所说的"马鞍形"，这使他坚信，反冒进是错误的，搞建设就是要有超常规的高速度，就是要有冒进。因此，这条总路线的形成与提出的过程，既是不断批判反冒进的过程，也是急于求成的思想升温发热的过程。

（二）"速度是总路线的灵魂"

多快好省是社会主义建设总路线的核心。多快与好省是对立统一的，没有好和省的多与快，既没有意义，也不能持久。如果把它们真正有机地统一起来，真正做到又多又快又好又省，自然是一种理想的状态。但是，当时尽管将这四点并列，表面上看四个方面都兼顾到了，但实际上重心是多与快，即高速度。

刘少奇在《工作报告》中就专门讲到了速度的问题。报告说："建设速度的问题，是社会主义革命胜利后摆在我们面前的最重要的问题。我们的革命就是为了最迅速地发展社会生产力。我国经济本来很落后，我国的外部还有帝国主义，只有尽可能地加快建设，才能尽快地巩固我们的社会主义国家，提高人民的生活水平。在我国这样一个六亿多人口的大国中,尽快地完成社会主义建设事业,又必将大大增强以苏联为首的整个社会主义阵营的优势,有利于社会主义阵营各国的互助合作,有利于世界上一切和平力量的互助合作,有利于世界和平的保障。"

报告还对反对高速度的意见作了驳斥,认为"六亿多人长期处在贫穷和缺少文化的状况下,用很大的努力才能勉强维持很低的生活水平,不能有效地抵抗自然灾害,不能迅速地制止可能的外来侵略,完全处于不能掌握自己命运的被动地位,那才是一种可怕的紧张局面。为了摆脱那种局面,几万万人鼓起干劲,满怀信心地投入热烈的劳动和斗争中,这是我们应当双手欢迎的一种革命的常规"。总之,"那些反对提高建设速度、反对多快好省这个方针的批评,都是站不住脚的。"[①]

从一般意义上讲,这也是对的。但问题在于,此时提出的建设速度,是脱离实际的高速度,而在宣传阐释总路线时,又只注重多和快,也就是速度和数量,忽视效益和质量。

在八大二次会议上,毛泽东特地谈到了高速度的问题。他在5月17日的讲话中说:我们的口号是多些、快些、好些、省些。这是不是高明些呢? 我看我们的口号是高明些,应当高明一些。因为是先生教出来的学生,学生应当比先生强。后来者居上嘛! 我看我们的共产主义,可能比苏联提前到来。苏联二十年加上半年是1800万吨钢。1917年是400万工人。1913年是400万吨。所谓二十年加半年,是从1912年到1941年6月苏德战争爆发时,搞到1800万吨钢,除去底子400万吨,净搞1400万吨。就拿这些钢打败了希特勒。我们不用这些年,因为有苏联的帮助,有6亿多人口,又从苏联学来了经验。他们四十年的经验就是我们的

---

① 《中国共产党中央委员会向第八届全国代表大会第二次会议的工作报告》,《人民日报》1958年5月27日。

经验，他们走对的我们继续走，不对的我们就不走了。我现在对几千万吨兴趣不大。到 1962 年，我们的钢有的说是 3000 万吨，有的说是 3500 万吨，有的说是 4000 万吨，这是八年加五年共十三年时间。底子不是 400 万吨，而是 90 万吨，主要是日本人搞的，其次是蒋介石搞的。蒋委员长这位老先生真不高明，几十年只搞了 4 万吨，还有清朝张之洞的老底子。国民党不亡，是无天理。

在大会的讲话中，毛泽东还几次讲到超英赶美的问题。5 月 8 日，毛泽东在大会第一次讲话中说：我看，大概只要十几年功夫，我们的国家就可以变成工业国。对于这类事情首先要藐视它，然后在具体做的时候要重视它。我看只要十五年就可以赶上或者超过英国，并且还要赶上美国。美国算不算数？也算数，也不算。美国有点工业、科学，因此第一是算数；第二不算数，也能赶上和超过的。现在你厉害，过几年我们赶上了，就比你厉害。争取十五年，打个保险系数多一点时间，二十年是办得到的。今天《人民日报》上登的，"让高山低头，河水让路"，我看这个话很好：高山嘛，我们要你低头，你还敢不低头；河水嘛，我们要你让路，你还敢不让路。这样说是不是狂妄呢？不是，我们不是狂人，是实事求是的马列主义者、革命者。我们主张俄国的革命热情与美国的求实精神统一起来。

在 20 日的讲话中，毛泽东说，"大跃进"与一般不同，七年赶过英国，再加上八年赶上美国，这是突变。这不是突然来的，是逐渐来的，要有七年，再加八年。工作一年要抓四次，一年三百六十天，这都是量变，其中也有许多小小的质变。如煤，不要七年，两三年就可以赶过英国。在这一点上来说，突变比量变好。但没有量变，就不会有突变。没有量变不行，否定量变，没有根据地去搞突变，是冒险主义，在政治上要犯错误。平衡是由不平衡来的，平衡中就有不平衡，没有不平衡就没有平衡。平衡的破坏是跃进，平衡的破坏优于平衡，因不平衡而大伤脑筋是好事。他还风趣地说，政治和技术结婚就产生了社会主义，他俩结婚就会生儿子，就产生了七年超英国、再八年超美国这两个儿子。第一个叫超英，第二个叫超美。

在 5 月 23 日的讲话中，毛泽东又说：从国外来说，同外国比较，争取七年超过英国，十五年超过美国，报纸上还是宣传十五年超过英国。这次大会对这个提法有些修改，把"十五年或者更多一些时间"改成为"十五年或者更短一些时间内超过英国"。这里打了很大的保险系数，实际上七年就可以赶上了，有些项目还不要七年，比如煤炭两三年就可以赶上了。上海和别的地方有些品种已经超过了。

大会期间，一些部委向中共中央提交了本部门与行业的"大跃进"报告或计划。

中共交通部党组在题为《全党全民办交通，水陆空运大跃进》的报告中提出：在第二个五年计划期间，水上货运的增长速度平均为 25%，到 1962 年，货运量达到 4.7 亿吨，1267 亿吨公里，比 1957 年各增长 2 倍。水运比重将由 1957 年的 22.6% 提高到 24.6% 强。五年内增加轮船航道 3 万公里，到 1962 年共有通航里程约为 16 万公里，其中轮船通航道达 6.8 万公里。增建江海轮驳船 170 万吨左右（其中包括远洋船舶 40 万吨），1962 年全国轮驳船将达到 300 万吨左右。第二个五年计划期间，新建公路 30 万到 50 万公里（其中常年通车里程约增 10 万公里左右）；预计 1962 年公路通车里程将达到 50 万到 70 万公里。在第二个五年计划期间，将增置公用汽车 15 万到 20 万辆（不包括运输合作社以公积金购进的车辆）。预计到 1962 年，公路货运量将达到 13.6 亿吨，210 亿吨公里，比 1957 年各增长 2 倍多；客运量将达到 13 亿人次，400 亿人公里，比 1957 年各增长 4 倍左右。

中共纺织部党组在题为《在五年内纺织工业主要产品超过英

国赶上美国》的报告中说：在鼓足干劲、力争上游的思想基础上，我们拟出了一个规模宏伟的第二个五年计划纺织工业发展规划。这个规划，是在农业"大跃进"的基础上制订的。1962年纺织工业生产的初步规划为：棉纱1200万件，棉布3.6亿匹（127亿米）；毛织品1.3亿米；麻袋2.5亿条；人造纤维15万吨；蚕丝3.35万吨。这些指标比八大的建议数字都提高很多。第二个五年计划期间，纺织工业产值每年递增23%。1962年棉纱和棉布的产量将要超过现在世界上产量最高的美国；至于英国那就远远地被抛在我们的后面了。我国麻、丝工业的产量，现在已经超过英国和美国；毛纺和化学纤维的产量估计在七年的时间内可以赶上英国。到1962年，全国人口平均2个人就有1匹布，将比现在18市尺提高3倍。加上品种增多和质量花色的改进，就可以做到"春夏秋冬，衣服齐备，男女老少，花样翻新"了。到那时候，全国人口每人平均约有一套毛绒衣，城市的青壮年每人平均有一套料子衣服，城乡人民都有做客的外衣和节日的盛装，在布匹门市部不但可以看到各色各样的棉布、绸缎、呢绒、麻布，还可看到各种棉、毛、麻、丝与人造纤维的混纺交织品，真是"五光十色，美不胜收"。

中共化学工业部党组在报告中说，最近从发展速度方面研究了我国化学工业的生产水平能不能在十五年内赶上美国的问题。研究的结果是：只要坚决贯彻执行党的鼓足干劲，力争上游，多快好省地建设社会主义的总路线，充分地综合利用我国丰富的资源，彻底地走群众路线，几种主要化工产品的产量，是完全能够在十五年内赶上和超过美国的。报告列举了化学肥料工业、酸碱工业、有机合成化学工业、橡胶工业、医药工业十五年内赶上和超过美国的具体数据。以化学肥料工业为例，报告说，美国1957年生产化学肥料2800万吨，1952年至1957年的五年间平均发展速度为7.8%，今后每年的发展速度假定以5%推算（事实上难

于达到），到 1962 年化学肥料的产量可能达到 3580 万吨。我国
1957 年生产化学肥料 80 万吨，1962 年计划生产 3000 万吨（第二
本账），第二个五年计划期间每年平均发展速度为 106%，预计实
际执行的结果可能还会大大超过，可能达到 4000 万吨。如果
1962 年化肥产量达到 3000 万吨，那么在第三、第四个五年计划
期间只要以每年 12.8% 的速度发展，就可以在 1972 年使化学肥
料的产量达到 1 亿吨，这样就远远超过美国了。

负责计划工作的国务院副总理李富春，在大会作了题为《赶
上英国，再赶上美国，第二个五年是关键》的书面发言，指出：
只要争取完成和超额完成上述初步设想的第二个五年计划的第二
本账，我国就完全有可能在 1962 年或更多一点时间内，在钢铁
和其他主要工业产品产量方面赶上或超过英国；在赶上英国的基
础上，经过进一步的努力，就可能在 1972 年或再多一点时间内，
在钢铁和其他主要工业产品产量方面赶上美国。因此，第二个五
年是赶上英国和赶上美国的关键。发言进而认为，不要十五年，
甚至不要十年，只要七八年的时间，就可以在钢铁和其他主要工
业产品产量方面，赶上或超过英国；不要二十五年，只要十五年
或者再多一点的时间就可能赶上美国。这样，过去资本主义国家
花费了一二百年时间所达到的工业水平，就可能用二十年左右的
时间来赶上它们。至于农业，只要在五年到七年内实现农业发展
纲要，逐步实现农业的化学化、机械化和电气化，那我们的农业
发展，就可把一切资本主义国家远远地抛在后面。

会议期间，中共中央批转了中共国家经委党组新提出的关于
1958 年第二本账的报告。报告认为，自从 1957 年三中全会恢复
了多快好省、四十条和促进会以后，又经过南宁会议后反对了
"反冒进"，再加上 1957 年以来直到现在的整风、反右派斗争，
群众的革命干劲的确是鼓起来了，1958 年第一季的生产运动证
明，不仅在农业战线上，而且在工业战线上都出现了新的高潮。

1958 年的确是一个非常的年份，群众革命建设的威力究有多大，我们还估不透，但很大很大是肯定了的。1958 年度国民经济计划的第二本账，自向成都会议作了报告以后，又有了一些新的变化。

报告提出了具体的调整指标：粮食总产量由 4316 亿斤提高到 4397 亿斤；棉花由 4093 万担提高到 4463 万担；猪由 19515 万头提高到 22681 万头；农业和农副业总产值就由 754 亿元提高到 793 亿元，比 1957 年增长的速度，由 16% 提高到 21%。工业生产指标，原煤的产量由 16737 万吨提高到 18052 万吨；生铁由 800 万吨提高到 835 万吨；钢由 700 万吨提高到 711 万吨；木材由 3095 立方米提高到 3165 立方米；金属切削机床由 5 万台提高到 6 万台；发电机由 77 万千瓦提高到 98 万千瓦；电动机由 340 万千瓦提高到 400 万千瓦；变压器由 700 万千伏安提高到 850 万千伏安；排灌机械由 270 万马力提高到 300 万马力。这样，工业和手工业总产值就由 904 亿元提高到 915 亿元，比 1957 年增长的速度，由 33% 提高到 34%。

这本是一些根本实现不了的高指标，但八大二次会议后却成为全国人民奋斗目标，成为"大跃进"的中心内容。

有的大会的发言或一些部门给中共中央的报告中，还谈到了科学文化教育体育等"大跃进"的问题。

中宣部部长陆定一说，据各省市的汇报，扫盲工作在五个省可以一年完成（当时黑龙江已经基本上扫除了青壮年文盲），全国范围三年可以基本完成，边疆地区（西藏除外）最迟的七年可以完成。普及小学，十二个省市一年完成（当时江苏、福建、河南、黑龙江、江西五个省已经完成），全国三年基本完成，边疆地区最迟的七年完成。

卫生部副部长徐运北说，目前除"四害"和消灭血吸虫病的工作已经取得很大的成绩，完全有可能在全国范围内五年基本消灭"四害"。争取三年之内全国基本消灭血吸虫病、疟疾和钩虫病，五年之内基本消灭丝虫病，一年之内消灭人间鼠疫，两年之内消灭黑热病、天花和新生儿破伤风，五年到七年消灭性病。其他如肺结核、麻风、麻疹、赤痢、伤寒、流行性乙型脑炎、白喉、脊髓灰质炎、沙眼、甲状腺肿大、大骨节病、克山病等也要采取积极防治措施，要使这些疾病的发病率逐年有明显下降。

国家体委在《体育运动十年发展纲要（草案）》的报告中说，为了使体育事业更好地为社会主义事业服务，增进人民健康，增强人民体质，必须大力开展大型群众性的体育运动，并在体育运动广泛开展的基础上，提高运动技术水平，争取十年左右，在主要运动项目上，赶上世界先进水平。要求篮球、排球、足球、乒乓球、田径、体操、举重、游泳、滑冰、射击、自行车、羽毛球、划船等项目，在十年左右达到世界前六名的水平，争取其中的若干项目获得世界冠军和创造世界纪录。要求十年内全国有4000万人通过劳卫制，800万人达到等级运动员水平，其中运动健将5000人。

中国科学院北京地区自然科学各研究单位及院本部各工作单位全体工作人员，在大会期间给大会主席团并毛泽东写一份题为《向党的八届全国代表大会第二次会议报告我们的工作跃进计划》，提出了24项跃进目标，如大力开展防治病虫害的研究工作，要在三年内提出基本扑灭稻瘟病、小麦锈病、棉花黄萎病和枯萎病、马铃薯晚疫病和退化病、油菜和烟草的花叶病、苹果腐烂病以及水稻螟虫和稻田其他病虫的防治措施；六年以内培育出适合华北地区栽培的抗锈、抗倒伏、丰产冬小麦新品种；赶制新型的离子交换树脂，利用其为海水脱盐，变成淡水，解决沿海城市水源困难，同时摄取海水中含有的宝贵的矿物资源；等等。

（三）"插红旗、拔白旗"

八大二次会议对反冒进的再次批评和强调"插红旗、拔白旗"，为进一步启动"大跃进"扫清了思想障碍。

如果说，南宁会议和成都会议毛泽东对反冒进还只是小范围的批评，那么，八大二次会议就把这种批评向全党和全社会公开了。刘少奇代表中共中央所作的《工作报告》专门讲到了反冒进的问题。报告说："在一九五六年的跃进中也曾出现了一些个别的缺点，主要是由于多招收了一部分新职工，某些人员的工资增加得不适当，一度造成了市场供应情况的某些紧张。这些缺点，比之当时所取得的巨大成就，本来是很小的，经过全国人民在党的号召下进行了几个月的增产节约运动，问题就解决了。但是当时有一些同志不适当地夸大了这些缺点，对于当时所取得的伟大成绩却估计不足，因而认为一九五六年的跃进是一种'冒进'。在反对所谓'冒进'的这种空气下面，多快好省的方针，农业发展纲要四十条，竟然受到了某些人的怀疑。其结果是损害了群众的积极性，影响了一九五七年生产建设战线上特别是农业战线上的进展。但是不久，党就纠正了这个错误。""曾经对多快好省地建设社会主义的方针表示怀疑的同志，许多人已经从这样一次反复中得到了教训；有些人却还没有得到教训，他们说：'到秋后再同你们算账。'让他们等着算账吧，他们总是要输的。""一个马鞍形，两头高，中间低。一九五六年——一九五七年——一九五八年，在生产战线上所表现出来的高潮——低潮——更大的高潮，亦即跃进——保守——大跃进，不是大家都看得很清楚了吗？"①

---

① 《中国共产党中央委员会向第八届全国代表大会第二次会议的工作报告》，《人民日报》1958 年 5 月 27 日。

虽然毛泽东在成都会议上就说过，反冒进的问题以后不要再提了，但在这次大会上，他还是讲到了反冒进的问题。

毛泽东在 5 月 17 日的发言中说：中国革命始终是农民同盟军问题。工人阶级如没有农民作为同盟军，就不能得到胜利解放。新中国成立前只有 400 万产业工人，现在有 1200 万，增加了两倍，连家属在内也不过 4000 万人左右。而农民则有 5 亿多。所以中国问题，始终是农民同盟军问题。有些同志在这个问题上不是很清楚，甚至在农村混了几十年还不清楚。1956 年为什么犯反冒进的错误，主要原因就在这里，不懂农民的思想感情，也就没有根，风浪一来，就容易动摇。1955 年出了一本书叫做《中国农村的社会主义高潮》，举出一百几十个合作社的例子，除了西藏，各省都有。每个省部有许多合作社增了产，一百多个社增了产，一增就是一倍、几倍，你还不相信农业四十条能实现吗？我看是能够实现的。可是 1956 年到 1957 年这两年中间，不相信的人相当多，所谓观潮派相当多，从中央到省、专、县、乡、社各级都有那种人，他们不去找积极因素，专去找消极因素。经过整风、反右派，干部参加劳动，工人参加部分管理工作，城市政治空气也变了。那些"农村没有希望""农业悲观论""四十条不能实现"等等，可以说一扫而光了。但是，仍有一些"观潮派""秋后算账派"，这部分人没有扫光，所以要做好工作。

在这种情况下，1956 年主持反冒进工作的周恩来、陈云、薄一波和李先念等领导人，不得不在大会的发言中公开检讨反冒进的"错误"。八大二次会议虽然并没有对反冒进的问题作出什么决议，但当时主持反冒进的领导同志违心且上纲上线的自我批评和检讨，实际上为反冒进定了性：反冒进等于右倾保守，是严重的错误，是违背马克思主义的，给经济工作带来了相当大的损失。相反，冒进就是跃进，冒进是马克思主义的，搞社会主义建设就是要大冒进也就是要"大跃进"，冒进等于跃进等于马克思主义，反冒进等于右倾保守等于反马克思主义的公式也就形成了。因此，只能反右倾保守，不能反冒进。这样，八大一次会议确定的既反保守、又反冒进，在综合平衡中稳步前进的经济建设方针，实际上被只反保守、不反冒进的"大跃进"所取代。

那么，如何把"大跃进"进一步发动起来，彻底扫除右倾保守和反冒进的影响，办法是"插红旗、拔白旗"。毛泽东在5月8日的讲话中说：我们要学列宁，要敢于插红旗，敢于标新立异。一个合作社、一个生产队，就有一面旗帜。无产阶级不插红旗，资产阶级就一定会插"白旗"；与其让资产阶级插，不如无产阶级插。不要留空白点。资产阶级的旗子，我们要拔掉它，要敢插敢拔。

5月20日的讲话中，毛泽东又专门讲到了"插红旗，辨风向"的问题。他说：凡是有人的地方都要插旗子，不是红旗，就是白旗，或者是灰色的旗子；不是无产阶级插红旗，就是资产阶级插白旗。现在有少数落后的合作社、工厂、机关、学校，它们那里不是红旗，而是白旗或是灰旗。我们应当到落后的地方走一走，发动群众，贴大字报，把红旗插起来。在23日的讲话中，他再次讲到了"插红旗、拔白旗"的问题，说每一个生产队都要插一面旗子，看到没有旗子的地方就去插旗子，看到白旗，把它拔下来，插上红旗。灰旗也不行，也要拔下来，他不肯拔，就通过辩论，把它拔下来，插上红旗。毛泽东在讲话中虽然没有指明红旗和"白旗"是什么，但八大二次会议结束时《人民日报》发表了题为《把总路线的红旗插遍全国》的社论，实际上把什么是红旗说得很明白了。

红旗就是总路线，也就是搞"大跃进"，就是多快好省；"白旗"者，乃与总路线、"大跃进"相抵触的思想观点及人与事，就是所谓的"观潮派""秋后算账派"。红旗与"白旗"的区分，就在于要不要鼓足干劲、力争上游，要不要、能不能把事情办得快些好些。凡是不赞成或反对"大跃进"者，就是插的"白旗"，就应当拔掉。拔"白旗"也就是对反对或消极对待总路线、"大跃进"者采取组织措施。拔旗的方法，就是当时流行的大鸣、大放、大字报和大辩论（即"四大"）。八大二次会议后，全国开展了大规模的拔白旗运动，一些对"大跃进"有抵触情绪的干部群众被当作"白旗"而遭批判。所以插红旗、拔白旗的过程，也就是进一步发动"大跃进"的过程。

"破除迷信"是八大二次会议的又一重要话题。刘少奇所作的《工作报告》中，有这样一段话："我们现在正经历着我国历史上伟大的飞跃发展的时代。我们的党，我们的国家，现在需要大批敢想敢说敢做的人，敢于破除迷信、革新创造的人，敢于坚持真理、为真理冲锋陷阵、树立先进和革命旗帜的人，依靠这样的人，我们才能够领导全国人民跃进再跃进，多快好省地完成伟大的社会主义建设事业。"报告充满信心地说："我们的六亿多人口在革命觉悟高涨和革命斗争胜利的速度方面，已经远远地超过了西方最发达的资本主义国家，而在经济文化发展的速度方面，也必然远远地超过它们。在历史上，永远是后来者居上，永远是暂时显得弱小的、代表进步方面的、趋向死亡的事物。我们必然在很短的历史时期内把世界上所有的资本主义国家远远地抛在我们后面。既然如此，我们难道还不应当相信自己，迅速同那些迷信、恐惧、自卑感等等宣告决裂吗？"①

那么，要决裂和破除的迷信是什么呢，毛泽东在大会的讲话中对此作了解释。他在 5 月 8 日的讲话中，一开始就说要"讲一个破除迷信"的问题。

毛泽东说：我们有些同志有好些怕，其中有的怕大学教授。

---

① 《中国共产党中央委员会向第八届全国代表大会第二次会议的工作报告》，《人民日报》1958 年 5 月 27 日。

整风以后，最近几个月以来慢慢就不那么怕了，或者怕得没有那么样厉害了。是否也怕无产阶级教授？我看有的。譬如说，怕马克思，他住在很高的楼上，要搭上好几层楼梯才能爬得上去。不要怕，因为马克思也是人，他也是两只眼睛，两只手，一个脑子，跟我们差不多。不过他脑子里有一大堆马克思主义。马克思的东西，不一定都要读完，读一部分基本的东西就够了。但我们做的超过了马克思。列宁说的做的，许多地方都超过了马克思，马克思没有做十月革命，列宁做了，所以在实际方面是超过了。马克思那时有那时的条件。他没有做中国这样大的革命。我们的实际也超过了马克思。在实践中就会产生出道理来。马克思革命没有革成，我们革成了。这种革命的实践，反映到意识形态上，就成为理论。

他接着说，不要妄自菲薄，不要看不起自己。中国被帝国主义压迫了一百多年，帝国主义宣传那一套，要服从洋人，服从外国一百多年了，吓怕了，什么都怕。封建主义宣传那一套，要服从孔夫子，总觉得自己不行。这说明在这些看法上，是有迷信思想。讲话中，他还举了二十多个例子，如战国时秦国的甘罗，汉朝的贾谊、项羽、韩信，孔夫子和他的学生颜渊，《西厢记》里的红娘等，说明年轻人胜过老年人，学问少的人可以胜过学问多的人。不要被大学问家、名人、权威所吓。要敢想、敢说、敢做，不要不敢想、不敢说、不敢做，被某些东西所束缚，要从这种束手束脚的状态中解放出来，要发挥人的创造性。

破除迷信、解放思想本身也没有什么不对，既要学习马克思，又要敢于超过马克思，从理论上讲也是正确的，唯有如此，才能在坚持马克思主义中发展马克思主义。但是，八大二次会议却把破除迷信、解放思想同敢想、敢说、敢做等同起来，而且把敢想放在第一位，实际上就是搞不怕做不到，就怕想不到。八大二次会议强调破除迷信，为随后"大跃进"运动中一系列的违背规律、违反科学的举动提供了思想基础。大会之后，各行各业大放"卫星"，粮食亩产几千斤、几万斤甚至十几万斤的报道充斥于报刊，"人有多大胆，地有多大产"成为党中央机关报的通栏标题，"只要我们需要，想生产多少就可以生产多少粮食出来"赫然出现在《人民日报》的社论里，有人在党中央机关刊物《红旗》上专门撰文批驳"粮食增产有限论"，许多荒唐的"发明创造"如公鸡孵小鸡之类变成了"跃进"的成果。其结果是解放思想变成了胡思乱想，破除迷信将科学也破除了。

在大会的发言中，中共河南省长葛县委第一书记介绍了该县深翻土地的经验，说全县 55 万人民，1957 年冬到 1958 年春在全民整风运动的基础上，充满着忘我劳动的精神，在 112 万亩的耕地上，已实现了水利化，积肥 300 亿斤。与此同时，开展了大规模的深翻土地运动，截至 4 月底，全县 33 万亩早秋地已深翻了一遍，深度都在一尺五左右。计划 1958 年把全县 112 万亩耕地来一个大翻身，争取亩产 800 斤。发言还说："深翻土地才更能充分地发挥水利和肥料的增产效能"，"土地只要经过深翻，即可增产百分之几十以至一倍、几倍"。

毛泽东对长葛深翻土地的经验很感兴趣，他在 5 月 17 日的讲话中说，感谢河南省长葛县第一书记的发言。这个发言很好，一年把 112 万亩土地全部深翻一遍，争取亩产 800 斤。这就提出了一个新问题，各县是否都能做到。河南长葛县能做到，别的县难道不行吗？一年不行，两年不行，三年行不行，四年、五年总可以了吧。我看五年总可以。毛泽东在讲话中还详细地介绍了长葛深翻土地的具体办法。

既然深翻土地能大幅度增产，于是，八大二次会议后全国农村掀起了大规模深翻土地的运动。同年 7 月，农业部先在长葛、后在安徽阜阳召开全国深耕农具和改良土壤现场会议，提出从现在起要在全国范围内迅速掀起一个像 1957 年冬到 1958 年春搞水利化劲头一样的深翻和改良土壤运动。要求大干一秋，加上一冬一春，把全国需要深翻和改良的16亿多亩耕地，普遍深耕和改良一遍。一般深度达到一尺五上下，丰产田二三尺以上，并做到分层施肥，使不良土地全部变成良田。这年8月的北戴河会议还专门作出了《中共中央关于深耕和改良土壤的指示》，要求在1958年后两三年内，要把一切可以深耕的土地全部深耕一遍。这样，土地深翻成为农业"大跃进"的重要内容，一些地方把深翻土地变成越深起好，有的甚至达到了一丈多深，结果不但不能增产，还徒劳地耗费了大量的劳动力。

八大二次会议上，毛泽东还讲到了密植的好处，说广东要搞1亩3万墩，每墩3根秧，每秧3根苗，结27万个穗；每穗平均60粒，共有1620万粒；每2万粒1斤，1亩不是810斤吗？北方的麦子、谷子、玉米、高粱、大豆等，都可以算一下。八大二次会议后，报刊上不断有报道宣传密植的好处。受此影响，农业生产中掀起了一股密植风，以至一些地方认为越密越好，出现了一亩土地撒几百斤种子的荒唐事，造成了人力物力的大量浪费。

八大二次会议还强调要全党办工业、全民办工业。刘少奇在报告中专门讲到了为什么中央工业和地方工业、大型企业和中小型企业必须同时并举的问题。他说："发展工业生产既然是全国人民的普遍需要，这就必须执行全党办工业、全民办工业的方针，彻底打破那种认为工业只能由少数人包办的神秘观点。只有中央和地方各级直至合作社一齐动手，并且在大中小企业方面实行分工合作，'众人拾柴火焰高'，事情才能办得又多又快又好又省。"又说："只要全国二十几个省、直辖市和自治区，一百八十多个专区、自治州，二千多个县、自治县，八万多个乡、镇，十万多个手工业合作社，七十多万个农业合作社，都能够在发展工业方面正确地充分地发挥积极性，那末，在一个较短的时期内，各种工厂就会像星罗棋布那样分布在全国各地，而我国工业的发展，当然要比只靠中央管理的若干个大企业快得多。这样，前途必然是：一、加速国家工业化的进程；二、加速农业机械化的进程；三、加速缩小城乡差别的进程。"①

随着八大二次会议的召开和多快好省总路线的宣传贯彻，急于求成追求高速度的倾向更加突出。6月中旬，李富春向中共中央政治局报送了《第二个五年计划要点》，这个要点是国家计委、经委、财政部对各个部向中共中央汇报的经济指标经研究后，并向中央经济小组汇报后形成的。要点提出，1958年工农业"大跃进"已成定局，现在看，以钢铁为主的几种主要工业产品的产量，有可能不用三年就赶上和超过英国，全国农业发展纲要有可能三年基本实现。因此，"第二个五年计划的任务就是：提前完成全国农业发展纲要；建成基本上完整的工业体系，五年超过英国，十年赶上美国；大大推进技术革命和文化革命，为在十年内赶上世界上最先进的科学技术水平打下基础。"这个要点得到了毛泽东的充分肯定，他在批示中写道："很好一个文件，值得认真一读，可以大开眼界。""没有现代化工业化，哪有现代化国防？自力更生为主，争取外援为辅，破除迷信，独立自主地干工业、干农业、干技术革命和文化革命，打倒奴隶思想，埋葬教条主义，认真学习外国好的经验，也一定研究外国的坏经验——引以为戒，这就是我们的路线。"

八大二次会议提出要将党的工作重心，转移到技术革命和文化革命上，这无疑是正确的。会议通过的社会主义总路线，反映了全党和全国人民迅速改变中国落后面貌的强烈愿望，但是，由于将高速度视为总路线的灵魂，使得本已很高的国民经济各项计划指标一再拔高，也就使得国民经济的发展进一步脱离了正常的

① 《中国共产党中央委员会向第八届全国代表大会第二次会议的工作报告》，《人民日报》1958年5月27日。

轨道。这次会议最终完成了"大跃进"的全面动员。自此，"大跃进"运动进入高潮。

三、"以钢为纲"全民大炼钢铁

（一）1070 万吨钢的由来

用 15 年左右的时间，使钢铁和其他主要工业产品产量赶上和超过英国，既是发动"大跃进"的一个响亮口号，也是"大跃进"运动要实现的一个重要目标。应当说，如果遵循基本经济规律，再发挥社会主义制度的优越性，要实现这个目标还是有可能的。然而，随着"大跃进"的发动和人民群众生产热情的高涨，人们的头脑开始不冷静了，赶超英国的时间一再被缩短，1958 年钢铁产量的指标不断被拔高。

1958 年 1 月 24 日，国家经委拟定的 1958 年经济计划（草案）提出，1958 年全国钢产量计划为 624.8 万吨，比 1957 年增长 19.2%。这个计划得到了这年 2 月召开的一届全国人大五次会议的批准。

在 1958 年 3 月中共中央在成都召开的工作会议上，中共国家经委党组报送了《关于 1958 年计划和预算第二本账的意见》，将 1958 年钢产量提高到为 700 万吨，比 1957 年增长 35.5%。会议期间，冶金工业部负责人提出，钢铁工业苦战 3 年，超过"二五"计划指标，到 1962 年达到 1500 万吨到 1700 万吨，是有把握的，2000 万吨是可以争取的，这个设想得到了毛泽东的肯定。4 月 14 日，国家经委汇总各地上报的当年钢铁产量计划指标后，向中共中央报告说，1958 年的钢铁产量有了两本账，第一本账是 624 万吨，第二本账是 711 万吨。这个第二本账与一届全国人大五次会议通过的指标相比，增加 87 万吨，增长 14%。

4 月下旬，毛泽东找中共冶金工业部党组负责人谈话，了解钢铁生产情况。毛泽东在谈话中说，你们不要害怕钢铁生产多了没有地方放。他还风趣地说，可以放到我的院子里嘛！又说，1956 年投资多了一些，工业生产快了一些，就有人害怕，慌慌忙忙出来反冒进。旧的平衡总是要在发展中被打破的，然后，又在新的基础上达到新的平衡，这是马克思主义。反冒进就是不懂这个辩证法。中国这样一个大国现在才生产几万吨钢，太可怜了，工业不发达就要受帝国主义欺负。当时冶金工业部负责人就表示，1958 年的钢产量肯定可能超过 624 万吨，达到 700 万吨，最多可能达到 800 万吨。[①]

在这年 5 月召开的中共八大二次会议上，毛泽东多次讲到超英赶美的问题，并提出了"七年赶上英国，再加八年或者十年赶上美国"的设想。国家经委提交会议讨论的第二个五年计划第二本账提出：1962 年的钢产量指标，第一方案为 2500 万吨，同 1956 年八大一次会议的建议数 1050 万吨至 1200 万吨比较，增加 108% ~ 138%；第二方案 3000 万吨，同八大一次会议的建议数比较，增加 150% ~ 186%。会议期间，冶金工业部提出，1959 年的钢产量达到 1200 万吨以上，1962 年达到 3000 万吨以上，1967 年达到 7000 万吨以上，1972 年达到 1.2 亿吨以上，是完全有把握的。也就是说，5 年可以超过英国，15 年赶上美国。该部负责人在大会的发言中说，钢产量 15 年赶上美国的预计没有什么浪漫主义的成分，这种预计，是地道的现实主义的目标。因为 1962 年达到产钢 3000 万吨的指标，是根据正在建设、将要建设的钢铁厂的具体进度计算出来的，这种计算既没有"凭空估计"的成分，而又比较充分地考虑到可能遇到的一些困难，因而与其

① 参见李锐：《"大跃进"亲历记》（下卷），南方出版社 1999 年版，第 208—209 页。

说它是先进的奋斗目标，倒不如说它还是带有多少保守性质的指标。发言还说，钢产量经过 5 年肯定可以跃进到 3000 万吨，在此基础上再经过 5 年跃进到 7000 万吨，然后又过 5 年跃进到 1.2 亿吨就比较容易了，因此，钢铁工业 15 年赶上美国是一个现实主义的目标。

八大二次会议后，由于超英赶美的时间一再被提前，于是各项计划指标不断被拔高。1958 年 5 月底，中共中央政治局召开会议，决定将当年的钢产量指标由八大二次会议确定的 711 万吨提高为 800 万吨到 850 万吨。这是 1958 年钢产量计划的第三本账。

6 月 7 日，冶金工业部向中共中央报送了《1962 年主要冶金产品生产规划》，其中预计 1958 年钢产量为 820 万吨，1962 年为 6000 万吨。1962 年的新指标比八大二次会议确定的 3000 万吨又翻了一番。

这些材料进一步增加了毛泽东超英赶美的信心。6 月 22 日，他在冶金工业部的报告上亲笔批示道："只要 1962 年达到 6000 万吨钢，超过美国就不难了。必须力争在钢的产量上在 1959 年达到 2500 万吨，首先超过英国。"这样，赶超英国的计划大大提前，由原定的 15 年变成了 2 年。而 1957 年全国的钢产量只有 535 万吨，如果 1959 年要达到 2500 万吨，等于要将近翻五番，1958 年的 820 万吨钢产量指标显然低了。

6 月 12 日，中共国家经委党组向中共中央报告说，地方冶金工业的跃进指标，已经大大超过"二五"计划第二本账。计划 1958 年兴建小高炉 12694 座，大部分年内可投入生产，地方铁产量 1958 年可达 440 万吨，比 1957 年增长 7.9 倍；兴建转炉 220 座，电炉 43 座，地方钢产量 1958 年可达 200 万吨，比 1957 年增长 2.5 倍。根据地方冶金工业的飞跃发展，估计 1959 年全国钢铁产量可以比 1958 年预计完成数翻一番。

6 月 17 日，中共中央政治局在刘少奇的主持下召开会议，听取国务院副总理兼国家经委主任薄一波关于 1958 年计划执行情况和 1959 年设想的汇报。在谈到钢铁生产时，薄一波说，预计 1958 年钢产量将达到 900 万吨，初步安排，1959 年计划为 2000 万吨或 2000 万吨以上。

毛泽东没有参加 6 月 17 日的政治局会议。第二天晚上，他将全体政治局常委及彭真、李富春、李先念、薄一波、廖鲁言、黄克诚、王鹤寿等人找来谈话。谈到钢铁生产时，毛泽东表示赞成提高钢指标。会议经过研究，决定将 1958 年的钢产量的预计完成数改为 1000 万吨，1959 年的钢产量指标改为 2500 万吨。在谈话的过程中，毛泽东对薄一波说：现在农业已经有了办法了，叫做"以粮为纲，全面发展"，你工业怎么办？薄一波回答说：工业就"以钢为纲，带动一切"吧！毛泽东说：对，就按这么办。① 毛泽东还问冶金工业部部长王鹤寿：去年是 530（指 1957 年的钢铁产量为 535 万吨），今年可不可以翻一番？为什么不能翻一番？王鹤寿说：好吧！布置一下看。后来毛泽东说：开始是 600 万吨，第二本账是 700 万吨，第三本账是 800 万吨，争取 900 万吨。我说你索性翻一番，那么拖拖拉拉干什么？王鹤寿同志就很有劲，布置了。② 王鹤寿"布置"的结果，冶金工业部决定 1958 年钢产量比 1957 年翻一番，完成 1070 万吨。这就是这年著名的"为实现一○七○万吨钢而奋斗"口号的最初由来。

这次会议后，薄一波根据毛泽东的指示和会议精神，重新写成了一份《汇报提要》，并于 20 日报送给毛泽东。《汇报提要》提出：1959 年中国国民经济将比今年有一个更大的跃进，经过三

---

① 参见薄一波：《若干重大决策与事件的回顾》下卷，中共中央党校出版社 1993 年版，第 698—699 页。

② 参见中共中央文献研究室编：《毛泽东传（1949—1976）》（上），中央文献出版社 2003 年版，第 825 页。

年苦战，中国可以在钢铁和其他主要产品产量方面赶上和超过英国，基本建成比较完整的工业体系，农业方面将实现水利化，达到"四、五、八"的要求。对1959年的工业生产，估算工业总产值将比1958年增长60%～70%，钢达到2500万吨，比1958年增加1500万吨，基本建设投资将增加一倍，达到450亿元，社会购买力、外贸出口额也将有很大的增长。这是初步很不成熟的方案，待研究后再提交中央8月会议讨论。6月22日，毛泽东对薄一波的《汇报提要》作了批示："此件印发军委会议各同志。赶超英国，不是十五年，也不是七年，只需要两年到三年，两年是可能的。这里主要是钢。只要1959年达到2500万吨，我们就在钢的产量上超过英国了。"毛泽东在批发这个报告时，还特地将题目改为《两年超过英国（向政治局的报告）》。

6月21日，冶金工业部形成了一份产钢计划报送给了中共中央。计划说，华东区提出争取1959年华东区钢的生产能力达到800万吨。这是一个极重要的建议指标。根据这一指标，中国钢铁工业的发展，又将进入一个新的水平。他们和华东区的同志研究了争取1959年达到生产能力800万吨的措施，同时其他各大协作区也在当时分别召开冶金工业的规划会议，研究各大协作区1959年及第二个五年计划的指标。从各大协作区会议的情况看，1959年钢的产量可以超过3000万吨，而1962年的生产水平则将可能达到八九千万吨以上。第二天，毛泽东批发了这份报告。

7月1日，《人民日报》发表署名"王朴"的文章《以钢为纲》，公开提出了"以钢为纲"的口号，并且认为"钢是连接着整个工业的一条纲，它的发展速度，决定着整个工业化的速度，决定着整个农业现代化的速度，决定着整个技术革命的速度"，要求各级党委、特别是第一书记，切实把钢这条"纲"抓起来。

7月5日，刘少奇在石景山发电厂同工人座谈时说：现在赶上英国不是十几年，两三年就行了，明年后年要超过英国。这不是假的。钢铁、煤炭明年可以超过，电要慢点。国家大有希望，大有前途，超过英美就变成世界上最富强的国家。

8月8日，《人民日报》发表社论《土洋并举是加速发展钢铁工业的捷径》，透露了毛泽东提出的1958年钢铁产量翻番的思想。社论说：最近一两个月来，全国各省市先后召开了地方工业会议或钢铁工业会议，打掉了对钢铁工业的神秘思想，确立了钢铁工业的"元帅"地位，订出了发展钢铁工业的跃进规划和措施，吹起了全党全民向钢铁工业大进军的号角。一个"以钢为纲"，带动工业全面发展的工业建设的新高潮已经形成。转炉高炉遍地开花，钢水铁水到处奔流的日子，即将到来。要在一年内建成200座中小型转炉，增加1000万吨钢，以及要在一年内建成13000多座中小型高炉，增加2000万吨铁的计划，不仅可以百分之百地完成，而且将大大超过。

社论还用自问自答的方式，回答了钢铁生产能否实现高速度的问题。其中说："我国钢铁工业能不能以最高的速度，比如说，每年产量的增长率不是百分之几、百分之十几或者百分之几十，而百分之百甚至更高的比例发展呢？答曰：可能性是存在着的，问题是我们想不想、要不要高速度？我们想要，就有；不想要，就没有。也许会有人说：'要高速度就有高速度，是否有点脱离实际的唯心主义味道呢？'我们说，这里一点也没有唯心论，而是完全从实际出发，是有根据的。"[1]

社论认为，中国钢铁产量之所以能够实现"百分之百甚至更高的比例发展"，主要有两个方面的根据：一是中国矿产资源丰富，炼铁需要大量的煤，而在中国2000多个县中，就有1500多个县有煤；二是钢铁的原料——铁矿石，在第一个五年计划期

---

[1] 《土洋并举是加速发展钢铁工业的捷径》，《人民日报》1958年8月8日。

间，探明的铁矿储量已达 56 亿吨。加上有党的领导和 6 亿人民，这是一个决定的因素。

（二）"一项头等重要的任务"

虽然在这年 6 月就已经决定 1958 年的钢产量要比 1957 年翻一番，但到这年 7 月，全国的钢产量总共才 380 多万吨，其中 7 月份为 70 万吨，也就是说，剩余的五个月时间，必须完成近 700 万吨的任务。这个产量显然是靠正规的钢铁企业按常规生产无法完成的，于是自然而然地想起了老办法——发动群众，组织以大炼钢铁为中心的群众运动。

1958 年 8 月 17 日至 30 日，中共中央政治局在北戴河召开扩大会议，参加会议的有中央政治局委员和各省、自治区、市党委第一书记，以及政府各有关部门党组的负责人。会议主要讨论了 1959 年的国民经济计划、当前的工业生产、农业生产和农村工作问题、商业工作问题、教育方针问题、加强民兵工作问题和其他问题，并制定了有关这些方面的 37 个文件，其中最重要的是讨论钢铁生产和在农村建立人民公社的问题。

据薄一波回忆："北戴河政治局扩大会议开会的头几天，大家分析了 6 月 19 日以后钢铁生产未见起色的原因：第一，从部到相当多的工厂，根据南宁会议后下达的《工作方法六十条（草案）》的要求，把注意力都放到编计划（五年计划和明年计划）方面去了，部长、副部长都在外面参加各协作区的计划会议，忽视了抓生产；第二，由于小高炉生产不稳定，农民工不熟练和大批工厂领导关系改变（5 月 29 日闭幕的政治局扩大会议要求，到 6 月 15 日 24 时止，大批中央部直属厂转交地方领导），主管部门和地方忙于办交接手续，生铁调度不灵；第三，钢铁冶炼需要的设备供应不上，6 月间安排生产的一批冶炼设备，有的被计划外的东西冲掉了，有的还没有安排落实。"①

　　毛泽东听取钢铁生产情况的汇报之后，打电话给陈云并作了八点指示：1. 国家经委主要抓生产；2. 原材料调配要服从国家计划，分配钢材既要照顾重点，又要照顾农民的需要；3. 抓紧冶炼设备的生产和安装；4. 机械厂收到钢材后，第一是用来制造炼钢炼铁轧钢的设备；5. 各省自治区市党委每星期抓一次钢铁生产；6. 加大保险系数，冶金部直属钢铁厂1958年增加50万吨钢的新任务（北戴河会议内部确定的1958年钢产量指标是1150万吨，必须完成的任务是1100万吨，对外宣布的是1070万吨比1957年翻一番）；7. 要有铁的纪律，没有完成生产和调拨计划的，分别情况给予警告、记过（小过、中过、大过）、撤职留任、留党察看、撤职、开除党籍的处分；8. 立即把各省、自治区、市党委主管工业的书记（后简称工业书记）找来北戴河，开一次工业书记会议。

　　8月21日，陈云向参加北戴河会议的全体与会人员传达了毛泽东的上述指示。陈云在传达时还说：我们今年要生产1100万吨钢，已经传到国外去了。这时，邓小平插话说：给赫鲁晓夫打了保票的。陈云接着说："7月31日到8月3日赫鲁晓夫来华访问期间，毛主席跟赫鲁晓夫讲：我们今年生产钢1070万吨，明年是2500万到3000万吨。'赫鲁晓夫不大相信，说中国的同志提出来的计划大概我们相信可以完成，究竟具体情况怎么样，他不问，那是很大的怀疑。'""赫鲁晓夫那天签公报的时候，他的总顾问，也是建国初期在华苏联专家总顾问阿尔希波夫跟赫鲁晓夫一起来了。'我跟他讲，我们明年的（钢产量）计划完成得了完成不了？他不回答，笑一下，说很大的计划，伟大的计划，能

---

　　① 薄一波：《若干重大决策与事件的回顾》下卷，中共中央党校出版社1993年版，第703页。

完成百分之八十、九十也是很好的。他是没有信心的。'"陈云"介绍的阿尔希波夫这几句话，曾引起大家的愤慨"。①

北戴河会议期间，毛泽东在讲话中多次谈到钢铁生产问题。在会议开幕当天的讲话中，他一共讲了十七个问题，其中第二个问题便是关于钢铁生产的。他说，钢由1957年的530万吨翻一番，达到1100万吨，有完不成的危险，中心问题是搞铁，现在都打了电话，发动了，可是还要抓紧些，要回电话，要保证。

在19日的讲话中，毛泽东召集各协作区（1958年6月1日，中共中央作出《关于加强协作区工作的决定》，决定将全国划分为东北、华北、华东、华南、华中、西南、西北等七个协作区，各个协作区都成立协作区委员会，作为各个协作区的领导）主任开会说，"我们一定要在三年、五年、七年之内，把我国建设成一个大工业国。为了这个目的，必须集中力量把大工业搞起来，抓主要的东西，对次要的东西，力量不足就整掉一些。要下紧急命令，把铁交出来，不许分散。大、中钢厂的计划必须完成，争取超过。在一定时期，只能搞几件事情，要讲透有所不为而后才有所为的道理，钢要保证完成，铁少一点也可以，也要争取完成。现在搞建设，也是一场恶战，拼几年命，以后还要拼。"②

在8月21日协作区主任会议上的讲话中，毛泽东说："三令五申，凡有铁不拿出来者，要执行纪律。我看一千一百万吨钢有完不成的危险。六月间，我问王鹤寿：钢是否可能翻一番？问题是我提出的，实现不了，我要作检讨。有些人不懂得，完成一千

---

① 薄一波：《若干重大决策与事件的回顾》下卷，中共中央党校出版社1993年版，第704页。

② 中共中央文献研究室编：《毛泽东年谱（1949—1976）》第3卷，中央文献出版社2013年版，第415页。

一百万吨钢，是关系全国人民利益的大事。"①

在 8 月 30 日中共中央政治局扩大会议的讲话中，毛泽东说：有个文件讲，"明年这一年是决战性的一年，我看这个话讲得好。无论工业、农业都是，特别是一个钢铁，一个机械，当然还有粮食，因为粮食明年要再翻一番。要搞两千五、两千七，争取三千万吨钢，这就要好好准备，是一场大战。从二十一号算起，今年还有四个月。首先是我犯了错误，早抓一个月就好了，不是八月，而是七月，最好是六月。六月十九号出的题目，出了题目没有措施，就是官僚主义，不知道情况。从八月二十一号起，还有十九个星期，但是已经过去一个星期了，所以相当危险。为什么我们在这里开会？就是要紧急动员。能不能搞到，我总是怀疑。十五个吊桶打水，七上八下。如果搞不到，那末一是我的工作没有抓紧，二就是这个题目出错了，不应该出这个一千一百万吨的数目。这个一千一百万吨，你总要到了手才算数。请同志们努力奋斗，以期贯彻。钢铁尚未成功，同志仍须努力！"②

在北戴河会议期间，根据毛泽东的指示，8 月 25 日至 31 日在北戴河召开全国工业书记会议，专题讨论怎样完成任 1958 年的钢铁生产任务问题。会议由薄一波主持，李富春作报告，陈云到会作了两次讲话。陈云在讲话中提出，要依靠党委，发动群众搞"土炉子"，说"土炉子"在中国的命运还有一个时期。薄一波在总结发言中，提出"紧急行动起来，为完成以一千一百五十万吨钢为纲的工业生产跃进计划而斗争"的口号，并传达了毛泽东的指示："对土炉子要有信心，不能泄气。即使在一百个土炉

① 中共中央文献研究室编：《毛泽东年谱（1949—1976）》第 3 卷，中央文献出版社 2013 年版，第 417 页。

② 中共中央文献研究室编：《毛泽东年谱（1949—1976）》第 3 卷，中央文献出版社 2013 年版，第 426 页。

子中，只有一个出铁，那就很好，就算是插上了红旗，其余九十九个都应当向它学习。"30 日下午，主要钢铁产区的工业书记和鞍钢、武钢、太钢等几个大厂的党委书记们，在薄一波的带领下来到毛泽东的住处，一个一个向他当面担保完成钢铁生产任务。"尽管不少同志慷慨激昂，保证完成任务，但毛主席还是不放心，因为只剩下 4 个月，时间太紧迫，他念了一句古诗：'夕阳无限好，只是近黄昏。'"①

北戴河会议通过讨论，通过了一系列的文件，其中最为重要的有两个，一个是《中共中央关于在农村建立人民公社问题的决议》，一个是《中共中央政治局扩大会议提出今年宏伟目标——为生产一千零七十万吨钢而奋斗》的会议公报。公报说："1958 年农业生产的大跃进，将使粮食作物的总产量达到六千亿斤至七千亿斤，比 1957 年增产 60% 至 90%，全国每人占有粮食的平均数将达到一千斤左右；棉花将达到七千万担左右，比 1957 年增产一倍以上。农业战线的伟大胜利要求工业战线迅速地赶上去，而且也使得省一级党委有可能把注意的重心转移到工业方面来。因此，会议决定，全国的省和自治区党委的第一书记，从现在起，就必须首先注意工业的领导，但是同时不应当放松农业的领导。"公报指出："工业的生产和建设必须首先保证重点。工业的中心问题是钢铁的生产和机械的生产，而机械生产的发展又决定于钢铁生产的发展。根据当前全国人民对于钢铁的巨大需要和对于钢铁生产的巨大努力，根据钢铁冶炼设备正在逐月增加和迅速投入生产的情况，钢铁生产的飞跃发展是必要的和可能的。按照今年 2 月第一届全国人民代表大会第五次会议所通过的 1958 年国民经济计划，今年钢产量是六百二十万吨，比去年增产八十五万吨，

---

① 薄一波：《若干重大决策与事件的回顾》下卷，中共中央党校出版社 1993 年版，第 705 页。

这个数字早已显得不够了。今年 5 月底，中央政治局扩大会议建议把今年的钢产量增加到八百万吨至八百五十万吨。现在看来，这个数字仍然嫌低。会议经过讨论，决定号召全党和全国人民用最大的努力，为在 1958 年生产一千零七十万吨钢，即比 1957 年的产量五百三十五万吨增加一倍而奋斗。"①

北戴河会议确定的 1958 年钢铁产量是 1150 万吨，但会议公报写的是 1070 万吨，据薄一波说，这个数字是他提议写上的。薄一波后来说："当时，我对'一〇七〇'的任务，已经有些信心不足了。由于考虑到此事已经捅到国外去了，毛主席又强调一吨不能少，我风格不高，也就不便说出自己的怀疑。8 月 30 日下午在毛主席那里，看到大家都说能够完成，我就向毛主席建议，把'一〇七〇'写到公报上。毛主席表示赞成。我马上拿起电话，通知起草公报的胡乔木同志，说毛主席讲了，把'一〇七〇'写到公报上。结果，后来发表的政治局扩大会议公报就写了这样一句：'会议经过讨论，决定号召全党和全国人民用最大的努力，为在一九五八年生产一千零七十万吨钢，即比一九五七年产量五百三十五万吨增加一倍而奋斗。'"②

北戴河会议一结束，各地闻风而动，立即采取措施，大办钢铁厂炼钢。中共河北省委召开了市、地委电话会议，要求各地委、县委第一书记（有钢铁生产任务的县）都要亲自挂帅，亲临钢铁生产前线，地委、县委都要组织钢铁指挥部。山西从省到地、市各级党委都成立了钢铁办公室，并组织了 800 多人的工作团和技术指导团，"到各地总结已有的生产和建设经验，充分发

---

① 《中共中央政治局扩大会议提出今年宏伟目标 为生产一千零七十万吨钢而奋斗》，《人民日报》1958 年 9 月 1 日。

② 薄一波：《若干重大决策与事件的回顾》下卷，中共中央出版社 1993 年版，第 706—707 页。

挥现有企业的潜力，实行以土为主，土洋并举的方针"。内蒙古自治区提出要通过抓生产、抓原料、抓设备、抓技术、抓运输，到年底完成 15 万吨钢和 25 万吨铁的生产计划。中共山东省委要求各级党委把钢铁生产作为当时压倒一切的政治任务。同时，除了大量普遍地加速各种型号炼铁炉的兴建以外，还要抓紧济南钢铁厂的兴建工作。中共江苏省委召开电话会议，要求各地开展钢铁高产竞赛，一斤不少、一台不少、一立方米不少地完成钢铁生产、冶炼设备制造和小高炉基建任务，力争提前一个月完成全年钢铁生产计划。① 中共河南省委决定从省委书记到每个省委常委，都要抓钢铁生产，要参加钢铁试验田。中共湖北省委要求全省立即动员百万大军办钢铁，党委第一书记必须切实挂帅，亲自搞钢铁"试验炉"，加强具体领导。中共湖南省委和湖南省人民委员会联合举办了"动员全省人民向钢铁大进军"广播大会，要求尽一切可能把今后四个月的钢铁生产任务大部分提前在 9、10 月份完成。中共江西省委决定在 9 月份完成 2 万到 2.5 万个新炉子的建设任务，保证炉炉出铁，生产正常，日产生铁达到 1 万吨。②

9 月 1 日，《人民日报》发表《立即行动起来　完成把钢产翻一番的伟大任务》的社论，指出："最近举行的我们党的中央政治局扩大会议决定，为了适应我国农业大跃进的新形势，为了高速度地发展我国工业，我国今年钢的生产量，要比去年翻一番，就是说从去年的 535 万吨跃增至 1070 吨。这是一个有历史意义的振奋人心的伟大号召。全力保证实现钢产翻一番，是全党全民当前最重要的政治任务。"社论强调，1070 万吨钢的任务必须

① 参见《把钢产翻一番作为当前压倒一切的政治任务　华北华东摆开钢铁战斗阵势》，《人民日报》1958 年 9 月 4 日。

② 参见《中南六省区增强工业战线　领导重心转向钢铁》，《人民日报》1958 年 9 月 5 日。

完成，一吨也不能少。全党全民必须同时间赛跑，从现在起立即行动起来，鼓足干劲，苦战四个月。企业的负责人员必须身临最前线，跟工人群众同吃同住，共同想办法，共同负责完成每天的计划。省自治区市党委的第一书记必须把领导钢铁生产当作首要任务，每个星期检查一次生产的进度，采取最有效的办法，调动各方面的力量，组织各方面的协作，解决生产中的一切困难问题。

9月5日，《人民日报》又发表社论，强调要"全力保证钢铁生产"。社论说，工业生产和建设中的重点有两个，即钢铁和机械，而钢铁又是重点中的重点。生产1070万吨钢，是中国人民当前的一项头等重要的任务，必须为实现这个伟大任务，全力以赴，只能超额完成任务，而决不能少一吨钢。社论指出：要保证1070万吨钢，必须具有停车让路，首先为钢的全局观点。当钢铁工业的发展与其他工业的发展，在设备、材料、动力、人力等方面发生矛盾的时候，其他工业应该主动放弃或降低自己的要求，让路给钢铁工业先行。①

9月8日，毛泽东在最高国务会议上发表讲话，在谈到当前的形势时，他指出："鉴于农业生产的飞跃发展对工业的越来越大的压力，还鉴于农业生产和农村工作方面已经有了比较稳固的基础和比较成熟的经验，我们的领导工作的重心需要适时地从农业和农村工作方面转移到工业建设方面来。中央和省一级的领导机关，必须一手抓工业，一手抓农业，而从现在开始，要把重点放在工业方面。在工业方面，必须首先抓紧钢铁工业和机械工业，因为这是实现我国工业化、农业机械化和加强国防力量的

---

① 参见《全力保证钢铁生产》，《人民日报》1958年9月5日。

基础。"①

北戴河会议后，中共中央对钢铁生产抓得很紧，多次召开电话会议，一再强调1070万吨钢的任务只能多不能少。在9月4日的电话会议上，谭震林在传达毛泽东的指示时说：主席提出，明年粮食再翻一番，又提出今年1100万吨钢一吨也不能少，少了就是失败。这个要求一定要完成。这就势必要逼迫我们又要拿出相当的劳动力去挖铁矿，去办小高炉。彭真也说：主席要求在9月15日钢铁有一个"大跃进"，因为9月是要命的一个月。

9月9日，中共中央召开钢铁生产电话会议。会议认为，全民办钢铁已经形成高潮，完成北戴河会议规定的指标已经有了保证，但还需要作很大努力。为解决技术力量不足的问题，中央决定调派一部分人力，其中大学毕业生10000人，大专生5000人，技术干部1200人，支援钢铁工业第一线。会议提出，9月钢铁生产的关键是抓生铁，而且首先要满足炼钢需要。会议还决定，以后每星期召开一次电话会议，以便及时掌握钢铁生产情况。

9月25日，中共中央书记处召开钢铁生产电话会议，根据钢铁生产将完不成9月份任务的情况，要求各省、自治区、市要力争把9月份的钢铁任务多完成一些，规定必须在30日以前完成日产钢6万吨、铁10万吨的指标。

（三）全民大炼钢铁及其后果

北戴河会议后，一个全民大炼钢铁的群众运动迅速在全国城乡兴起。与此同时，农业生产上的放"卫星"之风，也蔓延到钢铁生产上，各地开始大放钢铁生产"卫星"。

9月17日，《人民日报》报道说，9月15日，河南全省投入

---

① 《毛主席在最高国务会议上论目前形势 美国侵略者把绞索套在自己脖子上》，《人民日报》1958年9月9日。

45000多座炼铁炉，动员360万钢铁大军，出动40.7万辆各种运输工具，打了一个日产生铁18693.92吨的大胜仗。这个数字，比在钢铁工业基地辽宁以及吉林、黑龙江三个省当时的生铁日产量还要高。《人民日报》为此还发表了《祝河南大捷》的社论，要求各地像河南一样，鼓足干劲，力争上游，紧紧地抓，狠狠地抓，争取9月份内根本扭转土高炉生铁生产不正常的局面，完成和超额完成9月份的生铁计划。

河南第一个放钢铁生产"卫星"的是鲁山县，该县在这年8月28日率先放了第一颗日产千吨铁的"卫星"。随后，鲁山又提出要力争尽快达到日产铁两千吨以上的新目标。9月15日，《人民日报》发表《向日产千吨铁的鲁山人民致敬》的社论，称鲁山县的这一新举措，"是钢铁战线上的一大喜讯，是土高炉大面积丰收的卫星。它和农业战线上的大面积丰收有同等重要的意义，而在目前来说，有更重要的意义，全国有几百个有铁矿资源的县，如果每个县都像鲁山那样大面积丰收，那末，我们每天就可从土高炉拿到十几万到几十万吨铁，就可以根本扭转小高炉出铁情况仍然不好的局面。这样，今年产钢一千零七十万吨就有了基本保证"。鲁山果然不负众望，9月28日，再次放出一颗日产生铁34360吨的大"卫星"。

9月29日，是全国大放钢铁生产"卫星"日，有8个省宣布生铁日产量突破了万吨。据10月1日《人民日报》的报道：在29日这天，河南全省参加大炼钢铁秀劳动力达577万多人，12.8万多座各种炼铁炉共产生铁90784.68吨，产钢5003.4吨；山东数十万座各式炼铁炉从29日零时到30日零时，共产生铁67390吨；河北全省日产铁58300吨，日产钢2328吨；山西发射出日产25700吨生铁、3900吨钢的高产"卫星"；湖北省184300多座炼铁炉共产生铁16920吨，出现了红安、鄂城、随县、保康、罗田、麻城等6个千吨县；湖南全省在这一天参加炼铁的群众达

700 万人，共产生铁 15517 吨；江苏全省产铁 14924.733 吨，大部分是小土炉生产出的；四川省生铁日产量已达到 10200 吨，钢的日产量达到 5500 吨。

这年放出的最大的钢铁生产"卫星"，当属广西的环江县和鹿寨县。只有 16 万人口的广西环江县，10 月中旬，除原有 6 万"固定的钢铁野战军外，后方又有二万七千人开赴钢铁前线"，此外"宜山、河池两县也派来一支二万三千人的野战军，带着工具和车辆马匹前来支援"。10 月 17 日，环江县宣布：在钢铁高产周的第一天——10 月 15 日出产生铁 63321.5 吨，另有烧结铁 51808.5 吨，生铁产量跃居全国首位，该县这一天的生产的生铁，大约等于新中国成立前广西一个世纪的产量。而且这天产的生铁，"经过中共环江县委第一书记洪华和中共河池县委第一书记于子明及前来参加钢铁生产的北京大学、地质学院学生的验收，证明都是灰口铁和白口铁。"①

与环江同属柳州地区的鹿寨县随后放出了一颗更大的"卫星"，10 月 19 日，鹿寨宣布：从 17 日下午 2 时到 18 日下午 2 时的一天时间内，全县共生产出生铁 207243 吨；另产烧结铁 288139 吨。这一天的铁产量，就等于 1958 年国家分配给广西的全年任务。② 该县在 10 月 21 日还放出了一颗日产钢 13416 吨的炼钢"卫星"。这两项分别创下了 1958 年一个县生铁与钢产量的全国最高纪录。当然，其中的真假不言自明。

虽然这些钢铁"卫星"的真实性令人怀疑，但在这年的钢铁生产中，确实出现了男女老少齐上阵的场面，是一场真正的大炼钢铁的群众运动。9 月 24 日，《人民日报》发表《关键在于大搞

---

① 《环江铁军勇冠全国》，《人民日报》1958 年 10 月 18 日。

② 参见《鹿寨炼铁一日　广西飞过一年》，《人民日报》1958 年 10 月 20 日。

群众运动》的社论，强调在当时的钢铁生产中，大办土高炉最能把千百万群众的积极性动员起来，最能发挥群众的智慧和力量，最能在最短的时间内，取得最大的效果。因为土高炉没有任何"依赖性"，完全是土生土长的，只要自己动手几天内就可以建造成功，因而能够使广大的群众插进手来，形成一个全民办钢铁的运动，使生铁生产高速度地发展。

毛泽东也一再强调要发动群众大炼钢铁。北戴河会议后，毛泽东视察湖北、安徽、江苏、上海等地，重点了解人民公社化运动和钢铁生产情况。9月29日，他回到北京，并同新华社记者谈话。毛泽东说：此次旅行，看到了人民群众很大的干劲，在这个基础上各项任务都是可以完成的。首先应当完成钢铁战线上的任务。在钢铁战线上，广大群众已经发动起来了。但是就全国来说，有一些地方，有一些企业，对于发动群众的工作还没有做好，没有开群众大会，没有将任务、理由和方法，向群众讲得清清楚楚，并在群众中展开辩论。到现在，我们还有一些同志不愿意在工业方面搞大规模的群众运动，他们把在工业战线上搞群众运动，说成是"不正规"，贬之为"农村作风""游击习气"。这显然是不对的。①

在领导人的推动和宣传媒体的鼓动下，很快就在全国范围内形成了千军万马炼钢铁，土高炉遍地开花的局面。这年10月中旬，河南全省参加钢铁生产的劳动力达640多万人；广东投入钢铁生产的有460万人，接近全省劳动力的一半；广西投入的劳动力达到580万人，占全自治区总劳动力700万人的82%。7月底时，全国钢铁生产的劳动力只有几十万人，到8月底，增加到几百万人，而9月底达到了5000万人，到10月底增加到6000万

① 参见《毛主席巡视大江南北 回京后对记者发表重要谈话》，《人民日报》1958年10月1日。

人，而到 1958 年底，更是高达 9000 万人，加上其他战线直接或间接支援钢铁生产的，全国投入大炼钢铁群众运动的人数超过 1 亿人。当年全国总人口为 65994 万人，全社会劳动力为 26600 万人，也就全国超过五分之二的劳动力加入了大炼钢铁的行列，当时农村主要的青壮年劳动力基本上大炼钢铁去了，是名副其实的全民大炼钢。

河南禹县也是这场全民大炼钢铁运动中较早放"卫星"的地方，9 月 15 日是河南全省钢铁生产放"卫星"日，全省出现了 8 个日产生铁千吨以上的"卫星"县。其中以禹县的"卫星"为最大，日产铁 4396 吨。当然，对于放"卫星"放出的数字不必太认真。禹县放生铁"卫星"不久，中共中央工业交通部副部长高扬到这里检查，发现禹县弄虚作假现象很严重，并没有炼出多少好铁，而且上报的数字 90% 是不准确的。但这里大炼钢铁的场面确实很热闹，也颇为滑稽。《人民日报》一位编辑在写给新华社《内部参考》的一篇报道中，曾作了这样的描写："这里群众大炼钢铁的劲头，真是大得无可比拟。通往山区的道路上，日日夜夜是拧成绳的人群、马车群、牛车群、小土车群、自行车群……所有可以用来运输的东西都用上了，大汽车也很多，公路上经常发生拥挤和等路的现象。山沟里的景象更是壮观，满山架岭的人堆，一片片的土炉群，狼烟冲天，人声吵沸，加上万千风箱、风葫芦、鼓风机抽动的声音，真是热闹极了。这景象有点像庙会，但要比庙会热闹百倍。在这里占人最多的工作除运输外要算是鼓风的人了。少数国营厂有极少数电力或柴油机带动的鼓风机，公社办的厂多是用人力鼓动的风葫芦和无数的大小风箱。原来在家里用来做饭、庙会上用来制小煎包子和炸油馒头的风箱都拿出来了。前几天在方山'三八妇女炼铁厂'还看到许多从三里五里、十里八里赶来支援的老太太和孩子们。他们一个个都拿着在家扇火做饭和夏天拂暑用的芭蕉扇和鸡毛扇。目的是为炼铁鼓风的。说来这可能是笑话，但群众这种热情实在动人。"①

早在北戴河会议之前，一些地方就提出要用小（小转炉、小平炉）、土（土法炼钢）、群（群众运动）的方式，高速发展钢铁工业。例如，江苏提出，可以用多种多样简陋的办法来冶炼钢铁，可以到处大搞、遍地开花；由于小型冶炼和土法冶炼的技术比较简单，因此，可以迅速为人民群众所掌握，立即上马，立即出铁出钢。河南要求凡是有铁矿和矿砂的地区，应组织乡、社大量兴建日产 500 斤至 1000 斤铁的土高炉，它的优点是建炉快，不需要钢材，技术简单。② 7 月 9 日的《人民日报》报道说，此时河南全省已经投入生产的小高炉和土高炉有 600 多座，炼出了 1 万多吨生铁。这种土高炉一般只需投资 30 元左右，10 天就能建成，可以日产生铁 500 斤到 1000 斤；半土半洋的简易小高炉半个月可以建成，每个投资 1 万多元，日产生铁 3 吨到 5 吨。③

8 月 8 日，《人民日报》发表《土洋并举是加速发展钢铁工业的捷径》的社论，提出小的"土"的炼铁炉、炼钢炉，投资少、设备简单、技术容易为群众所掌握、建设时间短。以小型的和"土"的为主，可以在当时技术骨干缺乏、钢材供应不足、现代设备供应不上、资金也不十分充裕的情况下，发动全党全民来办钢铁工业。在有资源的地方，不仅冶金工业部门可以办，而且所有的工业部门都可以办；不仅工厂可以办，而且机关、部队、学校、街道、手工业合作社、农业合作社都可以办；很快就可以做到高炉、平炉、转炉遍地开花，钢水铁水到处奔流。

---

① 《关于河南禹县产铁情况的争论》，《内部参考》第 2606 期，1958 年 10 月 14 日。

② 参见《我们要高速度发展钢铁工业》，《人民日报》1958 年 7 月 9 日。

③ 参见《河南大建小高炉》，《人民日报》1958 年 7 月 9 日。

北戴河会议会后，土高炉迅速在全国各地遍地开花。这年 9 月 22 日，新华社曾对各省、自治区、市的已建和在建的土高炉进行过专门的统计：到 9 月 15 日，全国已经投入生产的土高炉有 11.6 万多座。进入 10 月后，小高炉的数量更多了。到 10 月初，全国土高炉的数量由一个月前的 20 多万座猛增到 60 多万座。到 10 月底更是发展到数百万座。这些小土高炉遍及农村的田间地头、城市中的车间街道，甚至高等学校的校园里，各级党政机关的大院里，都可以见到土高炉的身影。

这些土高炉主要用于炼铁，但大多数地方并无铁矿石，于是千方百计搜罗各种废铁，以至于老百姓家中铁锅、铁铲、铁锁甚至所有铁器，都当作废铁投进了土高炉，烧结成根本不能用的铁疙瘩。炼钢炼铁需要焦炭，煤炭部门提出"兵对兵，将对将，用分散的小煤窑对分散的小高炉"；"哪里有千吨铁，哪里就有万吨煤"，发动男女老少上山找煤；找不到煤，就伐木拆房烧木炭代替。如此这般之后，各地争先恐后大放钢铁生产"卫星"，实际上这些土高炉炼出的钢铁基本没有任何使用价值，白白地浪费了大量的人力物力。

1958 年 12 月 21 日，新华社宣布："1958 年我国人民夺取一千零七十万吨钢的大战已经告捷。据冶金工业部 12 月 19 日为止的统计，今年全国已经生产钢一千零七十三万吨，比 1957 年的钢产量五百三十五万吨增加了一倍挂零。四个月前，在北戴河举行的党中央政治局扩大会议所发出的、要在今年把钢产量翻一番的伟大号召，经过全国人民的艰苦奋战，现在已经胜利地提前、超额完成了。"① 12 月 31 日，新华社又宣布全年钢产量达到 1100 万吨左右。

---

① 《1070 万吨钢——党的伟大号召胜利实现》，《人民日报》1958 年 12 月 22 日。

1070 万吨的任务虽然完成了，但付出的代价却是巨大的。1958 年完成的 1073 万吨钢中，能够使用的约为 800 万吨，另有 300 万吨是不能用的土钢。耗费那样多的人力物力，实际上钢产量只不过是比 1957 年增加了 200 多万吨。如果不搞这样的"大跃进"，充分发挥现有钢铁企业的潜力和新建的正规钢铁企业正常的投产，一年增产钢 200 万吨也是可能的。结果动用了那么多的劳动力，耗费了那么多的资源（特别是森林资源，许多地方为了炼钢铁将树木都伐光了），土法上马炼出来真正能称得上是钢铁的并无多少，确实是得不偿失。

全民大炼钢铁还增加了国家的财政负负担。当时每吨大高炉的生铁成本，鞍钢为 85.4 元，石（景山）钢为 112.6 元，国家规定的调拨价为 150 元。小高炉的成本多数为 250～300 元，有的高达 460 元。为鼓励群众炼铁的积极性，国家规定，从 1958 年 9 月 1 日起，小高炉生铁调拨价每吨提高到 200 元，亏损部分由国家财政补贴，总共补贴了 40 亿元，超过 1958 年财政总收入的十分之一。这还不包括因国家提高调拨价格和土铁质量差，而使炼钢厂增加的支出和减少的收入。[1]

1958 年"大跃进"对生产力的破坏，最主要的就是体现在大炼钢铁上。为了全力"保钢"，当时提出的口号是"停车让路，首先为钢"，时称"钢铁元帅升帐"，也是就要求各部门、各地方必须将钢铁生产放在首位。结果，近一亿的人民公社社员、机关干部、学校师生等投入钢铁生产中，打乱了正常的生产工作秩序。更为严重的是由于农村主要的青壮年劳动力都去炼钢铁去了，进行农业生产的多是老弱病残，使得当年大量的农作物成熟了也不能收回，据估计，当年因此损失的粮食约占应收粮食的

---

[1] 参见薄一波：《若干重大决策与事件的回顾》下卷，中共中央党校出版社 1993 年版，第 712 页。

15%左右。不但如此，由于缺少劳动力，加之由于放"卫星"造成粮食大增产的假象，竟提出"少种多收"的口号，致使1959年的粮食种植面积比1958年大幅度减少，造成了1959年起连续多年粮食供应极度紧张。同时，其他部门也因为给"钢铁元帅""停车让路"，造成了工农业比例、工业与交通运输的比例、工业内部各部门间的比例严重失调。

四、"人有多大胆，地有多大产"

（一）第一批"惊人纪录"

1957年9月中共八届三中全会后之后，农业领域的"大跃进"开始启动，一些大大超过当时当地粮食平均产量的高产典型，就开始出现在报刊上。这年11月16日新华社报道说，四川省有9个县（市）提前十年达到并超过《一九五六年到一九六七年全国农业发展纲要（修正草案)》所定的每亩产粮食800斤的指标。这9个县（市）是：郫县、新繁、新都、温江、双流、广汉、绵竹、泸县和成都市郊区。其中郫县产量最高，每亩产1083斤；新繁、新都、成都市郊区，每亩产量在900斤以上；其余5县的产量，每亩都超过了800斤。报道还说，广东省潮安县预计1957年全县播种的31万多亩粮食作物，平均每亩产量可以达到1233斤，比大丰收的1956年增加5.8%。总计在第一个五年计划期间，全县粮食单位面积产量增加了45%。①

11月29日，新华社报道说，广东省澄海县今年晚稻又告丰收，全县25万多亩粮食作物，平均亩产达到1257斤，超过了亩

---

① 参见《四川九个县市达到纲要指标》，《人民日报》1957年11月17日。

产量 1233 斤的潮安县，跃居全国粮食单位面积产量的首位。澄海县不仅能连续三年保持千斤县的水平，达到了高产地区要求稳定产量的目的，而且已经开始突破稳定局面，在稳定中继续提高。1957 年每亩比 1956 年提高了 24 斤，比成为"千斤县"的 1955 年提高了 248 斤。①

仅过了四天，新华社又报道说，青海高原上的海西蒙藏哈萨克族自治州都兰县西星民族联合农业社，出现了一亩青稞产 1800 斤和一亩小麦产 1750 斤的高产田。1957 年这个社平均每亩产量达 462 斤，比 1956 年提高了 25.2%，提前十年超过了全国农业发展纲要（修正草案）对这里的产量要求。西星社出现这样大的生产跃进，主要是两年来各族社员团结生产，千方百计推行增产措施的结果。这个社的农田基本上做到了水利化，播种前还利用消冰水进行春灌；肥料年年增加，有的地 1957 年每亩施肥超过万斤；种子是用穗选、块选、拣选挑出来的良种。②

同一天，新华社还宣布，陕西粮食低产区之一的宜君县后清河农业社，1957 年有二亩水稻亩产 1654 斤，比江苏省句容县亭子乡第七农业社创造的山区水稻最高纪录，高出了 235 斤。社里的 40 亩大面积丰产水稻，亩产也达到 1150 斤，这些产量比当地的水稻产量高出三倍到四倍。后清河农业社在陕北乔山山脉的一条小沟道里，气候寒冷，土地瘠薄。因此，社员们在选择秧田时，特别选了通风向阳的地方，在秧田管理过程中，也注意了在晚间放水漫田，防止秧苗受冻，晴天中午落水晒田，提高地温，并大量施用油渣、青草等有机肥料，改变土壤增加地力。同时，

---

① 参见《澄海粮食亩产量占全国第一位》，《人民日报》1957 年 11 月 30 日。

② 参见《青海民族联合社青稞小麦报双喜》，《人民日报》1957 年 12 月 4 日。

采取浅插与小株密植的办法，增加单位面积株数，实行勤浇浅浇，合理用水，促使稻苗发壮熟足。①

如果说生产条件较好的四川成都平原和广东潮汕平原，亩产1000多斤还有可能的话，一向低产的西北地区，青稞、小麦和水稻亩产超过1500斤，虚报浮夸的成分显然已经很大了。

亩产1000多斤本来已有很大的水分，但一个月后，《人民日报》又传出消息，广东汕头专区有约2000亩田高额丰产，亩产达到了3000斤，千斤乡和千斤社的数目比1956年增加了三分之一左右，全专区有千斤乡（大乡）110个，约占乡的总数三分之一，千斤社有2356个，占社的总数的39%。当然这个亩产3000斤主要是由甘薯折合而成的，澄海县鮀浦乡青锋农业社有1亩8分丰产田，亩产3129斤，其中仅把晚稻改种甘薯，亩产就高达9100斤，折合稻谷2275斤。②

接着，湖北省孝感县中心乡联盟生产合作社声称，该社1957年有18.15亩晚粳稻，经当地农业技术指导站干部验收，平均每亩产稻谷2022斤，其中有3亩平均亩产2137.5斤，创造全国一季晚稻单位面积产量最高纪录。这是联盟农业社第一次试种一季晚粳稻，用的品种是"一〇五〇九"。新华社报道说："秋收后，当地干部和这个社的生产队长、老农座谈了两次，总结工作了18.15亩一季晚稻丰产的主要经验：深耕、密植、肥足、防治病虫害。这18亩多田，一般深耕达四寸以上，比1956年深耕一寸左右；插秧密度每亩达三万蔸，比当地晚稻增加5000蔸左右；每亩底肥施牛栏粪90担、豆饼80斤，插秧后追肥三次，每亩追

---

① 参见《陕西省后清河农业社　创造山区水稻新纪录》，《人民日报》1958年12月4日。

② 参见《汕头专区两千亩田高额丰产　亩产粮食三千斤》，《人民日报》1958年1月3日。

肥量：第一次追施硫酸铵 14 斤、豆饼 30 斤，第二次追施硫酸铵 14 斤、人畜粪 15 担，第三次追施硫酸铵 12 斤、人畜粪 14 担、过磷酸钙 4 斤；插秧后进行三次药剂杀虫和一次药剂防病。因此稻谷始终长的很好。"①

不久，又传来了一向产量低的谷子也获得了高产的消息。新华社报道，全国人大代表、辽宁省农业劳动模范李耀先领导的凌源县高杖子乡联合农业生产合作社，1957 年在 73 亩 4 分（东北亩，每亩合市亩一亩半，下同）山坡薄地上种的谷子，平均每亩产粮 1000 多斤、马草 1700 多斤，比同年全省谷子平均产量高三倍半以上，创造了辽宁省一向被认为"低产作物"的谷子的最高产量纪录。中共辽宁省委书记、省长杜者蘅率领工作组在 1956 年 12 月末到这个社调查后，认为这一高产经验对于解决全省几年来增产粮食和增产马草不能兼顾的矛盾，具有非常重大的意义。②

"奇迹"还在不断地发生。贵州金沙县民丰社青年突击队在一块试验田里，创造了单季稻亩产 3025 斤的高额丰产纪录。这个产量，相当于全国稻谷平均亩产量的七八倍，全国粮食平均亩产量的十五倍。而这块试验田，原来每亩只能产 390 斤包谷。为此，共青团中央特地发去贺电，称赞民丰社青年突击队的"光辉创举，有力地证明了，觉醒了的我国人民有着伟大的力量，在我们伟大祖国辽阔的土地里，蕴藏着无穷的潜力的。农业发展纲要修正草案提出的 400 斤、500 斤、800 斤粮食产量指标，不但完全可以实现，而且可以超额和提前实现"。③

---

① 《联盟社一季晚稻每亩产量二千多斤》，《今日新闻》1958 年 1 月 5 日。

② 参见《辽宁一农业社创造亩产谷子 1020 斤的高产纪录》，《今日新闻》1958 年 1 月 12 日。

③ 《事在人为》，《中国青年报》1958 年 2 月 17 日。

　　湖北枣阳县苏维四社青年女社员彭学英培养的 8 分丰产试验田，1957 年产稻谷 2552 斤，折合亩产 3190 斤。据新华社报道，1957 年春天，彭学英在一块土质较差的田里开始丰产试验。这块田靠近山边，经常遭受干旱和山洪的威胁，往年每亩最多只能产 800 斤到 900 斤。她采取分期分层施肥的办法，在这块地里施足底肥，并且做到深耕细耙。插秧时，又初选密植。在整个栽培的过程中，她十分细致地做好了田间管理工作，做到了全苗、田间无杂草和害虫。①

　　新疆维吾尔自治区鄯善县前进农业社一个由 45 名维吾尔男女青年组成的青年生产队，1957 年在 8 亩 5 分的试验田上，创造了每亩产籽棉 2080.75 斤的"惊人纪录"。这个产量相当于新疆 1957 年棉花平均单位面积产量的 11 倍。②

　　1958 年 2 月 16 日，中共湖北省委在给中共中央的报告中说，两年来，全省粮棉生产，出现了"大跃进"的许多先进典型，全省有·个孝感县全县水田平均亩产粮食 1000 斤，还有十个县水田平均亩产粮食 800 斤以上。有两个县平均亩产皮棉 100 斤以上，还有一个县平均亩产皮棉 94 斤。全省有粮食千斤乡 124 个，千斤社 2205 个，千斤以上的亩 223 万亩，双千斤的亩 3000 多亩。全省皮棉百斤乡 100 个，百斤社 1639 个，百斤以上的亩 150 万亩，棉（籽棉）麦千斤亩 6000 多亩，籽棉千斤亩 22 亩。此外，还有许多高额丰产典型，如浠水县兰溪乡合兴一社 1.1 亩双季稻，亩产 2659 斤；孝感县中心乡联盟社 18.15 亩一季晚粳稻，亩产 2022 斤；均县乐亭乡共升社 2.9 亩小麦，亩产 1377 斤；兴山

---

①　参见《青年女社员彭学英创造水稻亩产 3190 斤奇迹》，《今日新闻》1958 年 3 月 8 日。

②　参见《新疆创造每亩产籽棉 2080 斤的惊人纪录》，《今日新闻》1958 年 3 月 10 日。

县榛子乡和平社 1.5 亩玉米，亩产 1575 斤；鄂城县屠镇乡明星一社 2 亩红薯，亩产 24560 斤，京山县合作乡八一乡 7.8 亩棉花，亩产皮棉 489.5 斤；红安县杏花乡建苏社 142 亩花生，亩产 1065 斤；孝感县塘口乡协和二社 1.5 亩油菜籽，亩产 485 斤；应城巡查乡永丰社 6.8 亩芝麻，亩产 450 斤。①

上面这些 1957 年的高产典型，基本上都是虚假的。贵州金沙县民丰社青年突击队创造的单季稻亩产 3025 斤"高额丰产纪录"的出笼经过，便是一个例证。在 1957 年 12 月的金沙县四级干部会议期间，民丰社主任姚国彬在讨论会上信口说，他们社里有一块试验田，每亩平均收了 3000 多斤。不料他这一句不负责任的话，却引起了该社所在的禹谟区领导的注意，乃指定该社总结这一高额丰产"经验"。姚国彬看到事情弄假成真，回到社里后就与青年生产队队长余品贵、驻社干部石寿仁商量对策，将错就错地把社里一块产量最高的糯稻田冒充粳稻田。这块田有 2.69 亩，1957 年共收毛谷 10 石多，折合成毛谷为 5100 多斤，按 80% 的比例折合成干谷为 4080 斤，平均亩产 1516.7 斤，这本来是当年贵州最高的亩产量了，但离 3000 多斤这个数字还相差很远，只好编造了亩产 3025 斤这个数字。②

（二）高产"卫星"正式升空

在虚报浮夸已经出现的情况下，中共中央和国务院在这年 4 月 7 日，下发了《关于召开全国农业社会主义建设先进单位代表会议的通知》，提出为了交流经验，表扬先进，学习先进和赶上

---

① 《湖北省委关于争取五年内实现粮、棉、油增产的十年规划》，1958 年 2 月 16 日。

② 《贵州民丰社"青年试验田单季稻亩产 3025 斤"的真相》，《内部参考》第 2436 期，1958 年 3 月 15 日。

先进，争取在三年内基本改变中国农村的面貌和在全国范围内提前实现全国农业发展纲要（修正草案），决定于 1958 年冬季，在北京召开全国农业社会主义建设先进单位代表会议。

该通知规定了派代表出席这次会议的具体条件：凡是在 1958 年粮食或者棉花的亩产量全县（市）平均到达和超过全国农业发展纲要（修正草案）所提出的指标的县（市），都可以派代表出席会议。按照全国农业发展纲要（修正草案）中关于粮食亩产指标的规定，属于 800 斤地区的乡、农业合作社和国营农场，粮食亩产平均达到 2000 斤；属于 500 斤和 400 斤地区的乡、农业合作社和国营农场，粮食亩产平均达到 1000 斤的；以及不论任何地区皮棉亩产平均达到 200 斤的乡、农业生产合作社和国营农场，都可以省、自治区、直辖市为单位，共同选派若干代表出席。此外，长年水旱灾害比较严重的地区，凡在 1958 年实现了水利化，基本上消灭了通常水旱灾害的县（市），以及在 1958 年完成了绿化或者除"四害"任务的县（市），也都可以派代表出席会议。

这个文件的下发，在一定程度进一步加剧了农业领域本已出现的虚报浮夸现象，加之随后各地相继进入夏收时季，于是，各种高产消息接二连三地传了出来。

1958 年 4 月底，湖北省襄阳专区宣布，预计当年 1000 万亩夏收作物平均每亩产量能达 300 斤左右，全区总产量可达 30 亿斤上下，比 1957 年夏收作物增产一倍以上，相当于 1957 年全年粮食产量的 75%，比新中国成立前夏收作物的产量增加十倍多，超过原来计划 50%。其中光化、襄阳、枣阳等县夏收作物粮食产量，都可超过 1957 年全年粮食产量。全区约有 20 万亩小麦可以亩产 1000 斤上下；谷城县还有 300 多亩预计每亩可以收到小麦

2000 斤左右。①

这个预计的"大丰收"很快变成了现实。一个多月后，襄阳专区再度宣布：专区有 700 亩小麦已收割完毕。根据各地验收的情况来看，绝大部分达到和超过了预计产量，涌现了大批高额丰产典型。过去，这里小麦亩产千斤只是个别现象，而 1958 年，这种情况就普遍得多了，甚至创造了亩产小麦 1500 斤以至 2000 斤以上的"奇迹"。谷城县有 97 亩小麦突破了千斤大关，其中有 29 亩 5 分小麦平均亩产达到了 1500 斤到 2000 斤。沈湾乡乐民社第一生产队队长蓝世忠种的 1 亩 1 分小麦试验地，亩产竟达到了 2357 斤。②

同年 6 月 8 日的《人民日报》报道说：河南省遂平县卫星农业社 1958 年有 5 亩小麦每亩平均实产 2105 斤，它比 1957 年湖北省房县双河农业社创造的全国小麦亩产最高纪录 1540 斤多 565 斤。这个奇绩是这个社中共党委副书记王丙寅等同志和第二生产大队二分队社员合作培育的丰产试验田里创造出来的。报纸在报道时特地使用了《卫星社坐上了卫星 五亩小麦亩产 2105 斤》的标题，自此之后，这些高产典型就有了一个特殊的称呼——"卫星"，而宣布"卫星"消息则被称为"放卫星"。

仅仅过了四天，卫星社又放出了一颗更大的小麦"卫星"。新华社在其通讯稿中说："河南省遂平县卫星农业社第二生产大队 5 亩小麦平均亩产 2105 斤的消息传开以后，这个社的小麦经过继续打场脱粒，10 日第一大队二分队又有 2 亩 9 分地总产量达到 10238 斤 6 两，平均每亩亩产 3537 斤 7 两 5 钱，比二大队的最高产量每亩多 1432 斤，超过这块地去年每亩亩产 750 斤的三

---

① 参见《襄阳专区夏收作物增产一倍已成定局 二十万亩小麦亩产可达千斤》，《人民日报》1958 年 4 月 29 日。

② 参见《襄阳专区小麦大面积丰产》，《人民日报》1958 年 6 月 9 日。

倍多。"

自此之后，各类"卫星"争相放出。7月23日，国家农业部授权新华社宣布：1958年夏收粮食作物空前丰收。播种面积53900余万亩，总产量达到1010亿斤，比1957年夏收粮食作物增产413亿斤，即增长69%，平均亩产187斤，比1957年增长70%。在夏收粮食作物中，冬小麦的播种面积35600余万亩，总产量达到689亿斤，比1957年增产279亿斤，增长68%。平均亩产193斤，比1957年增长71%。1958年中国小麦产量至少超过美国小麦产量40多亿斤。

农业部还宣布了一批小麦高额丰产的县市和高额丰产田。丰产县市有：亩产达600斤以上的有湖北的谷城县，河南的孟县；亩产500斤以上的有河南的偃师、博爱、夏邑、西平、襄城、鲁山、商丘市、淅川、杞县，河北的藁城，湖北的襄樊市等11个县市；亩产达400斤以上的有河南的洛阳市、通许、沈丘、长葛、温县、西峡、安阳、武陟、遂平、安阳市等10个县市，陕西的西安、汉中、咸阳、长安、周至、高陵、鄂县（今户县）等7个县市，河北的正定、石家庄市、邢台市、抚宁、安国等5个县市，湖北的襄阳、宜城二县，四川的郫县。据山西、河北、山东、河南、陕西、江苏、安徽、湖北等省不完全统计，亩产1000斤以上不足2000斤的有754300多亩；亩产2000斤以上不足3000斤的有4236亩；亩产3000斤以上不足4000斤的有267.47亩；亩产4000斤以上不足5000斤的有24亩。河南省西平县和平农业社社长陈颜理、第四队队长冯富耀2亩试验田平均亩产达7320斤，创1958年全国冬小麦最高丰产纪录。①

7月23日，《人民日报》配发了《今年夏季大丰收说明了什

---

① 参见《中华人民共和国农业部1958年夏收粮食作物生产公报》，《新华半月刊》1958年第15期。

么?》的社论,宣布:"我国小麦产量超过美国跃居世界第二位了。我国小麦增产速度是古今中外历史上所没有的,更是资本主义国家所望尘莫及的。""我们现在已经完全有把握可以说,我国粮食要增产多少,是能够由我国人民按照自己的需要来决定了。""只要我们需要,要生产多少就可以生产多少粮食出来。"

主管农业的中共中央政治局委员谭震林随后公开撰文称:"夏季丰收证明,我国粮食增产速度不仅可以是百分之十几、百分之几十,而且可以是成倍地增长。""在三年至五年内,全国人民将有足够的口粮、足够的饲料,足够的工业用粮和足够的储备粮。我国人民在粮食、肉类、油脂、食糖、布匹等按人口平均的消费方面,赶上世界上生产水平最高的资本主义国家,已为期不远了。"①

进入8月之后,"卫星"就更多也更大了。据不完全统计,仅《人民日报》这年8月报道的粮食高产"卫星"(按报道先后)就有:

安徽濉溪县卧龙社罗全珍队1.13亩早稻,共收干谷7227斤,平均亩产6395斤;安徽枞阳县石马乡高丰社早稻亩产16227斤13两(8月上旬)。

湖北麻城县麻溪河乡建国第一农业社,1.016亩早稻试验田,总产量为干谷37547斤,亩产干谷36956斤;安徽阜南县耿集乡东风农业社青勇大队刘小庙生产队,一块1.073亩的玉米丰产试验田共收干玉米5488斤,平均亩产5114斤9两;河南夏邑县张集乡火箭一社丁里梨元村丁洪声生产队的1.1亩玉米试验田,经过实打实秤后总产14163斤,合亩产12875斤(8月中旬)。

安徽无为县官镇乡官镇社1.04亩中稻,实收干谷21514.5斤斤,平均亩产20687斤;安徽繁昌县峨山乡东方红三社1.03亩中

---

① 《论我国今年夏季的空前大丰收》,《人民日报》1958年8月11日。

稻共收干稻 4436713 两，平均亩产 43075 斤 9 两；安徽阜阳县阜泉十九社高梁亩产 3897.9 斤；四川泸县石龙乡庆丰农业社 1 亩高梁地，净收 5333 斤，比去年亩产 550 斤增加 8.7 倍；甘肃康县窑坪乡和平农业社 1 亩洋芋（马铃薯）实收 106378 斤半（间种玉米折合洋芋 14000 斤尚未计入）；山西大同市口泉区永定庄永丰农业社莜麦亩产 1002 斤 7 两；山东省寿张县城关乡北台农业社亩产干谷 10546 斤 15 两；河南商丘县谢集人民公社 1.1658 亩玉米，亩产 22489 斤；山东省寿张县台前农业社谷子亩产 21787 斤；河南商丘县谢集人民公社 1.124 亩玉米实收 28903 斤 12 两，平均亩产 25715 斤 1 两（8 月下旬）。

8 月 27 日，《人民日报》发表文章，声称"人有多大的胆，地有多大的产"。文章说："今年寿张的粮食单位产量，县委的口号是'确保双千斤，力争三千斤'。但实际在搞全县范围的亩产万斤粮的高额丰产运动。一亩地要产五万斤、十万斤以至几十万斤红薯，一亩地要产一、两万斤玉米、谷子，这样高的指标，当地干部和群众，讲起来像很平常，一点也不神秘。一般的社也是八千斤、七千斤，提五千斤指标的已经很少。至于亩产一、两千斤，根本没人提了。"

进入 9 月后，"卫星"就放得更热闹了。《人民日报》报道的比较大的粮食"卫星"有：四川郫县友爱乡第九农业社，中稻亩产 82525 斤；青海柴达木盆地赛什克农场第一生产队，小麦亩产 8585.6 斤；河南商丘县王楼人民公社第八生产队，亩产玉米 35393 斤；河南沈丘第十二人民公社郭庄大队第六生产队，亩产高梁 22720 斤；山东临沂县涑河乡南光明二社，亩产大豆 4517.12 斤；福建晋江县金井乡集力农业社塘边村欧自强生产队，亩产花生 26968.12 斤；等等。尤其值得一提的是，9 月 18 日的《人民日报》还报道了广西环江县红旗人民公社，获得中稻平均亩产 130434 斤 10 两 4 钱的高产新纪录的消息，这也是该报报道的最大一颗水稻"卫星"。

1958 年 8 月，中共中央政治局在北戴河召开扩大会议。会后新华社发表的新闻稿正式向全世界宣布：1958 年农业生产的"大跃进"，将使中国粮食作物的总产量达到 6000 亿斤至 7000 亿斤，比 1957 年增产 60% 至 90%，全国每人占有粮食的平均数将达到 1000 斤左右。① 9 月 30 日，新华社再次发布消息："小麦、水稻和早秋玉米等夏秋粮食作物已经普遍丰收，不久即将收获的薯类作物和南方晚稻、北方晚秋也呈现一片丰收景象，今年我国粮食获得了全面的大丰收，总产量将达到七千亿斤以上的空前纪录。这比 1957 年的粮食总产量（三千七百亿斤），跃进增产了一倍左右。"②

1958 年 11 月 16 日，谭震林和农业部部长廖鲁言向中共中央报送了《关于农业生产和农村人民公社的主要情况、问题和意见》，提出："根据西安、广州、南京、呼和浩特四个分片农业会议的预计，一九五八年粮食总产量是八千五百亿斤。这是经过各省、市、自治区压缩后的数字，压缩的幅度一般是比地、县委报的数字少百分之十到三十。""下面报产，有浮夸虚报的，也有隐瞒产量的。经过省、地、县三级打了些折扣，八千五百亿斤左右是比较可靠的；退一步讲，总不少于七千五百亿斤，可以照此数公布。这比一九五七年的产量三千七百亿斤翻一番，还稍多一点，这是很大的跃进。这一点必须肯定，不能因为少数的虚报浮

---

① 参见《中共中央政治局扩大会议提出今年宏伟目标 为生产一千零七十万吨钢而奋斗》，《人民日报》1958 年 9 月 1 日。

② 《五亿农民高举粮食帅旗 一年实现十年增产指标》，《人民日报》1958 年 10 月 1 日。

夸现象以及某些缺点错误而动摇这个总的估计。"①

12 月 7 日，中共中央批转了这个报告。12 月 18 日，《人民日报》发表中共八届六中全会公报：1958 年中国国民经济的发展，获得了空前伟大的胜利，粮食将由 1957 年的 3700 亿斤增加到 7500 亿斤左右。② 其实，这 7500 亿斤是在虚报浮夸的基础上统计出来的，根据国家统计局后来的核实，1958 年的粮食总产量实际只有 4000 亿斤。

（三）"卫星"为何能上天

那么，1958 年那些"卫星"是如何发射升空的呢？看一看当时河南西平县和平农业社小麦亩产 7320 斤这颗"卫星"的产生经过，就可知其大概。

对于这颗"卫星"的发射情况，1958 年 7 月 12 日的《人民日报》作了如下报道：河南省西平县城关镇和平农业社第四队 2 亩小麦丰产试验田，总产 14640 斤，平均亩产 7320 斤。这是河南省今年麦收中放出的小麦亩产 3000 斤以上的第 29 颗"卫星"。这 2 亩小麦长的特别好，穗大且长，籽粒饱满，稠密均匀，每亩平均 1486200 株，密得老鼠也钻不进地。最大的麦穗有 130 粒，一般的麦穗有七八十粒，最小的麦穗也有 50 粒左右。这 2 亩小麦是 6 月 18 日收割的。全队 12 人从上午 5 时到夜 12 时才割完，实割 19 个小时，每人平均只割 1 分 6 厘 6 毫。6 月 21 日起，这 2 亩麦开始打场。头遍是单打的，共打了 5 天、5 场。6 月 26 日起开始扬场、晒麦。7 月 1 日过秤入仓。总计头遍共打了 14040 斤。

---

① 中共中央文献研究室编：《建国以来重要文献选编》第 11 册，中央文献出版社 1995 年版，第 585—586 页。

② 参见《中国共产党八届六中全会公报》，《人民日报》1958 年 12 月 18 日。

第二遍场是和一般麦混打的，根据推算共打了600斤。

这颗大"卫星"实际上是这样制造出来的：1958年6月18日，与西平县邻近的遂平县嵖岈山卫星农业社（也叫卫星集体农庄）放出了小麦亩产3520斤的"卫星"。这时，中共信阳地委第一书记（西平时属信阳地区，今属驻马店市）对西平县委第一书记说，西平的条件比遂平好，亩产一定要超过遂平。根据地委领导的指示，1958年7月初，西平县委召开四级干部会议，中心议题是解决小麦高产数字的问题。会上，县委领导要各农业社自报产量。该县的和平农业社属于高产区，开始报了亩产200斤，县委领导对此很不满意。于是，又相继报出了400斤、600斤、800斤，但仍离遂平的3520斤相差太大，一直没有得到县委领导的认可。最后，和平社大着胆子报出了亩产1100斤，这才勉强过关。随后，西平县委召开庆丰收大会，对和平农业社进行表彰奖励。

虽然和平社大着胆子报出了小麦亩产1100斤，但这个数字还不到遂平小麦"卫星"产量的三分之一。为了放出超过遂平的"卫星"，西平县又召开四级干部会议，会议的内容还是报小麦产量。会上，县委第一书记反复介绍了遂平小麦亩产3520斤的高产"经验"，并大讲"思想有多高，产量就有多高"的道理。尽管如此，在大会上各农业社仍然不敢再往高报。于是，县委领导就采取个别鼓动的办法，召开以往产量较高的和平、猛进两个农业社的负责人开座谈会，动员这两个社报产量。开始时，猛进社只报了300斤，县委领导坐在一旁不吭声。两个农业社的负责人一看气氛不对，就不断地将产量往高报，猛进社一下报出了亩产7201斤。这时，和平社所在的城关镇党委书记立即鼓动和平社再报高一点。在这种情况下，和平社社长报出了7320斤。这样，座谈会才算结束。

紧接着，和平农业社开始找亩产7320斤的"依据"，办法是按小麦的颗数、穗数、粒数进行推算，先算出一斤小麦有多少粒，再算出一穗有多少粒，一颗有多少穗，最后算出一亩地有1486200穗，每穗平均75粒，可收7560多斤。随后，和平社组织全社的整、壮劳力，套了两辆大车，从全社12个生产队拉来了14640斤麦子（平均每亩7320斤），全部堆放在那块所谓的"试验田"里，然后向县委报喜，县委再组织所谓的"验收"。随后，《河南日报》《人民日报》等报纸相继报道了和平社小麦亩产7320斤的消息，并由此吸引了全国24个省市的参观者，前后达3个月之久，以至苏联和捷克斯诺伐克政府还专门来信，要求中国有关方面介绍西平县小麦"丰产"的"经验"。

1958年确是新中国成立以来少有的风调雨顺之年，这年粮食也确实获得了较好的收成，但1958年全国实产粮食只比1957年增产了300亿斤，但远不及当时正式宣布的7500亿斤。由于浮夸风的影响，认为粮食产量可以大幅度提高，从此耕地也就不需要那么多了，导致安排1959年农业生产时较大幅度地减少了粮食播种面积，成为1959年粮食总产量比1958年减少600亿斤的重要原因。

五、教科文卫"大跃进"

（一）"大跃进"中"教育革命"

1958年的"大跃进"是全方位的，教育领域的"大跃进"，首先是从三件事情上开始的：一是勤工俭学，二是群众办学，三是扫除文盲。

1958年1月20日，《人民日报》报道河南长葛县第三初级中学和贵州仁怀县群力农场业余初级中学勤工俭学的情况，并发表社论说："在各级学校中推行勤俭求学的办法，是革新学习风气，进一步促进我国教育事业蓬勃发展的一件大事。""实行这种一面劳动、一面读书、勤工俭学方法的更主要的更深远的意义，还在于通过劳动养成牢固的劳动观念和劳动习惯。增加学生的生产知识和生活能力，并进而提高学生的政治思想觉悟。"

本来，勤工俭学应当在不影响正常的学习的前提下进行，但是《人民日报》的社论却断定："有些持有资产阶级教育观点的人，强调什么参加体力劳动会影响学校的'正常秩序'和影响'学生的学习'。他们不支持学生勤工俭学，而是指手划脚地多方面指责；他们只注意知识传授，忽视思想教育，只注意课堂教学，忽视同实际生产劳动的结合。"① 这样一来，对待勤工俭学的态度，就变成了无产阶级与资产阶级在教育方面的一个分界线。由于片面强调教育与生产劳动相结合，学校过多地组织师生参加各种生产劳动，使课堂教学和基础理论的学习受到很大冲击。

与勤工俭学相联系，还兴起了一股群众办学之风。各地纷纷动员群众自己办学，并将其纳入求多求快的轨道，完全不顾条件，不讲质量，一哄而起。据15个省市统计，1957年，群众自办的小学25600多所，1958年上半年，全国各地自办的中学就达68000多所。不仅自办小学、中学，而且自办大学。全国农村还出现一股大办红专大学的热潮。所谓红专大学，其实就是农民业余学校。1958年10月1日，《光明日报》以《数十万红专学校和红专大学在农村建立》为题，报道了全国红专学校的发展情况。报道说，据不完全统计，农村中的红专学校和红专大学已达34.9万余所，参加学习的达2000余万人。② 不过，对于这些数

① 《两个好榜样》，《人民日报》1958年1月20日。
② 参见《数十万红专学校和红专大学在农村建立》，《光明日报》1958年11月9日。

据自然不可当真，当年的所谓红专大学，多数不过是挂上一块牌子而已。

　　扫除文盲的工作也同勤工俭学、群众办学一样，兴起了"跃进"高潮。1958 年 2 月，《人民日报》报道黑龙江宁安县两年扫除文盲的消息。在为此配发的社论中，"保守思想"被当作扫盲工作的"障碍"。社论说："几年来扫除文盲工作中，曾经反对过消极保守，也反对过盲目冒进，今天又提出了跃进，是不是又在盲目冒进呢？肯定的回答，不是盲目冒进，因为今天提出扫除文盲的跃进，是根据几年来扫除文盲的经验，当前扫除文盲工作的条件和我国经济建设、文化建设的需要。绝不允许人们以反对冒进作为保守思想的护身符。"① 这年 2 月 27 日至 3 月 6 日召开的十八省市扫盲先进单位代表会提出，在"二五"期间基本上扫除青壮年文盲，在两三年内基本上扫除职工和干部中的文盲，5 年内基本上扫除农民和市民中青壮年文盲。这个指标比"农业发展四十条纲要"规定的时限提前了 7 年。而实际展开的"扫盲大跃进"，则比这个指标更为令人瞠目。会议结束后不到两个月，《人民日报》的消息就说全国范围内已有 137 个县基本上扫除了文盲，黑龙江省则全省基本扫除了文盲。② 10 月 1 日，《人民日报》在报道中宣布：从 1 月到 8 月底为止，全国共扫除文盲 8900 多万人，比过去八年中扫除文盲总数还多两倍，全国已有 67.2% 的县市基本上消灭了文盲，认为这是"教育史上亘古未有的奇迹"。③

　　1958 年"大跃进"高潮中，曾有大批高等院校和中专学校下放给地方管理，并将建立高校的审批权也下放给省、市、自治

---

　　① 《掀起规模壮阔的扫盲大跃进》，《人民日报》1958 年 3 月 7 日。

　　② 参见《用革命精神扫除文盲》，《人民日报》1958 年 5 月 20 日。

　　③ 参见《开创教育史上亘古未有的奇迹》，《人民日报》1958 年 10 月 1 日。

区，结果造成高校发展失控，使高等学校在数量上确实来了一个"大跃进"。从这年4月到5月底，据不完全统计，江苏、广东、吉林、湖南、福建、浙江、江西、河南、河北、黑龙江、陕西、辽宁、贵州、甘肃、湖北、山西、北京等17个省、市，新举办的大学、专科学校达130多所。① 全国高等学校的数量，由1957年的200多所上升到1000余所，新办高等学校800余所，在校学生人数比1957年增加三分之二。

教育领域的"大跃进"，不仅表现在勤工俭学、群众办学和扫除文盲这几件事情上，更多地还表现在教育方针、教育政策、教育制度、教育方法等方面。毛泽东一直对现行教育体制不满意，认为"资产阶级知识分子统治教育"的现状需要改变。1958年8月，中共中央政治局候补委员、国务院副总理、中共中央文教小组组长、中共中央宣传部部长陆定一发表文章《教育必须与生产劳动相结合》，传达了毛泽东关于现行教育大改造的意图。

文章说：中国共产党的教育方针，向来就是，教育为工人阶级的政治服务，教育与生产劳动相结合。这个方针，是同资产阶级的教育方针针锋相对的。资产阶级的教育，是为资产阶级的政治，即为资产阶级专政服务的，是同无产阶级专政不相容的。"在社会主义制度之下，资产阶级不敢直接地公开地提出要教育受资产阶级政治家的领导，要教育成为反对无产阶级专政的工具，它只能提出'教育由专家领导'、'为教育而教育'的虚伪的骗人的主张，来达到反对教育为无产阶级专政服务的目的。所以在我们的社会主义国家中，资产阶级的教育方针表现为：为教育而教育，劳心与劳力分离，教育由专家领导。"② 文章提出要进行一场教育革命，实现教育与劳动的结合，而这场革命是一个

---

① 参见《地方和群众大办高等学校》，《人民日报》1958年6月13日。
② 《教育必须与生产劳动相结合》，《人民日报》1958年9月2日。

大破大立的过程。

9月19日，中共中央、国务院发出《关于教育工作的指示》，提出"党的教育工作方针，是教育为无产阶级的政治服务，教育与生产劳动结合"，"教育工作必须由党来领导"。该指示确定了既不符合教育规律又不现实的教育工作发展的指标："全国应在三年到五年的时间内，基本上完成扫除文盲、普及小学教育、农业合作社社社有中学和使学龄前儿童大多数都能入托儿所和幼儿园的任务。应当大力发展中等教育和高等教育，争取在十五年左右的时间内，基本上做到使全国青年和成年，凡是有条件的和自愿的，都可以受到高等教育。我们将以十五年左右的时间来普及高等教育，然后再以十五年左右的时间来从事提高的工作。"①

"教育革命"对教材、课程、学制以至整个教育制度都要实行大改造。各个学校普遍搞起了"教学改革"。如北京师范大学搞"教学改革"运动，学生和教师共同编写教学大纲和讲义。全校10个系的高年级学生成立了256个教学改革小组。学生和教师发生意见分歧时，学生就设立"擂台"，和教师分头准备提纲，然后讨论，共同制定新的教学大纲。有的则采取"唱对台戏"的办法，学生和教师的大纲都摆出来进行评比，展开辩论。据报道，该校学生共编出教学大纲169份，教学计划47份，在一个月左右基本上完成127门课的教学大纲的改革。②

"教育革命"还有一个重要内容，就是大中学校大办工厂。1958年11月1日起，教育部和共青团中央在北京联合举办了教

---

① 中共中央文献研究室编：《建国以来重要文献选编》第11册，中央文献出版社1995年版，第490、498页。

② 参见《大破大立 新代陈谢 北京师范大学实行党委、专家、学生三结合制定新的教学大纲》，《人民日报》1958年7月17日。

育与生产劳动相结合展览会。尽管当时宣称，办展览会的目的，"在于检阅贯彻执行党的路线方针的成就"，而实际所展出的，主要是高等学校和普通中小学近期来生产劳动的成果。展览会筹备委员会的开幕词说：几个月来，据 20 个省、自治区、市不完全统计，21126 所中等、高等学校，共办大小工厂、作坊 10 万个，共办大小农场 1 万多个，种植面积 250 万亩。①

（二）科学研究中的浮夸之风

在全国各行各业全面"大跃进"的感染之下，一向严谨的科学界也出现了许多豪言壮语，提出一系列的高指标。1958 年 2 月，批评"反冒进"的南宁会议刚刚开过，中国科学院就在北京举行各研究所所长会议，部署科学工作的"大跃进"。在会上，一些研究所的负责人当场就提出了本所的跃进规划。精密光学仪器研究所负责人提出，以第二个五年计划的大部分时间来掌握世界上光学机械仪器方面的主要成就，在第二个五年计划的后两年开始制造新仪器，到第二个五年计划末接近世界先进水平，在第三个五年计划的前三年与世界先进水平犬牙交错地前进。石油研究所负责人表示，在五年至七年之后，中国在页岩油、水煤气合成石油生产方面将远远超过英国、西德和美国，这两方面的科学研究工作自然也应达到国际水平。

这年 5 月 15 日，也就是八大二次会议尚在召开之际，中国科学院向会议报告了全院的跃进计划，包括 24 个方面的任务，其中直接为工农业等国民经济服务的项目有 18 项，有 4 项明确提出要赶超世界先进水平。

也就在此时，中科院北京地区的科研人员，纷纷提出跃进规

---

① 参见《教育与生产劳动相结合展览会会刊》，教育与生产劳动相结合展览委员会 1958 年编印，第 26 页。

划。生物学研究人员在跃进规划中提出，三年内基本扑灭稻瘟、小麦锈病、棉花黄萎病和枯萎病、马铃薯晚疫病和退化病、油菜和烟草的花叶病、苹果的腐烂病等；六年内培育出适合华北地区栽培的抗锈、抗倒伏、丰产冬小麦新品种；一年内研究出华北地区水稻和其他谷类植物的田间化学除锈方法。土壤和气象研究人员提出，要研究人工控制和调节西北高山区冰川积雪融化的速度和时间，并在部分地区试验人工降雨消雹，以期五年内扩大河西走廊的灌溉面积，在八年内扩大柴达木、新疆的灌溉面积。化工冶金所、化学所、电子计算机所、动力研究室等，也都分别提出了各自的跃进规划。

八大二次会议之后，科学"大跃进"取得的"重要成果"甚至是"国际先进水平"的成果，也不时见诸报端。

7月1日，新华社发布消息："首都科学界向党汇报成果，许多研究项目超过英美水平。"其中，中国科学院应用物理研究所对于半导体晶体管的研究成果，是当时世界上功率最大、频率最高的半导体晶体，它比美国的同类产品的频率还要高。此产品是这个所在20天内突击完成的。化学所研究出了"尼龙9"，而国外还没有正式生产。地质所对于岩石分析、钶钽铁矿分析、独居石分析、锂云母分析等研究成果以及远距离操纵，自动化研究所的无触地远距离信号设备、脉冲频率制远测设备"也大大超过了英美水平"。

同一天，中共中国科学院机关党委召开第二次代表大会，北京地区各研究单位共向大会献出研究成果300余项，"其中超过国际水平和达到国际水平的共有25项"①。只过了四天的时间，也就是会议结束的时候，献出的研究成果达到了972项，"其中

---

① 《北京科学机关献出宝贵科学成果庆祝党的生日》，《光明日报》，1958年7月2日。

一百零七项达到或超过国际水平"。①

7月8日，上海举行科学技术研究工作跃进展览会，上海地方工业、上海高校、中国科学院和中央各部委在上海的研究机构共60个单位参展，共展出实物、图片、图表2600多件，"其中有四百四十多项已经赶上或超过了国际先进水平。许多研究成果说明，上海在一些基本工业生产上已经掌握了现代尖端技术"。②

10月上旬，中国科学院召开国庆献礼祝捷大会，各研究单位共献出了三个月的时间完成的2152项科学成果。"经过调查和鉴定，其中超过世界水平的有六十六项，达到世界水平的有一百六十七项。"其中有"不但能作数天以内的短期和中期天气预报，三个月的长期天气预报也已初步研究成功"的气象研究成果；有"空用飞机把一种化学物质撒在白云上，不久就在十平方公里的面积上下了二十分钟雨"的人工降雨成果；也有"人工控制高山上冰雪溶化的方法，可以控制溶化的时间和数量"的成果，还有"用化学方法使煤或煤气直接发出电来，不必用马达和发电机，而且可以大大提高煤的利用率"的成果。③ 不过，对于上面这些报道，千万不要去较真，此时各行各业都在大刮浮夸风，大放"卫星"，就连神圣的科学事业中也出现了吹牛皮、说大话的现象。

高等学校的科研也在"大跃进"。清华大学在"七一"前夕

---

① 《中国科学院举行党代表大会 决定加强党对科学工作的领导》，《人民日报》1958年7月6日。

② 《技术革命果实累累 上海市许多基本工业掌握了现代尖端技术 四百多项科学研究成果赶上国际先进水平》，《人民日报》1958年7月9日。

③ 参见《二百多项尖端科学技术 达到或超过了世界水平》，《人民日报》1958年10月5日。

试制成 90 多种新产品，内有 60 多种产品达到国内先进水平，"许多产品还达到和超过世界先进水平"，其中有电机系设计和制成的非线性电子模拟计算机、宽频脉冲发生器、防雷分析仪、仪表用放大设备、移相自耦变压器和毫秒量测仪等，无线电系制成的电视设备、脉冲示波器、真空系统及量测仪器等。①

北京大学自称在半个月内完成 680 项科研项目，超过了过去三年科研项目的总和，其中 100 多项是尖端技术科学，有 50 多项达到国际先进水平，而这一消息，是由中国最权威的通讯社新华社发布的。半个月之后，有报道说北京大学的科研成果达到了 3406 项，其中"达到或超过国际水平"的有 119 项，属于国内首创的有 981 项。而 1952 年至 1956 年四年间，北京大学订出的科研项目只有 100 项，1956 年至 1957 年也只有 400 项。而这 3400 多项成果，从 8 月 1 日开始算起，只用了 40 天的时间。北京大学的科研"卫星"放出之后，捷克斯洛伐克向中国有关部门提出，希望中方提供北大已经达到"国际水平"的科研成果的清单、技术报告和资料。中国有关部门碍于兄弟国家的情面，只得要求北京大学提供相关材料，结果可想而知。

半年之后，北京大学对 1958 年科学"大跃进"中完成的达到"国际水平"的 227 项科研项目中的 186 项进行检查。检查的结果是发现有三类情况：第一类，有比较充分的根据说明的确达到国际先进水平的有 34 项，占检查项目总数的 18%；第二类，有一定的根据列为国际水平，但根据不充分、不确切的项目 121 项，占总数的 66%；第三类，当时不应该列为国际先进水平，现在看来也不够国际先进水平的有 31 项，占总数的 16%。即使如此，这些数字的真实性恐怕仍有折扣。

---

① 参见《清华大学试制成九十多种新产品》，《人民日报》1958 年 7 月 1 日。

《人民日报》在一篇报道中说,从 8 月下旬以来,全国原有的 200 多所高等学校,都开展了"迎接国庆,大闹科学"的群众性运动,"一个多月来取得辉煌的胜利",仅据北京、重庆、天津、西安、上海、合肥等地 48 所高等学校不完全的统计,已经完成的科学研究题目达 15500 多项,有 19 所学校到"十一"国庆前还要再完成 6700 多项。据 7 个高等学校不完全的统计,"其中达到或超过国际水平的项目达四百三十多个,首都三十多所高等学校属于尖端技术科学领域的有二千多项"。①

在"大跃进"的高潮中,许多离奇荒诞的"科学发明"也纷纷见诸报端:广东新会县共青团员周汉华,采用水稻与高粱杂交创造出远缘杂交的"成功经验"。这种水稻"茎秆粗大得像小指那么大,剑叶又长又硬又阔,比普通禾苗宽一倍多,根群扎得特别深和发达,谷穗达九寸多长,一穗分十二至十六个穗枝,大穗达四百多粒谷,平均每穗也有三百粒。这个种在杂交前穗长只六寸,每穗仅一百二十至一百三十粒"。② 获得这种"成功经验"的还有广西玉林县师范学校工人蒋少芳,据说他在校园的 0.45 亩土地上进行同类试验,可收谷 1600 多斤,折算成每亩产量可达 3500 多斤。③ 随后,蒋少芳又将水稻与玉米"嫁接成功",获得了第一代"玉米水稻"杂交新品种。④

这样的"发明创造"还有很多:陕西朝邑县东升农业社社员聂积善,"通过小麦和玉米杂交的方法,经过两代的试验,初步培育出一种颗粒大、成熟期短的小麦新品种"。这个社还成立了

---

① 参见《全国高等学校的日日夜夜》,《人民日报》1958 年 9 月 23 日。

② 《水稻与高粱杂交良种培育成功》,《人民日报》1958 年 6 月 19 日。

③ 参见《又一个水稻和高粱杂交品种》,《人民日报》1958 年 6 月 26 日。

④ 参见《蒋少芳培育稻种二三事》,《人民日报》1958 年 8 月 27 日。

"科学研究小组"，除继续培育小麦新品种外，已着手研究新的项目：棉花和葡萄嫁接、豌豆和扁豆杂交、红薯和洋芋杂交等。① 陕西醴泉、朝邑、长安、武功等地农民还进行了棉花和玫瑰花或葡萄，南瓜和番茄、豌豆、扁豆，小麦和大麦等互相嫁接或杂交的试验。而西安市沙浮沱农业社 66 岁的社员赵丙衡，用靠接和接穗的办法，把棉花接在椿树上，已经开花结桃。② 北京农业大学培育的"农大黑"母鸡下的蛋一个有三两还多。河南省遂平县和兴管理区阎友用谷子和高粱嫁接培育出来了"高粱谷"，穗形像蒲棒，籽粒像谷子，吃起来又甜又粘。③ 山东省园艺科学研究所的王立治将苹果的幼果，嫁接在正在生长期间的南瓜上，苹果的果形、色、味和大小都与树上所结无异，南瓜的生长也未受到影响。④ 山西省解虞县卿头小学六年级学生尚马朝，大胆试验，把番茄与马铃薯嫁接成"两层楼"植物；又把棉花嫁接在向日葵幼苗上，培育出黑色的棉花。⑤

在这场全面"大跃进"中，社会科学研究也取得重大"跃进"成果：中国人民大学只用了一个多月的时间，全校师生员工研究的项目和写出的论文共有 4058 篇，相当于建校八年来所完成的科学论文总和的 4 倍以上。中央民族学院的师生同样创造出了"奇迹"，只花了十几天的工夫，就编写了藏汉、汉藏、汉维、维汉、蒙汉、僮汉、柯汉等七部口语词典。西北大学历史系考古

---

① 参见《农民学科学　敢想又敢做　小麦新品种》，《人民日报》1958 年 7 月 13 日。

② 参见《大量普及　迅速提高　陕西争取科学工作在短时间内达到世界水平》，《人民日报》1958 年 9 月 19 日。

③ 参见《农展会上看"珍奇"》，《人民日报》1959 年 1 月 10 日。

④ 参见《苹果寄生在南瓜上》，《人民日报》1958 年 12 月 1 日。

⑤ 参见《尚马朝敢想敢干创奇迹　培育出"两层楼"植物和黑棉花》，《人民日报》1958 年 8 月 5 日。

班的学生，经过两个月苦战，完成了 50 万字的《中国历史考古学》初稿。① 中南政法学院的 1000 余师生，三个月的时间写出了 3000 篇论文，其中 95% 是学生写的，而该院 1956 年和 1957 年，全院师生才写出论文 80 余篇，"大跃进"中仅三个月，就超出了过去两年论文总和的 40 倍以上。②

科学领域的"大跃进"给科学界造成严重后果。高指标、浮夸风和瞎指挥，导致了人、财、物的大量浪费，科学研究的正常秩序被打乱，科学工作者的思想更是被搞乱。在科学"大跃进"的同时，还开展所谓红专辩论、"插红旗，拔白旗"和批判所谓资产阶级学术思想，使一大批学有专长的专业人员特别是专家、学者受到错误批判，一些在"大跃进"中持有怀疑或反对态度的科研人员更是遭到严厉打击。

（三）文艺与卫生领域的"卫星"

文艺界的"大跃进"同样高潮迭起。1958 年 1 月南宁会议召开后，中国文联及各协会、研究会纷纷召开会议，讨论文艺如何适应"大跃进"的形势问题。中共中央文教小组成员、中共中央宣传部副部长、全国文联党组书记周扬提出，文艺创作要来一个"大跃进"，就必须使它更大规模地和更深程度上和工农群众相结合，作品不但在量上而且在质上都能突破过去的水平。

文化部做出了促进影片生产"大跃进"的决定。2 月 27 日，北京、上海、长春、广州、西安等电影制片厂的代表，在文化部电影事业管理局召开的全国电影制片生产促进会议上，向全国电影工作者发出增产节约倡议书，提出要在紧缩机构和人员、下放干部的情况下，充分发挥人力物力的潜力，将全年艺术片的生产

---

① 参见《师生员工著书立说》，《光明日报》1958 年 9 月 27 日。

② 参见《三个月写出三千多篇论文》，《光明日报》1958 年 9 月 27 日。

任务由原来的 52 部跃进到 75 部，比 1957 年增加 35 部；完成大型纪录片和大型科学教育片 14 部，比 1957 年增加 9 部；短科学教育片 78 部，比 1957 年增加 46 部。①

3 月 6 日，中国作家协会书记处举行扩大会议，讨论文学工作"大跃进"问题。会议提出，要组织更多的作家长期深入生活，年内应争取 1000 个以上作家到群众生活中去。总会和各地分会要抓创作规划工作。已经制订规划的作家，要根据新的形势加以补充和修改；没有制订规划的作家，要制订规划。与此同时，作协上海分会向各地分会发出竞赛倡议书。倡议书中提出了上海分会两年内要完成的创作指标：一是创作各种形式的文学作品 4000 篇。其中，长中篇小说 50 部，多幕剧本 50 部，电影剧本 30 部，长诗、诗集 40 部，短篇小说集 40 部，散文特写集 40 部，儿童文学 50 部。二是两年中创作歌词 3000 首。三是完成文学理论研究和文学史专著 12 部，讨论文学问题、评论作家和作品集 12 部，编辑中国文学批评选辑 6 种，选编现代文学思想斗争史 10 辑、现代革命文学选辑 20 辑，出版文学理论丛刊 8 辑。

在全国各行各业争相放"卫星"的感染下，文艺界的"卫星"也放出来了。1958 年 9 月 9 日，上海在中苏友好大厦举行文艺创作跃进展览会。上海"大跃进"以来取得的文艺"成果"有：群众业余创作的文艺作品 300 万字，生产影片 638 部，美术作品 6000 多件，创作剧目 2053 个，真可谓"各种形式的文艺创作都有卫星上天"②。

这年 8 月和 10 月，文化部先后召开了省、自治区、市文化局长会议和全国文化行政会议，部署了文化工作的"大跃进"，

---

① 参见《赶先进、比先进，电影界提出大跃进规划》，《今日新闻》1958 年 3 月 1 日。

② 《上海文艺创作万紫千红》，《文汇报》1958 年 9 月 9 日。

提出人人能读书，人人能写会算，人人看电影，人人能唱歌，人人能绘画，人人能舞蹈，人人能表演，人人能创作的要求。还要求文艺创作要行行放"卫星"，处处放"卫星"，层层放"卫星"。有些地方还提出每个县出一个鲁迅和郭沫若的荒唐口号。

文艺界大放"创作卫星"，最典型的就是"新民歌运动"。所谓"新民歌"，是 1957 年冬至 1958 年春兴修水利和积肥运动中农民编唱的顺口溜，内容主要是鼓舞士气、表达决心。毛泽东对这些流传于农民口中的顺口溜很感兴趣，在 1958 年成都会议上特别谈到了民歌问题，要求各省市区的负责人回去搜集民歌。他说：中国诗的出路，第一条民歌，第二条古典，在这个基础上产生出一个新东西，形式是民族的，内容应当是现实主义和浪漫主义的对立统一。

由于毛泽东对民歌的提倡，各省、市的宣传部门还专门发出搜集民歌的通知。例如，中共云南省委曾指示各地县委宣传部，要求其向县、区、乡党的负责干部说明搜集民歌意义，然后动员水库工地、农业社、工矿的干部和群众，发给 3 至 5 张纸，写和记录民歌。不能写的可找人代写，少数民族群众口述的民歌，都应加以记录和翻译。各县搜集的民歌应在一个月内送交省委。①中共江西省委宣传部亦要求全省各地党委宣传部立即组织和动员力量，深入基层搜集山歌，各县在年内须编出民歌选集 2 本到 5 本。②

随后，各地纷纷宣称已经收集到了众多的民歌。安徽称在一个多月的时间里，搜集民歌民谣近 30000 首。山东宣布自 4 月中

---

① 参见《云南省委宣传部发出通知 搜集各族民歌 丰富人民生活》，《人民日报》1958 年 4 月 9 日。

② 参见《大力搜集山歌民歌 中共江西省委宣传部发出通知》，《人民日报》1958 年 4 月 21 日。

旬发出通知到 5 月底止，全省已搜集民歌 50000 首。八大二次会议之后，郭沫若和周扬共同署名，编印了一本《红旗歌谣》，并以红旗出版社的名义于这年 11 月出版。除了《红旗歌谣》，这年全国选印出来的民歌集还有《民歌一百首》《工矿大跃进民歌选》《农村大跃进民歌选》《部队跃进民歌选》等等，仅全国各省市一级以上这年铅印出版的民歌单行本，就有近 800 种之多，印数达数千万册以上。

卫生工作也在"大跃进"。1957 年底至 1958 年初，伴随各地对全国农业发展纲要（修正草案）的宣传贯彻，曾掀起了一场以"除四害"（即消灭老鼠、苍蝇、麻雀、蚊子）为中心的、声势浩大的爱国卫生运动。1957 年 12 月 20 日的《人民日报》报道说，户户参加、人人动手的以除"四害"为中心的冬季爱国卫生运动，已在全国各地蓬勃地开展起来。那些布置动员较早的地区，"运动已普遍地推行到群众中去"，并且"获得了很大的成绩"。就是最近布置动员的省市（区），也是"积极地行动起来，处处告捷"。仅安徽省蚌埠市从 11 月 2 日开始掀起群众性的"除四害"运动突击月，到 11 月 30 日统计，全市就消灭了老鼠 26 万多只，麻雀 7 千多只，蚊蝇 5120 万个，蛆蛹 2000 多斤，其中灭鼠总数相当于去年全市全年灭鼠总数的 105%。①

进入 1958 年后，随着对所谓右倾保守思想的批判和"大跃进"的发动，许多地方纷纷提出要提前实现全国农业发展纲要（修正草案）中提出的除"四害"目标。广东省提出要在 1958 年后八年内基本上消灭"四害"，成为"四无省"，并提出了具体的时间表：1958 年发展及巩固提高试点；五年突击和普及；最后两年扫尾。山东提出的目标是在 1958 年创造基本上"三洁四无"

---

① 参见《全国冬季爱国卫生运动胜利开展》，《人民日报》1957 年 12 月 20 日。

（三洁是室内、院内、街道清洁；四无是无蝇、无蚊、无鼠、无雀）的县、市各一个，每个县也创造一个基本上"三洁四无"区，每个区要有一个"三洁四无"乡。① 河南省则修订了全省除"四害"规划，决定提前在三年内基本成为"四无"省，省属各市在1958年实现"四无"或"五无"，每一专区有三五个县实现"四无"或"五无"。②

截止到1958年2月上旬，提出要提前实现"四无"的省和直属市，已经有北京定为两年，河南定为三年，上海定为三至五年，江苏定为四年，山东、山西、浙江、福建、广东、云南、甘肃、辽宁、黑龙江定为五年，安徽定为五年至八年。决定在1958年内就实现"四无"的市和县，有江苏的南京、常州、镇江、南通，山东的济南、阳信、单县，河南的郑州、开封、洛阳、焦作、登封，甘肃的兰州，山西的屯留，河北的蠡县、河间。

这年2月12日，中共中央、国务院专门发出《关于除"四害"讲卫生的指示》，要求每一省、自治区、市，每一县区，每个乡镇，每个合作社、厂矿企业、机关、学校、部队，立即都订出自己除"四害"、讲卫生的年度计划和长期计划，并且必须按月按季对所属单位的工作状况加以检查评比通报，以便表扬先进，督促落后。指示强调，十年看三年，三年看头年，务必在年内为除"四害"打下牢固的基础，并在几年内消灭"四害"，基本上消灭危害人民最严重的疾病，使全国的卫生状况大为改观。第二天，《人民日报》全文发表了这个指示，并为此配发了《一定要在全国除尽"四害"》的社论。这个指示发出后，在全国范

---

① 参见《有领导 有规划 除尽四害》，《人民日报》1958年1月13日。

② 《河南省作出提前歼灭四害的规划 三年内基本成为"四无"省》，《人民日报》1958年2月8日。

围内进一步掀起了除"四害"运动的高潮。这场运动应当说曾取得了一定的成绩，全国城乡的环境卫生状况得到了一定的改善。但由于通过开展群众运动的方式除四害，因而存在形式主义的倾向，并且提出了一些不切实际的要求，甚至出现了较为严重的虚报浮夸。

在各行各业大放"卫星"的情况下，卫生系统也放起"卫星"来了。这年6月，中国医学科学院组织了一个肿瘤综合研究委员会，下分预防、基础、实验治疗、临床等四个综合研究小组，分别选择子宫颈癌、乳腺癌、直肠癌、阴茎癌、食道癌、肺癌、口腔癌等"作为在两年内首先予以制服的对象"，结果是"几个月来，他们已经取得了初步战果"10月中旬，中国医学科学院宣布："从根本上解除恶性肿瘤对人类的威胁，已经为期不远了"。[1]

10月中下旬，中国医学科学院召开院务委员扩大会议，"总结了三个多月以来技术革命的成就和经验"，"该院在技术革命运动中，由于树立了党的领导，贯彻了中西结合土洋并举的方针，破除了迷信，开展了科学研究的群众运动，从而出现了两千多项发明创造和技术革命。其中有一百多项达到国际水平，有四十多项超过了国际水平，有二百六十多项为国内首创。"[2]

六、农村人民公社化运动

（一）第一批公社的出现

随着"大跃进"的开展，全国人民以迅速改变中国贫穷落后

---

[1] 《降伏肿瘤　造福人类》，《人民日报》1958年10月18日。

[2] 《无产阶级卫生志气越来越高》，《人民日报》1958年10月28日。

面貌雄心壮志,以极大的热情参加各项建设事业,各行各业的确显现出一片"大跃进"的新景象。这时,人们也开始为中国描绘未来的宏伟蓝图,并考虑中国如何实现共产主义的问题。在这年3月的成都会议上,毛泽东在一位省委第一书记讲话时,曾插话说,对工业化不要看得太神秘了,对农业机械化也不要看得太神秘了。在苏联,许多事情就办好了。有葫芦,照样一画就行。机械化了,合作化就可以巩固,而中国农业机械化可以很快实现。又说,搞农业机械化,小社势必要合并一些,合并后仍然不能搞的,可以搞联社。中国实现共产主义不要100年,可以50年。他还提出了这样一个问题:可不可以先由一个省进入共产主义?在这次会议的讨论中,就有人提到逐步削弱城乡、工农差别和逐步向共产主义过渡的问题。

1958年4月下旬,刘少奇去广州向毛泽东汇报中共八大二次会议的准备情况。据刘少奇后来讲,在火车上,他与周恩来、陆定一、邓力群等人一路上吹半工半读,吹教育如何普及,吹公社,吹乌托邦,还吹过渡到共产主义。说建设社会主义这个时候就要为共产主义准备条件,要使前一阶段为后一阶段准备条件,中国搞革命就是这样的,开始搞前一步的时候,就想下一步,为下一步创造条件。中国现在搞社会主义,就要为共产主义创造一些顺利条件。此外,还吹托儿所,生活集体化,工厂办学校、学校办工厂,半工半读等等。车到郑州时,刘少奇还对河南省省长吴芝圃说:我们有这样一个设想,你们可以试验一下。一个"吹"字,充分反映了领导人的兴奋心情。

"大跃进"发动后,毛泽东逐步形成了改变现有的农村基层组织形式,建立共产主义公社的设想。这年5月19日陆定一在中共八大二次会议上的发言中,将这些设想透露出来了。陆定一在发言稿中说:"毛主席和少奇同志谈到几十年以后我国的情景时,曾经这样说,那时我国的乡村中将是许多共产主义的公社,每个公社有自己的农业、工业，有大学、中学、小学，有医院，有科学研究机关，有商店和服务行业，有交通事业，有托儿所和公共食堂，有俱乐部，也有维持治安的民警等等。若干乡村公社围绕着城市，又成为更大的共产主义公社。前人的'乌托邦'想法，将被实现，并将超过。我们的教育方针和其他教育事业，也将朝这个目标发展。"①

紧接着，毛泽东关于农村基层组织的新设想，由他的秘书、新创刊的《红旗》杂志总编辑陈伯达公开发表出来。1958年7月1日出版的《红旗》第3期发表了陈伯达的《全新的社会、全新的人》一文，文章在介绍湖北省鄂城县旭光一社土法办小工厂的经验时说，这是"把一个合作社变成既有农业合作又有工业合作的基层组织单位，实际上农业和工业相结合的人民公社"。这是党的机关刊物第一次使用"人民公社"一词。

同一天，在北京大学庆祝中国共产党成立37周年大会上，陈伯达在讲演中称："毛泽东同志说，我们的方向，应该逐步地有秩序地把'工（工业）、农（农业）、商（交换）、学（文化教育）、兵（民兵、即全民武装）'组成一个大公社，从而构成我国社会的基本单位。在这样的公社里面，工业、农业和交换是人们的物质生活；文化教育是反映这种物质生活的人们的精神生活；全民武装是为着保卫这种物质生活和精神生活，在全世界上人剥人的制度还没有彻底消灭以前，这种全民武装是完全必要的。毛泽东同志关于这种公社的思想，是从现实生活的经验所得的结论。"这篇讲话随后以《在毛泽东同志的旗帜下》为题，发表在7月16日出版的《红旗》杂志第4期上。

这两篇文章，对人民公社的出现起了直接的推动作用。1958

---

① 薄一波：《若干重大决策与事件的回顾》下卷，中共中央党校出版社1993年版，第732—733页。

年 8 月 22 日，中共河南省委向中共中央报告说："（人民公社化）这一运动，首先从农村开始，小社并大社，自留地归集体，大搞公共食堂，广泛开展社会主义大协作……这在实质上已经形成了公社的雏形，但还没有肯定的统一的名称。有农村的叫集体农庄，有的叫农场；在城市有的叫社会主义大院，有的叫社会主义大家庭，直至'红旗'第四期陈伯达同志所写的'在毛泽东同志的旗帜下'一文引证毛主席关于人民公社的批示后，才明确了建立人民公社的方向。开始是遂平县卫星社建立了第一人民公社，接着全县实现了公社化，以后很快在信阳、新乡地区全面展开，其他各县都进行试办。"①

"大跃进"开始后，伴随大规模农田水利建设的开展，客观上要求打破原有的社界、乡界的限制，加之一些领导人早在农业合作化运动高潮时，就看好办大社的优越性，因此，1958 年 3 月的成都会议还曾专门讨论了小社并大社的问题，并通过了《中共中央关于把小型的农业合作社适当地并为大社的意见》，提出在有条件的地方把小型的农业合作社有计划地适当地合并为大型的合作社。在这种背景下，一些地方开始了小社并大社的尝试，其中，遂平县的嵖岈山卫星大社的建立就是一个典型。

嵖岈山地处遂平西部。"大跃进"开始后，这里和全国各地一样掀起了农田水利建设运动的高潮。在兴修水利的过程中，社与社之间围绕用地、劳动力使用等方面出现了一些矛盾，乡社干部和群众于是产生了并社的想法。1958 年 4 月 15 日，信阳地区专员（遂平县时属信阳地区，今属驻马店地区）张树藩和遂平县委书记处书记娄本耀到嵖岈山地区检查麦田管理和卫生工作，地处嵖岈山的杨店、土山等乡的干部在汇报工作时提出了并大社的

---

① 中共河南省委：《关于建立人民公社情况的报告》，1958 年 8 月 22 日。

请求。4月18日下午，在乡、社干部的组织下，杨店、土山、鲍庄三个乡的男女社员8000多人，抬着申请书，会集到杨店街，向地委领导申请并大社。张树藩当场答应了群众的要求，但提出必须搞好当前生产和除"四害"工作。群众当即散去回家。

4月18日这天，大社并没有成立。于是，这三个乡19个社再加上邻近的槐树乡7个社、玉山乡3个社、张堂乡1个社的社员共计15000多人，于4月20日再次会集在杨店街，要求并大社，遂平县委当即同意了社员的请求，批准杨店、土山、鲍庄三个乡19个社和张堂乡的友谊第八社共20个高级合作社合并，并按照群众的要求取名为"卫星集体农庄"（又叫"卫星社"），当即召开成立大会，选出了农庄主席、副主席和管理委员。

在此前后，小社并大社的工作在各地相继开展。到5月下旬，辽宁全省将9272个合作社合并为1461个社，基本是一乡一社，平均每社有2000户左右，最大的盖平县花园坨乡由7个社组成的一个大社，这个大社长宽都有40里左右，总共有18000多户，95000多人口。河南由38286个社合并成2700多个社，平均每社4000户左右。

各地合并起来的大社，开始时名称各不相同，有的叫集体农庄，有的称社会主义大院或社会主义大家庭，也有叫"共产主义农场""国营农场""合作农场"的，亦有称为"公社"的。不久，这些合并成的大社有了一个统一的称呼——人民公社。

第一个将大社命名为"公社"的，是浙江诸暨的"红旗共产主义公社"。根据陆定一在八大二次会议上透露出的毛泽东和刘少奇关于建立公社的设想，中共浙江省委政治研究室于1958年6月20日形成了《浙江省1958年—1962年农业发展纲要（初稿)》（简称《纲要》），发给正参加浙江省三级干部会议的人员讨论并征求意见。这个《纲要》的最后一条即第三十三条是"我们的奋斗目标——向共产主义公社方向前进"，接着有这样一段文字："农业合作社应当过渡到共产主义公社，每一个公社有自己的农业和工业，有大学、中学、小学，有医院，有科学研究机关，有商店和服务性行业，有交通运输业，有托儿所和公共食堂，等等。许多农村共产主义公社围绕着城市，城市就是更大的共产主义公社。从现在开始，就要在领导干部中、党员中和积极分子中宣传这样一个思想：共产主义的乐园，就要在我们这一代人的手中建成。"① 这段话差不多是搬用陆定一在八大二次会议上的发言。与此同时，中共浙江省委书记处书记林乎加在三级干部会议上也说，各县都可以搞个共产主义雏形的乡、社。

对于在农村中办共产主义公社，参加此次全省三级干部会议的诸暨县城南乡党委书记丁祖铭对此印象很深。回到乡里后，立即召开了几次干部会议，研究成立共产主义公社的问题。城南乡共有四个农业社，各社的经济均有较好的基础，公共积累有 100 多万元，仅种植在田埂边的水果，一年的收入就可达 10 多万元。各社还办了大小 30 余个社办工厂，年产值可达 30 万元。于是，城南乡的干部们认为，已经具备建立共产主义社会的基本条件，乃决定将全乡的 4 个社合并为一个"共产主义公社"。

1958 年 6 月底，在中共诸暨县委的支持下，城南乡将 4 个农业社合并，正式成立了"诸暨县红旗共产主义公社"。不久，他们又感到叫"共产主义公社"不妥，于是加上了"建设"二字，称为"诸暨县红旗共产主义建设公社"。1958 年 7 月下旬，他们还制定了《诸暨县红旗共产主义建设公社章程（草案）》，其中第一条规定："红旗共产主义建设公社是工人、农民、教职员等劳动者，在共产党、人民政府的领导和帮助下，在自愿的基础上组织起来的工、农、商、学、信贷等事业的初级形式的共产主义

---

① 中共浙江省委政治研究室：《浙江省 1958 年—1962 年农业发展纲要（初稿）》，1958 年 6 月 20 日。

经济组织，并努力争取在短期内建设成为高级形式共产主义经济组织——全民所有制。"①

最早使用"人民公社"名称的大社，则是河南新乡县的七里营人民公社。1958年2月至3月间，七里营相继成立了杨屯、八柳树、曹村等8个农业合作社联社。7月初，晋、冀、鲁、豫、陕、京六省市在郑州召开农业协作会议。会议期间，中共中央政治局委员谭震林在听取遂平县嵖岈山地区建立大社的汇报后，要七里营派代表去嵖岈山参观学习。七里营的代表经过一番走马观花般的参观，回来后就在本乡大力宣传嵖岈山的经验和办大社的好处。

这时，七里营不少高级社纷纷到乡政府要求办大社，一部分群众还敲锣打鼓到乡里表决心、递申请书。七里营乡党委认为办大社的条件已经成熟，乃于7月16日拟定了一份《中共七里营乡党委关于并大社意见》，报请新乡县委审批，很快得到同意。7月20日上午，由全乡26个高级社并成的七里营大社成立。

大社成立后，对于大社叫什么名称，干部社员颇费了一番脑筋。有人建议叫大社，也有建议叫联社，但又觉得都不合适。于是，又有人建议叫公社，理由是马克思、恩格斯的著作中多次讲到"巴黎公社"，大家觉得公社这个名字不错，就建议叫做"七里营共产主义公社"意即为向共产主义过渡创造条件。于是，就在乡政府门口挂了"七里营共产主义公社"的牌子。②

---

① 《诸暨县红旗共产主义建设公社章程（草案）》，1958年7月26日。

② 七里营将大社命名为"共产主义公社"，可能是受到诸暨红旗共产主义公社的影响。在人民公社化运动高潮中，中共浙江省委农村工作部在一份题为《全省人民公社试点情况和基本经验》的材料中说，诸暨红旗共产主义公社建立后，新乡专区曾派人去参观。不久毛泽东视察七里营，七里营名声大振，浙江又派人去参观，新乡专员和地委秘书长都说："我们是从你们那里学来的。"

可是，这块牌子刚挂出去，七里营村的一个老汉看后说："我早盼共产主义，晚盼共产主义。我想，我能熬到共产主义活三天就心满意足了。可谁知共产主义的牌子挂出去了，就是这样子。难道我们现在这个样子就算是共产主义社会了？"人们一听，觉得这个老汉的话也有道理，认为称"共产主义公社"确实有些不妥。于是又有人建议说："我们现在是建设社会主义，向共产主义过渡，就叫共产主义建设公社吧。"

一时间，大社叫什么名字好成为七里营干部们议论的重要话题。这时，有人想起了前不久《红旗》杂志发表的陈伯达文章《全新的社会，全新的人》里，曾提到"把一个合作社变成既有农业合作又有工业合作的基层组织单位，实际上农业和工业相结合的人民公社"，就提议说，咱们大社里有农业，有工业，有工人，也有农民，有学校，还有商店，而且我们的国家叫人民共和国，政府叫人民政府，银行叫人民银行，总之一切都离不开人民，不如干脆将大社改称为"人民公社"。这一名称提出后，得到了干部群众的一致认可。于是"七里营共产主义公社"正式更名为"七里营人民公社"。8月1日，七里营大社在行文中首次启用了"七里营人民公社"的称呼。8月4日，又由公社木器厂制作了一块长方形的标牌挂在公社的大门口。①

（二）"人民公社好"

1958年8月4日至13日，毛泽东离开北京，前往河北、河南和山东三省视察。在河北徐水、安国两县视察期间，他除了反复询问当地的粮食产量外，也多次谈到了乡社合并和建立公社的

---

① 参见中共新乡市委党史研究室：《七里营人民公社简史》（内部本），2000年编印，第21—22页；中共河南省委党史研究室编：《河南省人民公社化运动》，河南人民出版社2005年版，第288页。

问题。当天下午，毛泽东来到了离北京仅一个多小时车程的河北省徐水县。

8月4日下午4点半，毛泽东在中共河北省委书记处书记解学恭、河北省副省长张明河、保定地委第一书记李悦农和徐水县委第一书记张国忠陪同下，首先到了县城东面的南梨园乡大寺各庄农业社，详细了解该社的粮食生产情况，并且参观农业社的粮食加工厂、缝纫工厂、幼儿园、医院、供销部、公共食堂、供销社和养猪场，到地里看了庄稼。回县城的路上，毛泽东又与张国忠等人谈到了劳动大协作、军事化问题。

8月5日上午，毛泽东从定县火车站乘汽车前往安国视察。在去安国的途中，毛泽东又问前来迎接的安国县县长焦国驹：小麦亩产多少？明年计划多少？怎样实现？在安国县流村（毛泽东视察后改名为八五村）红星农业社，看了该社的丰产试验田。此时正值大热天，陪同的人员请毛泽东到试验田边的窝棚里休息。这时，乡党委书记郭建向毛泽东汇报了并社的情况，毛泽东听后表示：分久必合，合久必分，社可以两三千户，四五千户，五千户，六千户。在离开安国去定县车站时，毛泽东同中共保定地委第一书记李悦农谈话时提出可以搞万人公社的问题，认为在平原地区万八千人搞成一个社不要紧，社里工、农、兵、学、商都有，不只是农业。合作社应该是全的，有农业、有工业，也要有商业，有民兵，有武装。

8月6日下午，毛泽东来到了已经成立了人民公社的河南新乡县七里营视察。毛泽东走到公社大院门口，看到了"新乡县七里营人民公社"这块牌子时，停下脚步，一字一顿地念起来。中共新乡县委第一书记胡少华随即对毛泽东说："这是全县的第一个人民公社。"在此之前，河南农村掀起了小社并大社的运动，这些大社名称各不相同，有的称大社，有的称集体农庄，也有的叫公社。七里营是全国最早将大社命名为人民公社的地方，于是，旁边的中共新乡地委第一书记耿起昌问道："他们起这个名字怎么样，行不行呀！"毛泽东用肯定的语气说："人民公社这个名字好！"①

随后，毛泽东到了棉花地里，观看了女社员喷射杀虫药剂的表演，并称赞棉花长得好，当得知七里营1万多亩棉花有5000亩是这样的，每亩保证皮棉1000斤，争取2000斤时，他兴奋地对陪同的中共河南省委第一书记、省长吴芝圃说："吴书记，有希望啊！你们河南都象这样就好了。"吴芝圃说："有这么一个社就不愁有更多这样的社。"毛泽东说："对！有这样一个社，就会有好多社。"②

8月6日晚上，毛泽东到了郑州，在这里接见从嵖岈山赶来的中共河南省委书记处书记史向生，并详细地询问了嵖岈山卫星公社的情况。史向生将刚拟出的《嵖岈山卫星公社试行简章》草稿给了毛泽东，毛泽东接过简章草稿后边看边说："如获至宝，这东西好，给我吧。"

在谈话中，史向生向毛泽东讲起了公社办食堂的情况，说农民在食堂吃饭，既节省了时间，又解放了妇女。毛泽东对此很感兴趣，详细地询问了食堂粮食如何存放、吃饭如何维持秩序等，并称赞公共食堂是新生事物。史向生又汇报了嵖岈山公社的规模和生产组织情况，当听到农民劳动时已经军事化了，按班、排、连的编制进行生产，又听到一个公社有5万多人口时，毛泽东感慨地说：大的多了，公的多了。这在古代，一个诸侯国了。又说，比之古代诸侯国，公社是又大又公，多了公的特点，是"一大，二公"。毛泽东又问群众的纠纷公社如何调解，史向生告诉

① 林英海主编：《毛泽东在河南》，河南人民出版社1993年版，第156页。

② 《毛主席视察河南农村》，《人民日报》1958年8月12日。

他，由公社民政部门来调解处理。毛泽东听后表示：这带政权性质，既是经济组织，又是政权组织，实际上是基层政权，这叫政社合一。又说：大集体，小自由，不要统得太死。接着，史向生汇报了嵖岈山公社的组织结构，当听到公社采取工、农、商、学、兵结合，实行统一管理、统一规划，统一分配时，毛泽东说：工、农、商、学、兵，那么工业、商业、学校都包括了，是五位一体啊。两个招牌换成一个招牌，是政社合一。在谈到公社的名称时，毛泽东说，人民公社这个名字好，包括工、农、商、学、兵，管理生产，管理生活，管理政权。①

8月9日零时30分，毛泽东来到山东兖州，在专列上同中共山东省委副秘书长谢华、济宁地委书记高逢五、滕县县委书记王吉德、滋阳县委书记任志明、滋阳县中匈友谊农业生产合作社支部书记周庆和、滋阳县长安农业生产合作社社长扈镇才谈话。毛泽东详细地询问了干部群众对"大跃进"的态度、当地粮食生产情况等。谈话中，毛泽东问王吉德：社大了好，社小了好？王吉德回答说：社大了好。准备成了5000户的一乡一社。谢华补充说：他们三级会议上即酝酿了这个问题。毛泽东说：这个我高兴。毛泽东又问了两个社干部：你们说社大了好，小了好？两位社干部回答说：大了好。毛泽东说：可以搞大一点。搞五六千户、万把户，河北、河南现在都在合，河南从下边来的压力很大，要省委下决心。还说可以到河南看看去，参观一下。

8月9日下午，在省会济南，中共山东省委书记处书记谭启龙、裴孟飞向毛泽东汇报了山东各项工作的情况。毛泽东在听取汇报时强调，领导必须多到下面去看，帮助基层干部总结经验，就地进行指导，还讲到了办大社的优越性。随后去历城县的北园

---

① 参见林英海主编：《毛泽东在河南》，河南人民出版社1993年版，第63页。

乡视察农业合作社。

视察中，毛泽东详细询问了北园农业合作社的水稻种植情况。农业社主任李树诚汇报说，50 亩高额丰产田原计划亩产 2 万斤，现在要争取 4 万斤，过去 1 亩只产二三百斤。毛泽东说："好，你这个人，不干就不干，一干就干大的。"毛泽东还视察了农业社的水稻试验田，在地边的树林稍作休息时，李树诚向毛泽东汇报了"北园大社"的办社情况和社员讨论的意见，请示毛泽东是叫"大社"好呢，还是叫"农场"或"农庄"好？并汇报了办起大社以来生产面貌的变化和今后的打算，毛泽东没有立即回答。陪同视察的山东省委负责人汇报说："现在北园乡准备办大农场。"这时，毛泽东说："还是办人民公社好，它的好处是可以把工、农、商、学、兵结合在一起，便于领导。"①

8 月 13 日，毛泽东结束了对河北、河南、山东三省的视察，回到北京。11 日起，新华社相继播发了毛泽东视察三省农村的消息。在 8 月 12 日关于毛泽东视察七里营的报道上，特地提到七里营"按照毛主席指示的道路，已经在全乡农业合作化的基础上，建立了七里营人民公社"。13 日，《人民日报》在报道毛泽东视察山东时，用了这样的大字标题——《毛主席视察山东农村强调部署各项工作必须通过群众鸣放辩论　办人民公社的好处是把工农商学兵结合在一起便于领导》，并将他在北园乡关于"还是办人民公社好"的话放在报道的第一段。于是，"办人民公社好"的消息迅速传遍全国。

紧接着，中共中央政治局在北戴河召开政治局扩大会议，重点讨论钢铁生产和在农村建立人民公社的问题。在会上的讲话中，毛泽东多次就建立人民公社的问题作了讲话。他说：人民公

① 《山东省农业合作化史料集》编辑委员会编：《山东省农业合作化史料集》下卷，山东人民出版社 1989 年版，第 118—119 页。

社问题，名称怎么叫法？可以叫人民公社，也可以不叫，我的意见叫人民公社，这仍然是社会主义性质的，不过分强调共产主义。人民公社一曰大二曰公。人多，地大，生产规模大，各种事业大；政社是合一；搞公共食堂，自留地取消，鸡、鸭、屋前屋后的小树还是自己的，这些到将来也不存在；粮食多了，可以搞供给制，还是按劳分配，工资按各尽所能发给个人，不交给家长，青年、妇女都高兴，这对个性解放有很大的好处。搞人民公社，我看又是农村走前头，城市还未搞，工人阶级的待遇比较复杂。不论城乡，应当是社会主义制度加共产主义思想。苏联片面搞物质刺激，搞重赏重罚。我们现在搞社会主义，也有共产主义的萌芽。学校、工厂、街道都可以搞人民公社。不要几年工夫，就把大家组成大公社。

北戴河会议通过了《中共中央关于在农村建立人民公社问题的决议》（简称《决议》）。《决议》提出："在目前形势下，建立农林牧副渔全面发展、工农商学兵互相结合的人民公社，是指导农民加速社会主义建设，提前建成社会主义并逐步过渡到共产主义所必须采取的基本方针。"关于人民公社的规模。《决议》认为，目前以一乡一社，每社2000户左右为宜，在某些乡界辽阔、人烟稀少的地区，也可以少于2000户，一乡数社。有的地方根据自然条件和生产发展的需要，也可数乡并为一乡，组成一社，六七千户左右。至于20000户或以上的，不要去反对也不要去提倡。《决议》最后满怀信心地说："现阶段我们的任务是建设社会主义。建立人民公社首先是为了加快社会主义建设的速度，而建设社会主义是为了过渡到共产主义积极地作好准备。看来，共产主义在我国的实现，已经不是什么遥远将来的事情了，我们应该积极地运用人民公社的形式，摸索出一条过渡到共产主义的具体途径。"①

9月1日，这天出版的《红旗》杂志第7期发表《迎接人民公社化高潮》社论，发出了大办人民公社的号召。9月3日，《人民日报》发表《高举人民公社的红旗前进》的社论，透露了《中共中央关于在农村建立人民公社问题的决议》的基本内容。

北戴河会议后，各地一哄而上，大办人民公社，迅速掀起了建立人民公社的高潮。据中共中央农村工作部统计，至9月30日，全面实现了农村公社化的省、自治区和市已经有河南、辽宁、广西、青海、河北、北京、陕西、山东、黑龙江、吉林和上海；农村公社化已达90%以上的有山西、广东、湖南、四川、江苏、浙江和甘肃；85%左右的有江西、安徽、湖北、福建和内蒙古；贵州和宁夏月底也可实现或基本实现农村公社化。新疆农业区参加公社的农户已达80%，10月初可实现公社化。云南省农村已建成200多个人民公社，10月内也可基本实现公社化。全国农村共有人民公社23397个，参加的农户达总农户的90.4%，平均每社4797户。仅一个月的时间，中国农村基本实现人民公社化。

（三）人民公社的基本特征

毛泽东在北戴河会议上对人民公社作出的"一曰大，二曰公"的概括，准确地揭示了人民公社的最主要特征。

人民公社的第一个特征是大。公社化前，全国共有74万个农业社，平均每社约170户、2000亩土地和350个劳动力。公社化后，变成了26500多个人民公社，每社平均4755户、6万亩土地、10000个劳动力。据10个省、市的统计，5538个公社中，

---

① 《中共中央关于在农村建立人民公社问题的决议》，《人民日报》1958年9月10日。

5000 户以下的公社有 3343 个，5000 户到 10000 户的有 1628 个，10000 户到 20000 户的有 516 个，20000 户以上的有 51 个。一县建成一个大公社和成立了全县人民公社县联社的，据 13 个省统计有 94 个。

以河南省为例，公社化前，全省原有 38473 个农业社，在运动中合并成 1355 个人民公社，平均每社 7579 户。其中 3000 户以下的公社 103 个，3000~5000 户的 279 个，5000~10000 户的 740 个，10000 户至 20000 户的 219 个，20000 户以上的 14 个。该省平原地区的人民公社都在 10000 户以上。①

当时，一些地方还建立了若干超大型人民公社。河南商城县超英人民公社由 10 个乡并成，全社 20457 户，98275 人，方圆直径 80 里，总面积 135 万亩。固始县的七一人民公社规模更大，全社共 46161 户，201075 人，为河南全省人民公社之最。

人民公社的第二个特征是"公"。这个"公"其实就是将农业社和社员的生产资料与财产无代价地归公社所有，由公社统一经营、统一核算。例如《河南省人民公社试行章程》规定：农业社转并为人民公社时，一切公有财产全部交给公社，多者不退，少者不补。在转社时，社员私有的牲畜、林木、果园和大中型生产工具等生产资料，折价归公社所有。社员原有的自留地、荒闲地、苇地、房基宅地应交公社所有。社员的小家畜家禽，可留为社员所有。社员占有的多余的房屋，公社有统一调配权，不得再收房租。社员的家庭生活用具，包括桌、椅、板凳、床铺、箱、柜等等，一律归社员所有，公社如有需要，在取得社员本人同意后，可暂时借用。按照这个规定，实际上社员私有的一切东西，公社都可以用各种名义占有。

---

① 参见河南省农村工作部：《关于各地（市）、县委农村工作部长会议情况的报告》，1958 年 9 月 24 日。

人民公社的第三个特征是管理体制上实行"政社合一"。农业生产合作社时，实行的是乡社分设的体制，乡是农村基层政权，社是集体经济组织，一般是一个乡领导几个甚至十数个社。而北戴河会议通过的《中共中央关于在农村建立人民公社问题的决议》明确规定，人民公社"实行政社合一，乡党委就是社党委，乡人民委员会就是社务委员会"。

各地人民公社的机构基本上是仿照国务院的机构设置的。例如，河南遂平嵖岈山卫星公社就设有农业部、工业部、交通部、财经部、内政部、林牧部、劳动福利部、文教卫生部、外交部等部。该公社不但设有外交部，还准备向其他公社派驻大使。

人民公社的第四个特征是实行生活集体化。当时的口号是"组织军事化、行动战斗化、生活集体化"。既然人民公社是通往共产主义社会的"金桥"，那么公社内部所包含的共产主义因素自然越多越好。于是，吃饭食堂化，老人幸福院化，儿童养育托儿所化，家务劳动社会化等等，就被作为创造共产主义生活条件的基本措施，成为各地办人民公社的重要内容。全国各地在大办人民公社的过程中，作为生活集体化主要内容的公共食堂也普遍建立起来。至1958年10月底，全国农村共兴办公共食堂265万个，参加食堂吃饭的人数一般占农村人口的百分之七八十甚至百分之九十。

当然，公共食堂只是人民公社生活集体化的一项内容。更有甚者，还有一些地方在实行生活集体化时，调整村庄房屋，搞集中住宿。山东禹县在实现人民公社化后，并于这年11月搞起了住宿集体化，将全县的1039个村合并为771个村，并编为66个营，529个连（营、连大致相当于原来的乡、村），建立225处幸福院，入院的老人6101人，办托儿所、幼儿园904处，入所（园）儿童31088人，建立妇产院45处，入院422人。全部青壮年则均编入营连集体住宿。

人民公社的第五个特征，在分配制度上实行的是供给制与工资制相结合的制度。所谓工资制，就是人民公社的社员同国营企业的工人一样，每月发给固定的工资。当然这个工资额少得可怜。多的一个月几块钱，少的几毛钱，而且大多数公社仅发了一两个月的工资，此后再也没发过。因为公社白手起家，实际上无钱可发。为什么人民公社要搞工资制呢，一方面是认为过去农业社的评定记分手续麻烦，另一方面也认为农民由此与工人一样按月发工资了，由此可以消除工农差别。

至于推行供给制，则是为了增加人民公社的共产主义因素。根据马克思主义经典作家对于未来社会的设想，共产主义社会将实行"各尽所能，按需分配"的制度。它虽然与社会主义的"各尽所能，按劳分配"只有一字之差，却代表着性质不同的两种社会制度。既然人民公社是过渡到共产主义的具体形式，自然在公社中包含共产主义的因素越多越好，而供给制与工资制在当时被认为兼顾有按劳分配和按需分配的双重性质，因而被作为具有共产主义萌芽的新生事物而广泛推行。

各地人民公社实行供给制的内容有所不同。第一种是粮食供给制，即按照国家规定的粮食供应标准，免费供给公社全体人员的口粮，也就是通常所说的"吃饭不要钱"；第二种伙食供给制，即除了吃粮不要钱外，蔬菜和其他副食品供应也不要钱；第三种是基本生活供给制，即除包括第一类和第二类供给内容，还包括穿衣、住房、生育、教育、理发、洗澡、看戏、看电影、烤火、看病、婚丧等费用全由公社包下来，如果包七种，称为"七包"，包十种叫"十包"。河南新乡七里营公社曾搞了衣、食、住、行、生、老、病、死、学、育、婚、乐、理、浴、缝、电等"十六包"。上述三种类型的供给制中，最普遍的是第一种供给制。

农村人民公社化的浪潮还汹涌地冲向城市和工厂。1958 年下半年到 1959 年是大城市重点试办人民公社的时期，北京、上海、天津、武汉、广州等大城市试办了以大工厂、街道、机关或学校为中心的三种类型的城市人民公社，率先农村公社化的河南省一鼓作气，在 1958 年 9 月建成了城市人民公社。

人民公社化运动的实践证明，在落后的生产力基础上，企图依靠不断提高和扩大公有制，实现迅速建成社会主义，从而很快过渡到共产主义的愿望，必然超越生产力的发展，造成对生产力的极大破坏。邓小平后来曾评价说：1958 年"大跃进"，一哄而起搞人民公社化，片面强调"一大二公"，吃大锅饭，带来大灾难。① 还指出：1958 年"大跃进"时，高级社还不巩固，又普遍搞人民公社，结果 60 年代初期不得不退回去，退到以生产队为基本核算单位。②

---

① 参见《邓小平文选》第 3 卷，人民出版社 1993 年版，第 115 页。
② 参见《邓小平文选》第 2 卷，人民出版社 1994 年版，第 316 页。

第四章　纠"左"的努力

1958 年 10 月下旬起，通过调查研究，毛泽东和中共中央对"大跃进"和人民公社化运动中出现的问题有所觉察，意识到有许多人匆匆忙忙往前闯，有一大堆混乱思想，必须让过度发热的头脑冷静下来，应当充分认识价值规律的作用，区分不同所有制之间的界限。随后，中共中央先后召开了第一次郑州会议、武昌会议、中共八届六全会、上海会议、中共八届七中全会和第二次郑州会议，重点解决人民公社化运动中"共产风"等问题，随后开展人民公社的整顿工作。与此同时，一些过高的工业指标也被降了下来。经过半年多的努力，"大跃进"运动以来的"左"的错误得到了初步纠正，形势正在向好的方面转化。在这个过程中，还召开了第二届全国人民代表大会第一次会议，平息了西藏上层反动集团叛乱，启动了西藏的民主改革。

一、在调查研究中发现问题

（一）问题初现与发现问题

北戴河会议后短短一个多月的时间内，在未经试点的情况下，全国农村一哄而起建立了两万多个"又大又公"的人民公社，实现了农村人民公社化，结果很快出现了不少问题，特别是一平二调的"共产风"、吹牛皮说大话的浮夸风以及瞎指挥风、强迫命令风和干部特殊化风等"五风"盛行。

人民公社化运动中，许多公社都是白手起家建立的，而公社建立后，要求农林牧副渔全面发展，工农商学兵样样俱全，构成了一个半独立半封闭的小社会。公社要建办公楼，要大办工业，要建"红专大学"，还要盖所谓的共产主义新村等。这些所需开支，都来自对各农业社和社员资金、物资的无偿调拨。所以，人民公社化过程也是刮一平二调的"共产风"的过程。

虽然在人民公社化时，各地都规定生活资料仍归社员个人所有，但这些规定很多地方没有认真执行。河南省郾城县大刘店公社党委宣布："反正现在啥都是大家的了，有衣服都得拿出来，谁需要谁穿。"于是在全公社推行收衣服的办法。这个公社的五个党委书记中，只有第三书记是本社人，结果拿出了七件衣服公社党委还不满意，别人责问他："你当了几年干部只有这几件？"河南安阳县的一些公社则提出，人民公社就是共产主义了，一人只留一条被子，多余的交公社。该县县委农工部的一个干部回家时发现被子比平时重了许多，感到奇怪。他爱人解释说，听说共产主义，一人一条被子，就把五条被子缝到一块了。①

1958年10月中旬的一天，湖北省当阳县跑马公社一位党委副书记在大会上宣布：11月7日是社会主义结束之日，11月8日是共产主义开始之日。大会一结束，人们就到街上商店去拿东西，去得早的多拿一点，去得晚的少拿一点，最后去的是一位教师，只拿了两筒刻钢板用的蜡纸。商店的东西拿完后，就去拿别人家的东西。别人家的鸡，可以随便抓来吃；这个队种的菜，别的队可以随便来挖，甚至连小孩子也不分你的我的了，因为马上就共产

---

① 参见中共河南省委党史研究室编：《河南人民公社化运动》，河南人民出版社2005年版，第169页。

主义了，子女也就成了大家的。这个公社只剩下一条：老婆还是自己的。不过这一条该副书记也拿不准，说还得请示上级。这种事，今天看来好像是天方夜谭，可这件事却是1959年3月中共湖北省委第一书记王任重在给中共中央的一个报告中讲到的。①

公社建立后，社的规模扩大了，管理的内容增多了，但许多社、队干部的素质却没有得到相应的提高，加之提出许多不切实际的高指标，致使瞎指挥风和强迫命令风盛行，一些公社甚至将停止吃饭和强制劳改作为惩处社员的手段。公社化后，各地按照军事编制组织团、营、连、排、班等所谓作战单位，进行大兵团作战，将劳动力在全公社甚至全县范围内调来调去，造成劳动力的大量浪费。

一些地方还大搞疲劳战术，动辄"苦战""夜战"。河北省宁津县红旗人民公社第三营，在种麦期间连续鏖战18个昼夜，有的社员在干活中就睡着了。河北武清县草园公社提出要鏖战7个昼夜，社员坚持不下去，就在晚上留人在地头挂起灯笼摆动，以应付公社的检查。

福建寿宁县平溪公社曾采取五种办法处罚群众：一是不给饭吃；二是组织辩论（即开斗争会）；三是"炒花生"（即把人围起来，将其推来推去，变相打人的一种方式）；四是封闭门户（从家里赶出来不给住的地方）；五是送集训队劳动教养。该县有不少公社组织"四敢队"（四敢即敢想、敢说、敢做、敢为，实际就是敢捆、敢吊、敢打、敢"炒花生)，并依靠其强迫群众办公共食堂和大炼钢铁。② 在河北一些地方，县、公社都设有劳改

---

① 参见薄一波：《若干重大决策与事件的回顾》下卷，中共中央党校出版社1993年版，第755页。

② 参见中共福建省委党史研究室编：《"大跃进"运动（福建卷)》，中共党史出版社2001年版，第74—75页。

队，并将劳改的批准权下放到大队一级。

与强迫命令风相关联的还有工作上的瞎指挥风。山东省峄县和滕县在土地深翻时，开始要求翻地深度为 1.2 尺至 1.5 尺，后来增加到 2 尺至 3 尺，最后对试验田的要求是必须深翻 2 米以上，有的村还提出"深翻一丈深，亩产小麦一万斤。"由于翻得太深，下面的土用人力提不上来，只得使用吊车。这两个县调集了除参加大炼钢铁以外的全部整半劳力参加深翻土地运动，仅峄县在1958 年秋就投入了 35 万人、14000 头耕畜参加土地深翻。凡参加土地深翻的人畜，一律吃住在田头，昼夜不停。为了确保深度，还开展县里 5 天评比一次，公社 3 天评比一次，对检查达到深度者发深翻合格证，没有达到者一律返工。不但如此，还要求深耕后耧细耙匀，一般田必须耙 8 遍，大面积丰产田要求耙 9遍，"卫星"田则必须耙 10 遍，凡没有达到此要求者，不许种麦。这种深翻土地耗费大量的劳动力，而且也延误了农时，致使不少地方到了 11 月还没有将麦子种上。① 这样的深翻土地，不但浪费了劳动力，而且还破坏了耕作层，导致农作物的减产。

毛泽东在"大跃进"中曾发现，南方一些水稻高产地方每亩植 3 万蔸，乃号召各地根据不同的情况进行合理密植。结果"合理密植"在执行过程也走了样，变成了越密越好。1958 年 8 月，中共中央转发了山西洪赵县委《关于就实论虚的报告》，认定"密植是保证小麦生产飞跃的中心点"，要求"以密植为统帅，实行以最高的密植为中心的一系列技术革新，跨上密植跃进马，突破百万株穗关"。于是，全国迅速掀起了一股密植热，许多地方在这年秋天播种小麦时，下种量大大超过往年，有的甚至一亩地下种上百斤甚至几百斤。

----

① 参见中共山东省委党史研究室编：《山东"大跃进"运动》，2002 年编印，第 350—351 页。

与此同时，由于人民公社实行供给制，搞"吃饭不要钱"，还提倡放开肚皮吃饭"，不但造成了粮食的巨大浪费，而且由于人民公社的分配中，供给部分占了大头，工资仅具有象征性，这种平均主义的供给制和吃饭不自由的公共食堂捆绑在一起，成为压抑社员生产积极性的重要因素。

在"大跃进"运动中，除了大炼钢铁，这一年，各地还办起了一大批地方工业，各个人民公社也纷纷办起自己的社办企业，如土化肥厂、粮食加工厂、榨油厂、缝纫厂等，又占用了一大批劳动力。1958年，全国新修公路15万公里，其中三分之二是由人民公社修建的。仅京广、津浦两条铁路沿线，就先后发动了150万民工参加复线建设。所以这一年秋天以后，真正在农业生产第一线的青壮年劳动力已所剩无几。此时正值秋收大忙季节，已经成熟的庄稼却因劳动力不足而无法收回，以至于湖北有些地方到了腊月二十七还在田里收谷子。

毛泽东是"大跃进"和人民公社的积极倡导者和推动者，也较早发现运动中出了乱子的领导人。

1958年10月中旬，毛泽东离开北京外出视察。在视察的第一站天津，毛泽东听取了中共河北省委、天津市委的领导谈钢铁生产和人民公社问题，并约请保定地委和徐水、安国、定县、唐县的县委第一书记汇报工作。从中毛泽东感到，在人民公社化运动中，许多人"急急忙忙往前闯"，出了不少乱子，有必要对人民公社进行整顿。

那么，毛泽东又是如何发现人民公社问题的呢？最初发现问题是他这年10月同保定地区一些县委负责人的谈话。

这年10月中旬，毛泽东来到天津，连续几天同河北省委、天津市委、保定地委以及徐水、安国、唐县、正定县委的负责人谈话。

在16日同各县的负责人谈话时，毛泽东一开始就问县委书记们：今年种麦和去年有什么不同？此时正值各地放粮食高产"卫星"热闹之际，于是，安国县委第一书记刘振宗说：安国东风社搞了千亩小麦"天下第一田"，火箭社搞了2万亩的"宇宙最高峰"，都是大面积高产小麦。毛泽东听后说道：安国去年平均亩产464斤，徐水去年平均亩产214斤，100亩才搞2万斤，日后1亩1万斤，98亩就别种了。言语之中可以看出，他对能否有这样高的产量是有所怀疑的。

谈话中，徐水县委第一书记张国忠汇报了该县幸福院、幼儿园和新村建设的试点规划，当谈到夫妇住一处，小孩住一处，老人住一处时，毛泽东对此不以为然，说：太单调了嘛，也要大中小结合，老人不跟壮丁、小孩结合怎么办？整天只有老头对老头行吗？

在谈到徐水的全民所有制问题时，毛泽东说：徐水叫全民所有制，你和鞍山有什么不同？机械化、生产能力不如它，你产品是不是由国家调配？粮食不要，还要什么东西？张国忠回答说：还产麻、苇、油料、甜菜、猪、鱼、鸭、鸭蛋、钢铁、造纸等。毛泽东说：还是和国家交换，不是调配嘛。鞍钢每人生产16000元，成本6000元，包括每人工资800元，给国家上交1万元。你在徐水讲全民所有制，可以讲，你在全国讲，和鞍钢总是还有差别，还有所不同嘛，贡献不同，和天津的国营工业也有不同，你还有奋斗目标。谈话结束时，毛泽东指示河北省委派调查组去了解徐水的情况，然后向他汇报。

在毛泽东从天津返回北京的第二天，即10月18日，河北省委立即组织了一个工作组，由省长刘子厚率领，到徐水进行了三天的调查。10月21日下午，刘子厚等人就调查了解到的主要问题，去北京向毛泽东作了汇报。

汇报中，刘子厚说，徐水实际上还是集体所有制，不是全民所有制，但他们已经公布了是全民所有制，究竟如何提法为好？

毛泽东说，徐水实际上是集体所有制，他们说是全民所有，也不一定公开改，马虎下去就是了。交换问题要向两个方面发展，一方面大范围的内部调拨要发展，另一方面社会主义市场、社会主义商业要发展。必须多产经济作物，好交换，国家好供应，不然就没有交换的东西了。徐水的全民所有，不是全国的全民所有，它有两个不同，一是和过去合作社不同，一是和国营工业也不同。

在谈到徐水的供给制问题时，毛泽东说：劳动力多的，恐怕还要补给他一点，使他多得一点，多劳多得还是社会主义原则。对于那些劳力多的，就要多发一点工资，别人发 1 元，他发 1.5 元，2 元，不行还可 3 元，使他不锁门，下地多出力。要把劳动力多的积极性调动起来，使他收入多点，工资多点，不要搞平均主义。

对于"共产风"问题，毛泽东说：家具可以不归公，这是一部分生活资料，吃饭集体，衣服、床、桌凳不能集体。私人债务，一风吹，又"共"一次"产"。这是劳动人民内部的劳动所得，把它吹掉不好，群众会说你们不讲信用，说了话不算话。这些私人借贷全吹了，吹了老本了，占有别人的劳动。

在汇报中，刘子厚谈到徐水有假报产量的现象，毛泽东说：要实事求是，把猪都并到一起，就不是实事求是了。初看可以，经不起细看，经不起分析，要告诉县里，叫他们不要搞这一套。又说：对虚报的人要进行教育，进行辩论，不要讲假话，是多少就是多少。

刘子厚等人还谈道，徐水有些干部工作方法粗暴，打人、捆人的现象时有发生。毛泽东对此提出了严肃的批评，指出：有捆人、打人就是还有封建残余嘛，是对敌我界限和人民内部的相互关系没有搞清楚。一捆、二打、三骂、四斗，不是解决人民内部矛盾的方法。①

在此之前，毛泽东曾派了中央办公厅机要室的 18 名身边工作人员，前往徐水县商庄人民公社前所营村参加秋收种麦劳动，实地考察徐水"大跃进"和人民公社化的情况。10 月 18 日，中办机要室下放人员将他们在徐水劳动中所见所闻，特别是干部的主观主义和强迫命令，工作中的虚报浮夸，1963 年建成共产主义的口号等，向毛泽东作了报告。报告反映的主要问题有：1. 目前各营（即原来的村）的耕作区仍是公社化前的原有耕作区，很分散，社与社之间互相交叉的地很多，不便于耕作与组织劳动协作。建议各公社的耕地重新划分，打破原来各小社的地界，以适应新的劳动形式的需要。2. 主观主义和强迫命令现象在局部地区依然存在。由于有些干部政治思想水平低，只强调军事化、纪律性，而忽视对社员的思想工作，他们在布置生产任务时，都是以简单的命令下达，遇事很少和社员商量，特别在处理劳动不积极、思想落后等问题时，往往采取简单粗暴的工作方法。3. 存在一些虚假现象。据公社干部反映，由于县里布置任务都是又急又多，下面的干部感到压力太大，因此工作中的虚报现象不少。县里和各公社对于粮食的预产估计也多半大于实际产量。4. 鸡鸭的饲养问题。公社化以后，自留地没有了，吃饭也都在食堂吃，个人不再喂养鸡鸭，而这里又没有组织集体饲养，长此下去就会吃不到鸡鸭和鸡蛋。应组织幸福院的老人们集体饲养鸡鸭，以解决这个问题。5. 几个值得研究的口号。在商庄公社庆祝国庆的大会上，公社党委书记在报告中提出了这样的口号："1960年建成社会主义，1963 年建成共产主义"，"到那时候，吃什么有什么，穿什么有什么，要什么有什么"。这些口号公开在社员

---

① 参见中共中央文献研究室编：《毛泽东年谱（1949—1976）》第 3卷，中央文献出版社 2013 年版，第 470—472 页。

大会上宣布是有些问题的，因为有些口号不够实际，有的则在提法上就不够确切。喊出去，到时候实现不了，会给群众造成不好影响。过去这个县就曾宣布1958年9月争取成为文化县，而现在文盲还是不少，实际上没有实现。

看了这个报告后，坚定了毛泽东对"大跃进"和人民公社化运动中存在的问题进一步调查研究的决心。随后，他派陈伯达到河南遂平县嵖岈山卫星公社进行调查，派田家英（毛泽东秘书、中共中央政治研究室副主任）和吴冷西（《人民日报》总编辑、新华社社长）到河南修武县和新乡县七里营人民公社进行调查研究，了解公社化后的有关情况。

（二）"这个革命可革的厉害"

1958年10月，山西、河北、山东、河南、陕西、辽宁、吉林、黑龙江、北京九省市秋季农业协作会议在西安召开，重点讨论人民公社问题。会后，谭震林（中共中央政治局委员、书记处书记）、廖鲁言（农业部部长、国务院第七办公室副主任）等向毛泽东汇报了会议的情况。在听取汇报的过程中，毛泽东同意农村人民公社在以农业为中心的前提下，工农业并举，一般县的县委第一书记中心抓农业。他指出：要强调公社发展多种经营，发展经济作物，单搞粮食，除了吃饭以外，工资也开不出。不要过分强调公社自给，什么都自给，是不行的，交换一万年也是有的。大面积高额丰产田的做法，才是真正的精耕细作，过去所谓的精耕细作，实际上还是广种薄收。大面积高额丰产田搞成了，就不必种那么多地，劳动力可以节省。五亿人搞吃饭的局面要想法改变。谈到公社分配问题时，他同意供给和工资各占一半。指出：今年有些社除了吃饭，一个月只能发几毛钱，有的开不出工资，这要从增产增收来改变。吃饭不要钱，是供给制，工资还是要按劳取酬。现在就不要按劳取酬了，那也不行；工资差别太小，也不妥当。同样，干部工资像过去差别很大，那不行；但是一下子搞得太小，没有差别，那也不行，不能持久。实行供给制，劳力多人口少的户收入减少了，估计有百分之二十五左右，有没有那样多？能不能不让他们减少收入？托儿所、公共食堂，这是大事，一定要办好。①

10月26日，毛泽东又找新华社社长吴冷西和秘书田家英谈话，要他们各带几个助手，分别去河南的修武县和新乡县七里营，进行为期一个星期的调查，了解公社化后的情况。

谈话中，毛泽东说：你们这次下去调查，要带两本书，一本是《马恩列斯论共产主义社会》，一本是斯大林的《苏联社会主义经济问题》。出发前要把这两本小册子通读一遍，至少把《马恩列斯论共产主义社会》看一遍，要你们的助手也这么办。不是要你们搞本本主义，按图索骥，对号入座，也不是要你们照本本去宣传，而是想使你们对马、恩、列、斯关于共产主义说过什么有个大致的了解，下去调查中面对眼花缭乱的实际情况能够保持冷静的头脑。特别当记者的，不能道听途说，人云亦云，要深入实际，调查研究，实事求是，心中有数，头脑清醒，做冷静的促进派。下去调查时不要各级领导作陪，要找生产队长就只找生产队长，不要公社书记、大队长参加，要找群众谈话就不要找干部参加，要找县委书记也只请他本人来谈，因为人多了谈话就有顾虑。找群众谈话要有各个阶层的人物，尤其要注意中农的态度。还可以找下放干部谈话，他们可能顾虑较少。总之要了解各种人的真实想法。下去不要张扬。②

---

① 参见中共中央文献研究室编：《毛泽东年谱（1949—1976）》第3卷，中央文献出版社2013年版，第474页。

② 参见中共中央文献研究室编：《毛泽东年谱（1949—1976）》第3卷，中央文献出版社2013年版，第478页。

这次谈话后，吴冷西和田家英即各率领一个调查组，前往河南修武县和新乡县进行调查。

1958年10月31日，毛泽东自己也离开北京，准备前往郑州在那里主持召开中央工作会议，在途经河北的石家庄地区、邯郸地区和河南的新乡地区时，他不断找人谈话，了解人民公社建立后的情况，详细询问社员的生产和生活问题。

在当天晚上同中共石家庄市委负责人谈话时，毛泽东一开始就了解农业生产的情况，询问当年的麦子种得怎样，每亩下了多少种，土地深耕了多少，是否具备搞大面积丰产田的条件等。毛泽东说：人民公社搞得怎么样？只是搭起架子吧。食堂办了没有？是在一起吃饭，还是打回家吃，打回家去不冷了吗？食堂里做不做菜？你们这里食堂有办得好的吧。一个食堂，一个托儿所，两个事要注意搞好。搞不好影响很大，影响生产。饭吃不好就生产不好，小孩带不好，影响后一代。保育员要像母亲那样关心孩子，你们有没有人管这个事情？这个问题很值得研究。对小孩子一叫一闹就打，不好，要叫孩子吃得好，穿得好，玩得好，睡得好，要了解他们的心理状态。每个人民公社都要种商品作物，如果只种粮食那就不行了，那就不能发工资。山区可以种核桃、梨，可以养羊，拿到外面去交换。他还提出，要给劳多人少的多发点工资，不然，他们就不舒服。一家五口四个劳力，一家五口只一个劳力，这两家就是不同了，恐怕要照顾一下劳力多些的。现在是社会主义，价值法则还是存在的。①

11月1日，毛泽东来到邯郸，又同中共邯郸地委的领导谈话。毛泽东一开头就问当地干部，群众对"大跃进"有什么不满意的吗？地委负责人说，群众反映一个是累，一个是吃不好，对

---

① 参见中共中央文献研究室编：《毛泽东年谱（1949—1976）》第3卷，中央文献出版社2013年版，第481页。

此有些意见。毛泽东建议给社员一个月放两天的假，让他们能好好休息一下。毛泽东又问 1958 年的粮食产量是多少，1959 年计划生产多少，当地干部告诉他，1958 年亩产 202 斤，1959 年计划亩产 1000 斤。毛泽东说，亩产 800 斤也就好了。

毛泽东还着重谈了带小孩、吃饭和休息的问题，要求把这几件事办好。他说：托儿所一定要比家里好些，才能看到人民公社的优越性。这是一个大事。每个省、地、县都要注意后一代的问题，我们再干几十年。总要他们来接替吧！要把占人口百分之二十五的娃娃带好。再就是吃饭，一是吃饱，二是吃好，吃不好就没有劳动力。要不吃冷饭。吃热饭，要有菜，菜里要有油有盐。要比在家庭、在小灶吃得好，这样农民才欢迎吃大锅饭。把这个当成个大事。再就是休息问题，下个命令，要休息，要睡够。现在不是军事化吗？下个命令睡觉，至少睡 6 个钟头，睡个午觉。冬天睡觉在地里太冷了，春、夏、秋可以。不让休息，人民会不满意的。要吃好、睡好，把小孩子带好。省、地、县委第一书记要抓这个关系人的事情。总之，要把劳动组织得更好些，又完成任务，又吃得好，休息得好。应当发展经济作物，每个社都应当种些有交换价值的经济作物，发工资不是 1 元、2 元，应当多一些。①

当天下午，毛泽东到了新乡，并同新乡地委和部分县委的负责人谈话。参加座谈会的有中共河南省委书记处书记史向生、河北省委书记处书记张承先、新乡地委第一书记耿起昌、安阳市委第一书记刘东升、原阳县委第一书记王九书、封丘县委第一书记韩鸿绪、温县县委第一书记李树林等。

毛泽东首先询问了新乡钢铁生产的情况。接着又问种了多少

---

① 参见中共中央文献研究室编：《毛泽东年谱（1949—1976）》第 3 卷，中央文献出版社 2013 年版，第 484 页。

亩麦子，一亩下了多少种，是1957年下得多还是1958年下得多。当地的干部回答说，1957年每亩下种10斤左右，1958年都在30斤左右，还有下了几百斤、上千斤的。毛泽东表示，下得太多了，麦苗会挤不出来。有人回答说，是分层种的，像楼梯一样，麦子在楼梯上站着。听到这里，毛泽东忍不住笑了起来。

毛泽东又问：食堂办得怎么样？社员能不能吃上热饭，有没有菜，有没有油，有没有肉吃。地委负责人都一一作了回答。当问到有没有人民公社发不出工资的时，新乡地委第一书记耿起昌回答说都能发，毛泽东表示不相信，认为靠不住，并且说，不出经济作物的地方，只产一点粮食，哪里有钱发工资？毛泽东又问有没有信心办好公共食堂，食堂有没有垮台的？耿起昌回答说，没有垮台的，许多妇女办食堂决心很大，把小锅砸了。毛泽东说："这个革命可革的厉害。"

接着，毛泽东又问："你们的幸福院究竟幸福不幸福？有没有不愿意去的？老人在幸福院做活不做活？"史向生回答说："有人照顾的不去幸福院，没人照顾的才去幸福院，有的老人闲不住，自动地做点轻活。"毛泽东还询问了社员睡觉的情况，再次表示一定要让社员睡够6小时，在这个问题上可以搞点强迫命令，这样的强迫命令老百姓会欢迎的。①

11月6日，前往修武、新乡调查的吴冷西、田家英等人在郑州向毛泽东汇报了调查了解到的情况。在汇报中，吴冷西说：修武县委书记虽然说一县一社是全民所有制，但他认为公社和国家的关系不同于国营工厂和国家的关系，公社的产品不能全部由国家调拨，国家也不能供给公社需要的所有生产资料和生活资料。因此，这位县委书记提出，如果公社实行同国营工厂一样的全民

---

① 参见林英海主编：《毛泽东在河南》，河南人民出版社1993年版，第85—86页。

所有制，那么，有两个问题他担心不易解决，一是遇到灾年，国家能否跟平年一样拨给公社所需的生产资料和生活资料，二是遇到丰年，国家能否全部收购公社的产品。吴冷西还谈到修武县委书记怀疑他们实行的低标准的供给制能否叫做按需分配。

毛泽东详细询问了县里同国家的经济关系，互相间进行哪些交换。吴冷西汇报说，修武县同国家的经济往来主要有两种，一是纳税，主要是农业税即公粮，工商税不多；二是交换，主要是向国家交售统购的粮、棉、油料等农副产品和向国家购买生产资料和生活资料，这两种交换都是商品交换，现金结算的。

毛泽东又询问有关供给制的情况，并详细询问了田家英了解到的新乡县七里营人民公社的"十六包"（人民公社化运动中，七里营曾提出公社包社员的衣、食、住、行、生、老、病、死、学、育、婚、乐、理、浴、缝、电等）供给制的具体内容。田家英认为，七里营的"十六包"只能说是平均主义，不能说是"按需分配"，更不能说是已经进入共产主义社会。

在调查组汇报的过程中，毛泽东不断插话。在谈到修武一县一社时，毛泽东指出，一县一社恐怕太大了，县委管不了那么多具体的事，而且全县各地生产水平很不平衡，平均分配会损害富队富社的积极性。中国现在还是搞社会主义，还是要按劳分配。凡是有利于发展生产的就干，一切不利于发展生产的就不要干。供给制只能搞公共食堂，而且要加强管理，粗细粮搭配，干稀搭配，农忙农闲不同，要学会勤俭过日子，不能放开肚皮大吃大喝，那样肯定维持不下去。其他只搞些公共福利事业，不要采取"包"的办法，量力而为。延安时期的供给制，是属于战时共产主义的办法，是不得已而为之，不能作为分配方式的榜样，所以新中国成立后就改行工资制了。

谈到修武的全民所有制问题时，毛泽东说：修武不同于鞍钢，产品不能调拨，只能进行商品交换，不能称为全民所有制，只能叫做集体所有制，千万不能把两者混同起来。修武县委书记提出的问题，表明他实际上是不赞成搞全民所有制的。县里的产品不能全部调拨给国家，不可能也不必要。他作为一县之长，不能不慎重考虑。尤其是国家对于县，在平常年景也不能完全保证按照县里的需要调给生产资料和生活资料，遇到灾年更加不能保证，这也是明摆着的。他提出的问题使我们想到，如果生产力没有高度发展，像北戴河会议关于人民公社的决议中指出的，产品极为丰富，工业和农业都高度现代化，那么，生产关系上从集体所有制过渡到全民所有制，分配方式从按劳分配过渡到按需分配，是根本不可能的。这两种所有制的接近是一个很长的历史过程。

当调查组汇报到有些公社搞集体住宿时，毛泽东很生气，明确表示，那种搞法不是给国民党对共产党的诬蔑帮了忙吗？凡是这样胡搞的地方他都支持群众起来造反。这些干部头脑发昏了，怎么共产党不要家庭呢？要禁止拆散家庭，还是一家人大、中、小结合为好。

在谈到群众大炼钢铁的干劲很大，地里庄稼没有人收时，毛泽东说，1070万吨的指标可能闹得天下大乱。从北戴河会议到年底只有四个月，几千万人上山，农业可能丰产不丰收，食堂又放开肚皮吃，这怎么得了？这次郑州会议要叫大家冷静下来。①

通过半个多月的调查研究，毛泽东发现，"大跃进"和人民公社化运动中存在大量问题，必须使全党对此高度重视并加以解决，以便使"大跃进"运动健康发展，使人民公社得以巩固。在调查研究的基础上，由此开启了半年多时间的纠"左"工作。

---

① 参见吴冷西：《忆毛主席——我亲身经历的若干重大历史事件片断》，新华出版社1995年版，第100—103页。

(三) 第一次郑州会议

为了解决"大跃进"和人民公社化运动中出现的一些问题，中共中央于 1958 年 11 月 2 日至 10 日，在郑州召开了有部分中央领导人和省委书记参加的会议，史称第一次郑州会议。

郑州会议的开会地点是不固定的，有时在专列上，有时在河南省委招待所。毛泽东召集郑州会议，本来是想研究人民公社性质问题。他原本打算只让已前往遂平、修武和七里营调查的陈伯达、张春桥、吴冷西、田家英，再请几位省委书记参加。后来，参加会议的人员逐渐增加，议题也比原设想的扩大了。

会议开始后，有的省委负责人提出，原来的农业发展纲要四十条看来已经过时了，应该搞一个人民公社四十条的文件。毛泽东采纳了这个意见，并让对这个事情很积极的吴芝圃（中共河南省委第一书记）牵头，陈伯达协助起草。下分工业、农业、教育科学文化、公社体制四个小组，分别由王任重（中共湖北省委第一书记）、曾希圣（中共安徽省委第一书记）、舒同（中共山东省委第一书记）和史向生（中共河南省委书记处书记）负责。

这个文件开始叫做《人民公社发展纲要四十条（1958—1967）》，又叫《中国共产主义建设十年规划纲要》。之所以取这样的题目，是起草时有人认为，当时农村正在搞人民公社，城市也很快要建立公社，都在向共产主义过渡，所以还是叫共产主义建设规划好。

在 11 月 4 日下午会议上，有人解释说，是十年建成社会主义，向共产主义过渡。毛泽东接过话头说：你说十年就过渡了，我就不一定相信。看一下嘛，你晓得怎么样？这是个客观的东西，人们的想象是一件事，是否符合客观规律，又是一件事。毛泽东提醒那些头脑发热的高级干部说，苏联搞了四十年的社会主义，还没有宣布进入共产主义，中国才搞几年的社会主义，不要那么急急忙忙地宣布过渡。

毛泽东还向与会者推荐读读斯大林的《苏联社会主义经济问题》。这本书他本人也正在读，并结合"大跃进"和人民公社化运动遇到的问题进行思考。他说："我们研究公社的性质、交换、社会主义向共产主义过渡、集体所有制向全民所有制过渡这些问题，可以参考的材料还是斯大林那本《苏联社会主义经济问题》。我大体看了一下，可以找几十本在这里发一下。我们现在看，跟发表的时候看不同了。发表的时候，我们谁也不想这些问题。""我看，他那个东西是有些问题，但是还很可以值得研究，不要轻易全面否定那个东西。"① 会上，鉴于要制订一个全国性的建设规划，毛泽东提议上海、广东、黑龙江、四川的省（市）委第一书记柯庆施、陶铸、欧阳钦、李井泉，以及中央分管农业和工业的谭震林、李富春等也参加会议。

在 11 月 5 日的会议上，毛泽东听到有人反映，当时城市里有些混乱，抢购商品，提银行存款，购置高档商品，怕废除票子。为此，他提醒说，纲要里要写这个问题，有个安定人心的问题。与一些人急急忙忙要消灭商品和货币相比，毛泽东在这个问题上的认识是比较清醒的。当时，许多人头脑发热，认为既然一国可以首先实现社会主义，一国也可以首先进入共产主义。在这天的会上，有人再次提出十年内向共产主义过渡的问题。对此，毛泽东表示：修武一县一社，它的东西在县的范围可以调拨，但河南省去调就不行，国家调更不行。修武的粮，七里营的棉，是要交换的，不能调拨。不要把修武、徐水、遂平与鞍钢、上钢、

---

① 中共中央文献研究室编：《毛泽东传（1949—1976）》（下），中央文献出版社 2003 年版，第 890—891 页。

上海国棉一厂、洛阳拖拉机厂等混同了①。

北戴河会议期间，毛泽东在修改《中共中央关于在农村建立人民公社问题的决议》一稿时，曾亲笔加写了这样的话："由集体所有制向全民所有制过渡是一个过程，有些地方可能较快，三四年内就可完成，有些地方可能较慢，需要五六年或者更长一些的时间。"这时，毛泽东也认为这个过渡看来太快了点，甚至认为对此要作点修改才好。

在 11 月 6 日的讲话中，毛泽东又谈到了这个问题。他说，由集体所有制过渡到全民所有制要多长时间？三、四、五、六年，或者更多一点时间，是不是短了？还是长了？有时觉得长了，有时又担心短了，他担心短的时候多。人民公社什么时候能达到像鞍钢一样？能不能把农业变成工厂？产品和积累能够调拨，积累不是全部要调，但必须调动的产品，则必须无条件地调动，才算全民所有制。他又说，从集体所有制到全民所有制，四年是否可以？标准是鞍钢（按每一个工人年均产值计）。鞍钢除 7200 元成本折旧，下余 10800 元，工人所得 800 元，为国家积累 1 万元，要这样的调拨。这种过渡对斯大林来说是十难万难的，要多少年，未说明期限。这是第一个过渡。第二个过渡，从"按劳取酬"到"各取所需"。现在已开始准备第二个过渡，吃饭不要钱。苏联也吹，只见楼梯响，不见人下来。中国人吃饭不要钱，是各取所需的萌芽。凡是可以做的必须逐步去做。这不能不说是共产主义因素。从这里也可以看出，此时的毛泽东一方面担心原来设想的过渡时间过短，另一方面他对于尽早实现共产主义还是心向往之的。

同一天，他看到中共中央宣传部 11 月 4 日编印的《宣教动

---

① 中共中央文献研究室编：《毛泽东年谱（1949—1976）》第 3 卷，中央文献出版社 2013 年版，第 491 页。

态》第 134 期上，刊登了《山东范县提出一九六〇年过渡到共产主义》一文，报道了山东范县人民公社党委第一书记（即县委第一书记）这年 10 月 28 日在全县共产主义建设积极分子万人大会上，所作的关于范县三年过渡到共产主义规划报告的摘要。毛泽东阅后，写了一段批语道："此件很有意思，是一首诗，似乎也是可行的。时间似太促，只三年。也不要紧，三年完不成，顺延可也。"

可见，这时的毛泽东在思想认识上是矛盾的。一方面，他感到要区分集体所有制与全民所有制、社会主义与共产主义的界限，不能急急忙忙往前闯，急于实现共产主义；另一面，他对实现共产主义的时间还是想争取尽可能快一些。毛泽东说范县的共产主义规划是一首诗，其实，他在"大跃进"和人民公社问题上又何尝没有诗人的浪漫气质？

不过，毛泽东在会上指示印发范县这个规划，主要还是想通过这个材料来给高级干部们降温。因为他在 11 月 9 日的会上讲道：人民公社必须生产适宜于交换的社会主义商品，以便逐步提高每个人的工资。在生活资料方面，必须发展社会主义的商业，并且利用价值法则的形式，在过渡时期内作为经济核算的工具，以利逐步过渡共产主义。我们的国家是个商品生产不发达的国家，现在又很快地进到了社会主义。社会主义的商品生产同商品交换还要发展，这是肯定的。现在有那么一种倾向，就是共产主义越多越好，最好一两年就搞成共产主义。山东省范县说三年进入共产主义，说得神乎其神，我是怀疑的。

在人民公社化运动中，党内有人主张废除货币和商品流通，进行产品调换，在人民公社内部搞非现金结算。1958 年 9 月中旬，一位负责农业工作的领导同志曾起草了一份《关于人民公社的几个问题》的文件，提出人民公社发给社员的工资，一律存入公社，发给存折，不计利息。社员存入公社的劳动报酬所得，除分期支取一定数额的零用钱外，社员的生活需要，由公社统一购买，统一分发，可由社员凭存折到公社门市部选购。无论统一分发或自行选购，均采取转账办法，实行非现金结算，以减少商品供销环节和货币流通范围。这位领导同志还认为，实行了非现金结算制度，就不以货币为媒介了，产品直接从批发站到了消费者手里，中间环节抹掉了，在公社里，已经不存在商业问题，也就把资本主义自发势力的根拔掉了。这个文件虽然后来未被中共中央和毛泽东采纳，但由中共安徽省委办公厅发给了省外一些单位，造成了很大影响。

为了澄清党内在商品生产、商品交换、社会主义和共产主义等许多重大问题上的混乱思想，11月9日，毛泽东致信中央、省、地、县四级党的委员会的委员，号召各级干部读两本书，一本是斯大林的《苏联社会主义经济问题》，一本是《马恩列斯论共产主义社会》，要求用两至三个月的时间，每人每本用心读三遍，随读随想，加以分析，并且"要联系中国社会主义经济革命和经济建设去读这两本书，使自己获得一个清醒的头脑，以利指导我们伟大的经济工作。现在很多人有一大堆混乱思想，读这两本书就有可能给以澄清"。毛泽东在信中还说："有些号称马克思主义经济学家的同志，在最近几个月内，就是如此。他们在读马克思主义政治经济学的时候是马克思主义者，一临到目前经济实践中某些具体问题，他们的马克思主义就打了折扣了。现在需要读书和辩论，以期对一切同志有益。"①

在11月9日和10日的会议上，毛泽东还就纲要四十条问题和社会主义商品生产问题发表了意见。

在9日的讲话中，毛泽东讲到，社会主义仍必须重视商品生产。他说："许多人避而不谈商品和商业问题，好像不如此就不

---

① 《毛泽东文集》第7卷，人民出版社1999年版，第432页。

是共产主义似的。人民公社必须生产适宜于交换的社会主义商品，以便逐步提高每个人的工资。在生活资料方面，必须发展社会主义的商业；并且利用价值法则的形式，在过渡时期内作为经济核算的工具，以利逐步过渡到共产主义。现在我们的经济学家不喜欢经济学，苏联也是这样，认为谁说到价值法则谁就不名誉似的，表现在雅罗申柯写的一封信上。这些人不赞成商品生产，以为苏联已经是共产主义了，实际上还差得很远。我们搞社会主义只有几年，则差得更远。"①

自从8月初以来，毛泽东多次前往农村视察，就是在来郑州的路上，他还一再找地方干部座谈了解农村情况。每次听汇报，他都问当地的产量，但地方干部总是告诉他粮食获得了大丰收，并且产量是成倍地增长。这时毛泽东感到，一些地方在粮食生产上有夸大其辞的地方，出现了虚报浮夸现象。在这天的讲话中，他特地强调："提倡实事求是，不要谎报，不要把别人的猪报成自己的，不要把三百斤麦子报成四百斤。今年的九千亿斤粮食，最多是七千四百亿斤，把七千四百亿斤当数，其余一千六百亿斤当作谎报，比较妥当。人民是骗不了的。过去的战报，谎报战绩只能欺骗人民，欺骗不了敌人，敌人看了好笑。有真必有假，真真假假搞不清。偃师县原想瞒产，以多报少，也有的以少报多。"② 尽管如此，毛泽东对于形势的估计还是过于乐观，这年粮食虚报的产量，比他想象的要多得多，远远超过1600亿斤，实际产量只有4000亿斤，也就是说虚报的总产量达到5000亿斤。

应当看到，此时的毛泽东虽然觉察到了"大跃进"和人民公社化运动中存在问题，但对于其中一些问题的认识仍然是有局限的。例如，他一方面认为农业生产中有虚报现象，另一方面又认

---

① 《毛泽东文集》第7卷，人民出版社1999年版，第434页。

② 《毛泽东文集》第7卷，人民出版社1999年版，第434—435页。

为粮食问题总体上已经解决，今后用不着种那么多的地，于是热心地提倡土地"三三制"，肯定纲要草稿中提出的到1972年，全国已有的18亿亩耕地，到时只需播种6亿亩左右，其余的12亿亩，一半可以用来休闲和种植绿肥，另一半则可以植树种草。他对土地深耕的丰产作用仍深信不疑，在纲要草稿提出的"从1958年起，所有的耕地每三年轮流深耕一次，深度从一尺到二尺"的地方，还特地加上了"一部分还要更深些，例如四、五、六、七尺"这样的文字。

11月10日，毛泽东又亲自给与会者讲解斯大林的《苏联社会主义经济问题》，并就商品生产和商品交换发表意见。毛泽东说："现在仍然是农民问题。有些同志忽然把农民看得很高，以为农民是第一，工人是第二了，农民甚至比工人阶级还高，是老大哥了。农村在有些方面走在前面，这是现象，不是本质。有人以为中国的无产阶级在农村，好像农民是无产者，工人是小资产阶级。这样看，是不是马克思主义的？有的同志读马克思主义教科书时是马克思主义者，一碰到实际问题就要打折扣。"①

针对一些等人提出的否认商品生产、价值规律和商品交换的错误观点，毛泽东指出："现在，我们有些人大有要消灭商品生产之势。他们向往共产主义，一提商品生产就发愁，觉得这是资本主义的东西，没有分清社会主义商品生产和资本主义商品生产的区别，不懂得在社会主义条件下利用商品生产的作用的重要性。这是不承认客观法则的表现，是不认识五亿农民的问题。""在社会主义时期，应当利用商品生产来团结几亿农民的问题。我以为有了人民公社以后，商品生产、商品交换更要发展，要有计划地大大发展社会主义的商品生产，例如畜产品、大豆、黄麻、肠衣、果木、皮毛。现在有人倾向不要商业了，至少有几十

---

① 《毛泽东文集》第7卷，人民出版社1999年版，第436—437页。

万人不要商业了。这个观点是错误的，这是违背客观法则的。"
他又说："商品生产不能与资本主义混为一谈。为什么怕商品生
产？无非是怕资本主义。现在是国家同人民公社做生意，早已排
除资本主义，怕商品生产做什么？不要怕，我看要大大发展商品
生产。"①

郑州会议经过讨论，形成了两个文件：一是《郑州会议关于
人民公社若干问题的决议》，二是《十五年社会主义建设纲要四
十条》。

决议分六个部分：社会主义和共产主义，什么叫建成社会主
义；公社问题；城市公社问题；要抓农业；工作方法；几个具体
政策问题。

关于什么叫建成社会主义，决议归纳了五点：1. 实现社会
主义的全面的全民所有制；2. 现在的社会主义大集体所有制逐
步发展为全面的全民所有制；3. 社会主义的全面的全民所有制
的含义，一是社会生产资料为全民所有，二是社会产品也为全民
所有；4. 不断发展生产资料的生产和消费资料的生产；5. 实现
公社工业化、农业工厂化（即机械化和电气化）。

关于人民公社问题，决议草案提出，公社的性质是中国社会
主义社会的工农商学兵相结合的基层单位，同时又是基层政权组
织；公社是中国社会经济发展的产物，是 1958 年 "大跃进" 的
产物。决议草案认为，人民公社是实现由集体所有制到全民所有
制、由社会主义的全民所有制到共产主义的全民所有制两个过渡
的最好形式。

关于公社的体制形式，决议草案指出，一县一社、一县数社
有县联社和一县数社无县联社三种公社体制形式中，具有县联社

---

① 《毛泽东文集》第 7 卷，人民出版社 1999 年版，第 437—438、
439 页。

的组织形式较好，一县一社的可以继续试行，一县数社但无县联社的形式不好。同时，公社内部各级应当有一定的权力，以便发挥各级的积极性。至于公社的名称，则一律要冠以地名。

关于公社的分配，全民、集体、个人的关系、作息时间等问题，决议草案提出，到 1960 年或者更长一点时间，农村人民公社实现每年每人能够分配到 150 元至 200 元，并且逐步提高国家对产品的调拨比例，争取在十年内达到公社纯收入的三分之一左右归个人，三分之一左右归公社积累，三分之一左右当国家调拨。在集体与个人的关系上，应当执行大集体小自由的原则。在苦战三年期间，农村中实行 12 小时工作和学习（一般的时候 10 小时工作，2 小时学习，农忙的时候 12 小时工作），4 小时吃饭和休息，8 小时睡觉。

关于工作方法问题，决议草案要求人民公社化后，必须特别注意走群众路线的工作方法，不允许用简单化的行政命令手段去处理有关广大群众切身利益的问题，必须严格禁止和纠正假借组织军事化的口号而打骂捆绑群众和任意处罚群众的现象，严格禁止和纠正用处理敌我矛盾的方法来处理人民内部矛盾问题，用所谓"大辩论""辩你一下"，即"整你一下"的方法来压服群众的现象。对于工作中的成绩和缺点，一定要采取老实态度，反对谎报成绩，隐瞒缺点。无论是工业、农业、文教、卫生等哪一方面的数字，也无论是对内对外对上对下，都必须是多少就说多少，是好就说好，是坏就说坏。决议强调："现在有一种在成绩方面以少报多，怕说缺点的倾向，这是十分有害的；必须在全体干部中进行一次教育，彻底克服这种不良风气。"

《十五年社会主义建设纲要四十条》则提出，中国人民面前的任务是经过人民公社的组织形式，同时在社会主义建设过程中逐步增长共产主义因素，为过渡到共产主义社会打下基础。15 年中要完成技术革命、文化革命，使中国主要工业产品按人口计算赶上或超过英国，农业主要产品赶上和超过最先进的资本主义国家，从而逐步消灭工农、体力劳动与脑力劳动、城乡三大差别，逐步由按劳分配过渡到各取所需。纲要还提出，15年经济建设必须"以钢为纲"，带动机械、化工工业，到1972年达到钢4亿吨，机床1000万台，煤炭15亿吨，发电装机容量5亿千瓦左右，铁路40万公里，公路通到每个居民点，大小汽车6000万辆；县县通民航，每人平均布30丈；从1958年起，在三四年内达到每年产粮食15000亿斤，每人平均2000斤，三四年内实现农业机械化；15年内普及中、高等教育，并达到基本生活资料各取所需。

由此可以看出，第一次郑州会议时，毛泽东和中共中央一方面觉察到了"大跃进"和人民公社化运动中存在许多问题，出现了不少乱子，对此必须加以纠正。但另一方面，又对人民公社加以充分肯定，认为通过"大跃进"的方式，就能够很快赶上世界上最发达的资本主义国家，并且通过人民公社这种组织形式，在不长的时间里即可实现共产主义。因此，郑州会议后的纠"左"，从某种意义上讲是在纠"乱"。应当说，到这时，全党上下头脑并没有完全冷静下来。

二、分清两种所有制的界限

（一）"科学是不能破的"

在郑州会议期间，毛泽东通过听取各地的汇报，对"大跃进"和人民公社存在的问题有了进一步了解。为了解决这些问题，也为了1959年更大的跃进，毛泽东和中共中央决定接着在武昌召开政治局扩大会议，然后召开八届六中全会。

11月21日至27日，中共中央政治局扩大会议在武昌召开，参加会议的除了部分政治局委员、候补委员外，还有各省、自治区、市党委第一书记，中央有关部委的负责人。这是一次为"大跃进"降温的会议，着重讨论高指标和浮夸风问题。

在武昌会议召开前，即 11 月 15 日，《人民日报》发表了苏共中央第一书记、苏联部长会议主席赫鲁晓夫在苏共第二十一次代表大会上作的关于"1959—1965 年发展苏联国民经济的控制数字"的报告提纲。提纲中宣布，到 1965 年，苏联工业总产值将要比 1958 年增加约 80%，农业总产值将增加 70%。提纲还提出了到 1965 年国民经济的具体计划指标，如生铁的产量将达到6500 万到 7000 万吨，钢产量将达到 8600 万到 9100 万吨，石油将达到 2.3 亿到 2.4 亿吨，发电量将达到 5000 亿到 5200 亿度。7年间轻工业的总产量将增加大约半倍，日用品的产量将增加一倍。在 7 年计划结束时，苏联纺织品、衣服和鞋类的总产量和按人口平均的产量将接近美国的水平；按人口平均计算的一系列重要食品的产量将赶上和超过最发达的资本主义国家；谷物总产量估计为每年 100 亿到 110 亿普特（一普特等于 16.38 公斤）；国民收入将增加 62% 到 65%。职工实际收入平均将提高 40%，集体农民的收入也将至少提高 40%；城镇建筑将近 1500 万套住宅，在农业地区建筑约 700 万幢住宅。

这个报告提纲还提出，苏联在生产增长速度方面的优越性将造成现实的基础，使苏联在 1965 年以后大约再用 5 年的时间按人口平均计算的生产水平赶上和超过美国。到那时候，也可能还早一些，苏联无论在生产的绝对数量方面，或者在按人口平均计算的产量方面，都将居世界第一位，这样就将保证居民具有世界上最高的生活水平。苏联已经进入从社会主义逐渐向共产主义过渡的新的历史时期。今后 15 年的国家发展前景计划将为完成向共产主义过渡创造必要的条件。

在武昌会议的讲话中，毛泽东首先提出要与会人员看看这个报告提纲，并且说：苏联已经 41 年了，还准备搞 12 年，看它的意思是想过渡，但并没有讲过渡，很谨慎。我们中国人，包括我在内，大概是冒失鬼。赫鲁晓夫很谨慎，他已经有了5500万吨钢，1亿吨以上石油，他还那样谨慎，还要12年准备过渡。现在国内形势，我们同志至少有几十万、上百万干部就是想抢先，都想走得越快越好，对全局估计不够。他们的经济底子比我们好，2亿人口，5500万吨钢，1亿吨石油，成百万的技术人员，全国人民中学程度。我们现在是破落户，一穷二白，我们说强大，还没有什么根据，现在我们吹得太大了，不合乎实际。

毛泽东又说：我们搞社会主义建设没有经验，苏联搞社会主义已经41年，我们才9年。我对郑州会议文件，又高兴又怀疑，4亿吨钢是否需要？搞40亿吨更好，有没有需要？有没有可能。到现在为止搞了820万吨，已经6000万人上阵，搞4亿吨要多少人？他还形象地说：我们的建设像白杨树，有一种钻天杨，长得很快，就是不结实。钻得太快，不平衡，可能搞得天下大乱。有计划，按比例？钢铁上去，什么都要上去。什么是有计划、按比例，要在实践中慢慢摸索认识客观规律，掌握它，然后熟练地运用它。

毛泽东又谈到高指标问题，并提出要减轻任务，认为现在提出的任务太重，可以考虑减轻些。1958年有两个侧面，一个侧面，鼓足干劲，6000万人上阵，搞得天翻地覆，高潮是好的，但另一个侧面，要搞那么多铁，就得去6000万人，中国有几个6000万人？此外各种任务，如煤、电、油、化学、纺织、造纸、建筑材料，这次会议要唱低调，把脑筋压缩一下，变成固体空气。胡琴不要拉得太紧，太紧了，有断弦的危险。毛泽东还讲到了人民公社的整顿问题，提出要议一下人民公社的问题，搞出一个指示。他说，十个公社有一个真正搞好了，就算成功了，一个县搞好一个，就很好。省（市）地委要集中力量去搞好一个公社。

在 11 月 23 日的会议上，毛泽东在讲话中着重讲了 1959 年的钢产量指标和作假问题。关于钢产量指标，毛泽东说，北戴河会议定为 2700 万吨至 3000 万吨，那是建议性的，这次是决议性的。他表示，自己也赞成搞 3000 万吨钢，问题是能不能办到，有没有依据。他说：去年 500 万吨，都是好钢，今年翻一番，1070 万吨，是冒险的计划。为了 1070 万吨，结果搞得 6000 万人上阵，别的都让路，搞得运输很紧张。我主张明年不翻两番，只翻一番。过去人家反对我的冒进，今年我在这里又反人家的冒进。

对于弄虚作假问题，毛泽东讲得比较尖锐。他说：现在横竖要放"卫星"，争名誉，没有那么多东西就造假。有一个公社，自己只有 100 头猪，为了应付参观，借来了 200 头大猪，参观后又送回去。有 100 头就是 100 头，没有就是没有，搞假干什么？不要去争虚荣。比如扫盲，说什么半年、一年扫光，我就不太相信，第二个五年计划期间扫除了就不错。绿化，年年化，年年没有化，越化越见不到树。说消灭了"四害"，是"四无"村，实际上是"四有"村。上面规定的任务，他总说完成了，没有完成就造假。现在的严重问题是，不仅下面作假，而且我们相信，从中央、省、地到县都相信，主要是前三级相信，这就危险。如果样样都不相信，那就变成机会主义了。群众确实做出了成绩，为什么要抹杀群众的成绩，但相信作假也要犯错误。比如 1100 万吨钢，你说 1 万吨也没有，那当然不对了，但是真有那么多吗？又比如粮食，究竟有多少，去年 3700 亿斤，今年先说 9000 亿斤，后来又压到 7500 亿斤到 8000 亿斤，这是否靠得住？我看 7500 亿斤翻了一番，那就了不起。

在 1958 年的成都会议和八大二次会议上，毛泽东曾多次讲到破除迷信的问题。其用意当然是为了鼓起亿万人民的干劲，敢于创新，但由于后来一些地方在破除迷信时，过于强调人的主观能动性，轻视客观规律，以致发生了许多违背科学的胡搞蛮干。

因此，毛泽东在这次会议上强调，在破除迷信时，不要把科学当迷信破除了。他说，破除迷信以来，效力极大，敢想敢说敢做，但有一小部分破得过分了，把科学真理也破了。比如说，连睡觉也不要了，说睡觉一小时就够了。方针是破除迷信，但科学是不能破的。①

在武昌会议期间，毛泽东还为几份文件写了批语。11 月 24 日，他在修改《中共中央、国务院关于适应人民公社化的形势改进农村财政贸易管理体制的决定》草案时，曾亲笔加写了这样一段文字："目前，全国各地的公社虽然已经搭起架子，也可以说基本上建立起来了，但是要在思想、组织、生产、分配、生活福利和各项业务上都弄清条理、建立就绪和走上轨道，至少还需要几个月的时间。"

"大跃进"启动后不久，云南一些地方在组织农民兴修水利时，由于劳动强度过大和营养不足，开始发现有浮肿病患者。到 6 月下旬和 7 月上旬，发病率猛增，并遍及全省 70 多个县市，到 10 月 10 日，全省累计发病 38.8 万多人，死亡 39712 人，其中因浮肿病致死者约占半数。11 月 18 日，中共云南省委就发生浮肿病死人的情况向中共中央和毛泽东呈送了检查报告。报告说：造成这一痛心事件的主要原因是，领导作风不深入，对于今年紧张持续的苦战中需要特别关心群众的生活注意不够，对一些干部强迫命令、违法乱纪的严重情况估计不足等。目前，省委正在召开地、市委第一书记会议，根据毛泽东在郑州会议上的讲话精神，集中检查省委和地、市委两级的领导作风，接受经验教训，并准备采取以下措施：地、市委书记会议后，立即在党内和干部中进行一次整风，批判强迫命令和不关心群众生活的倾向；组织专门

①　参见《毛泽东文集》第 7 卷，人民出版社 1999 年版，第 446—449 页。

小组对浮肿病死人事件进行认真的检查，严肃处理死人事件中的违法乱纪和失职问题；立即执行郑州会议关于作息时间的规定，检查和改善矿山、水利工地等各个战线上民工的衣、食、住和劳动安全问题，从各方面调节群众的劳逸和生活，等等。

11 月 25 日，毛泽东为云南省委的报告写了一段很长的批语。他提醒各级党委：如果不善于教育干部，不善于分析情况，不善于及时用鼻子嗅出干部中群众中关于人民生活方面的不良空气的话，那就一定要犯别人犯过的同类错误。毛泽东强调："在我们对于人民生活这样一个重大问题缺少关心，注意不足，照顾不周（这在现时几乎普遍存在）的时候，不能专门责怪别人，同我们对于工作任务提得太重，密切有关。千钧重担压下去，县、乡干部没有办法，只好硬着头皮去干，少干一点就被叫做'右倾'，把人们的心思引到片面性上去了，顾了生产，忘了生活。"① 他还提出了解决这个问题的具体办法：一是任务不要提得太重，不要超过群众精力负担的可能性，要为群众留点余地；二是生产、生活同时抓，两条腿走路，不要片面性。

武昌会议期间，毛泽东写了《关于帝国主义和一切反动派是不是真老虎的问题》的文章，从理论上对"冷"和"热"的辩证关系作了回答。文章说，逐步认识自然运动的法则和社会运动的法则，然后就有可能掌握并比较自由地运用这些法则，一个一个地解决人们面临的问题，处理矛盾，完成任务，使困难向顺利转化，使真老虎向纸老虎转化，使革命的初级阶段向高级阶段转化，使民主革命向社会主义革命转化，使社会主义的集体所有制向社会主义的全民所有制转化，使社会主义的全民所有制向共产主义的全民所有制转化，使年产几百万吨钢向年产几千万吨钢乃至几万万吨钢转化，使亩产一百多斤或者几百斤粮食向亩产几千

① 《毛泽东文集》第 7 卷，人民出版社 1999 年版，第 451 页。

斤或者甚至几万斤粮食转化。还说："可能性同现实性是两件东西，是统一性的两个对立面。虚假的可能性同现实的可能性又是两件东西，又是统一性的两个对立面。头脑要冷又要热，又是统一性的两个对立面。冲天干劲是热。科学分析是冷。在我国，在目前，有些人太热了一点。他们不想使自己的头脑有一段冷的时间，不愿意做分析，只爱热。同志们，这种态度是不利于做领导工作的，他们可能跌筋斗，这些人应当注意提醒一下自己的头脑。另有一些人爱冷不爱热。他们对一些事，看不惯，跟不上。对这些人，应当使他们的头脑慢慢热起来。"①

（二）中共八届六中全会

在第一次郑州会议和武昌会议的基础上，1958 年 11 月 28 日至 12 月 10 日，中共中央在武昌召开八届六中全会，着重讨论并通过了《关于人民公社若干问题的决议》。

八届六中全会按大区分成七个组，就决议进行讨论。这个文件在郑州会议时就形成了初稿，之后，毛泽东等中央领导人又作了修改，发给中央全会的与会人员进行讨论，在此基础上作出决议，为下一步整顿人民公社作准备。

关于集体所有制与全民所有制、社会主义与共产主义的界限，是这次会议讨论的一个重点。刘少奇在参加华中组的第一次讨论中就提出，到底怎样从集体所有制过渡到全民所有制，怎样从社会主义过渡共产主义？讨论中，有人提出，社会主义社会建成之日，就是开始进入共产主义社会之时，中间没有一条鸿沟？有人认为，从集体所有制过渡到全民所有制，必须具备两个条件，一个是按人口平均，农民的生活水平相当于或超过工人的生活水平；另一个是收入稳定，在此条件下由国家包下来，给农民

---

① 《毛泽东文集》第 7 卷，人民出版社 1999 年版，第 457 页。

发工资。关于向共产主义如何过渡，有的人说，必须根据条件成熟的程度分批地转，但不能认为一个省、一个地区先进入共产主义。可见，一方面，经过郑州会议，人们开始注意社会主义与共产主义的区别，认识到要划清集体所有制与全民所有制、社会主义与共产主义的界限；另一方面，人们仍是十分关注何时向共产主义过渡的问题，仍存在急于向共产主义过渡的思想。

讨论中有人提出，现在人民公社不能包得太多，因为每个人的需要和爱好不一样，特别是当前产品还不丰富，如果"包"多了，就会使生活搞得简单化，就不能刺激生产的发展。对于决议草案中"实现了吃饭不要钱的理想"的提法，有人建议改为"做到吃饭不要钱"，也有人认为这句话不确切，容易使人误解为"白吃"，实际上还是农民自己劳动吃自己的，还是要了钱的。也有人认为，现在人民公社的生产规模过大，应当适当缩小。

讨论中还有许多人指出，强迫命令和弄虚作假的问题现在比较普遍，也比较严重，强迫群众的方式多种多样，虚假浮夸不但表现在粮食和钢铁产量上，也表现在扫盲、商业、税收等各方面，并且产生了严重的后果。对于发生强迫命令、虚假浮夸的原因，与会者普遍认为，除了干部本身的问题外，同各级领导有着直接的关系。领导上的主观主义、官僚主义，给下面下达过重的任务，只喜欢听好的一面，不愿听不同意见，都是造成干部强迫命令、虚假浮夸的重要原因。

此外，讨论中还涉及商品生产和商品交换、农业耕作"三三制"、1959年的计划安排等问题，与会人员就这些问题广泛发表意见。对于"大跃进"和人民公社化运动中存在的问题进行如此深入的讨论，这在1958年还是第一次。应当说，通过郑州会议和武昌会议，各级干部的头脑逐渐地冷静下来了。

12月9日，毛泽东在全会上作了一次讲话。他一开头就对人民公社作了充分的肯定。他说：人民公社的出现，在成都会议和党的八大二次会议上是没有料到的。其实，4月的时候在河南已经出现，5、6、7月中，我们不知道，到8月才发现。北戴河会议作了决议。这是一件大事。因为找到了一种建设社会主义的形式，便于由集体所有制过渡到全民所有制，也便于由社会主义的全民所有制过渡到共产主义的全民所有制，便于工农商学兵相结合，规模大，人多，便于办很多事。我们曾经说过，准备发生不吉利的事情，最大的莫过于战争和党的分裂。但也有些好事没有料到，如人民公社4月就没有料到，8月才作出决议，4个月间在全国搭起了架子，现正充实组织。这表明，毛泽东虽然觉察到公社化过程中出现了不少问题，但他认为这是前进道路上的问题，是发展过程中遇到的新情况，通过具体的政策调整便可以解决。他认为人民公社是由集体向全民、由社会主义向共产主义过渡的好形式，并为能找到这种好形式由衷地感到高兴。

毛泽东又说，围绕人民公社问题，党内党外有各种议论，有一大堆的问题搞不清楚，一人一说，十人十说，大体上有几说：一说要性急一点，他们有冲天的干劲，革命热情很高，但未做历史分析、形势分析、国际分析。这些人，好处是热情高，缺点是太急了，纷纷宣布进入全民所有制，两三年进入共产主义。这次决议的主要锋芒，是对着这一方面讲的。有了这个决议，经过几个星期、几个月，他们在实践中、辩论中可以大体搞清楚。可能有少数干部，他们是好同志，忠心为党为国，他们以为太急了，内心忧虑，恐怕我们跌跤子，这些人是好人。这个决议也可能说服他们，因为我们并不那么急。这个决议的主要锋芒是对付性急的，也给观潮派、算账派以答复，他们是不怀好意的，他们不懂得当前的形势的迫切要求，而且时机已经成熟。从这段话中可以看出此时毛泽东对人民公社的基本态度：人民公社必须坚持，这是建设社会主义、实现共产主义的好形式，但实现两个过渡不要那么性急，不要急急忙忙地宣布进入共产主义。

八届六中全会通过讨论，通过了《关于人民公社若干问题的决议》（简称《决议》）。《决议》开头就说："一九五八年，一种新的社会组织像初升的太阳一样，在亚洲东部的广阔的地平线上出现了，这就是我国农村中的大规模的、工农商学兵相结合的、政社合一的人民公社。它一出现，就以它的强大的生命力，引起了人们广泛的注意。"①《决议》进而指出：人民公社的出现不是偶然的，是我国政治经济发展的产物，是整风运动、社会主义建设总路线和"大跃进"的产物。

针对那种急于向全民所有制和向共产主义过渡的错误倾向，《决议》指出：不能混淆集体所有制和全民所有制的界限，更不能混淆社会主义和共产主义的界限。人民公社目前基本上仍然是集体所有制的经济组织。农业生产合作社变为人民公社，并不是由集体所有制变为全民所有制，更不等于由社会主义变为共产主义。企图过早地否定按劳分配原则而代之以按需分配原则，在条件不成熟的时候勉强进入共产主义，是一个不可能成功的空想。生产关系一定要适合生产力的性质。无论由社会主义的集体所有制向社会主义的全民所有制过渡，还是由社会主义向共产主义过渡，都必须以一定程度的生产力发展为基础。我们既然热衷于共产主义事业，就必须首先热衷于发展生产力，大力实现工业化，而不应当无根据地宣布人民公社"立即实行全民所有制"，甚至"立即进入共产主义"。那样做只能使共产主义伟大理想受到歪曲和庸俗化，助长小资产阶级平均主义倾向，而不利于社会主义建设的发展。

针对那种企图过早地取消商品生产和商品交换的错误倾向，《决议》指出：在今后一个必要的时期内，人民公社的商品生产，以及国家和公社、公社和公社之间的商品交换，必须有一个很大

---

① 《关于人民公社若干问题的决议》，《人民日报》1958 年 12 月 19 日。

的发展。这种商品生产和商品交换是在社会主义公有制基础上有计划地进行的，而不是资本主义的。有些人在企图过早地"进入共产主义"的同时，企图过早地取消商品生产和商品交换，过早地否定商品、价值、货币、价格的积极作用，这种想法是对于发展社会主义建设不利的，因而是不正确的。继续发展商品生产和继续保持按劳分配的原则，对于发展社会主义经济是两个重大的原则问题，必须在全党统一认识。

《决议》还规定：社员个人所有的生活资料（包括房屋、衣被、家具等）和在银行、信用社的存款，在公社化以后，仍然归社员所有，而且永远归社员所有。社员多余的房屋，公社在必要时可以征得社员同意借用，但是所有权仍归原主。社员可以保留宅旁的零星树木、小农具、小工具、小家畜和家禽等；也可以在不妨碍参加集体劳动的条件下，继续经营一些家庭小副业。①

全会通过的《关于1959年国民经济计划的决议》，虽然保留了相当多的高指标，但规定钢的产量已由原来的2700万～3000万吨降为1800万～2000万吨，基本建设投资总规模已从500亿元降到360亿元。

还必须提出的是，虽然武昌会议和八届六中全会对1959年的各项指标作了一些调整，但对1958年的工农业"大跃进"成绩仍是充分肯定，尤其是仍确信粮食产量较之1957年有了成倍增加，又片面地认为通过水利化、深耕、密植等已获得了高产稳产的保证，因而《关于1959年国民经济计划的决议》提出："在农业生产方面，应当逐步改变浅耕粗作、广种薄收为深耕细作、少种多收，实现耕作园田化和生产过程机械化、电气化，大大提高单位面积产量，提高劳动生产率，逐步缩减耕地面积和在农业

---

① 参见中共中央文献研究室编：《建国以来重要文献选编》第11册，中央文献出版社1995年版，第598—623页。

方面所使用的劳动力。"并且认为今后可以大幅度减少耕地面积。因此，《关于 1959 年国民经济计划的决议》中赫然写上了这样的话语："过去人们经常忧愁我们的人口多，耕地少。但是一九五八年农业大丰产的事实，把这种论断推翻了。只要认真推广深耕细作、分层施肥、合理密植而获得极其大量的高额丰产的经验，耕地就不是少了，而是多了，人口就不是多了，而是感到劳动力不足了。这将是一个极大的变化。应当争取在若干年内，根据地方条件，把现有种农作物的耕地面积逐步缩减到例如三分之一左右，而以其余的一部分土地实行轮休，种牧草、肥田草，另一部分土地植树造林，挖湖蓄水，在平地、山上和水面都可以大种其万紫千红的观赏植物，实行大地园林化。这样做，一可在农田上大大省水，省肥，省人力，而且将大大增加土壤的肥力；二可大兴山水草木之利，大大发展农林牧副渔的综合经营；三可改造自然环境，美化全中国。这是一个可以实现的伟大理想，全国农村中的人民公社都应当为此而努力。"[1]

为了实现这个"伟大的理想"，一些地方大肆提倡所谓"少种多收"，导致 1959 年全国耕地面积较之 1958 年减少了 17386 万亩，比 1958 年减少了 8%，按 1959 年平均每亩产量 186 斤计算，1959 年减少的播种面积等于减少粮食 340 多亿斤，成为 1959 年粮食较之 1958 年大幅度减产的一个重要原因。

武昌会议和八届六中全会后，各地开展了人民公社的整顿工作。12 月 8 日，《人民日报》报道了四川、福建、广东等省进行整社的情况。四川重点放在公共食堂的检查和整顿上，并针对有些地区在实行大兵团作战中生产无专人负责的现象，结合小春生产大力推行责任制。中共福建省委召开地、市、县委书记会议，

---

[1] 中共中央文献研究室编：《建国以来重要文献选编》第 11 册，中央文献出版社 1995 年版，第 608—609 页。

决定由各级党委第一书记挂帅，从 12 月份起，以四个月时间，切实办好人民公社的整顿，各地、市、县委首先搞好一个公社，以创造经验，指导全面。12 月 3 日晚上，中共广东省委召开有各地委书记参加的电话会议。会上决定，由省委和地委、县委共同组织万人检查团，深入人民公社，进行全面检查。江苏、湖北、江西等省也都决定分批抽调省、地、县三级干部，组成万人检查团，对全省所有的人民公社进行一次深入的整顿巩固工作。

在这个过程中，人民群众的生活问题也引起了中共中央的重视。这年 11 月，中共湖北省作出了《关于做好当前人民生活的几项工作的规定》（简称《规定》），其中说："省委根据中央和毛泽东同志的多次指示，向全省党组织提出一个重大任务：要努力做好有关当前人民生活的几项工作。其目的，不是泄气，而是鼓气；不是促退，而是促进；不是要使明年的工农业生产只有一个小小的跃进，而是要使明年的工农业生产来一个比今年更大的跃进。"为此，湖北省委规定：

——把劳动和休息有节奏地结合起来。要使劳动者有足够的睡眠时间、休息时间和一定的文化娱乐时间；搞好工具改革，改善劳动组织，逐步减轻繁重的体力劳动，提高劳动效率；保证农村的人民公社社员每周休息半天；保证妇女劳动者月经期内不做重活，不下冷水，不熬夜；保证生产的安全，尽可能改善劳动条件，力求减少和避免工伤事故。

——办好公共食堂。要吃饱、吃好、吃的干净卫生，公共食堂要有餐厅，实现管理民主化；对于在食堂吃饭的人应当允许有必要的机动，如病人、老人、小孩、孕妇等，可以打饭菜回去吃，在冷天，允许住居遥远的户打饭回去吃，或者在家做饭吃；搞好工地食堂，保证工地上工作的人吃饱、吃好等等。

——住宅问题。各公社要有一个至若干个建筑队，修复因积肥拆掉的房屋；要逐户检查住宅，及时做好住宅的防寒过冬工作；各县委、人民公社党委，要在进行城镇规划、土地规划的同时，做出集体新村规划；并且搞好试点，在新村规模、房屋式样、园林化、讲卫生以及禾场、道路、公墓、厕所、畜舍的建筑等方面，做出样子。

《规定》还要求办好敬老院、托儿所和幼儿园，照顾好孕妇、产妇、哺乳的母亲，做好卫生工作，发动除"五害"（苍蝇、蚊子、老鼠、麻雀、钉螺）、灭五病（血吸虫病、疟疾、现症梅毒、钩虫病、丝虫病）、讲卫生，积极开展群众性的文化娱乐和体育活动等等。

12 月 19 日，中共中央转发了这个文件，并在批语中肯定了湖北省委的规定"写得很好"，认为"这个规定抓住了工业、农业生产"大跃进"当中容易被人忽视的一个方面"，强调："生产和生活两方面，必须同时抓起来。""一定要既搞好生产，又搞好生活，使劳动者吃好饭、睡好觉、带好孩子，使他们精神饱满，心情舒畅，用更大的热情来保证工业、农业生产更大的跃进。"中共中央要求各省、自治区、市党委也照湖北省委那样，根据当地的条件，做出自己的规定，公布实行。[①]

（三）第二次郑州会议

但是，由于惯性的作用，八届六中全会后人民公社的整顿过程中，一些地方仍在不切实际的开展"人民公社优越性和共产主义远景的教育"，并在"发扬共产主义道德品质和劳动态度，批判资产阶级思想残余"的大帽子下，无偿或低偿调拨生产队的人力、物力和财力，继续刮"共产风"；分配中仍实行供给制与工资制相结合的分配制度，实际上许多公社自建立以来没有给社员

---

① 参见中共中央文献研究室编：《建国以来重要文献选编》第 11 册，中央文献出版社 1995 年版，第 656 页。

发过一分钱工资；公共食堂仍被作为新生事物充分肯定，亿万农民仍是几十、几百甚至上千人挤在一个公共食堂吃着"大锅饭"，而由于虚报浮夸和高征购，一些地方食堂发生断粮现象，有的食堂不得不停火，农村出现了为数不少的浮肿病人和人口外流。种种现象表明，人民公社存在的问题不少，党的农民的关系"在一些事情上存在着一种相当紧张的状态"①。这些问题引起了中共中央和毛泽东的高度注意，为此，中共中央于 1959 年 2 月 27 日至 3 月 5 日在郑州再次召开政治局扩大会议，研究人民公社问题，史称第二次郑州会议。

会议的第一天，毛泽东在讲话中就说："大家看到，目前我们跟农民的关系在一些事情上存在着一种相当紧张的状态，突出的现象是在一九五八年农业大丰收以后，粮食、棉花、油料等等农产品的收购至今还有一部分没有完成任务。再则全国，除少数灾区外，几乎普遍地发生瞒产私分，大闹粮食、油料、猪肉、蔬菜'不足'的风潮，其规模之大，较之一九五三年和一九五五年那两次粮食风潮都有过之无不及。……这里面有几方面的原因，但是我以为主要地应当从我们对农村人民公社所有制的认识和我们所采取的政策方面去寻找答案。"②

毛泽东认为，八届六中全会通过的《关于人民公社若干问题的决议》，写明了集体所有制过渡到全民所有制和社会主义过渡到共产主义所必须经过的发展阶段，但是没有写明公社的集体所有制也需要一个发展过程。这是一个缺点。"因为那时我们还不认识这个问题。这样，下面的同志也就把公社、生产大队、生产队三级所有制之间的区别模糊了，实际上否认了目前还存在于公社中并且具有极大重要性的生产队（或者生产大队，大体上相当

---

① 《毛泽东文集》第 8 卷，人民出版社 1999 年版，第 9—10 页。

② 《毛泽东文集》第 8 卷，人民出版社 1999 年版，第 9 页。

于原来的高级社）的所有制，而这就不可避免要引起广大农民的坚决抵抗。"①

毛泽东在讲话中，对平均主义和过分集中两种倾向作了尖锐的批评。他说，所谓平均主义倾向，就是否认各个生产队和各个个人的收入应当有所差别，而否认这种差别，就是否认按劳分配、多劳多得的社会主义原则。所谓过分集中的倾向，就是否认生产队的所有制，否认生产队应有的权利，任意把生产队的财产上调到公社来。这些就不能不引起各生产队和广大社员的不满。毛泽东强调，在分配中要承认队与队、社员与社员的收入有合理的差别，穷队和富队的伙食和工资应当有所不同。工资应当实行死级活评。公社应当实行权力下放，三级管理，三级核算，并且以队的核算为基础。在社与社、队与队之间要实行等价交换。

对于群众深恶痛绝的"共产风"，毛泽东在讲话中对其特征作了高度概括。他说："公社在一九五八年秋季成立之后，刮起了一阵'共产风'。主要内容有三条：一是穷富拉平。二是积累太多，义务劳动太多。三是'共'各种'产'。"毛泽东深刻地揭示了"共产风"的本质，指出："共产风""在某种范围内，实际上造成了一部分无偿占有别人劳动成果的情况"。② 但是，毛泽东当时还不主张算旧账。他说：我们指出这一点，是为了说明勉强把贫富拉平，任意抽调生产队的财产是不对的，而不是为了要在群众中间去提倡算旧账。相反，我们认为旧账一般地不应当算。

在3月1日和3月5日的讲话中，毛泽东也多次讲到所有制、"共产风"和瞒产私分的问题。毛泽东说，要提高农民的生产积极性，改善政府和农民的关系，必须从改变所有制入手。现在一

---

① 《毛泽东文集》第 8 卷，人民出版社 1999 年版，第 10—11 页。

② 《毛泽东文集》第 8 卷，人民出版社 1999 年版，第 12 页。

平二调三提款，否定按劳分配，否定价值法则。瞒产私分，非常正确，本位主义有则反之，不能去反5亿农民和基层干部。瞒产私分，站岗放哨，这是由"共产风"而来。普遍地瞒产私分，站岗放哨，是一种和平的反抗。要承认三级所有制，重点在生产队所有制，"有人斯有土，有土斯有财"，所有人、土、财都在生产队，严格按价值法则、等价交换办事。

毛泽东的上述主张是正确的，他看到了公社内部"共产风"的实质和危害，抓住了人民公社问题的要害。这正是毛泽东的过人之处。

当然，毛泽东指出人民公社存在的严重问题，不是要否认人民公社，而是如何使人民公社能健康发展，至于人民公社这种体制本身，他始终是坚持维护的。而且他认为人民公社只是所有制方面前进得过远了一点。这种缺点是十个指头中一个指头的问题，而且也是难免的。他乐观地认为，经过对人民公社的整顿和巩固的过程，党同群众和基层干部的团结就会更加紧密，5亿农民就一定更加心情舒畅，充满干劲，就一定能在1959年实现更大的跃进。

会议期间，毛泽东还提出了整顿人民公社的十四句话方针："统一领导，队为基础；分级管理，权力下放；三级核算，各计盈亏；分配计划，由社决定；适当积累，合理调剂；物资劳动，等价交换；按劳分配，承认差别。"①

第二次郑州会议集中讨论和解决了所有制这个最根本的问题，虽然这里强调的"三级所有、队为基础"的队，还是生产大队，提出要以生产大队为基本核算单位，还没有解决生产队（小队）之间的平均主义问题，但较之人民公社化运动以来在所有

---

① 中共中央文献研究室编：《建国以来重要文献选编》第12册，中央文献出版社1996年版，第123页。

制、分配等问题上的混乱状态，已经是一个不小的进步。毛泽东的这几句话，并不是也不可能是要从根本上突破人民公社的体制。"但在当时的历史条件下，对于纠正极左政策，调整人民公社内部体制（涉及所有制），进一步煞'共产风'，不能说不是一套积极的高明的政策。"①

此次郑州会议经过热烈的讨论，同意了毛泽东的意见，制定了《关于人民公社管理体制的若干规定（草案）》（简称《规定（草案）》）。《规定（草案）》确定了人民公社统一领导、分级管理的十四句话方针，明确了公社管理委员会、管理区或生产大队和生产队（小队）的职权范围。这个《规定（草案）》连同毛泽东在会议上的讲话，一并以《郑州会议记录》的名义下发。

三、整顿人民公社与降低高指标

（一）开展对农村人民公社的整顿

第二次郑州会议后，各省、自治区、市相继召开五级或六级干部会议，传达会议精神。毛泽东为了把郑州会议的精神贯彻下去，在此后不到一个月的时间里，他四次致信各省、自治区、市党委书记，并且连续批发广东、山东等省六级干部会议的经验，对一系列各地关于人民公社整顿情况的材料作出批示。

毛泽东写的这些党内通讯、批示，主要是明确基本核算单位和要不要算旧账两个问题。

对于基本核算单位的问题，毛泽东在第二次郑州会议的讲话中，提出了"队为基础"的观点。在各省区六级干部会议讨论这

---

① 董边等编：《毛泽东和他的秘书田家英》（增订本），中央文献出版社1996年版，第58页。

个问题时，有的地方主张以生产大队（管理区）为基本核算单位，有的地方主张以生产队为基本核算单位。毛泽东觉得这个问题必须加以明确。他在 3 月 15 日的党内通讯中说："《郑州会议记录》上所谓'队为基础'，指的是生产队，即原高级社，而不是生产大队（管理区）。总之，要按照群众意见办事。无论什么办法，只有适合群众的要求，才行得通，否则终久是行不通的。"①

这里的所说的生产队，既不是原来高级社时的生产队，也不是后来农业六十条中所规定的生产队，而是相当于原高级社。人民公社后，各地对公社以下各级组织的设置各不相同。由于公社规模大，往往由几十个甚至几百个高级社组成一个公社，于是许多地方将其中若干个高级社组成一个大队（或管理区），原高级社则变成大队（管理区）下的生产队，原高级社中的生产队变成了生产小队。至于农业六十条出台后的生产队，相当于此时的生产小队。

对于要不要算旧账的问题，第二次郑州会议时毛泽东曾讲过旧账一般地不应当算。因为此时毛泽东仍把情况估计得过于乐观，他要求那些较穷的社、较穷的队和较穷的户，依靠自己的努力、公社的照顾和国家的支持，自力更生为主，争取社和国家的帮助为辅，有个三五七年，就可以摆脱目前比较困难的境地，完全用不着依靠占别人的便宜来解决问题，而应用自己的双手艰苦奋斗，将当时还很落后的乡村建设成为一个繁荣昌盛的乐园。

可是，第二次郑州会议后不久，毛泽东就发现，如果不算旧账，人民公社中的平均主义和"共产风"问题就无法解决。于是，他改变了旧账一般不算的看法，认为旧账也应该算。3 月 29 日，中共山西省委第一书记陶鲁笳就山西各县召开五级干部会议

---

① 《毛泽东文集》第 8 卷，人民出版社 1999 年版，第 29—30 页。

讨论人民公社问题的情况，给毛泽东写了个报告，其中反映运城县五级干部会议在解决思想问题的过程中，宣布将过去一个时期公社一级扣留原高级社的现金收入464万元，全部退还了原高级社，许多社员听到这个消息后情不自禁地高兴得跳起来。毛泽东觉得这个问题很重要，他在批语中写道："旧账一般不算这句话，是写到了郑州讲话里面去了的，不对，应改为旧账一般要算。算账才能实行那个客观存在的价值法则。这个法则是一个伟大的学校，只有利用它，才有可能教会我们的几千万干部和几万万人民，才有可能建设我们的社会主义和共产主义。否则一切都不可能。对群众不能解怨气。对干部，他们将被我们毁坏掉。有百害而无一利。"①

这里讲的算旧账，主要是算两方面的账。一是县和社两级向生产队清算过去几个月一平二调的账，解决大集体与小集体的矛盾；二是算生产队、生产小队干部及社员的账，解决生产队干部与社员群众间的矛盾，也就是解决小集体与社员的矛盾，其中也包括一些干部的贪污多占问题。算旧账其实就是算"共产风"的账。到这时，毛泽东关于人民公社问题的认识，较之第一次郑州会议，已经更具体，也更深刻了。

3月25日至4月1日，中共中央在上海召开政治局扩大会议，为即将召开的八届七中全会做准备。上海会议检查了八届六中全会以来人民公社的整顿情况，讨论了公社整顿中提出的问题。会上，毛泽东提出要搞一个人民公社的章程，以利于整顿和规范人民公社。此次上海会议虽然未能搞出这样一个章程来，但出台了《关于人民公社的十八个问题》的会议纪要，对事关人民公社的许多问题作了明确规定。

这18个问题中，重要的有：规定除了公社直接所有的部分

① 《毛泽东文集》第8卷，人民出版社1999年版，第34页。

外，还有生产大队和生产队的所有制，而且基本上是生产队的所有制，人民公社实行三级管理，三级核算，一般以相当于原高级社的单位为基本核算单位；确定了生产小队有部分所有制，小队对土地、耕畜、农具和劳动力有固定使用权，公社、生产大队、生产队都不能随意调动；规定对人民公社成立以来的各种账目作一次认真的清理，县以下各级无偿调拨来的财物，如数退还或作价退还原单位或个人，一时退还不了的，可延期或分期付还；评工记分是从合作社以来群众就熟悉的办法，这个办法与评定工资级别的办法结合起来是适宜的，公社计算劳动报酬要按"按劳分配，多劳多得"的原则等。

上海会议结束后，紧接着于4月2日到5日在上海举行中共八届七中全会。全会对在整社工作中所发现的问题作了进一步的研究，通过了上海会议提出的《关于人民公社的十八个问题》。

这期间，人民公社的整顿进入实质阶段，整社的重点放在重点揭露了"共产风"的危害，开始部分算账并退赔工作。

3月下旬，湖北省麻城县召开为期五天的五级干部万人大会，县、公社和管理区三级党委，层层作检讨，承认错误。接着算账退赔，县和公社当场开支票，拿出现金320万元，分别退还给生产队，当场办手续，退回刮"共产风"时从各生产队刮来的拖拉机、抽水机、耕牛、生猪等各种实物。该县城关公社五四一队，原来只有900人出勤，退赔的第二天，就增加到1700人，其中278个妇女，是公社化以来一直不出工的。

毛泽东感到，麻城算账的经验在全国很有示范作用，他指出："（麻城的）办法很好，县、社两级该退还的，迅速地退还给生产队了，一身清净，然后进而解决队与社员的矛盾，公社就可以大大地发展起来。"他还要求将中共湖北省委书记处书记王延春关于麻城召开万人大会开展算账的报告，印发给中央、省、地、县委的书记、委员，做到"人人必读"，并要求各县、社

"都应仿照办理"。

按照毛泽东的指示，各地在整顿人民公社中都开展了算账工作。人民公社化运动中，群众最反感、也是最挫伤他们积极性的，就是"共产风"。因此，算账也最受群众欢迎。吉林省永吉县口前公社通过算账，将平调来的现金17.2万元，分给各管理区。该公社的红旗管理区主任把钱带回去后，社员喜出望外、奔走相告。社员们说："共产党说到哪里，就办到哪里，以后永远要听党的话。"①

为了落实第二次郑州会议的精神，各省、自治区、市相继作出了整顿巩固人民公社的具体规定，各地还建立了"三定一奖""四定一奖"等各种形式的生产责任制，恢复了农业社时的评工记分制度。一些地方为了从根本上解决人民公社分配中的平均主义"大锅饭"问题，还搞起了"定产到田，超产奖励""田间管理包工包产到户"等各种形式的包产到户责任制。

对于群众关心的供给制和公共食堂问题，中共中央也作了一些灵活性的规定。1959年5月26日，发出《关于人民公社夏收分配的指示》，明确指出："在夏收分配中，工资部分和供给部分所占的比例，要适当调整，必须力求做到工资部分占60%～70%左右，供给部分占30%～40%左右。"至于某些收入水平过低，暂时无力实行供给制的地方，也可以按照高级社的办法，对"五保户"实行"五保"，并对劳力少人口多的困难户实行定额的粮食补助。同时要求"既要使参加公共食堂的社员真正自愿，又不能采取放任自流的态度，把食堂一风吹散"，可以办各种形式的食堂，食堂范围过大，可以适当缩小。口粮应该分配到户，分配到社员，以人定量，在公共食堂吃饭的，粮食交给食堂，节约归

---

① 《中共吉林省委关于重算1958年分配账的报告》，1959年4月17日。

个人；不在公共食堂吃饭的，粮食全部分给个人保管食用。

在指导全国开展人民公社整顿中，毛泽东还发现，各级干部中还存在着向上级不敢如实反映情况和提出不同意见的问题，使得浮夸风还没有得到根本纠正。4月29日，他又致信省、地、县、社、队、小队六级干部，强调："老实人，敢讲真话的人，归根到底，于人民事业有利，于自己也不吃亏。爱讲假话的人，一害人民，二害自己，总是吃亏。应当说，有许多假话是上面压出来的。上面'一吹二压三许愿'，使下面很难办。因此，干劲一定要有，假话一定不可讲。"①

毛泽东的这封信，在广大人民公社社员中引起了强烈反响，给那些虚报浮夸的干部以很大的震动。湖北省汉川县马口公社的社员说："这一下子，一定是有个大胆的干部告了状，说假话的情况到了毛主席那里去了，吹牛说假话再吃不开了。"②

在实现公社化过程中，由于过分强调"公"，结果社员的自留地归了集体，家庭副业被当作"资本主义尾巴"不准搞，社员也没有时间搞，社员家里的家畜家禽要么在加入公社前宰杀吃掉，要么被刮进了公社的养猪场、养鸡场。这不但使社员经济拮据，而且也造成市场供应紧张。针对这种情况，中共中央于1959年5月7日作出了《关于农业的五条紧急指示》。5月7日和6月11日，又分别发出了《关于分配私人自留地以利发展猪鸡鹅鸭问题的指示》《关于社员私养家禽、家畜和自留地等四个问题的指示》。这些指示规定：允许社员私人喂养家禽家畜；恢复自留地制度，按原来高级社的规定，以不超过每人平均土地数的5%，也不少于5%为原则，自留地的产品归社员支配；鼓励社员利用

---

① 《毛泽东文集》第8卷，人民出版社1999年版，第50页。

② 《中共孝感地委关于贯彻毛主席农业六个问题的反映向市委、省委的报告》，1959年5月7日。

零星空闲的时间，把屋旁、村旁、水旁、路旁的零星闲散土地充分利用起来，生产所得由社员个人自由支配。尤其重要的是，指示明确指出，社员家庭副业和自留地这种大集体中的小私有，在一个长时期内是必要的，有利于生产的发展，也有利于人民的生活安排。允许这种小私有，实际是保护社员在集体劳动时间以外的劳动果实，并不是什么"发展资本主义"。

在从第一次郑州会议到庐山会议前半年多的时间里，各地开展了整顿人民公社的工作，使人民公社逐渐剥去了一些空想色彩，刹住了急于向全民所有制和共产主义过渡的势头，部分地方通过算旧账的方式对"共产风"作了一定的清算，形式主义、浮夸风得到了一定程度的遏制，干部队伍中存在的强迫命令作风有了一些改变，社队的规模有了一定的缩小，平均主义的供给制基本上只限于粮食消费，在公共食堂问题上有所松动，一部分公共食堂自动解散，不再那么强调组织军事化、行动战斗化、生活集体化。通过一系列的政策调整，党同农民的关系得到了改善，农村形势正在向好的方面转化。

（二）降低过高的钢铁生产指标

从第一次郑州会议至第二次郑州会议，着重纠正的是农村人民公社化运动的"左"倾错误，改善党和农民的关系，但对于工农业领域的高指标问题还没有引起应有的重视，而"大跃进"恰恰是高指标的产物，过高的指标如果降不下来，势必无法解决国民经济各部门间的比例失调问题。

中共八届六中全会确定的 1959 年钢（一类钢）产量定为1800 万吨到 2000 万吨（以 2000 万吨为计算其他指标的根据）；与此相适应，铁产量定为 2900 万吨，钢材定为 1400 万吨。煤炭要增加 15000 多万吨；许多机器产品要成倍地增长。在农业方面，1959 年的粮食产量达到 10500 亿斤，棉花产量达到 1 亿担。

实际上，这是一个很难实现的指标，1958 年尽管完成了 1070 万吨钢的生产任务，但已造成国民经济比例的严重失调，这样的增长速度是难以为继的。

对于如此高的钢、煤、粮、煤指标，还在中共八届六中全会时，陈云就不主张公开发表。进入 1959 年后，经济紧张的问题进一步暴露，1 月 18 日，毛泽东找陈云、李富春、李先念等人谈经济问题，陈云明确表示，1959 年要生产 1800 万吨好钢恐怕有点问题。

1 月底 2 月初，中共中央在北京召开省、自治区、市党委书记会议，主要讨论 1959 年国民经济计划。毛泽东在会上提出，指标的问题，原则是这样：经过努力能够做到的，一定要做到；经过努力还做不到的，那得改，我们曾经提出一些不适当的指标，包括我自己在内。这在武昌会议上已经纠正了，就由 3000 万吨钢减到 2000 万吨钢。现在的指标并不十分吓人，钢、煤、粮、棉，还有其他指标，经过努力是可以实现的。① 因此，此次的省市委书记会议基本维持了中共八届六中全会确定的指标。2 月 12 日，《人民日报》发表《为一千八百万吨钢而奋斗》的社论，一开头就说："今年是苦战三年中决定性的一年。我们能不能赢得今年这个决定性一年的胜利，在很大程度上决定于我们如何更好地完成一千八百万吨钢。为一千八百万吨钢而战，是我国人民今年的一项中心任务，我们必须发挥冲天的干劲，保证完成和超额完成这个伟大的跃进指标。"但是 1959 年第一季度工业生产情况很不理想，钢只完成了季度计划的 77.3%，1000 多个基建项目，只有 20 多个投入生产。按照八届六中全会通过的指标，1959 年钢产量要达到 2000 万吨，采矿、洗煤、炼焦、运输、轧

----

① 参见中共中央文献研究室编：《毛泽东年谱（1949—1976）》第 3 卷，中央文献出版社 2013 年版，第 581 页。

钢等生产环节根本跟不上。

1959年3月下旬和4月上旬在上海先后召开的中共中央政治局扩大和的中共八届七中全会,除了讨论人民公社问题外,还重点讨论了1959年国民经济计划草案。

对是否进一步调整指标,会上有不同意见。一种意见认为1959年的计划指标已经公布出去了,只要鼓足干劲,还是可以完成,不同意修改指标;另一种意见是认为过高的指标难以完成,硬要去完成,会在经济上和政治上造成很大损失,赞成修改指标。会议讨论并通过了《关于1959年国民经济计划(草案)》,除对基本建设投资再作调整,由360亿元降为260亿~280亿元外,其他指标大都未变,钢仍为1800万吨,只是内部说明其中好钢为1650万吨,实际上是将钢的生产指标降到了1650万吨。

在中共八届七中全会上,毛泽东作了关于工作方法的讲话,认为现在的中心问题是工作方法,要会做工作。他讲了要多谋善断、留有余地、波浪式前进、实事求是、善于观察形势、当机立断等十六个问题。他讲这些问题,虽然没有也不可能去触及发生错误的根本原因,但也从方法论的角度对"大跃进"以来的某些经验教训作了一定总结。针对"大跃进"以来党内不少人谨小慎微、随波逐流、不敢讲真话的现象,毛泽东还号召大家学习海瑞,要有像海瑞批评嘉靖皇帝那样的勇气,坚持真理,不要连封建时代的人物都不如。他说:海瑞写给皇帝的那封信,那么尖锐,非常不客气。海瑞比包文正公不知道高明多少。我们的同志哪有海瑞那样勇敢?他还把《明史》中的《海瑞传》给彭德怀看了,并要周恩来也看看。①

上海会议后,国家计委和国家统计局核实了1958年的好钢

---

① 中共中央文献研究室编:《毛泽东传(1949—1976)》(下),中央文献出版社2003年版,第941页。

产量实际只有 800 万吨，其余都是没有多少用处的土钢，而 1959 年要完成 1650 万吨，等于要在 1958 年的基础上翻一番，是难以实现的。对此，毛泽东很不放心，委托陈云进一步落实钢铁生产指标。4 月 29 日和 30 日，中共中央书记处开会，讨论工业生产安排、农业和粮食等问题。国务院副总理兼国家计委主任李富春在报告中指出：上海会议后，第二季度原定钢产量 250 万吨到 260 万吨，现在只能够完成 205 万吨，少 45 万吨。邓小平在听取报告后指出：任务高了点是肯定的。现在还是议论多，方法值得研究，由下而上算。1000 万吨钢材必须保证。今年是高度集中的办法，看起来只能这样办。关键是铁的调度问题，要把好铁用于生产好钢材。不要再议计划了，解决具体问题，方法是按实际可能来办。根据下面能包多少就包多少，能生产多少就是多少，不要从上面来规定。最后，完成多少，宣布多少。主要抓措施。我完全赞成退够，站稳了，再前进。① 中央书记处还责成陈云领导的中央财经小组研究三个问题：1. 1958 年钢铁生产的指标分成两个，一个是可靠的指标，另一个是争取的指标；2. 1958 年钢材的分配，要按照本年度确实能够生产的可靠数字来进行；3. 如果钢材分配的数目减少了，势必要削减一些项目。

1959 年进入第二季度，国民经济比例失调的问题更加突出。农业生产情况很不好。由于受 1958 年粮食生产"放卫星"的影响，片面地提出"少种高产多收"，导致 1959 年当年夏收作物播种面积比 1958 年减少 20%，夏收粮食和油料作物减少已成定局；由于"大跃进"一哄而起大办工矿企业导致全国职工人数骤增，致使商品销量大幅度增长，导致粮油供应更加紧张，蔬菜、肉类等副食品也十分短缺。工业生产方面问题同样十分严重。1959 年

① 参见中共中央文献研究室编：《邓小平年谱（1904—1974）》（下），中央文献出版社 2009 年版，第 1507 页。

头四个月按计划应该生产钢 600 万吨，实际只完成 336 万吨，即便组织"钢铁战役"突击生产，也无济于事。同时由于有些产品质量差、品种不全，致使许多工业部门生产不能按原计划进行，一些企业停产半停产，一些基建工程停顿半停顿。由于"以钢为纲"，其他工业部门特别是轻工业被挤占，大量小商品停止生产，生活日用品产量下降，商品库存减少，到处供应紧张，市场物资供应和购买力之间的差额约有四五十亿元。

中共中央财经小组在陈云主持下，从 5 月 3 日起，听取冶金部等部门的汇报，集中进行了讨论。在讨论中，冶金部提出钢材指标的三个数字：900 万吨、950 万吨、1000 万吨；钢指标的三个数字：1300 万吨、1400 万吨、1500 万吨。国家计委重工业局提出的钢材指标是 850 万～900 万吨，钢的可靠指标是 1250 万～1300 万吨，争取指标是 1400 万吨。国家经委冶金局提出钢的可靠指标是 1300 万吨，争取指标是 1400 万吨。这些数字，都比上海会议拟定的指标要低。陈云经过反复研究，最后提出落实钢铁指标的意见：钢材的可靠指标拟定为 900 万吨，钢的生产指标拟定为 1300 万吨。

5 月 11 日，陈云就钢铁指标问题向在中共中央政治局会议作口头报告，建议 1959 年钢产量指标降为 1300 万吨，钢材产量指标降为 900 万吨（中共八届七中全会定的指标为 1150 万吨）。他强调："为着退到可靠的阵地，站稳以后再前进，我们的生产和建设必须实事求是地进行有计划的安排，同时要使广大干部和群众懂得，站稳以后的前进是更踏实的前进，不致因此而泄气。""要强调改进质量。钢铁要强调改进质量，设备制造、日用工业品生产、基本建设等等，都要强调提高质量。有不少出口的东西，过去质量比较好，现在也降低了，在国外名誉很不好。数量虽然多，但是如果质量很坏，生产出来的东西不能真正顶用，不仅不能满足生产、建设和市场的需要，而且要造成极大的浪费。"①

对于 1959 年钢产量从 1650 万吨降为 1300 万吨，当时冶金部负责人认为这个指标太低，会使下面泄气，一些省市的负责人也有不同意见。为此，5 月 15 日，陈云就降低钢指标问题致信毛泽东："说把生产数字定得少一点（实际是可靠数字），会泄气，我看也不见得。正如少奇同志在政治局讲的，定高了，做不到，反而会泄气。"信中还说："小高炉炼出的 900 多万吨铁，目前含硫量超过冶金部规定 2‰ 标准的，有 40% 以上，有的说至少有 50%。那就是说，如果这种情况不改变，将有四五百万吨生铁含硫超过标准，既不能用于铸造，也不能在炼钢后轧成有用的钢材，这是劳民伤财。"②

陈云的意见为毛泽东和中共中央所采纳。中共中央书记处决定：1959 年钢产量指标定为 1300 万吨，铁产量为 1900 万吨，钢材产量为 900 万吨。邓小平在 5 月 28 日的中共中央书记处会议上指出："中央下了决心，退到可靠的阵地。钢、煤、粮、棉四大指标都要下调。在落实的基础上，积极增产。原来那种做法，只会上不去，最后还得下来。""现在的问题是，究竟一千八百万吨钢完不成事情大，还是国计民生和市场问题大？眼睛只看到一千八百万吨钢，就会把全局丢掉，包括丢掉人心。要迅速从压迫我们的几个指标下解放出来，抓市场、抓农业。"③

中共中央书记处 4 月 29 日和 30 日会议之后，国家计委各部门对 1959 年生产情况和能力重新摸底、研究，认为 1959 年以来

---

① 《陈云文选》第 3 卷，人民出版社 1995 年版，第 136、137 页。

② 《陈云文选》第 3 卷，人民出版社 1995 年版，第 139—140 页。

③ 中共中央文献研究室编：《邓小平年谱（1904—1974）》（下），中央文献出版社 2009 年版，第 1515、1516 页。

许多工业产品的产量虽然比 1958 年同期有很大的增长，但没有完成原定的计划指标，而许多工业产品的生产计划和物资分配计划之所以完成得不好，主要原因是生产指标定得偏高，超过了客观的可能，再加上生产任务和基本建设任务层层加码，使得材料不足的情况更显得紧张，因此，基本建设的投资和基本建设项目必须作相应的调整。6 月 8 日，中共国家计委党组向中共中央建议：将 1959 年基本建设投资由原定的 280 亿元降调为 240 亿元；当年施工的限额以上的施工项目由原定的 1092 个缩减为 788 个，其中属于中央各部的项目是 362 个，属于地方的项目是 426 个。①6 月 13 日，中共中央批准了这个报告，并发出紧急指示，要求各地区、各部门按照报告调整的计划来安排和组织下半年的生产。

四、二届全国人大一次会议和西藏民主改革

（一）二届全国人大一次会议的召开

就在全国上下为纠正"大跃进"和人民公社化运动的"左"倾错误而努力的时候，第二届全国人大一次会议在北京召开。

4 月 18 日，大会在中南海的怀仁堂举行隆重在开幕式。会议报到代表 1148 人，这天下午出席会议的代表 1138 人。同时在北京开会的中国人民政治协商会议第三届全国委员会的委员、政府各部门的负责人和中国人民解放军的高级将领，列席了会议。

下午 3 时，毛泽东宣布中华人民共和国第二届全国人民代表大会第一次会议开幕。随后，国务院总理周恩来向大会作了政府工作报告。

---

① 参见中共中央文献研究室编：《建国以来重要文献选编》第 12 册，中央文献出版社 1996 年版，第 398 页。

政府工作报告共分五个部分：1958 年的伟大成就；1959 年
经济战线上的任务；我们在文化教育战线上的任务；关于国家的
政治生活；关于对外政策。

报告说，在第一届全国人民代表大会的 4 年多的任期中间，
中国经历了一系列具有重大历史意义的变化。中国人民，在中国
共产党和毛泽东主席的领导下，已经在社会主义革命和社会主义
建设方面获得了辉煌的成就。在两条道路的斗争中，社会主义在
各个方面基本上战胜了资本主义。由于第一个五年计划的完成和
超额完成，中国已经建立了社会主义工业化的初步基础，并且在
这个基础上，1958 年出现了中国历史上前所未有的国民经济
"大跃进"。在工业和农业方面，在运输邮电方面，在商业方面，
在文化教育事业方面，都有了巨大的跃进。在"大跃进"中，中
国人民在社会组织方面有了一个伟大的创造，这就是全国农村中
根据广大农民的要求而建立的人民公社。

报告对"大跃进"的成绩作了充分肯定，认为 1958 年"大
跃进"的最重要的原因，是在于 1958 年春季总结了第一个五年
计划的经验，开始找到了中国建设社会主义的更好的方法，制定
了鼓足干劲、力争上游、多快好省地建设社会主义的总路线，这
是一条充分估计到在社会主义革命胜利以后的 6 亿多人民建设社
会主义的积极性，把一切积极因素充分动员起来的路线。

报告提出，1959 年应当在 1958 年的巨大胜利的基础上，沿
着 1958 年所开辟的道路，继续跃进，争取在各个战线上获得更
大的胜利。报告说，提请这次人民代表大会审定的 1959 年国民
经济计划，是一个继续"大跃进"的计划。1959 年的工农业总
产值将比 1958 年增长 40%，达到 2870 亿元。这个根据党的社会
主义建设总路线拟定的计划，既考虑了中国物质技术条件的客观
可能性，也考虑了人民群众革命干劲的主观能动性；既考虑了工
业和农业、重工业和轻工业、生产和运输在发展中必须互相适应

的要求，也坚持了建设必须有重点，必须优先发展重工业，首先是发展原料、材料工业和"以钢为纲"的方针。由此可见，当时虽然对"大跃进"中过"左"的做法有所纠正，但还没有真正认识到高指标的危害，纠"左"的目的当然不是否定"大跃进"，而是为了实现新的更大的跃进。

尽管如此，报告也提醒人们："由于社会主义革命的胜利、社会主义建设总路线的鼓舞和人民公社化的成功，各个地方、各个战线上的干部和群众的积极性空前高涨，大家都要求迅速地发展自己所需要的建设事业。这种要求是完全可以理解的，它反映了我们国家的蒸蒸日上的兴旺气象。但是，我们的计划必须建立在客观可能性的基础上。"报告同时强调："完成工业计划的最基本的保证，就是要在工作中贯彻执行群众路线的方法，要使集中领导同开展轰轰烈烈的群众运动结合起来。所有工业企业都必须贯彻执行党委领导下的厂长负责制，都必须认真遵守合理的、必要的规章制度，生产中和建设中无人负责和违背必要的规章制度的现象是不容许的。"①

4月21日，国务院副总理兼国家计划委员会主任李富春在会上作了《关于一九五九年国民经济计划草案的报告》。报告提出1959年国民经济计划的主要内容是：

工农业总产值计划为2870亿元，比1958年的2050亿元增长40%，即增加820亿元。在工农业总产值中，工业和手工业产值计划为1650亿元，比1958年的1170亿元增长41%；农业总产值计划为1220亿元，比1958年的880亿元增长39%。

工业生产方面：生铁产量由1958年的1369万吨增加到2300万吨，发电量由1958年的275亿度增加到400亿度，水泥产量由1958年的930万吨增加到1250万吨。其他重要的原料、材料和

---

① 《政府工作报告》，《人民日报》1958年4月19日。

燃料，如原油、木材、硫酸、烧碱、纯碱等产品的产量也将有很大的增长。采矿设备、洗煤设备、炼焦设备、轧钢设备和发电设备的产量，都将成倍地增长。

报告提出，农业生产方面：1959 年发展农业的任务，是用最大的努力，争取粮食产量跃进到 10500 亿斤，棉花产量跃进到 1亿担，提前实现全国农业发展纲要关于粮棉增产的要求，并且使各类经济作物和林业、畜牧业、副业、渔业都得到普遍的发展。黄麻和洋麻的产量达到 1000 万担，比 1958 年的 650 万担增长54%；甘蔗的产量达到 4 亿担，比 1958 年的 27050 万担增长48%；甜菜的产量达到 1.1 亿担，比 1958 年的 5800 万担增长90%；大豆的产量达到 300 亿斤，比 1958 年的 250 亿斤增长20%；花生的产量达到 1.2 亿担，比 1958 年的 8000 万担增长50%；油菜籽的产量达到 3200 万担，比 1958 年的 2200 百万担增长 45%。正如报告所言，"1959 年国民经济计划是一个继续大跃进的计划"。实际上，这样高的产量指标是根本不可能实现的。例如，这年的粮食总产量仅 3400 亿斤，仅完成这个计划数的三分之一多一点。

大会期间，全国人大常务会副委员长兼秘书长彭真作了《中华人民共和国全国人民代表大会常务委员会工作报告》，国务院副总理兼财政部部长李先念作了《关于 1958 年度国家决算和1959 年度国家预算的报告》。会议经过讨论，通过并批准了上述报告，认为 1958 年国家预算执行情况是良好的，1959 年国民经济计划和 1959 年国家预算是积极的，有可靠根据的，经过努力，是能够实现的。

这次大会的一项重要任务是选举产生新的国家领导人。1956年起，毛泽东就多次提出不再担任国家主席。1957 年 4 月 30 日，毛泽东在颐年堂召开最高国务会议第十二次会议，他在讲话的最后，讲到了不再当国家主席的问题。他说："明年二届人大，一定辞去国家主席，减少一部分工作，以便集中精力研究一些问题。瑞士有七人委员会，总统是轮流当的。我们几年轮一次总可以，采取逐步脱身政策。不赞成也没办法，不能强加于人。如赞成，要透点消息出去，否则老百姓不了解。"①

毛泽东不当国家主席的问题，这是第一次向党外人士透露。第二天，与会的陈叔通、黄炎培就联名写信给刘少奇和周恩来，不同意毛泽东辞去国家主席职务。5月5日，毛泽东对这封写了好几处批注，其中再次解释了不再担任国家主席的理由："从1958年起让我暂时摆脱此任务，以便集中精力研究一些重要问题（例如在最高国务会议上，以中共主席或政治局委员资格，在必要时，我仍可以做主题报告）。这样，比较做主席对国家利益更大。现在杂事太多，极端妨碍研究问题。"他还说："现在党内高级领导同志对此事想通了的多起来了，而党外人士因为交换意见太少，想不通的还多，因此，有提出来从容交换意见的必要。"

1958年1月，毛泽东曾写作了《工作方法六十条（草案）》，其中最后一条，是关于自己不做中华人民共和国主席的问题。他解释了不做国家主席的原因："这是因为去掉共和国主席这个职务，专做党中央主席，可以节省许多时间做一些党所要求我做的事情。这样，对于我的身体状况也较为适宜。如果在辩论中群众发生抵触情绪，不赞成这个建议，可以向他们说明，在将来国家有紧急需要的时候，只要党有决定，我还是可以出任这种国家领导职务的。现在和平时期，以去掉一个主席职务较为有利。"②为此，他要求先在各级干部中间，然后在工厂和合作社中间，组织一次鸣放辩论，征求干部和群众的意见，取得多数人的同意。

---

① 中共中央文献研究室编：《毛泽东传（1949—1976）》（上），中央文献出版社2003年版，第672—673页。

② 《毛泽东文集》第7卷，人民出版社1999年版，第362页。

1958 年 12 月的中共八届六中全会作出决定：同意毛泽东提出的关于他不做下届中华人民共和国主席候选人的建议。会议指出：几年以来，毛泽东同志曾经多次向中央提出，希望不再继续担任中华人民共和国主席的职务。中央全会在经过了充分的、多方面的考虑以后，决定同意毛泽东同志这个提议，在第二届全国人大一次会议上，不再提他作为中华人民共和国主席的候选人。中央全会认为，这完全是一个积极的建议。因为毛泽东同志不担任国家主席的职务，专做党中央的主席，可以使他更能够集中精力来处理党和国家的方针、政策、路线的问题，也有可能使他腾出较多的时间，从事马克思列宁主义的理论工作，而并不妨碍他对于国家工作继续发挥领导作用。这样，对于全党和全国人民都更为有利。

中共八届六中全会强调：毛泽东同志是全国各族人民衷心爱戴的久经考验的领袖，在他不再担任国家主席的职务以后，他仍然是全国各族人民的领袖。在将来，如果出现某种特殊情况需要他再担任这种工作的时候，仍然可以根据人民的意见和党的决定，再提他担任国家主席的职务。各级党委应当根据这些理由，在党的适当会议上，在各级人民代表大会会议上，在工矿企业工人的集会上，在人民公社的集会上，在机关、学校、部队的集会上，向党内党外的干部和群众进行充分的解释，以便大家了解这件事的理由，而不致有所误解。

毛泽东不再担任国家主席之后，刘少奇就成为国家主席的当然人选。1959 年 4 月上旬的中共八届七中全会上，一致通过以刘少奇作为中共中央向第二届全国人民代表大会提议的国家主席候选人。邓小平在会上专门就这个问题作了说明。他说："国家主席有好几位同志可做，如朱德同志，如党内几位老同志，都可以做，但是大家考虑的结果，以少奇同志担任这个职务，比较更为适当些。国家主席不单是一个很高的荣誉职务，而是有一些相当具体麻烦的事要做，例如出国、会谈、接待等等。所以，以少奇同志的能力和资望，以他现在在党内所负的责任，出而兼任国家主席职务，是比较好的。"①

二届全国人大一次会议前夕，即 4 月 15 日，毛泽东主席召开最高国务会议第十六次会议，他对国家机构主要领导人候选人作了说明。他说："为什么国家主席候选人提的是刘少奇同志，而不是朱德同志？朱德同志是很有威望的，刘少奇同志也是很有威望的。为什么是这个，不是那个？因为我们共产党主持工作，我算一个，但是我是不管日常事务的。有时候管一点，有时候不管。经常管的是谁呢？是少奇同志。我一离开北京，都是他代理我的工作。这已经是多年了。在延安开始就是如此，现在到北京已经又十年了。在延安，比如我到重庆去，代理我的工作的就是少奇同志。以他担任主席比较合适。"②

4 月 27 日，二届全国人大一次会议选举刘少奇为中华人民共和国主席，宋庆龄、董必武为中华人民共和国副主席，朱德为全国人民代表大会常务委员会委员长，并且根据中华人民共和国主席刘少奇的提名，决定周恩来为国务院总理。

大会还选举产生了其他国家领导人。全国人民代表大会常务委员会副委员长：林伯渠、李济深、罗荣桓、沈钧儒、郭沫若、黄炎培、彭真、李维汉、陈叔通、达赖喇嘛·丹增嘉措、赛福鼎、程潜、班禅额尔德尼·确吉坚赞、何香凝、刘伯承、林枫，秘书长：彭真；最高人民法院院长：谢觉哉；最高人民检察院检察长：张鼎丞。

大会还通过国务院组成人员，副总理是：陈云、林彪、彭德

---

① 黄峥：《王光美访谈录》，中央文献出版社 2006 年版，第 189 页。

② 中共中央文献研究室编：《毛泽东传（1949—1976）》（下），中央文献出版社 2003 年版，第 942 页。

怀、邓小平、邓子恢、贺龙、陈毅、乌兰夫、李富春、李先念、聂荣臻、薄一波、谭震林、陆定一、罗瑞卿、习仲勋；通过国防委员会组成人员，副主席是：彭德怀、林彪、刘伯承、贺龙、陈毅、邓小平、罗荣桓、徐向前、聂荣臻、叶剑英、程潜、张治中、傅作义、卫立煌。

（二）西藏的民主改革

在召开二届全国人大一次会议前夕，西藏上层反动集团在外国势力支持下，公然发动以拉萨为中心的武装叛乱。3月10日，达赖喇嘛原定要到西藏军区机关驻地观看军区文工团演出，西藏上层反动集团乘机煽动僧众赶往达赖喇嘛的驻地罗布林卡，阻拦达赖喇嘛前往。叛乱分子高呼"西藏独立"等口号，在罗布林卡集会，宣称要"为争取西藏独立而干到底"。他们纠集叛乱武装七千多人，在药王山、罗布林卡、布达拉宫等地构筑工事，包围了西藏军区司令部和中央人民政府驻藏代表机关。

17日，达赖喇嘛离开拉萨去印度。当天夜间，达赖喇嘛签署了一份给叛乱武装组织的"执照"，声称"西藏过去是独立的国家"，鼓励叛乱分子顽抗。20日凌晨，叛乱分子向驻藏部队和中央人民政府驻藏代表机关发起武装进攻。人民解放军驻拉萨部队在忍无可忍的情况下，奉命进行反击。在西藏各族人民的支持下，人民解放军仅用两天时间，一举歼灭了集结在拉萨地区的叛乱武装，平息了拉萨的叛乱。随后，又迅速平息了西藏其他地区的叛乱活动。28日，周恩来签发国务院令，宣布解散西藏地方政府，解散藏军，由西藏自治区筹备委员会行使西藏地方政府职权。

平息西藏上层反动集团叛乱后，为满足广大藏族人民要求推翻封建农奴制度的强烈愿望，二届全国人大一次会议通过《关于西藏问题的决议》，作出实行民主改革的决策。《关于西藏问题的决议》指出，西藏的社会制度是一种极其落后的农奴制度，西藏人民久已要求进行民主改革，许多上中层人士也认识到，如不进行民主改革，西藏断无繁荣昌盛的可能。由于反对民主改革的原西藏地方政府反动分子的叛乱已经平定，西藏广大人民的改革要求已经具备顺利实现的条件。《关于西藏问题的决议》还要求西藏自治区筹备委员会根据宪法，根据西藏广大人民的愿望和西藏社会经济文化的特点，逐步进行西藏的民主改革。

随着全国人大《关于西藏问题的决议》的通过和西藏自治区筹备委员会的建立，西藏人民在中国共产党和中央人民政府的领导下，掀起了民主改革运动，彻底摧毁了政教合一的封建农奴制度，实现了百万农奴和奴隶梦寐以求的当家做主。具体措施包括：

第一，废除封建农奴制的压迫和剥削，解放百万农奴和奴隶。1959 年中央政府下令平息西藏叛乱后，立即解散了压迫西藏人民数百年的噶厦政权及其所属的军队、法庭和监狱，废止了旧西藏法典及其野蛮刑罚。紧接着，有计划、有步骤地在农区开展了反对叛乱、反对乌拉①差役制度、反对奴役和进行减租减息的"三反双减"运动；在牧区开展了反叛乱、反乌拉、反奴役和牧工牧主两利的"三反两利"运动；在寺庙开展了反叛乱、反封建特权、反封建剥削和算政治迫害账、算等级压迫账、算经济剥削账的"三反三算"运动；在城镇开展了反叛乱、反封建制度、反封建剥削、反封建特权和减租减息的"四反双减"运动，并分期分批地对边境地区进行民主改革，彻底废除了农奴、奴隶对农奴主的人身依附关系，废除了封建制度、封建剥削和封建特权，废除了乌拉差役和高利贷债务。西藏百万农奴和奴隶从此获得翻身解放，成为西藏的主人和国家的主人。

_____

① 乌拉指在旧西藏地区农奴中为农奴主所服的劳役。

第二，实行土地改革，废除封建农奴主的土地所有制，使农奴和奴隶成为土地的主人。1959 年 9 月 21 日，西藏自治区筹备委员会通过《关于废除封建农奴主土地所有制实行农民的土地所有制的决议》，决定对参加叛乱的农奴主的土地和其他生产资料一律没收，分配给农奴和奴隶；对未参加叛乱的农奴主的土地和其他生产资料由国家出钱赎买后，分配给农奴和奴隶。西藏百万农奴和奴隶第一次成为土地和其他生产资料的主人，焕发出了空前的生产和生活热情，迅速改变了西藏的社会面貌和生活条件。

第三，废除政教合一制度，实行政教分离和宗教信仰自由。在民主改革中，一方面，明令规定切实保护宗教信仰自由和爱国守法的寺庙，保护人民有当僧尼的自由和僧尼有还俗的自由，保护正常的宗教活动不受干涉，保护有历史意义的寺庙和文物古迹。另一方面，实行"政治统一，信教自由，政教分离"的方针，废除寺庙在经济、政治上的一切封建特权，废除寺庙的封建占有、封建剥削、人身奴役以及寺庙内部的封建管理和等级制度，保障各教派在政治上一律平等。通过民主改革，西藏所有寺庙均选出了管理委员会，实行民主管理，有效地保障了西藏人民宗教信仰的自由，也为西藏实行人民民主的政治制度奠定了基础。

第四，建立人民民主政权，保障人民行使当家做主的权利。废除封建农奴制度后，翻身解放的西藏各族人民建立起人民民主政权。到 1960 年底，西藏成立了 1009 个乡级、283 个区级，78 个县级（包括县级区）和 8 个专区（市）级人民政权。藏族和其他少数民族干部达到 1 万多人，其中乡级干部全是藏族，区级干部 90% 以上是藏族，300 多名藏族干部担任了县以上领导职务，4.4 万多名翻身农奴和奴隶成长为基层干部。1961 年，西藏各地开始实行普选。昔日的农奴和奴隶破天荒第一次获得当家做主的权利。

通过民主改革，仅用了短短几年的时间，就消灭了在西藏延续数个世纪的封建农奴制度，迅速荡涤了旧社会遗留下来的污泥浊水，使百万农奴和奴隶在政治、经济和社会生活各方面获得了解放，使西藏社会的面貌焕然一新，开创了西藏发展的新纪元。这是西藏社会进步和人权发展史上划时代的重大变革，为西藏社会的跨越式发展确立了崭新的起点。

第五章　庐山会议与"反右倾"

为了总结经验教训，1959 年 7 月，中共中央政治局在庐山举行扩大会议。会议过程中，中共中央政治局委员彭德怀为会议未能彻底解决前一阶段中存在的问题而忧虑，给毛泽东写了一封信，在肯定 1958 年成绩的基础上，指出了"大跃进"以来工作中的严重问题及其原因。彭德怀的出发点是好的，内容实事求是，做法也符合组织原则，但这封信却引起了毛泽东的不满，进而决定召开八届八中全会，错误地将彭德怀等打成"反党集团"，并决定在全党范围内开展"反右倾"斗争。庐山会议之后，又开始新一轮的"大跃进"，以高指标、浮夸风、"共产风"和瞎指挥为主要标志的"左"倾错误再度泛滥起来，造成了国民经济比例的严重失调。由于"大跃进"和人民公社化运动中"左"倾错误一再发展，加之从 1959 年起中国连续三年发生严重困难，国民经济遭到了前所未有的困难。

一、庐山会议的召开与逆转

（一）庐山会议的召开

历史的发展是有其内在的必然规律的，但是，历史发展的必然性，又常常通过许多的偶然事件表现出来，往往是这样的偶然事件影响或改变了历史的进程。也许正是这些偶然事件，才使历史的发展起伏跌宕，曲折变幻，从而也使后人在研读以往历史的时候，感受着历史丰富多彩的内容。然而，我们今天看来丰富多彩的历史，其中不少篇章是我们的前人付出了沉重的代价所书写的。

庐山，江西北部闻名遐迩的避暑名胜。1959 年的那个炎热的夏天，中国的高层领导们聚集在这里，召开了著名的庐山会议。

1958 年是"大跃进"的一年，也是各级干部极为忙碌辛苦的一年。虽然对这年的"大跃进"和人民公社化运动所产生的后果，在今天看来，它的消极面要远远大过它的积极面。但是，这一年中，中国人民所表现出的战天斗地的豪情，各级干部们所表现出的早日建成社会主义而忘我工作的热情，的确无法否定。在这"大跃进"的日子里，人们忘我地劳动，夜以继日地工作。第一次郑州会议之后，中共中央又相继召开了武昌会议、八届六中全会、第二次郑州会议、上海会议、八届七中全会，相继出台了一系列调整国民经济的措施。为了贯彻这些措施，各级干部又做了大量的工作。这些辛苦终于有了一个较好的结果，农村人民公社通过整顿，去掉了许多的虚幻成分，农业生产正在恢复；工业领域通过降低不切实际的高指标，减少多余的企业职工等，劳动生产率有了不同程度的提高。总之，到了 1959 年夏天，人们发热的头脑有所冷静，经济规律开始得到尊重，工农业生产由年初的下降变为回升，形势正在向好的方向发展。

为了进一步总结 1958 年"大跃进"以来的经验教训，解决一些具体问题，同时也使高级干部们能有一段时间稍作休息，中共中央政治局决定在 1959 年 7 月在庐山召开扩大会议。

庐山会议前，即 6 月 12 日至 13 日，毛泽东曾在中南海的颐年堂主持召开了一次中共中央政治局扩大会议，中心议题是讨论工业、农业、市场等问题。毛泽东、周恩来在讲话中都指出"大跃进"的主要问题，就是对综合平衡、有计划按比例发展国民经济重视不够。毛泽东在会上说，1958 年的"大跃进"，对破除迷信起了很大作用，但是，不讲时间、空间和条件，主观主义大为发展，没有把主观的能动性和客观的可能性结合起来，只讲主观能动性，而且无限扩大，这种做法必须坚决纠正。他过去没有摸工业，只抓了农业。1958 年才开始接触工业。在这种情况下，犯错误可以说是必然的。人的认识要经过多次反复才能找到比较正确的道路，要总结过去的经验教训。他还说：本来是一些好事，因为一些指标定得高了，使我们每天处于被动。工业指标、农业指标中，有一部分是主观主义，对客观必然性不认识。世界上的人，自己不碰钉子，没有经验，总是不会转变。他提醒 1960 年的工业指标切记不可过高，大体按 1959 年的指标，甚至低一点也可以。

通常所讲的庐山会议实际上是两个会议，即 7 月 2 日至 8 月 1 日的中共中央政治局扩大会议和 8 月 2 日至 8 月 16 日的中共八届八中全会。参加政治局扩大会议会议的有陈云、邓小平之外的政治局常委，各省、自治区、市的负责人，以及国务院和工交、财贸各部门的负责人。

会议开始时，毛泽东提出了读书、形势、1959 年的任务、1960 年的任务、四年的任务、宣传、综合平衡、群众路线等十八个问题。毛泽东在会议开始时说：国内形势是好是坏？大形势还好，有点坏，但还不至于坏到"报老爷，大事不好"的程度。八大二次会议的方针对不对？我看要坚持。总的说来，像湖南省一个同志所说的，是两句话："有伟大的成绩，有丰富的经验。""有丰富的经验"，说得很巧妙，实际上是：有伟大的成绩，有不少的问题，前途是光明的。基本问题一是综合平衡；二是群众路线；三是统一领导；四是注意质量。四个问题中最基本的是综合平衡和群众路线。要注意质量，宁肯少些，但要好些、全些，各种各样都要有。农业中，粮、棉、油、麻、丝、烟、糖、菜、果、药、杂都要有。工业中，要有轻工业、重工业，其中又要各样都有。去年"两小无猜"（小高炉、小转炉）的搞法不行，把精力集中搞这"两小"，其他都丢了。去年"大跃进"、大丰收，今年是大春荒。现在形势在好转，我看了四个省，河北、河南、湖南、湖北，大体可以代表全国。今年夏收估产普遍偏低，这是一个好现象。

毛泽东说：今年钢的产量是否定1300万吨？能超过就超过，不能超过就算了。今后应由中央确定方针，再交业务部门算账。粮食有多少？去年增产有无三成？今后是否每年增加三成？每年增加1000亿斤，搞到10000亿斤，要好几年。明年钢增加多少？增加400万吨，是1700万吨。后年再增加400万吨。15年内主要工业产品的数量赶上和超过英国的口号还要坚持。总之，要量力而行，留有余地，让下面超过。人的脑子是逐渐变实际的，主观主义减少了。去年做了一件蠢事，就是要把好几年的指标在一年内达到，像粮食的指标10500亿斤，恐怕要到1964年才能达到。

他还说：过去安排是重、轻、农，这个次序要反一下，现在是否提农、轻、重？要把农、轻、重的关系研究一下。过去搞过十大关系，就是两条腿走路，多快好省也是两条腿，现在可以说是没有执行，或者说是没有很好地执行。过去是重、轻、农、商、交，现在强调把农业搞好，次序改为农、轻、重、交、商。这样提还是优先发展生产资料，并不违反马克思主义。重工业我们是不会放松的，农业中也有生产资料。如果真正重视了优先发展生产资料，安排好了轻、农，也不一定要改为农、轻、重。重工业要为轻工业、农业服务。过去陈云同志提过：先市场，后基建，先安排好市场，再安排基建。有同志不赞成。现在看来，陈云同志的意见是对的。要把衣、食、住、用、行五个字安排好，这是 6 亿 5 千万人民安定不安定的问题。

毛泽东还谈到了综合平衡的问题，认为这是"大跃进"的重要教训之一。说是两条腿走路，并举，实际上是没有兼顾。他承认在整个经济中，平衡是根本的问题，有了综合平衡，才能有群众路线。

本来，关于平衡与不平衡的关系问题，曾是毛泽东发动"大跃进"的重要理论依据之一。他在《工作方法六十条（草案）》中说："企业和企业之间，企业内部车间和车间、小组和小组、个人和个人之间，都是不平衡的。"① 他曾一度认为，不平衡是普遍的规律，从不平衡到平衡，又从平衡到不平衡，循环不已，永远如此，但是每一循环都进到高的一级。不平衡是经常的，绝对的；平衡是暂时的，相对的。

从哲学上讲，毛泽东的关于平衡与不平衡的辩证法也许是站得住的。但是，他关于平衡问题的论述，绝不是为了表述某个哲学原理，而在于批评 1956 年的反冒进没有正确处理平衡与非平衡的关系，是消极的平衡。1958 年 2 月 28 日的《人民日报》社论《打破旧的平衡，建立新的平衡》，充分体现了毛泽东这种观点。社论说："一种方法，是采取积极的态度解决不平衡，不断地提高落后的指标和定额，使它适应于先进的指标，向先进的定额看齐，这是积极的平衡。另一种方法，是采取消极的态度解决不平衡，总是企图压低先进的指标和定额，使它迁就落后的指标，向落后的定额看齐，这是消极的平衡。"在所谓"打破消极平衡，建立积极的平衡"口号下，许多不切实际的高指标提出来了，国民经济在综合平衡中稳步前进的经济建设方针不坚持了。结果，旧的平衡固然打破了，但新的平衡却没有建立起来，导致了国民经济的比例严重失调。毛泽东在庐会议开始时关于平衡问

---

① 《毛泽东文集》第 7 卷，人民出版社 1999 年版，第 352 页。

题的新论述，说明他对平衡问题的认识要比 1958 年发动"大跃进"之初深刻多了。

1958 年"大跃进"高潮中，为了调动地方的积极性，曾将人权、财权、商权、工权下放，结果一些地方任意扩大基本建设规模，摊子铺得很大，随意乱招职工，造成一年内职工队伍翻一番，加剧了国家财政的紧张程度。在讲话中，毛泽东特地讲到了体制问题，认为 1958 年"四权"下放多了一些，快了一些，造成了混乱，有些半无政府主义，提出下放的权力要适当收回到中央和省、市、自治区两级，对下放要加以适当的控制。

从毛泽东上面的讲话中可以看出，他虽然认为 1958 年的"大跃进"也是有缺点和不足的，主要就是没有搞好综合平衡，一些指标定高了，造成工作的被动，但取得的成绩和存在的问题，是九个指头和一个指头的关系，成绩是主要的，形势正在好转。因为经过第一次郑州会议以来的一系列努力，"共产风"的问题已得到了纠正，综合平衡的问题得到了重视。因此，多快好省的总路线还要坚持，"超英赶美"的口号不能放弃。在这样的前提下，要继续纠正"大跃进"以来工作中出现的"左"倾错误，以取得来年更大的跃进。纠正错误，为了更大的跃进，这也是第一次郑州会议以来毛泽东致力于纠"左"的原因所在。

（二）彭德怀的信与张闻天的发言

庐山会议之初，与会者围绕毛泽东提出的十八个问题进行讨论。大家在拥护总路线、"大跃进"和人民公社的前提下，回顾和总结了一年多来的工作。在讨论过程中，对如何看过去一年多的工作产生了不同看法。有人认为，"大跃进"以来存在不少问题，有的问题还相当严重，前一段时间的纠"左"虽然有不少成绩，但还不够，还要进一步深入进行；但也有人认为一味纠"左"会使干部和群众泄气，不能认为"大跃进"破坏了按比例发展的客观规律，现在纠"左"已经纠过了头，出现了右的倾向。

在这种情况下，7月10日，毛泽东召集各小组组长会议并作了长篇讲话，着重讲对形势的看法，"对党内越来越多地提出的不同意见已表现出不满，并且同右派进攻联系起来"①。他说："对形势的认识不一致，就不能团结。要党内团结，首先要思想统一。党外右派否定一切，说我们'人心丧尽了'，'修天安门前面的工程（指在天安门广场修建人民大会堂和历史博物馆——引者），如秦始皇修万里长城'；说'过去历代开创的时候，减税薄赋，现在共产党年年加重负担'。所谓丧尽了，就是不仅资产阶级、地主，而且农民、工人都不赞成了。天津有些局长、科长议论，去年大跃进是'得不偿失'。是不是这样？有些同志缺乏全面分析，要帮助他们认识。得的是什么？失的是什么？比如说，为什么大跃进之后又发生市场大紧张。不要戴帽子，不要骂一顿了事。""党内要团结，就要把问题搞清楚。有人说总路线根本不对。所谓总路线，无非是多快好省，多快好省不会错。过去搞一千九百项基建，现在安排七百八十八个，这还不是合乎多快好省的方针的？一千八百万吨钢不行，现在搞一千三百万吨，还是多快好省。去年粮食没有翻一番，但增加百分之三十左右是有的（1957年的粮食产量为3901亿斤，1958年是4000亿斤，实际增加99亿斤，增长2.5%——引者）。多快是一条腿，好省又是一条腿。"

对于前一阶段的成绩和错误的问题，毛泽东说："我们把道理讲清楚，把问题摆开，也不戴帽子，什么'观潮派'、'怀疑派'、'算账派'、'保守派'等等，都不戴。总可以有百分之七

---

① 中共中央文献研究室编：《毛泽东传（1949—1976）》（下），中央文献出版社2003年版，第971页。

十的人在总路线下面。世界上的将军没有一个没打过败仗的。在三仗中打两个胜仗、一个败仗就是好的，有威信。两败一胜就差一些。打了败仗，可以取得经验。要承认缺点错误。从局部来讲，从一个问题说，可能是十个指头，九个指头，七个指头，或者三个指头、两个指头。但从全局来说，还是九个指头和一个指头的问题。要找问题，可以找几千几万件不对头的。但是从总的形势来说，就是这样：九个指头和一个指头。"①

从这些讲话中可以看出，毛泽东认为，"大跃进"和人民公社虽然也有缺点和不足，存在这样那样的问题，但与取得的成绩相比，只是一个指头，成绩无疑是九个指头。毛泽东此时的态度是："'左'的错误要批评，但不应总是抓住不放；对热心搞'大跃进'的同志，应该是既批评又鼓励，不要挫伤他们的积极性；现已经批了9个月的'左'，差不多了；应赶快抓生产，争取1959年的跃进。"②

按照预定的计划，庐山会议将在7月15日左右结束，各路"神仙"也开始做下山的准备。就在这时，中共中央政治局委员、国防部长彭德怀却对会议过程中出现的"护短"情况甚为焦虑，用他后来在《自述》中的话说："我当时对那些'左'的现象是非常忧虑的。我认为当时那些问题如果得不到纠正，计划工作迎头赶不上去，势必要影响国民经济的发展速度。我想，这些问题如果由我在会议上提出来，会引起某些人的思想混乱，如果是由主席再从（重）新提一提两条腿走路的方针，这些问题就可以轻

---

① 中共中央文献研究室编：《毛泽东传（1949—1976）》（下），中央文献出版社2003年版，第971、972—973页。

② 薄一波：《若干重大决策与事件的回顾》下卷，中共中央党校出版社1993年版，第851页。

而易举地得到纠正。"① 基于这样的动机，彭德怀于 7 月 13 日给毛泽东写了一封信。

对于这封信的内容，许多书刊上都有过登载。这封后来被毛泽东冠名为《彭德怀同志的意见书》的信并不长，只有 4000 字左右。信的内容分甲、乙两部分，信的甲部分主要是对 1958 年的"大跃进"进行肯定，乙部分则是讲如何总结工作中的经验教训。引起毛泽东不快的也正是这一部分。

彭德怀在信中说，过去一时间，在思想方法和工作方法方面，暴露出了不少值得注意的问题，彭德怀主要讲了两个问题。

一是"浮夸风较普遍地滋长起来"。信中说："去年北戴河会议时，对粮食产量估计过大，造成了一种假象。大家都感到粮食问题已经得到解决，因此就可以腾出手来大搞工业了。在对发展钢铁的认识上，有严重的片面性，没有认真地研究炼钢、轧钢和碎石设备，煤炭、矿石、炼焦设备，坑木来源，运输能力，劳动力增加，购买力扩大，市场商品如何安排等等。总之，是没有必要的平衡计划。这些也同样是犯了不够实事求是的毛病。这恐怕是产生一系列问题的起因。浮夸风气，吹遍各地区各部门，一些不可置信的奇迹也见之于报刊，确使党的威信蒙受重大损失。"②

信中讲到的第二个问题是"小资产阶级的狂热性，使我们容易犯左的错误"。彭德怀说："在一九五八年的大跃进中，我和其他不少同志一样，为大跃进的成绩和群众运动的热情所迷惑，一些左的倾向有了相当程度的发展，总想一步跨进共产主义，抢先思想（按：指抢先于苏联进入共产主义）一度占了上风，把党长期以来所形成的群众路线和实事求是作风置诸脑后了。……有些

① 《彭德怀自述》，人民出版社 1981 年版，第 275 页。

② 中共中央文献研究室编：《建国以来重要文献选编》第 12 册，中央文献出版社 1997 年版，第 444 页。

指标逐级提高，层层加码，把本来需要几年或者十几年才能达到的要求，变成一年或者几个月就要做到的指标。因此就脱离了实际，得不到群众的支持。"①

毛泽东对彭德怀的信是不满意的。不满意的原因，一是他感到信中的有些话特别刺耳，如"小资产阶级的狂热性""由于比例失调而引起各方面的紧张"、全民炼钢铁"有失有得"（关于"有失有得"，彭德怀在信的原稿中写的是"有得有失"，是随行参谋在誊写时将其抄成了"有失有得"，后来在批判彭德怀时，彭德怀为了保护随行参谋，对此没有辩解澄清）。二是毛泽东认为经过几个月的纠"左"，"左"的问题已基本上得到解决，形势正在好转，彭德怀早不写信，晚不写信，偏偏在会议即将结束，认识即将统一时，要求进一步纠"左"，这实际上是对"大跃进"和人民公社的怀疑与反对，而毛泽东始终认为"大跃进"和人民公社的问题，只是"一个指头"的问题，成绩还是"九个指头"。三是彭德怀和毛泽东之间存在一些未能得到澄清的历史误解，彭德怀在写信前的小组发言中讲问题时语言比较尖刻，讲过一些不是很妥当的话，而此时国内国外对"大跃进"和人民公社都存在一些非议之词，这就加重了毛泽东对彭德怀的猜疑甚至反感。

毛泽东对彭德怀的不满，其实不仅仅是 7 月 14 日的这封信，还与此前他在小组会上的发言的内容不无关系。如他说："解放以来，一连串的胜利，造成群众的头脑发热，因而向毛主席反映情况只讲可能和有利的因素。在大胜利中，容易看不见、听不进反面东西。""要找经验，不要埋怨，不要追究责任。人人有责，人人有一份，包括毛泽东同志在内。我也有一份，至少当时没有

---

① 中共中央文献研究室编：《建国以来重要文献选编》第 12 册，中央文献出版社 1997 年版，第 445 页。

反对。""现在是不管党委集体领导的决定，而是个人决定；第一书记决定的算，第二书记决定的就不算。不建立集体威信，只建立个人威信，是很不正常的，是危险的。""毛主席和党中央在全国人民心目中威信之高，是全世界找不到的。但滥用这种威信是不行的。去年乱传毛主席的意见，问题不少。"①

正如中共中央文献研究室编纂的《毛泽东传（1949—1976）》所评论的："如果没有彭德怀那封信，事情也许不会发展到如此激烈的程度。这样看起来，事情似乎带有一定的偶然性。但是，由于毛泽东的'左'的指导思想没有从根本上得到改变，纠'左'纠到一定程度，即超越他可能允许的范围时，就会提出反右的问题，这又是不可避免的。"②

虽然毛泽东在会议一开始，就对形势问题定了调，即"有伟大的成绩，有不少的问题，前途是光明的"，但从彭德怀的信中看出，与会人员对形势的估计存在明显的分歧。在此前后，党内党外对"大跃进"和人民公社化运动存在的不少否定性意见，也反映到了毛泽东那里。

1959 年 5 月，当讨论第二次郑州会议、上海会议巩固人民公社的方针时，中共江西省委党校 80 多个县委一级干部展开"大鸣大放"，有人认为人民公社建立太快了，是早产儿；人民公社违背客观规律，是根据上级指示人为的产物，搞人民公社根本没有条件，人民公社没有合作社优越，缺点大于优点，公社是空架子，是金字招牌；"共产风"是上面刮下来，中央、省、地委应负责任；工资制与供给制相结合的分配制度提得过早，应该取

---

① 邓力群主编：《彭德怀传》，当代中国出版社 1993 年版，第 588—591 页。

② 中共中央文献研究室编：《毛泽东传（1949—1976）》（下），中央文献出版社 2003 年版，第 1010 页。

消；公社目前不能实行工农业同时并举的方针，应以农业生产为主；公共食堂不是共产主义因素，害多利少；等等。

中共中央宣传部这年 6 月 20 日编印的《宣教动态》第 45 期上，刊登了《否定和怀疑 1958 年大跃进的若干论点》一文，其中讲到，天津部分党员干部认为，1958 年的全民炼钢是得不偿失，农业上粮食不够吃，市场上出现了前所未有的紧张，党的威信不如过去高了；"大跃进"是工业跃进了，农业没有跃进，政治跃进了，经济没有跃进；人民公社走得太快，对农民的觉悟估计过高，忽视了农村的现实条件，主观愿望超过了客观现实等。

1959 年 6 月 9 日，原国家建委基本建设局副局长、时任东北协作区办公厅综合组组长的李云仲，就目前经济生活中一些问题给毛泽东写了一封信。信中直言不讳地说：最近一年来，我们的工作中犯了"左"倾冒险主义的错误，其原因主要是在思想上忽视了两条战线的斗争，即在反对右倾保守思想的同时，忽视了"左"倾冒险主义的侵袭，在一个比较短的时期内，"左"倾冒险主义的思潮曾形成一个主流。信中列举"左"倾冒险主义的主要表现，如将"以钢为纲"变成以钢为一切，全民大搞土法炼铁的运动是一条失败的经验，国家经济力量的消耗太大了；去年的公社化运动，在生产关系的变革即所有制问题上，可能是跑得太快了，其结果是"一平、二调、三抽款"；等等。

中国人民解放军总政治部秘书处这年 6 月 24 日编印的《政治工作简报》上，有一份材料说，据第 42 军政治部和海南军区政治部报告，少数营团干部对经济生活的紧张表示抵触和不满，认为经济紧张是全面的，长期不能解决，说人民公社成立太快了、太早了，不合乎规律，工人、农民和军官都对成立公社有意见，公社的优越性是宣传出来的；"全民炼钢"的口号是不对的，"小土群"可以不搞，1070 万吨钢的指标也可以不提，钢的指标是领导主观主义地规定的。

国务院秘书厅党委办公室 7 月 9 日编印的第 25 期《秘书厅学习简报》中说，秘书厅的有些干部在学习中共中央关于压缩社会购买力的紧急指示过程中，对人民公社有这样的议论：（1）建立人民公社的条件不成熟；（2）人民公社所有制与我国目前的生产力水平不太适应；（3）人民公社实行供给制与工资制相结合的分配制度，不适应我国目前生产力发展水平和群众觉悟，吃饭不要钱也不符合按劳分配原则；（4）人民公社的发展太快太猛了；（5）人民公社是群众运动搞起来的，但政策没有跟上去，有的有了正确政策，但在执行中又发生了偏差。

社会上出现的这些对"大跃进"和人民公社的否定性意见，联系到彭德怀信中所反映的问题，说明党内党外对总路线、"大跃进"和人民公社认识很不一致。毛泽东认为，右倾思想并不只是彭德怀等个别人存在，而是一种不可忽视的社会思潮，如果不对其进行批判，右倾思想就可能向全社会蔓延开来，从根本上动摇"三面红旗"。因此，"这封信对毛主席起了强刺激作用，免不掉又要亢奋失眠。主席自己在会上说，吃了三次安眠药睡不着。在神经过度兴奋的状态下，仔细琢磨的结果，就把这封信和党内外各种尖锐的反对意见，都联系起来；把彭总当作了代表人物，而且是在中央政治局里的代表人物。认为他的矛头是指向中央政治局和主席的，于是认为路线斗争不可避免"。①

7 月 16 日，毛泽东将彭德怀的信以《彭德怀同志的意见书》为标题，批示印发给与会人员讨论，并在中央政治局常委会的范围内提出，要"评论这封信的性质"②。同时决定将会期延长，并通知留在北京主持有关方面工作的一些领导人上山来参加讨

---

① 《黄克诚回忆录》，人民出版社 1994 年版，第 252 页。

② 中共中央党史研究室著：《中国共产党历史·第二卷（1949—1978）》下册，中共党史出版社 2011 年版，第 544 页。

论。"毛泽东原来估计，彭德怀的《意见书》印发后，会引起一些人的批评和反对"①。但与会人员在讨论彭德怀信的过程中，却出现了另一种情况，"一些人基本赞同信中的意见。他们认为，这封信总的精神是好的，对于推动会议深入讨论，促使大家思考问题，有积极作用。应该在肯定成绩的前提下，把过去工作中的缺点和错误讲深讲透，这样才有利于总结经验教训，改进以后的工作。彭德怀敢于反映自己的意见，这种精神值得大家学习。信的缺点主要是一些提法和词句斟酌不够，容易引起误会，但不必计较和争论。也有一些人对彭德怀的信持不同意见，认为对错误'认识过迟'的说法，不符合实际。从北戴河会议到现在，许多重大问题都已得到解决，并非认识过迟。认为这封信'实际上会引导到怀疑党的总路线的正确性，怀疑去年大跃进和伟大的群众运动，以及所取得的伟大胜利是否可靠'"②。

或许是历史的巧合，彭德怀上书的第四天，即 7 月 18 日，赫鲁晓夫在波兰的一个农业合作社发表了一通关于苏联历史上的公社的议论。赫鲁晓夫说："可以理解，把个体经济改造为集体经济，这是个复杂的过程。我们在这条道路上曾碰到过不少困难。在国内战争一结束之后，我们当时开始建立的不是农业劳动组合，而是公社。""看来，当时许多人还不太明白：什么是共产主义和如何建设共产主义。""公社建立了，虽然当时既不具备物质条件，也不具备政治条件——我们是指人民群众的觉悟。""许多这样的公社都没有什么成绩，于是党走了列宁所指出的道路。它开始把农民组织在合作社中，组织在农业劳动组合中，在那里

---

① 苏维民：《杨尚昆谈新中国若干历史问题》，四川人民出版社 2010 年版，第 80 页。

② 中共中央党史研究室著：《中国共产党历史·第二卷（1949—1978）》下册，中共党史出版社 2011 年版，第 544 页。

人们集体地工作，但是按劳取酬。"赫鲁晓夫这些话虽然表面上是总结苏联历史上公社失败的原因，但显然是对中国的人民公社含沙射影的攻击。美国的《纽约时报》对此借题发挥，说赫鲁晓夫这番话，是迄今为止一位苏联领袖对公社的想法所作的最直率的公开批评。彭德怀上庐山之前，即这年4月下旬至6月上旬，率中国军事友好代表团访问东欧各社会主义国家，曾与赫鲁晓夫有过接触，这使毛泽东进一步对彭德怀批评"大跃进"和人民公社的动机产生质疑，以至于认为彭德怀是"里通外国"，与赫鲁晓夫一道向"三面红旗"发动进攻，必须加以回击。

7月21日，中共中央政治局委员、外交部第一副部长张闻天在小组会上就"大跃进"和人民公社问题作了长篇发言。张闻天不但明确支持彭德怀信中的基本观点，而且对"大跃进"以来发生的严重问题作了理论上的分析，强调要多从观点、方法、作风上，去探讨缺点和错误产生的原因。他在发言中说，胜利容易使人头脑发热，骄傲自满，听不得不同意见，民主空气很重要。张闻天说："主席常说，要敢于提不同意见，要舍得一身剐，不怕杀头，等等。这是对的。但是，光要求不怕杀头还不行。人总是怕杀头的，被国民党杀头不要紧，被共产党杀头还要遗臭万年。所以，问题的另一面是要领导上造成一种空气。环境，使得下面敢于发表不同意见，形成生动活泼，能够自由交换意见的局面。""这个问题对我们当权的政党特别重要。我们不要怕没有人歌功颂德，讲共产党英明、伟大，讲我们的成绩，因为这些是客观存在的事实。怕的是人家不敢向我们提不同意见。决不能因为人家讲几句不同意见，就给扣上种种帽子。""总之，民主风气很重要。"① 张闻天的这番话，很有针对性，也很有见地，说明他对

---

① 上海市浦不新区张闻天故居编：《张闻天庐山会议发言》，北京出版社1990年版，第20、21页。

当时存在的问题是作过认真思考的。彭德怀信中说及的"小资产阶级狂热性"一词，几乎是与会者均不赞同的。但张闻天说："这个问题不说可能更好点，说了也可以，究竟怎么样，可以考虑。但是，刮'共产风'恐怕也是小资产阶级狂热性。"张闻天的发言，"引起了毛泽东的特别注意"①，由此"怀疑党内有人在刮风"②。张闻天原本是"左"倾教条主义阵营中的重要人物，长征前夕开始同毛泽东靠拢，但两人有不同的经历和行事风格，延安整风前后关系开始疏远，因而张闻天的这些话自然会引起毛泽东的不快。

7月22日，毛泽东找几个人谈话。有人对毛泽东说，现在很需要他出来讲话，顶住这股风，不然队伍就散了。还说，彭德怀的信是对着总路线，对着毛泽东的。这番话直接促使毛泽东下决心"反右倾"。当天晚上，毛泽东与刘少奇、周恩来商量准备第二天开大会。7月23日，毛泽东在大会上发表长篇讲话，对彭德怀信中提出的观点逐一批驳，庐山会议的主题也就由纠"左"转变为"反右倾"。正如杨尚昆后来所回忆的："庐山会议从纠'左'转向反右，彭德怀的《意见书》是'导火索'，看来事情带有偶然性，其实不然。会议前期，大家思想并没有敞开，对形势的估计一直存在分歧，一些不同意见遭到压制。毛泽东原来估计，彭德怀的《意见书》印发后，会引起一些人的批评和反对，而实际情况却是得到了不少人的同情和支持。毛泽东怀疑党内有人在刮风；一些'左'派人物感到批评'三面红旗'的人越来越多，会使人泄气，担心'左'派队伍守不住阵地，有人就到毛

---

① 中共中央文献研究室编：《毛泽东传（1949—1976）》（下），中央文献出版社2003年版，第983页。

② 苏维民：《杨尚昆谈新中国若干历史问题》，四川人民出版社2010年版，第80页。

泽东那里去告状，要求毛泽东出来讲话。与此同时，从中央到地方都不断传来对'三面红旗'的尖锐批评；在国外，赫鲁晓夫和东欧国家的一些领导人，也连续发表批评中国'大跃进'和人民公社的讲话和文章。这一切都使毛泽东感到形势严重，必须进行反击。"①

（三）庐山会议的逆转

7月23日，毛泽东召开大会并发表长篇讲话。他说："你们讲了那么多，允许我讲点把钟，可不可以？吃了三次安眠药，睡不着。我看了同志们的发言记录、文件，和一部分同志谈了话。我感到有两种倾向，在这里讲讲。一种是触不得，大有一触就跳之势，因之有一部分同志感到有压力。即不让人家讲坏话，只愿人家讲好话。我劝这些同志们要听。好坏话都是话，都要听。话有三种：一是正确的；二是基本正确或不甚正确的；三是基本不正确或不正确的。现在党内党外夹攻我们。右派讲，秦始皇为什么倒台了，就是因为修长城，现在我们修天安门，要垮台了。这是右派讲的。江西党校的反映是党内的代表，有些人是右派；动摇分子，他们看得不完全，做点工作可以转变过来。有些人历史上有问题，挨过批评，也认为一塌糊涂，如广东军区的材料所反映的。不论什么话都让讲，无非是讲一塌糊涂。这很好，越讲得一塌糊涂越好，越要听。我和这些同志讲过，要顶住，硬着头皮顶住。为什么不让人家讲呢？神州不会陆沉，天不会掉下来。"

对彭德怀信中所说的"小资产阶级狂热性"问题，毛泽东说：说我们脱离群众，我看是暂时的，就是两三个月，春节前后。群众还是拥护我们的。我看现在群众和我们结合得很好。小资产阶级狂热性，有一点，并不那么多。认为把搞"大跃进"、

---

① 苏维民：《杨尚昆谈庐山会议》，《百年潮》2008年第1期。

办人民公社说成是小资产阶级的狂热性，无非是想多一点、快一点，对这种广泛的群众运动，不能泼冷水，只能劝说。刮"共产风"主要是县、社两级，特别是公社一部分干部，刮生产大队和小队的。用了一个月工夫，三、四两月间把风压下去了，该退的退，社与队的账算清楚了。他还说：我就劝这些同志，要听听人家的意见。我少年中年时，也是听到坏话就一股火。人不犯我，我不犯人；人若犯我，我必犯人；人先犯我，我后犯人。这个原则，我现在也不放弃。毛泽东还说，"有失有得"，"得"放在后边，是经过斟酌的。如果戴帽子，这是资产阶级的动摇性。一些人碰了一些钉子，头破血流，忧心如焚，站不住脚，动摇了，站到中间去了。究竟偏"左"偏右，还要分析。重复了1956年下半年、1957年上半年犯错误的同志的道路。他们不是右派，可是自己把自己抛到右派边缘去了，距右派还有30公里，因为右派很欢迎这个论调。这种同志采取边缘政策，相当危险。不相信，将来看。讲话中，毛泽东对彭德怀信中提出的问题逐一加以批驳，认为他们不能正确对待革命的群众运动，是在帝国主义的压力下表现了资产阶级的动摇性。

7月26日，毛泽东又在李云仲向他反映情况，并批评"左"倾冒险主义错误的信上，写上了一段很长的批语，认为"现在党内党外出现了一种新的事物，就是右倾情绪、右倾思想、右倾活动已经增长，大有猖狂进攻之势。"他还说："反右必出'左'，反'左'必出右，这是必然性。时然而言，现在是讲这一点的时候了。不讲于团结不利，于党于个人都不利。现在这一次争论，可能会被证明是一次意义重大的争论。"

毛泽东23日的讲话和26日的批语，实际上给彭德怀等人定了性，会议很快出现了一边倒，开展对彭德怀等人的揭发和批判。在随后的小组讨论中，庐山会议被说成是"围绕党的总路线这一中心展开的一场大辩论、大论争的会议"，彭德怀被说成是党内反对总路线的代表，张闻天发言被认为是"一个反总路线的纲领"。曾经在会上批评过 1958 年失误的中共中央书记、中国人民解放军总参谋长黄克诚、中共湖南省委第一书记周小舟等人，在小组会上受到指名道姓的严厉批评。

按照毛泽东的建议，8 月 2 日至 16 日，中共中央在庐山相继召开八届八中全会。在 8 月 2 日的会议上，毛泽东说，"我们反了九个月'左'倾了，现在基本上不是这一方面的问题了，现在庐山会议不是反'左'的问题了，而是反右的问题了。因为右倾机会主义在向着党，向着党的领导机关猖狂进攻，向着人民事业，向着六亿人民的轰轰烈烈的社会主义事业进攻，找错误、缺点。确实有那么多错误，有那么多缺点，已经改正了，他说改正了不算，还要再改。他们抓住那么一些东西，把结论引导到路线错误，领导机关错误。"① 当天，毛泽东还写了《给张闻天同志的信》，其中说："你把马克思主义的要言妙道通通忘记了，如是乎跑进了军事俱乐部，真是武文合璧，相得益彰。"此后，"军事俱乐部""反党小集团""野心家""伪君子"等说法就在会上传开了。

8 月 11 日和 16 日，毛泽东在大会两次长篇讲话，指出：彭德怀等人不是马克思主义者，是带着资产阶级世界观参加革命的，实际上是马克思主义的同盟者。彭德怀这次迫不及待挂帅组织派别，进行分裂活动。这次会议是一次很大的成功，揭露了多年没有解决的矛盾，并且把当前形势搞清楚了。8 月 16 日，毛泽东在一份批语中写道："庐山出现的这一场斗争，是一场阶级斗争，是过去十年社会主义革命过程中资产阶级与无产阶级两大对抗阶级的生死斗争的继续。在中国，在我党，这一类斗争，看来

---

① 中共中央文献研究室编：《毛泽东年谱（1949—1976）》第 4 卷，中央文献出版社 2013 年版，第 131 页。

还得斗下去，至少还要斗二十年，可能要斗半个世纪，总之要到阶级完全灭亡，斗争才会止息。""党内斗争，反映了社会上的阶级斗争。这是毫不足怪的。没有这种斗争，才是不可思议。"这就把党内对一些问题的思想认识分歧，当成了社会上阶级斗争的反映，为随后开展的全党"反右倾"斗争作的铺垫。

八届八中全会集中开展彭德怀、张闻天及黄克诚、周小舟（中共湖南省委第一书记）的斗争，批判的调子越来越高，并联系彭、张的历史，"新账老账一起算"。诸如"资产阶级民主派""民主革命的同路人、社会主义革命的反对派""混入党内的投机分子"等帽子都拿出来了，林彪更是指责彭德怀是"伪君子""野心家""阴谋家"。在揭发、批判的过程中，还联系彭德怀在庐山会议前出过国，苏联的报刊、领导人的讲话中对中国的"大跃进"和人民公社也有类似的批评，彭、张、黄、周之间不但思想倾向相近，而且在会议期间又有过交往，无中生有、牵强附会地指责他们"里通外国"，要组织"军事俱乐部"，企图"分裂党""逼毛主席下台"，以致最后将他们定性为"反党集团"。

中共八届八中全会决定把彭德怀、黄克诚、张闻天、周小舟分别调离国防、外交、省委第一书记等工作岗位，分别保留中央委员会委员、中央政治局委员、中央政治局候补委员，"以观后效"。全会通过了《关于以彭德怀同志为首的反党集团的错误的决议》《为保卫党的总路线、反对右倾机会主义而斗争》《关于开展增产节约运动的决议》《关于撤销黄克诚同志中央书记处书记的决定》等四个文件。

《关于以彭德怀同志为首的反党集团的错误的决议》说：庐山会议以前到会议期间，党内出现了以彭德怀为首，包括黄克诚、张闻天、周小舟等人的"右倾机会主义反党集团"反对总路线、"大跃进"、人民公社的猖狂进攻。"坚决粉碎以彭德怀同志为首的右倾机会主义反党集团的活动，不但对于保卫党的总路线是完全必要的，而且对于保卫党的以毛泽东同志为首的中央的领导、保卫党的团结、保卫党和人民的社会主义事业，都是完全必要的。"决议说，彭德怀等人这一次是犯了"具有反党、反人民、反社会主义性质的右倾机会主义路线的错误"。"在我国社会主义事业的紧要关头，进行这一次反对以彭德怀同志为首的右倾机会主义的党内斗争，一定将使党的队伍和人民的队伍更加巩固，党和人民的斗志更加昂扬。"①

《为保卫党的总路线、反对右倾机会主义而斗争》则认为，"党内的一些右倾机会主义分子，特别是一些具有政治纲领、政治野心的分子，竟然在这样的重大时机，配合国内外敌对势力的活动，打着所谓'反对小资产阶级狂热性'的旗号，发动了对于总路线、大跃进、人民公社的猖狂进攻。他们尽管在口头上有时也承认总路线是正确的，或者基本正确的，成绩是伟大的，但是在实际上却尽量夸大缺点，把目前国内形势描写成为漆黑一团，借以达到否定成绩、否定总路线的目的。""右倾机会主义分子对待群众运动的态度，完全不是共产党人的满腔热情的态度，而是资产阶级老爷式的态度。他们站在群众运动的旁边指手划脚，利用早已克服了和正在迅速克服中的缺点向群众和干部泼冷水，散布松劲、泄气、埋怨、悲观的情绪，企图制造思想上和政治上的混乱。他们反对党的群众路线的工作方法，反对全党办工业、政治挂帅、党委第一书记挂帅的口号。因此，他们虽然在口头上说了不少似乎'代表无产阶级利益'的词句，实质上却是要按照他们的资产阶级的观点来改造党、改造世界。右倾机会主义分子的攻击的矛头，是针对着党中央和党的领袖毛泽东同志，针对着无产阶级和劳动人民的社会主义事业。因此，右倾机会主义已经成

---

① 国防大学党史党建政工教研室编：《中共党史教学参考资料》第23册，国防大学出版社1986年版，第119—121页。

为当前党内的主要危险。团结全党和全国人民，保卫总路线，击退右倾机会主义的进攻，已经成为党的当前的主要战斗任务。"①

8月18日，庐山会议刚刚结束，中共中央军委扩大会议在北京召开，集中对彭德怀、黄克诚继续进行严厉批判，参加会议的有军队师以上领导干部一千多人，另有五百多人列席。与此同时，在北京召开全国外事会议，对张闻天进行批判。同年9月，中共中央决定将《关于以彭德怀同志为首的反党集团的错误的决议》《为保卫党的总路线、反对右倾机会主义而斗争》传达给全体党员，进而转达到党外，并随即在党内开展大规模的"反右倾"运动。

7月23日毛泽东发表讲话后，刘少奇曾主张将有关"反右倾"的决议只发到省一级，另搞一个继续纠"左"的决议发到县以下单位。他要胡乔木起草文件，胡乔木感到不好写，对他说，是不是同毛泽东谈一下。当时，刘少奇很生气，说你写出来，我自然去谈。胡乔木感到，如果写出来，刘少奇也可能牵涉到"反右倾"中去，就请彭真同刘少奇谈，最后决定不写反"左"的文件了。

从第一次郑州会议开始到庐山会议前，曾进行过九个多月的纠"左"而且取得了明显的成效，但为什么庐山会议上因为彭德怀等人对"大跃进"提出了一点不同意见，竟然导致纠"左"的进程被中断？究竟怎样看待这个问题？其实，在对庐山会议前的纠"左"工作进行充分肯定的同时，也应看到当时对"左"倾错误的纠正其实相当有限，尤其是没有从根本上认识到"大跃进"和人民公社化运动本身的问题。经济建设必须遵循其自身的客观规律。虽然毛泽东在这个过程中也强调"价值法则是一个伟

---

① 中共中央文献研究室编：《建国以来重要文献选编》第12册，中央文献出版社1997年版，第508—509页。

大的学校"，但他所批评的是那种急急忙忙取消等价交换、混淆集体所有制与全民所有制界限的做法，而没有认识到通过群众运动的方式搞经济建设，不但不能实现经济的"跃进"式发展，而且会造成国民经济各部门间比例的失衡；也没有认识到在生产力水平还不具备改变生产关系的情况下，就建立"一大二公"为主要特征的人民公社，本身既违背经济规律，也违背了社会发展规律。所以，庐山会议前半年多时间的纠"左"，不是纠正指导思想上的"左"，而是纠的一些具体问题的"左"。当时，中共中央领导层特别是作为主要领导人的毛泽东，对总路线、"大跃进"和人民公社仍是充分肯定的，认为这是探索中国自己的社会主义建设道路中了不起的创造，问题主要是基层干部在贯彻执行这"三面红旗"的过程中出现了偏差，如有的指标提得过高，刮了一阵"共产风"，过早把集体所有制转变为全民所有制等。只要把这些问题解决了，就可以取得新的更大的"跃进"，人民公社就可以巩固，多快好省建设社会主义的总路线的优越性就能更好地发挥。

还应该看到，"大跃进"是在不断批评反冒进的过程中逐步发展起来的。1956年的反冒进，本是得到了中央领导层多数人赞成，可以说是中共中央领导集体作出的决策，但由于毛泽东在这个问题上一开始就有保留意见，到反右派斗争运动快结束的时候，他认为反冒进给群众运动泼了冷水，挫伤干部群众快速建设社会主义的积极性，于是从中共八届三中全会开始，一再对反冒进进行批评，而原本主张反冒进的领导人只得再三作检讨。毛泽东批评反冒进实际上是对中央集体决策的否定，也在一定程度上破坏了党内的民主生活，助长了个人说了算的现象和个人崇拜的发展，这就使得领袖的个人意志代表了中央的集体决策，一些正确的意见很难反映到中央并被采纳。因此，当时纠"左"的程度取决于毛泽东对于"三面红旗"的认知态度，当毛泽东认为应当纠"左"的时候，于是全党上下进行纠"左"，而毛泽东认为应当"反右倾"的时候，于是全党又紧跟他开展"反右倾"了。

二、全党"反右倾"

（一）"反右倾"运动的展开

中共八届八中全会尚未结束，中共中央就于8月7日作出了《关于反对右倾思想的指示》，强调"现在右倾思想，已经成为工作中的主要危险"，并认为右倾思想、右倾情绪和右倾作风，如果不加以彻底的批判和克服，党的总路线的贯彻执行，各项事业的继续跃进，1959年生产指标和基本建设任务的完成，都是不可能的。因此，各级党组织"必须抓紧八、九两月，鼓足干劲，坚决反对右倾思想"，"反右倾，鼓干劲，现在是时候了。机不可失，时不再来"①。

这个指示刚刚发出，中共辽宁省委就在8月9日立即向中共中央报送了《关于执行〈中共中央关于反对右倾思想的指示〉的报告》。报告中说，接到中央关于开展反右倾思想的指示后，辽宁省委立即召开了两次常委会议，并立即向各级党委发出通知，要求组织学习，对消极思想和右倾情绪，加以检查和克服，使干部和群众鼓足干劲，掀起群众性的增产节约运动的新高潮。报告中还说，该省在年初和5月后落实生产计划的过程中，两度产生了使部分干部松劲情绪的右倾思想，经过斗争，工业生产局面又两度好转，"从这里可以看出：右倾松劲情绪抬头生产就要下降，鼓足了干劲生产就会上升；这个事实充分证明了气可鼓不

---

① 中共中央文献研究室编：《建国以来重要文献选编》第12册，中央文献出版社1997年版，第497页。

可泄的真理"。毛泽东对这份报告作了充分肯定，他批示道："看来各地都有右倾情绪、右倾思想、右倾活动存在着，增长着。有各种不同程度的情况。有的地方存在着右倾机会主义分子向党猖狂进攻的形势。必须按照具体情况，加以分析，把这种歪风邪气打下去。"

为了推动"反右倾"运动的开展，《人民日报》《红旗》杂志还发表了一系列的社论、评论。

9月1日，《人民日报》发表《"得不偿失"论可以休矣》的社论，对所谓"右倾机会主义分子"关于大炼钢铁的群众运动是"小资产阶级狂热性运动""得不偿失""有失无得"等言论进行批驳，说那些批评大炼钢铁不算经济账、不讲经济效益的人是"鼠目寸光"，只算眼前账，不算长远账。社论认为，大炼钢铁的群众运动是一次宏伟的革命运动，是为了摆脱一穷二白面貌而进行的一次伟大斗争，对"小高炉"在一个时期内给予补贴是值得的。

一个星期后，《红旗》杂志发表题为《驳"国民经济比例失调"的谬论》的社论，不顾客观事实，硬说1958年重工业的发展，基本上保证了基本建设高速增长的需要，同基本建设的扩大也是相适应的，"以钢为纲"不是挤掉了其他部门，而是带动了其他部门。国民收入中积累和消费的比例关系基本上是适应的。这篇社论正如彭德怀所说的："文章除了蒙蔽真相，造成假象，继续扩大'左'倾错误外，几乎没有其他参考价值，因为它与实际情况不相符合。"①

庐山会议后，"反右倾"的决议逐步传达到全党，并在全国范围内展开了一场大规模的"反右倾"运动。结果，使大批的敢

---

① 中国人民革命军事博物馆编：《彭德怀元帅丰碑永存》，上海人民出版社1985年版，第602页。

于讲真话，敢于反映真实情况，敢于对弄虚作假现象提出批评的干部，被定性为"右倾机会主义分子"，受到错误的批判和组织处分。

在农村，"反右倾"斗争主要是围绕巩固人民公社、开展整风整社进行的。庐山会议结束时，正值北戴河会议通过《中共中央关于在农村建立人民公社问题的决议》一周年。为此，8月29日出版的《人民日报》发表了《人民公社万岁》的社论，其中对人民公社充满赞美之词。社论认为，像人民公社化这样大规模的、迅速发展的群众运动，在获得伟大成就的同时，当然不可避免地也要发生一些缺点。但是，"值得惊奇的并不是发生了一些缺点；值得惊奇的是，缺点同成绩相比是如此之少，缺点的克服是如此之快"。经过第一次郑州会议、中共八届六中全会和1959年2月底到3月初召集的第二次郑州会议，从而使这一运动在初期出现的一些问题得到了透彻地解决。社论最后说："作为新生的社会组织的人民公社，已经经历了严重的考验，也积累了丰富的经验。任凭国内外敌对势力怎样咒骂和破坏，任凭党内右倾机会主义分子怎样指责和反对，任凭严重的自然灾害怎样袭击，人民公社都没有垮台，我们因此也有权利说，它将永不会垮台。"

当时，对于人民公社已经出现的问题，不是从人民公社的体制本身去找原因，而是用阶级斗争的思维去看待和分析农村的形势，片面认为存在一股反社会主义道路的逆流，存在着资本主义和社会主义两条道路的激烈斗争。1959年9月29日，中共农业部党组在《关于庐山会议以来农村形势的报告》中说："在五、六、七几个月内，农村中也有局部地方曾经出现一股右倾的歪风。"报告列举了"右倾歪风"的五种表现：一是改变"基本队所有制"，以生产小队为基本核算单位，或者名义上保持"基本队所有制"，而实际上把收入的50%以上归生产小队分配；二是包产到户，实际是恢复单干；三是利用"小私有""小自由"，变成"大私有""大自由"，甚至还有一个月只劳动几天的挂名社员；四是吹掉了部分供给制；五是吹掉公共食堂。① 10 月 15 日，中共中央批转了这个报告，并加按语说，上述表现"实际上是猖狂的反对社会主义道路的逆流"，要求各地把这些"反动的、丑恶的东西大量地揭露出来"，"彻底加以揭发和批判"②。

同年 11 月 3 日，中共河北省委作出《关于在农村开展两条道路的斗争进行社会主义教育运动的指示》，认为"农村中一部分富裕中农和干部当中的少数代表富裕中农利益的右倾机会主义分子"，"反对人民公社，反对供给制和公共食堂，反对大跃进，反对总路线和党的领导，并且根本反对社会主义"，他们"到处散布反动言论，污蔑大跃进是'吹牛'，说人民公社'办糟了'，说'供给制助长了懒汉'，说公共食堂这'吃不好，浪费粮食，不自由'，并且消极怠工，破坏生产，有的地方甚至把牲口分回到户，或者常年包工包产到户，无限量地大搞私有经济，削弱集体经济的发展，有的已经公共闹退社了"。这些情况说明，"目前农村中资本主义和社会主义两条道路的斗争还是非常尖锐的，这场斗争是十年来农村中资本主义和社会主义两条道路的继续，是一场很激烈很深刻的阶级斗争"。③

中共湖南省委农村工作部给湖南省委的《关于整社试点座谈会的报告》中也说，虽然公社化一年来，"农村的形势是极好的，

---

① 参见《当代中国农业合作化》编辑室：《建国以来农业合作化史料汇编》，中共党史出版社 1992 年版，第 573 页。

② 《当代中国农业合作化》编辑室：《建国以来农业合作化史料汇编》，中共党史出版社 1992 年版，第 572 页。

③ 《关于在农村开展两条道路的斗争进行社会主义教育运动的指示》，1959 年 11 月 3 日。

前途一片光明",但在这种大好形势面前,"以少数富裕中农为代表的右倾思想极为严重的人,向我们发动了猖狂的、恶毒的进攻"。如否定"大跃进"的成绩,说什么"共产党好吹牛皮,讲大话,年年喊增产,年年都减产,就是增了一点产,劳力、成本花得多,得不偿失,劳民伤财";认为公社化搞快了,搞糟了,搞穷了,说人民公社不如高级社,高级社不如初级社,主张把土地、耕牛、农具和粮食下放到户,把产量、产值包到户;说供给制出懒汉,不能发挥人的积极性,主张搞清一色的按劳分配,或者给困难户一点救济,吃亏吃在明处;把食堂说成是"死堂",主张拆散食堂,重建私灶;等等。因此,湖南省委农村工作部认为,在当时农村中开展一次"主要是解决农村社会主义和资本主义两条道路的思想斗争"的整社运动,"十分必要"。"这场斗争的胜利对于社会主义建设,对于继续组织大跃进,是关系极大的"。湖南省委农村工作部明确提出,此次整社运动在思想上,"要把少数有严重右倾思想的人的错误言行,进行彻底的揭露和批判,把它在群众中狠狠搞臭,使群众深刻地认识其危害性,划清资本主义思想和社会主义思想的界限,从而大大提高群众的思想觉悟,巩固农村中的社会主义思想阵地"。在政治上,要积极培养和扩大骨干力量,树立贫下中农在生产队和作业组中的绝对优势,把领导权紧紧地掌握在这些人手里。在组织上,要把公社、大队、生产队、作业组各级组织都健全和充实起来,改变目前某些组织机构不适应生产发展的情况。在制度上,要在总结1958 年经验的基础上,进一步贯彻"统一领导、分级管理"的制度,建立和健全生产管理、生活管理、财务和民主管理制度,以促进生产的更大发展和公社的日益巩固。①

---

① 参见《当代中国农业合作化》编辑室:《建国以来农业合作化史料汇编》,中共党史出版社 1992 年版,第 575—576 页。

按照这样的思路，湖南省委农村工作部首先在长沙、平江、浏阳、湘潭等 10 个地区各选择了一个人民公社，作为整社的试点单位。整社分为四步进行：第一步，发动干部、群众围绕"大跃进的巨大成绩、人民公社的巨大优越性"等，组织鸣放辩论（其实也就是批斗会）；第二步，抓住主要问题进行整改，如整顿公共食堂，贯彻计划用粮、节约用粮等；第三步，进行党、团组织建设，选举新的领导机构；第四步，制订 1960 年的生产计划和远景规划。这四步中，鸣放辩论是最重要的，"主要的锋芒要对准党内的右倾机会主义分子和富裕中农当中少数有严重资本主义言行的人"。

中共湖南省委很快批转了省委农村工作部的上述报告，并报送了中共中央，引起了中共中央的高度重视。1959 年 10 月 15 日，中共中央在转发湖南省委的报告中指出："在农村中如果不把一部分富裕中农反党反社会主义的猖狂进攻彻底粉碎，人民公社就不可能进一步巩固，农业的继续大跃进和贯彻执行党的总路线也是不可能的。"① 中共中央要求各省、自治区、市安排一个适当的时间，以两条道路的斗争和社会主义教育为纲，进行一次整社、整风运动。

按照中共中央的指示，全国农村相继展开了以"反右倾"为中心内容的整风、整社运动。以河北省保定市为例，1959 年 12 月，保定市委发出通知，要求在全市农村广泛深入地开展一次全民性的两条道路斗争和社会主义教育运动。随后，全市 5567 个生产队分两批开展整风、整社运动，第一批 2592 个生产队，第二批 2975 个生产队。运动开始后，全市组织有 2428 人参加的整风工作队进驻农村发动整风运动，并将公社各级干部集中学习，

---

① 《当代中国农业合作化》编辑室：《建国以来农业合作化史料汇编》，中共党史出版社 1992 年版，第 573 页。

同时进行检查、鸣放。然后组织群众批判犯有"严重富裕中农思想"错误的党员干部，批判的主要内容有包产到户、部分生产资料退还生产小队或农户、多留自留地或私自小片开荒、瞒产私分、不实行供给制或解散公共食堂等。全市农村被整风批判的重点对象有19346名，其中富裕中农12658名，党员干部5487名。接着对农村党支部进行分类排队，并重点整顿全市822个三类党支部，全市共调整支部书记、生产队队长以上干部8149名，新提拔干部8487名。保定的整风、整社运动从1959年12月开始，至1960年2月结束。在运动过程中，全市农村党员干部受到各种党纪处分的有480人，其中被开除党籍的85人，留党察看的74人，撤职的76人，严重警告的124人，警告的121人。① 庐山会议后在全国农村以整风、整社和社会主义教育名义开展的"反右倾"运动中，大批敢于坚持实事求是、对"共产风"、浮夸风进行过抵制的农村基层干部甚至普通社员，被戴上各种帽子或遭受错误批判和处分。

　　在党政机关，"反右倾"运动首先是传达、学习中共中央的文件和毛泽东的有关指示；然后是开展辩论，重点批判，向党交心、自我检查；最后是对所谓"问题严重"的人进行组织处理。例如，教育部参加整风运动的党员430人，被列为重点批判对象的有69人，占党员总数的16%。44个部、司局长级党员中，重点批判和重点帮助的有11人。教育部所属的人民教育出版社4个正副社长中，有3人被认为有问题，其中2人作为批判重点，1人作为重点帮助。文化部自中共中央1959年8月7日发出《关于反对右倾思想的指示》以来，至11月下旬，全部参加"反右倾"运动的党员有1124人，被确定为批判对象的有151人，占

---

　　① 焦显丽：《保定市反右倾斗争概述》，载《保定党史专题资料汇编》，中共保定市委党史研究室2002年编印。

党员总数的 13.4%，其中重点批判对象 67 人，大部分是科长以上干部。河北省在"反右倾"运动中，文教系统的厅局级干部中，被重点批判的有 3 人，占这级干部人数的 8%；科处级干部 159 人中，重点批判的有 26 人，占同级干部人数的 13%。从庐山会议结束到 1959 年 10 月底两个余月的时间里，湖北省宣传文教系统确定的重点批判对象，副处长以上有 45 人，其中文教系统参加运动的处长以上干部总数为 263 人，重点批判对象 21 人，占总数的 8%，副科级以上干部 715 人，重点批判对象 46 人，占总数的 6.4%。

在高等学校和科研单位，斗争的主要对象是"浸透了资产阶级世界观的党员专家"。说他们虽有党员称号，受到党内外信任，但比那些党外的旧资产阶级知识分子更能迷惑人，危害性也更大，因而有许多党员专家被认为以专家资格反对党的领导和群众路线，受到批判和处分。北京市 30 个高等学校统计，仅在两周半时间内就发现重点批判对象 165 人，占参加学习的 17 级以上干部 3165 人的 5.2%。其中党员常委以上的有 27 人，占这类干部 303 人的 8.9%；校、院长或正副书记 20 人，占这类干部 173 人的 11.6%；党委委员 46 人，占党委委员 658 人的 7%。北京大学参加"反右"整风的 17 级以上党员干部共有 284 人，其中确定为重点批判或重点帮助对象的有 46 人。在这 46 个重点帮助对象中，属于"以党内专家自傲"，"严重怀疑或反对党的教育方针的"计有 17 人，占重点对象的 37%。这 17 个人中，有 12 人是新中国成立后培养起来的，从职称上看，17 人中有教授、副教授 4 人，讲师、教员 8 人，老助教 5 人。

"反右倾"斗争开始之时，中共中央并没有制定划分"右倾机会主义分子"的统一标准，因而各地区、各部门自行其是，普遍发生了任意扩大打击对象的倾向。1959 年 11 月和 1960 年 1 月，中共中央分别下发和转发《关于划分右倾机会主义分子的标准和处理办法》《关于在反右整风运动和农村整党运动中对于犯错误的党员干部的处分面的通知》等文件，规定戴"右倾机会主义分子"帽子的人，应限制在国家供给的、脱产的党员干部的范围以内；划为"右倾机会主义分子"的人数，应限制在党员干部总人数的1%以下；农村正式党员中重点批判对象的人数，也应该严加控制，大体上不超过正式党员总数的1%，但在实际操作中，这些比例数往往被大大突破。

甘肃平凉地区庐山会议后到1959年12月底，全地区共排出重点批判对象17032名，占农村人口0.82%。在这些重点批判对象中，富裕中农占80.2%，地主富农成分者占4.8%。其中党员2346人，占批判对象的13.8%，占党员总数的5.05%；团员1100人，占批判对象的6.5%，占团员总数的2.5%；基层干部3142名，占批判对象的18.45%，占基层干部总数的5.8%。[1]

中共湖南省委于8月22日至9月15日召开有2000余人参加的省委扩大会议，揭发批判以原省委第一书周小舟为首的所谓"右倾机会主义反党宗派活动"。随后，"反右倾"整风运动在全省展开，整个运动至1960年3月才基本结束，全省县以上机关的8万多名党干部中，有4600多人受到重点打击，定为"右倾机会主义分子"的483人，定为"反党分子"的354人。在农村则开展整社、整党、整团结合的"反右倾"运动，农村80多万基层干部和1800万社员卷入运动之中，主要的方式是开展大辩论和大批判，重点揭批以富裕中农为代表的"资本主义倾向"及"右倾机会主义思想"。据全省66个县的统计，受到重点的批判

---

[1] 《关于全区整社运动中几个主要问题的报告》，1959年12月31日。

有 10.3 万人。①

四川省宜宾县在庐山会议后的"反右倾"运动中，第一批在 22 个公社中清理了 1884 名干部，重点批判了 131 人；第二批在 21 个公社重点揭发、批判了"右倾机会主义分子"和严重"资本主义言行"者 120 人。随后，全县召开县、区、社、大队、小队五级干部会议，与会的 2638 人中上千人受到批判，被撤职者 155 人。② 据 1960 年 2 月中共四川省泸州地委《关于开展反右倾斗争总结报告（初稿）》的统计，在庐山会议后的"反右倾"运动中，泸州地区公社正副书记以上干部被重点批判的共计 180 人，其中定为"右倾机会主义分子"的 45 人，定为"严重右倾"的 100 人，定为"反党分子""对敌右倾者""个人主义者""坏分子""阶级异己分子"等共 35 人。这些人中，受到警告处分的 5 人，严重警告的 14 人，撤职的 79 人，留党察看的 4 人，开除党籍的 6 人。同年 3 月，泸州地委在《关于农村社会主义教育运动的总结报告》中说，在庐山会议后的社会主义教育运动中，被批判的公社以下干部 16443 人，占干部总数的 17.9%；社员 14056 人，占农村总人口的 0.38%。"从反右倾斗争到现在，共撤职调整干部 13102 人（从区到生产队），占干部总数的 25.21%"，"落后地区的批判斗争面和干部调整面，一般较宽，干部批判面占 46%，群众中的批判面达农村总人口的 1.1%，撤职和调整的干部一般达到 40%。"③

----

① 参见禹舜主编：《当代湖南简史》，当代中国出版社 1997 年版，第 177 页。

② 参见杨超等主编：《当代四川简史》，当代中国出版社 1997 年版，第 123—124 页。

③ 《四川省农业合作经济史料》编辑组：《四川省农业合作经济史料》，四川科学技术出版社 1989 年版，第 496—497 页。

在江西，在运动中重点批判的干部 1720 人，占公社党委书记和县以上机关干部总数的 2.15%；其中被打成"右倾机会主义分子"187 人，"反党分子"106 人，"严重右倾思想"者 650 人，"严重资产阶级个人主义"者 673 人，其他 104 人。据 1960 年 2 月对 80 个县的统计，农村基层受到重点批判的生产队小队长以上党员干部 7494 人，全党员总数的 2.75%，另有一部分社员也受到批判。①

据 1962 年甄别平反时的统计，在整个"反右倾"斗争中，被列为重点批判对象和被划为"右倾机会主义分子"的干部党员共计三百几十万人。

（二）"大跃进"风潮再起

庐山会议前，中共中央曾对 1959 年的国民经济指标和基本建设规模作了适当的压缩。庐山会议虽然决定在全党范围大"反右倾"，但由于周恩来等人坚持"一边落实（即落实国民经济指标）、一边反右"的方针，并没有立即改变这年的计划指标。相反，一些主要的指标还有所降低。会后发表的公报中宣布，1959 年的钢、煤、粮、棉四大指标作如下调整：钢产量 1200 万吨，比 1958 年增加 50%（1958 年钢产量本为 1108 万吨，但其中有 308 万吨为小土群生产的实际上无法使用的土钢，所以 1959 年计算 1958 年的钢产量时只算 800 万吨）；煤产量 3.35 亿吨，增长 24%；粮食和棉花在核实 1958 年产量的基础上，各增加 10% 左右。这些指标，实际上比会前中共中央批准的国家计委党组《关于 1959 年主要物质分配和基本建设计划调整方案的报告》中提出的指标还要略低。

---

① 参见危仁晟主编：《当代中国的江西》，当代中国出版社 2002 年版，第 182 页。

　　根据中共八届八中全会的决定，周恩来于 8 月 26 日在二届全国人大常委会第五次会议上指出，由于 1958 年粮棉等农业生产数字核实的情况和 1959 年自然灾害严重的情况，需要对 1959 年的计划指标进行调整。周恩来提出的调整压缩后的 1959 年国民经济计划指标，除了确认上述四大指标外，其他工业品的产量指标也作了调整。工业总产值也由原定的 1650 亿元调整为 1470 亿元，基本建设投资总额由 270 亿元调整为 248 亿元，施工的限额以上项目由 1092 个调整为 788 个。这些指标虽然还是很高，但与原来相比毕竟要接近实际一些。

　　但是，伴随着全党"反右倾"运动的开展，在"反右倾、鼓干劲"的口号之下，人们的头脑再度发热起来。既然"右倾机会主义者"反对"大跃进"、反对高指标，既然 1959 年初和 5、6 月份的所谓"马鞍形"是"右倾思想作怪"造成的，既然中国国民经济中主要比例关系是"协调的、正常的"，那么，继续"大跃进"也就是必要的和可能的。"大跃进"就是高速度，高速度就是完成高指标。于是，庐山会议后不久，中共中央和各级领导机关经济工作的指导思想也就很快发生变化，不再是纠"左"和进行经济调整，而是如何实现新的、更大规模的跃进，并以此来回击"右倾机会主义分子"的"进攻"。

　　庐山会议刚结束，一些地方的高指标就重新提了出来。9 月 6 日，中共甘肃省委向毛泽东并中共中央报告说，该省工业交通战线在 1958 年"大跃进"的基础上，1959 年上半年仍然是跃进的形势，工业发展的速度仍然很高。但自从 6 月份以来，工业生产和交通运输均呈节节下降的趋势，形成了 1959 年跃进中的马鞍形，主要原因是由于在部分干部中滋长着一种新的右倾思想和松劲情绪。中央"反右倾"的指示下达后，工业系统通过批判右倾思想和对过去降低了的指标重新调整，对主要行业和产品，都提出了新的生产节约指标。

为了贯彻庐山会议"反右倾、鼓干劲"的精神，国家计委和建委在 9 月下旬提出，在今后几个月里，要新开工 230 个限额以上项目。这样，刚降下来的基本建设项目数量，又增加到 1000 个以上。11 月 22 日，计委和建委又确定 1959 年追加 13.6 亿元的基本建设投资。这些投资，加上原计划的 248 亿元和 1958 年结转投资 20 亿元，使基本建设投资又重新回到年初调整前确定的水平。

10 月 16 日至 29 日，全国工业生产、交通运输会议在北京举行。会议的中心议题是如何超额完成 1959 年的工业、交通运输计划，并为 1959 年一季度的生产做好准备工作。会议认为，6—7 月各地在计划落实中，降低了一些指标，减少了某些方面的生产，主要是由于"右倾机会主义分子"吹冷风，使人们泄了气、松了劲，因而出现了一个"小小的马鞍形"。因此，当前工交战线的任务，就是要把"右倾反透"，把干劲鼓足，使已经掀起的群众性增加节约运动高潮巩固下来，争取提前 10 ~ 15 天全面完成 1959 年工交生产计划。会议要求第四季度完成工业总产值 486 亿元，保证全年完成 1600 亿元，比 1958 年增长 37%；钢完成 470 万吨，保证全年产量比计划超过 50 万吨；生铁完成 730 万吨，保证全年产量比计划超过 200 万吨；煤完成 9700 万吨，保证全年产量比计划超过 1500 万吨。

1960 年 1 月 23 日，《人民日报》发表了《关于一九五九年国民经济发展情况的新闻公报》，其中说：根据国家统计局统计，1959 年工农业总产值达 2413 亿元，比 1958 年增长 31.1%。其中工业总产值达 1630 亿元，增长 39.3%；农业总产值 783 亿，增长 16.7%。工农业主要产品的产量，钢 1335 万吨，生铁 2050 万吨，原煤 34780 万吨，发电 415 亿度，原油 370 万吨，水泥 1227 万吨，原木 4120 万立方米，化肥 133.3 万吨，金属切削机床 7 万台，纸 213 万吨，糖 113 万吨，盐 1104 万吨，棉纱 825 万件，棉布 75 亿米，粮食 5401 亿斤，棉花 4820 万担。①

实际上，这些数字是有水分的。据后来核实，这年工农业总产值 1980 亿元，其中工业 1483 亿元，农业 497 亿元。粮食产量为 3400 亿斤，棉花为 3418 万担。经过"反右倾、鼓干劲"，1959 年虽然重工业取得了较大增长，但农业生产却大幅度下降。农业总产值实际上比 1958 年下降 13.6%；粮食减产 600 亿斤，下降 13.2%；生猪、黄麻、烤烟、油料、糖料等农产品比上年分别减产了 13%～22%。

1959 年粮食虽然大量减产，但国家征购任务不但未减反而增加了 14.7%，征购了 3400 亿斤粮中 1348 亿斤，占年产量的 39.6%。由于征粮过头了，农村留粮大为减少，农村人均粮食消费量由 1958 年的 402 斤下降到 366 斤，农民吃不饱的现象多处发生。这又必然影响到城市农副产品的供应，使得本已失调的国民经济结构更不合理。

由于对 1959 年的国民经济形势作了不符合实际的估计，在一片"反右倾"声浪中，经济发展中存在的严重问题被掩盖了，似乎中国真正是一片"大跃进"、大发展、欣欣向荣、一日千里的大好局面，来一个更大规模的跃进也就理所当然。

1960 年 1 月 1 日，《人民日报》发表《展望六十年代》的元旦社论。社论说："由于总路线、大跃进和人民公社的确定无疑的胜利，全中国的生活正在沸腾着。"中国人民"在鼓足干劲、力争上游、多快好省地建设社会主义的总路线鼓舞下，掌握了 1958 年和 1959 年的连续大跃进的经验……而且对于整个六十年代的连续跃进，也充满决心和信心"。社论再次提出，在新的 10 年间，要在主要工业产品的产量方面赶上或者超过英国，基本上

① 参见《第二个五年计划提前三年胜利完成》，《人民日报》1960年 1 月 23 日。

建立起完整的工业体系，基本上实现工业、农业和科学文化的现代化，从而把中国建设成为一个强大的社会主义国家。

第二天，《人民日报》又发表《开门红 满堂红 红到底》的社论。社论说：我们已经完满地实现了1959年"红到底"，现在正满怀信心地为1960年"开门红"而奋斗。我们努力的目标不但是开门红，而且还是满堂红、红到底。从全国范围来看，就是要各个企业、各个行业、各个地区今年第一季度的平均日产量，不低于或略高于去年第四季度的水平，建立和巩固生产不断地稳固上升的新常规，并且在这个基础上稳定上升，实现月月红、季季红；不但要做到产量红，而且同时做到质量、品种、成本和安全样样红，全面跃进，实现"满堂红"，而且"红到底"。

1960年1月7日至17日，中共中央政治局在上海召开扩大会议，确定1960年国民经济计划，讨论今后三年和八年的设想。

1960年国民经济计划在1959年第四季度就已经开始编制。这年10月下旬至11月上旬，国家计委召开全国计划会议。因为这次会议是在庐山会议确定的"反右倾、鼓干劲"的精神下召开的，各地区、各部门都相继要求增加投资，上新项目，计划一编制，盘子就定得很大。对于1960年计划，当时有两种方案，一种是一次性将计划订下来，按照钢产量2000万吨，粮食产量7000亿~7500亿斤来安排新的年度计划。另一种是分两步走订计划，第一步是按钢产量1800万吨，粮食产量6500亿斤来安排计划；第二步是考虑按钢产量1900万~2000万吨，粮食产量7000亿~7500亿斤订计划。按照毛泽东的意见，会议采取了"两步走"的方案。会议提出的1960年国民经济计划草案是：工农业总产值比1958年增加26%，其中工业总产值增加31%，农业总产值增加17%，钢产量达到1800万吨，煤产量达到4.25亿吨，粮食产量达到6500亿斤，棉花产量达到6000万担。这显然是一个难以实现的高指标。

中共中央政治局扩大会议在讨论这些指标时认为，1960年应该是继续"跃进"的一年，但对全国计划会议拟定的计划草案稍稍作了调整，确定钢1840万吨，增长33%；钢材1330万吨，增长36%；煤4.25亿吨，增长15%；水泥1600万吨，增长30%；粮食6000亿斤，增长11%；棉花5500万担，增长16%。会议同时确定了今后三年的目标：提前五年实现八届八中全会提出的十年赶上英国的口号；提前五年实现十二年农业发展纲要；提高五年实现12年科学规划纲要。今后八年的总任务是：以共产主义的雄心大志，尽可能地加快建设，保证工农业生产的不断跃进，基本实现中国工业、农业、科学文化和国防现代化，建立起全国的、独立完整的工业体系，使中国成为一个富强的社会主义强国。

这年3月底至4月上旬召开的二届全国人大二次会议上，通过了《1960年国民经济计划》。其中工交方面的具体指标是：重工业产值1270亿元，比1959年增长32%；生铁2750万吨，增长34%；钢1840万吨，增长38%；水泥1600万吨，增长30%；发电550亿~580亿度，增长30%~40%；煤炭4.25亿吨，增长22%；原油520万吨，增长速41%；发电设备330万千瓦，增长53%；金属切削机床9万台，增长29%；拖拉机将增产增两倍以上，机引农具、动力脱粒机将增产一倍半左右；铁路机车、货车和载重汽车等增产50%以上。为了保证这些指标的完成，并为今后跃进作准备，基本建设投资确定为325亿元（不包括地方和企业自筹的60亿元），比1959年增长21.7%。为了完成上述重工业指标，除了新建和扩建一批大型的钢铁企业、有色金属企业外，还要求各地兴建一批"小土群""小洋群"钢铁与有色金属企业。①

---

① 《关于一九六○年国民经济计划草案的报告》，《人民日报》1960年3月31日。

这样高的指标，本来就是不可能完成的，但当时许多部门还嫌不够高，在会议结束后不久，纷纷修改刚刚通过的指标。4月1日，中共中央批准了冶金部提出的钢产量三本账的计划，并批准铁道部、煤炭部和冶金部关于实现这个计划的联合报告。冶金部提出的第二本账的钢产量为2040万吨，第三本账为2200万吨；煤炭部提出煤产量争取4.62亿吨；铁道部提出货运量争取7.8亿~8亿吨，并修建1.2万公里的"土铁路"和"轻轨铁路"。

5月10日，中共国家计委、建委、经委党组向中共中央报送了《关于1960年工业生产、交通运输、基本建设计划第二本账的安排的报告》。三部委党组提出的第二本账的主要指标是：钢2040万吨，比原计划增加200万吨；生铁3000万吨，比原计划增加300万吨；煤炭4.62亿吨，比原计划增加3700万吨；铁路货运量7.6亿吨，比原计划增加4000万吨；工业总产值达2500亿元，比原计划增加380亿元，增长幅度由原计划的增长25.2%提高到增长47.6%；基本建设投资由325亿元增加到382亿元，限额以上建设项目增加83个，共达980多个。5月30日，中共中央批转了这个报告，并强调"这本账实际上是党内的第一本账，作为对内的确保完成和超额完成的计划"，要求各部门、各地方一律以此指标为准，安排和组织生产。①

实际上，赌气式地搞新的"大跃进"，并没有使工农业生产真正跃进。进入1960年后，国民经济的运行情况日趋不佳。以钢铁日产量为例，1959年第四季度为5.38万吨，1960年第一季度为4.98万吨，4月上旬为4.84万吨。此后更是连续下降。第二季度后，全国20种主要工业产品中有18种没有完成产量计

①　参见中央档案馆、中共中央文献研究室编：《中共中央文件选集（1949年10月—1966年5月）》第34册，人民出版社2013年版，第278页。

划，其中低于第一季度的有 11 种。

面对这种情况，本应及时调整不切实际的高指标，可是受"反右倾"的影响，谁也不愿当"右倾机会主义分子"，当"促退派""观潮派"，只能是硬着头皮顶住，采取以前的老办法，集中全力保钢，并采取群众运动的方式"大办钢铁""大办工业""大办粮食"。

1960 年 4 月 11 日至 24 日，中共中央在北京召开省、自治区、市党委工业书记会议，作了《关于当前工业交通战线上的十个问题》的会议纪要。纪要认为，第一季度以来钢产量上不去的原因，并不是钢本身的生产能力不足，主要是炼焦煤、矿石、生铁的供应不足，以及与此相关的运输存在薄弱环节。所以抓工业生产，就是要集中力量，大抓煤、铁、矿、运，以此为中心，大力保钢，带动其他。纪要同时提出，有计划地发展一批"小土群""小洋群"，不但对于超额完成 1960 年国家计划，是一项重要的措施，而且对于改善中国的工业布局，充分利用资源，加速工业建设，加速农业的技术改造，保证中国国民经济的持续"大跃进"，将发挥巨大的作用。这是一个具有重大战略意义的问题。大搞"小土群""小洋群"，必须以煤、铁为中心，以煤保铁，并且以交通为先行，使小煤窑、小铁矿、小高炉、小转炉、小铁路"五小成群"。在有条件的地方，也要搞小有色金属矿、小化工厂、小水泥厂、小电站、小农副产品加工厂等，使它们逐步成套。在运输方面，要水陆并重，使运输联结成网。在全国 2000个左右县、市中，当时已经发现有煤、铁资源的约占四分之三，其中建立起钢铁基点的只占三分之二。因此，要求在 1960 年内，全国所有有煤铁资源的县、市，都至少要搞起一个以煤铁为中心的"小土群""小洋群"基点。有条件的人民公社也要尽可能举办"小土群"的采煤、采矿、炼铁企业。县、市主要是搞"小洋群"企业；人民公社主要是搞"小土群"企业。有煤无铁，或者有铁无煤的地区，在可能条件下，也要通过相互定点供应的方式，建立起小型炼铁企业。尚未发现煤铁资源的地区，除加强地质勘探工作以外，在可能的条件下，应当和有煤铁资源的地区，协作举办小型炼铁企业。4月29日，中共中央批准了这个报告，要求各省、自治区、市党委，中央一级各部委、党组"遵照办理"。

5月3日，中共中央批转了华东协作区委员会关于大抓"小土群""小洋群"大力增产钢铁、煤炭的报告。华东协作区委员会在报告中提出，凡是有煤、铁资源的专区、县、市及少数人民公社都要建立"千吨铁、万吨煤"的"小土群""小洋群"。条件较好的，应积极向"五小"发展，建立小煤窑、小矿山、小高炉、小转炉、小铁路等互相适应的"小洋群"，在资源丰富、条件较好的地区，应积极多建。中共中央在批语中指出："发展小土群、小洋群，是多快好省地建设社会主义和实行工业合理布局的一项具有战略意义的方针，必须坚决地、长期地贯彻执行下去。各行各业的小土群、小洋群，特别是铁矿、煤矿、炼铁、炼钢的小土群、小洋群和与之相适应的小土、小洋铁路，必须根据可能条件，在今后每年有计划地上马一批。"①

5月16日，中共中央对冶金工业部党组《关于继续大办钢铁"小洋群"和"小洋群"升级问题的报告》作出指示："两年多的经验证明，钢铁工业以及其他行业的小洋群具有伟大的生命力，它对加速我国工业的发展和改善工业的地区分布，都有十分重要的战略意义。它打破了人们办工业的神秘观点，成为技术革命的开路先锋，同时也是支援农业的一个重要关键。"② 指示指

---

① 中央档案馆、中共中央文献研究室编：《中共中央文件选集（1949年10月—1966年5月）》第34册，人民出版社2013年版，第46页。

② 中共中央文献研究室编：《建国以来重要文献选编》第13册，中央文献出版社1996年版，第402页。

出：为了更好地执行"两条腿走路"的方针，在基本建设方面必须坚决贯彻大中小结合，中小为主，"小洋群"为主的方针。

1958 年"大跃进"在"以钢为纲"的过程中，各地土法上马，建立了一批小土高炉、小转炉，有的通过添置设备，改进工艺，变成了小型的、洋法生产的小型钢铁企业（"小洋群"中"洋"指的就是这类企业）并保留下来。在 1960 年再度"大跃进"时，为了完成钢铁生产指标，再次兴建了一批"小土群""小洋群"钢铁厂，以及与之配套的其他"小土群""小洋群"工厂。

据国家统计局 1960 年 5 月的统计，到 1959 年底，全国共有"小土群""小洋群"企业 31.4 万个，占当年全部工业企业 31.8 万个的 99%；"小土群""小洋群"企业共有职工 2082 万人，占全部工业职工 3009 万人的 69%。在全部"小土群"、"小洋群"企业中，属于人民公社工业企业的有 17 万个，属于城市手工业的有 5.1 万个，属于工业企业的有 9.3 万个。这些"小土群""小洋群"大多是 1958 年以后发展起来的。这年新建"小土群"工业企业 103.6 万个，占当年全部"小土群"企业 121.5 万个的 85%；新建企业职工共 1887 万人，占当年"小土群"企业全部职工 2489 万人的 76%。同年新建"小洋群"企业 3.7 万个，职工 240 万人。1959 年经过整顿合并之后，"小土群"企业减少为 25.1 万个，职工减到 1152 万人，"小洋群"企业 6.3 万个（其中新建企业 1.28 万个），职工增加到 930 万人。① 在 1960 年的新一轮"大跃进"中，"小土群""小洋群"又有了新的发展。1960 年 9 月 20 日，新华社在一篇报道中称，中国已初步形成一个大

① 参见中国社会科学院、中央档案馆编：《1958—1965 中华人民共和国经济档案资料选编——工业卷》，中国财政经济出版社 2011 年版，第 75—76 页。

中小相结合的钢铁工业网。这个工业网中，包括1400个大大小小的钢铁企业，3000个左右的小型土法生产钢铁单位。现在，全国各省、自治区，80%左右的专区，30%左右的县和一部分人民公社，都已经有了钢铁企业。

（三）人民公社的"穷过渡"

第二次郑州会议明确提出了人民公社要以生产大队为基本核算单位，并提出要考虑小队的部分所有制问题。庐山会议之后，随着"反右倾"运动的展开，不但使第一次郑州会议以来纠"左"的努力付诸东流，而且还主观地认为，1959年六七月间之所以出现生产下降和城乡人民生活困难，是"由于右倾保守、右倾活动，特别是右倾机会主义分子作怪"①。庐山会议后，"大跃进"狂潮再起，各种不切实际的高指标再度提出，人民公社的所有制问题再次被看成是向共产主义过渡的核心内容。

1959年底至1960年初，毛泽东在读苏联《政治经济学教科书》时，对人民公社的集体所有制向全民所有制、社会主义向共产主义两个过渡的问题，做了许多的思考。他认为，从资本主义过渡到共产主义有可能分成两个阶段：一是由资本主义到社会主义，这可以叫不发达的社会主义；二是由社会主义到共产主义，即比较不发达的社会主义到比较发达的社会主义也就是共产主义。后一阶段可能比前一阶段需要更长的时间。经过了后一阶段，物质产品、精神财富都大为丰富，人们的共产主义觉悟大大提高，在此基础上就可进到共产主义的高级阶段了。将社会主义划分为比较不发达和比较发达两个阶段，是毛泽东对社会主义发展阶段的一个有积极意义的思考。

---

① 《中共中央批转冶金部和煤炭部党组向中央报告的批语》，1959年10月12日。

毛泽东认为，从资本主义到共产主义是一个大过渡，这个大过渡中又包括两个小过渡：第一个过渡是由资本主义到生产资料私有制改造完成，这是不发达社会主义；第二个过渡是由不发达社会主义到发达社会主义的过渡，发达社会主义建成之日，也就是共产主义实现之时。正因为如此，在毛泽东看来，中国的第一个过渡已经完成，现在所面临的是实现第二个过渡。因此，必须从目前的基本队有制发展到基本社有制，再由公社的集体所有制发展到全民所有制，而由基本队有制过渡到基本社有制，就是现阶段必须着重考虑的问题。

毛泽东在《读苏联〈政治经济学教科书〉的谈话》中曾指出："人民公社由基本队有转变到基本社有的时候，在一部分人中间，会不会发生抵触现象，这个问题值得研究。我们将来实现这个转变的一个决定性的条件，是社有经济的收入占全社总收入的一半以上。在转变的时候，是队共社的产，而不是社共队的产。社员在这种'共产'以后，比在这种'共产'以前有利。这样，估计绝大多数人不会抵触。"[①] 在他看来，全国一旦实现了单一的全民所有制，就会大大地促进生产力的发展，这也就能为转变为单一的共产主义全民所有制创造条件。1959 年 12 月 22 日，中共中央办公厅编印的一份《情况简报》上，刊载了《东北三省已有少数公社、生产队过渡为全民所有制或基本社有制》《四川省顺江人民公社实行基本社有制的情况和向全民所有制过渡的三年规划》及《广西柳州地委提出从十个方面发展社有经济》等三篇材料，涉及的内容都是一些公社实行基本社有制或全民所有制后，社有经济及各项事业迅速发展的情况。毛泽东看了这几篇材料后，亲笔批示："此件极好。"

---

① 中共中央文献研究室编：《毛泽东年谱（1949—1976）》第 4 卷，中央文献出版社 2013 年版，第 267 页。

由此可见，毛泽东虽然提出了不发达的社会主义和发达的社会主义这样有价值的观点，但他关于两个过渡的认识中，由基本队有制过渡到基本社有制却是根本的一环。按照这样的指导思想，实现基本队有制向基本社有制过渡，就成为庐山会议后人民公社体制变革的一项重要内容。

1959 年 12 月，浙江、安徽、江苏和上海四省（市）就人民公社的过渡问题召开座谈会。会前，华东协作区委员会会议曾提出以分配给社员每人平均 200 元作为过渡的条件。座谈会认同了这个条件，并且认为，要达到每人分配到 200 元，人民公社的总产值每人平均应达到 600 ~ 800 元。1959 年，江苏全省人民公社平均每人预计 154 元，安徽为 188 元，上海为 325 元，要达到人均产值 600 ~ 800 元，需要提高不少。因此，会议提出："从基本队有过渡到基本社有，上海的条件较好，大约要三到五年的时间，其他各省大约要五年，或者更长一些时间才行。"会议同时提出："在一个公社来说，各个生产大队的发展情况也不可能是一样的，有的大队的过渡条件可能成熟得早一些，有些大队的过渡条件可能成熟得晚一些。条件成熟了不过渡，就会带来一系列的问题，影响生产发展；条件不成熟，勉强过渡，也不利于生产的发展。因此，一般公社的发展趋势，将是分批过渡，成熟一批过渡一批；有些公社，大队情况基本平衡，同时具备了过渡条件的，也可以一起过渡。"①

为了加速过渡，会议提出必须使农、牧、渔副业和社办工业有更大的"跃进"，必须十分注意扶持穷队发展生产，使穷队在短期内赶上富队，具体办法：一是仍将穷队作为基本核算单位，由国家和公社在基本建设、生产资金、生产资料、计划安排等方

---

① 《当代中国农业合作化》编辑室：《建国以来农业合作化史料汇编》，中共党史出版社 1992 年版，第 587 页。

面给予大力支持。二是把部分穷队转为公社直属队。同时，对生产小队的小部分所有制必须进行适当的控制，生产小队已开垦出来的荒地，收归生产大队，养猪要以公社和生产大队为主。在分配上，生产水平不很高和社员收入还没有赶上原来富裕中农收入水平的，实行按比例分配的办法，社员消费水平的增长应控制在5%～10%的范围内；生产水平较高，社员收入已超过原来富裕中农水平的，则应改变按比例分配的办法，推行固定劳动分值。

1960年1月，中共中央政治局在上海举行扩大会议，讨论了《关于1960年计划和今后三年、八年设想的口头汇报提纲》。三年设想的具体目标是：提前五年实现中共八届八中全会提出的十年赶上英国的目标；提前五年实现十二年农业发展纲要，大力搞农业，争取提前完成农业机械化"四年小解决"的任务，并为提前完成"十年大解决"的任务做好准备；提前五年实现十二年科学规划纲要。八年设想的总要求和基本任务是：以共产主义的雄心大志，尽可能地加快建设，保证工农业生产的不断"跃进"，基本实现中国工业、农业、科学文化和国防的四个现代化，建立起完整的工业体系，使中国成为一个富强的社会主义国家。同时，要基本上完成集体所有制到社会主义全民所有制的过渡，在分配中要逐步增加共产主义的、按需分配的因素。关于过渡问题，该汇报提纲提出，要分期分批地采取各种不同的形式，完成人民公社由基本上是生产队所有制到基本上为公社所有制的过渡，并且开始向全民所有制过渡；人民公社的收入分配要以工资制为主，采取工资制和供给制相结合的分配方式。1月26日，中共中央印发了这个汇报提纲。

庐山会议后，各省纷纷开展由基本队有制向基本社有制过渡的试点工作。

1959年12月，河北开始了过渡的试点。中共保定地委计划在全地区18个公社进行过渡试点。其中计划三个公社104个生产队全部向公社所有制过渡，15 个公社的 27 个生产队向国营农、牧、蔬菜场过渡，其余 25 个生产队亦向公社所有制过渡。到 1960 年 5 月初，已有安国县的祁州、徐水县的白洋淀两个公社及其他试点公社的 42 个生产队基本完成了过渡。① 此外，中共石家庄地委表示要在春季前把全区的 1088 个富队过渡为公社所有制。中共天津市农委打算在 1960 年把近郊的 12 个公社全部完成过渡。据河北各市（地）委农村工作部拟定的过渡计划，1959 年以前过渡为公社集体所有制的，有吴桥县的城关、邯郸市的伯延、唐山市的张庄子三个公社，过渡为全民所有制的有黄骅县的腾庄子、南大港两个公社。天津、邯郸、石家庄三个地区在 1963 年全部过渡完。承德地区在 1960 年地委试点，1961 年县委试点，1962 年大部过渡，1963 年基本过渡完，1964 年扫尾。② 同时，河北各地还开展了合并基本核算单位的工作，至 1960 年 3 月，全省合并基本核算单位 5312 个，占 40390 个核算单位的 13% 多；部分过渡的已有 1675 个队，占总数的 4.1%。③

　　1960 年 3 月初，中共山东省委农村工作部向山东省委报告说："到目前为止，各地提出并经省委批准的 30 个过渡试点已经有了 25 个全部过渡过来，所有过渡过来的社，都毫无例外的进一步调动了社员群众建设社会主义的积极性，有力地促进了生产建设高潮。"④

---

　　① 　参见《中共保定市委关于农村人民公社过渡试点问题向省委的报告》，1960 年 4 月 21 日。

　　② 　参见中共河北省委农村工作部：《关于农村人民公社过渡与并队情况的简报》，1960 年 1 月 22 日。

　　③ 　参见中共河北省委农村工作部：《关于农村人民公社过渡问题向省委和中央农村工作部的报告》，1960 年 3 月 19 日。

　　④ 　中共山东省委农村工作部：《关于人民公社由基本队有制向基本社有制过渡试点情况的报告》，1960 年 3 月 8 日。

1960 年上半年，湖南选择了攸县峦山公社、沅江县草尾公社、衡南县酃湖公社等 20 个公社作为过渡试点单位。中共湖南省委农村工作部在关于过渡试点问题给湖南省委的报告中说："由基本队有制过渡到基本社有制，是人民公社制度的进一步发展，是农村生产关系的又一次变革。这次变革，从广度上、深度上讲，都是比较大的。"由基本队有制过渡到基本社有制后，"社会化、集体化的程度大大提高了，它的性质更接近于全民所有制"，"基本社有制比基本队有制具有更大更多的优越性"[①]。

河南则选择了郑州市的北郊、古荥，淅川县的毛堂，遂平县的嵖岈山，新乡县的七里营等 20 个公社作为过渡试点。这些试点公社共有 215660 户，989704 人，共辖 552 个生产大队，3475 个生产队。至 1960 年 5 月，已有毛堂、古荥、北郊三个公社完成了向基本社有制的过渡。对于过渡的经济问题，河南规定：土地、牲口、大中型农具等为公社所有，但管理和使用权仍固定在原单位不变；大队的公积金归公社所有，统一使用，同时适当留给大队一部分，但动用时要经过公社批准；种子、饲料、口粮、化肥、办公用具等，仍留原单位使用，不得无偿调拨；大队欠国家的贷款，预购定金，社员工资、存款、投资等，由公社偿还，欠公社的各种款项注销，国家、社员欠大队的款项，由公社收回；公社实行统一分配，但要照顾差别；社员的房屋、衣物、家具、银行存款、小农具等，仍归社员所有；等等。[②]

中共山西省委提出，1960 年开始过渡试点，做到"三年小过渡，五年内大部过渡，八年全部完成过渡"。1960 年 1 月，山

---

① 《中共湖南省委批转省委农村部关于基本队有制过渡到基本社有制有关试点工作的报告》，1960 年 7 月 14 日。

② 参见中共河南省委农村工作部：《关于人民公社"过渡"试点工作情况的报告（草稿）》，1960 年 7 月 1 日。

西省委批准侯马的曲沃公社和新绛公社、运城的虞乡公社作为管理区（相当于生产大队）所有制向公社所有制过渡的试点单位。以后又陆续批准了长治的荫城、临汾的贾得、大同的平旺等 32 个公社作为过渡试点单位。

虽然庐山会议后在由基本队有制到基本社有制过渡的问题上，没有像实现人民公社化那样一哄而起，而是强调先要进行试点，但是，既然确定实现过渡的年限只有八年，当时不少干部自然产生了越早实现过渡越好的心理。山东省惠民县有的公社干部说："今年小合并，明年来个大合并，走到社有制。"曲阜县多数公社干部打算"秋后搞过渡"，认为"核算单位越大越好；并的大，单位少，干部多，好领导，好办事"。夏津县一个公社党委书记说："三级核算太麻烦，公社难领导，包产单位不听话，逐步过渡不如走近路好（按：意即一次过渡好）。"①

各省选择的试点单位，基本上都是从互助组、合作社到人民公社的红旗社，经济基础较好，干部群众的政治觉悟高。尽管如此，庐山会议后进行的由基本队有制向基本社有制的过渡，仍可谓是名副其实的"穷过渡"。例如，湖南过渡试点的攸县峦山公社，1959 年人均产值只有 200 元，每人平均分配仅 68 元；古丈县巨龙公社，1959 年人均产值为 118 元，人均分配 69 元；长沙市黄花公社，1959 年人均产值为 101 元，人均分配 42.1 元。② 据 1959 年全国 40 多万个基本核算单位的统计，年人均收入在 50 元以下的队占 26.94%，50 元至 79 元的队占 41.9%，80 元至 99 元

①　《山东省农业合作化史》编辑委员会编：《山东省农业合作化史料集》下册，山东人民出版社 1989 年版，第 362 页。

②　参见中共湖南省委农村工作部：《关于从基本队有制过渡到基本社有制有关试点工作的报告》，1960 年 7 月 7 日。

的队占 19.4%，100 元以上的队只占 11.69%。① 这种情况下，根本不具备搞所有制过渡的条件。

当时主观地认为实现基本社有制有无比的优越性，并且乐观地估计"多数党员和干部群众，特别是贫下中农，对于向基本社有制过渡，促进生产大跃进，有着迫切要求和思想准备"②。河南省孟津县横水公社还提出了大队所有制有"五不适应"：一是不适应大型水利建设的需要；二是不适应植树造林、绿化荒山的需要；三是不适应社办工业发展的需要；四是不适应农业机械化发展的需要；五是不适应小麦丰产、田园化建设的需要。因此，只有实现了从队有制向社有制的过渡，才能有利于生产的发展。河南省委在 1960 年 2 月召开的省、地、县、社、大队五级干部会议更是认为，公社所有制是"带动人民公社整个生产继续向前发展的核心力量和主要的物质基础，是代表着人民公社的伟大希望和伟大前途"③。中共山东省委农村工作部也认为，"由基本队有制过渡到基本社有制，是多数群众、多数单位的迫切要求，他们对过渡热烈拥护"④。

但实际上，广大干部群众对这种"穷过渡"是有疑虑的，中共山东省委农村工作部在给山东省委的报告中也承认，"有一部分干部和社员存在着思想顾虑，例如，一部分基本核算单位的干部怕过渡以后当不上干部了，一部分小队干部怕调他们的生产资

---

① 参见谭震林：《关于人民公社过渡问题和分配问题若干意见的报告》，1960 年 1 月 8 日。

② 中共河南省委农村工作部：《关于人民公社"过渡"试点工作情况的报告（草稿）》，1960 年 7 月 1 日。

③ 中共河南省委党史研究室编：《河南农村经济体制变革史》，中共党史出版社 2000 年版，第 137 页。

④ 中共山东省委农村工作部：《关于人民公社由基本队有制向基本社有制过渡试点情况的报告》，1960 年 3 月 8 日。

料，一部分社员怕过渡以后不按劳分配，一部分富队怕重复'一平二调'"①。

但是，由于即使是挑选出来的过渡试点单位，基层干部和群众既没有过渡的愿望，也没有过渡的经济条件，加之当时提出可以过渡的一条重要杠杠，就是社有经济至少要占50%上，为此必须大办县社工业、大办水利、大办交通、大办养猪场等一系列的"大办"。人民公社成立仅一年多的时间，并没有多少进行这些"大办"的物质条件，各种"大办"一齐上，就只得一切都向生产队"平调"。要实现过渡，还必须使穷队赶上富队，于是在农业贷款、抽取公积金等方面一味地照顾穷队，并且无偿地调拨富队的生产资料、劳动力和资金支援穷队。

队稍高的中等队，合并为一个或几个核算单位，由公社直接负责经营管理的办法，这样做，便于公社以更大的力量支援穷队迅速发展生产。② 这种做法，实际上是让穷队去"共"富队的"产"。于是，在庐山会议后基本队有制向基本社有制过渡和各种"大办"中，"共产风"再度盛行起来。

湖南省衡山县沙泉公社规划在两年内过渡到基本社有制，一声令下，勒令泉水生产队90多户全部搬走，占用房屋200多间，田地400多亩，农具、家具数十件，成立所谓的"农场"。这个公社刮"共产风"真是名目繁多。大体有如下十种：一是下命令、下通知。1960年公社盖礼堂，命令全社每人送砖4块，共4万块，调用劳力3000多个，木材500多根。二是蛮搞蛮要，强行占用。公社为办招待所、卫生院、供销部，命令沙泉镇20多户

① 中共山东省委农村工作部：《关于人民公社由基本队有制向基本社有制过渡试点情况的报告》，1960年3月8日。

② 谭震林：《关于人民公社过渡问题和分配问题若干意见的报告》，1960年1月8日。

人家搬走，还挤走了一个作业组。三是合营为名，吞并为实。该社所属的山田大队在 1958 年办了一个陶瓷厂，水口大队办了一个伞厂，1959 年社队合营，1960 年即被收归公社了。四是"刘备借荆州，有借无还"。公社所办的许多事业单位，其房子、家具、机器，很多说是向大队借，结果，坏了的不赔，用了的不给租金，还存在的也不承认生产大队的所有权。五是借口发展社有经济，大搞平调。公社办饲养场，就无偿调了各生产队的生猪 50 头。六是利用现场会，无偿拿东西。湖南省、地、县三级商业系统在衡山召开支援农业现场会，衡山县为此盖了一栋服务大楼，拆改房屋达 110 间，花费劳力 8000 个。七是组织协作，抽调劳力，取消等价交换。单沙泉公社就抽调了七万多个劳动日。八是捐献为名，搜刮财物。连学校也刮起了"共产风"，有一个小学就"刮"了学生 700 多个鸡蛋。九是公款还账，层层扣留。衡山县扣留修筑京广铁路复线民工工资 44740 元，有个公社则扣留了生产队钢铁补助款 9000 元。十是非法搜查，没收东西。这个公社将外地回来的社员扣住搜查，没收现款 600 多元。为此，群众气愤地说："公社要大鱼，大队要小鱼，生产队要虾米，小鱼、虾米一齐要。""除了堂客（按：湖南方言，女人、妻子之意），什么都刮。"[1]

据山西省六级干部会议的估计，全省搞"一平二调"的公社约占 15%，有 70% 的公社在制定发展社营经济计划时，有"一平二调"的打算。"一平二调"的方法，一是无偿抽调；二是低价收买，不等价交换；三是不付现金，有价无款；四是摊派发展社办经济基金；五是随意占用管理区的土地；六是随意抽调管理区的劳动力。稷山县里望公社 1960 年春季搞发展社办经济"开

---

[1] 湖南省委衡山重点县工作队：《衡山县沙泉公社整风、整社的情况（第三次报告）》，1960 年 12 月。

门红",要各管理区敲锣打鼓把所有好马、来亨鸡、咖啡兔、大母猪一律送交公社。还要求调一带四,如调一口猪带一个喂猪盆,一个猪圈门扇,700斤谷糠,200斤麦秸,有的管理区的马蹄表也被调走了。①

虽然各地在基本队有制向基本社有制过渡的试点中,都允许社员可以保留自留地,可以饲养一定数量的家禽,但实际上这些政策都没有兑现。用湖南省耒阳县双桥公社社员的话说:"不要说五厘自留地,就是五棵庄稼也都拿走了。"其他的诸如评工记分、"三包一奖",也形同虚设。②

(四) 严重的经济困难

1958年以来的两度"大跃进",其主观愿望无疑在于迅速改变中国贫穷落后面貌,以比较快的经济发展速度赶上并超过主要的发达资本主义国家,在两种社会制度的对比中显示出社会主义的优势,把中国建成一个强大的社会主义国家并尽早实现人类美好的共产主义理想。但是,由于它在强调人的主观能动性的同时,忽视和违背了客观规律,采取群众运动的方式向自然界开战,在明知不可能的情况下,不能实事求是地面对现实,硬着头皮去完成毫无意义的高指标。结果,欲速则不达,给中国经济社会发展带来了灾难性的后果。

1960年的"大跃进"实际上带有很大的赌气性质,因为"右倾保守分子""非难人民公社,非难大办钢铁,非难大跃进,

---

① 参见中共中央文献研究室编:《建国以来重要文献选编》第13册,中央文献出版社1996年版,第242页。

② 参见苏钢:《关于耒阳整风、整社问题的报告》,1960年11月30日。

企图动摇总路线，散布悲观情绪"。① 因此，有必要用事实证明总路线是正确的，"大跃进"是可以实现的，人民公社是有无限优越性的。于是，不顾国民经济已经遇到严重困难的客观事实，再次提出超越生产能力的高指标，发动新一轮的"大跃进"。如果说，1958 年的"大跃进"，是人民群众带着迅速建设一个强大的新中国的美好愿望，而自觉自愿地投入到运动中的话，那么，1960 年的"大跃进"，则在很大程度上是在"反右倾"的政治压力之下而展开的。以高指标为特征的"大跃进"，实际上是以钢为中心的重工业的片面冒进。某一工业部门在一定时期一定条件下，有一个比较高的发展速度也是可能的。但这种高速度，一则不可能持久，二则是要以牺牲其他部门经济的发展为代价，而后者又直接影响到前者，其结果只会是由单兵冒进变成全军受挫，全面受困。

要实现高指标，但当时生产力水平和科学技术条件下，就只能是一方面新建和扩建企业，另一方面直接加大现有企业的生产任务。这两方面都必须大规模增加劳动力。1958 年和 1960 年两度"大跃进"的后果之一，就是职工人数和城镇人口猛增，三年时间全国职工人数翻了一番。职工人数的增加，工资水平也相对增加，使国家支出也就迅速增加，但财政收入却没有相应增加，出现严重的财政赤字，为此只能靠多发票子来弥补。到 1961 年，全国市场货币量比 1957 年增加了一倍，但同期的工农业总产值却只增加了 14.7%，市场货币流通大大超过了商品流通的正常需要。社会购买力同商品可供应量的差额，1960 年高达 74.8 亿元。虽然当时职工的工资水平很低，但由于职工人数增多，工资总额还是大幅上涨，市场上过多的货币没有相应的物质供应来实现回

---

① 中共中央文献研究室编：《建国以来重要文献文献选编》第 12 册，中央文献出版社 1997 年版，第 497 页。

笼，导致物价上涨。上年物价总指数为 100，1958 年指数为 100.2，1959 年为 100.8，1960 年为 104.5，1961 年为 122.0。物价上涨，必须导致人民生活水平降低。

职工队伍的急剧膨胀，就相应减少了用于农业生产的劳动力，影响农业生产。1957 年全国用于农业生产第一线的劳动力约为 1.53 亿人，1960 年减少到 1.35 亿人，"大跃进"以来的三年间共减少了 1800 万人。可同期职工人数和城市人口的大幅度增长，使城镇商品粮的供应大量增加。

然而，当时的农村形势也极不乐观。1959 年至 1961 年，中国农业连年遭受大面积的自然灾害。所谓"三年暂时困难"固然主要是"人祸"造成的，但也不能排除天灾的因素。有人撰文说，1959 年至 1961 年是中国历史上少有的风调雨顺的年份，根本谈不上有什么自然灾害。这是难以站得住脚的。中国是一个自然灾害发生较为频繁的国家，真正风调雨顺的年份并不多。以"三年暂时困难"时期的 1960 年为例，据这年 12 月 29 日的新华社报道，全年农作物受灾面积达 9 亿亩，占耕地面积的一半以上，其中 3 亿～4 亿亩农田遭受重灾，部分农田没有收成。这年受旱灾农田 6 亿亩，受台风和洪涝灾害的有 22 个省区，此外还有许多省份发生了严重的病虫灾。虽然在"大跃进"时宣传报道的确有失实的地方，但 1960 年下半年后这种情况有了很大改变，上述这则报道的内容应该还是可信的。

中国是一个各种自然灾害频繁的国家，几乎年年都会发生自然灾害，只是受灾的面积和程度有所区别而已。在 1958 年至 1962 年的五年中，1958 年、1959 年和 1962 年属于比较正常的年份，但受灾面积均超过了总播种面积的 20%。1960 年的受灾面积为总播种面积的 35.5%。1961 年的受灾面积更是达到了总播种面积的 37.4%。1960 年和 1961 年全国受灾面积均超过总播种面积的 35%，其中成灾面积分别为总播种面积的 18.78% 和

21.97％，这是 1949 年以来受灾面积和成灾面积最大的两年。应当说 1959 年至 1961 年连续三年遭受较大面积的自然灾害，是造成这几年粮食总产量下降的一个重要原因。

表一　1958 年至 1962 年的农业自然灾害情况（单位为万亩）①

年份	受灾总面积	其中				成灾总面积
		水灾	旱灾	风灾	霜灾	
1958	46444	6419	33541	2845	3639	11732
1959	62198	7219	50710	2896	1373	20682
1960	80384	15232	57197	5884	2071	34495
1961	80346	13307	56770	6667	3602	40038
1962	52050	14715	31212	3562	2561	25008

正如刘少奇在调整国民经济的过程中一再所说的，这几年严重困难，与"人祸"相比，天灾自然不是最主要的因素。这个"人祸"主要是"大跃进"和人民公社化运动。"以钢为纲"的"大跃进"，导致国民经济比例严重失调。在工业与农业的比例关系上，由于"大办工业"，从中央到人民公社一级上马大批的工矿企业，大量的农村青壮年劳动力被抽调去从事钢铁或其他工业生产，农业生产连年下降；在工业内部，"以钢为纲"不但使与之相配套的一些重工业部门不堪重负，而且还严重冲击和挤占了轻工业。

除了自然灾害和劳动力减少对农业生产的影响外，更重要的是人民公社化以来"共产风"、浮夸风、生产瞎指挥风、强迫命令风和干部特殊化风等"左"倾错误，给农业生产的发展带来了严重危害。在所有制上刮"共产风"和分配上搞平均主义"大锅

---

① 农业部计划司编：《中国农村经济统计大全（1949—1986）》，农业出版社 1989 年版，第 354—355 页。

饭"，严重挫伤了农民生产积极性。人民公社化以来，粮食和其他主要农产品产量连年下降。1958 年，全国粮食产量为 4000 亿斤；1959 年为 3400 亿斤，1960 年为 2875 亿斤。棉花产量：1958 年 196.9 万吨，1959 年 170.9 万吨，1960 年为 106.3 万吨。1960 年油料作物 3405 万担，比 1957 年的 7542 万担减少一半以上；生猪年底存栏数 8227 万头，比 1957 年的 14590 万头减少 56%。这些农牧业产品的产量，大都退到了 1951 年的水平，油料作物的产量还不及 1951 年的一半。

为了保证城镇居民的最低商品粮供应，不得不加大对农民粮食的征购量，实行高征购。1958 年到 1960 年的三年间，每年粮食征购量都在 1000 亿斤以上。这三年粮食征购量及与粮食总产量的比重分别是：1958 年征购 1175 亿斤，占 29.4%；1959 年 1348 亿斤，占 39.7%；1960 年 1021 亿斤，占 35.6%。过高的粮食征购量，是以降低农民口粮为代价的。为了保证城镇居民的最低粮食需要，不得不从农民口中挤出粮食。按人口平均计算，全国农村拥有粮食消费量，1957 年为 409 斤，1959 年为 366 斤，1960 年为 264 斤。过低的口粮，加之没有自留地和家庭副业来弥补口粮的不足，农民又要在公共食堂吃"大锅饭"，致使农村发生大面积的饥荒。

据河北省 3.5 万多个生产队 1960 年 4 月的统计，社员平均吃粮水平达到 1 斤（以 16 两为 1 斤，下同）以上的，有 7759 个，占 21.7%；12 两以上 1 斤以下的，有 21292 个队，占 59.6%；半斤以上 12 两以下的有 5316 个队，占 14.9%；不到半斤的有 1346 个，占 3.8%；最少的只吃 3.4 两。① 这个 3.4 两是什么概念，相当于今天的 2.5 至 3 两。

---

① 中共河北省委农村工作部：《关于农村人民公社生活安排情况的报告》，1960 年 4 月 29 日。

到 1960 年冬，河北农村的吃粮标准被进一步降低。这年 11 月，宣化市农村人均每天粮食消费只有 5.4 两。其中，3 ~ 4 两的有 109 个食堂 22565 人，4 ~ 5 两的有 805 个食堂 139316 人，5 ~ 6 两的有 286 个食堂 61780 人。徐水县老河头公社（今属安新县）截至 1960 年 11 月 17 日前，全社的 132 个食堂中，吃 5 两的共有 76 个食堂，6 两的 31 个食堂，6 两以上的 25 个食堂。全公社存粮仅有 2467333 斤，这点粮食就是全社至 1961 年 6 月夏收前的口粮。按此计算，到 1961 年 6 月底，每人每天平均只有 3.2 两粮。其中 1 两以下的有 6 个队，1 两至 2 两的有 13 个队，2 两至 3 两的有 6 个队，3 两至 4 两的有 11 个队，4 两至 5 两的有 5 个队，5 两至 6 两的有 1 个队，6 两至 7 两的有 3 个队，7 两以上的有两个队。

粮食的极度匮乏，营养的不足，加上劳累过度，致使第二次大办公共食堂不久，全国农村出现了严重人口外逃、浮肿病和非正常死亡。山东即墨县七级公社湍湾大队从 1960 年 1 月至 5 月，共死亡 159 人，占总人口的 5.19%；外流 200 人，占总人口的 6.25%；浮肿病 380 人，占总人口的 12.3%；牲畜死亡 86 头，占 42%。在得浮肿病的人员中，属病理性浮肿的 17 人，占发病人数的 4.5%；属营养性浮肿的 363 人，占 95.5%。在死亡的 159 人中，除了因疾病死亡者外，多数是因为浮肿，或因浮肿引发其他疾病，或生活困难家庭不和，或家人侵占本人粮食自己外出讨饭饿死等。[①] 河南省信阳地区是全国最早实现人民公社化的地方之一，风光一时的嵖岈山卫星人民公社就在信阳下辖的遂平县境内（遂平今属驻马店市）。信阳也是"三年困难时期"情况最为严重的地区之一。由于天灾加上严重的人祸，信阳的生产连

[①] 参见《山东省农业合作化史》编辑委员会：《山东省农业合作化史料集》上册，山东人民出版社 1989 年版，第 388—340 页。

年下滑，粮食大幅度减产。1959 年 6 月至 1960 年 6 月，遂平县嵖岈山卫星人民公社就饿死 2762 人，打死 398 人，逼死 148 人，冻死 105 人，其他原因死亡 192 人；1960 年 6 月至 1961 年 1 月，死亡 282 人。从 1959 年 6 月至 1961 年 1 月一年多的时间里，这个公社共死亡 4887 人，占总人口 40929 人的 12%。① 据《当代中国的安徽》一书所载：1957 年底，安徽全省农村人口为 3064 万，到 1960 年底，只有 2557 万，减少了 487 万。农村人口的下降，有正常死亡的，有外流进城做工或逃荒外地的，有出生率下降造成的，亦与一些地方出现非正常死亡有很大的关系。

尽管中国农民作出如此大的牺牲，但并没有换来城市居民生活的改善。相反，1958 年以来，城市居民的生活水平也连年下降，粮食供应日益紧张。1960 年全国粮食产量为 2870 亿斤，比上年减少 530 亿斤，减少 15.6%，虽然征购量高达 35.6%，但当年销售却大于库存 620 万吨，国家库存粮食比 1957 年减少了 1180 万吨，按人均每年需要粮食 250 公斤计算，这年国家大约差 2400 万人的粮食。1960 年以后，交通沿线的国家粮食库存越挖越空。1960 年 6 月上旬，中共粮食部党组向中共中央报告说，京、津、沪和辽宁的大工业城市的粮食库存非常薄弱。北京只够销 7 天；天津只够销 10 天，上海已经没有库存，只能靠外贸部门的出口大米过日子；辽宁 10 个主要城市只够销八九天。1960 年 9 月底全国 82 个大中城市的库存粮食，比上年同期减少了近一半，还不到正常库存的 1/3。

面对如此严重的粮食危机，为了稳定市场，防止粮食脱销，粮食部门可谓想尽了办法。辽宁的大中城市采取各粮站排开轮流卖粮的办法，居民每次只能凭证购买 3 天至 5 天的口粮定量。北

---

① 贾艳敏：《大跃进时期乡村政治的典型——河南嵖岈山卫星人民公社研究》，知识产权出版社 2006 年版，第 231 页。

京天天在各粮店之间平衡粮食余缺，并派出大批干部到各地摧购粮食，一旦看到发粮车装车，立即给北京打电话预告粮食到达日期，以便提前安排。上海安排大量汽车在车站、码头等候，一旦粮食到达，立即运到粮店。当时粮食的紧张情况可想而知。①

城市蔬菜供应也严重不足。以河北省为例，1961 年 9 月，城市居民日蔬菜消费量，石家庄、邯郸 1 斤左右，其他各城市半斤左右，唐山只能吃到 1 两至 3 两。许多城市干鲜水果基本上没有供应，其他副食品也是根本没有或者数量很少。

当然，供应紧张的不仅仅是粮食，食油、肉类、禽、蛋等副食品的供应更为紧张。1960 年，城市居民的消费水平比 1959 年下降了 13.6%；人均主要食品消费量与上年相比，粮食下降了 12.3%；食油由 4.5 斤下降到 3.7 斤，下降 18%；猪肉由 6 斤下降到 3.1 斤，下降了 48%。供应情况较好的北京，1960 年 4 月 15 日，猪、牛羊肉全部库存只有 361 万斤，看起来这个数字不小，但北京当时有 400 多万人口，库存还不到人均 1 斤。到 1961 年，情况更为严重，1 月至 4 月北京实际购进肉食 783 万斤，比 1960 年同期下降了 58.4%，4 月末的库存 150 万斤，与 1960 年同期下降了 62.9%，已无法保证市民每人每月 4 两肉的供应，发给居民的肉票无法兑现。由于后续货源无望，从 1961 年 6 月至 1962 年 2 月，北京不得不停发居民肉票。1961 年，全国八大城市的猪羊牛肉消费水平是：重庆每人每年 5 斤为最高；上海 3.6 斤；北京、武汉两斤；天津、广州 1.7 斤；西安 1.3 斤；沈阳 0.6 斤。鸡蛋：天津、广州、沈阳基本无货供应；武汉最高每人每年半斤；其他城市每人每年不足半斤。

由于片面地"以钢为纲"优先发展重工业，不但工农业比例

---

① 参见赵发生主编：《当代中国的粮食工作》，中国社会科学出版社 1988 年版，第 107 页。

严重失调，工业各部门间的比例失调也很严重。由于轻工业要为"钢铁元帅"停车让路，加之农业为轻工业提供的原料减少，致使 1960 年棉纱、棉布、卷烟、糖的产量都要低于 1958 年，其他轻工业产品产量也都不同程度下降，造成市场商品极度匮乏。以沈阳市为例，1960 年同 1956 年相比，20 种主副食品的个人消费水平，有 15 种下降。1960 年 3 月供应居民的副食品只剩下"七大件"：3 两油，1 斤咸白菜，15 块豆腐，1 斤酱油，半斤酱，二两醋和食盐。在用的方面，据沈阳市的典型调查，5 户居民中有 1 户缺铁锅，7 户中有 1 户缺苇席，有的居民没有锅就用面盆烧饭。当时，严重供应不足的日用品有铁锅、灯泡、饭碗、菜刀、笼屉、各种瓦盆、铝锅、饭勺、剪刀、锁、镜子、电池、自行车零件、水桶、木梳、苇席、橡皮、扫把等几十种。

　　1960 年前后，由于粮食和副食品供应短缺，相当多的城乡居民出现了营养不良甚至浮肿。1961 年 1 月 20 日中共卫生部党组在给中共中央的报告中说："一九六〇年以来，由于灾情严重，浮肿病由过去的局部地区逐渐发展到较多地区，从乡村发展到城市，从老弱发展到青壮年。目前除西藏未有报告外，二十七个省、自治区、市均有发生。目前黑龙江、吉林、内蒙古、上海等省、市发病人数较少，河南、山东、甘肃等省甚为严重。发病情况虽有少数地区趋于稳定或稍有下降，但多数地区仍在继续上升。现有病人中，整、半劳动力约占半数以上，并有百分之十—二十左右的病人已由浮肿转成干瘦，如救治工作不能很快跟上，则容易造成死亡。"①

　　1959 年至 1961 年三年间，中国人口出生率大幅度下降，死

---

　　①　中央档案馆、中共中央文献研究室编：《中共中央文件选集（1949 年 10 月—1966 年 5 月）》第 36 册，人民出版社 2013 年版，第 199—200 页。

亡率大为上升，人口自然增长率甚至出现了负增长。1958 年中国的出生率为 29.22‰，1959 年为 24.78‰，1960 年为 20.86‰，1961 年为 18.02‰，呈连年下降的趋势。死亡率则相反，1958 年为 11.98‰，1959 年为 14.59‰，1960 年为 25.43‰，1961 年经济调整后有所改变，下降为 14.24‰。1958 年中国人口自然增长率为 17.24‰，1959 年降为 10.19‰，1960 年更是降为 –4.57‰，1961 年有了好转，为 3.78‰。

1960 年前后严重困难局面出现后，以前一向为人们所称道的社会风气也大受影响，社会上偷盗抢劫现象明显增多，青少年犯罪大幅度上升，新中国成立后基本绝迹的暗娼土妓也在一些大中城市重新出现，社会治安明显不如"大跃进"之前。

三年的"大跃进"运动，背离了经济发展的客观规律，给中国经济和社会生活带来了极其严重的恶果。在农业生产力水平相当低下和人民生活远未实现温饱的情况下，短短几个月内就在全国农村建立人民公社，超越了中国社会主义初级阶段。生产的高指标和建设的大规模，大大超过了中国的财力、物力，特别是超过了中国农业这个基础的承担能力。片面推行"以钢为纲"和"以粮为纲"的方针，破坏了国民经济各部门的比例关系，造成国民经济比例的严重失调。浮夸风和高指标风的压力，导致农业高产的虚幻景象，对农业的高估产又带来高征购，给农民造成更大压力，加之"大办钢铁"和"大办水利"运动，夜以继日，加班加点，劳逸不当，营养不良，使广大群众特别是农民群众体质下降，以至人口的非正常死亡大大增加。当时发动"大跃进"运动的初衷，原本希望快一些让人民群众过上较好的日子，结果却事与愿违，出现这样极其令人痛心的事实。

第六章　调整、巩固、充实、提高

要使国民经济摆脱困境，就必须下大力气进行调整。1960 年 9 月 30 日，中共中央批转了中共国家计委党组《关于 1961 年国民经济计划控制数字的报告》，该报告第一次完整地提出了"调整、巩固、充实、提高"八个字，并将之作为调整国民经济的重要指导思想。1960 年 11 月，中共中央发出《中共中央关于农村人民公社当前政策问题的紧急指示信》（简称"十二条"），1961 年 1 月，中共八届九中全会批准对国民经济实行"八字方针"，标志着国民经济正式进入调整阶段。在调整国民经济的过程中，通过广泛深入的调查研究，相继制定出"农业六十条""工业七十条""高校六十条""文艺八条"等一系列的工作条例，对许多重大问题明确了政策规定，并且在调整国民经济的同时开展了政治关系的调整。经过全国人民的艰苦奋斗，中国终于战胜了严重的经济困难，从"三年暂时困难"的阴影中走了出来。

一、调整国民经济的"八字方针"

（一）"八字方针"的提出

1958 年和 1960 年的两度"大跃进"，本意都是希望中国经济有一个超常规的、跨越式的发展，加速建成社会主义的进程。可是，事与愿违，它不但没有给中国的经济发展带来"大跃进"，反而是一个名副其实的大后退，它使中国的经济发展倒退了好几年，许多重要经济指标一直到 1965 年才恢复到 1957 年的水平。

严峻的形势，迫使人们去探求中国经济摆脱目前困境的出路，也促使全党上下不得不对"大跃进"以来的经验与教训进行认真的反思。

1960 年 6 月，中共中央政治局在上海召开扩大会议，主要讨论国际形势和第二个五年计划后三年（1960—1962）的补充计划问题。毛泽东在会议开幕时指出：建设时间还太短，认识不足，要经常总结。不要忌讳中国犯的错误，只有抓紧总结，使中国的认识更加全面一点，才能及时指导。他还要求各省、市、自治区在公布数字的时候，总是要少一点。要做得多一点，说得少一点。

会议最后一天，毛泽东写了《十年总结》一文，认为会议规定的"二五"计划后三年指标，仍然存在一个极大的危险，就是对于留余地，对于藏一手，对于实际可能性还要打一个大大的折扣，当事人还不懂得。他承认"大跃进"和人民公社化运动乱子出得不少，一段时间内思想方法不对头，忘记了实事求是的原则，有一些片面思想（形而上学思想）。他还强调指出："自由是必然的认识和世界的改造。由必然王国到自由王国的飞跃，是在一个长期认识过程中逐步地完成的。对于我国的社会主义革命和建设，我们已经有了十年的经验了，已经懂得了不少的东西了。但是我们对于社会主义时期的革命和建设，还有一个很大的盲目性，还有一个很大的未被认识的必然王国，我们还不深刻地认识它。我们要以第二个十年时间去调查它，去研究它，从其中找出它的固有的规律，以便利用这些规律为社会主义的革命和建设服务。"①

---

① 《毛泽东文集》第 8 卷，人民出版社 1999 年版，第 198 页。

　　毛泽东所作的十年总结，实际上主要是对 1958 年"大跃进"以来三年社会主义建设的总结。在当时的历史条件下，他还不可能摆脱"大跃进"以来的一些"左"倾思想的束缚，但他承认中国的社会主义革命和建设还有很大的盲目性，还没有真正掌握它的客观规律，重新倡导要坚持实事求是的原则，这对于中共中央随后作出国民经济调整的决策，是有重要指导意义的。

　　上海会议召开时，1960 年已过近半，而生产任务完成却很不好，粮食供应日趋紧张，"大跃进"带来的问题日渐暴露。就在此时，本已出现裂缝的中苏两党两国关系濒临破裂的边缘。1960 年 6 月的各国共产党和工人党布加勒斯特会议上，苏共中央总书记赫鲁晓夫带头向中共代表团发动突然袭击，对中国共产党横加指责，使中苏两党在一系列重大问题上的意见分歧公开化。在这种情况下，中共中央于 1960 年 7 月 5 日至 8 月 10 日举行工作会议，讨论国际形势和国内经济问题，落实和安排国民经济计划。

　　会议批转了李富春、薄一波提出的《关于 1960 年第三季度工业交通生产中的主要措施》（以下简称《措施》）。《措施》指出：为了扭转第二季度以来主要产品下降的局面，解决基本建设战线更长、物资使用分散的问题，必须削减基本建设，集中力量把钢、铁、煤和运输生产搞上去。中共中央在批转这个报告时指出：由于可供调运的煤炭和生铁资源比原定计划减少，那些靠外调煤炭和生铁生产钢铁的省份，完成原定的生产计划就可能有困难。这些省份如果经过努力仍不能实现原定的钢铁生产指标，就应当实事求是，根据煤炭和生铁供应的可能，适当调整钢的生产指标。

　　会议还通过了《中共中央关于全党动手，大办农业，大办粮食的指示》《中共中央关于开展以保粮、保钢为中心的增产节约运动的指示》。提出当前的中心任务是鼓足革命干劲，掀起一个群众性的增产节约运动的高潮，缩短基本建设战线，保证生产，保粮、保钢；认真清理劳动力，加强农业生产第一线，保证农业生产；决定以后国民经济不再搞两本账，只搞一本账，不搞计划外的东西，不留缺口。

会议期间，长期负责计划工作的李富春提出了调整国民经济的建议，提出对工业要进行整顿、巩固、提高。可就在此时，苏联政府于7月16日突然照会中国政府，单方面决定召回苏联专家。7月25日，没等中方答复，苏方又通知中国政府：自7月28日至9月1日，将全部撤回在华专家1390人，终止派遣专家900名并撕毁343个专家合同和合同补充书，废除257个科学技术合作项目。按照苏联政府的指示，苏联专家撤走时，带走了所有的图纸、计划和资料，并停止供应中国建设急需的重要设备，大量减少成套设备和各种设备中关键部件的供应，使中国一些重大的建设项目和科研项目被迫中断，一些正在试验生产的厂矿不能按期投产，严重地打乱了中国经济建设计划，使中国业已遇到严重困难的国民经济更是雪上加霜。

苏联这种背信弃义的行为，自然激起了全党和全国人民的强烈愤慨。在这种情况下，一些人出于义愤，不能冷静地思考问题，提出要炼"争气钢"，争取当年生产钢2000万吨，提前实现钢产量赶超英国的目标。结果，这次会议未能对国民经济的调整问题进入深入的讨论。

当时，国民经济不但已经无力"跃进"，而且已经到了无法正常运转的地步，要改变这种局面，必须首先解决基本建设规模过大的问题。8月15日，中共国家计委和国家建委党组向中共中央报送了《关于缩短基本建设战线保证生产的措施》，其中提出："1. 凡是没有开工的限额以上的项目，除少数关系重大的项目外，一般不再开工；已经开工的项目，根据需要与设备、材料和施工力量的可能，集中力量，确保一批重点项目尽快地建成投产；其余的项目，根据建设条件应停建的停建，应推迟的推迟，或者推迟、停建一部分单项工程；规模过大的要化大为中、化大为小。所谓重点项目，主要是指担负今年生产任务和对明后年生产有重要作用的项目，特别是增产原料、材料和支援农业的重要项目。2. 坚决贯彻执行勤俭建国的方针。除必要的学校、宿舍、营房外，一切非生产性的公共建筑和文化福利设施，尚未开工的一律不再开工，刚刚开工的，下半年应当一律停建；把材料、施工力量等调剂给重点项目使用。3. 限额以下的建设项目（包括国家安排的和各级安排的小土群、小洋群），由于数量很大，须由各省、市、自治区党委根据设备、材料和施工力量的可能，缩短战线，重新安排。凡是安排在今年施工的项目，必须力争当年建成投产。县、社办的工业，应即切实整顿，巩固提高，坚决贯彻为农业服务的方针，并尽可能多生产传统的出口产品。凡是与大企业争原料的，未建成的应当停建，未开工的一律停止上马。4. 今冬明春水利建设所用劳动力，'野战军'（指离开原来公共食堂的人数）不得超过一千万人。必须根据这个条件，对已施工的水利项目逐项进行审查，该停的停，该推迟的推迟，该缩小的缩小。今冬明春不得再上新的水利项目，集中力量搞好已经拦洪项目的大型水库及其配套工程，以保证这些项目早日收效。"①

8 月 19 日，中共中央批准了这个报告，并且在批语中强调："必须下决心缩短今年的基本建设战线，集中力量，保证重点，特别是注意保粮、保钢和保国防尖端项目。"②

8 月下旬，国家计委着手编制 1961 年的国民经济计划，李富春指出，1961 年国民经济计划的方针应当是以整顿、巩固、提高为主，增加新的生产能力为辅，着重解决配套、补缺门、前后左

---

① 新华网，2007 年 6 月 11 日。

② 中央档案馆、中共中央文献研究室编：《中共中央文件选集（1949 年 10 月—1966 年 5 月）》第 34 册，人民出版社 2013 年版，第 558—559 页。

右和品种质量问题，以便争取主动。①

李富春的设想得到周恩来的支持。8 月 30 日，周恩来在听取国家计委汇报后，在计委所提的对 1961 年国民经济实行"整顿、巩固、提高"的方针后，增写了"充实"两字。9 月 15 日，他又将"整顿"改为"调整"，从而形成了"调整、巩固、充实、提高"的八字方针。

9 月 30 日，中共中央批转了中共国家计委党组《关于 1961 年国民经济计划控制数字的报告》。报告提出："安排一九六一年国民经济计划的方针是：第一，更好地贯彻执行以农业为基础的方针，全党全民大办农业，大办粮食，各行各业特别是工业、商业和交通运输业尽可能支援农业，争取农业丰收。第二，工业的发展，要着重注意增加品种，提高质量，填平补齐，抓紧设备维修和产品配套，加强新产品的研究、设计和试制，加快国防新技术的发展。第三，基本建设必须以中小为主，分别轻重缓急，进行排队，继续缩短战线，集中力量打歼灭战。除必要的职工宿舍、学校和营房外，其他非生产性的建设一律停止。第四，在全面安排劳动力和人民生活的条件下，安排国家的生产和建设，保证群众过好日子，保证灾区群众休养生息。增产生活消费品和控制社会购买力相结合，保证市场的稳定。第五，有重点有计划地发展科学技术力量。各项文教事业必须有控制地发展，着重巩固提高，密切结合生产。"②

在这个报告中，第一次完整地提出了使各项生产、建设事业

---

① 参见房维中、金冲及主编：《李富春传》，中央文献出版社 2001 年版，第 547 页。

② 新华网，2007 年 6 月 11 日。

在发展中得到"调整、巩固、充实和提高"①，并将之作为调整国民经济的重要指导思想。

（二）国民经济调整工作的启动

11 月中下旬，国家计委在北京召开全国计划会议。会议初步总结了"大跃进"的经验教训，传达了中共中央关于国民经济实行"八字方针"的决定，并提出了 1961 年的计划安排要点。会议提出，1961 年计划的方针，就是要在"调整、巩固、充实、提高"的基础上，争取国民经济的持续跃进。会议提出的 1961 年具体指标是：钢产量 2010 万吨，煤 4.52 亿吨，发电 720 亿度，铁路货运 7.2 亿吨；粮食 3900 亿斤，棉花 3200 万担，基本建设投资 194 亿元，施工项目 1200 个（比上年减少 300 个）。

中共中央虽然初步确定了调整国民经济的"八字方针"，但是，要使人们从"大跃进"的狂热中冷静下来，由"跃进"变为较低速度，并不是一件容易的事情。对于相当多的人来说，钢产量在短期内赶上并超过英国，更是有一种难以割舍的情结。1960 年 8 月以来，尽管采取了许多措施，但钢铁生产的形势一直未见好转，日产量始终在 5 万吨左右徘徊。10 月 8 日，中共中央书记处发出"狠抓钢铁生产"的通知后，钢产量有了回升，10 月中旬达到了平均日产量 6 万吨。但是，从 11 月下旬开始，钢及与之相关的铁、煤、运输都出现了严重下降的情况。为此，中共中央于 12 月 3 日发出了《关于保钢问题的紧急指示》，指出：今年能不能完成 1860 万吨钢的生产任务，是国内国外瞩目的一件大事，是一个政治性的问题，要求各地区、各部门要抓紧时机，克服困难，集中力量抓煤、铁、钢、运，把钢的生产水平突

---

① 中共中央文献研究室编：《建国以来重要文献选编》第 13 册，中央文献出版社 1996 年版，第 609 页。

击上去，确保今年工业继续跃进的胜利。到 1961 年底，钢产量虽然达到了 1866 万吨，但国民经济的比例失衡也更为严重。

1960 年 12 月 24 日至 1961 年 1 月 13 日，中共中央在北京召开工作会议，主要讨论 1961 年的国民经济计划，同时总结各地农村人民公社整风整社试点的经验。1961 年 1 月 3 日，中共中央政治局常委会召开扩大会议，听取汇报 1961 年国民经济计划。李富春说，去年计划工作中有四个缺点，一是计划不全面，忽视了农业，没有以农业为基础；二是计划指标偏高；三是权力下放偏多；四是计划的执行检查不够。去年的计划不仅没有注意农业，而且是挤了农业，挤了农业人力、物力；工业战线过大、面过广。毛泽东插话说，要缩短重工业的战线，延长农业轻工业的战线。这三年都是指标搞高了，后来退下来了。这三年大搞钢铁，挤了农业。毛泽东问李富春，今年的方针是怎么提的？当李富春说 1961 年的方针是"调整、巩固、充实、提高"。调整，就是调整各方面的关系。有调整、充实，才能巩固、提高。毛泽东说，你这个方针就是休整的意思，和部队在两个战役之间有休整一样。毛泽东又问："大跃进"的口号能不能在 1961 年提？邓小平回答说，今年元旦社论没有提"大跃进"，是提的争取社会主义建设的新胜利。毛泽东说，今年可能是就地踏步，休养生息。①

1 月 13 日，毛泽东在中央工作会议上发表讲话，就农业、工业、建设方针、调查研究、国际形势等问题阐明意见，强调要大搞调查研究。他不无感慨地说：多年以来，我们的同志对这种工作不做了。只要不做这种调查工作，我们的工作就没有基础。只凭感想，凭想象凭估计，所以请同志们回去以后大兴调查研究之风，一切从实际出发，没有把握就不要下决心。调查研究极为重

---

① 中共中央文献研究室编：《毛泽东年谱（1949—1976）》第 4 卷，中央文献出版社 2013 年版，第 517 页。

要。情况明才能决心大，要搞清情况，就要作调查研究。毛泽东还要求将1961年搞成实事求是年。

毛泽东在讲话中还说，现在看起来，社会主义建设不要那么急。十分急了办不成，越急就越办不好，不如缓一点，波浪式向前发展。搞几年慢腾腾的，然后再说，今年明年后年，搞扎实一点。要做巩固工作，提高质量，增加品种规格，加强管理，提高管理水平，提高劳动生产率。

毛泽东在讲话中提出的搞工业不能挤农业，搞社会主义不要那么着急，不要务虚名而招实祸，要大搞调查研究，可以说是对"大跃进"运动的教训作出的深刻总结，这不论在当时还是现在，都是有指导意义的。

会议根据1960年国民经济计划的执行情况，对1961年的计划指标又作了调整：钢产量调低到1900万吨，煤调高到4.36亿吨，粮食调高到4100亿斤；当年施工的大中型项目调整到900个，减少了300个。

中央工作会议结束的第二天，中共八届九中全会又在北京召开。会议召开的当天，听取了李富春所作的《关于1960年国民经济执行情况和1961年国民经济计划主要指标的报告》。报告总结了1960年国民经济计划完成的情况，指出了存在的困难和问题：第一，粮食和其他农产品的供应比较紧张，工业的原材料，特别是煤炭和木材的供应也比较紧张；第二，三年连续"大跃进"产生了新的不平衡，特别是工业和农业之间的不平衡；第三，没有认真贯彻以农业为基础的方针，某些计划指标定得偏高，基本建设战线拉得太长；第四，有些权力下放得偏多过下，有些制度破而未立，有些制度没有严格执行；第五，思想方法上有主观片面性，工作作风上有官僚主义。报告认为，对于个别地区和少数企业、事业单位来说，工作中的缺点并不止是"一个指头"。

根据国民经济的情况和存在的问题，报告指出："一九六一年国民经济计划的安排，必须更好地贯彻执行以农业为基础、把农业放在首要地位的方针，争取农业丰收，特别是争取粮食的丰收。同时，对各个部门和各个方面实行调整、巩固、充实、提高的方针，争取国民经济在三年大跃进的基础上，各部门之间的比例关系得到进一步的协调，生产和建设的质量得到显著的进步。"①

中共八届九中全会批准对国民经济实行"八字方针"，并且指出："一九六一年应当适当地缩小基本建设的规模，调整发展的速度，在已有的胜利的基础上，采取巩固、充实和提高的方针。这就是说，应当努力提高产品的质量，增加产品的品种，加强生产中的薄弱环节，继续开展群众性的技术革新运动，节约原材料，降低成本，提高劳动生产率。"② 由此，国民经济进入调整时期。

中共八届九中全会还通过决议，批准1960年9月中共中央政治局关于成立东北、华北、华东、中南、西南和西北六个中央局的决定，并任命宋任穷为东北局第一书记，陶铸为中南局第一书记，李井泉为西南局第一书记，刘澜涛为西北局第一书记，李雪峰为华北局第一书记，柯庆施为华东局第一书记。六个中央局代表中央分别加强对各省、自治区、市党委的领导。

"八字方针"虽然已经确定，但使各级干部在"大跃进"的惯性中接受调整（也就是降低高速度）的现实，还有一个适应过程。1961年初，各地区、各部门对国民经济调整的决心并不是很

---

① 中共中央文献研究室编：《建国以来重要文献选编》第14册，中央文献出版社1997年版，第27页。

② 中共中央文献研究室编：《建国以来重要文献选编》第14册，中央文献出版社1997年版，第85页。

大，行动迟缓，以致错过了调整的有利时期，使国民经济发展更为被动。当时，还有相当多的人不愿正视"大跃进"所导致的严重后果，特别是对农业生产的形势估计过于乐观，对粮食的实际产量的估计和可能增产的期望过高，下不了大幅度降低工业指标的决心。结果，1961 年一季度非但没有实现"开门红"，反而使国民经济举步维坚，工业生产出现严重滑坡，25 种主要工业产品中，除了食糖以外，其余 24 种分别与上年第四季度下降了 30% ~40%，一般只完成全年计划的 10% ~20%。大批企业被迫停产，物资供应更为紧张，人民的吃穿用状况进一步恶化，职工生产积极性严重受挫，国民经济发展遇到了 1949 年以来罕见的严重困难。

面对这种形势，国家计委不得不于 1961 年 4 月 2 日再次调整基本建设计划，将预算内投资由 167 亿元减少到 129 亿元，比 1960 年国家计划内投资 340 亿减少 216 亿；当年施工的大中型项目控制在 771 个（不包括国防工业项目），少量施工的项目 325 个，总共 1096 个，比 1960 年施工的 1835 个项目减少 739 个。4 月 9 日，中共中央批转了中共国家计委党组《关于安排 1961 年基本建设计划的报告》，并且明确规定：1961 年的基本建设，必须认真执行全国一盘棋、上下一本账的原则，不要再搞新的建设项目。企业的利润分成，除了建设一些必要的职工宿舍外，也不要再搞其他的基本建设。

5 月 21 日至 6 月 12 日，中共中央在北京召开工作会议。会议根据国家计委和国家经委的测算，决定当年的钢产量调低到 1000 万至 1100 万吨。李富春在发言中，特别强调重工业一定要退够。他说："重工业这样下降，是一个惩罚，是因为没有按规律办事。重工业速度发展过快，基本建设拉长了，城市人口增多了，工农矛盾突出了，所以退也是应该的。"毛泽东、刘少奇、周恩来等也都赞成再次调整指标。毛泽东在李富春发言时插话说："退得够，这样好。无非是外国人骂，说中国人不行。过去战争，人家说我们不行，后来不就行了?! 现在我们就要老老实实承认没有学会，还要十一年才能搞好，至少要十年。不退，你有什么办法。"① 这次会议除了讨论通过"农业六十条""工业四十条""手工业三十五条"等文件外，还作出了大幅度精减城镇人口的重大决策。

5月31日，刘少奇在《当前经济困难的原因及其克服的办法》指出："这几年，农民的身体弱，工人的身体也弱，主要是副食品少了。现在连城市里面、学校里面，也有不少浮肿病人。学生的口粮一般不少，主要也是油、肉、鸡蛋这些东西吃得少了。""总起来讲，这几年的问题，就是工业、交通、文教都办多了。非农业人口搞多了，农民养不起这么多人，所以非减少不可。这个问题到底还有什么考虑的余地没有呢？我看是没有考虑的余地了。就是说，工业战线要缩短，农业战线要延长。"② 刘少奇直率地分析了国民经济遇到困难的原因，指出，农业方面的高指标、高征购，工业方面的高指标，"这是从中央起要负责的"。这几年发生的问题，主要是由于天灾呢，还是由于工作的缺点错误呢？刘少奇借用了湖南农民的一句话："三分天灾，七分人祸。"并且说："从全国范围来讲，有些地方，天灾是主要原因，但这恐怕不是大多数；在大多数地方，我们工作中间的缺点错误是主要原因。"③

当时，各种矛盾和困难都集中在粮食上，正如刘少奇所说的："人人都要吃饭。城里人要吃饭，乡下人也要吃饭，读书人

---

① 房维中、金冲及主编:《李富春传》，中央文献出版社2001年版，第562、563页。

② 《刘少奇选集》下卷，人民出版社1985年版，第335、336页。

③ 《刘少奇选集》下卷，人民出版社1985年版，第337页。

要吃饭，我们这些'做官'的人也要吃饭。"① 因此，如何解决吃饭问题，就成了此次中央工作会议一项重要议题。为此，周恩来在5月31日的会议上作了关于粮食问题和压缩城市人口的报告。报告指出：今年农业形势虽有好转，但粮食形势还是继续紧张，库存已经减到最低限度。1960年至1961年粮食紧张，重点在于城市，这是一个特点。他从产、购、销、调、存几个方面，对全国粮食情况作了分析后认为，从现在的情况看，农业生产不可能很快恢复，每年要供应城市500亿斤粮食是困难的。解决粮食问题的根本办法，就是从城市压缩人口下乡。② 会议讨论了如何减少城镇人口和压缩城市粮食销量的具体措施，明确提出，要将1960年底1.29亿城镇人口的基数上，三年内减少城镇人口2000万以上，1961年内争取至少减1000万人，1962年至少800万人，1963年上半年扫尾。同时，1961年至1962年度，城镇粮食销量争取压缩到480亿至490亿斤，比上年度减少30亿至40亿斤。③

根据此次中央工作会议的精神，国家计委于7月17日至8月12日在北戴河召开全国计划会议，分析当前的经济发展形势，研究1961年至1962年的国民经济计划控制数字，并提出相应措施。会议提出，今明两年国民经济计划的安排，必须坚决、认真地执行"调整、巩固、充实、提高"的方针，并且以调整为中心。调整的主要内容是：

第一，坚决缩短重工业战线，适当降低重工业的发展速度，

---

① 《刘少奇选集》下卷，人民出版社1985年版，第335页。

② 中共中央文献研究室编：《周恩来年谱（1949—1976）》中卷，中央文献出版社1997年版，第413页。

③ 中共中央文献研究室编：《建国以来重要文献选编》第14期，中央文献出版社1997年版，第412—413页。

加强农业和轻工业战线。人力、物力和财力的分配，要先安排农业的需要，其次安排轻工业和手工业的需要，然后安排重工业的需要。

第二，在重工业内部，要加强采掘和采伐工业战线，并且使重工业生产适合于支援农业、支援轻工业和增强国防的需要。

第三，坚决缩短基本建设战线。原料、材料和劳动力的分配，要严格遵守先维修后生产、先生产后基建的原则。基本建设项目，必须逐个审查，严格控制。

第四，努力提高产品质量，增加产品品种，争取在质量、品种方面实现跃进。同时，努力减少物资消耗，节约开支，降低生产成本，提高劳动生产率，讲究经济效果，增加社会主义积累。

第五，维修好现有设备，并且采取截长补短、填平补齐的办法，有步骤地加强薄弱环节，使各个行业、各个企业的生产能力逐步成龙配套。

第六，调整城乡关系。坚决压缩城镇人口，精减职工，支援农业生产，减轻城市对农村的压力。尽可能增加对农村的工业品供应，以换取农副产品供应城市。

第七，整顿和健全各个部门、各个地区、各个企业相互之间的经济协作关系。

第八，整顿企业和事业单位，健全责任制度，建立正常的生产秩序和工作秩序。①

根据上述指导思想，这次计划会议对1962年的计划重新作了安排。会议估计，1961年钢产量至多能完成850万吨，1962年只能定750万吨；煤产量预计为2.7亿吨，1962年只能安排2.5

---

① 参见中央档案馆、中共中央文献研究室编：《中共中央文件选集（1949年10月—1966年5月）》第38册，人民出版社2013年版，第144—145页。

亿吨；粮食产量预计为 2700 亿斤，1962 年要求在此基础增产
8%～10%；预算内基本建设投资 78 亿元，1962 年安排 42.3
亿元。

1960 年 8 月 9 日，中共中央总书记邓小平在听取计划会议汇报时指出："去年北戴河会议提出'八字方针'，究竟怎样贯彻，一年多了还没有具体化，各部、各地区和计委都没有具体地安排。去年钢完成了 1840 万吨，还是一马当先，影响了八字方针的贯彻。今年又是高指标，1800 多万吨钢，基本建设规模过大，还是影响了八字方针的贯彻。""指标退下来，可以腾出精力和时间搞填平补齐。基本建设要建成一个算一个。要确定贯彻落实八字方针，调整什么，巩固什么，充实什么，提高什么，各部、各地区、各行业都要搞清楚，具体安排，不要再拉长战线了。八字方针的贯彻，至少要五年。"薄一波后来回忆说："小平同志的讲话，对大家解放思想，实事求是，从'跃进'的框框中摆脱出来，切切实实贯彻'八字方针'，集体精力搞好调整，是个极大的支持和帮助。"①

1961 年 8 月召开的中央工作会议上，李富春作了《目前经济形势与调整的任务》的发言。李富春提出，今年 1—7 月的工业产值，比去年同期大约下降了 38%，其中、重工业下降了45.6%，轻工业下降了 22.6%，钢产量下降了 37%，煤产量下降了 27%，木材产量下降了 52%。工农业生产的困难影响到国民经济的其他方面，如货币发行过多，物资供应减少，物价上涨，工人实际工资降低，财政产生赤字，全年货币的发行同物资供应的差额将达到 40 亿至 50 亿元，财政收入有可能从 1960 年的 635亿元下降到 350 亿元，财政赤字将达到 30 亿元，这是 1950 年以

---

① 薄一波：《若干重大决策与事件的回顾》下卷，中共中央党校出版社 1993 年版，第 897、898 页。

来从来没有过的情况，而 1962 年的财政收入，可能比 1961 年更少。他认为，1958 年以来的经济工作的主要教训，是"由于对生产能力估计过高，计划指标过高，发展速度过快，基本建设战线过长，以致积累过多，投资效果不大。为了扩大再生产，挤了现有设备的维修，挤了为保证现有设备的正常运转所必需的备品配件的生产，因而影响了当年工农业生产，破坏了国民经济的正常比例，打乱了生产秩序，也损坏了一部分生产力。由于工业生产任务过重，许多企业的设备损坏相当严重，产品质量降低，企业管理混乱，劳动生产率下降，成本提高，协作关系脱节，许多企业处于停工和半停工状况"。"对于这种状况，必须经过一定时期的调整和补充，才能把现有的生产能力恢复起来，充分发挥作用。"[1] 由于对国民真实情况缺乏调查研究和深入了解，对实际情况估计不对头，工作方法的片面性，因而把调整工作耽误了。现在进行调整，就民必须后退一步，只有退下来，才能主动。退够是为了更好地前进。李富春的发言，得到毛泽东和其他中央领导人的赞同。到这时，对国民经济必须进行大幅度的调整已成为全党的共识，尽管这种共识来得晚了一些。

此次庐山会议作出了"工业要退够"的决定。会议通过的《中共中央关于当前工业问题的指示》提出：为了系统地解决当前工业发展中存在的严重问题，逐步协调工业内部各行业之间、工业和农业之间、城市与农村之间的关系，所有的工业部门，在今后 7 年里，都必须毫不动摇地贯彻执行"调整、巩固、充实、提高"的方针。在今后三年内，必须以调整为中心。中共中央在文件中提醒各级党委："我们已经丧失了一年多的时机。现在，再不能犹豫了，必须当机立断，该退的就坚决退下来，切实地进行调整工作。如果不下这个决心，仍然坚持那些不切实际的指

---

[1] 《李富春选集》，中国计划出版社 1992 年版，第 268 页。

标，既不能上，又不愿下，那末，我们的工业以至整个国民经济就会陷入更被动、更严重的局面。"①

按照"坚决后退"和"必须退够"的要求，1961 年 10 月 6 日，中共中央批转了国家计委党组《关于第二个五年计划后两年补充计划（控制数字）的报告》，对年初所确定的当年计划指标作了重大调整：基本建设投资由 167 亿元降到 78 亿元，钢指标由 1900 万吨降到 850 万吨，原煤指标由 4.36 亿吨降到 2.74 亿吨，棉纱指标由 450 万件降到 250 万件，粮食指标由 4100 亿斤降到 2700 亿斤。该报告还提出 1962 年的基本建设投资暂定为 42.3 亿元，钢产量为 750 万吨，煤产量为 2.5 亿吨，粮食产量 2900 亿斤。从这时起，1958 年"大跃进"以来畸形发展起来的重工业，开始了真正意义上的后退即调整。

二、大幅度调整农村政策

（一）"农业六十条"

1958 年至 1960 年的三年"大跃进"是在农业领域率先发动的，1959 年起国民经济的严重困难，最突出的表现却又是农业歉收粮食短缺。因此，在调整国民经济的过程中，农业的恢复和发展就显得更为迫切。

1960 年 8 月 10 日，为了恢复农业生产，解决日趋严重的粮食问题，中共中央发出《全党动手，大办农业，大办粮食的指示》，强调全党全民要"一致努力，大办农业，大办粮食"，并提出了从各方面挤出一切可能挤出的劳动力，充实农业战线，坚决

---

① 中共中央文献研究室编：《建国以来重要文献选编》第 14 册，中央文献出版社 1997 年版，第 617 页。

压缩农村基本建设等八项具体措施。

为了贯彻这个指示，在国务院副总理谭震林的主持下，9 月 20 日至 22 日，山西、河北、山东、河南和北京五省市在北京召开农业书记会议。会议要求安排好农村人民生活，压低口粮指标，大种蔬菜，大搞代食品，办好公共食堂，并提出要"在今冬明春给广大群众以休生养息的机会"。① 10 月 7 日，中共中央转发了这次会议的"纪要"，并要求各地以八届六中全会和毛泽东在两次郑州会议、两次上海会议上的讲话为武器，彻底肃清"共产风""浮夸风""命令风"和某些干部的"特殊化风"，把国家、集体与个人之间的关系，把大集体与小集体之间的关系，把领导与群众之间的关系彻底搞好，把农村必不可少的制度建立起来。

1960 年 10 月，中共中央决定在农村开展整风整社运动，以克服群众反映强烈的"共产风"、浮夸风、强迫命令、生产瞎指挥和干部特殊化等问题。这些问题当时被总称为"五风"。

为了从根本上解决"共产风"问题，1960 年秋天，受中共中央委托，周恩来主持起草了《中共中央关于农村人民公社当前政策问题的紧急指示信》（又称"十二条"）。这年 11 月 3 日，毛泽东对"十二条"作了几处重要修改。当天，中共中央用电报将"十二条"发给了生产大队、生产队党总支和党支部以上各级党的组织。

"十二条"的主要内容是：三级所有，队为基础，是现阶段人民公社的基本制度，必须加强生产队的基本所有制，坚持生产小队的小部分所有制；坚决反对和彻底纠正"一平二调"的错误，凡是从人民公社成立以来，县和县以上各级机关和企业、事业单位向社员平调的以及县、社和队向社员平调的房屋、家具、

---

① 《晋、冀、鲁、豫、北京五省市农业书记会议纪要》，1960 年 10 月。

土地、农具、车辆、家畜、家禽、农副产品和建筑材料等等各种财物，都必须认真清理，坚决退还；允许社员经营少量的自留地和小规模的家庭副业；坚持各尽所能、按劳分配的原则；有领导有计划地恢复农村集市，活跃农村经济；等等。

11月5日，毛泽东代中共中央起草了一份关于纠正"五风"等问题的批示信，要求各地"必须在几个月内下决心彻底纠正十分错误的共产风、浮夸风、命令风、干部特殊风和对生产瞎指挥风，而以纠正共产风为重点，带动其余四项歪风的纠正"，强调"现在是下决心纠正错误的时候了"，并要求各级干部"真正学懂政策（即十二条），又把政策交给群众"。

"十二条"是庐山会议以来在农村政策上一个历史性的文件，它标志着农业领域的纠"左"已迈开了实际步伐。

为使各级干部认真总结人民公社化运动以来的经验教训，毛泽东带头进行自我批评。1960年11月28日，他在代中共中央起草的转发《甘肃省委关于贯彻中央紧急指示信的第四次报告》的批语中，写下了这样一段话："毛泽东同志对这个报告看了两遍，他说还想看一遍，以便从其中吸取教训和经验。他自己说，他是同一切愿意改正错误的同志同命运、共呼吸的。他说，他自己也曾犯了错误，一定要改正。"①

"十二条"受到了广大基层干部和农民的拥护。许多省、市、自治区召开省、地、县三级或省、地、县、社、队五级干部会议，贯彻"十二条"的精神，一些省委和地、县委结合自己工作的实际，作了认真的自我批评。各省、市、自治区党委还相继作出了贯彻"十二条"的补充规定。

"十二条"在农民中引起了强烈反响。四川郫县红光公社的社员说："中央的十二条完全说到我们的心坎上，条条入耳，越

---

① 《毛泽东文集》第8卷，人民出版社1999年版，第222页。

听越想听。"雅安县多营公社的社员更是说："照这样办，我们睡着了都会笑醒。"① 河北保定的小队干部说："有了十二条这个靠山，我们一定好当家，过好日子。"②

但是，"十二条"仍有很大的不足。如文件中的"队为基础，三级所有"中的"队"，指的是生产大队，而不是生产队。"十二条"虽然对工资制与供给制的比例作了规定，但仍然肯定了供给制和工资制相结合的分配制度，而供给制恰恰是社员间平均主义主要的根源，也是社员对人民公社最不满意的地方之一。尤其是作为供给制重要载体的公共食堂，早已为群众强烈不满。而对于这个问题，"十二条"却明确规定："公共食堂的制度必须坚持。"

因此，广大干部和群众一面对"十二条"表示由衷的欢迎，一面又迫切希望进一步解决困扰生产队积极性的基本核算单位过大，以及严重损害社员生产积极性的供给制和公共食堂等问题。

在1961年初的中央工作会议和八届九中全会上，毛泽东曾反复强调调查研究的重要性，要求全党深入开展调查研究。八届九中全会一结束，他就致信秘书田家英，要他和陈伯达、胡乔木各带一个调查组，分别去浙江、湖南、广东三省农村，以10天至15天的时间，各调查一个最好的队和一个最坏的队，然后直接向他汇报。1961年1月21日，三个调查组离京前往浙、湘、粤三省农村调查。

5天后，毛泽东自己也离开北京，前往南方进行调查研究。在杭州，毛泽东听取了田家英率领的浙江调查组和浙江省委的汇

---

① 中共中央文献研究室编：《周恩来传（1949—1976）》（下），中央文献出版社1998年版，第622页。

② 中共保定市委：《关于学习贯彻中央"紧急指示"的情况向省委的报告》，1960年11月29日。

报。田家英的汇报主要反映了三个方面的问题：一是由于这几年
"五风"严重，粮食大幅度减产；二是生产队规模过大，造成生
产管理上的诸多困难；三是社员对公共食堂普遍不满，不愿意在
食堂吃饭。[①] 2 月中旬，毛泽东又在长沙听取了胡乔木率领的湖
南调查组和湖南省委的汇报，从中对社队规模过大和公共食堂的
弊端有了进一步的了解。

　　1958 年人民公社化运动以来，中共中央虽然先后下发过
《关于在农村建立人民问题的决议》《关于人民公社若干问题的
决议》《关于人民公社的十八个问题》等文件，但一直没有一个
全国性的对人民公社各项工作起规范作用的章程，这也是几年来
农村政策混乱、"五风"屡禁不止的重要原因。对此，田家英在
杭州向毛泽东汇报调查情况时，建议中共中央搞一个人民公社工
作条例，使人民公社的各项工作有章可循，并从根本上克服"五
风"。这个意见被毛泽东所采纳。

　　1961 年 3 月，中共中央决定在广州和北京分别召开工作会
议，即"三南"会议和"三北"会议。不久，毛泽东和中共中
央又决定将这两个会议合并在广州召开。

　　广州会议经过认真的讨论，制定并通过了《农村人民公社工
作条例（草案）》（又称"六十条"）。该条例将人民公社的组织
规定为公社、大队、生产队三级，减少了公社的管理层次，同时
明确了公社、大队、生产队的责、权、利；强调自留地长期归社
员使用，自留地的农产品，不算在集体分配的产量和口粮以内，
国家不征公粮，不计统购。

　　此外，条例还规定，公社占用大队的劳动力，一般不得超过
生产大队劳动力总数的 2%；生产大队占用生产队的劳动力，一

———————

　　① 　参见中共中央文献研究室编：《毛泽东传（1949—1976）》（下），
中央文献出版社 2003 年版，第 1121—1122 页。

般不能超过生产队劳动力总数的 3% 。为了巩固大队所有制和发展大队经济，在今后几年内，公社一般应少提或不提生产大队的公积金；如果要提，提取的比例要经县人民委员会批准。生产大队对生产队必须认真执行包产、包工、包成本和超产奖励的"三包一奖"制；超产指标要留有余地，超产的大部或全部应奖给生产队。人民公社的各级干部，必须坚持实事求是的工作作风，说老实话，如实反映情况；严禁干部打人骂人和变相体罚，严禁用"不准打饭""不发口粮"和乱扣工分的办法处罚社员；等等。这些规定，在当时都是很有针对性的。

在广州会议结束的时候，中共中央就认真进行调查研究问题，致信各中央局，各省、自治区、市党委，要求党的高中级干部联系最近几年工作中的经验教训，认真学习毛泽东的《关于调查工作》一文。信中指出，最近几年农业、工业方面的具体工作中，发生的缺点和错误，主要是放松了调查研究工作，这段时间，夸夸其谈，以感想代替政策的恶劣作风，又有了抬头。中共中央要求从现在起，县以上的党委领导人员，首先是第一书记，要将调查工作作为首要任务，并订出制度，造成空气。在调查中，不要怕听言之有物的不同意见，更不要怕实践检验推翻了已经作出的判断和决定。只要坚持调查研究、实事求是的作风，目前所遇到的问题就一定能够顺利地解决，各方面的工作就一定能够得到迅速的进步。①

4 月 25 日，中共中央发出《关于在 5 月中旬召开中央工作会议的通知》，要求各中央局，各省、市、区党委，利用会议召开前的这一段时间，就食堂、粮食、供给制、山林分级管理等农村工作中的若干关键问题，进行重点调查，下十天至十五天的苦工

---

① 参见中共中央文献研究室编：《建国以来重要文献选编》第 13 册，中央文献出版社 1997 年版，第 225—226 页。

夫，切实了解情况，向群众寻求真理，以便开好这次中央工作会议。

广州会议之后，从党的领袖到省、地、县各级领导机关的干部，纷纷走出机关，带着《农村人民公社工作条例（草案）》，深入农村，宣传"六十条"，解决贯彻"六十条"时遇到的问题，全党上下大兴调查研究之风。

这次全党大调查中，中共中央领导人起了很好的表率作用。广州会议一结束，刘少奇就深入湖南农村，先后在宁乡、长沙的几个生产队，就公共食堂、供给制、社员住房、山林等问题，进行了历时44天的调查，其中30天时间住在农村，有时甚至是住在生产队的猪场里。4月底5月初，周恩来到了河北邯郸，重点对武安县的伯延公社进行调查。与此同时，朱德前往河南、四川、陕西、河北等省进行调查，陈云到了当年组织农民运动的上海青浦县进行调查，邓小平和彭真率五个调查组在北京郊区的顺义、怀柔作了为期一个月的调查。

此外，中共中央还组织了一批调查组，前往各地农村进行调查研究，如习仲勋率领的河南长葛调查组，谢富治率领的河北邯郸调查组，杨尚昆率领的河北徐水、安国调查组，陈正人率领的四川简阳调查组，胡耀邦率领的辽宁海城调查组，钱瑛率领的甘肃天水调查组，王从吾率领的黑龙江双城调查组，平杰三率领的山东泰安调查组，廖鲁言率领的山西长治调查组。这些调查组与农民同吃同住同劳动，掌握了农村的许多真实情况，对人民公社存在的问题有了深入的了解。

在中共中央的带领下，各省、地、县的党委也纷纷组织调查组，深入本地农村了解"六十条"草案的贯彻情况。这样全党范围的大规模农村调查，是党执政以来从未有过的。

在人民公社化运动中，公共食堂和供给制被当作具有"共产主义萌芽"的新生事物被大加提倡。直到在"农业六十条"草案中，仍然肯定了供给制，要求供给部分与工资部分三七开，并强调要继续办好公共食堂。可是在调查中却发现，群众最关心、意见最大的恰恰就是这两个问题。

刘少奇在调查中深切地感到："食堂没有优越性，不节省劳动力，不节省烧柴。这样的食堂要散，勉强维持下去没有好处，已经浪费几年了，不能再浪费下去。"① 周恩来在调查中了解到的情况是："绝大多数甚至于全体社员，包括妇女和单身汉在内，都愿意回家做饭"；"社员不赞成供给制，只赞成把五保户包下来和照顾困难户的办法"；"迫切要求恢复到高级社时评工记分的办法。"② 朱德在给毛泽东的信中说："四川的农村公共食堂是'两道烟'，即在食堂加工一道，社员打回家再加工一道，既浪费人力又浪费物力。"③ 邓子恢在福建龙岩调查时了解到，群众普遍反映供给制有害无利，它大大影响了农民的劳动积极性，并且出了一批懒汉。④ 杨尚昆在关于河北安国、徐水两县的调查报告中说，由于供给的比例大，降低了工分分值，不利于发挥劳动者的积极性。总之，各级调查组了解到的情况是，公共食堂不能不散，供给制不能不取消。

这次调查研究，在共和国历史上是规模空前的。通过近两个月的调查，许多事关人民公社的政策问题基本明朗，对"农业六十条"草案需要修改、补充和完善的地方也大体明确。在此基础上，1961 年 5 月 21 日至 6 月 12 日，中共中央在北京召开工作会议。会议的一项重要成果，是对《农村人民公社工作条例（草

---

① 《刘少奇选集》下卷，人民出版社 1985 年版，第 329 页。

② 《周恩来选集》下卷，人民出版社 1984 年版，第 315 页。

③ 中共中央文献研究室编：《朱德年谱》，人民出版社 1986 年版，第 478 页。

④ 《邓子恢文集》，人民出版社 1996 年版，第 533 页。

案)》中关于公共食堂和供给制的内容作了重大修改，对生产大队的山林、社员的房屋和干部纪律作出了明确规定，最后形成了《农村人民公社工作条例（修正草案）》。

对于公共食堂，"六十条"修正草案第 36 条规定："在生产队办不办食堂，完全由社员讨论决定。""社员的口粮，不论办不办食堂，都应该分配到户，由社员自己支配。口粮分配到户的办法，可以在收获后一次发，也可以分期发。"① 对于供给制问题，"六十条"修正草案取消了原草案关于社员分配中供给部分和工资部分"三七开"的规定，改为社员一切收入都"按劳动工分进行分配"。这实际上是允许解散公共食堂和取消了供给制。

"农业六十条"草案及其修正草案的出台，一度被视为"资本主义尾巴"的社员自留地和家庭副业得以恢复，吃饭不自由的公共食堂被解散，平均主义的供给制被取消，生产队和社员被"共产风"刮走了的财物得到了一定的退赔，等等，这些极大地调动了广大农民生产的积极性。河北唐山的社员说："今年啥都遂心了，啥都由我们作主，多收少收就看我们的了。""秋后见吧！一定对得起'十二条'和'六十条'，对得起毛主席。"② 湖北省许多群众说："毛主席的政策又到我们心头了！""要是这样办，我们保证进一步把生产搞好。"③

（二）下放基本核算单位

但是，"六十条"草案及其修正草案虽强调人民公社实行

① 中共中央文献研究室编：《建国以来重要文献选编》第 14 册，中央文献出版社 1997 年版，第 401 页。

② 《唐山地委关于贯彻执行农村人民公社工作条例（草案）试点工作的报告》，1961 年 5 月 23 日。

③ 湖北省农业办公室：《农村食堂的变化情况》，《情况简报》第46 期。

"三级所有，队为基础"，可是，这里的"队"是指生产大队而非生产队，也就是说，仍规定以生产大队为基本核算单位。因此，大队内部各生产队之间仍然存在平均主义。

为了解决队与队之间的平均主义问题，各地基本上采取包工、包产、包成本、超产奖励的"三包一奖"办法，可这个既费时又费力的办法并不灵。

山东省历城县南郊公社东八里洼大队有五个生产队，各队的生产条件基本相同，第一生产队生产好、增产多，超产粮食18000 斤，第二生产队只超产 4000 斤，结果大队从第一生产队提走超产粮 9000 斤，从第二生产队只提走了 2000 斤。第一生产队感到吃亏很大，又听说第二生产队搞了瞒产私分，实际超产粮不止那么多，更感到吃亏，该队队长干脆躺倒不干了。①

河北涿县西皋庄大队，1960 年包产时第二生产队有 10 亩低洼地，每亩只包产 28 斤豆子，每亩包工九个。这个队算了一笔账，就算这 10 亩豆子颗粒不收，按亏产罚 30% 计算，共要罚款8.4 元；每亩包工九个，按每个工决算时分值 0.35 元计算，能分款 31.5 元。除去赔款还净得 23.1 元。如果把这些工用去搞副业，还可得 100 多元。其他队的社员说："三包一奖好是好，就是投机取巧管不了。"②

毛泽东一直把农业"六十条"当作他的心爱之作，对于贯彻执行"六十条"之后生产队之间存在的平均主义，也是他在"六十条"修正草案通过后关注和思考的一个重要问题。

1961 年 9 月下旬，毛泽东在从外地视察回北京的途中，于 9

---

① 参见中共山东省委农村工作部：《关于农村人民公社体制问题的座谈意见》，1961 年 3 月 17 日。

② 河北省委工作组：《关于分配大包干的调查报告》，1961 年 8 月17 日。

月 27 日在河北邯郸召集河北、山东两个省委和邯郸、邢台、保定、石家庄、张家口等五地委的负责人谈话。座谈中反映出的一个突出问题是："六十条"修正草案中用"三包一奖四固定"（"四固定"是指各生产队使用的土地、劳力、牲口、农具固定不动）的办法，处理生产大队与生产队的经济关系，既繁琐，又没有真正克服队与队之间的平均主义问题。在谈话中，毛泽东得知，河北保定地区有些生产大队针对"三包一奖"的弊端，创造了"大包干"的分配办法。凡是实行这种办法的大队，队内部的"五风"问题不大，外部的"五风"到队内也被化小了。因此，这些队的生产逐年稳步提高，群众生活也较好。

"分配大包干"的做法，与毛泽东一直萦绕于心的解决队与队平均主义的想法是一致的。他当即表示："三包一奖"是个大问题，不以脚为基础，以腰为基础，闹平均主义。脚去生产，腰去分配。"三包一奖"算账算不清，强迫命令成定局，搞平均主义。他还说，什么叫队为基础，就是以现在的生产队为基础，就是过去的小队。三级所有，基础在队，在脚。这样搞上十年、八年，生产发展了就好办了。①

9 月 29 日，毛泽东将自己亲笔作的《邯郸谈话会记录》批印给中央政治局常委们进行讨论、研究。同一天，他致信政治局常委说："我们对农业方面的严重平均主义的问题，至今还没有完全解决，还留下一个问题。农民说，六十条就是缺了这一条。这一条是什么呢？就是生产权在小队、分配权却在大队，即所谓'三包一奖'的问题。这个问题不解决，农、林、牧、副、渔的大发展即仍然受束缚，群众的生产积极性仍然要受影响。""我的意见是'三级所有、队为基础'，即基本核算单位是队而不是大

---

① 中共邯郸市委党史研究室、邯郸市档案局编：《领袖在临邯郸纪实》，中共党史出版社 1994 年版，第 34、35、38 页。

队。"他还说："在这个问题上，我们过去过了六年之久的胡涂日子（一九五六年，高级社成立时起），第七年应该醒过来了吧。"①

在这之后，一些地方开始将基本核算单位下放到生产队试点，发现效果很好。在试点的基础上，1962年2月23日，中共中央发出了《中共中央关于改变农村人民公社基本核算单位问题的指示》。指示总结了以生产队为基本核算单位的四点好处：一是能够比较彻底地克服生产队之间的平均主义；二是生产队的生产自主权有了很好的保障；三是更适合当前农民的觉悟程度；四是更有利于改善集体经济的经营管理。该指示强调："在我国绝大多数地区的农村人民公社，以生产队为基本核算单位，实行以生产队为基础的三级集体所有制，将不是短期内的事情，而是在一个长时期内，例如至少三十年，实行的根本制度。基本核算单位一经确定之后，就要稳定下来，不能任意变动。"②

自1960年11月中共中央"十二条"紧急指示信以来，庐山会议后出台的一系列"左"的政策得到了纠正，农民的生产积极性得到了较好的调动，受"大跃进"和"五风"严重摧残的中国农村开始复苏。1961年，中国虽然仍遭受了较严重的自然灾害，但粮食生产已经开始有了转机，比上年度增长了2.8%，扭转了连续两年大减产的局面。到1962年，农村形势进一步好转，全年粮食总产量比1961年增长了125亿斤，其他经济作物也有了一定的发展，全国已有四分之一的县农业总产值恢复和超过了1957年的水平。

---

① 《毛泽东文集》第8卷，人民出版社1999年版，第284、285页。

② 中共中央文献研究室编：《建国以来重要文献选编》第15册，中央文献出版社1997年版，第180页。

（三）包产到户的兴衰

"农业六十条"自起草到修改的全过程中，都是着力调整生产大队与生产队的关系，解决队与队之间的平均主义的问题，但是，生产队内部社员与社员间平均主义仍然没有克服。

对于如何克服社员间的平均主义，调动农民更大的生产积极性，迅速扭转农村的困难局面，许多党的干部都在思考这个问题。安徽省委第一书记曾希圣便是其中之一。

"大跃进"和人民公社化运动中，安徽曾是最积极的省份之一，结果付出了惨痛的代价。1960年冬，在中共中央召开的一次各中央局书记会议上，曾希圣听到毛泽东说，"可以把高级社时期实行田间管理农活包工到户的办法恢复起来"，对此很受启发，认为恢复农村经济可以考虑走包产到户的路子。

1961年2月，中共安徽省委书记处召开会议，研究包产到户问题。会上，曾希圣提出了"按劳动底分包耕地，按实产粮食记工分"的联产到户责任制的新办法。省委书记处研究后同意试行这个办法，但考虑到这个办法虽然没有"包产到户"之名，却是行"包产到户"之实，而大家对庐山会议后将"包产到户"当作走资本主义道路而大加批判记忆犹新，建议先请示一下华东局第一书记柯庆施，看看他的态度。柯庆施对这件事也拿不准，答复说，这个办法不推广，每个县先搞一个典型试验一下。

2月下旬，安徽省委通过对合肥市郊的蜀山公社井岗大队南新庄生产队的试点，认为联产到户具有诸多好处。随后，根据曾希圣的意见，安徽省委作出了《关于推行包产到队、定产到田、责任到人办法的意见》，下发到各地、市、县委。3月中旬，安徽每个县都搞起了一两个"责任田"试验点，一些社队则干脆自发地搞起"责任田"。在不长的时间里，全省搞"责任田"的生产队达到了39.2%。

随后，曾希圣到广州参加"三南会议"时，向毛泽东汇报了"责任田"的情况。此时，毛泽东正在全力探索如何解决队与队、社员与社员间的平均主义问题，所以对曾希圣说："你们试验嘛！搞坏了检讨就是了。"曾立即打电话告诉省委："现在已经通天了，可以搞。"过了几天，毛泽东又通过柯庆施转告曾希圣：可以在小范围试验。同年7月，曾希圣又到蚌埠就"田间管理责任制"问题向途经这里的毛泽东作了汇报，并再次讲到了实行这种办法的好处。毛泽东表示："你们认为没有毛病就可以普遍扩大。""如果责任田确有好处，可以多搞一点。"[1] 毛泽东认为安徽"责任田""可以多搞一点"，并不是表明他已经认同了"责任田"，而是此时他正在为解决人民公社内部的两个平均主义问题寻求办法。在他看来，安徽"责任田"也不失为一种解决两个平均主义的探索，可以一试。

有了毛泽东这个表态，安徽全省的"责任田"迅速发展。是年8月中旬，实行"责任田"的生产队达到了74.8%，10月中旬增加到84.4%。到1961年底，则更是增加到91.1%。

这年9月，毛泽东通过邯郸谈话会，从河北一些地方"分配大包干"中得到启发，并决定将基本核算单位下放到生产队。这也使得他对安徽"责任田"的态度发生了变化。如果说，此前他还认为"责任田"也不妨是一种解决公社内部平均主义的一种试验，那么，基本核算单位下放到生产队后，他认为已经找到了克服公社内部平均主义的根本途径，就没有必要搞"责任田"一类了。虽然安徽省委一再强调，他们的"田间管理责任制"不是"包产到户"，不是单干，但其本质还是搞的"包产到户"，而在毛泽东看来，搞"包产到户"就会有滑向单干的危险。1960年

---

[1] 安徽省农村经济委员会、安徽省档案局编：《安徽责任田资料选编（1961—1963）》，1987年编印，第4、7页。

底以来，毛泽东为解决人民公社问题付出了很多的精力，在他的努力下，中共中央出台了一系列的政策措施，但以生产队为基本核算单位，是毛泽东调整人民公社体制的底线，他认为不能再退了，再退就退到了分田单干的道路上去了。

毛泽东这种态度的变化，从 1961 年 11 月 13 日中共中央发出的《中共中央关于在农村进行社会主义教育的指示》中可以看出来。指示中说："目前在个别地方出现的包产到户和一些变相单干的做法，都是不符合社会主义集体经济的原则的，因而也是不正确的。在这类地方，应当通过改进工作，办好集体经济，并且进行细致的说服教育，逐步地引导农民把这些做法改变过来。"①

1961 年 12 月中旬，毛泽东将曾希圣找到江苏无锡，以商量的口吻说，有了以生产队为基本核算单位，是否还要搞"责任田"？又说，生产恢复了，是否把这个办法变回来？曾希圣说：群众刚刚尝到甜头，是否让群众再搞一段时间。毛泽东听后没有再说什么，但他对不要再搞"责任田"的态度其实已经明朗了。

在安徽大搞"责任田"时，其他一些地方也出现了各种形式的包产到户。1961 年 9 月，中共中央农村工作部在一份关于各地贯彻执行"农业六十条"情况简报中说："在一部分生产力破坏严重的地区，相当于一部分干部和农民对集体生产丧失信心，以致发展到'按劳分田'，'包产到户'，'分口粮田'等变相恢复单干的现象。……更值得注意的，是推行'包产到户'的作法，尽管这种地区并不占多数，表现形式和具体作法上也各有不同，但带有一定的普遍性，差不多每个省、市、区都有发现。个别地

---

① 中共中央文献研究室编：《建国以来重要文献选编》第 14 册，中央文献出版社 1997 年版，第 767 页。

方则是有领导地自上而下地执行这种作法。"① 可见，当时以各种形式实行包产到户的，并非个别现象。

1962 年初的"七千人大会"后期，按照毛泽东提出的要把大会开成"出气会"的要求，各代表团纷纷开展了自我批评。在"大跃进"和人民公社化运动中，安徽"五风"比较严重，曾希圣在会上受到了批判，遭到了撤职处分。结果，曾希圣推行的"责任田"也被连带批判，说"责任田"是"犯了方向性的严重错误"，"带有修正主义色彩"。

新的中共安徽省委成立后，立即着手纠正"责任田"，但"责任田"得到了安徽广大农民的拥护，在新省委大张旗鼓地纠正"责任田"时，作了一份调查，仍有 10% 左右的社员，主张继续搞包产到户，不愿改正"责任田"；有 20% 左右的社员不愿搞"责任田"，这些人主要是干部、党团员、积极分子、困难户和劳动力少技术差的户；其余 70% 的社员处在中间状态。当然，这个统计数字未必可靠，但即使是这 10% 和 70%，也说明推行"责任田"是深得人心的。

与此同时，党内亦有相当多的干部认为，包产到户是克服生产队内部社员之间平均主义的有效形式，因而以各种方式支持包产到户。

"七千人大会"后，安徽强行纠正"责任田"，许多干部虽不能公开反对，但内心不赞成这一做法。这年 4 月，中共宿县符离集区委书记武念慈给中央农村工作部部长邓子恢写信，向他保荐"责任田"。信中说，符离集区从 1961 年 3 月开始试行"责任田"，当年粮食增产 18%，深受干部群众欢迎。对于省委纠正"责任田"的决议，区委的干部进行了多次学习和讨论，思想仍

---

① 黄道霞等主编：《建国以来农业合作化史料汇编》，中共党史出版社 1992 年版，第 648 页。

然不通。这封信引起了邓子恢的重视，乃派农村工作部副部长王观澜带领调查组前往安徽当涂调查。

6月中旬，邓子恢收到了王观澜报送来的《当涂县责任田的情况调查》。报告中说，"责任田"做到了生产资料、生产计划、劳动力、分配和上交任务"五统一"，把农民的个人利益和集体经济紧密结合起来，社员的生产热情空前高涨，对恢复生产起了积极作用。邓子恢看了调查报告后认为，既然大多数"责任田"不涉及所有制问题，只是集体经营管理的一种形式，就不应加以否定，而应总结经验，加以提高。为了稳妥起见，他又让调查组到符离集所在的宿县调查，结果调查组得出了与当涂调查相同的结论，并且反映当地的干部纷纷要求允许他们试三年，等粮食过了关再改过来。①

看了这些报告，结合自己对包产到户问题的了解和思考，邓子恢认为包产到户是可行的。7月11日，邓子恢到中共中央高级党校作关于农业问题报告，着重讲了生产责任制的问题。他指出，现在集体经济的经营管理大部分没有搞好，主要是社员积极性不高；责任心不强，责任制没有建立起来；不能因材使用，分工合作。他认为，农活生产责任制不和产量结合是很难包的。因此，他强调："不能把作为田间管理责任制的包产到户认为是单干，虽然没有统一搞，但土地、生产资料是集体所有，不是个体经济，作为田间管理包到户，超产奖励这是允许的。"②

当时，领导层中赞成包产到户的，并非只有邓子恢一人。

七千人大会后，受毛泽东委派，田家英率调查组到湖南进行贯彻执行"农业六十条"情况的调查。调查组调查了毛泽东家乡

---

① 参见《邓子恢传》编辑委员会：《邓子恢传》，人民出版社1997年版，第563页。

② 《邓子恢文集》，人民出版社1996年版，第608页。

湘潭的韶山南岸生产队、毛泽东外祖父家湘乡的大坪大队和刘少奇家乡宁乡的炭子冲大队。调查组一进韶山，就发现群众普遍要求包产到户和分田到户，而且呼声很高。对这一情况，田家英没有思想准备，在一年前的"三南会议"上，他还明确地反对包产到户的。通过进一步调查讨论，田家英一方面觉得搞包产到户明显对恢复生产有利，但另一方面又觉得这个问题重大，不能轻举妄动，因为韶山是个特殊的地方，对全国影响很大。

带着这种矛盾的心情，田家英前往上海向毛泽东汇报。结果，毛泽东说："我们是要走群众路线的，但有的时候，也不能完全听群众的，比如要搞包产到户就不能听。"而此时也在上海的陈云看了调查报告后，却评价说："观点鲜明。"[1]

从上海回来后，田家英又到韶山进行了一段时间的调查，于6月底回到北京，将调查的情况向刘少奇作了汇报。刘对包产到户内心是赞成的。1961年4、5月间，他在湖南宁乡调查时针对包产到户问题就讲过，"有些零星生产可以包产到户"，例如田塍、荒地等。所以田家英的汇报刚开个头，就被刘少奇打断了。刘说："现在情况已经明了了。"接着就提出关于实行包产到户的主张，并且详细地讲了对当时形势的看法。当田家英问可不可以将他这些意见报告毛泽东时，刘干脆地说："可以。"[2]

邓小平对包产到户也是赞成的。7月2日，中共中央书记处开会，讨论如何恢复农业的问题。邓小平说，"恢复农业，群众相当多的提出分田"，"现在所有的形式中，农业是单干搞得好。不管是黄猫、黑猫，在过渡时期，哪一种方法有利于恢复，就用

---

① 董边等编：《毛泽东和他的秘书田家英》（增订本），中央文献出版社1996年版，第89—91页。

② 董边等编：《毛泽东和他的秘书田家英》（增订本），中央文献出版社1996年版，第91页。

哪一种方法。我赞成认真研究一下分田或者包产到户，究竟存在什么问题，因为相当普遍。你说不好，总要有答复。群众要求，总有道理"。①

7月7日，邓小平在接见出席共青团三届七中全会的全体与会者时说："现在出现了一些新的情况，如实行'包产到户'、'责任到田'、'五统一'等等。以各种形式包产到户的恐怕不只是百分之二十，这是一个很大的问题。""这样的问题应该'百家争鸣'，大家出主意，最后找出个办法来。他还说："生产关系究竟以什么形式为最好，恐怕要采取这样一种态度，就是哪种形式在哪个地方能够比较容易比较快地恢复和发展农业生产，就采取哪种形式；群众愿意采取哪种形式，就应该采取哪种形式，不合法的使它合法起来。"② 他进一步指出，就是有些包产到户的，要使他们合法化。在这里，邓小平对包产到户的倾向性是不言而喻的。

但是，毛泽东并不看好包产到户，在他看来，有了"农业六十条"，又有了以生产队为基本核算单位，人民公社的问题就已经解决。搞包产到户就是搞单干，这也就是在农村要"走资本主义道路"。毛泽东对人民公社内部的平均主义是反对的，所以他才决定将基本核算单位下放到生产队，但他又认为，生产队内部又不能没有一点平均主义，不能搞彻底的按劳分配，否则就不能给贫苦农民适当的照顾，就不可避免地要出现农村的两极分化。毛泽东认为，如果在共产党领导下，农民仍然穷的穷、富的富，那就有悖领导农民革命的初衷，搞包产到户就会产生这样的后果。这年7月初，他从外地回到北京之后，就明确表示不能搞包产到户，对田家英等主张包产到户提出严厉批评。为了维护党的

---

① 中共中央文献研究室编：《邓小平年谱（1904—1974）》（下），中央文献出版社2009年版，第1713页。

② 《邓小平文选》第1卷，人民出版社1994年版，第323页。

团结，刘少奇、邓小平、陈云等人不再提包产到户问题，党内高层再也没有赞成包产到户的声音。

三、国民经济调整的全面展开

（一）"工业七十条"

在"大跃进"启动后，在粮食生产上虚报浮夸大放"卫星"，受其影响，人们一度主观地认为粮食问题已经过关，为"大办工业"创造了条件，于是一大批工业企业仓促上马。与此同时，一些企业为了提高产量，放工业生产"卫星"，不是着眼于技术革新和加强管理，而是大搞人海战术，盲目招收新职工，因而不论新办企业还是原有企业，职工人数都大大超过了实际需要。

全国职工总人数从 1957 年的 2450.6 万人增加到 1960 年的 5043.8 万人，其中工业部门职工人数，1957 年为 747 万人，1960 年增加到 2142 万人，增加了近两倍。虽然职工人数大幅度增加，但用于生产第一线的人员并没有相应增加。1960 年 6 月底，全国工业部门非直接生产人员达 362.6 万人，比 1957 年底增加了 178.4 万人。非直接生产人员占企业全部职工的比重，1958 年为 12.3%，1959 年为 16.2%，1960 年 6 月为 17.6%。工业企业非直接生产人员所占比例过高的主要原因：一是行政机构重叠，管理人员过多。1960 年 6 月底，全国工业企业的管理人员有 184 万多人，比 1957 年增加了 76 万人，两年中增加了 2/3，平均每 100 名工人中就有管理人员 12.6 人，建筑安装企业中更是多达 16.7 人。二是服务人员过多，服务定额低。当时全国工业企业中的服务人员共达 177.8 万人，平均每 100 名职工中有服务人员 8.6 人，比 1957 年多出一倍。在管理和服务人员大幅度增加的同时，"大跃进"中号召解放思想、破除迷信，提倡敢想敢说敢干，导致企业的规章制度被破坏，经营管理无序，效率效益低下，经济核算流于形式有的企业甚至连形式也放弃了。

邓小平是党内较早地发现"大跃进"中工业企业方面存在问题的领导人。1959 年 1 月 26 日，他在各省自治区市党委书记会议上的讲话中就提出："工矿企业，在生产方面，同样还要提出加强经营管理，经济核算，责任制。规章制度，只能废除那些必须废除的，有的废除之后要新建，不能统统否定规章制度。特别是大生产里边一系列的问题，就更要有充分的科学的根据，随便乱动不得。大生产应该着眼于搞技术革命，不是搞人海战术。"[1]可惜，邓小平的这个指示，并未得到切实的贯彻执行。尤其是1959 年七八月间的庐山会议后，随着在全党范围的"反右倾"运动展开，一些坚持按规定制度办事的企业管理人员被指责为"右倾机会主义分子"，工业企业管理上的无序混乱进一步发展。

到 1960 年底，工业方面的问题较多地暴露出来。根据中共中央书记处的意见，国务院副总理兼国家计委主任李富春组织国家计委、经委、一机部、中央高级党校、中国科学院经济研究所和北京市委等单位的有关人员，成立调查组，到北京第一机床厂，就工业方面的问题开始进行系统调查。1961 年初，毛泽东发出全党大兴调查研究之风的号召后，国家计委、经委又组织人员到石景山钢铁公司、华北无线电厂、太原钢铁厂、济南钢铁厂等单位做调查。中央政治研究室也对天津第一钢厂和天津机床厂做了调查。5 月 3 日到 6 日，国家经委邀集各中央局经委主任和北京、天津、辽宁、黑龙江、江苏等 11 个省市主管工业的党委书记，由国务院副总理兼国家经委主任薄一波主持，在北京举行座

---

[1] 薄一波：《若干重大决策与事件的回顾》下卷，中共中央党校出版社 1993 年版，第 954 页。

谈会。5月底6月初，这些调查材料和座谈会材料陆续反映到中央。据薄一波回忆："这些材料说明，当时工业生产大幅度下降，基本建设工程大批被迫停工，设备损坏严重，事故很多，人心不定，煤矿工人大批逃跑，企业管理混乱，生产指挥系统有不少处于瘫痪或半瘫痪状态。"① 这种严重的局面如果不加以扭转，国民经济调整将变成一句空话。5月20日，中共中央书记处在听取了薄一波关于工业座谈会情况的汇报后，认为有必要搞一个工业方面的文件。薄一波提出，现在光发个原则性的指示，一是难写，二是发了也不解决问题，主持会议的邓小平当即表示："要写各项政策，如责任制、技术政策、工资政策等"②。这就为后来"工业七十条"的起草明确了方向。

在1961年五六月间召开的中央工作会议上，毛泽东在讲话中谈到干部教育问题时说，不教育干部毫无出路，要用"农业六十条"长期教育干部，没有几十年不能教育好，同时提出"城市也要搞若干条"。毛泽东的这个意见，也为制定工业方面的条例定了音。

1961年6月17日，邓小平主持中共中央书记处会议，讨论钢铁生产和刚刚闭幕的中央工作会议的传达问题。会上确定由薄一波负责起草工业条例。1958年"大跃进"运动以来，钢铁以及与之紧密相关的煤炭始终是发展工业的重点，时称"钢铁元帅升帐"。虽然1960年初以来提出全力保钢，但钢和煤的产量仍是连续下滑，而钢和煤的生产情况又涉及整个工业发展的全局。对此，负责计划工作的李富春提出：要由负责同志分头调查，解决

---

① 薄一波：《若干重大决策与事件的回顾》下卷，中共中央党校出版社1993年版，第952页。

② 中共中央文献研究室编：《邓小平年谱（1904—1974）》（下），中央文献出版社2009年版，第1641页。

重点企业的问题，并建议华北的石家庄钢厂、太原钢厂、天津钢厂由他自己和书记处书记李雪峰负责；东北的鞍钢、本溪钢厂由薄一波负责。邓小平赞成李富春意见，认为"工业比农业复杂得多，究竟如何搞？现在心里无底。只有结合调查研究，条例才能搞得出来"。① 他还表示可从各部抽人，必要时找少数大厂的人一块来参加；头十天左右，先把情况好好摸一下。

邓小平对工业条例的起草抓得很紧。7月3日，他主持中央书记处会议，讨论工业企业整顿和干部轮训等问题。会上他问李富春，初稿何时可以拿出来，李富春说7月25日可拿出初稿。随后，中央书记处致电正在东北调研的薄一波，要求尽快拿出初稿，并于7月15日印出报送中共中央。

7月初，薄一波负责的起草小组写出了一个比较简单的条例草稿："总题为《国营工业企业管理条例》，共10章。第1章小题为"国营工业企业的性质、任务和体制"，以下9章，分别讲计划管理、责任制度、技术管理、经济核算等具体问题，基本上属于工业企业的内部关系和各种管理制度问题。由于是分头写的草稿，各章体例也不一样，还分不出多少条来。"② 随后，起草小组带着写出的草稿，分赴哈尔滨、长春征求意见，并根据一些企业负责人反映的情况进行修改，形成了文件的初稿，题为《国营工业管理工作条例（草案）》，共15章80条。7月16日，条例草案报送中共中央书记处。

7月28日，邓小平在北戴河主持中共中央书记处会议，听取薄一波关于工业条例起草情况的汇报和说明，并对条例进行反复

① 中共中央文献研究室编：《邓小平年谱（1904—1974）》（下），中央文献出版社2009年版，第1645页。

② 薄一波：《若干重大决策与事件的回顾》下卷，中共中央党校出版社1993年版，第954—955页。

讨论。与会者认为："搞工业管理条例，现在还搞不出来，还是只搞企业管理条例，主要写企业内部问题，名称就叫《国营工业企业管理工作条例》。有关国家与企业、企业与企业、人民公社与企业等关系方面的问题，必须写的也可以写一些，但大部分要放到中央关于工业问题的指示中去写。《红旗》杂志副总编辑邓力群同志建议在条例中加一段序言。小平同志赞成，并指示他组织力量搞。"①

中共中央书记处会议之后，起草小组就在北戴河进行条例的修改。根据中央书记处的意见，修改后的稿子，题目定为《国营工业企业管理工作条例（草案）》，压缩了篇幅，共分10章、65条，于8月10日报送中央书记处。条例草案系统地总结新中国成立以来特别是"大跃进"以来工业管理工作的经验教训，提出了国营企业管理工作的一些指导原则，并作出许多具体规定。条例草案确定国家对企业实行"五定"，即定产品方向和生产规模，定人员、机构，定主要的原料、材料、燃料、动力、工具的消耗定额和供求来源，定固定资产和流动资金，定协作关系；企业对国家实行"五保"，即保证产品的品种、数量和质量，保证不超过工资总额，保证完成成本计划并且力求降低成本，保证完成上缴利润，保证主要设备的使用期限；等等。

8月11日到14日，中央书记处在北戴河连续举行了四天会议，对《国营工业企业管理工作条例（草案）》稿逐条进行讨论，边议边改，最后将条例草案确定为70条，分10章，总字数约25000字。在讨论过程中，与会者曾对如何加强党委对企业的领导产生不同看法，邓小平对此明确表示，对于"党委领导下的厂长负责制"由他来构思和修改。在讨论条例的第二次书记处会

---

① 薄一波：《若干重大决策与事件的回顾》下卷，中共中央党校出版社1993年版，第955—956页。

议上，由邓小平口授，起草组成员做文字记录，这部分内容后来成为"工业七十条"的第八章。该章共有四条，其中强调，在企业的生产行政上，实行党委领导下的厂长负责制，实行集体领导与个人负责相结合的制度。强调在企业党委的领导下，企业生产行政工作的指挥，由厂长负责。企业党委对生产、技术、财务、生活等重大问题作出决定以后，应当由厂长下达，并且由厂长负责组织执行。企业党委应当积极支持以厂长为首的全厂统一的行政指挥系统行使职权，应当认真维护各级的和各方面的责任制。这就明确了企业党委与企业行政之间的关系，有利于企业党政发挥各自的职能，在一定程度上避免了企业党政关系上的"两张皮"，有利于改进企业经营管理。

当时，有的企业实行所谓党总支或党支部领导下的车间主任或工段长负责制、党总支或党支部领导下的科长或室主任负责制，有的班组甚至也实行所谓党小组领导下的班组长负责制。邓小平在主持修改"工业七十条"草案时，明确表示车间、工段不实行党总支、支部领导下的车间主任、工段长负责制。这一问题在"工业七十条"讨论中曾引起争论，有人认为这与毛泽东历来主张党支部建在连上的精神相违背，邓小平对此不以为然，强调工厂和军队不完全一样，不能如此套用。

这年8月15日，邓小平、彭真、李富春、薄一波联名向毛泽东和中共中央政治局常委会写了一封信，并附上条例草案稿。"信中说，条例草案着重对以下几方面作了具体规定：在计划管理中，确定了国家对企业实行"五定"、企业对国家负责实行"五保"的办法；加强责任制，建立以厂长为首的全厂统一的行政指挥系统；端正对技术人员、老工人的政策；调整和固定企业之间的协作关系，严格实行经济合同制度；确定每个企业的生产行政工作只能由一个行政主管机关管理，不能多头领导；等等。①
此外信中还特别说明条例草案稿还不很成熟，不很完备，难免有
不妥之处，待提到中央工作会议讨论修正后，再用草案形式发到
各重要企业，一面试行，一面讨论提意见，以便进一步修改。同
一天，中央办公厅将条例草案稿和邓小平等四人的联名信，印发
给即将参加在庐山召开的中央工作会议的各中央局和各省市区负
责人，请其事先阅读，提出意见。

8月23日至9月16日，中共中央在庐山召开工作会议，主
要议题是粮食问题、市场问题、两年计划和工业问题、工业企业
管理问题、高等学校工作问题、干部轮训问题。此次庐山会议在
讨论"工业七十条"草案时，多数与会者认为这是一个好文件，
对于兴利除弊、整顿工业企业、搞好企业管理十分必要。有了这
个条例后，工业企业的工作就有章可循了。但是，由于有的人仍
有浓厚的"大跃进"情结，因而对"工业七十条"的内容持不
同意见甚至有些不以为然，认为条例草案对"大跃进"的正面经
验总结得不够，肯定得太少，没有提解放思想、破除迷信、敢想
敢说敢干，对大搞群众运动、党的领导问题不突出等。也有人担
心实行这个条例后，又将回到"大跃进"以前的老路上去。有人
甚至说了一句很刺耳的话："看来看去，这个条例是刚从苏联回
来的人起草的。"邓小平因要率中共代表团出席即将召开的朝鲜
劳动党第四次全国代表大会，9月6日便离开了庐山回到北京，
因此这句话他当时没有听到。在后来酝酿七千人大会的一次中共
中央书记处会议上，他才知道有人说了这样的话。对此邓小平很
反感，立即说："我倒是留过苏，但不是刚从苏联回来的。"②

① 中共中央文献研究室编：《邓小平年谱（1904—1974）》（下），
中央文献出版社2009年版，第1655页。

② 邓力群：《〈工业七十条〉起草始末》，《百年潮》2011年第12期。

中共中央书记处认真研究了会上提出的不同意见，凡能吸收的都尽量加以吸收，并对条例初稿再次作了修改。9 月 16 日，彭真将指示信和修改后的条例草案报送中共中央政治局常委会成员，并附信说明："六个大区的同志已阅，均无意见，认为很好。"第二天，毛泽东作出批示："指示及总则已阅，很好"。他还圈掉了条例标题中的"管理"二字。这样，这个条例就正式定名为《国营工业企业工作条例（草案）》。

"工业七十条"草案规定，国营工业企业是社会主义的全民所有制的经济组织，又是独立的生产经营单位，它的根本任务是全面完成和超额完成国家计划，增加社会产品，扩大社会主义积累；企业的各个方面、各个环节，都有实行严格的责任制度；企业的技术工作，由总工程师负全部责任；每个企业都必须实行全面的经济核算，勤俭节约，讲究经济效果；企业职工的劳动报酬，要贯彻按劳分配原则，反对搞平均主义；企业的职工代表大会制，是吸收广大职工群众参加企业管理和监督行政的重要制度；每个企业的行政上只能由一个主管机关管理，不能多头领导；等等。

1961 年 9 月 16 日，中共中央发出《关于讨论和试行〈国营工业企业工作条例（草案）〉的指示》。该指示指出：这个条例草案的目的，是要把党领导工业企业的经验特别是最近三年多的经验，系统地加以总结，成为管理企业的规章制度。同时明确表示因为这个条例是在很短的时间内草拟出来的，它的内容不但不很完备，而且还会有不够恰当的地方。指示要求在中央和地方的国营企业中，对其组织讨论并选择若干企业试行。①1962 年第一季度，国家经委会同各地区、各部门检查工业七十条

---

① 中共中央文献研究室编：《建国以来重要文献选编》第 14 册，中央文献出版社 1997 年版，第 636 页。

的贯彻执行情况，第一批试点的中央和地方工业企业近三千个，都不同程度地调整了企业内部关系，改善了管理工作，生产逐步好转。

"工业七十条"是 1961 年全党大兴调查研究之风取得的一项重要成果，它的下发和试行，成为整顿工业企业经营管理的重要政策依据。条例不仅恢复了被"大跃进"运动否定和打乱的工业企业规章制度，而且建立了一些"大跃进"运动之前也未曾建立的制度（例如厂长领导下的总会计师负责企业财务管理的有关规定），使工业企业的管理在调整中向规范和健全的方向迈进了一步，这对于贯彻执行国民经济的"调整、巩固、充实、提高"的八字方针，恢复和建立正常的生产秩序，提高企业的管理水平和生产效益，起了重要作用。

（二）七千人大会

由于连续几年的"大跃进"和 1959 年庐山会议后全党"反右倾"的影响，还有相当多的领导干部，对于"大跃进"还没有从思想上转过弯来，还在企图等待形势好转后继续大干，搞新的"跃进"，不愿意将基本建设规模和工业指标压缩下来；有的领导干部虽然也认为调整极为必要，但对庐山会议后的"反右倾"仍心有余悸，担心降低指标、调整速度会被人看成是右倾倒退，被扣上否定总路线、"大跃进"和人民公社化"三面红旗"的帽子；也有少数的党员干部面对严重困难不知所措，产生悲观埋怨情绪，对何时走出低谷信心不足。

1961 年 11 月上旬，中共中央召开各中央局第一书记会议，专门讨论 1962 年的粮食征购和上调任务问题。邓小平在会上提出，1962 年全国粮食上调任务有 120 亿斤、150 亿斤和 180 亿斤三个方案。如果上调 120 亿斤，就不得不加大粮食进口；上调 150 亿斤，日子勉强可过，但仍需进口一部分粮食；只有上调180亿斤，才可不进口粮食并有部分调剂。受"大跃进"和人民公社化运动的影响，加之自然灾害的因素，1959年以来粮食产量连年下降。1961年开始调整农村政策，特别是出台了《农村人民公社工作条例》即"农业六十条"，情况有所好转，全国粮食总产量为2950亿斤，比1960年有所增加，但粮食紧张的局面并没有根本好转。对各个中央局的负责人而言，吃饭问题是必须解决的头等大事，如果上调的粮食多了，意味着本地留粮将会减少。因此，对于邓小平提出的150亿斤和180亿斤的方案，中共中央华东局第一书记柯庆施首先提出质疑，表示如果按150亿斤的方案，华东难以一下子调出那么多的粮食。其他中央局书记也表示不能打保票，只能回去之后做工作。这时，中共中央中南局第一书记陶铸提议，与其回去做工作，不如将全国的地委书记找到北京来，召开地委书记会议，打通思想。

11月12日晚，毛泽东听取邓小平对中央局第一书记会议情况的汇报，提出干脆把县委书记也召集来开会。他说："全国人大决定不开了，召集县委书记来开个会。时间在中央工作会议之后。"他又说："一个县一人少了，要来两个人，地委来三个人，省市来四个人，中央局也来四个人。要把这次会议当作小整风。几年来中央在工作上犯了什么错误，要讲。全局观念、纪律、先整体后局部后个人，要讲。现在小天地太多，一个县也是小天地。中央的账要讲清楚。我们交了心，才能要求他们交心。"他还说："现在气不壮，很沉闷。收购不到东西，粮食状况不好，要两三年转过来……现在不是没有东西，猪是少，但其他有，就是收不上来。要鼓气，就是总结经验、鼓足干劲八个字。总结经验就是讲清道理，好坏经验都找。会议搞十天，大会套小会，中央、大区同志都讲讲话，搞思想一致，解决小天地太多的问题、集中统一问题。"① 这便是七千人大会的由来。

在七千人大会之前，即 1961 年 12 月 20 日至 1962 年 1 月 1 日，中共中央召开了一次工作会议，为七千人大会做准备。在中央工作会议的第一天晚上，毛泽东召集中共中央政治局常委和各中央局第一书记开会，讨论会议的议题和开法，当周恩来谈到需要加强集中统一时，毛泽东说："我起初是支持地方的，后来我看不对头，现在要支持集中了。过去民主革命，证明集中统一才能打胜仗。"② 在此前后，邓小平也一再强调要反对分散主义。他在 1961 年 12 月 11 日的中共中央书记处会议上说："现在中央同地方的矛盾相当突出，怎么解决？应当强调集中统一，强调全局。全党服从中央是核心。"他在 12 月 18 日的中共中央书记处会议上又说："最近要强调集中统一。现在权力下放过多，全国有几十万个小天地，各有打算，各留后手，东西拿不上来，积重难返。"③ 可见，召开七千人大会的最初动机，是为了解决地方粮食上调问题，并且解决地方的"小天地"即分散主义问题，同时也对几年来的工作经验和教训进行总结。中共中央为召开这次会议发出的通知中，明确指出："今年以来，我国的经济形势，特别是农业情况，部分地区已经有了显著的好转，但是困难还没有渡过。在我们的实际工作中间，还存在着一些不正确的观点和作风，例如：分散主义状况，本位主义观点，不讲老实话的作风，在执行国家收购农产品任务上不照顾大局，片面地只顾本地

---

① 中共中央文献研究室编：《毛泽东年谱（1949—1976）》第 5 卷，中央文献出版社 2013 年版，第 47、47—48 页。

② 中共中央文献研究室编：《毛泽东传（1949—1976）》（下），中央文献出版社 2003 年版，第 1188 页。

③ 中共中央文献研究室编：《邓小平年谱（1904—1974）》（下），中央文献出版社 2009 年版，第 1675、1678 页。

或者只顾农民一头，缺乏朝气，缩手缩脚的畏难情绪，等等。"①
这次会议的目的，就是要克服这些情绪，加强纪律性，全党团结
一致，尽快地克服当前的困难。七千人大会正式召开前，由刘少
奇和邓小平主持起草大会的报告稿。这个报告稿的中心内容就是
反对分散主义，并且得到了毛泽东的赞成，他在大会召开前一天
向邓小平等人表示，报告的中心反对分散主义不能变动，必须
坚持。②

　　七千人大会的第一阶段，是讨论刘小奇代表中共中央提出的
书面报告草稿。与以往不同的是，这个报告草稿写出来之后，没
有经过政治局会议讨论，毛泽东便提议直接印发大会进行讨论和
征求修改意见，以便更好地集思广益，将报告修改好。经过与会
者反复地讨论和修改，最后形成了《在扩大的中央工作会议上的
讲话》的定稿，国内形势问题作为大会的正式文件。该讲话分为
三个部分：一是国内形势问题；二是加强民主集中制、加强集中
统一的问题；三是党的问题。

　　按照原定的计划，报告由刘少奇在 1 月 27 日的大会上宣读。
开会的前一天，毛泽东提议：既然报告已经印发，在大会上就不
要念了，由刘少奇根据报告的精神在大会上放开讲一讲。这样，
刘少奇连夜准备了一个提纲。第二天开会前，他在休息室里将提
纲送给了毛泽东和其他中央常委作了传阅。经常委同意后，他在
大会上作了长篇讲话。

　　讲话同报告一样，也是三个部分，但比报告分析得更为透
彻。关于目前的国内形势，刘少奇说："我们在经济方面是有相

---

　　①　张素华：《变局：七千人大会始末》，中国青年出版社 2006 年版，
第 21 页。

　　②　中共中央文献研究室编：《毛泽东传（1949—1976）》（下），中
央文献出版社 2003 年版，第 1192 页。

当大的困难的。我们应该承认这一点。当前的困难表现在：人民吃的粮食不够，副食品不够，肉、油等东西不够；穿的也不够，布太少了；用的也不那么够。就是说，人民的吃、穿、用都不足。"①

对于困难出现的原因，刘少奇指出，一条是天灾，连续三年的自然灾害，使农业和工业减产了；还有一条就是1958年以来"我们工作中的缺点和错误"。这两条原因，哪一条是主要的呢？刘少奇说，有的地方，减产的主要原因不是天灾，而是工作的缺点和错误，正如湖南的农民所说的，是"三分天灾，七分人祸"。

对于工作中成绩与缺点的关系，过去常常用九个指头与一个指头的关系来形容。刘少奇在讲话中虽然也认为成绩是主要的，第一位的；缺点和错误是次要的，第二位的，但是刘少奇又指出："全国总起来讲，缺点和成绩的关系，就不能说是一个指头和九个指头的关系，恐怕是三个指头和七个指头的关系。还有些地区，缺点和错误不止是三个指头。如果说这些地方的缺点和错误只是三个指头，成绩还有七个指头，这是不符合实际情况的，是不能说服人的。"刘少奇甚至还说："全国有一部分地区可以说缺点和错误是主要的，成绩不是主要的。"②

如何评价总路线、"大跃进"和人民公社这"三面红旗"，在当时是一个极为敏感的问题。刘少奇在书面报告仍肯定"三面红旗"的基本方向和主要原则是正确的，但他在讲话中又指出："现在，有些问题还看得不那么清楚，但是再经过五年、十年以后，我们再来总结经验，那时候就可以更进一步地作出结论。"③这实际上把"三面红旗"正确与否的评价问题，留下了将来再作

---

① 《刘少奇选集》下卷，人民出版社1985年版，第418页。
② 《刘少奇选集》下卷，人民出版社1985年版，第421页。
③ 《刘少奇选集》下卷，人民出版社1985年版，第426页。

研究的可能。

同时要看到的是，不论是刘少奇的书面报告还是口头讲话，谈及民主集中制问题时，更多的是对分散主义进行批评。认为分散主义最突出的表现，是存在许多各自为政的"小天地"。这些"小天地"，对中共中央闹独立性，对人民群众、对下级独断专行，压制民主。这些"小天地"，只顾局部利益，不顾整体利益，只顾眼前利益，不顾长远利益，不坚决执行中央的统一政策，不严格执行国家的统一计划，等等。经集体起草并反复修改的刘少奇向大会所作的书面报告中，将分散主义的危害性归纳四条："在政治上，损害党的统一。""在经济上，损害全民所有制，使国家计划不能正确地制定和执行。""在思想上，滋长个人主义、本位主义，损害共产主义。""在组织上，损害民主集中制，破坏党的纪律，削弱党的战斗力。"报告指出："显然可见，加强民主集中制，加强集中统一，反对分散主义，这是摆在全党面前的重大任务。"① 在"大跃进"和人民公社化运动中，有的地方别出心裁，贯彻上级精神打折扣，执行政策走样，搞各自为政的"小天地"现象固然有，但对民主集中制危害最严重的，恐怕还是违背民主原则从上到下的命令主义，而对于这个问题，报告和讲话虽然都提到了，但基本上是一句带过。

按照预定的计划，会议在 1962 年 1 月 30 日或 31 日便可结束，31 日晚代表们便可以离京返回各地过春节。可是，到了 29 日下午，许多人反映，话还没有说完，还憋着一肚子气。有的组还反映，会上还有人压制民主，不让讲话。针对这种情况，毛泽东在同其他中央常委商量后，决定让与会者把要讲的话都讲出来，把"气"出完，将会期延长。

1 月 30 日，毛泽东在七千人大会上讲话，中心话题更是民主

---

① 《刘少奇选集》下卷，人民出版社 1985 年版，第 382 页。

集中制问题，核心内容是要让群众讲话。他说，"看起来，我们有些同志，对于马克思、列宁所说的民主集中制，还不理解"，认为"不论党内党外，都要有充分的民主生活"，"都要认真实行民主集中制。要真正把问题敞开，让群众讲话，哪怕是骂自己的话，也要让人家讲"。现在的问题是有些人"很怕群众开展讨论，怕他们提出同领导机关、领导者意见不同的意见。一讨论问题，就压抑群众的积极性，不许人家讲话。这种态度非常恶劣。民主集中制是上了我们的党章的，上了我们的宪法的，他们就是不实行"。毛泽东还说："批评和自我批评是一种方法，是解决人民内部矛盾的方法，而且是唯一的方法。除此以外，没有别的方法。但是，如果没有充分的民主生活，没有真正实行民主集中制，就不可能实行批评和自我批评这种方法。"他还讲到了党委如何加强民主集中制的问题，对一些党委由第一书记说了算的现象提出批评。他还说：自己的错误也不能隐瞒。"凡是中央犯的错误，直接的归我负责，间接的我也有份，因为我是中央主席。"①

1月12日至2月6日，会议开展了积极的批评与自我批评，各大组对省委、中央局、中央国家机关及其有关负责人几年来的工作，提出了许多批评，各省委的主要负责人都在大会上作了检讨，一些部委的负责干部对工作指导上出现的缺点错误作了自我批评。会议洋溢着浓郁的民主气息，与会者畅所欲言，会议的热烈气氛是近几年来所少见的。

2月6日，邓小平就党的问题在大会上作了讲话，中心问题是发扬党的优良传统。他认为，目前党的生活是有严重缺陷的，造成严重缺陷的原因有多种。这几年指标过高，要求过急，既助长了分散主义，又助长了命令主义，民主集中制也就有了相当大

---

① 《毛泽东文集》第8卷，人民出版社1999年版，第290、291、292、293、296页。

的削弱。有许多事情，形式上似乎比过去更集中，但在实际上，分散主义的现象却是很严重的。另外有许多事情，形式上似乎比过去民主，但在实际上，命令主义、少数人或个人独断专横的现象却是十分严重的。因此，这次会议提出要加强民主集中制，发扬民主，加强集中统一，反对分散主义。他指出，最近几年，党的领导、党的工作是有严重缺点的，特别重要的是党的优良传统受到了削弱。因此，现在必须把党的优良传统恢复起来，加强起来，发扬起来。

第二天，周恩来在大会上讲了 1958 年以来计划工作的失误，做了自我批评，并分析了国民经济存在的困难和克服困难的办法。他说：这几年的缺点、错误，国务院及所属的各综合性委员会、各综合口和各部，要负很大责任。不要实际地规定跃进的速度，就使人们只注意多、快，不注意好、省；只注意数量，不注意品种、质量；只要搞速度，不重视按比例；只顾主观需要，不顾客观可能；只顾当前需求，没有长远打算；不从整个历史时期来计算大跃进的速度，而要求年年有同样的高速度。结果欲速则不达。必须认识如果不按比例，不搞综合平衡，不认识客观规律，不按客观规律办事，就要受到客观规律的处罚。

此外，林彪也在大会上讲了话，但他在讲话中大搞对毛泽东的个人崇拜。林彪说："我深深感觉到，我们的工作搞得好一些的时候，是毛主席的思想能够顺利贯彻的时候，毛主席的思想不受干扰的时候。如果毛主席的意见受不到尊重，或者受到很大的干扰的时候，事情就要出毛病。我们党几十年来的历史，就是这么一个历史。"① 林彪在此吹捧毛泽东，其用心是不言而喻的。林彪的讲话，成为七千人大会中一段不和谐的杂音。

---

① 中共中央文献研究室编：《建国以来重要文献选编》第 15 册，中央文献出版社 1997 年版，第 108 页。

七千人大会对1958年以来的经验教训作了深入的总结，客观地分析了所面临的形势，使党的中高级干部进一步认识到了国民经济调整的必要性，在一定程度上解放了思想，统一了认识，这就为1962年国民经济调整的顺利进行奠定思想基础。

（三）下定调整决心

七千人大会对形势的基本估计是"最困难的时期已经渡过了"；困难尽管还很严重，"但是正在逐步地被克服"。可是，会后却发现，这个估计还是过分乐观了，其实最困难的时期并没有渡过。

1962年2月21日，刘少奇在北京主持召开中共中央政治局常委扩大会议。会议连续开了三天，除了毛泽东外出南方视察没有参加外，中央政治局常委、书记处成员和中央经济部门负责人共16人参加了会议。由于会议是在中南海西楼会议室召开的，所以史称"西楼会议"。

刘少奇在会上提出："中央工作会议（即'七千人大会'）对困难情况透底不够，有问题不愿揭，怕说漆黑一团！还它个本来面目，怕什么？说漆黑一团，可以让人悲观，也可以激发人们向困难作斗争的勇气！"他还说："现在处于恢复时期，但与一九四九年后的三年情况不一样，是个不正常的时期，带有非常时期的性质，不能用平常的办法，要用非常的办法，把调整经济的措施贯彻下去。"①

会上，周恩来提议下决心对国民经济进行大幅度调整。与会者对此深有同感，大家认为，只有压缩某些工业生产指标和基本建设投资，才能实现财政收支"当年平衡、略有回笼"的要求，

---

① 中共中央文献研究室编：《刘少奇年谱（1898—1969）》下卷，中央文献出版社1996年版，第549页。

使经济逐步恢复正常秩序，然后在这个基础上发展。

陈云在会上作了系统的发言，全面阐述了目前财政经济的困难和克服这些困难的若干办法，中心内容是讲精减职工和减少城镇人口的重要性。他说，为了满足城市人口需要的粮食，必须把农民的口粮和饲料粮挤出来，不挤农民的口粮、饲料粮，城里的人口就要缺粮。农村的农民饿肚子，城市的人患浮肿病，就是这样造成的。解决这个矛盾的办法只有一个，就是必须减少城市人口，让一部分城市人口回乡务农。陈云的讲话得到了刘少奇和其他中央领导人的赞同。刘少奇还建议召开一次国务院全体会议，请陈云再展开讲一讲，以便进一步统一全党的思想。

根据刘少奇的建议，陈云在 2 月 26 日召开的国务院各部、委党组成员会上作了《目前财政经济的情况和克服困难的若干办法》的报告，再次阐述了他在政治局常委扩大会议上所讲的内容。对于目前财政经济方面存在的困难，陈云讲了五点：(1) 农业在近几年有很大的减产。(2) 已经摆开的基本建设规模，超过了国家财力物力的可能性，同现在的工农业生产水平不相适应。职工和城市人口增加过多，不但农业负担不了，工业也负担不了。(3) 钞票发得太多，通货膨胀。(4) 城市的钞票大量向乡村转移，一部分农民手里钞票很多，投机倒把在发展。(5) 城市人民的生活水平下降，吃的、穿的、用的都不够，物价上涨，实际工资下降很多。

陈云在分析了克服困难的诸多有利条件后，提出了克服困难的六条具体措施：第一，把十年经济规划分为两个阶段。前一阶段是恢复阶段，后一阶段是发展阶段。第二，减少城市人口，"精兵简政"。第三，采取一切办法制止通货膨胀。第四，尽力保证城市人民的最低生活需要。第五，把一切可能的力量都用于农业增产。第六，计划机关的注意力，应该从工业、交通方面，转移到农业增产和制止通货膨胀上来，并且在国家计划里得到体现。

陈云还建议，为了保证城市人民最低生活需要，可分几步做到城市每人每月供应三斤大豆，同时每年供应几千万双尼龙袜子，并把全国各地价值4000万元到5000万元的山珍海味等高级副食品，用于高价馆子，既可以改善一部分人的生活，又能多回笼货币。① 这些建议后来都得到了落实。

在国务院各部、委党组成员会议上，李富春和李先念也分别作了《关于工业情况和建设速度问题》《当前财政、信贷、市场方面存在的问题和应采取的措施》的报告。为了让更多的人了解中央的精神，刘少奇主张将陈云、李富春、李先念的报告转发给全国。3月18日，中共中央转发了陈云等人的讲话，并在批语中说："我们现在在经济上是处在一种很不平常的时期，即非常时期。"

为了加强对经济工作的领导，3月13日，中共中央政治局常委会扩大会议决定恢复中央财经小组，统管经济工作。

中央财经小组可以说是几起几落。早在1957年1月，中共中央政治局就决定成立中央经济工作五人小组，陈云任组长。1958年6月，又决定恢复1950年代初曾设立的中央财经小组，仍由陈云任组长，李富春、李先念任副组长。因为这时已经搞起了"大跃进"。"跃进"与"冒进"是同样的意思，只不过是"跃进"更好听，而陈云是主张反冒进的，在经济建设的速度问题上与毛泽东不一致，所以中央财经小组恢复后没有发挥作用，是有其名而无其实。

1959年初，"大跃进"出了一些问题，毛泽东乃请陈云出面研究一下钢铁指标，使当年的国民经济计划落到实处。1959年庐

① 参见《陈云文选》第3卷，人民出版社1995年版，第192—206页。

山会议前期，有人建议仍由陈云负责经济工作，毛泽东此时也"国乱思良将，家贫念贤妻"，还讲了陈云的经济思想是正确的。可是，庐山会议后期，主题由纠"左"转向为"反右倾"，会后又重新搞"大跃进"，陈云不再被重用，而且他领导的中央财经小组也被取消了。

西楼会议后，全党对形势有了进一步认识，调整国民经济的措施也更为具体，调整工作取得了显著的进展。但是，在这个时候也出现了一些不同的声音，有人对陈云的讲话不以为然，有人不同意西楼会议对形势作出的判断，说七千人大会中央已经对形势作出了正确的估计，现在只过了几个月，又讲了一通同那时估计大不同的话，这样好吗？

为了进一步统一全党的认识，保证调整工作的顺利进行。1962年5月7日至11日，中共中央又在北京召开工作会议（简称"五月会议"）。出席会议的有政治局常委刘少奇、周恩来、朱德、邓小平，在京的政治局委员和书记处书记，各中央局、中央各部门的负责人共105人。毛泽东在外地视察、陈云因病赴南方休养，所以没有参加这次会议。

会议的中心议题是讨论西楼会议以来形成的文件，落实调整国民经济计划的部署，重点讨论中央财经小组提出的《关于讨论1962年调整计划的报告》。这个报告全面、深入地分析了当前国民经济形势，认为国民经济存在着粮食供应紧张、职工人数大大超过目前经济水平等八个方面的重要情况，需要对整个国民经济进行大幅度的调整，下最大决心，坚决拆掉那些用不着的架子，收掉那些用不着的摊子，进一步精减职工，首先维持简单再生产，然后实现扩大再生产。

《关于讨论1962年调整计划的报告》在分析国民经济存在的困难情况后，提出三条针对性的措施：（1）国民经济需要进行大幅度的调整。（2）财政经济情况的根本好转，要争取快，准备慢。（3）大力加强农业战线，努力恢复农业生产。

中央工作会议对中央财经小组的报告进行了认真讨论，并在对形势作了深入分析和统一认识的基础上，对大幅度调整经济作出了几项重要的决策。第一，进一步缩小基本建设规模。第二，降低重工业产品的指标。第三，对现有的企业实行"关、停、并、转"。第四，也是最重要的，在1961年已经减少城镇人口1000万人、精减职工800多万人的基础上，1962年和1963年两年内，再减少城镇人口2000万人，精减职工1000万人以上。

这次中央工作会议的最大成果，就是进一步统一了党内的思想认识，增加了下决心对国民经济进行伤筋动骨的大调整的决心。这次会议是全党下最大决心进行国民经济调整的一个转折点，也是中国国民经济走出困境的转折点。

大力缩短工业战线，就必须压缩基本建设规模。1962年，全国的基本建设投资规模压缩到了46亿元，仅为1960年384亿元的12%。与此同时，还严格控制了地方和企业的自筹资金用于基本建设。通过调整，全国基本建设项目，从1961年的35000个（1960年曾达82000个）削减到1962年的25000个，其中大中型项目由1409个减为1003个，同1961年相比，分别减少了1万个和406个。

工业指标的降低，工业企业过多、生产能力过剩的矛盾进一步暴露出来，许多企业没有生产任务或者任务严重不足。为了最大限度地减少财政支出和提高工业经济的效益，不得不对工业企业采取关、停、并、转，重点是关、停的方针进行调整。从1962年5月至10月，全国县以上工业企业减少了1.9万个，如果加上1961年减少的，共减少企业4.4万个，占1960年9.6万个企业的45.8%。其中冶金企业减少了70.5%，建材企业减少了50.7%，化工企业减少了42.2%，机械工业企业减少了31.6%。

在"拆庙"的同时，大刀阔斧地进行了"搬和尚"即精减职工的工作。1960 年下半年，按照中共中央一系列指示的精神，各地迅速开展了清理劳动力充实农业生产第一线的工作，精减下放了部分机构和职工。截至 1961 年 2 月底，全国共精减下放职工 410.6 万人。1962 年 5 月的中央工作会议后，全国范围的精减职工和减少城镇人口的工作取得了重大进展。到这年年底，全国共精减职工 900 万人，减少城镇人口 1200 万人，相应地减少工资总额 31 亿元，商品粮少销 81 亿斤。1963 年 1—6 月，全国又精减职工 128.4 万人，城镇人口减少了 300 万人。

这样，全国职工人数，从 1961 年 1 月到 1963 年 6 月两年半的时间里，共减少了 1887 万人，总数从 1960 年末的 5043.8 万人，下降为 3183 万人。从 1961 年 1 月至 1963 年 6 月，全国城镇人口共计减少了 2600 万人。周恩来当时说，下去这么多人，等于一个中等国家搬家，这是史无前例的。

由于采取这些果断措施，到 1962 年底，国民经济开始好转。这年粮食总产量达到 3200 亿斤，比上年增产 250 亿斤。1962 年国家财政收支平衡，结余 83 亿元，结束了四年连续赤字的状况。城乡人民生活也开始略有上升，与 1961 年相比，全国人均粮食消费量增加 12 斤，猪肉增加 1.6 斤。经过全党和全国人民的艰苦奋斗，新中国终于战胜严重的经济困难，从"三年暂时困难"的阴影中走了出来。

四、调整知识分子政策与政治关系

（一）科学十四条

1961 年的春天，借毛泽东倡导要大力调查研究的东风，负责国防科学技术工作的聂荣臻指示有关部门在上海和北京分别召开座谈会，采用的是当时流行的做法，开"神仙会"，请科学家们就知识分子政策和科技政策畅所欲言，各抒己见。在广泛调查研究的基础，发现了在知识分子政策上的确存在不少问题，聂荣臻后来回忆说："当时，我们在知识分子政策上，的确下了功夫，多次召开会议，或找知识分子个别谈话，想弄清楚到底我们在政策上有什么问题，应该怎样正确贯彻知识分子政策，怎样才能发挥科学技术人员的积极性，使他们能作出更大的贡献。经过几个会议和深入调查，发现我们在这些重大的政策问题上过去是若明若暗的，有的同志甚至连科研工作的根本任务都不明确，科研人员的心情不够舒畅，他们是有意见，有看法的。"①

　　了解了以上情况后，聂荣臻这年 4 月来到了杭州，在这里听取有关科研主管部门对前一阶段关于知识分子政策和各单位研究政策的执行情况的汇报，提出需要改进的意见，一连开了十多天的会。经过反复的磋商，聂荣臻主持拟定了《关于自然科学研究机构当前工作十四条的意见初稿》（以下简称《科学十四条》），其主要内容是：提供科学成果，培养研究人才，是研究机构的根本任务；保持科学研究工作的相对稳定，实行"五定"（定方向、定任务、定人员、定设备、定制度），使研究工作相对稳定下来，以保证研究工作的逐步走向深入，质量不断提高，人才迅速成长；正确贯彻理论联系实际的原则，强调科研部门必须保证经济建设和国防建设急需的关键性科学技术过关，但又不排斥一些探索性的项目和基本理论的研究；要从实际出发，制订和检查科学工作计划；发扬敢想、敢说、敢干精神，坚持科学研究的严肃性、严格性、严密性，做到"三敢三严"；保证科技人员每周有五天的科研时间；采取措施，加紧培养青年科技人员，对有突出成就的科学家和优秀青年科技人员，要重点支持和重点培养；科

---

① 《聂荣臻回忆录》（下），解放军出版社 1984 年版，第 824 页。

研部门要与生产单位、高等院校加强协作和交流，共同促进科技进步。

在讨论研究的过程中，聂荣臻反复强调，《科学十四条》中，最主要的是科研工作的根本任务，知识分子红的标准及红与专的关系，党如何领导科研工作这三条，这是十四条中的核心问题。

杭州会议刚结束，聂荣臻就让在中国科学院参加会议的韩光和张劲夫，在北京和东北地区召开中科院党员所长会议，扩大到党内外科学家与会进行座谈。同时，采取多种方式征求党内外科学家对十四条的意见，提出修改建议，还在钢铁、地质、农业、医学四个科学研究院讨论和试点。中央科学领导小组、国家科委、中国科学院党组也进行多次讨论。

5月中旬，聂荣臻回到北京，他多次找人谈话，了解十四条的修改意见和试点情况。他还请陆定一、郭沫若、张际春、周扬等领导人帮助修改。经过反复讨论、实践、修改，聂荣臻认为，《科学十四条》已趋于成熟。6月20日，他向中共中央和毛泽东写了《关于当前自然科学工作中若干政策问题的请示报告》，报告的后面附上以国家科学技术委员会党组、中国科学院党组名义写的《关于自然科学研究机构当前工作的十四条意见（草案）》。请示报告中提出，根据对各地各研究机构的典型调查，当前比较突出的问题有：第一，对知识分子政治上的进步和他们在社会主义建设中的作用估计不足，执行党的知识分子政策和科学工作政策不够全面，有些政策界限划得不够清，影响了一部分人的积极性、主动性。第二，不少研究工作中有浮夸风，工作做得不够严格，不够踏实，加上以研究时间没有得到切实保证，研究任务变动过多，真正拿到手的重要成果还不多，研究干部的成长也受到一定影响。第三，有些研究机构的党组织，对行政工作和业务工作包得太多，发扬民主不够，有些工作没有适应科学研究的特点来进行，有瞎指挥的现象。① 对于这些问题，请示报告中的用词虽然比较委婉，却很切中时弊。

聂荣臻认为，在知识分子政策和科学研究等几个重要问题上，许多人还有糊涂认识，应予澄清并作出必要的规定。

第一个问题是红与专的关系问题。要求知识分子又红又专本来是正确的，但在 1957 年反右派运动之后的红专辩论与拔白旗、插红旗运动中，红的要求被庸俗化，红与专的关系实际上被对立起来，相当多的专业上有成就、有造诣的知识分子，被指责为走"只专不红"道路或"粉红色"道路，被树为白专和白旗典型而遭受批判。相当长的时期以来，红的标准到底应是什么，对知识分子应作出怎样的红的要求，一直是一个模糊不清的问题，成为阻碍知识分子积极性发挥的重要因素。为此，请示报告明确提出："我们要求自然科学工作者又红又专，就必须要求他们自觉地用自己的专门知识来为社会主义服务。因此，在加强对他们的思想政治工作的同时，一定要要求他们拿出研究成果来，正如要求农民生产出粮食、工人生产出工业品来一样。"②

那么，到底什么才是红呢？报告认为必须明确这样一些认识：红，首先和主要的，是指人们的政治立场。对党外自然科学工作者红的要求，就是拥护党的领导，拥护社会主义，用自己的专门知识为社会主义服务。做到了这两条，就应该认为已经达到红的初步要求了。同时，要在首先达到这两条政治要求的基础上，知识分子还应进一步进行世界观的根本改造。但对于世界观的改造，应视之为长期、艰巨和逐步实现的过程，是自我改造的

---

① 中共中央文献研究室编：《建国以来重要文献选编》第 14 册，中央文献出版社 1997 年版，第 517—518 页。

② 中共中央文献研究室编：《建国以来重要文献选编》第 14 册，中央文献出版社 1997 年版，第 519 页。

过程，党组织既要诚恳地帮助他们，又要有耐心，不能操之过急，一律要求。红与专应当是统一的。只红不专，便是空头政治家；只专不红，就会迷失政治方向。红必须落实，不能是空空洞洞的。自然科学工作者的红，应当在他们钻研科学的实际行动中表现出来。通过业务实践来提高政治觉悟，也是知识分子进步的一条重要途径。①

针对反右派运动以来对所谓白专的批判问题，报告认为，"白专"这个提法是不确切的。如是一个人政治上是白的，也就是反党，反社会主义的，是政治上的右派，那么，批判他政治上反动就是了。报告还提出今后在各研究机构中，不要在全体工作人员中进行政治排队。必须判断一个人的政治态度时，应根据他几年来的变化和今天的实际表现，作出具体的分析后才下结论。请示报告中关于红专问题的阐释，澄清了1957年以来红专关系的许多糊涂乃至错误的认识，具有深远的意义。

报告的第二个重要问题是如何正确地对待"百花齐放，百家争鸣"的方针，对此，聂荣臻在报告中提出了若干具体的意见：

学术问题上，鼓励各种不同学派、不同学术见解和对于具体学术工作的不同主张，自由探讨，自由辩论，自由竞赛。对于学术问题的讨论，要不戴帽子，不拿棍子，不贴标签，不用多数压服少数；允许自由地发表自己的意见，坚持与保留自己的意见，让科学实践与时间的考验逐步明辨是非。

正确划分政治问题、思想问题、学术问题和具体工作问题之间的界限。对于学术问题和具体工作问题上的不同意见，不要随便当作思想问题来批判，更不要把思想问题引申为政治问题来斗争。不要用开群众批判大会、贴大字报等方式来处理学术问题。

---

① 中共中央文献研究室编：《建国以来重要文献选编》第14册，中央文献出版社1997年版，第519—521页。

由于这几类性质的问题有时互相掺杂，界限不易划清，因此，在问题的性质还难以断定时，要首先将之作为学术问题，采取自由讨论的方法，以便弄清情况。①

此外，报告还对理论联系实际、培养使用科学人才中如何克服平均主义、科学工作中如何保密、保证科研的时间、研究机构中党的领导方法等问题提出了看法。

聂荣臻的报告在交给中共中央半个月后，即1961年7月6日，中共中央政治局开会讨论这个报告。此时，毛泽东正好在外地，没有参加会议。会议由刘少奇主持，周恩来、邓小平、彭真、李富春等政治局的大部分成员都与会了。会上，聂荣臻首先作了汇报，陈述了制定《科学十四条》的理由和过程，说明了制定这个条例的必要性。他在汇报结束时强调：有了这个条例，就能正确执行党的团结、教育、改造知识分子的政策和贯彻"双百"方针，调动广大年老的、年轻的、党内的、党外的科学工作者的积极性。随后，中国科学院副院长张劲夫简要补充了《科学十四条》在中科院试点后的情况和反应。到会的领导人几乎认为这是一个好文件。

聂荣臻和张劲夫的汇报刚完，李富春便第一个表示这个文件很好，文件中所提的问题和情况带有普遍性，不仅科学研究中是这样，高等院校里边也存在这种情况。他还建议将此文件发给工业系统参考。李富春指出，对人的政策，主要是红与专的问题，这方面有偏向，空洞地要求红。邓小平在发言中表示，这是一个好文件，可以试行，很有必要。试行后在实践中加以补充，使其成为科学工作的宪法。周恩来说，这个文件，财经、文教等系统也都可以发。要向他们的干部讲清楚，他们为科学家服务了，科

---

① 中共中央文献研究室编：《建国以来重要文献选编》第14册，中央文献出版社1997年版，第525—526页。

学家就为社会主义服务得好。总而言之，都是为了社会主义。彭真对频繁地给科技人员进行政治排队不以为然，建议干脆写明确，两三年内，各研究所都不排这样的队。

主持会议的刘少奇说，现在的问题是有偏向，要承认。有偏向就要纠。这几年党走上了科学技术的领导位置是好事情，是成绩。但是有瞎指挥的偏向，瞎指挥正面也听你的。这样继续搞下去，我们要跌下台的，再不能这样搞了。我们的任务是进一步掌握科学技术的规律性，不要瞎指挥，不要不懂装懂。既然有偏向，就要纠偏。正确的当然不纠，有偏就纠，无偏不纠。① 与会者一致通过了聂荣臻的请示报告和《科学十四条》。随后又报送毛泽东并得到了批准。

7月19日，中共中央将聂荣臻的请示报告和《科学十四条》作为中央文件下发给各中央局，各省、自治区、市党委，中央各部委和国家机关各党组，并加了较长的批语。批语说："做好知识分子工作，很关紧要。""但是，近几年来，有不少的同志，在对待知识、对待知识分子的问题上，有一些片面的认识，简单粗暴的现象也有所滋长，必须引起严重的注意，以端正方向，正确地贯彻执行党的政策。""一定要使知识分子敢于讲真话，畅所欲言，言者无罪，闻者足戒。在学术工作中，一定要百花齐放、百家争鸣，不戴帽子、不拿棍子、不抓辫子。这样才能造成一种又有统一意志、又有个人心情舒畅、生动活泼的政治局面，充分地调动起广大知识分子的积极性，使他们能够放心、负责地去做工作。要切实保证他们的工作时间，要求和帮助他们踏踏实实做出

---

① 参见《聂荣臻回忆录》（下），解放军出版社1984年版，第826—827页。

成果。"①

《科学十四条》下发后，聂荣臻又组织了条例的调查试点工作，广泛征求党内外科学家的意见，正如聂荣臻在回忆录中所言："广大科研人员无论党内党外，老年青年，无不反映强烈，表示欢迎，同时也提出了许多很好的批评意见。"② 在国家科委的组织下，各部门、各单位、各地方、各研究单位对《科学十四条》进行认真的贯彻落实。各研究机构都召开座谈会，听取科研人员的意见，解决了一些科学研究最关心、要求迫切解决的问题。

《科学十四条》虽然初步解决了红与专的关系问题，但知识分子的阶级属性问题依然没有解决，"资产阶级"的帽子仍压在知识分子头上。而且，《科学十四条》所针对的是自然科学领域，对于受"左"倾思想影响更大的社会科学领域，虽然也有借鉴作用，但一些根本性的问题还未解决。这自然不是《科学十四条》本身所能做到的。这说明，要解决知识分子问题，进一步调动知识分子的积极性，仍存在许多问题。

（二）教育工作条例

1958 年到 1960 年的连续三年"大跃进"，同样波及教育、科学、文化、卫生等各个领域，导致教科文卫事业超过了国家财力所能承载的程度，并造成了人力、物力的极大浪费。据《中国教育成就统计资料（1949—1983）》所载：到 1960 年，各级各类学校都比 1957 年有大幅度甚至成倍的增长。普通高等学校 1957 年 229 所，1958 年 791 所，1959 年 941 所，1960 年 1289 所；成人

---

① 中共中央文献研究室编：《建国以来重要文献选编》第 14 册，中央文献出版社 1997 年版，第 515、515—516 页。

② 《聂荣臻回忆录》，解放军出版社 2007 年版，第 661 页。

高等学校 1957 年 186 所，1958 年 383 所，1960 年 869 所；中等学校 1957 年 12474 所，1958 年 52106 所，1959 年 46891 所，1960 年 50653 所。又据《中国统计年鉴（1989）》：1957 年普通高等学校在校学生 44.1 万人，1958 年为 66 万人，1959 年为 81.2 万人，1960 年为 96.2 万人；各类中等学校学生总人数 1957 年为 708.1 万人，1958 年增加到 1199.8 万人，1959 年为 1290.3 万人，1960 年多达 1487.3 万人。

1961 年 1 月中共八届九中全会确定对国民经济执行调整、巩固、充实、提高的八字方针后，教育工作也开始进行整顿。1961 年 2 月 7 日，中共中央批转了中央文教小组《关于 1961 年和今后一个时期文化教育工作安排的报告》，认为 1958 年"大跃进"以来，文教工作虽然取得了很大成绩，但还存在不少问题和缺点，如占用了农村一部分劳动力，质量的提高跟不上数量的发展等，因此当前文化教育工作必须贯彻实行"八字方针"。（1）节约劳动力，支援农业生产，今后三五年内，农村 16 岁以上的在校学生占农村全部劳动力的比例，应控制在 2% 左右。（2）区别城乡和根据各地区的不同情况，有计划地、积极地普及适龄儿童的小学教育；通过多种形式逐步发展中等教育，积极地又有控制地发展业余教育，办好幼儿教育。（3）教育事业要合理布局，今后几年大中城市一般不再新建高等学校和中等专业学校，高等学校要把提高质量放在第一位，新建的高等学校必须调整。

1961 年 5 月 25 日，中共中央批准教育部《关于北京地区高等学校及中等专业学校调整的报告》。报告提出，为了贯彻实行中央关于压缩城市人口、支援农业战线、教育不要占用过多劳动力，应该在连续三年发展的基础上，"调整、巩固、充实、提高"，结合生产，有控制地发展的方针，决定对北京地区现有的高等学校和中等专业学校分别采取定（定发展规模）、缩（缩小发展规模）、并（与他校合并）、迁（全部或部分迁离北京）、放

（下放北京市领导）、停（停办）等不同方式进行调整，高等学校由原来的 90 所调整为 51 所，中等专业学校由原来的 130 所调整为 80 所。其他地区也开展了大专院校的调整工作，并初见成效。以中南地区为例，1960 年大专院校为 280 所，是 1957 年 41 所的 6.8 倍，在校学生 181211 人，比 1957 年的 70409 人增加了 1.57 倍。经过调整，到 1961 年 8 月，中南地区停办大专院校 49 所，并入他校的 25 所，改为中专或业余学校的 30 所，保留了 178 所。

同年 7 月，教育部在北京召开全国高等学校和中等学校调整工作会议，讨论缩短战线、压缩规模、合理布局和集中力量提高教学质量等问题，提出通过调整学校、采取学生自带口粮等办法，压缩城镇学校的学生数，精减学校教职工，减少吃商品粮的人数。7 月 26 日，教育部发出直属高等学校 1961 年职工精减方案，重点精减学校附属工厂 1958 年以来参加工作的来自农村的职工。通过调整，1961 年全国高等学校由 1960 年的 1289 所减少为 845 所，在校学生由 96.2 万人减少到 94.7 万人（主要是 1961 年比 1960 年少招收了 15 万人）；中等专业学校由 1960 年的 6225 所调整为 2724 所，在校学生由 221.6 万人减少到 108.3 万人；全国吃商品粮的学生由 1960 年的 1340 万人下降到 940 万人，减少 400 万人；16 岁以上的学生占全国劳动力的比例，由 1960 年的 3.3% 降低到 2.6%。

但是，1961 年调整后，与 1957 年相比，高等学校和中等专业学校数量仍然过多，规模仍然过大，超过了国民经济的负担能力，特别是超过了农业生产水平，也超过了教育事业本身的发展条件，不仅新建学校一般条件很差，原有的老校也由于不适当地扩大规模，分散力量，在教学和生活上都有许多困难。为此，1962 年 5 月 19 日，中共教育部党组向中共中央报送了《关于进一步调整教育事业和精简学校教职工的报告》，其中提出：

（1）大幅度裁并高等学校，特别是专科学校。1958 年以来，专科学校急剧增长，到 1960 年达到 620 所，经过 1961 年调整后仍有 343 所。这些学校大多是中等学校"戴帽子"办起来的，条件一般都很差。报告提出，高等学校减少 445 所，保留 400 所，其中本科保留 354 所，占现有本科校数的 75.5%；专科学校保留 46 所，占现有专科学校数的 13.4%。保留的学校也要逐步缩小规模，到 1964 年暑假，全国高等学校在校学生将降到 60 万人左右。

（2）大量裁并 1958 年以后新设立的条件很差的中等专业学校，以及少数布局不合理、设置重复的老校，保留中等专业学校 1265 所，占原有校数的 46.4%；减少 1459 所，占 53.6%。保留的学校今后 5 年内基本停止向社会招生，只进行内招，即采取工科学校招家在城市的厂矿在职职工，进行训练，毕业后回原厂矿工作；农科学校学生由人民公社保送，毕业后回人民公社工作；师范学校对现有的中小学教师进行轮训。

（3）中小学进行必要的调整，适当压缩规模，提高质量，调整学校布局，便利学生就近上学。为减轻国家负担，将部分公办学校改为民办，全日制初级中学设置偏多的地方，根据不同条件将少数学校改为半日制，有条件的地方将部分农村公办小学教职工的口粮由国家供应改为公社或大队供应。

（4）决定合并的高等学校和中等专业学校的学生，并入保留的学校继续学习；裁撤的高等学校三、四年级学生，经过编级测试，转入保留的高校或业余学校学习，一、二年级的学生，有的经过编级测试进入保留高校学习，有的经过短期训练吸收参加财贸工作或其他工作；专科学校和中等专业学校的学生，除少数可以并入保留学校继续学习或经过批准办到毕业为止外，其余家在农村的，应尽可能地动员其回乡生产；家在城市的，有条件的组织其到厂矿企业参加生产，顶替精减回农村的职工，有的可以经过短期训练分配做财贸和其他工作。

（5）进一步精减各级学校教职工，中等以上各级学校精减职工 34 万人，其中教师 7.3 万人，加上公办小学和初级中学改为民办公助的教职工 11.16 万人，共计 45 万至 50 万人。

1962 年 5 月起，大规模地裁并高等学校和中等专业学校及精减教职工的工作，在全国全面展开。中南地区在 1961 年大专以院校调整的基础上，进一步对现有高校进行大裁减，裁并了高校 94 所，保留 76 所，保留数为 1960 年 280 所的 26%。1960 年，安徽全省有高等学校 44 所，调整裁并后，减至 14 所；保留中等学校 44 所、学生 8428 人，比最多时的 1960 年减少了 167 所、65451 人。1962 年，山西省共裁撤了 17 所高等学校，其中包括工科 2 所、农科 4 所、医科 3 所、师范 6 所、艺术和财经各 1 所。与此同时，中小学教师也进行了不同程度的精减。以上海市为例，1961 年至 1962 年，中等师范学校由 25 所减为 9 所，农业中学由 174 所减为 36 所，市区中等学校由 147 所减为 56 所。1961 年底，上海市中小学校、师范学校和业余学校共有教职工 84139 人，到 1962 年 9 月，精减了 6718 人，其中，回乡生产的 1859 人，退休的 1683 人，退职的 316 人，公办转民办的 751 人，继续升学 147 人，其他 1039 人。①

经过调整和精简，到 1963 年，全国高等学校由 1960 年的 1289 所调整裁并为 407 所，在校学生由 96 万人减少到 75 万人；中等专业学校由 1960 年的 6225 所裁并为 1355 所，在校学生由 1960 年的 221.6 万人压缩为 45.2 人。对中小学也进行了必要的调整，裁并安置中等以上学生 45 万人，精简教职工 45 万人。

1958 年拔白旗、插红旗运动中，组织学生动手编讲义、编教

---

① 参见中共上海市委党史研究室编：《艰难探索（1956—1965）》（一），上海人民出版社 1991 年版，第 215 页。

材成为时尚。一时间，各校撇开老教授、老专家，匆匆忙忙地编就了一大批"红色讲义""红色教材"。1959年上半年，在纠"左"的过程中，中共教育部党组曾起草了《关于高等学校编写讲义问题的意见》，虽然其中对学生和青年教师在"教育革命"中，编写出的教材与讲义予以肯定，认为"取得了一定的成绩"，但同时也指出，学生因忙于编写讲义，以致妨碍对各门课程的正常学习，加之学生水平参差不齐，知识准备不够，因而编出来的讲义往往不尽合用。为此，教育部党组提出：学生在学习方面的主要任务是学好学校所规定的各科课程，时间和精力应放在学习功课上，除了学习成绩好的高年级学生在不影响功课的前提下，可以参加一部分编写讲义和编纂资料的工作，一般学生，特别是一二年级学生，除特殊情况外，不要发动其参加编写讲义的工作。编写讲义主要是教师的责任，教师在编写讲义的过程中应当适当听取学生的意见，不要让学生为编讲义而编讲义，应当给教师充裕的时间备课、编写讲义，从事各种研究和写作活动。各科有现成的讲义可用的，应一面讲授一面修订，不一定都要用自编的讲义。

中共中央不久批转了教育部党组的这个"意见"，认为"这些意见是对的"，要求各省、自治区、市党委，将其转发给各高等学校党委，督促各校检查执行。① 按照这一要求，各校学生自编讲义、教材的工作基本上停止下来。但由于1960年进行所谓"教学改革"，高等学校又掀起了一股编讲义、编教材之风。

1959年底，邓小平曾提出要抓好高等学校教材问题。1961年初，中共中央确定"调整、整顿、充实、提高"的八字方针

① 中央档案馆、中共中央文献研究室编：《中共中央文件选集（1949年10月—1966年5月）》第31册，人民出版社2013年版，第155—157页。

后，中共中央书记又多次讨论这一问题，邓小平为此提出"先立后破、未破不立"，强调要编出一套好的、有价值的文科教材。

从1961年4月起，就在《科学十四条》起草的同时，中共中央宣传部副部长周扬主持领导了高等学校文科教材的编写工作。这次文科教材编写的面很广，包括文、史、哲、经、政、教（育）、外（语）七大领域，还涉及艺术类的戏剧、音乐、戏曲、电影、美术、工艺美术、舞蹈等七类专业，编写的种类达到297种。当时，几乎所有的哲学社会科学的著名学者，都参加了教材的编写工作，由此形成了强大的编写阵营。请他们编写教材，对这些老知识分子也是一种保护。这些人，在1958年的拔白旗、插红旗运动和批判资产阶级学术思想的活动中，大多都挨过批判。让他们参加文科教材的编写，本身就是对他们学术地位的肯定，其实这也是一种政治待遇。

就在文科教材编写工作开始启动的时候，教育部也开始了《教育部直属高等学校暂行工作条例（草案）》（即"高教六十条"）的起草工作。为了写好这一文件，教育部召开两次座谈会，邀请部分高校的负责人和教授征求意见。6月下旬，写出了送审稿。

1961年7月底，邓小平在北戴河召开中央书记处会议，听取教育部负责人关于条例草案起草的说明，对草案初稿进行讨论，并决定成立一个由陆定一主持的小组，根据会议讨论的意见进行修改。条例草案经过修改，定为10章60条。这十章的标题是：（1）总则；（2）教学工作；（3）生产劳动；（4）研究生培养工作；（5）科学研究工作；（6）教师和学生；（7）物资设备和生活管理；（8）思想政治工作；（9）领导制度和行政组织；（10）党的组织与党的工作。

条例草案明确规定：高等学校必须以教学为主，努力提高教学质量。必须正确处理教学工作与生产劳动、科学研究、社会活动之间的关系。生产劳动、科学研究、社会活动的时间应该安排得当，以利教学。在教学中，必须发挥教师的主导作用。必须正确划分政治问题、世界观问题、学术问题之间的界限，政治问题又必须严格划分人民内部矛盾和敌我矛盾的界限。不许用对敌斗争的方法来解决人民内部的政治问题、世界观问题和学术问题，也不许用行政命令的办法、少数服从多数的办法来解决世界观问题和学术问题。必须发挥老教师的作用，团结他们，热情地帮助他们进步，发挥他们的专长，鼓励他们在学术工作上作出成绩。有计划地培养青年教师，提高他们的业务水平。青年教师要尊敬老教师，虚心地向老教师学习，老教师要把自己的学术专长和教学经验，传授给青年教师，彼此取长补短，共同提高。

1961 年 8 月 5 日，中共中央书记处决定，由陆定一负责将条例修改后立即发给参加 8 月中央工作会议的与会人员，以便事先阅读，准备意见；由教育部负责派三个工作组到北京、上海、天津各选一所高等学校，分头宣读条例草案，征求意见。随后，教育部选定了北京大学、复旦大学、天津大学作为征求意见单位。

8 月 23 日至 9 月 16 日，中共中央在庐山召开中央工作会议，对条例草案及中共中央为发布条例所拟定的指示草稿进行讨论。9 月 15 日，中共中央通过了这个条例，经毛泽东核准，发给教育部直属的 26 所高等院校试行，同时也将条例发给了其他一切高等学校，至于这些学校是否试行和如何试行，由各校主管部门决定。

这个条例，纠正了 1958 年以来高等学校存在的许多"左"的做法，使师生之间、老教师与青年教师间的关系得以恢复正常。按照中共中央的指示，"高教六十条"主要发给教育部直属的 26 所高等学校，在全体师生员工中讨论，同时试行；也发给各省、自治区、市和中央各部委所属全日制高等学校进行讨论。

在"高校六十条"起草的同时，教育部也开始了《全日制中学暂行工作条例（草案）》和《全日制小学暂行工作条例（草案）》的起草工作。这两个条例草案原本是合并在一起起草的。1961年9月，教育部召开12个省、市教育厅（局）长参加的条例起草会议，写出了条例初稿。这年底，教育部将条例草案上报中共中央文教小组。1962年又决定将之一分为二，即分为《全日制中学暂行工作条例（草案）》（即"中学五十条"）和《全日制小学暂行工作条例（草案）》（即"小学四十条"）。① 1963年3月23日由中共中央批准下发。中共中央在下发这两个文件时强调：中小学教育是整个教育事业的基础；中小学教育质量的高低，能否把后代培养成为有社会主义觉悟的有文化的劳动者，而且直接影响高等教育和科学研究的水平。

（三）文艺

文艺界，是知识分子集中的又一领域，一个与之相关的条例正在酝酿之中。

1961年4月底，中宣部组成了一个有关文艺政策调整的文件起草班子，在充分讨论的基础上，初步形成了十个方面的框架：（1）政治与艺术的关系；（2）题材风格多样化（3）普及提高；（4）中外文学遗产的继承；（5）加强艺术实践，保证创作时间；（6）加强文艺评论；（7）重视培养人才；（8）精神鼓励和物质鼓励；（9）加强团结，调动一切积极因素；（10）改进领导。这便是后来有名的"文艺十条"的雏形。

6月1日，中共中央宣传部召开全国文艺工作座谈会。会议分为两个阶段。第一阶段参加会议的是各省市宣传部主管文艺的负责人，会议的中心是谈文艺领导和讨论"文艺十条"；第二阶

---

① 参见金一鸣主编：《中国社会主义教育的轨迹》，华东师范大学出版社2000年版，第282页。

段是文艺工作座谈会与故事片创作会议同时召开。

会议开始之际，中共中央宣传部副部长周扬作了讲话。他认为"大跃进"以来，不少作品宣传了"共产风"，是急就而成，真正好的作品很少，"双百"方针基本没有认真执行。他还说："如果我们搞得不好，双百方针不贯彻，都是些红衣大主教，修女，修士，思想僵化，言必称马列，言必称毛泽东思想，也就是够叫人恼火的了。"在谈到这几年的思想批判运动时，周扬说："右派深渊、反党深渊、右倾机会主义深渊，深渊太多了，一下跃入，万劫不复。以后少搞点深渊！"①

在会议的第二阶段，参加者几乎是著名的文艺工作者，且党外人士占了半数以上。这是一次文艺界的重要聚会，连电影《武训传》的编导孙瑜和不少在前不久的"反右倾"运动中受到批判的人都与会了。

周恩来对这次会议十分关注。这不仅是因为他历来关心文艺工作，更重要的是，他此时正在思考知识分子问题在一些具体政策已经纠偏的基础上，如何有所突破，以进一步改善知识分子的工作环境，调动知识分子的积极性。文艺，是他所熟悉的部门，而且文艺界人士都把他当做可以信赖的领导人。为此，他决心从文艺界入手，弄清知识分子问题的症结所在。

6月17日，周恩来来到了会议所在地新侨饭店，同文艺界的人士谈话，调查、了解会议的情况和艺术家们的反应，收集文艺界对改进文艺工作领导问题的意见。这几天，他还阅看了大量的文字材料。在与艺术家们接触的过程中，周恩来感到大家都不敢讲话了，不敢讲话的原因"和领导有关"。在经过周密的准备之后，6月19日，周恩来在文艺工作座谈会和故事片创作两个会议上作了长篇讲话。讲话一开头，他就讲到发挥民主的问题："现

---

① 黎之：《文坛风云录》，河南人民出版社 1998 年版，第 293 页。

在有一种不好的风气，就是民主作风不够。我们本来要求解放思想，破除迷信，敢想敢说敢做。现在却有好多人不敢想、不敢说、不敢做。想，总还是想的，主要是不敢说不敢做，少了两个'敢'字。""我在一九五九年关于文艺工作两条腿走路方针的谈话，从今天水平来看，也不一定都是对的，里面也会有过头或不足的地方。使我难过的是，讲了以后得不到反应，打入'冷宫'，这就叫人不免有点情绪了。"①

周恩来"有点情绪"是有缘由的。1959 年 5 月 3 日，周恩来在接见出席全国人民代表大会和政协会议的文艺界代表、委员时，曾以《文化艺术工作两条腿走路的问题》为题发表讲话。他提出在文学艺术工作中，要从思想到工作方法，学会两条腿走路。既要有思想性，又要有艺术性；既要浪漫主义，又要现实主义；既要学习马列主义，又要和实际相结合；既要有基本训练，又要有艺术修养；既要敢想、敢做，又要有科学的分析和根据；既要有独立的风格，又要兼容并包。显然，周恩来的"两条腿走路"的方针，是针对"大跃进"中文艺工作的许多"左"的做法而提出的。但这"两条腿走路"方针并未能贯彻下去，被打入"冷宫"。这一方面是此后不久因庐山会议而大反"右倾"，使此前的纠"左"努力付诸东流；另一方面，个别地方的负责人，对周恩来这个方针明里暗中加以反对。上海市委的主要负责人，就不准文艺界传达周恩来的讲话精神。这自然使周恩来"难过"和有"情绪"了。

然而，周恩来一开头就讲出这段话，并不是为了闹情绪，而是为了说明造成民主风气的重要。因此，他接着说："我们要造成民主风气，要改变文艺界的作风，首先要改变干部的作风；改变干部的作风首先要改变领导干部的作风。""即使是党已经研究

---

① 《周恩来选集》下卷，人民出版社 1984 年版，第 323、324 页。

通过的东西，也允许提意见。""三年来，我们本来要求解放思想，敢想敢说敢做，结果反而束缚思想。其实人家也还在想，只是不敢说不敢做。人又不是石头，哪有不思想的道理。现在我们要使人们把所想的都说出来做出来。几年来有一种做法：别人的话说出来，就给套框子、抓辫子、挖根子、戴帽子、打棍子。首先是有个框子，非要人家这样说这样做不可，不合的就不行。有了一个主观的框子就据以去抓辫子，一切从他的主观主义、片面性、形而上学出发，也不经过调查，他主观上以为'右倾'，就断定是'右倾'。"① 讲话中，周恩来共讲了七个问题：物质生产与精神生产问题；阶级斗争与统一战线问题；为谁服务的问题；文艺规律问题；遗产与创作问题；领导问题；话剧问题。

应聂荣臻之请，周恩来在讲话中特地讲到了"白专"问题，明确表示：一个人只要在社会主义土壤上专心致志为社会主义服务，虽然政治上学习得少，不能算"白"。只有打起白旗，反对社会主义，才是"白"。他举例说，一个外科医生，开刀开得很好，治好了很多病人，只是政治上不大开展，因此就说他是"白专道路"，岂不是荒谬？他又说，如一个人专心致志地为社会主义服务，政治上懂得少一些，但两年把导弹搞出来了，对国家很有贡献；另一个人，天天谈政治，搞了五年也没有把导弹搞出来，赞同谁呢？他明确表示，"我投票赞同第一个人"，第二个人只好请他去当政治教员，他不能在导弹部门工作，他只能在导弹部门"捣蛋"。周恩来这个讲话，虽然是针对文艺问题而发的，但许多方面都涉及知识分子政策，正因为周恩来了解知识分子、关心知识分子，才有许多的知识分子把他引为知己，尊为良师。

文艺工作座谈会和故事片创作会议结束后，《文艺十条》的

---

① 《周恩来选集》下卷，人民出版社 1984 年版，第 324、325—326 页。

起草工作继续进行，次年 4 月，十条修改压缩为八条，全称为《文化部党组和文学艺术界联合会党组关于当前文学艺术工作若干问题的意见（草案）》（即《文艺八条》），报请中共中央批准后下发。

《文艺八条》肯定新中国成立以来文艺工作取得巨大成就的同时，承认近年来文艺工作也发生了不少缺点错误。这些缺点错误是：某些文化艺术领导部门、文艺工作单位和领导文艺工作的党员干部，对一些文学创作和艺术活动进行了简单粗暴的批评、限制和不适当的干涉，妨害了生动活泼的艺术创造和学术上的自由探讨；忽视同党外作家艺术家的团结合作，在党内外的思想斗争中以及在学术批判运动中，发生过一些不恰当的做法，影响了一部分人的积极性；对文化艺术事业的发展和群众文化活动，片面地追求数量，因而对工农业生产发生了一些不利的影响；有些领导文学艺术工作的党员干部在处理文学艺术的问题上，既不尊重群众的意见，又不同作家、艺术家商量，独断专行，自以为是等。《文艺八条》强调：为了使社会主义文学艺术更好地发挥战斗作用，必须坚决贯彻党的文艺路线、方针和政策，同时认真总结经验，克服缺点，调整一些必须调整的关系，订出一套同党的文学艺术方针政策相适应的制度和办法。《文艺八条》的主要内容是：

（1）百花齐放、百家争鸣是发展我国社会主义文学艺术的根本方针。文学艺术为无产阶级的政治服务，就是为工农兵的利益服务，为社会主义事业的利益服务，为全国和全世界绝大多数人的利益服务，就是从多方面来满足广大人民正当的精神需要，不应该把文学艺术为无产阶级政治服务理解得太狭隘。文学艺术创作的题材应该丰富多样，作家艺术家有选择和处理题材的充分自由。鼓励文学艺术创作上的个人独创性，提倡风格多样化，发展不同的艺术流派。

（2）努力提高创作质量，即提高作品的思想性和艺术性，要求政治和艺术的统一。正确的思想立场、丰富的生活和熟练的技巧，是产生优秀作品不可缺一的条件。组织创作应该按照作家艺术家的自愿和可能，不能简单地采取定人、定题、定时的办法，不要随便给作者"创作突击"的任务。文学艺术作品要以个人创作为主，不要把个人创作和个人主义等同起来。

（3）批判地继承民族文化遗产和吸收外国文化。在整理遗产和继承传统的问题上，既反对粗暴，也反对保守，鼓励实事求是的科学的研究和恰当的、适合传统艺术特点的革新；在对待外国文化的问题上，我们既反对一概排斥，也反对不加选择地全盘接受。

（4）正确地开展文艺批评。在人民内部，对文学艺术作品的不同意见和文艺理论上的不同观点，有讨论的自由，批评的自由，也有保留意见和进行反批评的自由。文艺批评应克服简单化、庸俗化的现象。对于作品的评价，要看它的总的倾向，不要由于局部性质的缺点，就否定整个作品。不要因为一篇作品的错误或者缺点，就否定一个作家。

（5）保证创作时间，注意劳逸结合。专业作家应该保证每年有十个月的时间，用于深入群众生活和进行创作。文学艺术工作者参加生产劳动的时间，一般每年为半个月至一个月；参加劳动的方式根据各人不同的情况作出安排，不要一律对待。文学艺术工作者参加一定的社会活动是必要的，但是不能过多。

（6）培养优秀人才，奖励优秀创作。反对作家艺术家追求个人名利，但是需要有一大批为人民服务的，并且为人民所承认的名作家、名演员、名艺术家。实行优秀作品和优秀表演的奖励制度。制订和实行合理的稿酬制度。

（7）加强团结，继续改造。必须把一切可以团结的作家艺术家更加紧密地团结起来，充分调动广大文学艺术工作者的积极性，更好地为工农兵服务，为社会主义服务。必须继续提倡文学艺术工作者进行思想改造。忽视文学艺术工作者的思想改造是错误的；忽视思想改造的复杂性、长期性，采取简单的、粗暴的、急躁的方法对待它，也是错误的。

（8）改进领导方法和领导作风。文化艺术部门中党组织的主要任务，是贯彻执行党的文艺方针政策和其他各项方针政策，做好思想政治工作、党的建设工作和团结人的工作，帮助文学艺术工作者提高政治水平、思想水平和业务水平，充分发挥他们的积极性和创造性，为他们的文学艺术创造提供有利条件。党组织不应该代替行政领导机构去处理一般行政事务，不应该不适当地干涉学术性质和艺术性质的问题，以免削弱党的思想政治领导。

（四）为知识分子脱帽加冕

1962 年 1 月的七千人大会，知识分子问题虽然没有列入议题，但会议对"大跃进"以来一些"左"的做法的否定与批评，对随后召开的广州会议解决知识分子问题起到了直接的推动作用。

广州会议实际上是两个会议，只是地点都在广州。一个是全国科学技术工作会议，另一个是文化部、中国戏剧家协会等组织话剧、歌剧、儿童剧座谈会。

全国科学技术会议由聂荣臻主持，于 2 月 16 日召开。会议的目的，起初是想借《科学十四条》贯彻后的有利形势，搞出一个新的科学规划来。参加会议的有全国各专业、各学科的代表 310 人。科学家们到了广州后，聂荣臻先与几位科学家谈心，发现他们都存在共同的顾虑。有科学家问聂："现在，对资产阶级知识分子这个提法，到底如何理解？"有的科学家反映："一提知识分子就是资产阶级的，叫做资产阶级知识分子，这顶帽子总是使我们感到低人一等，连子女也因此受歧视，从没有听人提起谁是无产阶级知识分子。"① 知识分子的情绪集中体现在这个问题上。

给知识分子戴上"资产阶级"这顶帽子，并不是哪一个人所为；刘少奇在中共在八大二次会议上的政治报告关于知识分子阶级属性的论断，也并不是刘个人的观点，而是代表中共中央所作出的论断。因此，对于科学家们提出的"资产阶级知识分子"帽子的问题，并非聂荣臻个人所能解决。他听到这些反映后，感到问题重大，关系到全国几百万个知识分子。

话剧、歌剧、儿童剧座谈会是周恩来亲自指导召开的，目的是要解决作家与文艺部门领导间的关系，对一些反映人民内部矛盾而受到错误批判的作品重新作出评价，以便总结经验，团结队伍。

广州会议召开的时候，周恩来正在准备即将召开的二届人大三次会议的政府工作报告，异常繁忙，他本没有打算去广州，而是请陈毅代表他去讲话。但是，当聂荣臻打电话告诉他，全国科学技术工作会议上知识分子要求就他们的阶级属性讨个说法后，他还是下决心亲赴一次广州，解决这个问题。

3 月 2 日，这两个会议的代表集中在广州的羊城宾馆，听取周恩来《论知识分子问题》的报告。周恩来的报告分为四个方面：（1）知识分子性质和地位；（2）中国现代知识分子的发展过程；（3）如何团结知识分子；（4）知识分子的自我改造。报告中，周恩来批评了 1957 年以来对知识分子改造问题的片面理解，指出改造是长期的，方式应该是和风细雨，而不是简单粗暴。这样气才能顺，心情才能舒畅，才能接受帮助。帮助人不能"上大课"，知识分子最怕"上大课"，要促膝谈心。对于那种

---

① 《聂荣臻传》编写组：《聂荣臻传》，当代中国出版社 2015 年版，第 368 页。

"自居于领导，自居于改造别人的人"，要大声疾呼："请你自己先改造。"① 周恩来的报告，引起了与会知识分子的强烈反响，他们认为报告很全面，很透彻，听起来很亲切，使人深受感动，心悦诚服。但是，报告没有否定"资产阶级知识分子"的称号。会后，与会人员对这一问题依然有各种不同的理解。

受周恩来的委托，3月6日，陈毅在广州会议的长篇讲话，他强调："工人、农民、知识分子，是我们国家劳动人民中间的三个组成部分，他们是主人翁。不能够经过了十二年的改造、考验，还把资产阶级知识分子这顶帽子戴在所有知识分子的头上，因为那样做不合乎实际情况。""周总理前天动身回北京的时候，我把我讲话的大体意思跟他讲了一下，他赞成我这个讲话。他说：你们是人民的科学家、社会主义的科学家，是革命的知识分子，应取消资产阶级知识分子的帽子。今天，我给你们行'脱帽礼'。"说到这里，陈毅站了起来，向着全场的知识分子，深深地鞠了一躬。在雷鸣般的掌声中，他继续说："十二年的改造，十二年的考验，尤其是这几年严重的自然灾害带来的考验——孔夫子三个月不知肉味，有些人是两三年不知肉味，还是不抱怨，还是愿意跟着我们走，还是对共产党不丧失信心，这至少可以看出一个人的心。十年八年还不能考验一个人，十年八年还不能鉴别一个人，共产党也太没有眼光了！""如果说十二年的改造，一点成绩都没有，他们全部还是资产阶级知识分子，这也不能交代。这等于说我们共产党十二年来的领导是不行的，等于自己宣布自己破产。"②

回到北京的周恩来，继续进行政府工作报告的起草。广州会

---

① 《周恩来选集》下卷，人民出版社1984年版，第368页。
② 中国人民革命军事博物馆编：《陈毅元帅丰碑永存》，上海人民出版社1986年版，第558、559—560页。

议引起的强烈反响，进一步坚定了他对知识分子问题的认识。而这时，党内对于这个问题仍有很大的意见分歧。有的地方竟然不准传达广州会议的精神，特别是不让传达陈毅的讲话，还有人写信给中共中央，告广州会议的状。也有一些受"左"的思想束缚严重的党员干部，对给知识分子脱帽加冕很不理解，说要不是看到文件上标明是陈毅讲的，还以为是右派分子的讲话呢。

对于这些情况，周恩来不可能不知道，但他还是坚持把"脱帽加冕"的精神写进人大的政府工作报告中。3 月 27 日，二届人大三次会议在北京召开，在会议的开幕式上，周恩来作了政府工作报告。报告中，他特地讲了如何团结知识分子的问题："知识分子是社会主义建设事业取得胜利的不可缺少的重要力量。我国的知识分子，在社会主义建设的各个战线上，作出了宝贵的贡献，应当受到国家和人民的尊重。我国知识分子的状况，已经同解放初期有了很大的不同。新社会培养出来了大量年青的知识分子，他们正在沿着'又红又专'的道路成长。从旧社会来的知识分子，经过十二年的锻炼，一般地说，已经起了根本的变化。知识分子中的绝大多数，都是积极地为社会主义服务，接受中国共产党的领导，并且愿意继续进行自我改造的。毫无疑问，他们是属于劳动人民的知识分子。我们应该信任他们，关心他们，使他们很好地为社会主义服务。如果还把他们看作是资产阶级知识分子，显然是不对的。"①

虽然报告中周恩来也强调，知识分子要"经常注意自我改造"，但更强调要为知识分子的自我改造创造条件，能够使他们心情舒畅地、自觉地、逐步地进行，而不应采取任何简单粗暴的方式，对知识分子的改造要求过高过急，是不适当的，把某些学

---

① 中共中央文献研究室编：《建国以来重要文献选编》第 15 册，中央文献出版社 1997 年版，第 309—310 页。

术问题当作政治问题来处理，更是错误的。报告重申了"百花齐放、百家争鸣"的方针，指出违反"双百"方针，在科学、文艺问题上不是鼓励自由探讨、自由辩论，而是加以限制，甚至进行粗暴的干涉，这种做法显然是错误的。国家对知识分子政策的出发点，是团结一切爱国的知识分子，逐步地建立起一支劳动人民的知识分子的宏大队伍。

知识分子政策所做的这些突破性调整，大大缓和了执政党同知识分子的紧张关系，促使知识分子对从事的工作更加投入。聂荣臻回忆当时的情景说："贯彻'科学十四条'和召开广州会议以后，知识分子的积极性空前高涨，为科学事业更加尽心尽力。当时普遍生活困难，但大家还是干劲十足，中国科学院、国防部五院、二机部九院等许多科研单位，晚上灯火通明，图书馆通宵开放，一片热气腾腾，我国真正出现了科学的春天。"①

《科学十四条》的制定和为知识分子"脱帽加冕"，极大地调动了广大知识分子的积极性，有力地促进了中国科学事业的发展。1962 年春天，在中共中央科学小组领导下，国家科委开始主持制定中国第二个科学技术发展远景规划，即《1963—1972 年科学技术发展规划》。直接参加制定这个规划的科学技术专家约万人，历时一年零八个月，在 1963 年 10 月完成了这项工作。1963 年 12 月，中共中央科学小组和国家科委党组负责人，向中共中央领导人毛泽东、刘少奇、周恩来、邓小平等汇报这个规划。12 月 2 日，中共中央、国务院正式批准这个规划。

第二个科学技术发展规划的总要求是：动员和组织全国科学技术力量，自力更生地解决中国社会主义建设中的关键科学技术问题，迅速壮大又红又专的科学技术队伍，在重要和急需的方面，掌握 60 年代的科学技术，接近和赶上世界先进水平。在任

---

① 《聂荣臻回忆录》（下），解放军出版社 1984 年版，第 834 页。

务安排上，着重打基础、抓两头。打基础就是迅速提高工业科学技术，尤其是基础工业的技术水平，要迅速提高基础科学中许多有关学科的水平；抓两头，一头抓农业和有关解决吃穿用问题的科学技术，一头抓配合国防尖端的科学技术。整个规划包括农业、工业、资源调查、医药卫生、技术科学、基础科学六个方面共 70 个专业的规划。全部规划有中心问题 3205 个，研究项目 1.5 万余个，其中各专业、各学科的重点项目 374 个。

其显著成绩主要有：密切配合原子弹、氢弹和导弹的研究和试验，研制了品种众多、规格特殊、技术条件严格的新型材料、仪器仪表、精密机械和大型设备等，为独立自主地发展中国的国防科研和国防工业做出了重要贡献；按照经济建设的需要，设计试制了一批高精尖设备，如电子计算机、电子显微镜、射电望远镜、高速照相机、氨分子钟、30 万千瓦双水内冷发电机等；设计建造了像攀枝花钢铁基地、第二汽车制造厂、成昆铁路、万吨远洋轮、大型煤矿、大型水电站和火电站、重型机械厂等工厂、矿山、铁路及成套设备；完成了全国耕地土壤普查，改良土壤、合理施肥、病虫害防治、改良品种和栽培技术、治沙、治碱等许多研究项目，对黄河流域、长江流域和黄淮海平原等地区进行了大量调查，拟订了治理和开发方案；在基础理论研究方面，数学、计算数学、基本粒子、核物理、构造地质学等领域，都做出了一些受到国际科技界重视、水平较高的成果。[①]

在这些成就中，又以原子弹、导弹的研制进展最为突出。1961 年中共中央做出以研制"两弹"（原子弹和导弹）为中心，加速国防科研和工业发展的重大决策。1962 年 11 月，中央成立以周恩来为首，包括聂荣臻、罗瑞卿等在内的 15 人专门委员会，

---

① 参见陈建新等主编：《当代中国科学技术发展史》，湖北教育出版社 1994 年版，第 170—174 页。

负责组织和领导"两弹"的研制。1964 年 10 月 16 日，成功地爆炸了第一颗原子弹。遗憾的是，1966 年 5 月发生"文化大革命"，第二个科学技术发展远景规划仅仅执行了三年，顺利发展的形势便被打断了。

（五）调整各种政治关系

政治关系的调整是同经济调整配合进行的。通过一系列政治关系的调整，缓和了各种运动造成的紧张的政治关系，为国民经济调整任务的顺利完成创造了有利条件。

说到政治关系的调整，首先值得一提的是在 1959 年至 1962 年的四年时间里，先后有三批右派分子摘掉了帽子。1959 年 8 月 24 日，在杭州的毛泽东给刘少奇写信说："关于全国 45 万右派分子分期分批摘帽子的问题，据江西省委杨尚奎同志说，是一个重要的政策问题。他说，已经向你说过了，你答应回北京统一考虑此问题。我认为，积以时日，至少可以争取 70% 的右派分子改变过来。例如说，在今后七年中（或更多时间），每年争取转变和摘掉帽子 10% 左右，是有可能的。请你提向常委和书记处讨论一次，由中央发一个指示，在国庆十周年时机，根据确有改变的情况，给第一批改好了的右派分子，摘掉 45000 人左右的帽子，即 10%，对于教育右派分子，一般资产阶级、知识分子，民主党派成员，将大有作用，他们会感到确有前途。"①

根据毛泽东的建议，9 月 16 日，中共中央、国务院公布了《关于确实表现改好了的右派分子的处理问题的决定》，认为大部分右派分子目前已有不同程度的悔改表现，其中一部分人，确实认识了自己的错误，在言论和行动上都表现出确实改好了。为了

① 中共中央文献研究室编：《建国以来重要文献选编》第 12 册，中央文献出版社 1997 年版，第 528 页。

使这些人以及其他的右派分子更好地进行改造，更有利于化消极因素为积极因素，使他们感到，在中国伟大的社会主义制度下，只要改恶从善，都有自己的光明前途。为此，中共中央和国务院决定：凡是已经改恶从善，并且在言论上和行动上表现出确实改好了的右派分子，今后不再当作资产阶级右派分子看待，即摘掉他们的右派帽子。

这是一个公开发表的决定。为了便于右派摘帽工作的操作，第二天，中共中央发出了《关于摘掉确实悔改的右派分子的帽子的指示》的党内文件，认为已有20%到30%的右派分子已经低头认罪、确实悔改，并且在工作、学习和劳动中表现较好，愿意向党和人民靠近，其中有一部分人已经有显著的悔改表现。因此，摘掉一部分确已悔改的右派分子的帽子，既是必要的，也是可能的，摘帽的比例，以控制在全国右派分子的10%左右为好。右派分子摘掉帽子，必须具备这三个条件：其一，真正认识错误，口服心服，确实悔改；其二，在言论、行动上积极拥护党的领导和社会主义道路，拥护总路线、"大跃进"和人民公社；其三，在劳动和工作中表现好，或者在劳动和工作中有一定的贡献。至于原来是党员的右派分子，在摘掉帽子以后，《关于摘掉确实悔改的右派分子的帽子的指示》规定一律不得恢复党籍；只有经过更长时间的考察，确实具备入党条件的，才可以接受他们重新入党。

随后，各地开展了右派摘帽的工作。1959年12月4日，新华社公布消息，中央国家机关和各民主党派中央机关，根据中共中央和国务院的决定，最近摘掉了一批确实改好了的右派分子的帽子。至1959年12月底，全国摘掉右派帽子的有28165人，占当时统计的右派分子人数的6.4%，远远没有达到预先规定的10%左右的计划数。到1960年9月，全国摘掉了约4万名右派的帽子，也只占当时统计数的9%。

　　1960 年 9 月 14 日，中共中央组织部和统战部向中共中央提出了《右派分子工作的几点意见》，认为第一批右派分子摘掉帽子以来，资产阶级右派有了更大的分化，绝大多数人都有不同程度的转变和悔改，根据目前排队的情况，右派分子改造得好的占 35% 左右，一般的 50% 左右，表现不好的 10% 左右，其中死硬分子占 5%。为此，该意见提出：根据目前右派分子的表现，1960 年下半年再摘掉一批右派分子的帽子，各地可根据具体情况，摘帽人数控制在 15% 至 20%。至于摘帽的时间和办法，一般以每年国庆节集中摘一批为宜。这样政治影响大一些，也便于安排工作。在本年摘帽的同时，对一部分不够摘帽条件，但参加体力劳动时间较长（两年或两年以上），并且表现较好的，也可以调其回来，安排适当的工作。对右派分子中的妇女和年老体弱、有病的，由于他们不适宜于重劳动和长期体力劳动，也应该给他们安排适当的工作或轻微的劳动。在此前后，有关部门召开了第一次全国改造右派分子工作会议，按照每年摘掉一批右派分子帽子的精神，1960 年全国共摘掉了 55856 名右派的帽子。

　　随着国民经济进入调整期，紧绷的阶级斗争之弦有所放松。在这样的背景下，1961 年 9 月，召开了全国第二次改造右派分子工作会议。这次会议提出，1961 年要多摘掉一些右派的帽子，右派不再进行劳动，让右派有所休息，有所补充，吃饱饭，参加劳动要给予报酬，允许与家人团聚，与老婆孩子见面等。这次会议提出，对全国五万余名被劳动教养的右派，凡是劳动教养已满三年的，除了表现特别不好的以外，一般应解除劳动教养，其中表现确实悔改的，应当摘除右派的帽子。劳动教养虽不满三年，但表现比较突出的，也可以酌情解除一部分，以争取在 1961 年使 90% 的劳教右派分子得以解除劳教。这一年，右派的摘帽工作也有了较大的进展，全国第三批摘帽右派人数达 961671 人，是三年来摘帽人数最多的一批。据全国第二次改造右派分子工作会议统计，到 1961 年 9 月，全国总共有 189384 名右派摘掉了帽子。到 1964 年，全国先后有五批共 30 万"右派分子"摘掉了帽子，并对他们的生活和工作作了初步的安置。

为了缓和一度紧张的党群关系和干群关系，在贯彻"八字方针"的过程中，启动了大规模的甄别平反工作。

1961 年 5 月 21 日至 6 月 12 日，中共中央在北京召开工作会议。会议的主题是讨论和修改广州会议制定的"农业六十条"（草案），同时讨论精减城市人口、压缩粮食销量、对几年受到错误批判和处分的党员干部进行甄别平反等问题。毛泽东在会上认为庐山会议后，错就错在不该把关于彭（德怀）、黄（克诚）、张（闻天）、周（小舟）的决议，传达到县以下。应该传达到县为止，县以下继续贯彻《郑州会议记录》、上海会议的十八条，继续反"左"。一反右，就造成一个假象，可好了，生产大发展呀，其实不是那样。军队不搞到连队，地方不搞到公社以下去就好了。搞下去就整出了许多"右倾机会主义分子"。现在看是犯了错误，把好人、讲老实话的人整成了"右倾机会主义分子"，甚至整成了"反革命分子"。毛泽东强调："一定要搞好调查研究，一定要贯彻群众路线。平调的财物要坚决退赔，但不要有恩赐观点。还有一个，凡是冤枉的人都要平反。"①

1961 年 6 月 15 日，中共中央发出《中共中央关于讨论和试行〈农村人民公社工作条例（修正草案）〉的指示》，其中提出："为着发扬民主，有必要对于最近几年来，受过批判和处分的干部和党员，实事求是地加以甄别。""过去批判和处理完全错了的，要改正过来，恢复名誉，恢复职务；部分问题批判和处理错了的，就改正这一部分问题的结论。对于生产大队和生产队的干

---

① 《毛泽东文集》第 8 卷，人民出版社 1999 年版，第 275 页。

部的处分，应该交给群众审查。至于错误地对群众（包括富裕中农在内）进行的批判，应该在适当场合向他们道歉；如果作了错误处分的，还应该纠正。今后在不脱产干部和社员群众中间，不许再开展反对右倾或者'左'倾的斗争，禁止给他们戴政治帽子。"①

7月19日，中共中央在《中共中央同意聂荣臻〈关于当前自然科学工作中若干政策问题的请示报告〉和国家科委党组、中国科学院党组〈关于自然科学研究机构当前工作的十四条意见（草案）〉的报告》中又指出："在反右派斗争以后，各单位对一些知识分子进行的批判，要加以清理。凡是批判得对的，当然仍须肯定。凡是批判错了，或者有一部分错了的，都要甄别事实，分清是非，纠正错误，由党的负责干部采取适当方式向他们讲清楚，戴错了帽子的要摘掉，以利于解除思想疙瘩，发扬民主，增强团结。"②

同年10月16日，中共中央批转了中央监察委员会《关于农村整风整社组织处理、案件甄别工作座谈会情况的报告》和《关于当前党的监察工作几个问题的意见（一九六一年七月各省、市、区党委监委书记座谈会议纪要）》两个文件。前者认为，在以往的整风整社运动中，"许多地方错处分了一些干部"，提出要"对于最近几年来批判错了和处分错了的干部和党员，要认真做好甄别工作"。③ 后者提出，自农村整风整社运动以来，各地处

---

① 中共中央文献研究室编：《建国以来重要文献选编》第14册，中央文献出版社1997年版，第382页。

② 中共中央文献研究室编：《建国以来重要文献选编》第14册，中央文献出版社1997年版，第515页。

③ 中央档案馆、中共中央文献研究室编：《中共中央文件选集（1949年10月—1966年5月）》第38册，人民出版社2013年版，第243页。

理的案件大多数是正确的。但是，也发生了一些偏差：许多地方处分面偏大，处分偏重，把一些属于人民内部的问题当成敌我问题处理，把一般性的错误当成严重错误处理。因此，"对最近几年来批判错了和处分错了的干部和党员实事求是地加以甄别。在甄别的时候，要以《农村人民公社工作条例（修正草案)》和中央规定的各项有关政策作为辨别是非的标准，严格区分各类问题的界限，分别对待"。凡是"过去批判和处理得正确的，应该加以肯定，不再改变"。凡是"过去批判和处理完全错了的，要改变过来，恢复名誉，恢复职务"。有些党员和干部，本人并没有犯错误，只是因为家庭出身不好、社会关系复杂或者本人是富裕中农成分而受到处分，也应该改正。"部分问题批判和处理错了的，就改正这部分问题的结论"。[①] 必须坚持实事求是的态度，分别情况，具体对待，并且要倾听各方面的意见，认真核实材料，作出正确的结论。随后，甄别平反工作正式启动。

自从甄别平反问题提出以来，有的地方取得了重大进展，对一大批被错划为"右倾机会主义分子"的干部摘掉了帽子，使他们放下了包袱。可是也有一些地方，对这项工作重视不够，执行不力，甚至还有些干部对此加以抵触，使甄别平反工作进展缓慢，未使这项工作产生应有的效果。针对这种情况，邓小平主持中央书记处于 1962 年 4 月 27 日发出了《中共中央关于加速进行党员、干部甄别工作的通知》，要求加速甄别平反工作，规定对县以下农村基层干部，"凡是在拔白旗、反右倾、整风整社、民主革命补课运动中批判和处分完全错了和基本错了的党员、干部，应当采取简便的办法，认真地、迅速地加以甄别平反。"文

---

① 中央档案馆、中共中央文献研究室编：《中共中央文件选集（1949 年 10 月—1966 年 5 月)》第 38 册，人民出版社 2013 年版，第 249、250 页。

件还规定了甄别平反的具体方法："由上一级党委派负责干部，帮助所在组织摸清被错批判和错处分的党员、干部的情况，召集他们开会、谈话，然后召开干部大会或党员大会、群众大会，宣布一律平反。其中即使有的有些轻微错误，也不要留尾巴。有关领导干部应该当场向被错批判错处分的党员、干部进行道歉。"同时规定"机关、学校、工矿、企业中错批判和错处分的一般党员和干部，也应该采取上述办法平反"①。

在1962年5月7日至11日召开的中共中央工作会议上（简称"五月会议"），邓小平重点讲了干部甄别平反的问题。邓小平特别强调："干部的甄别平反，对于调动干部的积极性，特别是调动县以下农村干部和群众的积极性很重要。所谓甄别平反，主要对象是干部，可是每一个干部都联系着群众，实际上影响到大量的群众。这个工作军队搞得最早，也安定得最早。对地方来说，有些地方也搞得比较好。"他提出，对于干部的甄别平反问题，可"全国县以下，首先是农村，来个一揽子解决。就是说，过去搞错了的，或者基本搞错了的，统统摘掉帽子，不留尾巴，一次解决"。"为了把基层干部和群众的积极性调动起来，甄别平反是一个很重要的工作，不要轻视这个工作。上面的领导同志，要下去帮助承担责任，这样搞可以快一些。这件工作，请各中央局告诉各省、市、自治区党委，凡是开始做了的，继续做，没有做的，迅速做。其结果一定要向群众当面公布。这实际上是我们承认一个错误，承认我们过去搞得不对。"②

"五月会议"后，大规模的甄别平反工作全面展开。到这年8月，全国23个省、自治区、市已甄别党员干部365万人，甄别

---

① 中共中央文献研究室编：《建国以来重要文献选编》第15册，中央文献出版社1997年版，第361、361—362、362页。

② 《邓小平文选》第1卷，人民出版社1994年版，第319页。

群众 370 万人。

为加强和改进统一战线工作，1962 年 4 月 23 日至 5 月 21 日，中共中央统战部召开全国统战工作会议。会议认为，几年来，在处理阶级关系、民族关系、宗教关系和归侨关系等方面的工作中，过一些同中共中央政策和毛主席思想相违背的严重缺点和错误，妨碍了相当一部分党外人士的积极性，因此我们党必须主动调整关系，发扬民主，加强团结，加强教育，充分调动一切积极因素。全国统战工作会议提出做好四个方面的工作：

（1）调整关系，正确处理当前几个突出问题。一是在精兵简政、压缩城镇人口的措施下，做好对各界党外人士的安置工作。当时有些地区已经把一部分原私营工商业者和其他党外人士下放农村，或者精减回家，引起很大震动。会议提出应当根据统筹兼顾、适当安排的方针，切实贯彻"包下来、包到底"的政策，妥善安置。会议规定，原私营工商业者在职的及其家属不要下放农村，已经下放的如非本人自愿，应该调回；因关厂而精减下来的，必须与职工一视同仁，妥当安置；保留下来的企业，一般不要精减原私营工商业者；对县和县以上的各界代表人物不精减、不下放。

二是做好甄别平反工作。1958 年以后，在整风交心运动、"拔白旗"运动、"反右倾"运动中，各地错误地批判了一批党外人士。特别是中共中央明确宣布了不在党外人士中进行"反右倾"运动，有的地方和单位还是批判了一些党外人士。会议提出，必须坚决地、迅速地进行甄别平反工作，凡是在交心运动中受到处分或者被划为右派分子的，应当一律平反；在"拔白旗"、"反右倾"运动中受到批判、斗争、处分或者戴帽子的，凡是批判错了或者基本上错了的，都应该平反；凡是平反的，应该摘掉帽子，恢复原来的工作或者安排其他相当的职务。对 1958 年以来在其他运动中受过重点批判、处分或者戴了帽子的党外人士，经过甄别证明完全错了或者基本错了的，也应该坚决予以平反，不要拖尾巴。

三是做好摘了右派帽子的人和右派分子的安置工作。对目前正在休整学习而一时无法安置的，可延长休整学习时间；目前仍在劳动的，应该停止劳动或者改为半学习半劳动；休整学习期间所需费用，可列入国家开支。对已经摘了右派帽子的人和右派分子，已经分配了工作的，如认为需要精减时，暂时不动。对已经解除劳动教养和需要遣返其他城市的摘了右派帽子的人和右派分子，应当暂留原地，设法维持他们的生活；对已经遣返回城市的，应该准许他们报上户口；对右派分子的家属及其子女，按照他们本人的情况对待，不要称为"右派家属""右派子女"，在就学、就业、生活等方面不要歧视他们。

（2）加强合作，改善同党外人士的共事关系。针对当时存在的对党外人士的进步和作用估计不足，信任不够，因而使用和帮助也不够，常常是敷衍应付，或者冷在一旁，或者课以责任，却不给予必要的权利和条件等问题，会议要求充分估计党外人士的进步和作用，贯彻有职有权的原则，切实尊重党外人士的职权，给以必需的工作条件，给以必要的支持，使他们能够履行职责，并且帮助他们做出成绩；根据他们的政治和业务水平，分别适当安排；工作条件、功过赏罚、表扬奖励、培养提拔等，应当一视同仁。

（3）发扬民主，认真实行互相监督的方针。会议认为，同党外人士的关系，几年里有一些突出表现在不倾听党外人士的意见，不同他们商量办事；不是采取和风细雨的方法进行说服教育，而是常常粗暴地进行斗争，强制压服；对民主党派和有关团体的工作，多是把持包办，只强调学习和改造的一面，忽视它们代表合法利益和互相监督的作用。不少党外人士不敢说真心话，使民主集中制的原则受到损害。会议提出：各级党委要主动创造条件，鼓励党外人士敢于讲真话，如实反映情况，积极代表他们所联系的阶级、阶层的合法利益和要求；要乐于听取不同意见，以至于听逆耳之言，真正做到"言者无罪""不戴帽子、不打棍子、不抓辫子"；对他们提出的批评和建议，要认真对待，认真处理，决不可敷衍应付，不能解决的，也要说明理由，对不正确的意见，要耐心说服教育。各级党委统战部门只能依据党的方针政策办事，严格遵守与党外人士协商办事的原则，尊重他们的职权，切实纠正把持包办的错误做法。

（4）组织学习，帮助党外人士逐步改造世界观。会议提出继续进行时事政策教育和政治理论教育，在学习方法上要贯彻自觉自愿、独立思考、自由辩论的原则，思想改造只能逐步提高，决不可操之过急。

全国统战工作会议结束之前，中共中央统战部就会议的有关情况向中共中央书记处作了汇报。5 月 28 日，中共中央统战部又向中共中央写出书面报告。6 月 14 日，中共中央批转了中共中央统战部的报告，并且指出：近几年来，党内存在一种忽视统战工作的倾向，存在宁"左"勿右的情绪，有必要唤起全党同志特别是各级领导干部对统战工作的重视。统一战线工作仍然是长期的，认为统战工作无关紧要甚至可以不做了，是完全错误的。[①]

在调整党与非党关系的同时，还对民族政策与侨务政策进行了调整。1962 年 4 月 21 日至 5 月 25 日，全国人大民族委员会和国家民族事务委员会联合召开民族工作会议。会议认为，这几年的民主工作存在不少缺点、错误，其中有些地区和有些问题上错误还相当严重，主要是：不重视民族问题，忽视民族特点，忽视宗教问题的民族性、群众性和由此而来的长期性，忽视少数民族

①　参见中共中央文献研究室编：《建国以来重要文献选编》第 15 册，中央文献出版社 1997 年版，第 485—486 页。

地区的经济特点，忽视少数民族的平等权利和自治权利，个别地方还损害了少数民族的这种权利，对团结上层的工作也大大放松了，有的地方采取了严重违反政策的手段。此外，有些问题处理得不适当，如在撤销自治地方问题上，讲过自治县同邻县合并是必然趋势，并且同意了某些自治县合并以至撤销；在少数民族地区，讲过有些地方可以不经过互助组、初级社和高级社，直接实现人民公社化，赞成某些地方"一步登天"的做法；在批判地方民族主义运动中，对民族主义思想倾向和民族主义分子之间的界限，根据实际情况研究不够；在废除宗教方面的压迫剥削制度的过程中，虽然再三讲了要把宗教中的压迫剥削制度同宗教信仰分开，但在实际处理寺庙等问题上是注意得很不够的，是有偏差的[①]。因此，在今后五年以内，对少数民族地区有必要确定一个适当的方针。会议对民族工作的重要问题提出了相应的处理意见。

一是关于区域自治的问题。会议提出，自治机关必须名副其实地享有自治权利，要恢复自治地方过去建立的一些好的规章制度，有关少数民族的重大问题应该经过少数民族人民和干部充分讨论，自治地方对于国家法令、指示有权按照当地民族特点制定补充规定、具体措施和变通办法，自治地方的人民代表大会应当按期召开，改变专署领导自治州的做法，没有设党委的自治州要设立起来，改变党政合署办公的做法。

二是关于培养少数民族干部问题。会议提出，虽然民族干部1961 年与1957 年相比总数有所增加，但有不少地区少数民族干部数量在下降，有的下降还相当大，并且对少数民族干部帮助教育不够，提拔使用也不够放手，批判和处分错了一批少数民族干

---

① 参见中共中央文献研究室编：《建国以来重要文献选编》第 15 册，中央文献出版社 1997 年版，第 506—507 页。

部，对地方民族主义的斗争中也存在批判过头过火的问题。因此，必须认真培养少数民族干部；在少数民族地区认真做好甄别工作；在反对地方民族主义的斗争中，批判过头或者确实批判错了的也要甄别，应当平反的必须坚决平反，悔改较好和情节较轻的地方民族主义分子可以尽快摘掉他们的帽子；对于少数民族干部和在少数民族地区工作的汉族干部，生活上的困难要尽量予以解决。

三是关于精减问题。针对少数民族地区的精简工作也存在的一些问题，如少数民族行政区划、机构和干部减得多了一些。建议精减过程中要注意保留少数民族干部和职工，少数民族语言翻译机构不能取消，取消了要恢复，机构不全、人员不充实的要健全和充实，民族学院和少数民族工作机构不要取消。

四是关于团结上层的问题。在这个问题上过去主要存在把少数民族上层冷在一边，对其应有的生活待遇缺少关照甚至有所歧视，安排劳动较多等问题。会议提出，必须认真改正这些缺点，主动调整同少数民族上层的关系。

五是关于宗教问题。会议提出，群众的宗教活动应该恢复正常，不要干涉；应当根据群众宗教生活的实际需要和意见决定寺庙开放多少；喇嘛还俗与否听其自便；留寺喇嘛、阿訇、僧尼参加劳动生产要从实际出发；寺庙管理可以实行政府管理和民主自治相结合的原则；注意保护寺庙、佛像、经典、法器，不得破坏；等等。

六是关于牧区工作问题。不少牧区在执行"以牧为主"的方针方面存在问题，在牧区大量开垦草原，破坏了草场，使牲畜数量下降。因此，各项工作都必须为发展牲畜、繁荣畜牧业经济服务，不要再提"农牧结合"的口号。

七是关于散居少数民族的工作问题。一段时间对散居少数民族工作管得不够，对散居少数民族生活上的困难照顾得不够。必须保障散居少数民族的平等权利，尊重他们的风俗习惯，帮助他们解决生产生活上的困难；对于并掉了的民族乡，当地少数民族要求恢复的，可以同意；要求成立民族区的，如果确有必要也可以同意；民族区、民族乡和一切民族杂居的、有散居少数民族的地方，都要注意提拔使用少数民族干部。

八是关于贸易、教育、卫生和山区生产的问题。撤销了的民族贸易机构要恢复，少数民族特需的商品要有计划地安排生产，尽可能地供应；过去在某些少数民族地区实行的"不赚不赔，有赚有赔，以赚补赔"的贸易方针也应当逐步恢复；灾情较重、困难较多的少数民族地区和少数民族牧区、边远山区，在征购税收方面给以适当的照顾；恢复部分地区实行过的减费、免费医疗制度；恢复高等院校录取少数民族学生的照顾办法和帮助少数民族学生学习的办法；建议中央有关部门研究照顾山区生产特点和林业所有制方面的问题。

6月20日，中共中央批转了《关于民族工作会议的报告》，认为报告提出的民族工作重要问题的处理意见是正确的，要求各地研究执行，并且检查一次民族政策的执行情况。中共中央指出："民族问题的彻底解决，是长期的，必须进行长期的经常工作，才能逐步实现。如果不看到这种长期性，不重视社会主义革命和社会主义建设过程中的民族问题，不照顾民族特点和地区特点，不按党的政策办事，在工作中就势必要犯错误。"[1]

在侨务政策的调整上，1962年5月31日，中共中央批转中央华侨事务委员会党组《关于正确处理归国华侨、侨眷、归侨学生的"海外关系"问题的请示报告》。针对当时不少地方和部门，不加具体分析，把归国华侨、侨眷、归侨学生在国外的家庭和亲

---

[1] 中共中央文献研究室编：《建国以来重要文献选编》第15册，中央文献出版社1997年版，第501页。

友关系，一律作为"资产阶级关系"或"复杂的政治关系"看待，滥加怀疑和歧视的现象，华侨事务委员会党组在报告中提出，有归国华侨、侨眷、归侨学生的单位，全面检查一次由所谓"海外关系"而引起的问题，迅速地妥善地加以处理。必须从人事、鉴定、审查工作中取消所谓"海外关系"这一项；对在历次运动和政治审查中因此而被错斗、错处分、错戴帽子者，应迅速、切实纠正，取消处分，恢复名誉，对归侨干部不得歧视；对因所谓"海外有关系"而被任意调职或下放劳动者加以妥善处理；对那些已具备入党入团条件的归侨、侨眷和归侨学生，应照章吸收其入党入团；切实贯彻保护侨汇的政策；对归侨学生在就学、实习、阅读参考书籍资料等不得任意加以歧视和限制。今后不得再干涉归侨、侨眷和归侨学生与国外华侨的联系。在整风整社中对侨户重划为地主和重戴地主帽子的做法是错误的，必须迅速加以纠正。中共中央在批示中明确指出，"所谓'海外关系'的提法，是模糊政策界线，混淆敌我关系的提法，是不妥当的，有害无益的"，① 要求有关单位，尤其是华侨、归侨、侨眷占人口中相当比重的省和市，切实讨论这一报告，对因所谓"海外关系"而引起的一系列问题有步骤地加以处理。

在此期间，为统一思想、改进工作，中央政法小组建议召开全国政法工作会议，并得到中共中央批准。1962 年 10 月，全国政法工作会议召开，会议全面总结了 1958 年以来政法工作的经验教训，指出政法工作存在没有正确区分和处理两类不同性质的矛盾、混淆敌我、滥用劳动教养等问题，明确了此后一个时期政法工作的方针、政策。经过调整，政法工作有了较大程度的改善。

---

① 中央档案馆、中共中央文献研究室编：《中共中央文件选集（1949年 10 月—1966 年 5 月）》第 40 册，人民出版社 2013 年版，第 245 页。

第七章 国民经济的发展与
三线建设的启动

　　1962 年七千人大会后，由于对当时的形势有了深刻的认识，下定了调整国民经济的决心，国民经济逐渐复苏，各项事业出现了较好的发展势头，这时，一些地方又开始提出过高的指标，为此，中共中央认为仍需继续贯彻"调整、巩固、充实、提高"的八字方针。从 1962 年下半年到 1965 年，国民经济开始稳定增长，人民生活得到了较大改善。到 1965 年底，国民经济调整的任务全面完成。1964 年底至 1965 年初召开的第三届全国人民代表大会第一次会议，明确提出要在不太长的历史时期内，把中国建设成为一个具有现代农业、现代工业、现代国防和现代科学技术的社会主义强国。1963 年中共中央决定再用三年的时间进行国民经济的调整后，有关部门即开始编制第三个五年计划，与此同时，逐渐提出了三线建设的思想并开启了三线建设。通过开展工业学大庆和农业学大寨运动，推动了中国工农业生产的发展。1956 年至 1966 年"文化大革命"爆发前的 10 年，尽管由于"大跃进"和人民公社化运动的影响，国民经济发展曾遇到严重的困难，但各项事业仍取得了巨大的成绩。

一、编制"三五"计划

（一）国民经济调整任务的完成

1962 年 11 月，全国计划会议召开。李富春在讲话中指出："现在经济形势确实有了显著的好转，看不到这个好转，看不到调整的成绩，看不到已经从被动转向主动，看不到党的方针政策的伟大作用，看不到光明，这显然是错误的。但是，认为国民经济已经全面好转，或者认为没有问题了，可以把'八字方针'放在次要地位了，可以不必再减人了，可以放松对财政、银行的管理，放手花钱了，可以不注意按农轻重的次序安排经济计划了，又可以大发展了，也是错误的，是要吃亏的。"① 全国计划会议经过充分讨论，认为 1962 年总的形势是正在全面好转，但这还只是开始，存在的问题仍不少，农业还没有达到 1957 年的水平，基本原料、材料工作特别是木材、煤炭、有色金属、特殊钢材等还是薄弱环节，国防工业的基础也很薄弱，因此，要巩固已取得的成绩，争取经济的根本好转、全面好转，还必须继续贯彻"八字方针"。②

1963 年 1 月 3 日，中共中央批准下达《1963 年基本建设计划草案》。这一计划草案提出，在 1963 年 77.1 亿元的总规模中，用于农业和直接支援农业的投资占 33.3%；用于轻工市场和直接为轻工市场服务的投资占 5.9%；用于国防和直接为国防工业服

---

① 房维中、金冲及主编：《李富春选集》，中央计划出版社 1992 年版，第 300 页。

② 参见刘国光主编：《中国十个五年计划研究报告》，人民出版社 2006 年版，第 225 页。

务的投资占 14.3%；用于重工业的投资，除去直接为农业、轻工业和国防工业服务的部分以外，占 31.4%，主要是用于基础工业的建设。中共中央在批转这个计划草案时强调，1963 年的基建投资只能适当增加，步子不能迈得太大；各地方、各部门必须坚决按此计划办事，不准在计划外再增加投资、增加项目和自行扩大基本建设规模；自筹资金的建设项目，也应一律纳入计划。

由于贯彻了"八字方针"，1963 年第一季度的经济形势不错，越冬农作物长势良好，按季度计划生产的各种工业产品 90% 以上超额完成任务，工业劳动生产率比上年度同期提高 30%，财政结余增加至 10.4 亿元。在这种情况下，从中央到地方盲目乐观的情绪又开始抬头。1963 年 3 月 1 日，中共中央发出《中共中央关于厉行增产节约和反对贪污盗窃、反对投机倒把、反对铺张浪费、反对分散主义、反对官僚主义运动的指示》，其中就认为"我国的经济情况已经有了很大的好转"，"再经过一段时间的努力，就可以使我国的工业、农业和其他各项事业在新的基础上，以比较快的速度向前发展，就可以使我国以建成一个独立的完整的现代化的国民经济体系为目标的社会主义建设，进入一个新的高涨时期"。① 各地也将 1963 年作为"三五"计划的头一年，纷纷提出要打好第一仗、实现开门红的口号，有的地方还制订了过高的指标。②

在这年 6 月 1 日至 15 日的全国年度计划工作座谈会上，产生了两种意见：一部分人认为，把调整作为主要任务的历史时期已经过去了，"八字方针"可以不再提了；另一部分人则强调，虽

---

① 中共中央文献研究室编：《建国以来重要文献选编》第 16 册，中央文献出版社 1997 年版，第 171、172 页。

② 参见刘国光主编：《中国十个五年计划研究报告》，人民出版社 2006 年版，第 225 页。

然大调整的任务已经完成，但还存在不少遗留问题，还需要进一步贯彻"八字方针"。7 月 1 日。李富春在中央政治局第 115 次会议发言介绍时也说，关于明年任务的提法，要不要继续提"八字方针"，总的来说有两种意见：一种意见还要继续提，一种意见可以不提。主张继续提的，也有两种不同意见：一种是少数，觉得还应该以调整为中心；多数觉得应该是以提高、充实为中心。主张不提的，觉得这三年来中央要求调整的主要的内容基本上已经解决了，国民经济进一步地全面好转了。①

究竟如何看待形势，是继续贯彻"八字方针"，还是可以搞新一轮的"大跃进"？这个问题不解决好，不但关系到经济建设应该采取什么样的方针，而且关系到整个经济建设的全局。在这个问题上，毛泽东和中共中央的态度很明确：继续以调整为主。7 月下旬，周恩来在中共中央书记处传达了毛泽东关于 1963 年至 1965 年三年继续调整的想法。毛泽东说：三年调整，重点是巩固、充实、提高。提高质量，增加品种，提高劳动生产率，学会管理，填平补齐，成龙配套。今后三年，必须创造条件，为第三年五年计划做好准备。②

8 月 6 日，薄一波在国务院各部委负责人会议上说："毛主席最近指出，1963 年，1964 年，1965 年仍然是作为调整的年代。我们原来打算，今年是第三个五年计划开始。现在不搞了。1963年、1964 年、1965 年调整三年，1966 年开始第三个五年计划。假如 1963 年到 1965 年是调整，加上 1961、1962 两年，实际上就是五年调整。目的就是把我们的工作搞得更好，把基础打得更扎

---

① 参见田松年：《1963—1965 年国民经济继续调整决策的形成及实施》，《党的文献》1998 年第 4 期。

② 参见刘国光主编：《中国十个五年计划研究报告》，人民出版社 2006 年版，第 226 页。

实，把各方面的关系调整得更好，把第三个五年计划搞得更好，不要仓仓促促。这三年也叫调整，但内容多少和 1961、1962 两年有所不同。1961、1962 两年的调整，取得了很大的成绩。现在开始的调整更着重于充实、巩固、提高，填平补齐，成龙配套。不要一说调整，就单纯理解为继续精减人员、裁并机构、关并企业。当然有个别部门、个别地区减一些人还是必要的，但总的方面不是这样的性质。"①

1963 年 12 月 2 日，周恩来在二届全国人大四次会议上的报告中，对为何还要进行三年的国民经济调整作了解释。他说："我们把一九六三年到一九六五年的三年计划，叫做过渡计划，意思是指，从第一个五年计划主要学习苏联，第二个五年计划在总路线的指导下，摸索把马列主义关于建设社会主义的原则同中国的具体实践相结合的经验，过渡到以后十五年的三个五年计划，求得在基本上建成独立的、完整的国民经济体系和工业体系。因为有这样一个目的，我们需要总结经验，全面安排，创造条件，全面跃进，就必须有这三年的过渡。"②

1964 年 9 月 6 日至 27 日，中共中央在北京举行工作会议，会议讨论农村工作和 1964 年国民经济计划等问题，并着重讨论工业发展的方针问题。

会议确定，从 1963 年起用三年时间，继续进行调整、巩固、充实、提高的工作，作为第二个五年计划（1958 年至 1962 年）到第三个五年计划（1966 年至 1970 年）之间的过渡阶段。在这个阶段中，工业各个部门，要认真做好提高质量、增加品种、填

---

① 薄一波：《关于 1964 年计划的问题》，《党的文献》1998 年第 4 期。

② 中共中央文献研究室编：《建国以来重要文献选编》第 17 册，中央文献研究室 1997 年版，第 516 页。

平补齐、成龙配套的工作，并要搞好设备更新和专业化协作。会议对三年后的任务提出了分两步走的设想：第一步，建立一个独立的、比较完整的工业体系和国民经济体系，使中国工业大体接近世界先进水平；第二步，使中国工业走在世界前列，全面实现农业、工业、国防和科学技术现代化。会议提出，在中国发展国民经济，应当贯彻执行如下方针：（1）以农业为基础，以工业为主导；（2）自力更生，奋发图强，艰苦奋斗、勤俭建国；（3）按照解决吃穿用，加强基础工业，兼顾国防，突破尖端的次序安排经济计划；　（4）继续实行调整、巩固、充实，提高八字方针。①

按照这样的指导思想，1963 年至 1965 年继续对国民经济进行调整，但这三年的调整与前两年的调整不同的是，前两年主要是退，要退够，后三年则是有退亦有进，重点转入增加品种、提高质量、填平补齐、成龙配套、更新设备、改善经营管理、提高劳动生产率上。

鉴于"大跃进"造成工农业比例严重失调的教训，在整个国民经济调整时期，党和政府都十分重视农业的基础地位，在资金、物资上加大了对农业的投入。1963 年 10 月建立了中国农业银行，统一管理国家支援农业的资金，当年计划用于农业方面的资金为 62 亿元，比上年增加 18 亿元左右。1963—1965 年对农业的投资总数占全部基本建设投资的 17.6%，为新中国成立以来农业投资比重最高的时期。工业也加大了支援农业的力度，如 1963 年供应农业化肥 540 万吨，比上年增加 219 万吨。排灌机械、农用汽车、拖拉机等也有较大增加。

同时，在工业内部也注意了轻、重工业的关系，增产市场和

---

①　参见国家计划委员会：《一九六四年计划安排的方针和主要内容（节选）》（1964 年 10 月 20 日），《党的文献》1998 年第 4 期。

人民所急需的轻工业品，特别是棉纱、棉布、化学纤维和塑料制品等主要生活资料，加强了急需的"短线"产品如木材、水泥、有色金属、某些钢材品种和硫酸、烧碱、纯碱等基本原料、材料的增产工作。

经过全党全国人民的共同努力，这三年的国民经济调整取得了重要成就。1963年至1965年的三年中，工农业总产值平均每年增长15.7%，农业总产值平均每年增长11%，工业总产值平均每年增长17.9%。到1965年，工农业总产值已基本上恢复到历史最高水平。农业总产值达590亿元，比历史上最高的1958年增长7.2%；粮食产量3891亿斤，接近新中国成立后最高年产量，比1962年的3200亿斤增长21.6%，基本恢复到1957年的水平。工业总产值达1394亿元，比1962年的920亿元增长51.5%；钢产量为1223万吨，比1962年的667万吨增长83.4%；石油产量突破1000万吨，实现国内需求全部自给。

积累与消费的比例也基本恢复正常。工、农业比例由1960年的3.6:1调至1965年的1.7:1；轻、重工业比例由33:67调整为51:49。1963—1965年的积累率分别为17.5%、22.2%和27.1%，基本上达到了正常水平。商品短缺现象大为改观，大部分商品已敞开供应，原来实行高价的大部分商品也改为平价。

与前两年相比，经过后三年的调整，人民生活有了显著改善。1965年的国民收入达到了1387亿元，比1962年的924亿元增长了50.1%。全国居民人均消费水平1965年达到了125元，比1962年增加了8元，其中农民达100元，增加12元；职工达237元，增加11元。全国人均粮食、食油、棉花的消费量虽仍略低于1957年，但已大大超过1962年。

这几年，在调整国民经济的同时，还进行了经济体制改革的某些探索。

在企业管理体制方面，为改变过去主要用行政方式管理的办法，在毛泽东、刘少奇等人的支持下，进行了办托拉斯的试点，将生产和经营同类产品的许多企业，联合组成专业性大公司，按经济规律进行管理。1964 年 6 月，国家经委党组拟定了《关于试办工业、交通托拉斯的意见（草稿）》。同年 8 月 17 日，中共中央、国务院将这个文件批转给各中央局，各省、自治区、市党委及国务院各部委党组参照执行。在此之前的 1963 年 3 月，首先成立了中国烟草公司，统管全国卷烟原料收购和产品销售。1964 年 8 月，又决定试办盐业、汽车、拖拉机和内燃机配件、橡胶、纺制机械、制铝、橡胶和医药、地质机械和仪器等全国性的公司，同时试办华东煤炭工业、京津唐电力、长江航运等三个地区性公司。这些托拉斯的试办，不仅促进了生产建设的发展，而且为企业管理制度的改革积累了初步经验。

这几年还进行了劳动制度改革试验。经刘少奇提议，中共中央于 1964 年 5 月正式决定，在全国逐步推广固定工与临时工并行的两种劳动制度和全日制与半工半读、半农半读并存的两种教育制度，并首先在一些矿山试行轮换工制度，在一些季节性生产工厂试行临时工制度，在一些企业推行半工半读制度，或者兴建了一些半工半读学校。这些做法，既可减轻国家和企业负担，增加人民收入，还可扩大就业渠道和学习机会，产生了积极的效果。

（二）"三五"计划的编制

1963 年中共中央决定再用三年的时间进行国民经济的调整后，有关部门即开始编制第三个五年计划。

"三五"计划本应在 1963 年至 1967 年实行，而计划的编制则应提前一、二年进行，也就是说，本应在 1961 年、1962 年编制，但由于"大跃进"导致严重经济困难，1961 年起不得不进行国民经济调整，因而"三五"计划编制和实行的时间只得后移。

1963 年 2 月 8 日，中共中央决定由李富春、李先念、谭震林、薄一波、陈伯达、邓子恢、程子华、薛暮桥等 8 人组成计划领导小组，并规定小组的任务主要是讨论研究年度计划和长远计划的方针、政策、任务及主要指标，研究和确定实现计划的重大措施，定期听取国家计委日常工作的汇报。随后，领导小组接连开会，初步研究了长期计划和"三五"计划的奋斗目标。

2 月 20 日，计划领导小组召开会议，李富春在发言中提出：前些年没有长期计划，吃了苦头。发展国民经济，建设社会主义，必须要有长期计划。编制长期计划，要从远处着眼、近处着手。20 年的奋斗目标，就是要基本上实现农业、工业、国防和科学技术的现代化，基本上建立全国统一的、独立完整的、现代化的国民经济体系。十年的奋斗目标，需要在计划编制过程中逐步明确起来。第三个五年的奋斗目标，应集中力量解决人民的吃穿用。领导小组成员一致赞同他的这个设想。会后，李富春将上述设想写成《关于编制长期计划工作的要点》，报送中共中央。

中共中央同意了李富春在《关于编制长期计划工作的要点》中提出的设想，并决定继续对国民经济进行调整。1963 年 7 月 30 日，邓小平在工业问题座谈会上传达了中共中央的决定：还要进行三年调整，重点是巩固、充实、提高，创造条件，为第三个五年计划做好准备。①

1963 年底至 1964 年初，国务院召开全国工业交通工作会议，参加会议的有工交各部委负责人、各大区和各省自治区市主管工交工作的负责人及经委主任，主要内容是研究改进计划工作。李富春代表国务院在会上作了报告，他指出：各级计委必须克服屁

---

① 参见薄一波：《若干重大决策与事件的回顾》下卷，中共中央党校出版社 1993 年版，第 1193—1194 页。

股坐在工业上的毛病，要首先抓农业发展计划和支援农业的计划；在国家财力、物力有限的情况下，"三五"计划期间首先抓水利、肥料和必要的农业机械，到 1970 年实现三个目标：一是建设 5 亿亩比较旱涝保收、稳产高产农田，二是化肥产量达到 1000 万吨，三是化纤产量达到 20 万吨。①

1964 年 2 月至 4 月，国务院先后召开农业、财贸、工交三个长期规划会议。农业规划会议由谭震林主持，主要是研究落实 5 亿亩稳产高产农田的建设问题。这个主张是邓小平提出来的，他在 1963 年 9 月的中央工作会议上建议，在"三五"计划内，建设五亿亩高产稳产农田，以保证粮食的稳产和高产。财贸规划会议由李先念主持，着重讨论农产品收购政策。工交规划会议由薄一波主持，讨论编制长期计划的政策思想、计划方法和中心任务。三个会议都确定，按照不同的标准，把基本解决吃、穿、用作为"三五"计划的首要任务，同时兼顾国防建设，加强基础工业对农业和国防工业的支援。②

这年 4 月底，国家计委提出了《第三个五年计划（一九六六—一九七〇）的初步设想》，规定"三五"计划的主要任务是：第一，大力发展农业，基本上解决人民的吃穿用问题；第二，适当加强国防建设，努力突破尖端技术；第三，与支援农业和加强国防相适应，加强基础工业，继续提高产品质量，增加产品品种，增加产量，使中国国民经济建设进一步建立在自力更生的基础上。相应地发展交通运输业、商业、文化、教育、科学研究事

---

① 参见薄一波：《若干重大决策与事件的回顾》下卷，中共中央党校出版社 1993 年版，第 1195 页。

② 参见房维中、金冲及主编：《李富春传》，中央文献出版社 2001 年版，第 628—629 页。

业，使国民经济有重点、按比例地向前发展。①

该初步设想与"一五"计划、"二五"计划相比，计划方法有了重大的改变，把计划工作转到以农业为基础的轨道上来，其中安排的计划各项指标，首先比较充分地考虑了农业的需要，再兼顾国防的需要，然后从以上两方面出发来安排重工业——基础工业。

国家计委提出的"三五"计划设想的主要指标是，到1970年，粮食4300亿~4600亿斤，年均递增2.5%~3.9%；棉花3850万~4200万担，年均递增3.8%~5.6%；棉纱780万~850万件，年均递增6.1%~7.9%；棉布69亿~77亿米，年均递增5.8%~8.2%；钢1600万~1800万吨，年均递增9.9%~12.5%；煤炭2.85亿~2.95亿吨，年均递增4.8%~5.6%；发电量1000亿~1080亿度，年均递增10.1%~11.7%；农业总产值为2440亿~2610亿元，每年平均增长8.1%~9.5%。到1970年，主要消费品每人平均消费量，粮食425斤，食用植物油4.2斤，猪肉15斤，糖3.2斤，棉布及化纤织22尺。

4月29日，中共中央书记处听取国家计委关于"三五"计划初步设想的汇报。邓小平对该初步设想作了肯定，认为这次计划是按新的方法搞的，体现了以农业为基础、工业为主导的方针。他还表示，一切计算都要以低数为基础，年度计划可以在此幅度中进行调整。农业问题，再有几年可以做到粮食不进口，以便腾出外汇进口一些新技术，这对国家来说是很大的节约，可以促进自力更生。整个国家粮食情况究竟怎样，要把问题摆出来，

---

① 参见中共中央文献研究室编：《建国以来重要文献选编》第18册，中央文献出版社1998年版，第448页。

供大家讨论，这是真刀真枪。① 5 月 2 日，中共中央将《第三个五年计划（一九六六——一九七〇）的初步设想》连同《第三个五年农业发展计划的初步设想》和《第三个五年农业发展计划中几个问题的说明》一起，印发给各中央局，各省、自治区、市党委，国务院财经、文教各部委党组，征求意见。

二、开启三线建设

（一）三线建设的背景

1964 年 5 月 10 日，国家计委领导小组向毛泽东汇报"三五"计划的初步设想。在汇报过程中，毛泽东插了许多话。当汇报到钢只搞质量好并合需要的产品时，毛泽东说："搞工业干什么？搞钢铁干什么？它又不能吃，又不能穿。"当汇报到铁路建设只能上有限的几段时，毛泽东说："酒泉和攀枝花钢铁厂还是要搞，不搞我总是不放心，打起仗来怎么办？"

李富春在汇报中说，基础工业、交通还比较薄弱，毛泽东插话说："没有坐稳，没有站稳，是要跌跤子的。两个拳头——农业、国防工业；一个屁股——基础工业；要摆好。要把基础工业适当搞上去，其他方面不能太多，要相适应。"

当汇报到邓小平关于逐年减少进口粮食、增加新技术进口的意见时，毛泽东深表赞同，说："很好，必须从明年起这样做。"但是对邓小平集中投资搞 4.5 亿亩高产稳产农田的主张，他有些不以为然地说道："已有二亿四千万亩了，再搞一亿六千万亩就

---

① 参见刘国光主编：《中国十个五年计划研究报告》，人民出版社 2006 年版，第 260 页。

是四亿亩，也很好嘛，不要套四亿五千万亩、五亿亩那个框子。"①

毛泽东在插话中还表示："工业要为农业服务。建设要按客观规律办事，只能是有多少钱办多少事，不能搞多了，要少而精，集中力量打歼灭战，留有余地。"②

5月15日至6月17日，中共中央召开工作会议，讨论"三五"计划设想是一个重要的议题。5月27日，毛泽东找刘少奇、周恩来、邓小平、李富春、彭真、罗瑞卿等人谈话。他从战争存在着严重威胁的估计出发，提出在原子弹时期，没有后方不行。"三五"计划要考虑解决全国工业布局不平衡的问题，要搞一、二、三线的战略布局，加强三线建设，防备敌人的入侵。毛泽东特别强调应该在四川的攀枝花建立钢铁生产基地。③他还说：大家如果不赞成，我就到成都、西昌开会。西昌通不通汽车？不通，我就骑毛驴下西康。搞攀枝花没有钱，我把工资拿出来。前一个时期，我们忽视利用原有的沿海基地，后来经过提醒，注意了，最近这几年又忽视屁股和后方了。④

5月28日，中共中央书记处开会进一步研究"三五"计划。会议认为："国民经济经过几年调整，形势虽然有所好转，但各方面仍有不少困难，加强国防建设的重点和规模以及它同解决吃穿用的关系，必须安排得当。小平说：这次计划按农轻重、解决

---

① 《毛泽东在国家计委领导小组汇报第三个五年计划设想时的插话》，《党的文献》1996年第3期。

② 薄一波：《若干重大决策与事件的回顾》下卷，中共中央党校出版社1993年版，第1198页。

③ 中共中央文献研究室编：《周恩来传（1949—1976）》（下），中央文献出版社1998年版，第811页。

④ 参见刘国光主编：《中国十个五年计划研究报告》，人民出版社2006年版，第262页。

吃穿用和两个拳头、一个屁股进行安排，是建设的完整方针。攀枝花钢铁工业基地的建设，第三个五年计划打基础。按低方案摆计划，五年全国基本建设投资不能超过 1000 亿元。周总理说：计划方法要总结经验，不能再搞苏联的那一套。我们国家经济发展不平衡，如果不注意布局，发展下去更不平衡。1964 年的基本建设要重新排队。少奇同志也指出：大家要多搞基本建设，但不能过多，只能办几件事，一切要保持过去几年的做法，不能一下放松。"①

1964 年 6 月 6 日，毛泽东在中央工作会议上的讲话中，集中讲了两个方面的问题：

一是改变方法。他说：要改变计划方法，这是一个革命。学上了苏联的方法以后，成了习惯势力，似乎很难改变。这几年他们摸索出了一些方法，他们的方针是以农业为基础、以工业为主导。按照这个方针制订计划，先看可能生产多少粮食，再看需要多少化肥、农药、机械、钢铁，还要考虑打仗的需要。

二是进行备战。毛泽东说：只要帝国主义存在，就有战争的危险。中国不是帝国主义的参谋长，不晓得它什么时候要打仗。决定战争最后胜利的不是原子弹，而是常规武器。他提出：要搞三线工业基地的建设，一、二线也要搞点军事工业。各省都要有军事工业，要自己造步枪、冲锋枪、轻重机枪、迫击炮、子弹、炸药。有了这些东西，就放心了。攀枝花钢铁工业基地的建设要快，但不要潦草，攀枝花搞不起来，睡不着觉。

在此之前，即 1964 年 4 月 25 日，中央军委总参谋部作战部在一份报告中说，国家经济建设中如何防备敌人突然袭击的问题很多，有些情况相当严重，主要表现在：（1）工业过于集中。全

---

① 薄一波：《若干重大决策与事件的回顾》下卷，中共中央党校出版社 1993 年版，第 1198—1199 页。

国 14 个百万人口以上的大城市，就集中了约 60% 的主要民用机械工业和 52% 的国防工业。（2）大城市人口多。全国有 14 个百万人口以上和 25 个五十万至百万人口的大城市，大都在沿海地区，防空问题尚无有效措施。（3）主要铁路枢纽、桥梁和港口码头多在大城市附近，还缺乏应付敌人突然袭击的措施。（4）所有水库的紧急泄水能力都很小，一旦遭到破坏，将酿成巨大灾害。这份报告引起了毛泽东的高度重视。

当时中国的周边环境的确比较严峻。南面，美国发动了侵略越南的战争，战火已烧到中国南大门外；东面，美国支持的台湾当局一直叫嚣"反攻大陆"，并多次派遣小股武装特务窜犯东南沿海地区；西面，印度政府不断蚕食中国领土，并多次发动大规模的武装入侵，中国虽取得了对印自卫反击战的胜利，但两国关系仍未根本缓和；北面，中苏关系恶化，苏联不断制造事端，并派重兵进驻蒙古。在这种情况下，中国不得不对可能发生的战争有所准备。

因此，毛泽东在中央工作会议上发表关于备战问题的那番话后，立即引起了与会人员的共鸣。"大家一致拥护他的主张，认为应在加强农业生产、解决人民吃穿用的同时，迅速展开三线建设，加强战备。"① 由此，"三五"计划的重心转入备战方面，并重点开展三线建设。

毛泽东这里指的一、二、三线，是按中国地理区域划分的，沿海地区为一线，中部地区为二线，后方地区为三线。三线分为两大块，一是包括云、贵、川三省的全部或大部分及湘西、鄂西地区的西南三线；二是包括陕、甘、宁、青四省区的全部或大部分及豫西、晋西地区的西北三线。当时三线又分为大三线和小三

---

① 薄一波：《若干重大决策与事件的回顾》下卷，中共中央党校1993 年版，第 1200 页。

线，西南、西北被称为大三线，而中部及沿海省区的腹地则为小三线。

1964 年 8 月 5 日，美国飞机对越南民主共和国发动突然袭击，连续轰炸了其义安、鸿基和清化地区，跨过了它自己宣布的"战争边缘"，并给中国的安全造成严重威胁。为此，中国政府于 8 月 6 日发表声明，严正警告："越南民主共和国是中国唇齿相依的邻邦，越南人民是中国人民亲如手足的兄弟，美国对越南民主共和国的侵犯，就是对中国的侵犯，中国人民绝不会坐视不救。"

面对越南战争已经扩大的形势，更加坚定了毛泽东和中共中央加紧三线建设的决心。在此之前，毛泽东曾打算骑马从黄河入海口沿河而上，对整个黄河流域特别是其源头进行考察。美国扩大越南战争后，他不得不放弃这个设想，考虑准备打仗的问题。他在 8 月 6 日中国政府的声明稿上批写道："要打仗了，我的行动得重新考虑。"①

8 月 19 日，李富春、罗瑞卿和薄一波三人联名，向毛泽东和中共中央报送了《关于国家经济建设如何防备敌人突然袭击的报告》。报告建议在国务院成立专案小组，由李富春、李先念、谭震林、薄一波、罗瑞卿等人组成；李富春任组长，薄一波、罗瑞卿任副组长。报告还提出：一切新的建设项目应摆在三线，并按照分散、靠山、隐蔽的方针布点，不要集中在某几个城市；一线的重要工厂和重点高等院校、科研机构，要有计划地全部或部分搬迁到三线；不再新建大中型水库；恢复人民防空委员会，积极准备北京地下铁道的建设，考虑在上海、沈阳建设地下铁道。对上述各项工作，确定由专案小组成员分工负责，用 8、9 两个月的时间进行研究，提出逐步施行的具体方案，经专案小组综合研

---

① 中共中央文献研究室编：《毛泽东传（1949—1976）》（下），中央文献出版社 2003 年版，第 1349 页。

究后，报中央中共批准，分别纳入 1965 年计划和"三五"计划。①

8 月中旬，中共中央书记处开会讨论三线建设问题。毛泽东在会上讲话说：要准备帝国主义可能发动战争。现在工厂都集中在大城市和沿海地区，不利于备战。工厂可以一分为二，要抢时间搬到内地去。各省都要建立自己的二、三线。不仅工厂交通部门要搬家，而且学校、科学院、设计院都要搬家，成昆、川黔、滇黔三条铁路都要抓紧修好。根据毛泽东的意见，会议决定：三线建设在人力、物力、财力上给予保证，新建设的项目都摆在三线，现在就要搞勘察设计，不要耽误时间。第一线能搬的项目都要搬；明年后年不能见效的续建项目一律缩小建设规模。在不妨碍生产的条件下，有计划有步骤地调整第一线，一、二线企业要有重点地搞技术改革。②

10 月 18 日，中共广东省委向中共中央和中南局呈送了《关于国防工业和三线备战工作的请示报告》。报告中说，帝国主义目前正积极准备扩大对越南北方发动的侵略战争，广东省加紧进行战备工作十分必要，省委决定加速地方军事工业建设；把广州及沿海城市的部分民用工厂和高等院校迁至三线（小三线）去，后方电力工业也要发展；加强国防公路、通讯网、电力及物资储备仓库等的建设；加速后方农业和山区经济的发展，并适当增建学校和医院。

毛泽东认为广东的做法很好，他在写给刘少奇、周恩来等人批语中，建议将广东省委的报告转发第一线和第二线各省，使其

① 参见薄一波：《若干重大决策与事件的回顾》下卷，中共中央党校出版社 1993 年版，第 1200—1201 页。

② 参见丛进：《曲折发展的岁月》，河南人民出版社 1989 年版，第 465 页。

也讨论一下自己的第三线问题，并向中共中央提出一个合乎各省具体情况的报告。他说："无非是增加一批建设费，全国大约需十五亿左右，分两、三年支付，可以解决一个长远的战略性的大问题。现在不为，后悔无及。"周恩来当即将毛泽东的批语和广东省委的报告批转各有关省、自治区。各地按照毛泽东的指示，迅速采取了广东类似的行动。

（二）三线建设的启动

为了加强三线建设，1964年底，成立了以中共中央西南局第一书记李井泉为主任的西南三线建设委员会和以中共中央西北局第一书记刘澜涛为主任的西北三线建设委员会。

当时，大三线建设的重点放在打基础上，国家将大部分投资集中在成昆、湘黔等铁路，攀枝花、酒泉等钢铁基地，以及重庆为基地的常规武器生产上。为使三线能在短时间形成生产能力，对一、二线经济建设采取了停（停止建设新项目）、缩（压缩在建项目）、搬（将一些企事业单位全部搬迁到三线）、分（将一些企事业单位一分为二，其中一部分搬迁到三线）和帮（一二线企业对口支持三线企业）的方针。

在这个过程中，毛泽东认为三线建设的进度还是太慢，加之兼任国家计委副主任的陈伯达从中挑拨离间，因而他对国家计委的工作也日益不满，并多次对其提出批评。1964年8月他在一份批示中说："计划工作方法，必须在今明两年内实行改变。如果不变，就只好取消现有计委，另立机构。"[1]

具体负责计划工作的李富春看到毛泽东的批示后，夜不能寐，连夜向毛泽东写信说明情况。随后，他又三次写信毛泽东，

---

[1]　房维中、金冲及主编：《李富春传》，中央文献出版社2001年版，第639页。

一方面检讨计划工作中存在的问题，提出改进方法，另一方面汇报加快三线建设的设想和安排。

12月3日，国家计委向中共中央书记处提交了《关于编制长期计划的程序问题》，然后根据中央书记处讨论的意见，对文件作了修改，于12月7日送请毛泽东审阅。

12月12日，毛泽东对国家计委的文件作了下述批示："此件已阅，写的可以，是好的。但有骨头，无血肉，感到枯燥乏味，则是缺点。望你们在今后几个月内，搞出一个有骨有血有皮有毛的东西出来。要有逻辑有论证。否则仍然是形而上学的东西。十几年来，形而上学盛行，唯物辩证法很少人理，现在是改变的时候了。"

这个月初，陈伯达向毛泽东汇报说："国家计委前一段搞机关革命化声势不小，但效果不大；第三个五年计划的编制工作，他们完不成任务；计委机构应该改组。"① 陈伯达的汇报进一步增加了毛泽东对国家计委工作的不满。在这个月下旬召开的中央工作会议上，毛泽东对邓小平领导的中共中央书记处和李富春领导的国家计委提出严厉批评，说北京就有两个独立王国。

1965年初，中共中央根据毛泽东的意见，决定成立"计划参谋部"，即"小计委"，由石油部部长余秋里、副部长李人俊，中共浙江省委主管农业的书记林乎加，中共北京市委主管工业的书记贾庭三，中共中央政治研究室主任兼国家计委副主任陈伯达组成。"小计委"的主要任务是摆脱国家计委机关的日常工作，专心拟订"三五"计划的方针和任务，研究战略问题。毛泽东还特别交代："小计委"由周恩来直接领导，国务院各副总理不要干预其工作。这时，李富春的国家计委主任和党组书记的职务虽

---

① 房维中、金冲及主编：《李富春传》，中央文献出版社2001年版，第643页。

然仍保留着，但整个计划工作的领导已由余秋里负责。在这之后，"小计委"开始拟制新的"三五"计划。

1965 年 3 月 12 日，周恩来向中央书记处汇报了制订"三五"计划设想，他首先强调，必须从应付战争出发，争取时间，着重解决以下四个问题：

（1）立足于打仗，抢时间，改变布局，加快三线建设，首先是国防建设，其中包括国防工业和与国防工业相关的基础工业、交通运输和小三线建设；

（2）大力发展农业，大体解决吃、穿、用，重点抓粮、棉、糖、油、盐，争取在三年左右做到粮食进出口平衡；

（3）加快建设以钢铁和机械为中心的基础工业，把屁股坐稳，做到既能支援国防和农业，又能为第四个五年更大的发展做好准备；

（4）猛攻科学技术，有目标、有重点地掌握 60 年代的新技术，保证第四个五年计划能够在新的技术基础上加快前进。①

6 月 16 日，毛泽东听取了国家计委关于"三五"计划和三线建设的汇报。他认为，"三五"计划投资项目多了，指标也高了。毛泽东说："鉴于过去的经验，欲速则不达，还不如少一点慢一点能达到。我看 5 年搞 1080 亿元的建设规模大了，留的余地太少了。少搞些项目就能打歼灭战，大了歼灭不了。要考虑来个大灾或者大打起来怎么办。我看大家想多搞，你们也想多搞。向老百姓征税征粮，多了会闹翻，不行的。这是个原则问题。要根据客观可能办事，绝不能超过客观可能。按客观可能还要留有余地。留有余地要大，不要太小。要留有余地在老百姓那里，对老百姓不能搞得太紧。"毛泽东又说："总而言之，第一是老百

---

① 参见刘国光主编：《中国十个五年计划研究报告》，人民出版社 2006 年版，第 276 页。

姓，不能丧失民心；第二是打仗；第三是灾荒。计划要考虑这三个因素。脱离老百姓毫无出路，搞那么多就会脱离老百姓。"①后来，周恩来把毛泽东提出这个思想，概括为"备战、备荒、为人民"。

7月下旬，"小计委"根据毛泽东的指示精神，对原来初步设想的第三个五年计划作了修改和调整。在向周恩来汇报之后，"小计委"又遵照周恩来的指示，分别到各大区征求意见。随后，又根据各方面的意见，作了修改和补充，形成了《关于第三个五年计划安排情况的汇报提纲（草稿）》，提交9月18日至10月12日的中央工作会议讨论。

汇报提纲共分为十个问题，其中提出，"三五"计划的方针、任务是："必须立足于战争，从准备大打、早打出发，积极备战，把国防建设放在第一位，加快三线建设，逐步改变工业布局；发展农业生产，相应地发展轻工业，逐步改善人民生活；加强基础工业和交通运输的建设；充分发挥一、二线的生产潜力；积极地，有目标、有重点地发展新技术，努力赶上和超过世界先进技术水平。"

对于三线建设，汇报提纲指出，"三五"计划必须突出三线建设，集中国家的人力、物力、财力，把三线的国防工业，原料、材料、燃料、动力、机械、化学工业，以及交通运输系统逐步地建设起来，使三线成为一个粗具规模的战略大后方。"这是关系着第三个五年计划的全局、关系国家安危、关系世界人民革命运动的一个大问题，也是解决长远和当前战略任务的一个根本问题。我们在第三个五年计划期间，一定要把建设重点放在三线，在这个问题上如果不采取坚定的态度，那末，就会犯方针性

---

① 中共中央文献研究室编：《毛泽东传（1949—1976）》（下），中央文献出版社2003年版，第1363页。

的错误。"①

　　汇报提纲中还有其他九个问题，即基本建设；农业、工业生
产和交通运输；在科学技术上赶上和超过世界先进水平；文化、
教育、卫生事业；人民生活；对外贸易和对外经济技术援助；人
力、物力、财力的平衡；十五年远景的设想；调动一切积极因
素，为实现第三个五年计划而奋斗。② 其中最后一个问题只有标
题没有内容。此次中央工作会议批准了这个汇报提纲，"小计委"
开始着手"三五"计划的编制。

　　1966 年 3 月 12 日，毛泽东就农业机械化问题致信刘少奇，
对"三五"计划的方针任务作了高度概括。毛泽东认为，发展农
业机械化，应与备战、备荒、为人民联系起来，否则地方有条件
也不热心去做。他在信中写道："第一是备战，人民和军队总得
先有饭吃有衣穿，才能打仗，否则虽有枪炮，无所用之。第二是
备荒，遇了荒年，地方无粮棉油等储蓄，仰赖外省接济，总不是
长久之计。一遇战争，困难更大。而局部地区的荒年，无论哪一
个省内常常是不可避免的。几个省合起来来看，就更加不可避
免。第三是国家积累不可太多，要为一部分人民至今口粮还不够
吃、衣被甚少着想；再则要为全体人民分散储备以为备战备荒之
用着想；三则更加要为地方积累资金用之于扩大再生产着想。"

　　这封信系统地体现了毛泽东"备战、备荒、为人民"的思
想。这也是中共中央制订"三五"计划乃至六七十年代整个经济
建设工作的根本指导思想，但是未等到"三五"计划完整编制出
来，"文化大革命"就爆发了。

────────────

　　①　中共中央文献研究室编：《建国以来重要文献选编》第 20 册，中
央文献出版社 1998 年版，第 361 页。

　　②　参见中共中央文献研究室编：《建国以来重要文献选编》第 20
册，中央文献出版社 1998 年版，第 360 页。

在"三五"计划开始编制的同时，三线建设开始启动。据初步统计，1964 年下半年到 1965 年，在西南、西北三线部署的新建和扩建、续建的大中型项目达 300 余项，其中钢铁工业 14 项、有色金属工业 18 项、石油工业 2 项、化学工业 14 项、化肥工业 10 项、森林工业 11 项、建材工业 10 项、纺织工业 12 项、轻工业 8 项、铁道工程 26 项、交通工程 11 项、民航工程 2 项、水利工程 2 项，另有一批农业、林业、邮电、商业、广播、教育事业等项目。这一时期，从一线搬迁到三线的工厂约有 400 个。军事工业方面，在西南三线规划了以重庆为中心的常规兵器工业基地、以成都为中心的航空工业基地、以长江上游重庆至万县为中心的造船工业基地；在西北三线规划了航天工业、航空工业、常规兵器、电子和光学仪器等工业基地。①

三、提出现代化强国目标

（一）三届全国人大一次会议的召开

1964 年 12 月 21 日至 1965 年 1 月 4 日，第三届全国人民代表大会第一次会议在北京召开。1959 年 4 月二届全国人大一次会议以来的五年，是新中国成立以来中国人民在探索自己的社会主义建设道路上充满曲折的五年，也是取得重要经验教训的五年。二届全国人大一次会议的时候，虽然当时人们对"大跃进"那一套过"左"的做法有所认识，但当时发热的头脑并未完全清醒，对"大跃进"还有很高的热情，还在幻想来一个比 1958 年更大的跃进。随后不久的庐山会议由纠"左"转变为"反右倾"，继之全

---

① 参见薄一波：《若干重大决策与事件的回顾》下卷，中共中央党校出版社 1993 年版，第 1202—1203 页。

国掀起新一轮的"大跃进"，结果导致了严重的经济困难。

在严重的困难面前，人们的头脑终于清醒下来了，认识到了社会主义建设的长期性和艰巨性，并下决心对因"大跃进"造成的比例严重失调的国民经济，进行伤筋动骨的大调整。从1960年下半年提出调整国民经济的"八字方针"，到三届全国人大一次会议召开时，已经过去了整整四年。四年的经济调整付出了很大的代价，也积累了丰富的经验，加深了人们对社会主义建设规律的认识。经过全国人民的努力，到这时，国民经济恢复的任务已基本完成，中国经济社会的发展在历经五年的曲折发展之后，又到了一个新的发展关口。因此，有必要通过对几年来经济建设的经验教训进行全面总结，对未来的发展擘划方向。这次全国人民代表大会就是在这样的背景下召开的。

这次人大会议照例由周恩来作政府工作报告。报告作了两天的时间，即12月21日至21日。报告宣布：我国的国民经济，经过1958年到1960年的大发展，从1961年起，进入一个调整、巩固、充实、提高的时期。现在，调整国民经济的任务已经基本完成，工农业生产已经全面高涨，整个国民经济已经全面好转，并且将要进入一个新的发展时期。

报告承认，几年以前，中国的国民经济在取得巨大发展的同时，曾经遇到了相当严重的困难。对于产生困难的原因，报告认为既有客观的原因，也有主观的原因。从客观方面来说，1959年到1961年连续三年发生了严重困难，农业生产大幅度下降，给整个国民经济的发展带来了很大的困难；而苏联赫鲁晓夫集团在1960年突然背信弃义地撕毁几百个协定和合同，撤退苏联专家，停止供应重要设备，严重地扰乱了中国发展国民经济的原定计划，大大加重了中国的困难。从主观方面来说，主要是中国对社会主义建设总路线的理解有片面性，在实际工作中提出了一些过高、过急的不切实际的要求，违背了群众路线和实事求是的传统作风，给生产建设事业带来了损失。

对于1956年的工作，报告指出：应当继续完成国民经济调整工作中某些尚未完成的任务，同时做好必要的准备，以便从1966年开始进行第三个五年计划的建设。

对于今后发展国民经济的主要任务，报告提出了一个鼓舞人心的奋斗目标："总的说来，就是要在不太长的历史时期内，把我国建设成为一个具有现代农业、现代工业、现代国防和现代科学技术的社会主义强国，赶上和超过世界先进水平。为了实现这个伟大的历史任务，从第三个五年计划开始，我国的国民经济发展，可以按两步来考虑：第一步，建立一个独立的比较完整的工业体系和国民经济体系；第二步，全面实现农业、工业、国防和科学技术的现代化，使我国经济走在世界的前列。""第三个五年计划时期，是实现上述第一步任务的一个关键时期。这个时期的工作做好了，再经过大约两个五年计划的时间，就可以有把握地使我国建立起一个独立的比较完整的工业体系和国民经济体系。"① 这是重要文献中第一次明确提出要实现农业、工业、国防和科学技术四个现代化，把中国建设成为社会主义现代化强国的目标，产生了深远的历史影响。

报告在总结"大跃进"和国民经济调整历史经验的基础上，强调在今后的经济建设中，必须注意处理好以下几种关系：

第一，正确处理农业、轻工业、重工业的关系。农业、轻工业、重工业三者之间的关系，是国民经济中最根本的关系。农业和工业、重工业和轻工业，必须同时并举。国民经济的计划，应当按照农、轻、重的次序来安排。必须进一步贯彻执行以农业为基础、以工业为主导的发展国民经济的总方针。那种片面地强调

① 中共中央文献研究室编：《建国以来重要文献选编》第19册，中央文献出版社1998年版，第483页。

优先发展重工业，而不注意发展农业的观点和做法，是违反社会主义经济发展规律的，是不符合马克思主义原理的。为了进一步发展农业，各行各业都要把为农业服务放在首要地位。各个工业部门必须把自己的工作进一步转移到以农业为基础的轨道上来，面向农业，更好地为农业生产服务。重工业部门，应当把为农业技术改造服务放在首要地位，为农业提供越来越多的机械、化肥、农药、燃料、电力、水利灌溉设备和建筑材料，为轻工业提供越来越多的原料、材料和设备。

第二，正确处理沿海工业同内地工业的关系。要充分利用沿海地区的工业，以促进和支援内地工业的发展；今后新建的工业企业绝大部分应当摆在内地。在 1958 年到 1960 年全国大办工业过程中，过分强调了工业的发展速度，片面地认为在沿海地区建设工业投资少、收效快，因而把基本建设的投资较多地集中在沿海地区。而在调整时期，又平均主义地缩减基本建设项目，使内地的一些不应当下马的重要工程也下马了。根据工业建设要接近原料和燃料基地、生产要接近消费、运输距离要尽量缩短和适合国防安全的原则，必须大力加强内地的工业建设，使全国各地工业的发展逐步趋于平衡，逐步趋于合理，少数民族地区的经济落后状况得到改变。加速内地的工业建设，不是削弱而是要充分利用沿海地区的工业基础和一切有利条件。要大力进行技术革新和技术革命，采用新技术、新工艺和新的产品设计，逐步进行设备更新，为内地工业建设提供更多的原料、材料和新的技术装备；进一步调动老工人和技术人员的积极性，充分运用他们的丰富经验，为内地的工业建设做出先进的工厂设计；积极帮助内地培养更多的又红又专的技术骨干；用"一分为二"的方法，把一些工厂的部分设备搬到内地，或者在内地设立子厂、分厂，使内地工业迅速得到发展。

第三，正确处理经济建设同国防建设的关系。必须加强国防建设，加速国防现代化的进程。在经济建设中，要贯彻实行和战结合的方针。重要工厂、矿山、仓库和工业基地的建设，都要注意近山靠山、分散隐蔽，注意相互之间的协作配合；重要物资要有战时储备，并且要注意保管的安全；全国要有战略后方，沿海省市也要有后方基地。经济建设和国防建设应当相互促进。在处理国防科学技术同一般科学技术的关系上，既要使一般科学技术的新成就尽可能为国防建设服务，又要把国防科学技术的新成就尽可能地运用到经济建设中去。

第四，正确处理自力更生同国际合作的关系。自力更生，是革命和建设事业的基本立脚点。只有主要依靠自己的力量，才能立于不败之地；否则，革命不能胜利，建设也不能成功。社会主义国家只有按照本国的具体情况，依靠本国人民的辛勤劳动，发挥本国人民的智慧，充分利用本国的资源来进行建设，才能比较迅速发展本国的经济。也只有这样，才可能增强整个社会主义阵营的威力，加强对各国人民革命事业的援助。因此，实行自力更生，正是真正的无产阶级国际主义。

第五，实行技术革命，赶上和超过世界先进水平。为了改变中国经济的落后面貌，必须改变中国科学技术落后的状况。要赶上和超过世界先进科学技术水平，主要应当高度发挥中国人民的聪明才智，大搞科学实验，勇敢地攀登现代科学技术的高峰；同时，也要尽可能地引进外国新的科学技术。采用新技术，必须同群众性的技术革新和技术革命运动相结合。

第六，实行集中领导同大搞群众运动相结合。社会主义事业是千百万人民群众的事业，社会主义革命和社会主义建设的一切任务，必须依靠群众，发动群众来实现。要把党和政府提出的任务交给群众讨论，发动群众动脑筋想办法，进行创造性的劳动；在生产建设中实行领导干部、专家、群众三结合；开展比、学、赶、帮的社会主义竞赛。在群众运动中，既要提倡敢想敢说敢做的革命精神，又要提倡实事求是的科学态度。对于群众的各种创造，必须经过试验，典型示范，逐步推广。既要发动群众鼓足干劲，又要爱惜群众的精力，关心群众生活，注意劳逸结合，使群众的干劲保持持久不懈，做到轰轰烈烈同扎扎实实相结合。

第七，坚持实行勤俭建国方针的问题。勤俭建国，是中国社会主义建设必须长期实行的方针。为了全面贯彻执行勤俭建国的方针，各个战线上必须开展一个持久深入的增产节约运动。一切部门，一切单位，都必须杜绝铺张浪费现象。应当动员全国人民，认真执行这一方针，为着积累每一元建设资金并加以有效地使用而斗争。

大会继续选举刘少奇为中华人民共和国主席，宋庆龄、董必武为中华人民共和国副主席；选举朱德为第三届全国人民代表大会常务委员会委员长，彭真、刘伯承、李井泉、康生、郭沫若、何香凝、黄炎培、陈叔通、李雪峰、徐向前、杨明轩、程潜、赛福鼎、林枫、刘宁一、张治中、阿沛·阿旺晋美、周建人为副委员长；选举杨秀峰为最高人民法院院长；选举张鼎丞为最高人民检察院检察长；决定周恩来继续担任国务院总理，任命林彪、陈云、邓小平、贺龙、陈毅、柯庆施、乌兰夫、李富春、李先念、谭震林、聂荣臻、薄一波、陆定一、罗瑞卿、陶铸、谢富治为国务院副总理；任命林彪、刘伯承、贺龙、陈毅、邓小平、徐向前、聂荣臻、叶剑英、罗瑞卿、程潜、张治中、傅作义、蔡廷锴为国防委员会副主席。

大会一致通过《关于政府工作报告、1956年国民经济计划主要指标和1965年国家预算初步安排的决议》。决议批准周恩来总理所作的政府工作报告，批准国务院提出的1965年国民经济计划主要指标和1965年国家预算的初步安排。决议指出，中国人民在1965年的主要任务是，更加深入地开展社会主义教育运动，开展比、学、赶、帮和增产节约的群众运动，大力组织工农业生产的新发展，完成和超额完成 1965 年国民经济计划，为 1966 年开始的第三个五年计划做好准备，保证和促进其他各项社会主义事业顺利发展。

（二）大庆油田的建成与工业学大庆运动

20 世纪 60 年代前期的国民经济调整时期，是共和国历史一段艰难的岁月。这又是一个英雄和典型辈出的年代，曾涌现出了无数的典型个体和众多的典型群体，成为那个时代的人们乃至整个民族精神的象征，成为共和国历史永恒的记忆。

在这些典型当中，影响最大的，莫过于工业战线上的大庆和农业战线上的大寨。

中国的石油工业基础十分薄弱。新中国成立前，只有甘肃的玉门、新疆的独山子和陕西的延长三个小油田。新中国成立后，党和政府一直十分重视石油在国民经济中的地位。1952 年 2 月，毛泽东亲自发布命令，决定中国人民解放军第 19 军第 57 师集体转业为石油工程第 1 师，支援石油工业建设。1953 年，他对地质部长李四光说，要进行建设，石油是不可缺少的。中国制定的第一个五年计划中，要把勘察石油资源、发展石油工业作为一项重要内容。

1956 年 2 月 26 日，毛泽东在听取石油部负责人的工作汇报时，对石油生成、储油构造、如何找油、石油炼制等作了详细了解。当毛泽东得知西北地区、东北松辽平原、华北平原的广大地区都很有希望找到石油时，他说，美国人老讲中国地质老，没有石油，看起来起码新疆、甘肃这些地方有。他要求在全国广泛开展石油勘探，并要有全国规划。他还说，搞石油艰苦啦，看起来发展石油工业，还得革命加拼命。

然而，由于种种原因，1949 年以来石油工业虽有发展，1957 年全国石油产量达到了 145.7 万吨，比 1949 年增长了 11.4 倍，其中天然油 86 万吨，增长了 11 倍多，人造油 59.7 万吨，增长了 11 倍，但仍远远不能满足国民经济发展的需要。第一个五年计划期间，粮食、棉花、钢铁、原煤等等，都超额完成了计划指标，唯独石油工业的计划没有完成。至 1957 年，全国尚未发现新的油田，已探明的天然油储量只有 0.56 亿吨，石油年产量也只有 86 万吨，仅能满足全国石油消费量的 38%，国家所需的大量石油仍然不得不依赖进口。

加快发展中国的石油工业，成为发展国民经济的当务之急。当时，分管这一工作的中共中央领导人是邓小平。1958 年 2 月 27 日和 28 日，邓小平连续用两个下午的时间，听取石油工业部的工作汇报。汇报会结束后，邓小平对发展石油工业作了许多重要指示。

第一个五年计划期间，中国在石油产量中，差不多有一半是人造石油。由于一时没有发现大的油田，石油界对发展天然油为主还是发展人造油为主，一直有不同意见。一种意见认为，中国的油页岩资源丰富，搞人造油的风险小，把握大，应重点发展；另一种意见则认为，人造油的成本高，难以大规模发展，还是应想办法重点发展天然油。对此，邓小平表示，中国石油工业要发展，要天然油与人造油并举，并以天然油为主。他说："听说你们石油工业部有搞人造油与天然油的讨论。石油工业怎样发展，我看是两条腿走路。人造油是要搞的，并且下决心搞，但中国这样大的国家，从长远看，当然要靠天然油。"①

在此之前，中国石油的勘探重点在西部，而经济较为发达的东部地区，则基本上没有勘探。可是，当时西部地区已探明的石油储量有限，而且由于交通条件的限制，西部即使能开采出大量的石油，也难以运送到急需石油的东部地区。因此，如果能在东

---

① 《余秋里回忆录》，解放军出版社 1996 年版，第 510 页。

部地区找到大的油田，在当时显得尤为重要。为此，邓小平反复讲了石油勘探的战略重点和战略布局问题，提出石油勘探工作应从战备方面来考虑，把战略、战役、战术三者结合起来。石油勘探要选择突击方向，在建设西部天然石油基地的同时，要把石油勘探的重点放到东部地区。

按照邓小平的指示，石油工业部在编制石油工业的第二个五年发展计划时，具体研究了如何把石油勘探的战略重点转移到东部地区的问题。随后，石油工业部撤销了西安石油地质调查处，在这个处的基础上，成立了东北、华北、鄂尔多斯和贵州四个石油勘探处。这年5月，石油部党组又决定，除保留华北石油勘探处建制外，在东北、鄂尔多斯和贵州三个勘探处的基础上，成立松辽、银川、贵州三个石油勘探局，并新建了华东石油勘探局。同时确定，从1958年起，在全国建立十个石油勘探战略区，除原有的准噶尔、柴达木、河西走廊、四川和鄂尔多斯外，开辟松辽、苏北、山东、贵州、吐鲁番五个新区，并以松辽、苏北为重点。

随后，石油工业部从西北各油田和部机关抽调了大量的人员，充实新组建的松辽石油勘探局，先后调集了五个地质详调队、六个地质研究队、九个磁重力队、两个大型钻井队、一个中型钻井队，以及其他配套队伍，共32个队，1000多职工，分属黑龙江、吉林、辽宁三个大队，奋战在松辽平原上。经过石油工人的艰苦努力，1958年在松辽平原的地质浅钻中发现了油砂，证明这一地区肯定含油。1959年9月底，在国庆十周年到来之际，位于黑龙江省肇州县大同镇的松基三井喷出了棕褐色的原油。同年11月，黑龙江省人民委员会决定将松基三井所在地大同镇改为大庆区。

按照国家的计划安排，1960年全国的石油需要量为1000万吨，而国内的生产能力只有500万吨，缺口达一半。由于严重缺油，许多地方汽车只能改烧木炭和酒精，就连北京的公共汽车上也背上一个大大的煤气包。被称为"工业的血液"的石油，对于中国来说实在太缺了。

松辽盆地探井接连出油后，石油部决定采取集中兵力打歼灭战的办法，抽调队伍，组织松辽石油会战，他们将这一设想向邓小平作了汇报。邓小平同意了石油部的设想，并要求石油部党组给中共中央正式写一份报告。2 月 13 日，石油部党组向中共中央报送了《关于东北松辽地区石油勘探情况和今后工作部署问题的报告》，提出集中石油系统一切可以集中的力量，用打歼灭战的办法，来一个声势浩大的大会战，一鼓作气，抽调几十个优秀的钻井队，加上 2000 名科学技术人员，参加大会战，以最快的速度一鼓作气拿下大庆油田。

这个报告送上去仅七天，中共中央就向黑龙江省委、国家计委等相关省自治区市党委和中央有关部委批转了这个报告，不但同意了石油部党组的意见，而且要求各相关单位对大会战给予支持和协助，以加快松辽地区的石油勘探和开发工作，迅速改变我国石油工业落后状况。

为了支持松辽石油会战，中共中央、国务院在国家财力十分困难的情况下，特别批准在计划外为会战划拨了两亿元的投资和几万吨的钢材、设备；同时，中央军委将三万名退伍兵和三千名转业军官分配给石油部参加大会战。

随后，石油部集中全国 30 多个石油厂矿、院校的四万名职工，调集七万多吨器材设备，来到了地广人稀的萨尔图大草原。1960 年 4 月 29 日，石油部召开"石油大会战万人誓师大会"，数万名石油工人决心以苦干实干加巧干的精神，高速度高水平地拿下个大油田，为国争光。

大庆石油会战是在极为艰苦的条件下展开的，当年指挥会战的余秋里回忆说："环境之恶劣，生活之艰苦，一般人是很难想象到的。"① 会战队伍进入油田时，时值 5 月，而这一年松辽地区的雨季来得特别早，这里本来是松花江、嫩江的自然泄洪区，所以油田建设的工地和井场上，遍地积水，处处泥泞。数万人进驻这里，首先住就成了大问题，开始时，参加会战的干部工人就住简陋的帐篷、临时搭起的木板房，甚至住在被废弃的牛棚、马厩里。往往是一场雨下来，外面大下，里面小下；外面雨停了，里面还在下。

大庆油田位于高纬度地区，冬天来得特别早，国庆节后就下雪，最冷时气温降到零下 36 摄氏度，届时会战人员不能再住帐篷和活动房之类了，当时有人向会战指挥部建议，入冬后将人员撤往东北的大城市，开春后再回来。但是，这样一来，一年中只有半年的有效工作时间。为此，会战指挥部决定自己动手修建当地群众称之为"干打垒"的土坯房。于是，参与会战的人员，不分地位高低、职务大小，下班回来都参加"干打垒"，整个油田成了修建"干打垒"的大工地。经过 120 天的奋战，全油田建成30 多万平方米的"干打垒"，参加会战的数万名石油工人，就靠这种近乎原始的房子度过了严寒的冬天。仅此一项，就为国家节省 5000 多万元，这在当时可是一个很大的数字。

大会战启动时，正值中国经济十分困难之际，特别是粮食遭到严重的危机，国家不得不降低城乡人民的口粮标准，参与大会战的干部职工的粮食定量也相应减少，机关干部只有 20 多斤，二线工人 30 多斤，而劳动强度最大的一线工人也只有 40 斤左右。由于定量减少，加之副食品短缺，肉食几乎没有供应，而会战人员由于劳动强度大，体质不断下降，很多人得了浮肿病，全油田浮肿病患者多时达到 4000 多人。尽管地方和驻军给油田很大的支援，但各地粮食都很紧张，支援有限，不能从根本上解决

---

① 《余秋里回忆录》，解放军出版社 1996 年版，第 667 页。

问题。为此，会战指挥部作出组织全体人员挖野菜的决定，要求每人每天吃野菜三斤，节约粮食二两，同时捕鱼、采松子，并在住地、井场的附近开荒种粮。到1961年秋，油田终于渡过最困难的时期。

大庆石油大会战不但生活艰苦，生产同样也是困难重重。大会战的队伍开进大草原后，这里没有公路，到处泥泞，供水供电设备缺乏，汽车、吊车数量不足，设备不配套，困难可想而知。但在困难面前，大庆人没有退缩，而是迎难而上。他们采用人拉肩扛的办法，把几万吨的设备器材从火车上卸下来，连五六十吨重的大钻机也是用这种方法，拖到几公里之外的井场上安装起来。

在开发大庆油田的大会战中，涌现出许许多多的英雄模范人物，"铁人"王进喜就是其中的一个代表。

王进喜原是玉门油矿1259钻井队的队长，1958年他所领导的钻井队曾创造了月钻五口井、进尺5000米的当时全国中型钻机最高纪录，探索出了一套优质快速打井的经验。1959年9月，王进喜作为石油战线的劳模代表出席全国群英会，参加了国庆十周年观礼活动。在北京期间，他看到公共汽车上放一个气鼓鼓的煤气包，心里特别难受，觉得作为石油工人没有搞到油，对不起国家。1960年初，他所在的钻井队被调到大庆参加会战。当他和队友们到达萨尔图车站时，首先想到的是钻机到了没有，井位在什么地方，当天他就带着全队人员步行20里到达井场。

钻机到站后，由于吊车少，装卸有困难，王进喜就组织全队工人用人力卸车，经过七天七夜的苦干，把钻机和其他设备化整为零，搬运到井场并安装好。开钻后调配泥浆缺水，他领着工人从附近的水泡子用脸盆之类运水，使钻进顺利开钻。王进喜和全队人员吃住在井场，日夜不离，连续苦干，只用了五天零四个小时的时间，就打完了一口井，创全油田最高纪录。附近的一位老大娘看到钻井队打井的经过后，提了一篮鸡蛋去慰问，她对工人们说："你们王队长，真是个铁人！"于是，王进喜"铁人"的名字就叫开了。

在大庆石油大会战的日子里，油田出现了无数个这样的"铁人"。1202钻井队队长马德仁，在钻机泥浆泵上结冰，泥浆不能循环，影响继续钻进时，立即砸开冰层跳进泥浆池里，排除故障；老工人薛国邦为使已凝结成块的原油化开，在用蒸气给原油加温时，手抱滚热的蒸气管，跳进原油池，用管子刺化原油；施工队长朱洪昌，为抢救本队唯一一台意外燃烧的拖拉机，手和脸被火燎起一层层水泡，双眼被烤得通红，这时又传来了生病住院的孩子抢救无效死亡的消息，但他强忍悲痛坚持会战。

大庆油田在开发和建设过程中，十分重视职工队伍的作风建设，形成了"三老四严"作风。"三老"是指当老实人，说老实话，做老实事；"四严"是指严格的要求，严密的组织，严肃的态度，严明的纪律。

在数万名石油工人的不懈努力下，到1963年年底，经过三年多的艰苦会战，大庆人取得了巨大的成绩：

——开发了一个大油田。仅用了一年多的时间就探明了油田面积并大体上算出储量。当时探明储量26.7亿吨，成为世界上特大油田之一。

——建成了年产原油几百万吨的生产规模和大型炼油厂第一期工程，质量良好。

——三年多累计生产原油一千多万吨，油田生产管理水平不断提高。

——进行了大量的科学研究工作，解决了油田开发上的几个重大技术难题。

——经济效果好，国家投资已经全部收回，并开始为国家积累资金。

——锻炼和培养了一支政治觉悟高，有一定技术素养，干劲大，作风好，有组织，有纪律，能吃苦耐劳、能打硬仗的石油职工队伍，并且积累了比较丰富的经验。①

1963 年，大庆油田生产原油 600 多万吨，加上全国其他油田的产量，全年总产量达到 1000 万吨，中国石油产品已经基本自给。1963 年 12 月 25 日，新华社向全世界宣布：1963 年原油、汽油、柴油、煤油和润滑油等主要产品产量全面超额完成计划；石油产品达几百种，比 1957 年增加两倍；1963 年新建的炼油装置总加工能力比 1962 年新建的增加四倍多。这些成就预示着，中国人民使用"洋油"的时代，即将一去不复返了。

在当年中国面临美国的包围封锁，苏联采取敌视态度，国民经济刚刚走出困境的情况下，这一消息的发布，极大地振奋了全国人民。可是说，大庆石油工人为中国人民找到了争气油，也开采出了争气油。而这一切，都是数万名大庆油田建设者艰苦奋斗的结果。

中共中央和国务院极为关注大庆油田的开发和建设。1961 年 7 月、8 月和 1962 年 6 月，邓小平、刘少奇、周恩来曾分别到大庆视察，了解油田开发建设情况，他们对大庆人艰苦奋斗、自力更生的创业精神给予了充分肯定。1963 年 6 月 19 日，周恩来和陈毅陪同朝鲜领导人第二次来到大庆。大庆人认真严谨的工作态度再次深深地感动了周恩来，他说："四个一样好，我要向全国宣传。"

1963 年 12 月 24 日，在彭真的主持下，石油部副部长兼大庆油田会战指挥部总指挥康世恩，向北京市一万多名干部报告了大庆会战情况。28 日，彭真又主持召开中央机关十七级以上干部大

①　参见《石油会战、工业学大庆运动文献选载》，《党的文献》1994 年第 6 期。

会，由余秋里作大庆石油会战的报告。

与此同时，中共石油部党组向中共中央报送了《关于大庆石油会战情况的汇报提纲》，将大庆石油会战的基本经验总结为：1. 社会主义的现代化企业，必须革命化；2. 高度的革命精神与严格的科学精神相结合；3. 现代化企业要认真搞群众运动；4. 认真做好基础工作，狠抓基层建设；5. 领导干部亲临前线，一切为了生产；6. 积极培养和大胆提拔年轻干部；7. 培养一个好作风；8. 全面关心职工生活；9. 全面地学习人民解放军的政治工作。

随后，毛泽东等中共中央领导人一再表示要开展向大庆学习的活动。1964年1月7日，毛泽东在听取全国工业交通情况汇报时，指示报纸要写点新鲜事物，报道学习解放军、学习石油部，并在会上表扬了石油部经验和大庆"铁人"王进喜。

2月5日，中共中央发出《关于传达石油工业部〈关于大庆石油会战情况的报告〉的通知》。中共中央在通知中指出：大庆油田的开发，是一个多快好省的典型，贯彻执行了党的社会主义建设总路线，系统地学习和运用解放军政治工作经验，把政治思想、革命干劲和科学管理紧密结合起来，把工作做活了，把事情做活了。它的一些经验在各部门和党、政、军、群众团体中也都适用，或者可以作参考。中共中央还要求把石油部的这个报告传达到全国工交、财贸、文教系统和各机关、团体、部队中去，并一直传达到基层单位。

2月9日，毛泽东在会见新西兰共产党总书记威尔科克斯时说：北京有好几十个部，只有一个部即石油工业部，学解放军学得比较好。他们用比较少的投资、比较短的时间、全部自己制造的设备，在三年中找到了一个大油田，建成了年产量六百万吨的油田，和建设了一个大的炼油厂，而且比苏联的要先进。所以，他们现在的石油问题基本上解决了，进口的石油很少了。

过了几天，毛泽东又在春节座谈会上要求学解放军，学大庆。他说："要鼓起劲来。所以，要学解放军，学大庆，石油部在大庆搞了一个大油田，投资少、时间短、收效大。""要学习解放军，学习石油部大庆油田的经验，学习城市、乡村、工厂、学校、机关的好的典型。"①

4月20日，《人民日报》发表了长篇通讯《大庆精神大庆人》，称赞大庆人"是一支穿着蓝色制报的解放军"，到了大庆，好像又回到了延安，看到延安的革命精神光大了。《人民日报》还在其《编后》中说："大庆精神，就是无产阶级的革命精神。大庆人，是特种材料制成的人，就是用无产阶级革命精神武装起来的人。这种精神，这种人，正是我们学习的崇高榜样。""大庆油田的一切成果，集中到一点上来说，那就是由于他们坚持高举毛泽东思想的红旗，把高度的革命干劲和严格的科学态度紧密结合在一起。学习大庆，首先就要学习他们的革命精神。"从此之后，《人民日报》、中央人民广播电台等媒体，多次发表文章介绍大庆石油会战的事迹和经验，全国迅速掀起了工业学大庆的热潮。

1964年底至1965年初的三届全国人大一次会议上，大庆与大寨分别作为工业和农业战线的典型，写进了周恩来所作的《政府工作报告》。报告对大庆石油会战的基本经验和大庆精神作了高度概括，指出："这个油田的建设，是活学活用毛泽东思想的典范。用他们自己的话说，是'两论起家'，就是通过大学《实践论》和《矛盾论》，用辩证唯物主义的观点，去分析、研究、解决建设工作中的一系列问题。""这个油田的建设，也是大学解放军，具体运用解放军的政治工作经验，坚持'四个第一'和

①　《石油会战、工业学大庆运动文献选载》，《党的文献》1994年第6期。

'三八作风'的典范。""这个油田的建设，自始至终地坚持了集中领导同群众运动相结合的原则，坚持了高度革命精神同严格科学态度的原则，坚持了技术革命和勤俭建国的原则，全面体现了社会主义建设总路线的多快好省的要求。"①

全国各地在开展工业学大庆运动过程中，广大干部职工以大庆为榜样，开展比学赶帮、增产节约活动，发扬艰苦奋斗精神，开展社会主义劳动竞赛，完善各项规章制度，加强思想政治工作，取得了很大的成绩，涌现出了一大批学大庆先进单位和先进典型，也产生了一些大庆式的企业。

（三）农业学大寨运动

大庆和大寨是 20 世纪六七十年代中国的双星。在工业战线学大庆的同时，广大农村开展了学大寨的群众运动。

大寨曾是中国农业战线上一面鼓舞亿万农民的旗帜。它是山西昔阳县的一个小山村，人口不足百户，虽然离县城只有几里地，但自然条件很差，有七沟、八梁、一面坡之称。1952 年大寨成立了初级农业合作社，全村人都入了社。1956 年，转入高级社。1958 年公社化后，大寨成为大寨人民公社下的一个生产大队。

人民公社化后，大寨大队在党支部书记陈永贵的带领下，在发展生产的同时，制订了一套行之有效的管理制度。陈永贵也逐渐被上级所重视，1959 年 10 月，他作为山西省代表，赴京参加国庆十周年庆典活动。

1959 年 12 月，中共晋中地委在大寨召开整风整社现场会，号召全地区学习大寨的管理经验。由于当时正值庐山会议全党开

---

① 中共中央文献研究室编：《建国以来重要文献选编》第 19 册，中央文献出版社 1998 年版，第 469—470 页。

展"反右倾"之际，大寨经验也就被赋予"政治挂帅，思想先行"，"敢想敢干的共产主义风格"，"苦干实干的革命干劲"等内涵。1960年2月，中共山西省委批转了中共晋中地委关于学习陈永贵和大寨大队党支部的决定，并且号召全省农村基层干部"学习模范支部书记陈永贵"。同时，《山西日报》发表了《陈永贵——党支部书记的好榜样》的社论，在山西全省引起了很大反响。

1960年8月，中共昔阳县委在一份报告中说，从1960年1月起，省、地委先后发出学习大寨党支部和陈永贵工作方法的号召后，对于改进支部工作和干部的领导方法，保持生产持续跃进，都起了积极作用，昔阳县委为此要求全县："动员全党、全民奋斗三年，实现全县大寨化"。①

1962年，大寨精神又被中共晋中地委总结为干部参加劳动和领导生产相结合，革命干劲和科学态度相结合，以农田基本建设为中心，运用"农业八字宪法"（指毛泽东总结出来的农业生产基本技术措施土、肥、水、种、密、保、管、工），高速度发展农业生产。

中共八届十中全会后，毛泽东强调要抓阶级斗争，防止资本主义复辟，并将干部参加劳动作为防止干部队伍会腐化变质的一项重大举措。1963年3月，中共中央批转了昔阳县干部参加劳动的材料，其中大寨被当作干部参加集体劳动的典型。同月，山西召开全省农业生产先进集体代表会议，再次号召向陈永贵和大寨学习。同年第13、14期合刊的《红旗》杂志上发表了晋中地委农村工作部撰写的文章——《昔阳县四级干部参加生产劳动的伟大范例》，介绍了陈永贵长年坚持参加劳动的事迹。

---

① 孙启泰、熊志勇：《大寨红旗的升起与坠落》，河南人民出版社1990年版，第31页。

这年 8 月 2 日至 7 日，昔阳连下七天大雨，总降水量达到 500 毫米。大寨合作化以来经过十多年艰苦努力整修的土地全被冲垮，社员 70% 的房屋被冲塌，长势正旺的庄稼水泡倒伏。下雨之前，陈永贵正在县城开会，县城离大寨不过几里路，但也无法返回，雨停之后回来，大寨已是满目疮痍，一片狼藉。

大寨遭受大灾后，各级都派来了慰问团或发来了慰问信，有的甚至提出给大寨一批救灾物资。大寨也有部分社员认为没有国家的帮助，很难渡过难关。在这个时候，大寨大队党支部却提出了"三不要、三不少"的口号，即不要国家救济粮、救济款和救济物资；提出交国家的统购粮不少、社员口粮不少、社员收入不少的口号，决心依靠自力更生，艰苦奋斗，以战胜洪灾。其实，在此之前，年年都有县里来的干部或师生支援大寨的农业生产，国家也曾支援大寨一定的物资。现在自然无法考究陈永贵为什么要作出这样的决定，但无论如何，在当时面临严重困难的情况下，大寨人的这个决定，是需要胆识的。也正是因为这一点，使大寨的形象更光彩，事迹更感人。

依靠干部群众的齐心协力，大寨人战胜了天灾。据当时的报道，这年秋天，大寨粮食平均亩产达到了 700 多斤，除了完成国家的征购统购任务，户均粮食仍有 3000 斤，劳动日分值一元，基本上实现了"三不少"的口号。

大寨大灾之年夺高产的事迹，再次引起了中共山西省委的重视。1963 年 11 月，山西省委发出通知，号召全省各级党组织向大寨学习，并在全省开展大规模的学习大寨的运动。11 月 20 日，山西人民广播电台拟定了《关于陈永贵和大寨大队的宣传计划》，认为陈永贵具有"大公无私、立场坚定、热爱国家和发奋图强、艰苦奋斗、自力更生、坚持进行'三大革命'，建设新农村的革命精神和风格"，对大寨精神作了初步概括。同年 12 月 28 日，《人民日报》发表了《大寨大队受灾严重红旗不倒——山西省委号召学习他们藐视困难的英雄气概和高尚风格》的报道，大寨的名字更响亮了。

1964 年 1 月 19 日，应中共北京市委的邀请，陈永贵在人民大会堂向首都一万多名干部、群众介绍大寨抗灾夺丰收的事迹，中央人民广播电台向全国播放了现场录音。北京市委在印发陈永贵报告的记录整理稿时指出："大寨党支部坚持毛泽东的自力更生思想，是我国人民在当前国内外阶级斗争中的精神状态的一面镜子。"①

2 月 10 日，《人民日报》发表长篇通讯《大寨之路》，并配发了《用革命精神建设山区的好榜样》的社论。社论号召全国人民学习大寨的革命精神，并且说：要学习大寨的革命精神，就要学习他们这种远大的革命理想和对未来坚定不移的信心；敢于藐视困难，敢于同困难作斗争的顽强精神；自力更生、奋发图强的优良作风，要求自己以整体利益为重的共产主义风格；永远前进并且把伟大的革命精神和严格的科学态度结合起来的好作风。

同年 3 月 29 日，毛泽东在邯郸车站听取山西、河北省委"四清"情况汇报时，山西省委第一书记陶鲁笳介绍了大寨抗灾自救、重建家园的情况。陶鲁笳告诉毛泽东，他在大寨蹲点，了解到大寨的生产建设工作和思想政治工作都很出色，支部书记陈永贵既是生产能手，也是思想政治工作能手，而且对大队的管理工作抓得很严，公私分得很清。陶鲁笳接着说，陈永贵提出了一个很好的口号，叫做"参加生产，领导生产"。毛泽东听后说，很好嘛，就像打仗，纸上谈兵不行；你不参加打仗，怎么会指挥战争呢！陶鲁笳又汇报说，大寨的工分账和财务账，从来是一清二楚，接受群众监督，定期向社员公布。大寨的评工记分，照陈

① 杜润生主编：《当代中国的农业合作制》（上），当代中国出版社 2002 年版，第 728 页。

永贵的说法，是有制度、不繁琐，有差别、不悬殊。毛泽东听后说，这个办法好。评工记分就是不要搞繁琐哲学。又有差别，又不悬殊，才能调动广大群众的社会主义劳动积极性。

陶鲁笳接着汇报了大寨战胜洪灾、重建家园的情况，并介绍了山西开展学大寨运动的经过。毛泽东听到这里，问道：陈永贵是哪几个字，他识不识字。陶鲁笳当即在纸条上写出了"陈永贵"三个字，并说，陈永贵42岁扫盲，今年50岁，现在能读报，还懂什么叫逻辑。不久前他在太原作报告，赵树理听了很佩服，说陈永贵的讲话，没有引经据典，但他的思想完全符合毛泽东思想和辩证法。毛泽东听后用赞赏的语气说：穷山沟里出好文章。唐朝时你们山西有个大学问家柳宗元，他在我们湖南零陵县做过官，那里也是个穷山区，他在那里写过许多好文章。最后，毛泽东问：你们有他的材料没有？陶鲁笳随即将预先准备好的关于陈永贵和大寨的材料给了毛泽东。①

4月20日至5月12日，受周恩来的委托，陶鲁笳到大寨作了20天的实地调查。调查组严格遵守不耽误陈永贵和其他干部、社员劳动时间的原则，白天或与社员一起下地劳动，或与专区派来的驻队干部座谈，或到附近的大队去访问，晚饭后同干部社员座谈。5月25日，调查组向毛泽东、周恩来报送了《大寨大队调查报告》，并对大寨精神和大寨经营管理的经验作了初步总结。

廖鲁言着重总结了大寨自力更生，艰苦奋斗，按照农业"八字宪法"，建设高产稳产农田的成功经验：

1. 旱涝保收、稳产高产的大寨田。其具体措施，一是改坡地、梁地为梯田；二是闸山沟，节节打坝，拦洪淤地，把沙石沟变成一层层梯田；三是加厚活土层；四是改良土壤；五是深耕、

---

① 参见陶鲁笳：《毛主席教我们当省委书记》，中央文献出版社2003年版，第236—237页。

深刨。大寨的耕地，经过这一套办法加工改造，保住了水、土、肥，大大提高了耕地蓄水保墒能力，做到旱涝保收。

2. 在土地加工改造的基础上，结合实施农业"八字宪法"。大寨在这方面的主要措施是增施肥料，特别是农家肥；扩大玉米种植面积；合理密植；充分利用土地等。

3. 自力更生，苦干实干。大寨的稳产高产田全部是自力更生建设起来的，当然，"大寨也还是得到国家和兄弟社队不少物资支持的"，但根本的还是"听党的话，听毛主席的话，自力更生，苦干实干"。

该报告将大寨精神概括为六个方面：1. 树雄心、立斗志，不断革命；2. 始终坚持着依靠贫农、下中农的阶级路线；3. 不仅有陈永贵这样的好当家人，更重要的是有一个比较好的领导班子；4. 干部参加劳动，大公无私，以身作则；5. 冲天的革命干劲同严格的科学态度相结合；6. 自力更生，艰苦奋斗，爱国家，爱集体，爱社会主义。

此外，大寨在经营管理上也有不少新经验，主要有"长干部，短干部，天天培养新干部"；各尽所能，按劳分配，承认差别，差距不大，实行"标兵工分，自报公议"（即指定农活做得最多最好的社员为标兵，参照劳动定额，确定"标兵"一天的工分，然后社员比照"标兵"，自报本人应得的工分，一般按本人自报记分，个别不合适的由大家评议修正）；正确处理积累与消费的关系；干部参加劳动等。报告最后说："大寨是全国农业战线的一面旗帜。要使大寨大队和各级领导机关、有关部门，上下共同努力，使这面旗帜越来越红，越举越高。"①

5月10日、11日，毛泽东听取国家计委领导小组关于第三

---

① 黄道霞等主编：《建国以来农业合作化史料汇编》，中共党史出版社1992年版，第797—799页。

个五年计划设想汇报，当议论到建设四五亿亩高产、稳产田时，毛泽东插话说："要自力更生，要像大寨那样，他也不借国家的钱，也不向国家要东西。"① 这是毛泽东对大寨的第一次公开肯定。同年6月，毛泽东在中央工作会议上的讲话中，更是明确表示：农业主要靠大寨精神，自力更生，要在种好十六亿亩地的基础上，建好四亿多亩稳产高产田。

同年12月，周恩来在三届人大一次会议上所作的《政府工作报告》中，介绍了大寨的先进事迹。报告中说："山西省昔阳县大寨公社的大寨大队，是一个依靠人民公社集体力量，自力更生地进行农业建设、发展农业生产的先进典型。""这个大队，原来生产条件很差，是一个穷山恶水土地薄，全部耕地散在七沟八梁一面坡的地方。十几年来，这个大队在党的领导下，充分调动群众的积极性，以加工改造耕地为中心，综合运用'八字宪法'，高速度地发展了农业生产。他们进行了大量的、艰巨的农田建设，把过去的4700多块土地连成了2900块，并且都建成为旱涝保收、稳产高产农田。他们的粮食亩产量，1952年为237斤，1962年增加到774斤，1963年虽然遭到很大的水灾，但是仍然保持在700斤以上。""大寨大队进行了这么多的农业建设，农业生产发展这样快，完全是依靠集体力量，他们正确地处理了集体和国家的关系，他们只向国家借过一次钱，第二年就归还了。从1953年到1963年的11年中，这个大队在逐步改善社员生活的同时，向国家总共交售了175.8万斤粮食，每户每年平均交售两千斤。"周恩来还在报告中对大寨的基本经验作了进一步的总结和概括，指出："大寨大队所坚持的政治挂帅、思想领先的原则，自力更生、艰苦奋斗的精神，爱国家爱集体的共产主义风格，都

---

① 黄道霞等主编：《建国以来农业合作化史料汇编》，中共党史出版社1992年版，第794页。

是值得大大提倡的。"①

1964 年开始，报刊上关于大寨先进事迹、大寨经验介绍的文章渐多，出版社也开始出版这方面的通俗读物。1964 年 3 月，山西人民出版社出版了《大寨：自力更生奋发图强建设山区的旗帜》一书。6 月和 11 月，农村读物出版社和作家出版社上海编辑所又分别出版了报告文学《大寨英雄谱》。之后，有关大寨的书籍陆续出版，从而使更多的人知道了大寨。

从 1965 年起，全国农村掀起了农业学大寨运动的高潮，广大农村以大寨为榜样，开展大规模地兴修水利和高产稳产田的建设。在这个过程中，涌现出了一批大寨式的先进典型。河南的林县就是其中一例。这是一个十年九旱的地方，为了从根本上改变吃水难、用水难的局面，从 1960 年 2 月起，只有 55 万人的林县，组织 10 余万劳动力，在艰苦的施工条件下，奋战于太行山的悬崖绝壁上，漳河水的险滩峡谷中，逢山凿洞，遇沟架桥。经过几年的苦战，凿通 40 多个山洞，穿过 50 多处悬崖峭壁，挖出了 140 多里的山间渠道，为红旗渠的全部建成奠定了基础。

为检验农业学大寨运动的初步成果，推广大寨式农业单位的先进经验，进一步把学大寨运动引向深入，在周恩来的亲自过问和谭震林的直接指导下，1965 年 11 月，在北京全国农业展览馆举办了"全国大寨式农业典型展览"。参加展览的除大寨大队以外，还有黑龙江甘南县中兴公社太平大队、广东四会县清塘公社芙蓉大队、河北沧州市南陈公社佟家花园大队、江苏东台县三仓公社新五大队、江西瑞昌县大桥公社大桥大队、内蒙古赤峰县当铺地公社当铺地大队、青海湟源县和平公社小高陵大队和河南的林县等 52 个单位。

---

① 黄道霞等主编：《建国以来农业合作化史料汇编》，中共党史出版社 1992 年版，第 794 页。

这次展出的 52 个大寨式典型中，包括 8 个人民公社、21 个生产大队、1 个生产队、1 个互助组、2 个区、13 个县、4 个专区和 2 个市。全国 28 个省、自治区、市分别展出了 1 个到 3 个单位。它们都是从各地成千上万的先进典型中选拔出来的。展出的单位中，有长期艰苦奋斗改变自然面貌的生产大队和公社，有充分利用当地自然资源实现农林牧副渔全面发展的区和县，也有更大范围内实现稳产高产的专区和大城市郊区。党和国家领导人周恩来、朱德、邓小平、董必武等，在预展期间先后参观了展出。这次展览引起了巨大反响，推动了农业学大寨运动向纵深发展。

大寨成为全国农业战线上的一面红旗，是大寨人实实在在干出来的。大寨精神是时代的产物，大寨成为典型也适应了时代的需要。大寨艰苦创业的精神，不论过去、现在，还是将来，都是值得肯定和应该发扬的。"文化大革命"前的农业学大寨运动，对于激发广大农民的生产干劲，推进农田基本建设的发展，改变当时中国农村的落后面貌，都起了积极作用。1964 年和 1965 年，中国粮食产量达到了 3750 亿斤，1965 年又增加到 3890 亿斤，平均亩产 1964 年达到了 210 斤，1965 年则为 218 斤，超过新中国成立以来以往任何一年的最高单产量。至此，中国的农业生产已走出了"大跃进"造成的低谷，走上了恢复性发展之路。这其中原因很多，但与全国农民和广大农村基层干部以大寨为榜样，发挥了自力更生、艰苦奋斗的精神，是密不可分的。

当然，也应该看到，大寨成为全国农业战线的旗帜之际，正值以"阶级斗争为纲"的"四清"运动进入高潮之时，因此，对大寨精神的总结，就不可避免地带上这场运动的某些烙印。如前面提到的陶鲁笳总结的大寨精神的第二条，就具有明显的阶级斗争色彩。陶鲁笳在《红旗》杂志 1965 年第 11 期上发表的《让大寨精神遍地开花——山西农村开展学大寨运动的初步总结》一文中，更是提出大寨"在互助组、初级社、高级社、公社化的各个时期，从没有放松过对资本主义势力的斗争"，并认为"学大寨的运动，不仅是一次生产革命的运动，实际上也是一次社会主义教育运动"。这篇文章还对大寨精神作了新概括，将其归纳为"一条红线、五个要点"。"一条红线"是以毛泽东思想挂帅，总路线挂帅。"五个要点"即：有社会主义、共产主义的远大理想；有爱憎分明、一心向党的坚定立场；有自力更生、艰苦奋斗的顽强意志；有大胆踏实、改天换地的革命干劲；有热爱国家、热爱集体的高尚风格。

在"阶级斗争为纲"思想的影响下，大寨人自己也在有意识地强化这种观点。1966 年 3 月，陈永贵在介绍大寨的劳动管理经验时，着重提出："首先要抓住阶级斗争这条纲"，"坚持社会主义方向，防止资本主义影响"。并且说："坚持社会主义方向，防止资本主义影响，使集体经济得到巩固和发展。这是一切工作的纲"。① 这种情况，到了"文化大革命"时期，大寨经验也就逐渐地演化为大搞阶级斗争的范例，使农业学大寨运动失去了原有的意义。

（四）十年建设所取得的成就

从 1956 年社会主义改造基本完成到 1966 年"文化大革命"爆发前的十年，是中国人民对自己的社会主义建设道路进行艰辛探索的十年。这十年中，"虽然遭到过严重挫折，仍然取得了很大的成就。以 1966 年同 1956 年相比，全国工业固定资产按原价计算，增长了三倍。棉纱、原煤、发电量、原油、钢和机械设备等主要工业产品的产量，都有巨大的增长。从 1965 年起实现了石油全部自给。电子工业、石油化工等一批新兴的工业部门建设

---

① 《突出政治的生动一课　陈永贵谈大寨大队在劳动管理中坚持社会主义方向的经验》，《人民日报》1966 年 3 月 22 日。

了起来。工业布局有了改善。农业的基本建设和技术改造开始大规模地展开，并逐渐收到成效。全国农业用拖拉机和化肥施用量都增长六倍以上，农村用电量增长 70 倍。高等学校的毕业生为前七年的 4.9 倍。经过整顿，教育质量得到显著提高。科学技术工作也有比较突出的成果。""我们现在赖以进行现代化建设的物质技术基础，很大一部分是这个期间建设起来的；全国经济文化建设等方面的骨干力量和他们的工作经验，大部分也是在这个期间培养和积累起来的。"①

从社会总产值和国民收入看，按当年价格计算，1956 年的社会总产值、工农业总产值和国民收入分别为 1639 亿元、1252 亿元和 882 亿元，1965 年分别达到 2695 亿元、2235 亿元和 1387 亿元。以 1957 年为基数，在 1958 年至 1965 年的八年中，国民经济各部门基本建设投资额达到 1627.98 亿元，投产大中型项目 936 个。主要工业产品中，钢增长 1.29 倍，达到 1223 万吨；原煤增长 77%，达到 2.32 亿吨；发电量增长 2.5 倍，达到 676 亿度；原油增长 6.75 倍，达到 1131 万吨；合成氨增长 8.7 倍，达到 148.4 万吨。

工业建设方面，1965 年同 1957 年相比，全民所有制企业固定资产增长了 1.76 倍。新建、扩建了一大批重要的工矿企业，如一批钢铁厂，一批重要的有色金属冶炼厂，一批大型煤炭企业和发电厂。其中，武汉、包头两大钢铁基地主要是在这十年中建设起来的，攀枝花钢铁基地也是在此期间开始建设的，中国最大的鞍山钢铁基地也在这一时期得到扩建。这个时期发生的"大跃进"运动，虽然给工农业生产和其他事业造成很大的破坏和浪费，但是从工业建设的布局来看，某些方面的建设为后来的发展

---

① 《关于建国以来党的若干历史问题的决议》，《人民日报》1981 年 7 月 1 日。

打下了基础。据统计，从新中国成立到 1964 年，重工业部门累计新建的大中型项目，有 2/3 以上是在 1958 年至 1960 年间开工兴建的。这几年新建的若干项目，后来经过调整、巩固、充实、提高，形成的炼钢能力占 1950 年至 1979 年新增炼钢能力的 36.2%，炼铁能力占 32.7%，采煤能力占 29.6%，棉纺锭占 25.9%。经过 5 年调整，一些工业技术的经济指标有所提高。1965 年生铁合格率达到 99.85%，钢材合格率达到 98.39%，棉布一等品率达到 97.4%。有些机械工业产品的性能和质量，已经接近或达到当时的世界先进水平。

十年间，中国初步建成具有相当规模和一定技术水平的工业体系。电力工业和煤炭工业有了很大发展。冶金工业经过调整，到 1964 年，钢和钢材品种都比 1957 年增加一倍多。已经能够冶炼出以前不能冶炼的高温合金钢、精密合金钢、高纯金属、有色稀有金属等；已经能够解决制造机械包括制造汽车、拖拉机、万吨远洋轮船所需的多种钢材。机械工业分别形成冶金、采矿、电站、石油化工等工业设备制造，以及飞机、汽车、工程机械制造等十多个基本行业，而且能够独立设计和制造一部分现代化大型设备；到 1964 年，中国主要机械设备自给率已由 1957 年的 60% 提高到 90% 以上。电子、原子能、航天等新兴工业从无到有，从小到大，逐步发展起来，成为重要的产业部门。1965 年，中国已能够生产雷达、广播电视发射设备、电视中心设备、无线电通讯设备、原子射线仪、各种气象仪、水声设备、电子计算机、电视机等。这期间，中国开始兴建以石油、石油产品或天然气为原料的石油化学工业。支援农业的工业也有了很大发展。从 1957 年至 1965 年，农业机械总动力由 121 万千瓦增加到 1099 万千瓦，化肥施用量由 37.3 万吨增加到 194.2 万吨，农村用电量由 1.4 亿度增加到 37.1 亿度。

交通运输也取得很大发展。十年新修铁路近 8000 公里，建成通车的铁路有鹰厦、包兰、兰青、兰新、川黔、桂黔等线，成昆、贵昆、湘黔、襄渝等线也在加紧修建之中。全国除西藏外，各省、自治区都有了铁路，福建、宁夏、青海、新疆等省区第一次通了火车。铁路营运里程由1957年的2.6万公里增加到1965年的3.64万公里，公路里程由25.46万公里增加到51.45万公里，民用航空里程由2.64万公里增加到3.94万公里。

十年间，教育事业有了很大发展。1965年与1956年相比，中学由11096所发展到18102所，在校学生由628万人增加到933万人；小学由547306所发展到1681939所，在校学生由6428万人增加到11620万人。1966年全国有高等院校434所，在校学生达53.4万人，比1956年增长1/3。1957年到1966年，高等学校毕业生近140万人，中专学校毕业生共210万人，分别为1950年到1956年的4.9倍和2.4倍。① 20世纪五六十年代，中国的教育、军事、工业等系统，向苏联和东欧等社会主义国家，先后派出了18000多名各类留学生，为中国培养了一批重要人才。可以说，十年教育事业的发展为中国的社会主义建设培养了一大批骨干力量。

这期间，中国的科学技术能量有了很大发展。至1965年底，全国专门的科学研究机构达到了1714个，各个产业部门都建成了具有相当规模的、装备条件较好的科学研究中心。许多现代科学技术新领域的空白薄弱状况得到改变。通过对自然资源、自然条件的广泛调查、考察和勘探，发现了许多重要金属矿藏，在陆相地层中找到了比较丰富的石油资源。一系列具有较高水平的电站设备、石油化工设备、黑色冶金联合企业设备、纺织设备、矿

① 中共中央党校党史部编：《中国共产党80年》，上海人民出版社2001年版，第347页；胡绳主编：《中国共产党的七十年》，中共党史出版社1991年版，第479页。

山开采设备，被研究、设计和制造出来。在科学研究的基础上，无线电工业、半导体工业、电子计算机工业、原子能工业、宇航工业等新兴工业，从无到有、从小到大地成长起来。这一时期，以原子弹、导弹和人造地球卫星研制为核心的国防尖端科技取得了突破性进展。经过中国的科学技术专家、工程技术人员和人民解放军指战员的攻坚克难、共同努力，在西方发达国家技术封锁和苏联撕毁合同的情况下，各项研究和实验均取得重大突破。如1958年中国第一台小型通用计算机诞生，第二年又研制出了第一台大型通用计算机；1959年成功地拆合了天然胰岛素A链和B链，为人工合成胰岛素寻找到了突破口，并于1965年人工合成了结晶牛胰岛素；1960年中国成功发射了第一枚探空火箭和第一枚自制的运载火箭，同一年中国科学家发现了"反西格马负超子"；1961年研制成功中国第一台激光器；1964年10月16日，中国自行研制的第一颗原子弹爆炸成功，打破了西方国家的核垄断。1962年基本上完成了《1956—1967年科学技术发展远景规划纲要》规定的任务，中国的科技实力显著增强。

1956年到1965年，是中国文化事业繁荣和发展的时期。这10年中，广大文艺工作者创作了一批深受人民群众欢迎、在文学史上有较大影响的文艺作品，如长篇小说《红日》《林海雪原》《红旗谱》《青春之歌》《山乡巨变》《创业史》《红岩》等，电影《上甘岭》《狼牙山五壮士》《永不消逝的电波》《党的女儿》《五朵金花》《红色娘子军》《刘三姐》《李双双》《甲午风云》《地雷战》《小兵张嘎》《地道战》等，戏剧《蔡文姬》《万水千山》《洪湖赤卫队》《霓虹灯下的哨兵》《文成公主》《江姐》等；创作了一批经久不衰的红色歌曲，如《我的祖国》《英雄赞歌》《唱支山歌给党听》等。大型音乐舞蹈史诗《东方红》将音乐、舞蹈、朗诵等艺术形式和幻灯背景相结合，达到了很高的艺术水准，成为20世纪60年代中国文艺繁荣的代表作。

这一时期，新闻和出版事业也取得较大的发展。1965 年，全国图书总印数为 21.7 亿册，刊物总印数为 4.4 亿册，报纸总印数为 47.4 亿份，分别比 1956 年增长 21.7%、25% 和 81.5%。广播影视事业得到新的发展。从 1958 年 5 月北京电视台（中央电视台的前身）开始试播，到 1966 年，全国已经拥有电台 78 座、电视台 13 座，全国 96% 的县开通了有线广播。全国的文化艺术、文物单位，由 1956 年的 14408 个增加到 1965 年的 27210 个。

1956 年至 1966 年，是中国医疗卫生工作和体育工作全面大发展的重要时期。在防治流行疾病和保护母婴健康方面取得显著成绩。由于积极开展预防接种，20 世纪 60 年代"天花"在中国大陆基本上灭绝；白喉和百日咳的发病率也逐年减少。脊髓灰质炎（俗称小儿麻痹症）活疫苗和麻疹疫苗被成功研制出来；曾经造成"千村薜荔人遗矢，万户萧疏鬼唱歌"的血吸虫病得到了有效控制；霍乱、黑热病、丝虫病、肺结核、鼠疫、性病等这些在旧社会危害甚广的传染病或流行病基本消失或绝迹。通过改造旧接生员和培养新的助产人员，到 1965 年，接生员的队伍已经增长到 685740 人。① 公共卫生制度基本建立，城乡卫生医疗网基本形成。国家对公职人员、大学生和工矿企业职工实行公费医疗和医疗劳动保护制度；大部分农村人民公社建立起卫生院；大部分生产大队实行合作医疗制度，有了不脱离农业生产的医务人员，全国城乡的卫生医疗网基本形成。到 1965 年，全国省自治区市、地区级和县级的卫生防疫站都建立起来；全国综合医院和专科医院发展到 42711 所，其中少数民族地区的医院发展到 6275 所；②

---

① 参见黄树则、林士笑主编：《当代中国的卫生事业》（上），中国社会科学出版社 1986 年版，第 13 页。

② 参见黄树则、林士笑主编：《当代中国的卫生事业》（上），中国社会科学出版社 1986 年版，第 13 页。

此外，在显微外科、烧伤治疗、断肢再植等方面获得突出的成就，医学科研工作、医学医药学教育工作、人才培养、药品生产、医疗器械生产、中医工作等都有很大发展。

体育事业有较大发展。国家按照"发展体育运动，增强人民体质"的总要求以及普及和提高相结合的方针，广泛开展群众性的体育运动，群众体育的普及与竞技体育水平的提高都取得显著成绩。1959年9月，中华人民共和国第一届全国运动会在北京隆重举行。在全运会期间，有七名运动员在游泳、跳伞、射击和航空模型等项目中四次打破世界纪录；664人844次打破106个单项的全国纪录；数以千计的运动员刷新了省、自治区、市的各项运动的最高成绩。① 1965年9月在北京举行的第二届全运会，有24人10次打破9项世界纪录，330人469次打破130项全国纪录，大批刷新了各省、自治区、直辖市纪录，涌现了许多年轻有为的新手。在1959年4月举行的第25届世界乒乓球锦标赛上，中国选手容国团夺得男子单打冠军，这是中国运动员取得的第一个世界冠军。随后，在第26届世界乒乓球锦标赛上，中国运动员夺得男子团体冠军以及男子单打和女子单打冠军。1963年，中国还积极参加了世界第一届新兴力量运动会、第一届亚洲新兴力量运动会，并获得了好成绩。

在各项事业取得重要成就的同时，20世纪60年代，在战胜严重经济困难的过程中涌现出许多英雄模范人物，雷锋和焦裕禄是其中的杰出代表。他们全心全意为人民服务的奉献精神，鞠躬尽瘁、死而后已的高贵品质，教育了整整一代乃至几代人。

沈阳军区某部运输连班长雷锋，在平凡的工作岗位上，以"甘当螺丝钉"的精神，刻苦钻研技术，干一行爱一行专一行；

① 参见荣高棠：《飞跃前进的我国体育事业》，《人民日报》1959年10月25日。

艰苦朴素，廉洁奉公，处处为人民的利益着想；为人民群众做了数不清的好事，真正做到了毫不利己、专门利人。1962年8月15日，雷锋不幸因公殉职，年仅22岁。毛泽东于1963年3月5日发出"向雷锋同志学习"的号召后，全国各条战线、各个行业掀起了一个持久的学习雷锋热潮，极大地激发了广大群众建设社会主义的积极性，推动了全社会良好道德风尚的形成。

焦裕禄是河南省兰考县县委书记。兰考是黄河故道上著名的灾区县，长期遭受风沙、内涝和盐碱等"三害"的袭扰，经济发展水平非常低下。在三年困难时期，兰考人民的生产、生活更是面临极大困难。在灾情最严重的时候，焦裕禄带领县委抓住治沙这一关键环节，在一年多的时间里，跋涉5000余华里，把全县86个风口、261个大沙丘、17条大沙龙全部作了编号，绘制成地图，最终形成了以种植速生泡桐林来治理"三害"的方案。特别是他在晚期肝癌的病痛折磨下，仍带领群众坚持在治沙的第一线。1964年5月14日，焦裕禄不幸去世，终年42岁。焦裕禄成为各级领导干部学习的榜样，鼓舞人们以极大的热情战胜严重的经济困难，成为社会主义建设时期的一座精神丰碑。

在20世纪60年代，还涌现出许许多多的先进人物和模范集体：王杰、欧阳海、南京路上好八连、草原英雄小姐妹……这些模范人物在各自平凡的生活和工作中创造出了不平凡的业绩，以自己的理想、信念和价值观，给中国社会以深刻影响，也塑造了整个时代的社会风尚。

第八章 "左"倾错误的再度发展

　　国民经济调整时期虽然对"大跃进"以来"左"倾错误有了一定程度的纠正，但没有从指导思想上完成纠"左"的任务。随着形势的逐渐好转和调整的进一步深入，致使人们对形势估计和工作指导上的分歧又逐渐发展起来。1962 年 9 月的中共八届十中全会重提阶级斗争问题，并将社会主义社会一定范围存在的阶级斗争扩大化和绝对化，强调在整个社会主义历史阶段资产阶级都将存在和企图复辟，并成为党内产生修正主义的根源。出于"反修防修"的考虑，中共八届十中全会后，在全国城乡开展了以阶级斗争为主要内容的社会主义教育即城市"五反"和农村"四清"运动。社会主义教育运动虽然对于解决干部作风和经济管理方面的问题起到了一定作用，但由于把这些不同性质的问题都认为是阶级斗争或阶级斗争在党内的反映，使一部分基层干部受到了不应有的打击。与此同时，意识形态领域也开展了过火的、错误的批判和斗争。不过，这些"左"倾错误还只是局部的性质，对工农业生产尚未产生重大影响，社会还未发生大的混乱。

一、重提阶级斗争问题

（一）重提斗争问题的背景

1962 年七千大会、西楼会议及五月会议之后，国民经济的调整取得重大进展，因"大跃进"而受到重挫的国民经济开始复苏，原本紧张的社会关系有了缓和，但与此同时，毛泽东和中共中央一线领导人之间在一些问题上产生了不同认识。

在这年 2 月的西楼会议上，刘少奇提出："中央工作会议（即'七千人大会'）对困难情况透底不够，有问题不愿揭，怕说漆黑一团！还它个本来面目，怕什么？说漆黑一团，可以让人悲观，也可以激发人们向困难作斗争的勇气！"他还说："现在处于恢复时期，但与一九四九年后的三年情况不一样，是个不正常的时期，带有非常时期的性质，不能用平常的办法，要用非常的办法，把调整经济的措施贯彻下去。"① 在同月召开的国务院各部、委党委（组）成员会上，针对有些人过高地估计了"农业六十条"后农村形势的变化，说现在有的农村农民吃得很好，鸡鸭成群等等。陈云在讲话中强调，有这样的乡村，但这是少数。全国大多数地区并不是如此，大多数农民粮食不够吃。对于人们普遍关心的农业恢复的速度问题，陈云在分析了恢复农业的有利因素和不利因素后指出："我们工作的基点应该是：争取快，准备慢。"② 3 月 18 日，中共中央在转发了陈云等人的讲话的批语中也说："我们现在在经济上是处在一种很不平常的时期，即非常

---

① 中共中央文献研究室编：《刘少奇年谱（1898—1969）》下卷，中央文献出版社 1996 年版，第 549 页。

② 《陈云文选》第 3 卷，人民出版社 1995 年版，第 193 页。

时期。"①

七千人大会后，毛泽东去了外地，没有参加西楼会议。西楼会议后，刘少奇、周恩来、邓小平到武汉向他汇报情况，而毛泽东却认为问题已经暴露，形势已经退到了山谷，七千人大会后开始一天天上升了，认为不能把形势看得一片黑暗。

由于对形势的看法不同，因而对调整国民经济采取什么样的政策与措施也有所不同。刘少奇、邓小平、陈云等人认为，既然现在是"非常时期"，就应采取一些非常举措，比如农村可以搞包产到户甚至分田到户，但在毛泽东看来，有了"农业六十条"，又有了以生产队为基本核算单位，人民公社的问题就已经解决。搞包产到户就是搞单干，这也就是在农村要"走资本主义道路"。毛泽东对人民公社内部的平均主义是反对的，所以他才决定将基本核算单位下放到生产队，但他又认为，生产队内部又不能没有一点平均主义，不能搞彻底的按劳分配，否则就不能给贫苦农民适当的照顾，就不可避免地要出现农村的两极分化。毛泽东对农民尤其是贫苦农民有着深厚的感情，对他们的处境十分同情。搞互助合作，引导农民走集体化道路，就是为了避免农村的两极分化，实现共同富裕。毛泽东认为，如果在共产党领导下，农民仍然穷的穷、富的富，那就有悖于党领导农民搞革命的初衷，搞包产到户就会产生这样的后果。

1962 年 7 月初，毛泽东从外地回到北京。7 月 6 日，陈云致信毛泽东，希望就恢复农业的有关问题同他交换意见。此前的这年 5 月，陈云在上海找商业部长姚依林、粮食部副部长陈国栋谈恢复农业生产的问题，认为包产到户还不彻底，与其包产到户不如分田到户。用重新分田的办法，可以刺激农民的生产积极性，

---

① 中共中央文献研究室编：《建国以来重要文献选编》第 15 册，中央文献出版社 1997 年版，第 417 页。

以便恢复农业的产量。陈云还要姚依林帮他算一笔账，分田到户后，农业生产每年能增产多少，国家能掌握多少粮食。姚依林担心地说，这个问题，毛主席怕不会接受。陈云说，毛主席是实事求是的，他去讲。先搞分田到户，这样更彻底一点。集体化以后再搞。7月6日下午1日，毛泽东接到陈云的信。当天下午四点，就找陈云谈话。陈云阐述了个体经营与合作经济在中国农村相当长的时间内还要并存的问题，认为当前要注意发挥个体生产积极性，以克服困难。陈云还说，分田到户不会产生两极分化，不会影响征购，恢复只要四年，否则需要八年。当时毛泽东没有表态。但第二天传出消息说，毛泽东很生气，严厉批评说，"分田单干"是瓦解集体经济，是修正主义。① 陈云后来回忆说："一九六二年我同毛主席谈话以后，毛主席很生气，在北戴河开会，批了三个文件给我们看，并对陈云、邓子恢、田家英批得很厉害，把问题上纲到主张分田单干。说分田单干，我还没有发展到那个程度。我说，我只是根据家乡调查的结果，觉得个人搞积极性高一点。"②

接着，毛泽东约见了田家英。田家英在汇报中说，全国各地已经实行包产到户和分田到户的农民，约占30%，而且还在继续发展，与其让农民自发搞，不如有领导地搞活经济。将来实行的结果，包产到户和分田单干的可能达到40%，另有60%是集体的和半集体的。搞包产到户和分田单干，是临时的措施，等生产恢复了，再把他们重新引导到集体经济。田家英汇报完后，毛泽东突然问田家英：你是主张集体经济为主，还是以个体经济为主？又问是田家英个人的意见，还是其他人的意见。田家英回答

---

① 参见薄一波：《若干重大决策与事件的回顾》下卷，中共中央党校出版社1993年版，第1086页。

② 《陈云文集》第3卷，中央文献出版社2005年版，第522页。

说是个人的意见。对此，毛泽东没有表态。① 没有表态本身就是一种表态。

其实，毛泽东反对包产到户的态度已是十分明朗，他对邓子恢、田家英主张包产到户非常反感，对刘少奇、陈云、邓小平没有抵制甚至还赞成的态度也不满意。1962 年 7 月 8 日，毛泽东召集刘少奇、周恩来、邓小平、陈伯达、田家英等人开会，介绍了河南、山东两省的夏收情况，说形势并不那么坏，建议刘少奇等找河南、山东、江西的同志谈谈，了解一下农村的形势。在这个会议上，毛泽东明确表示不赞成包产到户，并批评田家英回到北京不修改"农业六十条"，却搞什么包产到户、分田单干。毛泽东还提出要搞一个巩固人民公社集体经济、发展农业生产的决定，由陈伯达主持起草。陈伯达很快就拿出了初稿，并在 1962 年 7 月 19 日和 20 日主持召开了各中央局书记参加的起草委员会会议。

7 月 17 日，毛泽东应邓子恢之请与邓谈话。邓子恢向毛泽东力荐安徽的"责任田"，认为"责任田"能做到主要生产资料、生产计划、劳动力、分配和上缴任务统一于集体，即"五统一"，不是单干。"责任田"实际是一种联产计酬的生产责任制，有强大的生命力，广大农民不愿改变。毛泽东听后没有表示意见，在邓子恢起身要走的时候说：把你给我的报告（指 1962 年 5 月中共中央农村工作部《关于当前农村人民若干政策问题的意见》）和符离集区委同志的汇报送来，我要看看。② 第二天，毛泽东同中共中央办公厅主任杨尚昆谈话，其中一个重要内容"是走集体

---

① 参见董边等编：《毛泽东和他的秘书田家英》（增订本），中央文献出版社 1996 年版，第 92—93 页。

② 参见中共中央文献研究室编：《毛泽东年谱（1949—1976）》第 5 卷，中央文献出版社 2013 年版，第 114 页。

道路呢，还是走个人经济道路?"的问题。杨尚昆在当天的日记中写道："我觉得事态很严重!! 十分不安!"①

7月20日，毛泽东找各中央局书记谈话。毛泽东问与会者：你们赞成社会主义还是资本主义？接着又说：当然不会主张搞资本主义，但有人主张搞包产到户。现在有人主张在全国范围内搞包产到户，甚至分田到户。共产党来分田?! 对农民，要让他自愿，如果有的人非要包产到户不可，也不要采取粗暴态度。问题是要分析农民的基本要求是什么，我们如何领导。有人似乎认为我们和农民搞了几十年，现在好像不行了，难道我们就这样脱离群众？他又说，有人说恢复农业要八年时间，如果实行包产到户四年就够了，你们看怎么样？难道说恢复就那么困难？这些话都是在北京的人说的，下边的同志说还是有希望的。目前的形势究竟是一片黑暗，还是有光明?②

在毛泽东明确表示不同意实行包产到户后，刘少奇不得不收回自己的意见，站到毛泽东的立场上来。1962年7月18日，刘少奇给中直机关和中央国家机关下放干部的讲话中，专门讲到巩固集体经济的问题。他说："现在人民公社的集体经济不够巩固，相当多的集体经济发生动摇，许多地方的农民，甚而至于干部，要求单干，要求分田到户，或者包产到户。""对于这个问题，中央正在讨论，即将规定若干政策措施。"他要求下放干部下去后"要抓巩固集体经济的问题。"③ 但同时，刘少奇又认为农业生产必须实行责任制，他指出："我看实行责任制，一户包一块，或者一个组包一片，那是完全可以的。问题是如何使责任制跟产量

---

① 《杨尚昆日记》（下），中央文献出版社2001年版，第196页。

② 参见中共中央文献研究室编：《毛泽东年谱（1949—1976）》第5卷，中央文献出版社2013年版，第116—117页。

③ 《刘少奇选集》下卷，人民出版社1985年版，第461页。

联系起来。"①。

此时的刘少奇，在包产到户问题上其实是矛盾的。一方面，他对形势的估计与毛泽东明显不同。毛泽东认为，有了"农业六十条"和基本核算单位下放，农村的问题就基本上可以解决，形势正在好起来。刘少奇则认为形势还不能令人过于乐观。他在1962年5月11日的中共中央工作会议上说："从经济上来看，总的讲，不是大好形势，没有大好形势，而是一种困难的形势。"②因此，他主张"要退够"③，其中也包括要允许包产到户。另一方面，为了党的团结统一，刘少奇不得不公开与毛泽东保持一致。

7月28日，毛泽东在北戴河主持召开中共中央政治局常委扩大会议。他提出，当前国际国内都有一个共同性问题，就是革命究竟由无产阶级领导，还是由资产阶级领导。在我们这些国家来说，就是究竟要无产阶级专政，还是要资产阶级专政。赫鲁晓夫说我们是独特路线，不独特不行，不与帝国主义、修正主义划清界限不行。国际上的外交、外事工作方面也有右的苗头。④

毛泽东这里说在外交、外事工作方面有右的苗头，是因为在这年7月在莫斯科召开的争取普遍裁军的世界和平大会上，中国代表团按照事先准备好的发言方针，较多强调高举和平旗帜的立场，从而引起了几个亚非国家代表团的不满。毛泽东对此不满意，认为代表团犯了错误，脱离了群众。此外，七千人大会后，

---

①　《刘少奇选集》下卷，人民出版社1985年版，第463页

②　《刘少奇选集》下卷，人民出版社1985年版，第444—445页。

③　王光美、刘源等著，郭家宽编：《你所不知道的刘少奇》，河南人民出版社2000年版，第93页。

④　中共中央文献研究室编：《毛泽东年谱（1949—1976）》第5卷，中央文献出版社2013年版，第119—120页。

王稼祥（中共中央对外联络部部长）等人多次就对外关系上存在的一些问题，向中共中央陈述意见，提出应该把和平运动的意义说够，不能只讲民族解放运动，不讲和平运动，他还提出对外援助要"必须根据自己的条件，实事求是，量力而行"，尤其是现在处在非常时期的条件下，更要谨慎从事，不要说过头、做过头、过分突出，乱开支持的支票等。① 但毛泽东对王稼祥的这些观点并不认同，后来，他将王稼祥的观点概括为对帝国主义和气一点，对反动派和气一点，对修正主义和气一点，对亚非拉人民斗争支持少一点，即"三和一少"的"修正主义路线"。

毛泽东对包产到户的批评并没有就此停止下来。1962 年 8 月 2 日，毛泽东在北戴河同河北、山西、内蒙古三省党委负责人谈话时说，从全国看，今年的收成比去年好，去年比前年好，错误在纠正嘛！有少数人把形势看得很黑暗，也有少数人说一片光明。从整个形势看，前途一片光明，有些问题。问题主要是反映在国内的阶级斗争方面，也就是究竟搞社会主义还是搞资本主义，斗争的时间相当长，一百年后还有这个问题，这种形势要看到。② 由此看来，毛泽东已将农村出现的包产到户，看作是两条道路斗争的重要表现和阶级斗争的重要内容。在谈话中，毛泽东还讲到生产队规模和管理的问题，认为生产以 20 户左右为宜，太大了不好。并且说：田间管理责任制要搞好，有的地方按地段包工到组、到户、到人，这是进步的管理办法，不能说不好。

第二天下午，毛泽东同来北戴河参加中央工作会议的陕西、甘肃、青海、宁夏、新疆五省区的党委负责人谈话，表示这次会议要解决的是走社会主义道路还是走单干道路的问题，以及如何

---

① 参见《王稼祥选集》，人民出版社 1989 年版，第 445 页。

② 参见中共中央文献研究室编：《毛泽东年谱（1949—1976）》第 5 卷，中央文献出版社 2013 年版，第 122 页。

看待形势的问题。他说，无产阶级与资产阶级斗争是长期的，苏联革命四十多年还出了修正主义。形势是一片黑暗还是一片光明？还是基本光明。现在讲黑暗的多了，实际情况是去年比前年好些，今年比去年好些。

8月5日，毛泽东同邓子恢、陈伯达等人及柯庆施、李葆华（时任中共中央华东局第三书记、中共安徽省第一书记）、陶铸（时任中共中央中南局第一书记、中共广东省委第一书记）、王任重（时任中共中央中央局第二书记、中共湖北委第一书记）谈话。他说：我"周游"了全国，找各大区的同志都谈了一下，每个省都说去年比前年好，今年比去年好。看来并非一片黑暗，有的同志把情况估计得过分黑暗了。当然也不能像1958年浮夸时讲的都是一片光明。我是中间派，应当说基本上是光明的，有许多问题还亟待解决，还要花几年的工夫，才能解决。对于包产到户和单干问题，毛泽东说：有人说，人民公社要垮掉百分之六十，留下百分之四十。还有人说，全部解散搞单干，四年农业生产就可以恢复。已经搞了单干的，不能勉强去扭，过了半年或一年看出两极分化了，这个问题就解决了。允许百分之几到百分之十几闹单干是可以的，还有百分之九十是集体嘛！如果全部闹单干或大部闹单干我是不赞成的。如果那样搞，党内势必分裂。他还说："我是五年计划就见马克思去了，而阶级斗争要贯穿整个历史时期。我在七千人大会上的讲话，讲到建成社会主义要五十年、一百年或更多的时间。讲这一段话的意思是要人们懂得，有资产阶级存在，不要忘记阶级斗争。"①

除了不同意搞包产到户，党内对给知识分子"脱帽加冕"也存在不同看法。这年2月召开的广州会议中共上海市委第一书记

---

① 参见中共中央文献研究室编：《毛泽东年谱（1949—1976）》第5卷，中央文献出版社2013年版，第125—126页。

柯庆施却拒绝派人参加，后来派来了一个文化局长，据说也是来旁听的。柯曾下指示，不准传达广州会议的精神，特别是不让传达陈毅的讲话，上海还有人写信给中共中央，告广州会议的状。也有一些受"左"的思想束缚严重的党员干部，对给知识分子脱帽加冕很不理解，说要不是看到文件上标明是陈毅讲的，还以为是右派分子的讲话呢。

还在广州会议期间，周恩来与到会的党内领导干部讨论知识分子阶级属性时，特地问中宣部科学处处长于光远：你是中宣部的，你是什么意见？周恩来之所以特地问他，因为中宣部的主要负责人对此有不同意见。熟知这一情况的胡乔木回忆说："周恩来、陈毅在广州会议上关于知识分子问题的讲话，在党中央内部有少数人不同意甚至明确反对，在周恩来要求毛泽东对这个问题表示态度时，毛泽东竟没有说话。这种情形是后来党对知识分子、知识、文化、教育的政策再次出现反复的预兆。"①

就在中国经济遇到严重困难，不得不对国民经济进行伤筋动骨调整的时候，中苏关系迅速恶化，中苏两党对意识形态领域的分歧日益严重，1962年四五月间还发生了因苏联驻伊犁领事馆插手，数万中国公民跑到苏联境内的伊犁事件，致使毛泽东认为苏联党内已出现了严重的修正主义，原因就在于赫鲁晓夫上台后不抓阶级斗争，因此，中国必须吸取苏共的前车之鉴"反修防修"。与此同时，台湾的蒋介石集团也利用大陆暂时的经济困难，大肆叫嚣要"反攻大陆"，并多次派出武装特务骚乱大陆沿海地区。同样由于经济困难，一些人难免有所不满，一些一度绝迹的社会现象如卖淫嫖娼有所死灰复燃，一些地方的社会治安也出现滑坡。所有这些，都使毛泽东认为阶级斗争形势很严峻很复杂，必

---

① 转引自胡绳主编：《中国共产党的七十年》，中共党史出版社1991年版，第447页。

须对此引起高度重视。

（二）中共八届十中全会

1962 年 8 月 6 日至 8 月 24 日，中共中央在北戴河召开工作会议，主要讨论农业、财贸、城市等方面的问题。这又是一次著名的北戴河会议。

会议开幕的当天，毛泽东就提出了阶级、形势和矛盾等问题。关于阶级，毛泽东说，究竟有没有阶级？社会主义国家是否还有阶级？有些社会主义国家有人说没有阶级了，党是全民的党了，不是无产阶级的党了，无产阶级专政也不存在了，国内无专政对象了，就叫全民国家了。国内也有些说法，我同各大区的同志说有阶级存在，听说传达下去有人大为吃惊。毛泽东所指虽然是苏共，不过落脚点还是在国内。在毛泽东看来，国内也有人像苏共一样否认阶级的存在，应该加以警惕。

关于形势，毛泽东说，过去几年，我们有许多工作搞得不好。有些工作还是搞好了，比如中国的建设工作，还是有成绩的。这主要是讲工业方面的建设，农业方面的水利。现在有些人说，去年比前年好一些，今年又比去年好一些。这个看法对不对？这是讲农村。工业，因为主观客观的原因，今年上半年是不那么好的，那么下半年怎么样？也可以谈一谈。大体上说，有些人把过去几年看成就是一片光明，看不到黑暗。现在有一部分人，一部分同志，又似乎看成是一片黑暗了，没有什么好多光明了。这两种看法，究竟是哪一种对？或者都有不对？如果都不对，就要提出第三种看法。第三种看法是怎么样的？一片光明也不是，一片黑暗也不是，而是基本上是光明的，但是问题不少。还是回到我们在第一次庐山会议上讲的三句话：成绩很大，问题不少，前途光明。我倾向于不那么悲观，不那样一片黑暗。一点光明都没有，我不赞成那种看法。

关于矛盾，毛泽东说：有些什么矛盾？第一类是敌我矛盾，然后就是人民内部的矛盾，无非是这两类。人民内部有一种矛盾，它的本质是敌对的，不过我们处理的方式是当作人民内部矛盾来解决，这就是社会主义与资本主义的矛盾。如果我们承认阶级残余还存在，那就应该承认社会主义与资本主义的矛盾是存在的，而且是长期存在的，不是几年几十年的问题。他还说，现在有一部分农民闹单干，究竟有多少？现在这个时期，这个问题比较突出。是搞社会主义，还是搞资本主义？是搞分田到户、包产到户，还是集体化？农业合作化还要不要？主要就是这样一个问题。已经包产到户、分田到户的，现在暂时不要动，不要去强迫纠正，但是要注意做工作。他还说阶级还要分层。小资产阶级就是要分阶层的，可以分为富裕阶层，比较贫穷的阶层，还有中间阶层。资产阶级、地主富农要争夺小资产阶级搞单干，无产阶级如果不注意，集体化就不能巩固。①

在 8 月 9 日的中心小组会议上，毛泽东在讲到形势、单干等问题时说：现在有两种人，一种是只讲黑暗，一种是讲大部黑暗，略有光明，任务是从分析形势提出来的，既然是一片黑暗，那任务的提法就不同，就证明社会主义不行，因而就要全部单干，小部集体。然后又必然反映到方针、措施和世界观上来。他接着描绘了一幅搞单干（也就是包产到户）后的"可怕后果"：搞单干，两年都不要，一年多就会出现阶级分化，其中有共产党的支部书记贪污、多占、讨小老婆、放高利贷、买地，另一方面是贫苦农民破产，其中四属户、五保户，这恰恰是我们的社会基

---

① 参见中共中央文献研究室编：《毛泽东年谱（1949—1976）》第 5 卷，中央文献出版社 2013 年版，第 128—129 页；中共中央文献研究室编：《毛泽东传（1949—1976）》（下），中央文献出版社 2003 年版，第 1240—1241 页。

础，是我们的依靠。你是站在三分之一的富裕农户的立场上，还是站在三分之二的基本农民群众的立场上？问题就是这样摆在我们的面前。他还说，单干从何而来？在我们党内，有相当大部分小资产阶级成分，包括许多农民，其中大部分是贫下中农，但有一部分是富裕中农出身，或者本人就是富裕中农，也有一些知识分子，家庭是城市小资产阶级，或者是资产阶级子弟，还有封建、官僚、反动阶级家庭出身的。有的人对社会主义革命缺乏准备。①

北戴河会议批判"单干风"，首当其冲的是邓子恢。在8月9日的会议上，有人指责邓子恢在困难面前发生动摇，是代表富裕中农阶层搞资本主义农业的要求，是富裕中农的代表。为此，邓子恢在8月10日的华东组会议上不得不进行申辩，但他仍然认为安徽的"责任田"是做到了"五统一"的，不是单干。他说："我现在对'责任田'还是这种看法，要作具体分析，安徽的'责任田'也有搞好了'五统一'的。"②

迫于压力，邓子恢只得在第二天的中心组会议上作了自我批评，承认自己对包产到户的看法与毛泽东、中共中央的方针相违背，是方向性的错误。但是，邓子恢并未因检讨而过关。第二天，毛泽东在一份材料上对邓子恢作了措辞严厉的批评："过了一年……邓子恢同志就动摇了，对形势的看法几乎是一片黑暗，对包产到户大力提倡。""他没有联系一九五〇年至一九五五年他自己还是站在一个资产阶级民主主义者的立场上，因而犯了反对建立社会主义集体农业经济的错误。"

在8月13日的中心小组会议上，当有人谈到杜勒斯认为欧

---

① 中共中央文献研究室编：《毛泽东年谱（1949—1976）》第5卷，中央文献出版社2013年版，第130页。

② 《邓子恢文集》，人民出版社1996年版，第614页。

洲共产党的第二代还可以，第三代就不行了的时候，毛泽东插话说："在中国一定不出修正主义？这也难说，儿子不出，孙子出。不过也不要紧。孙子出了修正主义，孙子的孙子就又要出马列主义了。按照辩证法，事物总要走向反面的。"在 8 月 17 日中心小组会议上，李先念讲到阶级斗争问题时，毛泽东说："打了一辈子仗，把阶级斗争忘记了，现在阶级斗争的形式和过去不一样了，过去是流血的，现在不是了。"①

8 月 20 日，毛泽东主持召开最后一次中心小组会议。会上，刘少奇提出，一讲阶级的阶级斗争问题，可以联系很广，这样联系了，对教育干部有好处，但也可能发生右，究竟是广些还是传达窄些好？鉴于第一次庐山会议的教训，传达范围要有个限制，要搞个具体规定。对此，毛泽东表示赞成，要写一个决定，把问题讲清楚，分清是非，广泛地联系实际，主要是搞清思想，不在于把人整了。为此，会议决定，此次中央工作会议精神只传达县一级。

北戴河会议后，接着于 9 月 24 日至 27 日在北京召开中共八届十中全会。全会正式召开前，曾开了近一个月的预备会议。预备会的前期，主要讨论《农村人民公社工作条例修正草案》和《关于进一步巩固集体经济、发展农业生产的决定》，批判邓子恢的所谓"单干风"，同时讨论国际形势和干部交流等问题。从 9 月 6、7 日起，以各中央局为单位转入批判彭德怀、习仲勋的所谓"翻案风"。

对所谓"翻案风"的批判，是以讨论彭德怀给中共中央的两封申诉信为内容展开的。事情是由刘少奇在七千人大会上的讲话引起的。刘少奇在那次讲话中说，彭德怀庐山会议上那封信的一

---

① 中共中央文献研究室编：《毛泽东年谱（1949—1976）》第 5 卷，中央文献出版社 2013 年版，第 133—134、136—137 页。

些具体事情不少还是符合事实的，一个政治局委员向中央的主席写一封信，即便有些意见是不对的，也不算犯错误，在庐山会议上开展对彭德怀的斗争，主要是"长期以来彭德怀同志在党内有一个小集团"，"同某些外国人在中国搞颠覆活动有关"，并且表示"所有人都可以平反，唯彭德怀同志不能平反"。彭德怀得知这个情况后，于这年6月和8月两次致信中共中央和毛泽东，申述自己"在党内没有小集团，没有企图篡夺党的丑恶野心，也没有同任何外国人在中国搞复辟活动"①，请求中共中央全面审查。彭德怀的申诉，本来完全符合党的章程和党的组织原则，但当时却把彭德怀的申诉视作"翻案"活动，并作为阶级斗争的严重动向提了出来。会议对彭德怀进行缺席批判，除重复1959年庐山会议的所有指责外，又毫无根据地认为彭德怀是配合国际上帝修反的反华、利用国内暂时困难，向党发起的新进攻。

纯属巧合，当时某些报刊正在连载小说《刘志丹》，有人对小说提出不同意见。康生知悉后硬说小说有严重的政治问题，是"为高岗翻案"，是利用小说反党。毛泽东在9月24日的全会上说："现在不是小说刊物盛行吗？利用写小说来进行反党活动，这是一大发明。这是搞上层建筑。"② 他还提出了一个观点：凡是要推翻一个政权，总要先造造舆论，总要先做意识形态方面的工作。不论革命、反革命，都是如此。毛泽东还批评说，近来有股平反之风，无论什么都要平反，那是不行的。真正搞错了的，要平反；部分搞错了，部分平反；没有搞错搞对了的，不能平反。因此，中共八届十中全会批判"翻案风"的对象，又增加了

---

① 《彭德怀传》编写组：《彭德怀传》，当代中国出版社1993年版，第678、683页。

② 中共中央文献研究室编：《毛泽东年谱（1949—1976）》第5卷，中央文献出版社2013年版，第153页。

曾支持和关心过小说《刘志丹》写作的习仲勋、贾拓夫等人，并把彭德怀、高岗、习仲勋联系在一起批判。习仲勋、贾拓夫和刘景范（小说作者的丈夫，刘志丹之弟）等人被打成"反党集团"。此后，党内甄别平反工作也不得不停下来。

在中共八届十中全会上，邓子恢作为"单干风"的代表再次受到批判。9月25日，当董必武在讲话中讲到"单干风"问题时，毛泽东插话说："邓子恢同志曾当面和我谈过保荐责任田，我跟他谈了一个半钟头的话，我就受了一个半钟头的训，不是什么谈话，是受他的训。"会上，毛泽东"还多次批评田家英同志60%的包产到户、40%搞集体的主张"，并批评邓子恢领导的中央农村工作部搞资本主义，邓子恢是"资本主义农业专家"。①

与批判"单干风"相联系，全会还批判了所谓"黑暗风"。认为西楼会议和五月会议提出对形势的估计要把困难估计够，是鼓黑暗之劲，鼓讲缺点错误之劲，是刮"黑暗风"。现在有些人把形势看成一片黑暗了，没有好多光明了，引得一些人思想混乱，丧失前途，丧失信心了。这是在困难面前动摇，不坚定，丧失信心，是不懂马列主义。

9月26日，召开八届十中全会全体会议，由刘少奇、邓小平、周恩来等人讲话。在刘少奇讲话时，毛泽东就包产到户和单干问题多次插话。刘少奇说：在1959年、1960年遇到的困难面前，有三种态度：第一种，坚持克服困难，坚持毛主席、中央的革命道路，继续胜利前进。第二种，在困难面前被吓倒、放弃社会主义道路，向后倒退，单干。毛泽东插话：名义上没有放弃社会主义道路，说是经营管理方式，实际上就是单干。刘少奇说：第三种，利用我们暂时的困难，向党发起进攻，企图推翻党的领

---

① 薄一波：《若干重大决策与事件的回顾》下卷，中共中央党校出版社1993年版，第1088—1089、1089页。

导。第二种态度是动摇、不坚定，丧失信心，不懂得马列主义；第三种是敌对阶级的态度。毛泽东说：第二种是不懂马列主义，属于认识问题，过几年一看形势好些，就改了，当时没有想到全局和前途，没有想到国际国内关系。刘少奇说：毛主席《关于正确处理人民内部矛盾的问题》中提出的六条标准，最重要的是两条，一条是社会主义道路，一条是党的领导。毛泽东说：主张包产到户和单干，可以建议，但不能采纳。刘少奇说：今年五月会议对困难估计多了些。单干风大，实际单干的不多，并不严重，只有安徽、甘肃多一点。已经单干了的，可以重新组织起来，不愿意的不勉强，先组织那些愿意组织起来的。毛泽东说：有一家就一家，有几家就几家。十家有三家、五家、七家愿意的就组织起来，不愿来的就不来，也不要骂他们是走台湾的道路，但要说他们的方向是不正确的。将来要来还可以来，现在不要闻风而来。散得很多的地方，如安徽可以分二年、三年，说服愿意的先组织起来，一年增加一些。①

讨论阶级斗争成为这次中央全会的主题。全会通过的公报中，就有这样一段经历了那个年代的人们十分熟悉的话："无产阶级革命和无产阶级专政的整个历史时期，在由资本主义过渡到共产主义的整个历史时期（这个时期需要几十年，甚至更多的时间）存在着无产阶级和资产阶级之间的阶级斗争，存在着社会主义和资本主义这两条道路的斗争。被推翻的反动统治阶级不甘心于灭亡，他们总是企图复辟。同时，社会上还存在着资产阶级的影响和旧社会的习惯势力，存在着一部分小生产者的自发的资本主义倾向，因此，在人民中，还有一些没有受到社会主义改造的人，他们人数不多，只占人口的百分之几，但一有机会，就企图

① 参见中共中央文献研究室编：《毛泽东年谱（1949—1976）》第5卷，中央文献出版社2013年版，第156—157页。

离开社会主义道路，走资本主义道路。在这些情况下，阶级斗争是不可避免的。这是马克思列宁主义早就阐明了的一条历史规律，我们千万不要忘记。"①

这表明，从此时起，"反修防修"成为中共中央的基本战略，成为全党的指导思想，随后进行的社会主义教育运动以及"文化大革命"，都是按照这一指导思想启动和开展的。值得一提的，尽管在八届十中全会上，毛泽东提醒全党要高度重视阶级斗争问题，但他同时又提出要分开一个工作问题，一个阶级斗争问题，认为1959年的庐山会议本来是要研究工作的，后头来了一个风暴，大家都搞阶级斗争，就把工作丢了，这一回不能这样。他要求与会人员回去之后进行传达的时候，要注意把工作放在第一位，阶级斗争与工作平行，不要放在很严重的地位，不要让阶级斗争干扰了我们的工作。② 正因为如此，中共八届十中全会后，指导思想上开始偏向以阶级斗争为中心，但国民经济的调整仍按原定的计划进行，经济建设在此后一段时间实际上还是全党全国的中心工作。

二、社会主义教育运动

（一）"社会主义教育一抓就灵"

中共八届十中全会后，一些地方结合批判"单干风"，开始了社会主义教育运动，并认为包产到户（即"单干风"）就是阶

---

① 《中国共产党第八届中央委员会第十次全体会议的公报》，《人民日报》1962年9月29日。

② 中共中央文献研究室编：《毛泽东年谱（1949—1976）》第5卷，中央文献出版社2013年版，第152—153页。

级斗争日益尖锐的重大表现。

中共湖南省委在 1962 年 10 月 23 日给中共中央的报告中说："从根本性质上看，'单干风'与反对'单干风'是阶级斗争，是社会主义和资本主义两条道路的斗争"。"产生单干风的根本原因是地、富、反、坏分子捣乱，一部分富裕中农的资本主义自发倾向作怪。利用了少数贫农、下中农对集体经济的暂时的动摇，利用了我们工作上的缺点和错误煽动起来的，这是问题的本质。"①

中共陕西省委关于清涧县单干问题给西北局的报告中也说：清涧县的单干活动，早在 1960 年就有发现，地委、县委也都曾经派人进行过调查和纠正，但是，真正纠正了的很少，有的纠了又闹，闹开了又纠。这说明，农村的两条道路的斗争是很激烈的。富裕农民的自发思想和地、富、反、坏分子的破坏活动很嚣张，他们利用天灾和我们工作中的缺点、错误所造成的暂时困难，兴风作浪，企图引导农民离开社会主义道路。②

在批判"单干风"的过程中，一些地方对当时的形势作了相当严重的估计。如中共湖南省委认为："当前阶级斗争是激烈的，不论是农村或者是城镇，阶级敌人的破坏活动气焰很嚣张，一股反社会主义的'黑风'刮得很大"，"资本主义和封建势力企图复辟，牛鬼蛇神纷纷出现"，从各方面威胁着集体经济和社会主义建设事业。"阶级斗争在党内的反映也是严重的，一部分党员和干部，已经变质或正在演变"，"有些干部包括有些领导干部，已经脱化变为资产阶级分子，个别的基层单位已经烂掉"。湖南

---

① 黄道霞等主编：《建国以来农业合作化史料汇编》，中共党史出版社 1992 年版，第 749 页。

② 参见黄道霞等主编：《建国以来农业合作化史料汇编》，中共党史出版社 1992 年版，第 747 页。

省委分析，问题比较严重的干部，在县委书记、县长中占6%～7%，县委部长、区委书记、公社党委书记中占10%左右。①

1962年12月下旬，湖南对全省的社会主义教育运动作了进一步的部署，决定把重点放在阶级教育上，强调要彻底揭开阶级斗争的盖子，针锋相对地展开斗争，教育干部，发动群众，大张旗鼓地刮"东风"，打击敌人，遏止"黑风"。

在运动中，湖南采取先教育干部、后教育群众，先解决内部问题、后解决外部问题的办法。在教育干部上，自上而下，层层训练，第一批集中训练县、区、社三级骨干，第二批集中训练大队骨干，第三批分片训练生产队骨干。湖南社会主义教育的具体做法是，第一，召开贫农座谈会，一面大讲阶级斗争，"揭发敌情""黑风"，一面由干部向贫农交代自己的问题，听取贫农批评；第二，树立贫农优势，造成激烈的舆论，把"黑风"搞臭；第三，处理问题时划清敌我、严重与一般两个界限。

次年2月8日，湖南省委向中共中央、中南局报告说，社会主义教育运动所到之处，牛鬼蛇神很快销声匿迹，反攻倒算的地方被迫把土地交回来，搞械斗的交出了武器，赌博的交出了赌具，投机倒把的洗手不干了，有些盗窃的也主动退赃。尤其显著的是，单干的也不干了，凡是运动开展得好的地方，大部分重新组织起来了。②

在中共八届十中全会后，中共河北省保定地委决定利用冬春之际的农闲时间，在全地区开展整风整社运动，在运动中对广大农民进行社会主义教育。保定地委将运动分为三步：第一步，学

---

① 参见《中共湖南省委关于社会主义教育运动情况的报告》，1963年2月8日。

② 参见《中共湖南省委关于社会主义教育运动情况的报告》，1963年2月8日。

习八届十中全会公报和毛泽东关于阶级、形势、矛盾的讲话精神，以解决社会主义方向和"单干风"问题。第二步，宣传、讲解、学习《农村人民公社工作条例修正草案》，发动群众集中解决民主办社和勤俭办社的问题，以整顿干部作风，加强人民公社的经营管理。第三步，在前两步的基础上，建立健全社队各种规章制度，并通过民主选举，健全生产队、大队领导班子，进一步巩固和发展集体经济，掀起生产高潮。为了加强对这一运动的组织领导，保定地委成立了整风整社办公室，选定了试点单位，并向其派出了工作组。

随后，保定地区各县都开展了整风整社的试点工作，如定县县委选择了阜头庄大队作为试点。当试点工作进行到第二步时，群众对大队和生产队干部们提了许多意见，反映出的主要问题是干部们不勤俭办社、铺张浪费、账目不清、多记工分。群众说，现在是账目不清，工分不公，钱的来踪去向不明，仓库的粮食没有个数。如果不抓住这四个问题并将之弄清楚，整风整社就成了一句空话。

根据群众的意见，工作组和大队党支部决定发动群众对生产队的账目、工分、财物和仓库进行一个彻底的大清查。于是，以清账目、清工分、清财物、清仓库为内容的"四清"，就成为阜头庄大队整风整社的中心环节，"四清"的提法也逐步形成。在"四清"过程中，阜头庄大队共清出干部多占的粮食13879斤，现款9070元。

1963年1月，中共定县县委总结了阜头庄大队在整风整社中开展"四清"的经验，并将之报告了保定地委，保定地委又将之上报了河北省委。省、地两级党委都对这一做法给予了充分肯定。于是，定县县委召开三级干部会议，在全县部署"四清"工作，并将运动的内容正式确定为清账（收入、支出和分配账）、清工（主要是干部的记工和补助工）、清财（集体财物）和清库

（库存的粮、棉、油、肥等）。会后，全县训练了5.9万名"四清"积极分子，会同全县所有的县、区、社干部，组成浩浩荡荡的"四清"工作队，进入各大队，在全县范围内搞起大规模的"四清"。

不久，在征到河北省委同意后，保定地委决定全面推广定县的经验，在全地区农村开展"四清"运动。1963年2月13日，河北省委召开电话会议，向全省推广保定"四清"的经验。到3月底，河北全省已有30%的生产队结束"四清"，大部分生产队进入"四清"阶段。4月15日至5月6日，河北省委在保定召开整风整社工作会议，对半年来的社会主义教育运动作了总结，认为通过农村社会主义教育运动，纠正了部分生产队分田到户、包产到户和过多发展个体经济的问题，整顿了基层干部的作风，加强了农村基层组织的领导核心。

但是，除湖南和河北两省外，中共八届十中全会后的社会主义教育运动并没有在农村广泛地开展起来。对于这种局面，毛泽东是不满意的。他后来说，他跑了11个省，只有子厚（按：指河北省长刘子厚）、延春（按：指湖南省委书记处书记王延春）滔滔不绝地讲社会主义教育，其他人都不讲。毛泽东认为，这个问题尚未引起全党的注意，乃决定召开一次中央工作会议，重点研究这个问题。

这次中央工作会议于1963年2月11日至28日在北京召开。会议原计划讨论一些具体的问题，实际上却开成了一次部署开展阶级斗争的会议。刘少奇2月6日至9日的准备会上说：在城市开展反对贪污盗窃、反对投机倒把、反对铺张浪费、反对分散主义、反对官僚主义的"五反"运动，将是一个很尖锐的阶级斗争，并且将是关系到党生死存亡的大问题。他要求将之作为一次社会主义革命的运动，并表示这一次不是抓原来的资产阶级，而是搞新生的资产阶级，搞共产党和国家干部中的资产阶级，搞劳动人民中间出来的一部分人。①

在 12 日的全体会议上，彭真作了关于"五反"运动的报告后，刘少奇在讲话中说：八届十中全会讲阶级、阶级斗争，现在就要正式部署一个行动，搞一个阶级斗争。这个阶级斗争的对象是投机倒把、贪污盗窃，还有一些严重的铺张浪费、严重的蜕化变质、违法乱纪，严重的分散主义。毛泽东在刘少奇讲话时插话说：我国出不出修正主义，两种可能：一种可能，一种不可能。现在有的人三斤猪肉，几包纸烟，就被收买。只有开展社会主义教育，才可以防止修正主义。

为了提起与会者注意农村社会主义教育问题，毛泽东特地在会议期间批发了湖南省委关于社会主义教育运动的报告和河北省委关于整风整社运动情况的报告，并在批语中说："两个报告各有特点，都是好文件，值得引起全国各地、中央各部门的同志们认真研究一下。"

2 月 28 日，毛泽东主持中央工作会议，并在讲话中说：要把社会主义教育好好抓一下。社会主义教育，干部教育，群众教育，一抓就灵。干部教育中，要保护大多数，使百分之九十以上的同志把包袱放下来，不是洗冷水澡，也不是洗滚水澡，而是洗温水澡。然后，让他们去和贫下中农积极分子结合，团结富裕中农以及或者已经改造或者愿意改造的那些地主残余、富农分子，打击那个猖狂进攻的湖南人叫"刮黑风"的歪风邪气、牛鬼蛇神。要注意争取大多数的农村人口，就是贫下中农。现在证明，我们的干部。包括生产队长以上的这些不脱产的以及脱离生产的，绝大多数不懂社会主义。他们之所以不懂，责任在于我们没

---

① 参见中共中央文献研究室编：《刘少奇传》（下），中央文献出版社 1998 年版，第 948 页。

有进行教育。①

这次会议通过了《中共中央关于厉行增产节约和反对贪污盗窃、反对投机倒把、反对铺张浪费、反对分散主义、反对官僚主义运动的指示》。文件说："为了健全制度，改进思想作风，克服和防止资本主义、修正主义的腐蚀，保证我国社会主义建设事业的顺利发展，中央认为，有必要在全国范围内，有领导、有步骤地开展一次增产节约和反对贪污盗窃、反对投机倒把、反对铺张浪费、反对分散主义、反对官僚主义（简称'五反'）的运动。"文件同时规定："这次运动，目前，只在县（团）级以上的党政军民机关、国营和合作社营企业、事业单位、物资管理部门、文教部门（不包括县以下中小学校）中进行。至于在农村人民公社和县级以下的工商企业中，如何开展这个运动，将由各省、市、自治区党委根据中央新的指示和当地具体情况，另行安排。"②

但是，毛泽东对这次会议也不满意。原因在于，在会议的最后一天，他想延长会期，专门讲社会主义教育问题，为此特地安排刘子厚、王延春在第一排就座，想引起中央第一线的领导人关注社教问题，但中央第一线的领导人没有领会他的意图，会议如期结束。事隔三个月后，毛泽东在杭州说：二月会议的时候，我准备叫他们俩讲一讲，你们不赞成。当时为什么叫他们讲呢？无非是因为他们是从下边来的，是从群众中来的。③

1962 年的北戴河会议和中共八届十中全会后，毛泽东的注意

---

① 参见中共中央文献研究室编：《毛泽东年谱（1949—1976）》第 5 卷，中央文献出版社 2013 年版，第 198—199 页。

② 中共中央文献研究室编：《建国以来重要文献选编》第 16 册，中央文献出版社 1997 年版，第 171、174 页。

③ 参见张素华：《60 年代的社会主义教育运动》，《当代中国史研究》2001 年第 1 期。

力，逐渐地从对"农业六十条"的关注，转移到国际反修和国内防修的问题上来。

这一方面，通过"农业六十条"的起草、修正，及随之进行的贯彻落实所带来的农村形势逐渐好转，毛泽东认为，农村政策的调整已经结束。在这个过程中，出现了安徽"责任田"等各式各样的包产到户，党内又有相当多的人对包产到户持支持和同情态度，而毛泽东是把包产到户与分田单干等同起来看待的。他认为分田单干实际上是代表富裕中农的利益，是要在农村走资本主义道路。加之由于严重的经济困难，个别地方一度出现了地主反攻倒算的情况，农村的社会治安也由于经济困难而有某些恶化，一些农村干部的贪污腐化现象也有所增长，城乡投投机倒把呈现上升趋势。如何面对这种形势，在当时确实是一个全新的问题。

另一方面，从 1958 年起，中苏两党在国际共产主义运动的许多重大原则问题上出现了严重分歧，两国关系也逐渐恶化。毛泽东和中共中央认为，赫鲁晓夫已演变成为现代修正主义头子，苏联共产党正在演变为修正主义的政党。这样，毛泽东认为国内的阶级斗争已到了非抓不可的地步了。苏联党向修正主义党的演化，也使毛泽东加深了中国党会不会出现修正主义的警觉。

1962 年 12 月，毛泽东在召集华东各省市党委第一书记谈话时，就提出要对修正主义进行专门研究。1963 年 6 月 4 日，他在接见越南劳动党代表团时又说，我们在农村经过几次整顿，总整不好。现在找出原因了，一是过去土改不彻底，领导权并不在真正共产党人手里或者共产党起了变化，名为共产党，实际上不是了；二是土改后合作化有十年了，没有搞阶级斗争了，产生了这种现象（按：指贪污、盗窃等）也是很自然的，社会上总是有这些事的，那么干干净净是不可设想的。出修正主义不是偶然的，一定有其社会经济基础。6 月 14 日，毛泽东在邯郸同中共河北省委负责人林铁等人谈话时又说，不搞阶级斗争，不搞"四清"，不搞干部参加劳动，整党是整不好的。

（二）《前十条》与《后十条》

1963 年 2 月中央工作会议后，部分地区开始了"四清"试点工作。

中共保定地委 4 月 4 日在给中共河北省委的报告中说，经过一个半月的时间，"四清"第二阶段基本结束，全地区有 6128 个生产大队中，有 70% 多的生产大队"四清"工作搞得彻底，"揭发了大量的铺张浪费、干部多吃多占、贪污盗窃等问题"。保定地委认为："损害集体经济的现象都是资产阶级思想在我们基层干部队伍中的反映；贪污盗窃、投机倒把活动实质上都是资本主义势力的复辟罪行。事实再一次证明阶级和阶级斗争确实是存在的。两条道路的斗争是激烈的。"① 保定地区"四清"工作的具体做法是：第一步，认真学习"六十条"，统一政策思想，揭发"四不清"问题；第二步，对查出的问题先由个人作检讨，并结合进行查证，然后进行退赔处理；第三步，根据"四清"找到的漏洞，建立必要的制度；最后是按照"四清"工作的标准进行检查验收。

4 月 15 日，中共河南省委向中共中央和毛泽东的报告了全省开展社会主义教育运动的情况。报告中说，中央工作会议后，河南省委召开了常委扩大会议，部署了全省的社会主义教育运动。整个运动分为三步：第一步，开好县的三级干部会议。第二步，开好公社（区）的三级干部会议。这两步都是为了训练干部，组成干部队伍。第三步，在群众中开展社会主义教育，经过扎根串连，组成阶级队伍，打击敌人。现在，运动已经进行了二十多

---

① 中共中央文献研究室编：《建国以来重要文献选编》第 16 册，中央文献出版社 1997 年版，第 254 页。

天，第一步基本结束，训练了大队以上的干部 15 万多人；第二步正在进行，受训练的生产队以上的干部和贫农积极分子 150 多万人；第三步的试点已经开始，并取得了初步经验。从全省情况看，运动的发展是健康的、正常的，效果是极为显著的。报告说，仅 90 个县三级干部会议揭发出来的材料，大小投机倒把活动就有 10 万多起，其中"千字号"的上万，"万字号"的近千；反革命集团活动 1300 多起；地富反攻倒算 26000 多起；反动会道门活动 8000 多起；巫婆、神汉、"阴阳先生" 5 万多人；续家谱 1 万多宗；买卖婚姻近 5 万起。"特别严重的是，不少党员、干部参与了这些活动，有些甚至是他们带头干的。"总之，"这次运动中揭发出来的大量事实，确凿地说明当前我省农村中的阶级斗争是十分激烈的。"①

这些报告使毛泽东坚信，农村的阶级斗争和两条道路斗争形势已十分严峻，发动一场社会主义教育运动对于巩固农村社会主义阵地十分必要。他一份批语中说："社会主义教育是一件大事，请你们（按：指各中央局和各省、自治区、市党委）检查一下自己在这方面的认识和工作，检查一下是不是抓住了要点和采取的方法是否适当，查一查是否还有很多的地、县、社没有抓住这方面的工作。如果有的话（看来一定是有的），应当在农忙间隙，在不误生产的条件下，抓住进行。上半年做不完，可以在下半年做。今年做不完，可以在明年做。特别要注意分步骤的方法、试点的方法和团结大多数、孤立极少数的政策。"②

1963 年 5 月 2 日至 12 日，毛泽东在杭州召集有部分中央政

---

① 中共中央文献研究室编：《建国以来重要文献选编》第 16 册，中央文献出版社 1997 年版，第 302、301 页。

② 中共中央文献研究室编：《建国以来重要文献选编》第 16 册，中央文献出版社 1997 年版，第 295 页。

治局委员和各中央局书记参加的小型会议，讨论制定《中共中央关于目前农村工作中若干问题的决定（草案）》，以此作为指导正在开展的农村社会主义教育运动的纲领性文件。

5月7日，毛泽东就如何开展农村社会主义教育运动作了讲话。他说，社会主义教育运动的要点就是阶级、阶级斗争，社会主义教育，依靠贫下中农，"四清"，干部参加劳动这样一套。各地都要试点，试点很要紧。凡是一般化的，不触及洗手洗澡，不触及贪污盗窃，就不能抓住问题。我们在农村十年来没有搞阶级斗争了，只是土改搞了一次，"三反""五反"是在城市，1957年搞了一次，也不是现在这个方法。现在的方法，是要使百分之九十以上的人洗温水澡。说精神愉快，那是结果，要有点紧张，但不是所有的人都那么紧张。有些人实行了退赔，就不戴贪污分子的帽子了。吐出来就算洗了手，一不叫贪污，二不叫盗窃，伤人不要过多。十年来，"四清"就没有搞清楚过。"四清"是人民内部矛盾，敌我矛盾就是敌人的破坏，投机倒把，贪污盗窃。要用现在这个方法，使多数人洗手洗澡，轻装上阵。要把百分之九十以上的人团结教育过来，发动群众，打击极少数贪污盗窃分子。要使多数人有敌我观念，把阶级队伍组织起来。

毛泽东还提出，搞社会主义教育运动不要性急。今年搞不完，明年再搞。明年搞不完，就后年。社会上总是一分为二，没有贪污盗窃，不成世界。不然辩证法就不灵了。针对有人些人对搞社会主义教育运动可能会耽误生产，也可能会伤人过多的担忧，毛泽东说，要使阶级斗争和社会主义教育有利于生产。"四清""五反"的结果，一定会有利于增加生产。①

此间，《中南通讯》编辑的《农村社会主义教育运动主要做

---

① 参见中共中央文献研究室编：《毛泽东传（1949—1976）》（下），中央文献出版社2003年版，第1317页。

法特辑》上，有几篇介绍河南、湖北、湖南一些地方开展这一运动的具体做法，其中共同的特点是先开好县的三级干部会，开到大队一级，每个大队最少应有两个人参加。接着开好公社的三级干部会，开到生产队一级，可吸收贫下中农参加。这两个会，都是为了训练干部。然后以大队为单位，再一次武装干部，经过扎根串连，组织强固的贫下中农阶级队伍，深入到群众中开展运动。毛泽东认为这种做法很好，值得向全党推荐。5月8日，他为这一组文章特地写下了如下一段批语：

"这几个文件很好，看到了问题，抓起了工作，正确地解决了大量的人民内部的矛盾和敌我之间的矛盾，政策和方法都是正确的，因而大大地推动了农业生产。可以作为各省、地、县、社进行社会主义教育工作的光辉的榜样，应当组织干部学习这些文件。中央，各中央局，各省、市、区党委，都需要收集这种又有原则，又有名有姓、有事件、有阶段、有过程、有结论的文件，请你们注意这件大事，认真调查研究，是为至要。"

毛泽东曾将干部参加劳动看作是一件意义重大的事情。他在《转发浙江省七个关于干部参加劳动的好材料的批语》中说："阶级斗争、生产斗争和科学实验，是建设社会主义强大国家的三项伟大革命运动，是使共产党人免除官僚主义、避免修正主义和教条主义，永远立于不败之地的确实保证，是使无产阶级能够和广大劳动群众联合起来，实行民主专政的可靠保证。不然的话，让地、富、反、坏、牛鬼蛇神一齐跑了出来，而我们的干部则不闻不问，有许多人甚至敌我不分，互相勾结，被敌人腐蚀侵袭，分化瓦解，拉出去，打进来，许多工人、农民和知识分子也被敌人软硬兼施，照此办理，那就不要很多时间，少则几年、十几年，多则几十年，就不可避免地要出现全国性的反革命复辟，马列主义的党就一定会变成修正主义的党，变成法西斯党，整个中国就要改变颜色了。请同志们想一想，这是一种多么危险的情景啊!"①

在这个批语中，毛泽东还论述了社会主义教育运动的性质及其意义。他写道："这一场斗争是重新教育人的斗争，是重新组织革命的阶级队伍，向着正在对我们猖狂进攻的资本主义势力和封建势力作尖锐的针锋相对的斗争，把他们的反革命气焰压下去，把这些势力中间的绝大多数人改造成为新人的伟大的运动，又是干部和群众一道参加生产劳动和科学试验，使我们的党进一步成为更加光荣、更加伟大、更加正确的党，使我们的干部成为既懂政治、又懂业务、又红又专、不是浮在上面、做官当老爷、脱离群众，而是同群众打成一片、受群众拥护的真正好干部。这一次教育运动完成以后，全国将会出现一种欣欣向荣的气象。"②

从这两段话中可以看出，一方面毛泽东对当时的阶级斗争形势、干部队伍的现状估计得过于严重，另一方面他又希望广大干部能经受住考验，不要当官做老爷，而应真正与群众打成一片，做到又红又专。

经过几天的努力，《中共中央关于目前农村工作中若干问题的决定（草案）》基本上起草好了。5月11日晚，毛泽东召集参会人员集中对草案进行讨论。他在讲话中再次表示，搞社会主义教育运动不要性急，准备搞他一年二年，两年搞不完就三年。有的地方一时还搞不了，就不要勉强搞。可以允许两个办法，一个搞，一个暂时不搞。他认为，运动不必要搞得很急，要搞得稳一点，分期分批，即使一个县也要分期分批，先搞试点，可以有先有后，允许参差不齐。这样就做得好。接着，与会人员对草案进

---

① 中共中央文献研究室编：《建国以来重要文献选编》第16册，中央文献出版社1997年版，第292页。

② 中共中央文献研究室编：《建国以来重要文献选编》第16册，中央文献出版社1997年版，第293页。

行了讨论，并提出了一些修改意见。

毛泽东还将社会上的阶级斗争现象比作"蚂蚁"，说大踏步走路看不到蚂蚁，一蹲下去就看见了，以此提醒人们要注意阶级斗争。同时，他又强调，没有"蚂蚁"的地方就不去找"蚂蚁"，比如那些一类队，就不一定要搞阶级斗争。关于社会主义教育运动的搞法，毛泽东说：从基本上讲，不是派人去的问题，而是依靠群众，依靠省、地、县、社的广大干部。把广大干部群众发动起来，这是最主要的。用这种方法，自我教育的方法，来办好人民公社。①

5月18日，周恩来主持召开中央政治局会议，通过了《中共中央关于目前农村工作中若干问题的决定（草案）》。两天后，正式下发全国，成为农村社会主义教育运动的指导文件。

这个文件共分十条，简称为《前十条》〔因为同年9月通过的《中共中央关于农村社会主义教育运动中一些具体政策的规定（草案）》也正好是十条，所以用《前十条》与《后十条》来区分这两个文件〕。

《前十条》所讲的十个问题是：（1）形势问题；（2）在社会主义社会是否还有阶级、阶级矛盾和阶级斗争存在的问题；（3）当前中国社会中出现了严重的尖锐的阶级斗争情况；（4）我们的同志对于敌情的严重性是否认识清楚了的问题；（5）依靠谁的问题；（6）目前农村中正确地进行社会主义教育运动的政策和方法问题；（7）怎样组织革命的阶级队伍的问题；（8）"四清"问题；（9）干部参加集体生产劳动的问题；（10）用马克思主义的科学方法进行调查研究的问题。

关于中国社会中出现的"严重的尖锐的阶级斗争情况"，

---

① 参见中共中央文献研究室编：《毛泽东传（1949—1976）》（下），中央文献出版社2003年版，第1327页。

《前十条》列举了九种情况。如：地主富农"企图复辟，反攻倒算，进行阶级报复"；被推翻的地主富农分子，千方百计地腐蚀干部，篡夺领导权，有些社队的领导权，实际上落在地富手里，其他机关的有些环节，也有他们的代理人；"反动分子的破坏活动"，"多处发现"；"商业上的投机倒把活动很严重"；"雇工剥削、放高利贷、土地买卖的现象，也发生了"；等等。为此，《前十条》得出结论："任何时候都不可忘记阶级斗争。"《前十条》中所讲到的这些问题，在当时部分农村确实不同程度存在。但是，其中相当多的并不属于阶级斗争性质，而且也远没有如此达到严重的程度。

《前十条》认为，在干部和党员中进行社会主义教育，进行阶级斗争，进行两条道路的斗争，"这是决定我们社会主义事业成败的根本问题"。因此，在整个社会主义历史阶段，一直到进入共产主义前，在农村中都要依靠贫下中农。那么，如何做到这一点呢？文件提出，要在集体经济中建立贫下中农组织。贫下中农组织的成员，要以土地改革和合作化时期的贫下中农为基础，要结合社会主义教育开展清理账目、清理仓库、清理财物、清理工分的群众运动。

《前十条》提出，社会主义教育运动的方针是说服教育、洗手洗澡、轻装上阵、团结对敌。要团结95％以上的干部和群众。对运动中揭发出来的坏人坏事，要有分析，区别对待，以教育为主、惩办为辅。对于贪污盗窃分子，一般不采用群众大会斗争的方式。要求各级党委对社会主义教育运动有关工作要定出规划，全面部署，抓紧时机，在不误生产、密切结合生产的条件下，分期分批有步骤地进行。应该说，这些规定，对于不因运动而冲击农业生产，并使运动不至于乱批乱斗，都是有意义的。但是，由于运动是在对阶级斗争的形势作了脱离实际的前提下，在"阶级斗争，一抓就灵"的指导思想下进行的，这就势必将本不属于敌我矛盾和阶级斗争范畴的问题，当作阶级斗争来处理，也就难以避免混淆两种不同性质的矛盾，更难以达到"把我国的社会主义建设事业大大地推进一步"的目的。

《前十条》出台后，许多地方相继进行"四清"与社会主义教育运动的试点。中共湖南省委于5月底6月初召开的全省三级干部会议，认为"红皮白心的生产队""不下百分之二三十"。省委决定由各级领导机关派出工作队，协助当地进行社会主义教育运动的试点，然后由点到面，分期分批地进行社教运动。会议还制订了搞好社教运动的六条标准和面上社教宣传要点十二条。会后，全省组织干部8000多人，到302个大队、3298个生产队进行第一批社会主义教育试点。试点从这年6月底开始，8月底结束。

湖南的社教试点分为三个阶段：

第一阶段，"扎根串联，重新组织革命阶级队伍"。要"扎根"，就必须先选择"根子"，湖南的社教工作队选择"根子"的条件是：（1）出身贫苦，历史清楚；（2）立场坚定，分清敌我；（3）劳动积极，拥护集体；（4）敢说直话，办事公道。"根子"先由大队党支部介绍名单，工作队深入访贫问苦，审查根子，然后由工作队与支部确定根子对象。

根子选定后，"通过教育提高阶级觉悟，依靠他们进行串联"，建立贫下中农组织。在这个过程中，"广泛采取了谈家史、谈村史，实物展览，对比参观等办法提高群众的阶级觉悟"。接着教育干部洗手洗澡，开展"四清"运动。在这个过程中，发现"干部队伍中的问题是普遍而严重的"，据试点的274个大队的统计，公社、大队、生产队干部18278人中，贪污多占的有14816人，占干部总数的81%。平均每个干部贪污多占粮食124斤，现金60元，工分54分。同时还存在"政治上敌我不分，组织上稀里糊涂"，"政治上打击贫农，经济上剥削贫农"等问题，并有相当数量的生产大队、生产队的领导权"把持在资本主义和封建主义者手里"。

通过"四清"退赔，即"四不清"干部洗手洗澡后，运动进入第二个阶段："清理阶级，深挖敌情，再一次开展敌对斗争。"据五个试点公社的统计，地（主）、富（农）、反（革命）、坏（分子）这四类分子搞一般破坏活动的占42.7%，搞严重破坏的占23.2%。社教进入这一阶段后，"通过广大干部群众的揭露，根据破坏的大小，采取不同的方法进行斗争，大破坏大斗争，小破坏小斗争，谁破坏斗争谁，斗准斗狠斗透"。所谓大斗争就是以大队或几个生产队联合起来批斗，小斗争就是以生产队为单位进行批斗。在斗垮"四类分子"后，清理阶级队伍，即分清贫下中农、中农、地富所占的比例，清出和补划漏网地主、富农。社教第三阶段是规划集体生产，解决公私关系，改进生产管理。这一步主要是清退社员多占的山林、田土、集体财物等。①

各地的社教试点基本上都是按照这样的程序进行的。

虽然《前十条》规定，社教运动和"四清"应采取"以教育为主，以惩办为辅"的方针，但在运动的过程中，一些地方还是发生了乱打乱斗现象。其实，对于这个问题，早在1963年1月中共中央发出的《中共中央关于在社会主义教育运动中严禁打人的通知》就明确提出："不仅在人民内部的教育运动中，绝对不允许采取打人、罚跪、捆、吊这类粗暴办法，对于有违法行为的地主、富农和贪污盗窃分子、投机倒把分子等，也应该依法惩处，而不要用打人等办法对待。"② 但这些政策规定在实际中并

---

① 参见《湖南省三百零二个社会主义教育运动试点大队的一些情况》，1963年11月28日。

② 中共中央文献研究室编：《建国以来重要文献选编》第16册，中央文献出版社1997年版，第84页。

没有很好的贯彻，乱打乱斗现象在一些地方仍然存在，甚至发生了自杀、逃跑事件。另外，在退赔中，有些地方采取了"鸡生蛋、蛋生鸡"的办法，存在着打击面过宽，混淆政策界限等"左"的倾向。

针对前一阶段社会主义教育运动中存在的问题，中共中央决定由邓小平、谭震林主持起草《关于农村社会主义教育运动中的一些具体政策问题》的文件。

1963年9月，中共中央召开工作会议，讨论《中共中央关于农村社会主义教育运动中一些具体政策的规定（草案）》。因为这个文件正好也是十条，故称《后十条》。这十条是：1.社会主义教育运动的基本方针和主要内容；2.领导社会主义教育运动必须注意的几个问题；3.团结百分之九十五以上的农民群众；4.关于贫、下中农组织；5.中农问题；6.团结百分之九十五以上的农村干部；7.关于干部参加集体生产劳动；8.结合社会主义教育运动，整顿农村党的基层组织；9.对地主分子、富农分子、反革命分子和坏分子的处理；10.正确地对地主、富农子女问题。《后十条》对上述问题都作了具体的政策规定。

《后十条》对前一阶段开展的社会主义教育运动给予了高度评价，认为它"对于打退曾经嚣张一时的资本主义势力和封建势力的猖狂进攻，对于巩固农村社会主义阵地和无产阶级专政，对于铲除发生修正主义的社会基础，对于巩固集体经济、发展农业生产，都有着极其重大的意义"。《后十条》规定了社会主义教育运动要抓住的五个要点：阶级斗争、社会主义教育、组织贫下中农阶级队伍、"四清"、干部参加集体劳动，并强调："这五个问题中间，阶级斗争是最基本的。"

《后十条》提出，在社教运动中要依靠基层组织和基层干部，不能把基层干部看得漆黑一团，甚至把他们当作主要的打击对象。不能把基层组织和原有的干部抛在一边，工作队的任务主要是给基层干部当参谋，出主意，进行指导和帮助，启发基层干部善于分析问题，确定方针和办法，而不能包办代替。要团结95%以上的农村干部，至于对那些95%以外的、犯有严重错误的干部，也要将其同阶级敌人相区别，对他们采取教育、改造、团结的方针。

《后十条》与《前十条》相比，着重对团结95%以上的农民群众作了明确具体的规定，认为这是"进行农村社会主义教育运动所必须执行的一项根本政策"，并提出了"四个区别"的问题。"四个区别"即：1. 必须把进行复辟活动的阶级敌人同那些一时糊涂而被敌人利用的落后群众，加以区别；2. 必须把投机倒把分子同资本主义倾向比较严重的农民，加以区别；3. 在反对投机倒把的斗争中，还必须把投机倒把活动同正当的集市贸易活动、临时性的肩挑运销以及小量的贩运活动，加以区别；4. 必须把资本主义自发性势力同正当的社员家庭副业，加以区别。《后十条》指出，社会主义教育运动中，对有资本主义倾向的少数上中农，只能采取批评教育的方法，不能采取对敌斗争的方法；团结95%以上的群众，应当包括地主、富农子女中的大部分人。

9月中央工作会议后，《后十条》没有立即下发，而是报给了毛泽东审阅。随后，毛泽东带着《后十条》南下视察，分别向河北、河南、湖北、湖南、广东五省的省委以及一些地委和县委负责人征求意见。接着，又到华东地区同有关省市负责人商量文件的内容。毛泽东本人也对《后十条》草案作了多处修改。11月25日，毛泽东代中共中央起草了《关于印发和宣传农村社会主义教育运动问题的两个文件的通知》。11月14日，刘少奇主持召开政治局扩大会议，正式通过了《后十条》。

同一天，中共中央将毛泽东起草的关于印发"后十条"的通知，连同《前十条》和《后十条》一并发给全国农村的每个党支部（《前十条》只发到社教运动的试点县、公社和大队），并要求"由县委、区委、公社党委领导干部负责向全体党员和全体农民宣读，要讲得明明白白，清清楚楚"。这样，农村的社会主义教育运动进一步在部分县、社开展起来。

《后十条》关于社教运动的具体规定："对于在运动中严格执行党的政策，防止扩大打击面，保证运动的正常进行，都是很重要的。"① 但是，由于《后十条》仍然是在"以阶级斗争为纲"的指导思想下制定的，因此，这个文件下发后，并没有抑制阶级斗争扩大化的惯性，而且一些地方的社教运动，实际上是采取对敌斗争的方式进行的。

作为山东省社教运动试点单位的曲阜县颜家村大队的社教运动，经历了"四清"和干部洗手洗澡、对敌斗争、组织建设、生产建设四个阶段。在对敌斗争中，社教工作组采取的方法是：先定目标，对专政对象进行清理、分类、排队，成立大队干部、贫下中农积极分子组成的指挥部，然后全大队的18个生产队分为4个战区和20个战斗小组，每个战斗小组由干部、知情者、苦主和贫下中农积极分子组成，一般5至7人，每个战斗小组斗争一个斗争对象。接着，将全大队的地、富、反、坏四类分子分为需要在大会上斗争的"尖子"、需要在小会上批斗的对象及一般评审对象，斗争与评审相结合，再在此基础上召开对"尖子"的批斗、控诉大会。最后进行定案处理、落实监督管理工作。经过核实罪行材料，群众提出处理意见，指挥部研究定案，经县委批准，对全大队的四类分子分别作出管制、准备逮捕、群众监督改造和摘掉帽子的处理。中共山东省委批转了曲阜县委关于《曲阜颜家村大队根据中央两个十条开展社会主义教育运动的情况报

---

① 薄一波：《若干重大决策与事件的回顾》下卷，中共中央党校出版社1993年版，第1114页。

告》，认为报告"总结的经验很好"，特别是"对敌斗争的工作做得很细致"，要求各地、县"学习仿行"。①

这样一来，农村社会主义教育运动，已远远超出了正面教育的范围，而变成对敌斗争，将那些多数已经改造好或基本改造好的所谓"四类分子"，再次作为斗争打击对象，这明显是将阶级斗争扩大化。

（三）"三分之一的政权不在我们手里"

《前十条》出台后，伴随着农村社会主义教育运动的开展，人们对农村的阶级斗争形势的估计也越来越严重，以至于得出了"三分之一的政权不在我们手里"的结论，并提出了要"追根子"的问题。

1963年6月14日，毛泽东在邯郸同河北省委第一书记林铁谈话时说："你们跟湖北差不多，湖北同志讲他们是占三分之一。有的土改就不彻底，有的是后来变了，有的是富裕中农当权，这就是说，有三分之一不是社会主义的，他们挂的是社会主义的牌子。"② 同年8月4日，他在会见日本共产党领导人藏厚惟人时，就说得更明确了：现在在农村还有三分之一的生产队掌握在敌人及其同盟者手里。

与此同时，毛泽东对于中国可能出修正主义的问题也越来越忧虑。1964年1月，他在审阅中央统战部副部长徐冰《关于中央统战部几年来若干政策理论性问题的检查总结》所写批语中说："如果我们和我们的后代不能时刻提高警惕，不能逐步提高人民

---

① 《山东省委批转曲阜颜家村大队根据中央两个十条开展社会主义教育运动的情况报告》，1964年2月18日。
② 中共中央文献研究室编：《毛泽东年谱（1949—1976）》第5卷，中央文献出版社2013年版，第232页。

群众的觉悟，社会主义教育工作做得不深不透，各级领导权不是掌握在真正的马克思主义者手里，而被修正主义者所篡夺，则我国还可能要走一段资本主义复辟的道路。"

1964年1月5日，他在会见日本共产党政治局委员听涛克己时又说："如果我们中国也像苏联那样搞，那末，有一天也要出修正主义。我们现在每隔几年要进行一次整风运动。最近我们有两个有关社会主义教育的文件，你可以看一看。人是会变化的，革命者也会发生变化。没有群众监督和揭露，他们可能进行贪污、盗窃，做投机生意，脱离群众。""现在我们还不能说目前中国所采取的办法一定能够防止出修正主义。但修正主义要在中国占统治地位是很困难的。是否能够防止，要过几十年后再看。""修正主义不是一朝一夕形成的，是旧社会母胎中的产物。就算没有赫鲁晓夫，难道苏联就不会出修正主义？我看很有可能。这不是个别人的问题，而是一定的社会阶层的反映。"①

毛泽东将开展农村的社会主义教育运动，作为国内反修防修的一个重大举措。为了进一步推动这一运动的发展，1964年3月22日，他为中共中央起草了《中共中央关于在全党组织干部宣讲队伍，把全党全民的社会主义教育运动进行到底的指示》。指示提出："全党全民的社会主义教育运动，必须进行到底，需要几年才能完成（至少要三年到四年）。"指示还提出要将《前十条》和《后十条》在"几年内分几次在城乡全党全民中宣读，讲解，发问，答问，由粗到细，由浅入深，结合当地实际情况，深入调查研究，直到确实解决问题"。指示强调，为开展好这一运动，必须组织宣讲队伍。"从中央委员到县委市委委员，与县一级相同的党委委员以及其他有相当文化和政治水平的同志，除

① 中共中央文献研究室编：《毛泽东传（1949—1976）》（下），中央文献出版社2003年版，第1338页。

年老体弱及有病者外，一律要使他们充当宣读员，至少一次到两次。避免不去的，叫作消极怠工分子。这样做，于己于人，好处极多，能使全党全民获得社会主义教育，首先是各级干部获得这种教育，免除官僚主义、修正主义和教条主义的危害。"①

1964 年 5 月 15 日至 6 月 17 日，中共中央召开工作会议。会议的主要内容是讨论社会主义教育运动、第三个五年计划的初步设想、三线建设等问题。

6 月 8 日，毛泽东主持召开有部分中央政治局委员和各中央局第一书记参加的小型会议。会上，在周恩来、彭真等谈到运动中暴露出来的一些基层干部严重蜕化变质的材料后，毛泽东提出："我看我们这个国家有三分之一的权力不掌握在我们手里，掌握在敌人手里。"② 在这天的会议上，毛泽东再次提出了如果中国出了赫鲁晓夫怎么办的问题，并从防止中国出赫鲁晓夫的角度出发，提出要培养革命事业接班人，干部要配一、二、三线。

在这次会议上，刘少奇还提出了"追根子"的问题。他说："现在下边发生的问题就是不追上边，恰恰问题就出在上边。抚宁县的农民说，不仅下边有根子，上边也有根子。朝里有人好做官。这句话引起了我的注意。"③

"追根子"的话，最早是刘少奇在 1964 年 2 月上旬提出来的。在此之前，王光美化名董朴，以工作队队员的身份，参加河北省抚宁县卢王庄公社桃园大队的社会主义教育运动试点。春节

---

① 中共中央文献研究室编：《建国以来重要文献选编》第 18 册，中央文献出版社 1998 年版，第 331、331—332 页。

② 中共中央文献研究室编：《毛泽东年谱（1949—1976）》第 5 卷，中央文献出版社 2013 年版，第 358 页。

③ 中共中央文献研究室编：《刘少奇传》（下），中央文献出版社 1998 年版，第 953—954 页。

期间，王光美从桃园回京，同刘少奇谈起群众反映一些"四不清"基层干部，同公社、县和地区某些干部有牵连，上面有"根子"。刘少奇说："犯严重'四不清'的错误，根子在哪里？封建势力和资本主义势力的腐蚀和影响是下面的根子，群众还提出有上面的根子，应该切实查一下上边的根子。上面的根子，包括上级机关的蜕化变质分子和一般干部的不好作风的影响。犯有严重'四不清'错误的干部，在上面大体都有根子。"①

"三分之一政权不在我们手里"的估计和"追上面的根子"的提出，是对农村形势和农村干部队伍的状况又一严重脱离实际的估计，它使社教运动的矛盾直接对向广大农村干部，这就不能不使这场运动向着更"左"的方向发展。

6 月 16 日，毛泽东在十三陵水库主持召开中央政治局常委和各中央局第一书记会议。会上，毛泽东发表了关于接班人问题的著名讲话。毛泽东说：苏联出了修正主义，我们也可能出修正主义。那么，如何防止出修正主义，怎样培养无产阶级的革命接班人？毛泽东认为，主要依靠五个方面：第一，要教育干部懂得一些马列主义，懂得多一些更好。就是说，要搞马列主义，不搞修正主义。第二，要为大多数人民谋利益，为中国人民大多数谋利益，为世界人民大多数谋利益。没有这一条，不能当支部书记，更不能当中央委员。第三，要能够团结大多数人，包括从前反对过自己反对错了的人。要团结广大群众，团结广大干部，团结两个百分之九十五。第四，要有事跟同志们商量，要充分酝酿，听各种意见，包括反对的意见。要讲民主，不要"一言堂"，要搞民主作风，不能搞家长作风。第五，自己有了错误，要作自我批

---

① 中共中央文献研究室编：《刘少奇年谱（1898—1969）》下卷，中央文献出版社 1996 年版，第 588 页。

评。打主意，对的多，错的少一点，就行了。① 从这时起，如何培养接班人，成为毛泽东思考很多的问题。其实，"四清"也好，培养接班人也好，其实都是为了一个共同的目标，这就是如何防止中国出现赫鲁晓夫式的人物，防止马克思主义的党演变为修正主义的党，防止资本主义复辟。

1964 年 6 月 25 日，中共中央作出的《关于印发〈中华人民共和国贫农下中农协会组织条例（草案）〉的指示》提出，"组织贫农下中农协会，是我党在农村工作中的一项组织方面的基本建设"，并认为"要使这个阶级队伍发挥它应该发挥的作用，一个先决的条件是保证它的纯洁性。参加协会组织的贫、下中农，必须是真正的贫、下中农。在有些地方，过去划分阶级的时候，把某些上中农、小商人，甚至地主、富农，划成了贫农或者下中农；也有的把真正的雇农、贫农、下中农，划成了中农。在组织农村阶级队伍的时候，都应该经过认真的审查，改正过来"。②"条例（草案）"规定了贫农下中农协会的性质、基本任务、会员、组织机构、领导成员、同社队组织的关系等内容。中共中央指出：组织贫下中农协会是党在农村中的一项组织建设，县以下的党组织要在社教运动结束后，采取有效措施，使它充分发挥作用。

这次中央工作会议后，经毛泽东同意，中共中央决定成立"四清""五反"指挥部，由刘少奇挂帅。此后，刘少奇实际上处于社会主义教育运动领导工作的第一线。

---

① 参见中共中央文献研究室编：《毛泽东年谱（1949—1976）》第 5 卷，中央文献出版社 2013 年版，第 363 页。

② 中共中央文献研究室编：《建国以来重要文献选编》第 18 册，中央文献出版社 1998 年版，第 581 页。

（四）集中兵力打歼灭战

8 月 16 日，刘少奇致信毛泽东，建议把各县社教工作队集中到地委，省委工作队分到地委，在省委、地委的领导下集中搞一个县，一个县可以集中工作队员上万人。中央各机关也抽出人来组成工作队，在北京进行初步训练的准备后，分到各大区的若干省，再分到几个县，由省委领导。这样，工作队力量集中，领导加强，便于打歼灭战和掌握运动的火候，使运动能搞深搞透有更多的保证，也可少出乱子。

毛泽东复信说："八月十六日来信收到，我于昨天（十七日）看了一遍，觉得很好，完全赞成。今天（十八日）即与中央各同志商量，照此办理，迅速实行。十月工作会议还应该讨论此事一次，取得一致同意，统一党内思想。在此以前，各中央局、各省、市、区党委、各地委、各县委先行讨论一次，收集各种意见，以利十月中央工作会议讨论。八月中旬至十月中旬，中央、各中央局、各省、地、县委、各中等城市市委，以两个月时间，即照你的办法，立即训练工作队，以利秋冬实施。"于是，集中兵力打歼灭战、扎根串连、追根子，就成为社会主义教育运动的主要方式。

于是，全国各级机关和部分高等院校抽调了大批的干部、师生组成工作队，赴农村开展社教运动，总人数在 100 万以上。仅河北一个省 1964 年 11 月就集中了 10 万多干部（包括 15000 名大专院校师生），经过训练后，在 11 个重点县和天津市的一个郊区进行"四清"，其中集中在新城一个县的工作队员即达 1.5 万人。湖南的社教运动也在这年底大搞"人海战术"，湖南省委决定将原集中在 4000 个大队的 8 万多名工作队员中，抽调 3.2 万人集中到 640 个大队，使每个大队的工作队员由 20 人增加到 50 人。

1964 年 8 月起，在刘少奇的主持下，中共中央进行了《后十条》的修改工作。《后十条》修改前，毛泽东提出两点意见，第一是不要把基层干部看作漆黑一团，第二是不要把工作队员集中在一个点上。很明显，对刘少奇提出的集中兵力打歼灭战的做法，毛泽东虽然一开始时是"完全赞成"的，但不久他就改变了看法。因为这期间毛泽东在同华北局第一书记李雪峰和华北各省、市委书记谈话时，发现他们并不赞成大兵团作战的方法，说一万多人集中在一个县，搞倾盆大雨，而且拖的时间会太长。比如河北省141个县，如按这个进度，五年才能搞一半，时间拖得很久；应该主要搞落后区，一般地区可先在面上搞。

9月18日，中共中央印发了刘少奇主持修改的《关于农村社会主义教育运动中一些具体政策的规定（修正草案）》（即第二个《后十条》）。

与第一个《后十条》相比，第二个《后十条》突出之点主要在于：（1）增加了毛泽东提出的搞好社会主义教育运动的六条标准（这六条标准，一是看贫下中农是否真正发动起来；二是干部的"四清"是否真正解决；三是干部是否参加劳动；四是一个好的领导核心是否建立起来；五是发现有破坏活动的地、富、反、坏分子是将矛盾上交，还是发动群众认真监督、批评，以至于展开恰当的斗争，并留在那里就地改造；六是要看是增产还是减产）。（2）提出要把发动群众放在第一位，是不是发动群众，是不是放手发动贫下中农，是彻底或者不彻底进行社会主义教育运动的根本分界线。（3）改变了第一个《后十条》提出的依靠基层组织和基层干部，工作队主要是给基层干部当参谋出主意的提法，强调每一个点开展社会主义教育运动，都必须有上面派的工作队。整个运动都由工作队领导。（4）提出民主革命不彻底的地区，都必须认真地进行民主革命的补课工作。土改时漏划的地主、富农，必须查出来，没收他们过多的房屋和家具，分配给生活困难的贫下中农或收归集体。（5）规定整个社教运动分为两个阶段。第一阶段主要是解决"四清"问题和对敌斗争问题；第二阶段主要是组织建设。

第二个《后十条》下发前后，中共中央还出台了一系列的加剧社教运动"左"倾的措施。

这年6月23日，中共中央批转了中共甘肃省委、冶金工业部党组《关于夺回白银有色金属公司的领导权的报告》。白银有色金属公司兴建于20世纪50年代，1962年部分建成投入生产，是一个有1万多名职工的大型企业。1963年3月，冶金部和甘肃省委工交政治部联合派出50多人的工作组，进驻该公司开展"五反"运动，结果发现这个公司"被地主、资产阶级分子篡夺了领导权，使无产阶级的国营企业演变为地主、资产阶级集团统治的企业，使国家财产受到了很大的损失"。不但如此，这个企业"营私舞弊、贪污盗窃、投机倒把成风"，"领导集团成员生活极端腐化"，"社会风尚败坏"，"反革命活动猖獗"，已经"成了一个地主资产阶级分子统治的世界，即挂着共产党的招牌的国民党的世界"。工作组进驻后，通过扎根串连的办法，"组织阶级队伍"，进行夺权斗争，撤了公司几名主要领导人的职，有的还被判了刑。

中共中央在批语中说："一个刚建设起来的社会主义全民所有制的大型联合企业——白银有色金属公司，没有多久，很快就被地主、资产阶级集团篡夺了企业的领导大权，变成为地主、资产阶级集团统治的独立王国。这样一个严重的事件，很值得大家深思。像白银有色金属公司这样变了质的企业，在全国来说，虽然还是极少数，但是它给我们的教训是极其深刻的。"批语认为，白银有色金属公司事件，绝不是一种偶然的现象，它是社会阶级斗争的反映。被推翻了的地主、资产阶级是死不甘休的，他们总是千方百计地采取各种隐蔽的方式，打入社会主义企业，企图篡夺领导权，从而破坏社会主义所有制，把它演变为地主、资产阶级所有制。"白银有色金属公司事件，最根本的教训就是，在我们一些领导机关、领导干部中，硬是忘记和忽视了社会上还存在着阶级和阶级斗争这一客观事实。这里再一次提醒同志们注意，我们千万不要以为社会主义的江山是铁打的。如果我们对过渡时期的阶级、阶级矛盾和阶级斗争问题认识不足，那么，就会对资本主义、封建主义和修正主义的侵蚀和进攻失去警惕，不加防范，地主、资产阶级的复辟阴谋随时就有可能得逞。"批语还认为，白银有色金属公司经过"五反"运动的一场激烈的阶级斗争，把企业的领导权从阶级敌人的手中夺了回来"，"这说明，阶级斗争，一抓就灵。同时也说明，在全国城市中开展一次社会主义教育和'五反'运动是十分正确的和必要的。""在这个运动中，必须组织好革命的阶级队伍，建立阶级档案；彻底清除坏人，挖掉资本主义、封建主义、修正主义的根子，决不可以放任自流，半途而废。"①

9月1日，中共中央转发了《关于一个大队的社会主义教育运动的经验总结》。这个总结是7月5日王光美在中共河北省委工作会议上所作的报告，主要是介绍她在河北抚宁县桃园生产大队蹲点搞社会主义教育运动的经验，所以又被称为"桃园经验"。

对于"桃园经验"的形成过程，王光美本人曾回忆说："为了解面上的社会主义教育运动情况，准备修改《后十条》，少奇同志决定到一些省市巡视。正好这段时间，各地都在开三级干部会议，贯彻中央工作会议精神。1964年6月底，我陪他离开北京南下。第一站是天津。河北省委召开工作会议，主要讨论社会主义教育运动。因为抚宁县桃县大队是河北省'四清'的一个试点单位，刘子厚、林铁同志便要我在会上介绍一下经验。7月5日，

---

① 参见中共中央文献研究室编：《建国以来重要文献选编》第18册，中央文献出版社1998年版，第572—574页。

我在河北省委工作会议上讲了一次，这次比北京讲得详细，讲了两个半天。"①

"桃园经验"的主要内容是："四清"与"四不清"的斗争，"确实是包含着严重的阶级斗争"；桃园大队党支部"打着共产党旗号，办的国民党的事"，"基本上不是共产党"，这个党支部书记把持的政权，"基本上是一个反革命两面政权"；工作级进村后，"先搞扎串联"，"然后搞'四清'"，"再搞敌对斗争"；对基层组织和基层干部，"又依靠，又不完全依靠；又依靠，又要独立思考，全面分析"，在情况还未搞清的时候，就决定"一切依靠基层组织"是错误的；群众没有发动起来的时候，要强调敢不敢发动群众是敢不敢革命的问题，在群众发动起来，又有过激情绪时，要注意掌握火候，强调实事求是；犯严重"四不清"错误的干部，封建主义和资本主义势力的腐蚀和影响，是下面的根子，所以"错在干部，根子在地、富"，这些干部"大体上在公社、区、县都有靠山、有根子"，不解决上面的问题，"四清"搞不彻底；搞"四清"，已经不是保定地委原来提的那样，清工、清账、清财、清库，现在要解决政治上、经济上、思想上、组织上的"四不清"；民主革命和社会主义革命不彻底，要补课。

对于王光美的报告，陈伯达几次找刘少奇和王光美，极力主张发给各级党委和所有工作队，说现在下面特别需要这样的经验介绍。8月19日，刘少奇致毛泽东和中共中央："王光美同志的这个报告，陈伯达同志极力主张发给各地党委和所有工作队的同志们。王光美在河北省委的记录稿上修改了两次，我也看了并修改了一次，现代中央拟了一个批语，请中央审阅，如果中央同意，请中央发出。"毛泽东对此明确表示："我是同意陈伯达和少

① 黄峥执笔：《王光美访谈录》，中央文献出版社 2006 年版，第361—362 页。

奇同志意见的。"

刘少奇在批语中写道："《关于一个大队的社会主义教育运动的经验总结》，是王光美同志在河北省委工作会议上的报告记录，是在农村进行社会主义教育的一个比较完全、比较细致的典型经验总结。文字虽长，但是好读，各地党委，特别是农村和城市的社会主义教育工作队，急需了解这种材料和经验。现特发给你们，望你们印发给县以上各级党委和所有社会主义教育工作队的队员阅读。"批语对桃园大队"四清"的经验作了总结，认为主要是必须放手发动贫下中农和其他农民群众，才能解决干部的"四不清"和对敌斗争中的各种问题，把社会主义教育搞深搞透，形成新的生产高潮；在群众充分发动起来以后，要掌握群众运动的火候，适时地提出实事求是地对待问题，强调贯彻中央各项具体政策的规定；县、区、公社、大队、生产队的许多干部以至工作队的许多成员，对于放手发动群众有无穷的顾虑，不把团结95%的群众作为基础和前提条件，而片面地强调依靠基层组织和基层干部，不把贫下中农作为我们党在农村中唯一的依靠；"四不清"严重的干部和他们上面的保护人要用各种办法抵抗"四清"运动；等等。中共中央下发这个文件之后，各地的社会主义运动基本上都是按照"桃园经验"进行的。

10月24日，中共中央发出《中共中央关于社会主义教育运动夺权斗争问题的指示——转发天津市委〈关于小站地区夺权斗争的报告〉》（以下简称《报告》）。天津小站地区的社会主义教育运动是陈伯达直接抓的一个点，天津市委抽调了大批干部加强工作组的力量，中央一些部门的干部也在这里蹲点。这年8月初，陈伯达给中共中央的信中汇报了这里抓了三个"反革命集团"的情况，并附有"反革命集团"的社会关系图和历史大事记各一份。9月25日，陈伯达领导的工作组以中共天津市委的名义，向中共中央、华北局和河北省委报送了《报告》。

《报告》中认为，小站地区的"几次民主革命进行得很不彻底"，"建党建政工作，也没有认真执行阶级路线，根子扎的不正；基层组织严重不纯，不少村子的党政领导权，落在坏人手里"。《报告》进而认定，小站地区的政权是"三个反革命集团"建立的"反革命两面政权"，他们长期"进行反革命复辟活动"，"在社会主义教育运动前，这里的天下还不是我们的，或者在很大程度上不是我们的"。"三个反革命集团""上面的根子就在区委。区、社一部分领导干部，实际就是他们的保护人。"工作组进村后，"经过一段时间的扎根串联，发动群众"，"掌握了不少情况"，但没有打开局面。随后，市委陆续抽调大批干部，加强工作组力量，公安局长带来了一批公安干警，陈伯达等"中央领导同志"也来到小站参加"四清"，"造成像大军压境的局面"。"中央领导同志""指出群众运动最根本的问题是把群众发动起来。基层干部有的可以依靠，有的是敌人派进来的，怎么能依靠？""强调必须放手发动贫下中农，揭开盖子，彻底揭露这三个集团的问题，展开夺权斗争。""现在可以说，这里的天下是我们的了。"①

中共中央在为转发天津市委报告所作的《关于社会主义教育运动夺权斗争问题的指示》中，肯定了小站的经验，并指出："小站地区的敌我矛盾，主要的在形式上是以人民内部矛盾、甚至是以党内矛盾出现的，这就迷惑了一些人，并且长期得不到解决，对党对人民造成的损失也很大。""当前阶级斗争的复杂性就在这里"。因此，"凡是被敌人操纵或篡夺了领导权的地方，被蜕化变质分子把持了领导权的地方，都必须进行夺权的斗争，否则，要犯严重的错误。"②

---

① 《天津市委关于小站地区夺权斗争的报告》，1964 年 9 月 25 日。

② 中共中央文献研究室编：《建国以来重要文献选编》第 19 册，中央文献出版社 1998 年版，第 306、307 页。

11月12日，中共中央分别作出了《中共中央关于在问题严重的地区由贫协行使权力的批示》和《中共中央关于农村社会主义教育运动中工作团的领导权限的规定（草案）》。前一个文件提出："在当前进行社会主义教育运动的重点地区，如果发现有的地方基层干部躺倒不干，以抵抗运动；有的地方领导权被蜕化变质分子所掌握；有的地方领导权被地富反坏分子或新资产阶级分子所掌握。上述三种情况，在查明确实后，经工作队批准，都可以由贫协组织取而代之，一切权力归贫协。没有贫协组织的地方，也可以由工作队组织贫协，取而代之。"① 后一文件规定："今后的农村社会主义教育运动，多数地方已经决定组织强大的工作团，按照集中力量打歼灭战的原则进行。"为及时正确地处理运动中发现的问题，保证运动的彻底胜利，"有必要加重工作团的责任，把所在县的党和政府的各级组织交由工作团领导"。②

上述文件进一步加重了社会主义教育运动中越来越"左"的倾向。其中，影响最大的是"桃园经验"和"小站经验"。诚然，桃园与小站的做法是有区别的。桃园大队的社教运动，"直到工作组完成任务撤出，没有开过一次斗争会斗过谁，更没有打过人，也没有抓捕一人，只撤了原支部书记的职，仍以人民内部矛盾对待。"③ 而小站则完全是以对敌斗争的方式来开展夺权的，而且还创造了"黑帮""反革命修正主义分子""夺权"这样后来"文革"中常用的词汇。但在具体做法上，桃园和小站都是

---

① 中共中央文献研究室编：《建国以来重要文献选编》第19册，中央文献出版社1998年版，第326页。

② 中共中央文献研究室编：《建国以来重要文献选编》第19册，中央文献出版社1998年版，第330页。

③ 王光美、刘源等编：《你所不知道的刘少奇》，河南人民出版社2000年版，第110页。

"扎根串联",都是将基层组织视为"反革命两面政权",将斗争的矛头对向基层干部,都提出要"追上面的根子",都是进行基层组织的改造。"这种以阶级斗争的观点来估量一切、把大多数基层干部放到运动的对立面的做法,实际上重复了土地改革中曾经犯过的错误,给广大基层干部造成了伤害。"① 在《后十条》修正草案和上述文件、典型材料的指导和影响下,"1964 年秋铺开的农村社会主义教育运动,急转直下,'左'的倾向更为明显和突出"②。

"四清"运动挫伤了一部分基层干部群众的工作热情和生产积极性。凡是经历"四清"运动的地方,几乎都对阶级敌人的破坏活动和干部队伍的不纯情况,作了相当严重的估计。中共中央华北局第一书记李雪峰在给刘少奇的信中说,山西"全省 96 个县中,揭出问题较大的县就有 44 个,占 45.3%。其中,完全烂掉的 2 个,严重右倾的 17 个,严重闹宗派、闹分裂的 5 个(包括 2 个类似地下县委的县),相当右倾的 20 个。全省 96 个县委书记中,不赞成这次革命、甚至实际上是反对这次革命的 19 人,妥协派 19 人,共 38 人,占 40%。"③

在运动过程中,尤其是《后十条》修正草案出台后,对基层干部不但采取了完全不信任和撇在一边的态度,而且还进行批斗夺权,普遍发生打击面过宽,撤换、处分干部过多的现象,甚至变相体罚和打骂干部。采取扎根串联、访贫问苦的做法,表面上是依靠群众,实际是不相信群众。因为事先就有了"三分之一的

---

① 中共中央文献研究室编:《刘少奇传》(下),中央文献出版社 1998 年版,第 965 页。

② 薄一波:《若干重大决策与事件的回顾》下卷,中共中央党校出版社 1993 年版,第 1124 页。

③ 《李雪峰给刘少奇同志的信》,1964 年 10 月 11 日。

政权不在我们手中"的概念，工作组常常一进村，就觉得干部有问题，是"四不清"干部，如果没有发现问题就是工作没深入，群众没发动。只有发现一点"四不清"线索，就穷追不舍，加之工作组以及工作团权力很大，实际上取代了县以下各级组织，有权决定县委书记、县长以外的县级及县级以下干部、职工的提拔、调整、交流、罢免、撤职、退职、清洗和补进，对所谓"四不清"干部可以随意隔离审查，这就难免产生逼、供、信，甚至发生打人、捆人等现象，致使一些干部自杀、逃跑。

运动中，还存在对干部的处理面过宽的问题。青海省"四清"典型公社被清洗的脱产干部占24.4％，农村党员开除、不予登记、劝退的占45.6％，公社书记有60％被认为不能继续工作下去。甘肃省"四清"试点县被斗争干部占干部总数的21％。[1]福建省连江县第一批"四清"的146个大队和县社机关中，参加运动的干部有79％被定性为"四不清"。[2] 由于"四清"的前提是对基层干部不信任，运动过程中又采取了不适当的方法，严重挫伤了广大干部的积极性，相当多的干部躺倒不干。小站夺权是"四清"运动中夺权的样板，"四清"运动结束后，小站地区的党员干部在相当长一段时间里仍心有余悸。"他们工作上患得患失，谨小慎微，不敢放手开展工作，惟恐言行有失而挨整。有些村干部动不动就躺倒不干，他们的家属也劝阻甚至哭闹着不让他们当村干部，理由就是一条：干下去没有好下场。结果，区委、公社的领导常常要花大量的时间和精力去各村'扶班子'。"[3]

----

① 参见《杨尚昆日记》（下），中央文献出版社2001年版，第535、536页。

② 参见成波平：《连江县的"四清"运动》，《党史研究与教学》1989年第6期。

③ 刘晋峰：《陈伯达与小站"四清"》，《炎黄春秋》2000年第1期。

在"四清"运动中，对敌斗争中也过分夸大敌情，把地、富、反、坏分子的破坏活动估计得过于严重，又主观地认为他们是"四不清"干部在下面的根子，"四不清"干部是他们的代理人，所以要"追根子"。对他们的斗争则采取了土地改革时斗争地主恶霸的那一套方法，并对其进行管制监督，一举一动都要报告，这样做并不利于他们改造。其实，经过十多年的改造，多数地主、富农已经成为自食其力的劳动者，想复辟的只是极少数。运动过程中，又进行民主革命的补课，将一部分群众重新划为地、富成分，列入阶级敌人一边，进行批斗，造成了敌我不分，给这部分群众带来了本不应该有的伤害。

（五）"四清"性质的高层分歧

1964 年 12 月 15 日至 1965 年 1 月 14 日，中共中央政治局在北京召开工作会议，总结前一阶段社会主义教育运动的经验，部署下一阶段的工作。就在这次会议上，毛泽东和刘少奇对社教运动的看法出现了严重分歧。

12 月 15 日下午，中央工作会议召开全体会议。会议由毛泽东主持，刘少奇就各地社教运动中反映出的一些问题，提请会议讨论。

刘少奇说："陶铸同志有一封信给我，提出了一个农村新兴的富裕阶层、特贫阶层的问题。还有些地方提新资产阶级分子。农村里面用不用新资产阶级分子这个名字？还是就叫贪污盗窃分子、投机倒把分子？"毛泽东说："恐怕农民他不懂得什么叫资本主义。你讲投机倒把，讲贪污盗窃，他懂得。"刘少奇又说："看来，工作队的骨干力量不够分配，领导不很强。是不是战线过长了？是不是需要缩短一些战线？如何缩短？"毛泽东说："缩短容易嘛，你一缩就行了。"刘少奇接着说："有些地方提出，机关家属里面很多恶霸、地主、富农、四类分子。这是一个普遍性的问题。"毛泽东说："也没有那么多。全国人口几亿，那些人总之是什么几百万、千把万嘛，又是散在各地。清是要清，多是不多，有是有。"① 从这段对话中可以看出，毛泽东对刘少奇提出的问题并不很热心，且隐隐约约表现出对刘少奇有看法。

毛泽东对刘少奇的不满情绪，在此之前也有所流露。1964年11月底，一次听取工作汇报时，毛泽东对刘少奇说：还是少奇挂帅，"四清""五反"、经济工作，统统由你管。我是主席，你是第一副主席，天有不测风云，不然一旦我死了你接不上，现在就交班，你就做主席，做秦始皇。我有我的弱点，我骂娘没有用，不灵了，你厉害，你就挂个骂娘的帅，你抓小平、总理。对于毛泽东突然提出这个问题，刘少奇并无准备，只得说：我搞不来这么多，"四清"我管，"五反"（谢）富治、彭真多管，经济工作由小平、总理管。毛泽东说：还是你挂帅，小平做秘书长。他们这些人很忙，否则哪个也统不起来。②

毛泽东说刘少奇"厉害"，也是事出有因。毛泽东曾一再要求干部下去蹲点，可有些干部就是不下去，他也似乎并没有采取进一步的措施。而刘少奇负责"四清"一线工作后，为了改变这种状况，对一些干部进行严厉批评。刘少奇还不止一次地讲，不下去蹲点的干部，不能做省委书记、地委书记、县委书记，不能当部长、当司局长，也不能当中央委员。他还对中央组织部部长安子文讲过同样的话。这样一来，不长的时间，就有180多位正副部长、1000多名司局长离开机关下去蹲点了。刘少奇还讲过，现在搞社教运动，过去搞调查研究的办法不行，得学会扎根串

① 中共中央文献研究室编：《毛泽东传（1949—1976）》（下），中央文献出版社2003年版，第1366页。

② 丛进：《曲折发展的岁月》，河南人民出版社1989年版，第602页。

连。这样的话传到毛泽东的耳朵，也就难免产生某种不快了。

12月16日之后，会议是上午小组讨论，下午举行全体会议。两年多的社教运动的结果，不但未能解决干部队伍中存在的问题，反而发现形势越来越严峻。在会上的发言中，中南局的陶铸提出，领导权不在我们手中的1/3打不住。西北局的刘澜涛说，县以上烂掉的有严重问题的在50%以上，基本形式是滥用职权，包庇坏人，反革命，自己可能是反革命。华北局的李雪峰说，情况愈摸愈严重，"四清""五反"如此。山西8个重点县县委，已烂掉3个，常委72人有问题的38人。① 浙江省第一书记江华则在给中共中央的一个报告中说，很多基层单位已经被坏人篡夺了领导权，其比例已不止1/3。

12月20日下午，中共中央政治局常委会召开扩大会议，讨论社会主义教育问题。会议开始时，毛泽东要刘少奇主持会议，刘少奇执意不肯。毛泽东就要刘少奇先讲话。

刘少奇一开始就提出：农村当前的主要矛盾，究竟是富裕农民阶层同广大群众贫下中农的矛盾，还是原来提的地富反坏跟蜕化变质的有严重错误的坏干部结合起来同群众的矛盾？毛泽东说：地富反坏是后台老板，"四不清"干部是当权派。农村的问题是这一批干部，骑在农民头上，农民不好混，穷得要死。他又说：地主富农那些人，已经搞臭过一次了。至于这些当权派，从来没有搞臭过。他又是共产党，上面又听他的。显然，毛泽东认为这一次要解决的是这些"当权派"的问题。

刘少奇似乎没有跟上毛泽东的认识，继续说：对当权派，这是头一仗。但他们后头有地富反坏。毛泽东说：漏划地富变成中农，变成贫农，有的当了共产党，因为他漏划了。那也是一种当

---

① 参见《杨尚昆日记》（下），中央文献出版社2001年版，第463、467、469页。

权派。

刘少奇又提出主要矛盾问题，毛泽东说：还是讲当权派，他要多记工分，五大领袖嘛，五大领袖难道不是当权派？又说：不要管什么阶级阶层，只管这些当权派，共产党当权派，五大领袖和跟当权派走的。不管你过去是国民党共产党，反正你现在是当权派。发动群众就是整我们这个党。中心问题是整党，不整党没有希望。

毛泽东在讲话中还提出：搞的结果，户数不超过百分之七，人数不超过百分之十。他说：我提出这个问题有点右。我就是怕搞得太多了，搞那么多地主、富农、国民党、反革命、和平演变的，划成百分之十几、二十，如果百分之二十，七亿人口就有一亿四，那恐怕要发生一个"左"的潮流。农民起来，红了眼，影响到你们，你们走群众路线嘛，就站到群众那方面，结果树敌太多，最后不利于人民。他还说：那些贪污几十块钱、一百块钱、一百几十块钱的大多数"四不清"干部先解放，我们的群众就多了。贪污一百块钱到一百五十块钱的解放出来，就解放了百分之八十。实在拿不出来的，宽大处理算啦。

刘少奇始终放不下主要矛盾问题，又将这个问题提了出来，并认为主要矛盾就是"四清"与"四不清"的矛盾。毛泽东答非所问地说了一句：不以人的意志为转移。

这时，彭真插话说：总的提法，整个社会主义阶段，还是我们七届二中全会提的主要矛盾，就是无产阶级和资产阶级的矛盾。社会主义教育运动中，是"四不清"、贪污盗窃、投机倒把，主要整干部。整个矛盾是资产阶级和无产阶级的矛盾，这个整个提法和这次运动的提法要分一下。这也是资产阶级和无产阶级矛盾的一种形式。毛泽东说：一个新生，一个漏划，一个坏掉，这是对当权派的分析。杜甫有一首诗，其中有这么四句："挽弓当挽强，用箭当用长。射人先射马，擒贼先擒王。"这几句话通俗明了。就是搞那个大的。大的倒了，那些狐狸慢慢清嘛，群众知道嘛。群众就怕搞不了大的。

刘少奇又说："四清"与"四不清"，这是主要的，当然还有其他的。这时，参加会议的一位省委书记问：矛盾的性质是什么？刘少奇脱口而说：就是人民内部矛盾跟敌我矛盾交织在一起。毛泽东立即反问道：什么性质？反社会主义就行了，还有什么性质？刘少奇说：总不是社会主义。毛泽东说：是资本主义性质。还加个封建主义、帝国主义？搞个资本主义就差不多了。我们搞了民主革命，就为社会主义开辟了道路。刘少奇解释说：政治、经济、思想、组织"四不清"，有人民内部矛盾，有敌我矛盾，问题的复杂性就在这里。①

12 月 27 日，中央工作会议继续进行，主要是讨论《农村社会主义教育运动中目前提出的一些问题》。这个文件共有十七条，故简称为《十七条》。这十七条即：运动性质，统一提法，工作方法，抓全面，时间，宣布对隐瞒土地的政策，财贸部门的工作要同"四清"运动相结合，工作队队员，集团问题，给出路，"四清"要落在建设上，生产队规模，基层干部任期，监督问题，四大民主，工作态度。最后一条是讲以上各条原则适用于城市的"四清"运动。

文件第一条就是讲运动的性质，并列举了几种提法：1. "四清"与"四不清"的矛盾；2. 党内外矛盾的交叉，或者敌我矛盾和人民内部矛盾的交叉；3. 社会主义和资本主义的矛盾。文件认为，后一种提法概括了问题的性质，并且强调："重点是整

---

① 参见中共中央文献研究室编：《毛泽东传（1949—1976）》（下），中央文献出版社 2003 年版，第 1368—1371 页；中共中央文献研究室编：《毛泽东年谱（1949—1976）》第 5 卷，中央文献出版社 2013 年版，第 451—453 页。

党内走资本主义道路的当权派。"

在这天的会议上，陈伯达就矛盾问题作解释时说：主席根据大家的意见作了总结，主要矛盾是社会主义和资本主义。内部矛盾哪个时代没有？党内外矛盾交叉，党内有党，国民党也有这个问题。说人民内部矛盾与敌我矛盾交叉，也不能说明矛盾的性质。要概括成社会主义和资本主义，才能说明矛盾的性质。毛泽东插话说，我们这个党至少有两派，一个社会主义派，一个资本主义派。董必武在发言中说，文件规定县以上干部定期调换好。毛泽东说：现在十五年了，成了独立王国，北京，我说的不是北京市委，就有两个独立王国，你们去猜，我不讲了。①

12月28日的会议仍是围绕《十七条》的内容进行讨论。这天的会议由毛泽东主持。会前，他向工作人员要了两本书，一本是《中国共产党第八次代表大会文件》，一本是《中华人民共和国宪法》，并将之带入了会场。在罗瑞卿、陈毅、谢富治等人发言后，毛泽东作了讲话。

关于"四清"的性质问题，毛泽东说：这么规定可不可以？有三种提法，是前两种提法较好，还是第三种提法较好？我们常委会谈过，也跟几位地方的同志谈过，恐怕还是以第三种提法较好。因为我们这个运动的名称就叫做社会主义教育运动，不是叫什么"四清""四不清"教育运动，不是什么党内外矛盾交叉或者敌我矛盾和人民内部矛盾交叉的教育运动。

《十七条》中的第十六条规定，参加社会主义教育运动的干部在工作态度上，必须"好话，坏话，正确的话，错误的话，都要听。特别是对那些反对的话，要耐心听，要让人把自己的话说完"。毛泽东对此表示：就是要讲民主。天天是讲民主，天天不

---

① 中共中央文献研究室编：《毛泽东传（1949—1976）》（下），中央文献出版社2003年版，第1373页。

讲民主。有那么一些同志，叫别人讲民主，自己就不讲民主。

毛泽东听完后，其他人又对"十七条"提出了一些具体的修改意见。就在讨论快要结束时候，毛泽东拿出了带来的那两本书，并且又讲话了，而且语气很严肃。他说：我是没有话了。如果还要讲几句，就请你们回去找党章看一下，宪法第三章也看一下，那是讲民主自由的。有一本书，叫《中国共产党第八次全国代表大会文件》，第 100 页到第 104 页，你们去看一看。不要犯法呀，自己通过的，又不遵守。又有一本书，叫《中华人民共和国宪法》，第三章第八十五条讲到"中华人民共和国公民在法律上一律平等"，然后第八十七条讲到"中华人民共和国公民有言论、出版、集会、结社、游行、示威的自由"。比如我们这些人算不算中华人民共和国的公民？如果算的话，那么准不准许人家讲几句话？有没有出版自由？最后，毛泽东说：同志们有话没有？有话则长，无话则短。不要耽误你们的时间，我又变成个官僚主义。①

毛泽东讲这番话时，着实一时让与会者摸不到头脑。其实，他是有所指的。这次中央工作会议前，负责会议组织工作的邓小平考虑到这是一般性质的工作会议，曾向毛泽东提出，如果事情忙，可以不参加会议。在一次会议上，毛泽东在刘少奇讲话时插话，刘少奇没有意识到毛泽东准备的讲话比较长，只讲了一个开头就将其打断了。对这两件，毛泽东很不满意。②

这天的会议通过了修改后的《十七条》，并于同一天以中共中央的名义下发。《十七条》提出：社教运动《重点是整党内那

① 参见中共中央文献研究室编：《毛泽东年谱（1949—1976）》第 5 卷，中央文献出版社 2013 年版，第 457、458 页。

② 中共中央文献研究室编：《刘少奇传》（下），中央文献出版社 1998 年版，第 970 页。

些走资本主义道路的当权派》。这些当权派有在幕前的，有在幕后的。在幕后的，有在下面的，有在上面的。在下面的，有已经划了的地主、富农、反革命分子和其他坏分子，也有漏划了的地主、富农、反革命分子和其他坏分子。在上面的，有中央部门、省、地、县、区、社的那些反对搞社会主义的人。《十七条》规定，今后城市乡村的社会主义教育运动，一律简称"四清"，即清政治、清经济、清思想、清组织。

《十七条》规定了社教运动的具体方法，这就是：1. 集中力量，打歼灭战。2. 在贫下中农那里，扎根串连，发动群众，组织阶级队伍，这是主要的。3. 讲文件，要抓要点，要讲两条道路的斗争，讲阶级斗争。要结合运动的发展，该讲什么就讲什么。4. 在运动中，要抓生产，抓当年分配（生活问题）。不抓生产和分配的问题，势必脱离群众。5. 看待干部，要用一分为二的方法。对他们，要采取严肃、积极、热情的态度。对于有错误的干部，要鼓励他们交代问题，揭露问题，改正错误。6. 对严重"四不清"的当权派，也要见见面，宣布来意，向他们做工作。7. 情况要逐步摸清。可能有以下四种：好的，比较好的，问题多的，性质严重、烂掉了的。《十七条》还就如何兼顾点和面的关系、运动的时间、对隐瞒土地的政策、工作队的成员、集团问题等方面作出了具体规定。

按照预定的时间，中央工作会议到这一天就算结束了，参加会议的省委书记们也开始陆续返回。可是，过了两天，中央办公厅又忽然通知各地，"十七条"停止下发并自行销毁，中央工作会议则在1965年元旦后继续召开。

1965年1月3日，三届全国人大一次会议选举国家领导人，刘少奇继续当选为中华人民共和国主席。人大那边的会一开完，刘少奇就赶忙参加毛泽东主持的中央政治局常委扩大会议。就在这次会议上，毛泽东对刘少奇主持"四清"运动的一些做法，作了不点名的批评。

毛泽东一开始说：有的同志提出打歼灭战，怎么打？集中1.5万人，搞一个小县，28万人口，搞几个月还搞不开。学习文件40天，不进村。我看是搞了繁琐哲学。我不赞成这种学习，到农村去可以学嘛。毛泽东讲到的"一个小县"，是指河北新城县。毛泽东认为，集中这么多工作队员在一起搞运动，人太多了，既没有必要也不需要这么多。运动不应该只依靠工作队，应该依靠90%以上的干部和群众。他说：扎根串连，冷冷清清，这个空气太浓厚了。这样集中力量打歼灭战，我看歼灭不了敌人。现在这个搞法同我们过去搞的不一样。我看方法要改变。

毛泽东接着说：要那么多工作队干什么？小站一个陈伯达就行了。他扭过脸问刘少奇：你在安源不就是一个人去的吗？还说：反人家右倾，结果自己右倾。又说：（应该）一进村就宣布几条，开门见山。一条是对社员宣布，我们不是来整你们的。我们是整党、整干部队伍。对干部也要宣布来意。小队、大队、公社干部，无非是大、中、小、无，多吃多占，有多的，有少的，也有没有的。贪污几十块、百把块、两百块的，他们自己讲出来，能退就退，不能退的，群众批准，拉倒！其他贪污盗窃、投机倒把，大的怎么办？坦白退赔的，不戴帽子，千把块的也可以赦免。表现好的，群众同意的，还可以当干部。毛泽东还表示，运动中发动群众，要做到相信群众、依靠群众、领导群众起来斗争，不要读文件，不要人多，也不要以往那样扎根串连，四清只清干部，只清少数人，不清社员。有不清者清之，无不清者不清。①

过了一天，即1月5日，中央政治局常委会再次召开扩大会

---

① 参见中共中央文献研究室编：《毛泽东年谱（1949—1976）》第5卷，中央文献出版社2013年版，第460、461页。

议，毛泽东继续对刘少奇进行不点名的批评。他说：我听说有六怕，一怕扎根串连，二怕沾干部等，所有的怕，都是怕右倾来的。怕右倾成为一种框框。还是江苏那句话，有啥反啥，有多少反多少，有右反右，有"左"反"左"。现在的问题是工作队的人数很多，按兵不动，人海战术。

会上，有人提出，运动的时间是否可以缩短一些，毛泽东说：时间问题，全国六七年搞完不要改了，可以提早。这句话写上去是为了防止急躁。事实上，一个单位只要几个月就行了。搞运动首先要依靠群众，再就是依靠放了包袱的大多数干部，第三才是依靠工作队。工作队也要依靠前两者。

毛泽东还讲到了矛盾的性质问题。他说：七届二中全会提出，国内主要矛盾是资产阶级同无产阶级、资本主义同社会主义的矛盾。那个时候还没有修正主义。八大一次会议、二次会议都是那样说的。杭州会议制定十条（按即《前十条》），一直都是搞社会主义，整个运动是搞社会主义教育。怎么来了个"四清"与"四不清"的矛盾，敌我矛盾与人民内部矛盾交叉？哪里那么多交叉？这是一种形式，性质是反社会主义的嘛！重点是整党内走资本主义道路的当权派。讲到这里时，刘少奇对毛泽东说：对于这个"派"，我总是理解不了。走资本主义道路的人有，但是资产阶级都要消亡了，怎么能有什么"派"？一讲到"派"，人就太多了。不是到处都有敌我矛盾。像煤炭部、冶金部，哪个是走资本主义道路的当权派？毛泽东当即说：怎么没有？张霖之就是。张霖之时任煤炭部部长。经毛泽东这么一说，刘少奇不敢再说了。①

---

① 中共中央文献研究室编：《毛泽东传（1949—1976）》（下），中央文献出版社 2003 年版，第 1377—1378 页；黄峥执笔：《王光美访谈录》，中央文献出版社 2006 年版，第 370 页。

毛泽东如此尖锐地批评刘少奇，除了在主要矛盾、社会主义教育运动的性质及如何搞法这些问题上发生了严重分歧这个主要原因外，也与当时正在召开的三届全国人大一次会议和各地反映的情况有关。在这次人大会议上，周恩来在《政府工作报告》中，充分肯定了调整国民经济以来取得的巨大成就，与会代表也都认为各方面的形势越来越好。在这天的会议上，宋任穷在讲话中说，现在形势一年比一年好，生产一年比一年好，毛泽东插话说："在人代大会上讲的一片光明，在工作会议上讲的一片黑暗，对不起头来嘛！"正如薄一波在其回忆录中所说的："三届全国人大一次会议的这种气氛，各地对'四清'运动中'左'的做法的反映，都很容易引起毛主席对少奇同志的不满。"①

1月6日，已经回去的省委书记们又陆续来到北京，继续参加中央工作会议。会议期间，毛泽东又多次讲到防止出修正主义的问题，并对刘少奇等中央一线领导人作了批评。

1月13日，毛泽东在同一些省、自治区负责人谈话时说：去年10月，我在北京讲过，如果北京搞修正主义，你们地方怎么办？我总感到要出问题。我讲了以后，一路上从天津到南京，经过许多地方都没有听到反映。第二天，毛泽东在各中央局书记会议上说：1963年5月杭州会议写出了第一个"十条"，为什么刚过了三个月，9月北京又搞了个"十条"。只有三个月，有那么多经验？②

1965年元旦之后的中央工作会议，主要内容是修改《十七条》，这项工作主要由邓小平、彭真、陈伯达负责。经过一个星

① 薄一波：《若干重大决策与事件的回顾》下卷，中共中央党校出版社1993年版，第1133页。

② 参见丛进：《曲折发展的岁月》，河南人民出版社1989年版，第604页。

期的讨论、修改，原来的《十七条》变成了《二十三条》，文件仍定名为《农村社会主义教育运动中目前提出的一些问题》。当然，这个文件不但条文有了增加，更重要的是内容有了很大的变化。

《二十三条》与《十七条》比，增加了"形势""搞好运动的标准""集中力量，打歼灭战""抓面的工作""干部问题""建立贫下中农协会"和"思想方法"等七条，去掉了"集团问题"这一条，全文共 23 条。

在《二十三条》的修改过程中，毛泽东亲自对文件作了多处修改，并加了一段措辞很严厉的批语，如："不说是什么社会里四清四不清矛盾，也不说是什么党的内外矛盾交叉。从字面上看来，所谓四清四不清过去历史上什么社会里也能用；所谓党内外矛盾交叉，什么党派也能用；都没有说明今天矛盾的性质，因此不是马克思列宁主义的。"

《二十三条》提出，绝大多数农村基层干部是要走社会主义道路的，对待干部要一分为二，要采取严肃、积极、热情的态度，好的和比较好的干部是多数；对于那些犯轻微"四不清"错误的，或者问题虽多但交代好的干部，要尽可能早一点解放出来，逐步实行群众、干部、工作队"三结合"。"四清"工作要走群众路线，不要冷冷清清，不要神秘化，不要只在少数人当中活动，也不要搞人海战术。"四清"要落在建设上面，增产要成为搞好运动的标准之一。这些规定，对于纠正 1964 年下半年社教运动中的许多"左"的做法，维护农村的稳定，都是有积极意义的。

但是，《二十三条》没有也不可能改变"四清"运动"左"的指导思想，相反，它认为"我国城市和农村都存在着严重的、尖锐的阶级斗争。在所有制的社会主义改造基本完成以后，反对社会主义的阶级敌人，企图用'和平演变'的方式，恢复资本主义。这种阶级斗争势必反映到党内"。并且强调运动的性质是社会主义同资本主义的矛盾，运动的重点是"整党内那些走资本主义道路的当权派"，"那些走资本主义道路的当权派，有在幕前的，有在幕后的"，"支持这些当权派的人，有的在下面，有的在上面"。"在上面的，有在社、区、县、地，甚至有在省和中央部门工作的一些反对搞社会主义的人"。这就把斗争的矛头尖锐地对向了党的各级领导人，使阶级斗争扩大化的"左"倾思想发展到了一个新的阶段。

《二十三条》去掉了原《十七条》中关于"扎根串连"的相关内容，代之以"在整个运动中，省、地、县级党委和工作队，必须逐步做到，依靠群众大多数，依靠干部大多数（包括放了包袱的干部），实行群众、干部、工作队'三结合'"等规定。

此外，《二十三条》规定，城市和乡村的社会主义教育运动，今后一律简称"四清"：清政治，清经济，清组织，清思想。城市中社会主义教育运动过去称为"五反"运动，以后通称"四清"运动，取消"五反"的名称。

1 月 14 日，此次历时一个月的中央工作会议终于结束了。可是，这次会议却造成了毛泽东和刘少奇这两位主要领导人之间巨大的裂痕。经历了这次会议的许多人都为这种情况的出现而忧心忡忡。会议期间，朱德、贺龙等人找到刘少奇，希望他顾全大局，要谨慎，要尊重毛泽东。刘少奇也为此主动找毛泽东谈话，并作了自我批评。他还在自己家里举行有部分中央领导人参加的党内生活会，听取他人的批评和帮助，并且让陈伯达将每天生活会的情况向毛泽东汇报。① 然而，刘少奇的这些努力，并非达到他所期望的效果。中央政治局在开会时，刘少奇检讨说：对主席

---

① 中共中央文献研究室编：《刘少奇传》（下），中央文献出版社1998 年版，第 973 页。

不够尊重。毛泽东说：这不是尊重不尊重的问题，而是马克思主义同修正主义的问题。在原则问题上，我是从来不让步的。① 事已至止，两位伟人之间的裂痕已是无法弥合了。

在中央工作会议结束的同一天，中共中央印发了《农村社会主义教育运动中目前提出的一些问题》（即《二十三条》），并且规定："中央过去发出的关于社会主义教育运动的文件，如有同这个文件抵触的，一律以这个文件为准。"

1月20日，中共中央又发出《关于宣传〈二十三条〉的通知》，要求点面结合对《二十三条》进行广泛宣传，点上要传达到全体"四清"工作队员，面上要向所有的干部群众进行宣传。中共中央还要求将文件印成布告，发给农村的每一个党支部和每一个大队在室内张贴，城市的一切工厂、机关、学校、街道的支部和军队的一级单位也要在室内张贴，以教育和鼓舞广大人民，孤立极少数社会主义事业的敌人。

随后，各地立即开展了对《二十三条》的宣传贯彻，并对前一阶段运动中的过"左"做法有所纠正。

5月8日和5月10日，中共湖北省委和中共河北省委分别就今后农村"四清"运动的部署问题请示中共中央。湖北省委在请示报告中提出，以县为单位，集中省、地、县各级党委的力量，今冬明春在面上进行初步的"四清"，然后在一个区或几个区进行系统的"四清"，解决在初步"四清"中没有解决的问题和落后社队的问题。河北省委的部署是以地委为单位，每个地委搞几个县。两个省委都提出要在1967年底基本完成农村的"四清"工作，在农忙季节搞好县、区、社的"四清"，在冬春农闲季节，搞好农村"四清"。中共中央同意了湖北和河北省委的部署，并

---

① 王光美、刘源等著，郭家宽编：《你所不知道的刘少奇》，河南人民出版社2000年版，第119页。

要求各省、自治区、市参考湖北、河北的报告,作出"四清"部署,同时要求在符合六条标准的条件下尽可能快一点地完成农村的"四清"运动。

到1965年上半年,全国已有649个县结束了"四清",占总数的32%。已经基本结束的有北京、上海两市,完成了40%以上的有河北、辽宁两省。1965年下半年起,毛泽东对"四清"运动已不大感兴趣,认为"四清"也好,与"四清"同时进行的文化领域的大批判也好,都不能从根本上解决"反修防修"问题,转而酝酿发动一场新的自下而上的运动,来解决社会主义和资本主义两条道路谁战胜谁的问题。

三、文艺与学术领域的过火批判

(一) 关于文艺问题的两个批示

中共八届十中全会后,毛泽东对文艺问题给予了相当关注。1962年12月21日,毛泽东巡视华东各省以后,就文艺问题发表意见说:对修正主义要有一些人专门研究,宣传部门应多读点书,也包括看戏。有害的戏少,好戏也少,两头小中间大。帝王将相,才子佳人多起来,有点西风压倒东风,东风要占优势。①

时为中共中央华东局第一书记的柯庆施听了毛泽东这番话后,立刻做出反应。他在上海市部分文艺工作者1963年元旦座谈会上,提出了"大写十三年"的口号,意思是指文艺作品要以建国十三年为核心题材。他反复强调,这是依据八届十中全会精神和毛泽东的指示。

① 参见中共中央文献研究室编:《毛泽东年谱(1949—1976)》第5卷,中央文献出版社2013年版,第177页。

为什么要"大写十三年"呢？柯庆施解释说："旧社会只能培养人们自己为自己的自私自利思想。社会主义、集体主义的思想只有社会主义革命成功以后才能开始树立。""解放十三年来的巨大变化是自古以来从未有过的，在这样伟大的时代、丰富的生活里，文艺工作者应该创作出更多更好的反映伟大时代的作品。""今后的创作上，作为领导思想，一定要提倡和坚持'厚今薄古'，着重提倡写解放十三年，要写活人，不要写古人、死人，我们要大力提倡写十三年。"[①]

在同年2月举行的春节团拜会上，柯庆施又对上海文艺界说：因为没有人提倡写十三年，所以我来提倡；你们如果写了十三年的戏，我就来看，不演十三年的戏我就不看。

而此时，刘少奇、周恩来等中央领导人，则仍然强调要贯彻"百花齐放"的方针。

1963年2月8日，周恩来在出席首都文艺工作者元宵节联欢会讲话时说，文艺界各个方面如何去体现"双百"方针，为工农兵服务，到群众中去，加强同人民群众的联系，这些仍是文艺界当前重要的课题。他还在肯定歌颂新人新事后，也举例讲了一些反映各个历史时期的优秀作品。

同年4月19日，周恩来在中共中央宣传部召开的文艺工作者会议和文联第三届全国委员会第二次扩大会议联合报告会上说，创作的天地是很广阔的，我们不要只局限于写十三年，还要把近百年斗争、世界革命斗争都在自己的作品里刻画出来，再加上新人新事多了，这样就丰富了。他还表示，对古典戏曲也要加以具体分析，才子佳人的戏也不能一概不准演。如果帝王将相、才子佳人的戏都禁止，以后又会走向反面，又得反复。

---

① 《柯庆施同志同上海文艺界人士共迎新春》，《文汇报》1963年1月6日。

3月8日，刘少奇在听取文化部负责人汇报时说，能表现现实生活的，就演现实生活的戏。不适合表现现实生活的，就演历史剧。让大家看看戏，好好休息，也是鼓舞社会主义劳动热情，也是为政治服务。①

尽管如此，随着农村"四清"和城市"五反"为中心的阶级斗争逐渐展开，文艺界的形势也日渐紧张。

1963年3月，中共文化部党组向中宣部并中共中央报送了《文化部党组关于停演"鬼戏"的请示报告》。报告批评说，近几年，"鬼戏"演出逐渐增加，一些新中国成立后经过改革去掉了鬼魂形象的剧目恢复了原来的面貌，甚至有严重思想毒素和舞台形象恐怖的"鬼戏"，也重新搬上舞台。"更为严重的是新编的剧本（如《李慧娘》）亦大肆渲染鬼魂，而评论界又大加赞美，并且提出'有鬼无害'论，来为演出'鬼戏'辩护"②。报告要求全国各地不论农村还是城市，一律停演有鬼魂形象的各种"鬼戏"。不久，中共中央批转了这个报告。

这个报告中被点名的《李慧娘》，是著名剧作家孟超的作品。1958年，孟超应北方昆剧院之约，着手将传统戏剧《红梅记》改编为《李慧娘》。1960年春夏之际，孟超完成了剧本的初稿，经过修改，在《剧本》第7、8期上发表。1961年8月，《李慧娘》正式在北京长安剧院公演。在剧本的改编和此剧的排练过程中，康生曾对此极为关心。孟超与康生同乡，两家还有点亲戚关系，早年在上海大学读书时，俩人又是同学。本来康生对戏剧还颇为爱好，他不但看过孟超剧本的原稿，提出过修改意见，而且在彩排时，也去看过，并提出过改进的意见。他还曾指示《李慧

① 参见黎之：《文坛风云录》，河南人民出版社1998年版，第376页。

② 中共中央文献研究室编：《建国以来重要文献选编》第16册，中央文献出版社1997年版，第248页。

娘》中一定要出现鬼魂，否则他就不看。该剧公演时，康生亲往观看，剧终后还与孟超及全体演员合影，称戏演得好，说这是"近期舞台上最好的一出戏"，夸奖孟超"这一回做了一件好事"。好走极端的康生甚至还指令北方昆剧院今后不要再搞什么现代戏。后来，在康生的推荐之下，周恩来和董必武还在钓鱼台观看了此剧。据说周恩来和董必武对《李慧娘》都有称赞。

此剧公演后，深受观众的欢迎，也深为戏剧界、评论界所称道。《人民日报》、《北京晚报》等报刊发表了为数不少的评论文章，称《李慧娘》是"一朵鲜艳的红梅"，"个性以辣，风格以情"。更有人作赋以赞："孟老词章，慧娘情事，一时流播京华。百花齐放，古干发新苑。"这些评论文章中，影响最大的，要数繁星（廖沫沙）在1961年8月31日《北京晚报》上发表的《有鬼无害论》。

这篇文章是廖沫沙应《北京晚报》记者之约而写的。记者约稿时说："许多人看了都觉得戏编得好，只是把李慧娘写成鬼，舞台上出现鬼魂，让人看了总觉得不好。"① 针对观众的这种顾虑，廖沫沙决定从"鬼"字上做文章，于是他写道："本来是人，死后成鬼的阴魂，当然更是阶级斗争的一分子。戏台上的鬼魂李慧娘，我们不能单把她看作鬼，同时还应当看到它是一个至死不屈服的妇女形象。""如果是个好鬼，能鼓舞人们的斗志，在戏台上多出现几次，那又有什么妨害呢？"

廖沫沙的文章，并不是从哲学的角度去分析自然界鬼神是否存在，而是肯定以鬼神的形象去体现反抗精神的这种文学艺术的创作方法。可是，没想到，只过了一年，孟超因编《李慧娘》惹祸，廖沫沙也因这篇《有鬼而害论》惹祸。真可谓有鬼虽无害，

---

① 胡平、晓山编：《名人与冤案——中国文坛档案实录》（三），群众出版社1998年版，第167页。

但"鬼"也害人。

《李慧娘》被当作坏戏的典型而点名，报刊立即出现了相关批判文章。1963 年 5 月 6 日，《文汇报》发表了后来被江青称为"第一篇真正有分量的批评'有鬼无害论'的文章"——《"有鬼无害"论》。这篇署名梁壁辉、长达两万字的文章说，孟超改编《红梅记》为《李慧娘》，不但没有吸取精华，剔除糟粕，相反却发展了糟粕。过了不久，那个自称没有鬼魂他不看戏的康生，也摇身一变，把《李慧娘》说成是"坏戏"的典型，号召对其进行批判。康生、江青还在行政上采取措施，强令孟超"停职反省"。

在《李慧娘》受到批判之际，廖沫沙的《有鬼无害论》也脱不了干系，一并被批判。批判者指责廖沫沙"忽略了鬼魂迷信的阶级本质，因而也忽略了它对人民的毒害，所以他能够很轻松地认为'有鬼无害而且有益'了"。"繁星同志要拿《李慧娘》这样的鬼戏来鼓舞人们的斗志，就等于说'喝几杯老酒可以提精神'一样人们越喝只能越糊涂。"① 之后，廖沫沙为此一再作检讨，但到了批判《海瑞罢官》之际，《有鬼无害论》又一再被翻出来批判，说他不仅是《海瑞罢官》和《李慧娘》"两株大毒草的吹捧者"，也是"著名毒草"《有鬼无害论》的作者，而且是"自觉地反党反社会主义反毛泽东思想的一员主将"。

随着文艺界批判运动的展开，毛泽东对文化工作特别是戏曲工作的不满情绪日渐表达出来，并且多次提出了严厉批评。

1963 年 9 月 27 日的中央工作会议上，毛泽东说："我们现在搞农村"四清"、城市"五反"，实际上是为在国内反对修正主义打下基础。这中间，要包括意识形态方面，除了文学之外，还有艺术，比如歌舞、戏剧、电影等等，都应该抓一下。现在各省

---

① 梁壁辉：《"有鬼无害"论》，《文汇报》1963 年 5 月 6 日。

都在抓，多数地方都注意了，也有一些地方还没有大注意。要推陈出新。过去唱戏，净是老的，帝王将相，家院丫头，保镖的人，黄天霸之类，那个东西不行。推陈出什么东西呢？陈就是封建主义、资本主义的东西。要把封建主义、资本主义的东西推出去，出社会主义的东西，就是要提倡新的形式。旧形式要搞新内容，形式也得有些改变。"①

同年 11 月，毛泽东在一次讲话中说：我们有了方向不等于执行了方向，有方向是一回事，执行方向又是一回事。一个时期，《戏剧报》尽宣传牛鬼蛇神。文化部不管文化，封建的、帝王将相的、才子佳人的东西很多，文化部不管。在另一次谈话中，他又说：文化工作方面，特别是戏曲，大量的封建落后的东西，社会主义的东西很少，在舞台上无非是帝王将相，才子佳人。文化部是管文化的，应当注意这方面的问题，要好好检查一下，认真改正如不改，文化部就要改名字，改为"帝王将相部""才子佳人部"，或者"外国死人部"。②

如果说，上面这些还只是内部讲话，对文艺界产生的震动还不是特别大的话，这年 12 月毛泽东关于文艺问题的一份批示，则震撼了整个文艺界。

1963 年，上海开展了故事会活动，用讲故事的方式，对工人、农民、解放军战士进行阶级教育和社会主义教育。中宣部文艺处一位干部为此去上海了解情况，回来后写了一份题为《柯庆施同志抓曲艺工作》的材料，刊登在 1963 年 12 月 9 日编印的《文艺情况汇报》上。这份材料说，上海市委很注意曲艺等群众

---

① 中共中央文献研究室编：《毛泽东年谱（1949—1976）》第 5 卷，中央文献出版社 2013 年版，第 263—264 页。

② 参见中共中央文献研究室编：《毛泽东年谱（1949—1976）》第 5 卷，中央文献出版社 2013 年版，第 285 页。

艺术工具，柯庆施曾亲自抓这项工作，一个是抓评弹的长篇新书目建设问题，他说，有没有更多的思想和艺术上都不错的长篇现代书目，是关系到社会主义文艺能不能占领阵地的问题。另一个是抓故事员的问题。故事员在市郊配合社会主义教育运动大讲革命故事，起到了红色宣传员的作用，很受群众欢迎。中共上海市委要求各级党组织重视这一活动，并可在城市中推广。

12月12日，毛泽东看罢这份材料后，提笔写下了如下这样一段批语："各种艺术形式——戏剧、曲艺、音乐、美术、舞蹈、电影、诗和文学等等，问题不少，人数很多，社会主义改造在许多部门中，至今收效甚微。许多部门至今还是'死人'统治着。不能低估电影、新诗、民歌、美术、小说的成绩，但其中的问题也不少。至于戏剧等部门，问题就更大了。社会经济基础已经改变了，为这个基础服务的上层建筑之一的艺术部门，至今还是大问题。这需要从调查研究着手，认真地抓起来。""许多共产党人热心提倡封建主义和资本主义的艺术，却不热心提倡社会主义的艺术，岂非咄咄怪事。"

毛泽东并没有把这个批语批给主管文艺工作的中宣部、文化部负责人，而批给了彭真和刘仁，前者是中共中央书记处书记、中共北京市委第一书记，是党内分管意识形态的领导人之一，后者是中共北京市委第二书记。毛泽东的这一举动，显然不但要北京市立即如同上海那样行动起来，而且要求中央书记处注重这个问题。

彭真接到毛泽东的批示后，立即找北京市委、中宣部、文化部的有关负责人进行传达。彭真在讲话中说：（1）文化艺术工作者大多数是参加民主革命，不可能都为社会主义服务。不过，喜欢封建的、资本主义的是少数，大多数人是认识问题。（2）破和立都要做，不破不能立，不立也不能破。要加强评论工作，树立好的批评作风，对作品要有具体分析。（3）关键是鼓励文艺工作者到群众中去，不能蹲点的，也要下去走走，我们的责任是帮助他们，他们写什么不要硬规定，不要把什么都看成政治问题，即使是政治问题，也作认识问题处理。①

1964 年 1 月 3 日，刘少奇召集中央宣传部有关负责人和文艺界人士 30 余人，举行座谈会，传达毛泽东 1963 年 12 月 12 日的指示。

会议先由周扬汇报新中国成立以来文化工作的情况。周扬汇报说，现在的文学艺术，有相当多的东西还是同社会主义适应的。十几年来，文学艺术的各个方面都产生了不少适合社会主义需要，适合人民需要的东西。文学艺术的发展是空前的，是过去历史上不能比的。出现了很多好作品，如《红旗谱》《红岩》等。电影也有许多好的。周扬认为，1958 年到 1960 年下半年这一段，主要的方向是好的，精神是好的，而且有好的作品，但是有简单化的缺点。1960 年下半年到 1962 年这一段纠正一下这些缺点错误是必要的；强调一下百花齐放，百家争鸣，强调一下艺术上要民主，还是有好处的，对促进艺术工作者的积极性是起了作用的。但是，这个时候反映了一个问题，就是"两为"（即为工农兵服务、为社会主义服务）和"两百"（即百花齐放、百家争鸣）总是摆不好，强调一下"两百"有好处，但是也确实产生了一些右的东西。

在周扬汇报过程中，刘少奇作了不少插话。在周扬讲到文化艺术方面就是"死人"多、社会主义少时，刘少奇说：十八、十九世纪的文学在资本主义的历史上曾经起过一段进步作用。其中有些艺术标准是可以吸收的。在周扬讲到提倡现代戏，对历史戏、传统戏还是不要偏废，还应当继续搞些好的传统戏、历史戏时，刘少奇说：历史戏要整理，而且要能够为今天所用，古为今

①　参见黎之：《文坛风云录》，河南人民出版社 1998 年版，第 412 页。

用。有一部分古为今用的，还有一部分总结历史经验的。

在周扬讲完后，刘少奇又作了讲话，主要论述了文艺同政治、经济的关系。刘少奇说，中国的社会主义只搞了十年，还需要很大的创造。社会主义革命比过去的民主革命更深刻，时间更长，规模更大，要将其真实地反映出来，就会比过去任何历史上的文化都高，这方面需要很大的劳动，首先是作家、戏剧家、小说作家、文艺作家、音乐家，各方面的作家，要在这方面努力，力求反映社会主义革命斗争。

邓小平在周扬、刘少奇、彭真讲话时插话表示：历史上反映人民智慧的，包括将相智慧的，比如《将相和》，就是好的。讲话中，邓小平表示：主席批的这个问题是很及时的，这个问题，也是中国社会主义革命和社会主义建设一系列问题中的一个方面的问题。接着，他着重讲了"统一认识，拟定规划，组织队伍"的十二字方针。

彭真在讲话中说：主席这个信是写给我和刘仁同志的。主席为什么写这个信？他就是觉得北京这个文艺队伍是相当的鸦鸦乌。在文艺这个战线上，我们的革命搞得比较差，可以说比较落后，也可以说最落后的。彭真又说：文艺战线上的革命所以落后，首先是我们方面的责任。要振作精神，深入地搞一下这方面的工作。这个问题可不能忽视。有很多知识分子参加革命，是因为看了小说，看了文艺作品。匈牙利事变的时候，并不是将军组织了司令部，而是裴多菲俱乐部。现在我们让一些资本主义的东西、封建主义的东西在那里泛滥，连我在内，我也是让人家泛滥的一个，咱们大家分担责任。我看，主席现在提出这个问题很及时，再不搞要吃亏，包括我们的子女，都要让人家挖了墙脚。彭真还在讲话中认为，现在绝大多数还是认识问题，很明确很正确的是少数，坏人也是少数。对于过去所有的文艺作品，要区别对待，能够小改的小改，能够中改的中改，能够大改的大改，实在是毒草，就把它毁灭。①

这个座谈会在一定程度上缓解了当时文艺界的紧张心理。

正当文艺界贯彻毛泽东的批示之际，又发生了"迎春晚会事件"。这是一个在今天看来根本算不得什么的事件。1964年2月3日，中国戏剧家协会在全国政协礼堂举办迎春晚会，有北京和外地的戏剧工作者和其他艺术家约2000人参加。据一位参加者回忆："迎春晚会给人观感不同的是男男女女都着装比较整齐、讲究，女士们有穿裙装，略施粉黛的（仍以淡妆为主，浓妆艳抹的极少见）。一进大门，有年轻女子给每个来宾佩戴一朵绢花。主持人'剧协'的李超（'剧协'负责人之一）致欢迎辞时前边冠以'女士们、先生们'。这些，使人感觉既有节日的融和、喜庆气氛，又似乎恢复了一点旧时代的礼仪。""至于内容，大部分节目还是健康的。""书画厅里，艺术家们在那里挥毫写字、作画。""自然舞厅里还有舞会，人们一边随着乐曲跳舞，一边观赏那些即兴表演。"②

就是这样一场晚会，却带来了一场不小的风波，并引发了文艺界的大整风。

晚会之后，有两位参加者向中宣部领导写信，指责这次晚会"着重的是吃喝玩乐，部分演出节目庸俗低级，趣味恶劣"③。中宣部主要负责人看了这封信后，立即对此作了严厉的批评，并且认为"剧协的一部分已经腐败；所以各协会工作人员都应该轮流

---

① 参见人民出版社资料室：《中国赫鲁晓夫刘少奇反革命修正主义言论集》第3册，1967年编印。

② 涂光群：《五十年文坛亲历记》（上），辽宁教育出版社2005年版，第171—178页。

③ 涂光群：《五十年文坛亲历记》（上），辽宁教育出版社2005年版，第178页。

下放锻炼和加强政治学习"。

3月下旬，中宣部召集文联各协会党组成员、总支书记和支部书记50多人，连续开会三次，进行讨论。会议认为：这件事的发生不是偶然的，是当前阶级斗争在文艺队伍中的反映，是剧协领导资产阶级思想作风的暴露，认为这种事在其他协会中也程度不同地存在着，因此有必要在文联和各协会全体干部中，进行一次整风学习，吸取教训，使坏事变成好事。

5月8日，中宣部写出《关于全国文联和各协会整风情况的报告》（草稿）。报告指出，在贯彻执行党的文艺方向方面存在的主要问题是：1. 没有坚决贯彻执行党的文艺方向。有一个时期，主要是在八届十中全会以前，各单位都不同程度地存在着方向模糊、对阶级斗争形势认识不清的问题。在文艺创作方面，没有积极组织作家、艺术家创作反映社会主义时代的作品，许多作品不能很好地为社会主义革命和建设服务，同社会主义经济基础不相适应。有些协会的刊物编辑部，登了不少脱离时代、没有多少社会意义的东西，甚至还发表了一些借古讽今、发泄对现实不满情绪的坏作品。2. 在文艺理论批评方面，旗帜不鲜明，战斗性不强，对毛泽东文艺思想缺乏深入的研究和有力的宣传。3. 在文艺队伍方面，对队伍的落后的一面估计不足。忽视了作家艺术家深入生活、同工农群众相结合的必要性；忽视了文艺工作者思想改造的长期性；没有重视培养新生力量的工作。

在机关的革命化方面存在的主要问题是：第一，文联和各协会的党组织不健全，思想不革命化，缺乏无产阶级的战斗作风，机关内政治空气稀薄。第二，在工作人员中，资产阶级思想作风相当严重。比较普遍和突出的是个人主义思想，不少人图名求利，对工作敷衍塞责，应付了事。第三，有些单位人员复杂，队伍不纯。

报告指出，为了改变这种状况，经过检查和讨论，文联和各协会准备采取以下措施：

一是进一步明确文艺方向，贯彻执行党的文艺方针，大力发展社会主义文艺。目前着重抓报告文学、现代剧目、曲目和革命歌曲等创作，迅速反映当前斗争；同时，采取有效措施组织和帮助作家、艺术家长期深入群众生活，努力创作比较深刻地概括时代、创造社会主义时代的典型人物的作品。整顿文艺队伍，大力培养青年作家、艺术家。

二是改进文艺刊物，加强刊物的战斗性，使刊物真正成为发展社会主义文艺、宣传党的文艺方针政策、宣传毛泽东文艺思想和培养青年创作队伍的坚强阵地。同时加强评论队伍。

三是文联和各协会党组成员、业务骨干和所有的干部，分期分批轮流下放，参加劳动，参加基层工作，参加农村社会主义教育运动或者参加农村文化工作队，以改造思想，加强同群众的联系，对群众的文化生活进行调查研究。

四是组织干部学习马克思列宁主义和毛泽东思想。

五是加强党组，调整党组成员，健全领导核心。

这个报告是由中宣部文艺处起草的，曾经副部长林默涵修改后，交部长办公会议讨论，但此后很长一段时间没有下文。

这份报告草稿形成后不久，彭真要求中宣部搜集有关毛泽东1963年12月批示后文艺界出现的新气象，并形成一份报告呈送毛泽东。很快，各协会报来了大量材料，反映学习毛泽东的批示后，文艺工作者积极深入生活，参加农村的"四清"运动，投身城乡阶级斗争，创作了一批好的作品。中宣部收到这些材料后，准备形成一个报告报送毛泽东。可是，这份反映"新气象"的报告还来不及形成，就传来毛泽东关于文艺问题的第二份批示。

毛泽东的批示写于6月27日，批示是这样写的："这些协会和他们所掌握的刊物的大多数（据说有少数几个好的），十五年来，基本上（不是一切人）不执行党的政策，做官当老爷，不去接近工农兵，不去反映社会主义的革命和建设，最近几年，竟然跌到了修正主义的边缘。如不认真改造，势必在将来的某一天，要变成像匈牙利裴多菲俱乐部那样的团体。"

按照正常的工作程序，中宣部文艺处起草的报告在中宣部认真修改、部长会议讨论后，上报中共中央书记处，再由中共中央书记处决定是否有必要报送毛泽东。可是，这份中宣部的领导们都没有修改的报告草稿，又是如何送到毛泽东手中的呢？党的十一届三中全会后，时任中宣部副部长的林默涵曾追忆说："中宣部将文联各协会中揭发出来的缺点、错误给中央写了个报告，报告草案送给周扬同志看，周扬同志认为不够充实，改正工作的措施也不够具体，要改一改。当时江青追问：毛主席批示下达后文艺界是怎样检查的？我告诉她中宣部写了个报告，因为不够充实，还要改一改。她要我把草稿寄给她。不久，毛主席就在草稿上作了第二个批示。"①

作了这个批示之后，毛泽东曾亲自召开一次会议，布置文艺界的整风。参加会议的彭真、陆定一、康生等负责意识形态工作。毛泽东在会上提出要彻底整顿文化部，并指定由陆定一、彭真、周扬三人组成领导小组，由陆定一主持。陆定一当即表示自己"见事迟"，负不了这个责，建议由彭真负责。毛泽东表示同意，接着又点名康生和吴冷西参加小组工作。7月7日，根据毛泽东的提名，由彭真、陆定一、康生、周扬、吴冷西组成、以"贯彻中央和主席关于文学艺术和哲学社会科学问题的批示"为职责的五人小组正式成立。这个小组后来取名为"文化革命五人小组"。②

---

① 黎之：《文坛风云录》，河南人民出版社 1998 年版，第 441 页。

② 肖冬连：《求索中国——"文革"前 10 年史》，红旗出版社 1999 年版，第 1090 页。

（二）文艺领域的批判运动

7月2日，中宣部召开文联各协会和文化部负责人会议，执行毛泽东的第二个批示。文联各协会又开展了第二次整风。

同前一阶段的整风不同，这一阶段的整风着重对文艺界的某些领导人进行检查和批判，因为当时估计文艺部门的某些单位已经被资产阶级夺了权。而在这之后，毛泽东对文艺工作仍不断提出批评。

这年7月，毛泽东在同毛远新谈话时说：文化部是谁领导的？电影、戏剧都是为他们服务的，不是为多数人服务的。

8月20日，薄一波向他汇报计划工作方法革命化问题时，毛泽东又说：文化团体也要赶下去。文化部可以改为"帝王部"，最好取消。农村工作部可以取消，为什么文化部不可以取消。

9月4日，毛泽东在接见老挝爱国战线党文工团时说：我这个人有缺点，有错误。20年前我就讲过，文艺界要为工农兵服务。可是这15年我们没有很好抓，这还是怪我不行。现在我改正错误。

10月16日，他在接见古巴党政代表团时说，中国的文化界不为工农兵服务，不为社会主义服务，而是为资本主义封建主义服务。资产阶级掌握文化、艺术、教育、学术，可顽固啊！尽是他们的人，中国人很少。

1964年11月，毛泽东在听取一个汇报时说：整个文化部系统不在我们手里，究竟有多少在我们手里？百分之二十？百分之三十？或者是一半？还是大部分不在我们手里？我看至少一半不在我们手里。整个文化部都垮了。

在这次整风运动中，文化部和几个重要文艺团体的负责人，如齐燕铭、夏衍、田汉、阳翰笙、邵荃麟等，成为重点批判对象。与此同时，一批文艺作品被点名批判。

1964 年 8 月 14 日，中宣部向中共中央书记处报告说，《北国江南》和《二月》（即《早春二月》）是两部思想内容有严重错误的影片。其共同特点是，宣传资产阶级的人性论和人道主义，抹杀和歪曲阶级斗争，着重表现中间状态的人物并以这种人物作为时代的英雄。为了清除电影界、文艺界的错误观点，提高文艺工作者和广大观众的思想认识和辨别能力，拟在北京、上海等大城市公开放映这两部影片，并在报刊上组织讨论和批判。

8 月 18 日，毛泽东对中宣部的报告作出批示："不但在几个大城市放映，而且应在几十个至一百多个中等城市放映，使这些修正主义材料公之于众。可能不只这两部影片，还有些别的，都需要批判。"

《北国江南》由阳翰笙编剧，沈浮导演，1963 年摄制完成。这本是一部"描写人民群众在党的领导下，依靠自己的力量，改造自然，变塞外为江南的赞歌"[①] 的电影。影片塑造了吴大成和银花这样并无惊天动地业绩，但忠厚朴实的共产党员形象。这样一部电影之所以遭到批判，就在于"这部影片，在怎样正确反映农村阶级斗争，怎样塑造正面英雄人物的形象，怎样正确对待中间人物在创作中的地位和作用等根本性的问题上，都存在着严重的错误"[②]。此外，这部影片的"错误"，还有宣扬阶级调和观点、歪曲和抹杀现阶段农村的阶级斗争、宣传资产阶级的人性论等。

《早春二月》是导演谢铁骊根据"左联"作家柔石 1929 年创作的中篇小说《二月》改编而成的。小说描写的是去乡村中学任

---

① 马林：《千里塞外变江南——看电影〈北国江南〉》，《人民日报》1964 年 7 月 19 日。

② 汪岁寒、黄式宪：《应当严肃认真地来评论影片〈北国江南〉》，《人民日报》1964 年 7 月 30 日。

教的萧涧秋与陶岚恋爱及帮助采莲母子的故事。电影《早春二月》基本上是忠于原著的。这部电影之所以受到批判，"就在于它通过萧涧秋和陶岚这两个形象，不是批判而是歌颂了逃避斗争的消极遁世思想和资产阶级个人主义、人道主义"。从 1964 年 7 月至 11 月，全国各种报刊共发表了二百余篇批判《早春二月》的文章。有批判文章说："《早春二月》是一部极其有害的坏影片"，"影片编导者其所以要把二十年代就应该受到批判的作品，公然拿到社会主义的六十年代来，正是社会主义时代阶级斗争在文艺中的反映。"更严重的是，影片"大肆宣扬反动的资产阶级的货色，正是适应国内外阶级敌人的需要，为散布资产阶级思想而效劳"。①

《北国江南》《早春二月》遭到批判后，还有许多电影及戏剧被拉入这场批判运动之中，如《舞台姐妹》《红日》《兵临城下》《革命家庭》《林家铺子》《聂耳》《怒潮》《不夜城》《两家人》《球迷》《逆风千里》《抓壮丁》及戏剧《李慧娘》《谢瑶环》等。

其实当年对于有些文艺作品的批判，不论是批判者还是被批判者都显得十分无奈。

电影《林家铺子》是夏衍根据茅盾同名小说改编而成的。这部献礼影片本是 1959 年国庆十周年时经中共中央书记处同意上映，并且当时还受到了有关领导和观众的好评，被誉为名著改编的典范。可是就是这样一部片子，也没有摆脱受批判的厄运。因为影片"掩盖资产阶级剥削本质，抹煞阶级矛盾，模糊群众对资产阶级的认识，同社会主义革命唱反调"，因此，"它不是一部值

---

① 冯育柱：《为资产阶级效劳的〈早春二月〉》，《青海日报》1964 年 10 月 25 日。

得称赞的好片子，而是一株应当批判的毒草"。①

电影《不夜城》是一部歌颂中国资本主义改造取得胜利的影片，是中共中央宣传部、中共中央统战部请中共上海市组织力量创作的，剧本由著名作家柯灵执笔，中央统战部部长李维汉和中宣部的一位副部长还对此进行过研究。上海市委为了拍摄这部影片投入了大量的人力物力，编、导、演的人员都是一流的，拍摄用的胶片也是最好的。拍摄完毕后，也一时颇得好评。② 可是，在这次大批判运动中，此片却成了重点批判对象，理由是该片"歪曲了阶级和阶级斗争""宣传阶级调和主义""宣扬阶级生活方式"等。

据"文革"期间"革命大批判"文章的揭发："当批判《不夜城》、《林家铺子》刚刚开始的时候，1965 年 3 月，彭真召集周扬、林默涵等一伙，在他家里开了一次黑会，对电影《林家铺子》和《不夜城》的批判作了黑指示。他极力把这两部片子的问题说成是认识问题，包庇夏衍过关。他说：'这次批判是学术讨论性质，要以讲理为主，不要使人感到不能说话，不能犯错。这次批判，要高质量！少而精，党报、党刊写一、两篇总结文章就行了。'又说：'《林家铺子》的原著在当时是有积极意义的，资产阶级是有受三大敌人压迫的一面，这也是可以同情的。'……根据彭真的这个黑指示，周扬、林默涵一伙利用职权，向全国发'指示'，'统一口径'。他们闭口不谈政治问题，而把研究'文艺作品应如何描写资产阶级'当作批判这两部反动影片的最高目的，并说这是文艺创作的'新课题'、'新任务，是'尖端'，千

---

① 苏南沅：《〈林家铺子〉是一部美化资产阶级的影片》，《人民日报》1965 年 5 月 29 日。

② 参见黎之：《文坛风云录》，河南人民出版社 1998 年版，第 462 页。

方百计把批判引入所谓'纯学术'讨论的邪路。"①

这个"揭发"大体还是符合事实的。在批判《不夜城》时，中共中央宣传部派了一位副部长主持起草批判文章，《人民日报》派了两名副总编辑参与起草。这位副部长在谈到他对批判文章的初步设想时强调，作者创作意图是好的，想歌颂党对资本主义工商业的改造。问题是没有正确的观点，歪曲了事实。结果，起草小组花了很大的功夫才写出了一篇批判文章《宣扬阶级调和主义的影片〈不夜城〉》（署名阎东宾）。可在"文革"中，这篇文章仍被指责为"回避了影片反对无产阶级专政、鼓吹复辟资本主义的严重政治问题，而对非要害的东西，却大事铺陈，津津乐道"。

在众多的文艺作品受到错误批判的同时，一些文艺理论观点也受到粗暴的指责，其中影响较大的是对所谓"中间人物论"的批判。

1962 年 8 月 2 日至 16 日，中国作协在大连召开农村题材短篇小说创作座谈会。会议由中国作家协会副主席、党组书记邵荃麟主持，参加会议的有茅盾、周立波、侯金镜、陈笑雨等八个省市的 16 位作家或评论家。所谓"中间人物论"，就是邵荃麟在这次会议的引言和总结性发言中提出的。邵荃麟说：我们的创作，总的看来，革命性是够的，写艰苦性、长期性、复杂性不够。两头小，中间大，英雄人物与落后人物是两头，中间状态的人物是大多数，应当写出他们的各种丰富复杂的心理状态。文艺的主要教育对象是中间人物。最进步最先进的人，用不着你教育。写英雄是树立典范，但也应该注意写中间状态的人物。只写英雄模范，不写矛盾错综复杂的人物，小说的现实主义就不够。强调先进人物、英雄人物是应该的，是反映我们时代精神的。但整个说

---

① 谭俊、李丁：《这笔老账必须彻底清算——评关于反动影片〈林家铺子〉和〈不夜城〉的一场假批判》，《人民日报》1967 年 6 月 4 日。

来，反映中间状态的人物比较少。中间大，两头小，好的坏的人都比较少。广大的各阶层是中间的，描写他们是很重要的，矛盾往往集中在这些人物身上。邵荃麟的上述观点，后来在批判时被概括为"中间人物论"。

1962年9月号的《文艺报》上发表了署名"沐阳"的随笔《从邵顺宝、梁三老汉所想起的……》一文，肯定了大连创作会议上关于写中间人物的主张，认为文艺作品中，所创造的人物性格越多样，对社会生活的多样性、复杂性反映得越充分，其帮助群众推动历史前进的作用才会更加有力，希望作家们把生活中大量存在的处于中间状态的多种多样的人物真实地描绘出来。此外，当年的《火花》《河北文学》等刊物上，也有作者发表文章，对"写中间人物"进行肯定。

"沐阳"的文章发表后，《文艺报》曾收到了一些读者来信，既有赞成的，也有不赞成的，《文艺报》编辑部为此整理了一份材料，列举了各种不同意见。不料，"写中间人物"的问题引起了自称为"文艺战线流动哨兵"的江青注意。毛泽东关于文艺问题作出两个批示后，江青要求中宣部组织有分量的文章批判"中间人物论"。

这一下可使中宣部的领导犯了难。江青的地位特殊，自然不可违命；可邵荃麟关于写"中间人物"的言论，只在大连创作会议上口头讲过，没有公开发表，只有原始记录，而此前周恩来反复讲过，写批判文章要根据被批判者正式发表的言论为准，对人家的发言不要断章取义。为此，中宣部的两位副部长和作协的负责人经过反复研究，决定由《文艺报》编辑部根据一些人的回忆及大连创作会议的记录，拼凑了一份《关于"写中间人物"的材料》。接着又组织了一个写作班子，依据这份材料，写出了《"写中间人物"是资产阶级文学主张》这篇批判文章，发表在1964年第8、9期合刊的《文艺报》上。

这篇批判文章，将邵荃麟的"中间人物论"概括为：（1）在人民群众中间，正面英雄人物是少数，中间人物是大多数，因此要大量描写中间人物。（2）文艺创作要反映社会矛盾，而矛盾往往集中在中间人物身上，因此要集中笔力写中间人物。（3）文艺的主要教育对象是中间人物；应当通过写中间人物来教育中间人物。（4）在文艺创作中，英雄人物写多了，中间人物写少了；大家都写英雄人物，路子就窄了；要使路子宽广起来，就要多写中间人物。文章围绕这四个方面逐一展开批判，"写中间人物""排斥社会主义文艺用社会主义、共产主义精神教育人民的作用"，而且"根据这种理论主张写出来的作品，断然是反社会主义的毒草，不会是什么好东西"，这就"势必要把我们的文艺引到资产阶级的死胡同里去"。可见，"'写中间人物'的理论主张及其主要理由，都是站不住脚的，都是同马克思主义的文艺思想、同文艺的工农兵方向、同社会主义的文艺路线背道而驰的"。因此，同邵荃麟的争论，"不是一般的文艺理论上的争论，而是文艺上的社会主义道路同资本主义道路的斗争，是无产阶级的社会主义的文艺路线同资产阶级的反社会主义的文艺路线的斗争，是大是大非之争"。

此后，各种报刊发表了大量的批判"中间人物论"的文章，并给邵荃麟戴上"资产阶级的文学主张""同革命的、人民的事业唱反调""搞矛盾调和和阶级调""美化资产阶级思想""为资产阶级在社会主义文学中争地盘"等大帽子。

（三）"一场严重的阶级斗争"

"左"倾思想蔓延文艺界后，又开始传染到哲学、经济学、历史学等各个学术领域。

首先遭到批判的是哲学家、中共中央高级党校副校长杨献珍提出的"合二而一"论，理由是与毛泽东提出的"一分为二"

唱对台戏。

"一分为二"是毛泽东对对立统一规律的通俗解释。毛泽东认为，无论什么世界，当然特别是阶级社会，都是充满着矛盾的。没有一处不存在矛盾，没有一个人是不可以加以分析的。1957年11月18日，毛泽东在各国共产党和工人党莫斯科会议上的讲话中曾说：我们的支部书记是懂得辩证法的，当他准备在支部大会上作报告的时候，往往在小本子上写两点，第一点是优点，第二点是缺点，"一分为二"，这是个普遍现象，这就是辩证法。据有研究者考证，此为毛泽东第一次提出"一分为二"命题。

杨献珍在研究列宁《谈谈辩证法问题》中关于对立统一的规律时，结合老子"合有无为之元"的思想，以及明朝方以智的著作《东西均》中关于"合二而一"的说法，认为可以用"一分为二"来表达统一物之两个部分，也可以用"合二而一"来表达"统一物是由两个对立面组成的"。1963年11月，杨献珍给中共中央高级党校学员印发了一份题为《"是——是，否——否；是——否，否——是"是什么意思？》的资料，其中写道："对立统一、一分为二、合二而一，是一个意思"，第一次提出了"合二而一"的概念。1964年4月，杨献珍给中共中央高级党校新疆班学员讲了两次课，一次讲题为《尊重唯物论》，另一次讲题为《在实际工作中尊重辩证法》。在后一个讲题中，他第一次讲述了"合二而一"问题。

杨献珍提出"合二而一"的概念后，中共中央高级学校两位教员根据自己对杨献珍观点的理解，结合他们对这一问题的看法，写成《"一分为二"与"合二而一"》一文，于4月28日寄给《光明日报》"哲学"副刊。文章认为："对立面的统一和斗争是事物发展的最根本规律。'一分为二'的两分法，是认识事物的根本方法，辩证法要求我们在观察分析和处理问题时，既要在统一中把握对立，又要在对立中把握统一。使主观和客观，理论和实践具体的历史的统一，避免离开具体历史的'左'和'右'的错误，正确地发挥主观能动性。"文章还认为："事物是由对立的两个方面构成的，对立的两个方面是不可分割地联系在一起的。这种情况反映到人们的头脑中，中国古人是用'合二而一'来表达的。""'合二而一'正是表达了辩证法的最基本的规律——对立统一规律。"①

据时任高级党校副校长的范若愚回忆，《光明日报》在文章正式刊出前，曾将清样送给康生。康生后来说："我一看有问题，就告诉《光明日报》，凡这类稿件一律扣下不发。"当时，康生直接领导了一个"反修哲学写作小组"，这个小组的负责人是时任《红旗》杂志编委，后来成为"中央文革小组"成员、曾红极一时的关锋。关锋看了清样后认为其中大有文章可做，就建议说，这篇文章"是大毒草，是大鱼"，意思是可以先将文章发表，再组织批判。②

5月中旬，《光明日报》印出了这篇文章的清样，并通知作者说，文章对毛泽东的哲学思想是有体会的。不过也有人说：已经有了"一分为二"，再用"合二而一"来表达对立统一规律，是标新立异。作者听了这话后，就将写文章一事告诉杨献珍，并问杨：用"合二而一"表达对立统一规律，这个提法是否站得住？杨说：站得住，中国哲学史上早就有人用"合二而一"表达对立统一规律了，他不知道，就是标新立异。杨还纠正了清样上几句用词不确切的话，并且说：写文章不要怕别人攻。

1964年5月29日，《"一分为二"与"合二而一"》一文在《光明日报》正式发表。一个星期后，即6月5日，《光明日报》

---

① 《"一分为二"与"合二而一"》，《光明日报》1964年5月29日。

② 范若愚：《"合二而一"批判由来》，《红旗》1979年第10期。

第一版上就发表了一篇不赞成"合二而一"观点的文章——《"合二而一"不是辩证法》，署名项晴。文章说："一分为二"并不只是认识的方法，而是客观事物的规律。"一分为二"同"合二而一"是对立的，"合二而一"不仅不能推动事物的发展，而且由于否定了矛盾的斗争，陷入矛盾调和，必然阻碍事物的转化和发展。

当时，全国京剧现代戏观摩演出大会正在北京举行，康生利用开会的机会，把上述两篇文章给了江青，由其将文章送给毛泽东看。毛泽东看后表示，"合二而一"是矛盾调和论。1964年6月8日，毛泽东在中共中央工作会议上讲话时又说过，"一分为二"是辩证法，"合二而一"恐怕是修正主义，阶级调和的吧！①毛泽东认为"合二而一"有搞修正主义、搞阶级调和之嫌，是由于当时他已十分重视阶级斗争，认为党内、国际共运内都存在对立面，都应一分为二。显然，此时他强调的是"一"如何分为"二"，而杨献珍恰恰强调"二"如何合为"一"。

摸清楚毛泽东的态度后，康生决定采用"引蛇出洞"的策略，先让报刊登载几篇赞成"合二而一"或虽不赞成这个观点但是就此进行学术讨论的文章，诱使更多的人上钩，然后再组织反击，开展批判。他对自己的计谋很得意，两年后，他还在说："1964年'合二而一'的斗争，开始像是学术斗争，我们有意识地搞一下，是引起大家讲话。以后点了杨献珍，提到政治方面了。这个斗争一来，杨献珍就垮了。"②

随后，康生向高级党校索取了杨献珍在新疆班的讲稿，并对党校一位负责人说：中央要我管党校，可是，曹营的事难办得

① 参见中共中央文献研究室编：《毛泽东年谱（1949—1976）》第5卷，中央文献出版社2013年版，第359页。

② 范若愚：《"合二而一"批判由来》，《红旗》1979年第10期。

很！过去杨献珍的问题不能解决，因为上面替他说话的大有人在。意思是这次可以用"合二而一"为突破口，解决杨的问题。

到了 7 月中旬，康生认为"蛇"已经引得差不多了。7 月 17 日，《人民日报》发表了康生主持修改，署名"王中、郭佩衡"的文章《就"合二而一"问题同杨献珍同志商榷》，公开点了杨献珍的名。

8 月 14 日，《光明日报》发表了署名"撒仁兴"（关锋等 3 人使用的笔名）的文章《"合二而一"是阶级调和论的哲学基础》。文章指责"合二而一"是"一种排斥矛盾斗争的哲学，是彻头彻尾的形而上学，是腐朽资产阶级的世界观，是阶级调和论的哲学基础"。并且认为，从形而上学的"合二而一"哲学出发，在思想上、理论上和政治实践上，就不是划清阶级界线，而是混淆阶级界线；就不是实行无产阶级的阶级斗争，而是实行阶级调和、阶级妥协，为资产阶级效劳。因此，"合二而一"说，是阶级调和论的哲学基础"。

8 月 31 日，这天出版的《红旗》杂志 1964 年第 16 期以"本刊报道员"名义，发表《哲学战线的新论战》一文。文章说：这是一场坚持唯物辩证法同反对唯物辩证法的斗争，是两种世界观即无产阶级世界观同资产阶级世界观的斗争。主张事物的根本规律是"一分为二"的，站在唯物辩证法一方；主张事物的根本规律是"合二而一"的，站在反唯物辩证法一方。论战的双方阵线分明，针锋相对。这是当前国际国内尖锐复杂的阶级斗争在意识形态上的一种反映。"为了与国际国内阶级斗争的形势相适应，我们党在报刊上加强了关于'一分为二'的唯物辩证法的宣传。可是，正在我们党加强宣传'一分为二'的革命辩证法的同时，杨献珍同志却大讲其所谓'合二而一'论，同党大唱对台戏。"

之后，各种报刊相继发表了大量的批判"合二而一"论的文章。据统计，至 1964 年底，在半年多的时间里，各地主要报刊发表的批判文章即达 500 多篇。与此同时，杨献珍的"综合经济基础论""思维与存在的同一性论"等观点也一同受到批判。

1965 年 3 月 1 日，中共中央高级党校校委会向中共中央呈送了《关于杨献珍问题的报告》。报告称："杨献珍的政治面貌和精神状态，基本上弄清楚了。他是资产阶级在党内的代言人，是彭德怀的一伙，是个小赫鲁晓夫。他把高级学校搞成独立王国，干了许多坏事。"报告还给杨献珍罗列了十条罪状，其中一条就是"制造反对社会主义的'理论'"，因为杨"有计划、有组织地向党发动了总进攻，提出取消革命、从理论上根本否定阶级斗争、否定社会主义同帝国主义的斗争、否定马列主义同修正主义斗争的'合二而一'论，为现代修正主义的'三和两全'（按：和平共处、和平过渡、和平竞赛，全民国家、全民党）路线作了哲学概括，为国内资本主义势力制造了'和平演变'的理论"。[①] 该报告建议撤销杨献珍的党校副校长和校务委员会委员的职务。

9 月 24 日，中共中央将这一报告作为中央文件批发全党，并同意撤销杨献珍的职务，降为中国科学院哲学研究所副所长。

（四）上纲上线的"学术批判"

学术领域的大批判启动之后，便以"左"的惯性向前滑行着。在批判杨献珍"合二而一"论之后，1964 年下半年，又开展了著名经济学家孙冶方及其经济学观点批判。

孙冶方早年投身于革命，1927 年从莫斯科中山大学毕业以后，在东方大学和中山大学做过三年政治经济学课的翻译；新中国成立初期又到苏联考察过其经济管理制度，对苏联那种高度集中的经济体制的弊病，有比较深入的了解。1954 年以后，孙冶方

---

① 丛进：《曲折发展的岁月》，河南人民出版社 1989 年版，第 569—570 页。

一直担负着经济管理部门的领导工作，对中国国民经济制度的现状和从苏联照搬过来的许多经济制度所产生的问题，也很清楚。1956年到1957年，他写的《把计划和统计放在价值规律的基础上》《从"总产值"谈起》等文章，提出只有把计划放在价值规律的基础上，才能使计划成为现实的计划，才能充分发挥计划的效能，文章还认为社会主义大生产不能靠主观意志，必须以价值规律为依据，在计划和统计上多注意劳动量消耗的计算，促进生产率的发展。

此后，孙冶方一直没有放松对社会主义经济问题的思考，从1958年到1963年间，他先后发表研究成果20余篇，其中有代表性的是：《要用历史观点来认识社会主义社会的商品生产》（《经济研究》1959年第5期）、《论价值》（《经济研究》1959年第9期）、《关于全民所有制经济内部的财经体制问题》（研究报告，1961年6月2日）、《固定资产管理制度和社会主义再生产问题》（研究报告，1963年9月3日）、《社会主义计划经济管理体制中的利润指标》（研究报告，1963年9月18日）等。这一系列文章、报告的要点是：用最小消耗取得最大经济效果是社会主义政治经济学的红线；把计划放在价值规律的基础上；正确运用经济杠杆，提高利润指标在经济管理中的地位；流通是社会主义社会化生产和再生产的物质代谢过程；扩大企业的经营管理权限，按照简单再生产和扩大再生产的界限来正确处理国家同企业的关系。

1959年上半年纠"左"的时候，毛泽东曾强调过社会主义仍必须发展商品生产和商品交换，必须重视价值法则的作用，并提出价值法则是个伟大的学校。但是，当时社会上仍不重视商品生产和流通，仍然忽视价值规律的作用，在"利润挂帅"的帽子下使人们对"利润"二字噤若寒蝉。针对这一情况，1963年9月，孙冶方写了一篇《社会主义计划经济管理体制中的利润指标》的内部研究报告，其中心思想是：应该提高利润指标在计划经济管理体制中的地位，应该分清社会主义企业利润和资本主义企业利润，不能用对待资本主义利润的态度来对待社会主义利润；应该表扬那些努力降低成本、增加利润的先进企业，恢复社会主义利润指标的名誉。

1962 年的时候，陈伯达写了一份关于财经工作的报告草案。这年 8 月下旬，孙冶方对陈伯达的报告草案写了一个书面意见，对其中一些不妥当、不正确的提法谈了自己的看法。如孙冶方认为，货币发行量过多与否，不是相对于商品供应量说的，而只能是相对于整个市场的商品流通量说的；计划供应与凭证供应之间不能画等号；不要把集市贸易叫做"自由市场"。这些都是对陈伯达报告中观点的纠正。这一下招致了一向以理论家自诩的陈伯达忌恨。不过，陈伯达当时却装着虚怀若谷的样子，亲自同孙冶方会见，还说孙冶方的意见提得好。1964 年秋，国内"反修防修"的声浪日高，陈伯达依据孙冶方 1963 年的那份研究报告，同康生一起，给他戴上了一顶"中国最大的修正主义者"的大帽子，组织对他的批判。

批判者说，孙冶方的观点主要有两个基本的、互相联系的方面，一是反对无产阶级国家统一管理经济，主张企业独立自治；二是反对按社会需要调节生产，主张以利润调节生产。因此，孙冶方经济观点的政治实质是使社会主义和平演变为资本主义，是彻头彻尾的修正主义理论。还有批判者说，孙冶方自 1956 年以来，特别自 1961 年以来，形成和发展起来的一整套修正主义经济观点，是同苏共二十大和二十二大以后泛滥起来的国际修正主义思潮相呼应的，他的主要观点是苏联修正主义的变种。更有批判者将他的经济观点指责为旨在实行资本主义经济自由化，在客观上适应国内资产阶级搞和平演变，复辟资本主义的需要，并为国际现代修正主义效力。

当时，康生、陈伯达除了组织大量的批判文章外，还以《红旗》杂志社的名义，在北京和天津组织部分经济学者召开再生产问题座谈会。这是在孙冶方已被陈伯达内定为"中国最大的修正主义者"后召开的，说是座谈会，实际上是批判会。在几个月内，连续开会30余次，以"座谈"的名义组织对他的围攻。尽管如此，孙冶方坚信自己的观点是站得住脚的。在一次"座谈会"上，他明确表示："尽管人家在那儿给我敲警钟，提警告，说这是修正主义观点，我今天还要在这里坚持自己的意见，以后也不准备检讨。"①

为了批倒孙冶方并肃清其在所在单位中国社科院经济研究所的影响，1964年10月，康生、陈伯达将经济研究所作为"四清"重点单位，派来一个数十人组成的工作组，并发动全所人员揭露批判孙冶方的"修正主义经济理论和经济政策"，甚至还用莫须有的罪名，将他同张闻天（庐山会议张闻天遭错误批判后，到经济研究所当了一名"特约研究员"）的所谓"反党活动"联系起来，打成"张孙反党联盟"。最后，又以"抗拒党和群众对他的原则批评，态度十分骄横"的罪名，撤销他的经济研究所所长职务，并下放到京郊周口店大韩继大队进行"劳动改造"。

受到点名批判的还有北京大学教授、哲学家冯定。1964年8月，《红旗》杂志第17、18期合刊发表《评冯定的〈共产主义人生观〉》一文，揭开对冯定的批判；同年11月，《红旗》杂志第21、22期合刊又发表文章批判冯定的《平凡的真理》一书。批判者指责冯定"同赫鲁晓夫唱一个调子"，他的那两本书也就成了"宣扬修正主义思想的坏书"，是"主观唯心主义的大杂烩"。

① 中国社会科学院经济研究所学术资料室编：《孙冶方纪念文集》，上海人民出版社1983年版，第31页。

1947 年秋，冯定在大连进行胃切除手术，利用手术后休养的时间，他开始写一篇篇的相关短文，每篇文章都有一个小标题，并注明"平凡的真理之一、之二……"1948 年，他将这些文章编辑成一本书，就取名为《平凡的真理》，由大连光华书店出版。上海解放后，该书又由上海三联书店再版。1955 年他作了重写，然后由北京中国青年出版社出版。

这部书分为四个部分：1. 真理与智慧，主要内容是作为认识主体的人，是怎样通过自己的头脑认识外部世界的，侧重剖析了认识发生的生理基础和社会基础。2. 真理与谬误。扼要评价辩证唯物主义认识论和唯心主义形而上学认识论这两种对立的认识论，强调马克思主义是人类现有的最正确的思想。3. 真理与规律。以唯物论与辩证法相统一为基点，对唯物辩证法的基本规律和范畴作了阐释。4. 真理与实践。主要讲的是马克思主义宇宙观在学习、工作、斗争、领导、修养等各个实践领域的具体展开。

《平凡的真理》是冯定几十年进行哲学理论和宣传的心血结晶，对辩证唯物主义和历史唯物主义的原理，作了通俗易懂的阐释，出版之后深得读者喜爱，先后印刷了 11 次，发行了 50 多万册。

1956 年，冯定又写作了《共产主义人生观》一书，并于同年由中国青年出版社出版。这本书深入浅出地讲述了必须自觉做人和应当怎样自觉做人的道理。冯定认为，共产主义人生观是先进的人生观，是科学的人生观，是自觉的人生观，是与时俱进的人生观。1964 年他在《人生漫谈》一书的序中说："我在写《共产主义人生观》的时候，是注意了不要落入个人主义的罗网或圈套。所以，当时我就不从人生而谈人生，而是在讲了资产阶级人生观和无产阶级人生观完全对立以后，就讲辩证唯物的世界观和辩证唯物的历史观，最后才将有关人生的几个具体问题讲了一讲。"①《共产主义人生观》出版后也是大受欢迎，不到两年的时间印刷了 7 次，总印数达 86 万册。

可是，就是这样两本深得广大青年喜爱、产生了广泛影响的著作，却在 1964 年下半年被扣上"主观唯心主义的大杂烩"、"鼓吹'阶级斗争熄灭论'"、"宣扬资产阶级人生观"、"和赫鲁晓夫唱同一个调子"、"宣传修正主义思想"等大帽子，对其开展口诛笔伐。

1964 年 9 月的《红旗》杂志第 17、18 期合刊上发表了《评冯定的〈共产主义人生观〉》一文。这篇文章本来是先投稿给共青团中央机关刊物《中国青年》杂志，《中国青年》以文章太长为由将稿子退回。该文作者又将其投给了中共中央机关刊物《红旗》杂志，却被正在大做"反修"文章的康生相中。因为这年 8 月 24 日，毛泽东在同北京大学副校长周培源谈话时，就曾讲过："你那里的冯定，我看就是个修正主义者，他写的书里讲的是赫鲁晓夫那一套。"② 正因为这句话，冯定成了大批判的对象。

批判者采取断章取义的方式，对《共产主义人生观》上纲上线地进行批判。有人在《人民日报》上发表文章，题目就叫《剥开皮来看冯定同志的"共产主义人生观"》，说这本书是打着共产主义的招牌，推销资本主义的货色。不但如此，批判者还认定冯定所阐述的共产主义人生观，"浸透了建立在金钱关系上的资产阶级唯利是图的丑恶思想"；"它是把唯生主义、个人主义、实用主义、和平主义等资产阶级货色凑在一起的大杂烩"，因而

---

① 《冯定文集》第 2 卷，人民出版社 1989 年版，第 399 页。
② 谢龙主编：《平凡的真理　非凡的探索——纪念冯定百年诞辰研究文集》，北京大学出版社 2002 年版，第 177 页。

"这本小册子完全暴露了隐藏在冯定灵魂深处的那个资产阶级王国"。①

这年11月，《红旗》杂志第21、22期合刊上发表了《主观唯心主义的大杂烩——评冯定同志的〈平凡的真理〉》。这篇批判文章一开始就给《平凡的真理》下断语说，这本书"充满了严重的错误，是一本毒害青年的坏书"。而批判者在文章最后得出的结论是，《平凡的真理》是一本庸人的哲学，也是资产阶级的哲学，是与马克思列宁主义、毛泽东思想针锋相对的。它只讲个人"趋利避害"，不讲阶级斗争和革命，它要人们放弃一切崇高的理想，只在个人生活上寻求满足。这本书是帮助资产阶级毒害青年的一本坏书。并且认定："这本书是由各种资产阶级腐朽思想拼凑而成的，折衷主义色彩十分浓厚，而主要的，是主观唯心主义的大杂烩。它在辩证唯物主义和历史唯物主义的外衣下，利用各种资产阶级哲学，系统地歪曲了辩证唯物主义和历史唯物主义。"②

著名历史学家翦伯赞也成为这场大批判的一个靶子。

1961年，翦伯赞发表了《对处理若干历史问题的初步意见》一文。这是他针对"大跃进"以来史学研究和教学中存在的问题而写的，全文共分为八部分：1. 如何处理历史上的阶级关系；2. 如何处理历史上的民族关系；3. 如何处理历史上的国际关系；4. 怎样对待发展观点；5. 怎样对待全面观点；6. 人民群众与个别历史人物；7. 政治、经济与文化；8. 理论、史料与文章。文章对这八个方面的问题提出了具体意见。例如，针对当时

---

① 《剥开皮来看冯定的"共产主义人生观"》，《人民日报》1965年1月25日。

② 《主观唯心主义的大杂烩——评冯定同志的〈平凡的真理〉》，《红旗》1964年第21、22期合刊。

史学研究中过分拔高农民起义作用的倾向，他强调在写农民战争的时候，不要忘记农民战争是发生在封建时代，不要忘记农民是小所有者，应该历史主义地对待农民战争，既不能强调农民战争的落后性、盲目性，也不能夸大农民战争的组织性和纪律性。他还在文章中提出了"让步政策"的问题，认为在经历一个大的农民战争之后，封建统治阶级为了恢复封建秩序，有时会对农民作出一定程度的让步。当然，让与不让，让多让少，决定于阶级对抗的形势，也决定于农民战争带来的阶级力量的对比变化。他还主张在坚持"理论挂帅"时，不要用一般原则去套历史，将史料硬塞进原则中作为理论的注脚，而应用理论去分析史料，通过对史料的分析，对历史事件或问题作出理论的概括。

1962 年，翦伯赞又发表了《目前史学研究中存在的几个问题》。这几个问题是史与论、政策与理论、阶级观点与历史主义、客观规律性与主观能动性。他认为，"以论带史"的口号是片面的甚至是错误的，这个口号意味着研究历史要从理论或概念出发，而不是从具体的史料出发。他又认为，理论与政策是有区别的，历史学为政治服务，并不是配合当前的每一个政治运动，而是为一定的阶级在一定时期的需要服务；也不是把古人古事拉扯到现代，而是总结历史经验为政治服务。对于阶级观点与历史主义的关系，翦伯赞认为，所谓站稳立场，不是用现代人或事的标准去苛求古人古事，而是要将阶级观点与历史主义结合起来，对历史事实作出全面公平的论断。对客观规律性与主观能动性问题，他针对史学界存在的忽视历史人物作用的倾向提出，写历史必须写人，必须承认人的主观能动作用，这种作用有些是进步的，有些是反动的，只要对历史起了作用就要写。

1963 年 6 月，关锋就在北京展览馆以《在历史研究中运用阶级观点和历史主义的问题》为题发表演讲，对翦伯赞的"历史主义"作了不点名的批判。1965 年 9 月 22 日，《光明日报》发表

《应该怎样估价"让步政策"》一文，指责翦伯赞的"让步政策论"是"根本歪曲毛主席关于中国农民战争历史作用的理论"。

1965 年 12 月 8 日，《红旗》杂志和《人民日报》同时发表了戚本禹的文章《为革命而研究历史》。文章以批判"历史主义"为名，对翦伯赞进行了不点名的批判。文章说："有一种意见，认为历史研究只有无产阶级的阶级观点不行，还要有一种'历史主义'，如果只有阶级观点而没有'历史主义'，就要犯'否定一切'的'非历史主义'的错误。""问题的提出使人感到惊异。无产阶级的阶级观点，怎么会引向'否定一切'，引向'非历史主义'，因而必须要用一种'历史主义'来补偏救弊呢？在马克思主义的宝库里，怎么会有一种脱离了阶级观点的'历史主义'呢？""对于历史研究中所谓非历史主义的批评，乍一看，是使人迷惑的。但是我们只要探究一下事实，就可以明白，原来近几年来，历史研究中的非历史主义不是别的，而正是那种歌颂帝王将相，否定农民运动的现象。这种非历史主义的出现，不是如同一些人所指责的，是因为无产阶级的阶级观点多了，恰恰相反，倒是因为缺少了无产阶级的阶级观点。"

同月 21 日，毛泽东在杭州召见陈伯达、关锋等人谈话，其中说：在农民战争之后，地主阶级只有反攻倒算，哪有什么让步政策？又说：戚本禹的文章很好，我看了三遍，缺点是没有点名。①

戚本禹果然很快就改正了"缺点"。1966 年 3 月 29 日，《人民日报》又发表了戚本禹等三人的文章《翦伯赞同志的历史观点应当批判》，文章给这位历史学家戴上的帽子是："资产阶级史学的代表人物"。翦伯赞的文章《对处理若干历史问题的初步意

---

① 中共中央文献研究室编：《毛泽东年谱（1949—1976）》第 5 卷，中央文献出版社 2013 年版，第 547 页。

见》《目前史学研究中存在的几个问题》则被打成"反马克思主义的史学纲领"。

在意识形态领域开展错误批判的同时，在对待知识分子问题、教育科学文化问题上，也发生了越来越严重的"左"的错误。

中共八届十中全会以后，再次给知识分子戴上了"资产阶级"的帽子，否定了中国知识分子的绝大多数属于劳动人民知识分子的正确估计。在教育科学文化部门，开展了对所谓"专家路线""技术挂帅""白专道路"的批判，给学习专业和技术知识造成强大的压力；强调贯彻所谓"阶级路线"，使唯成分论的倾向严重地滋长起来。在教育工作方面，认为中国的学校仍然是由资产阶级知识分子统治着，资产阶级专家正在同我们争夺青年。1964年开展的教育革命，虽然在使教育接触社会实际减轻学生负担等方面起了一定作用，但是强调阶级斗争是学校的"一门主课"，不仅使轻视知识传授、忽视教师作用的倾向再度发展起来，而且造成了师生关系的紧张局面。从1964年起，组织高等院校、科研单位和文化部门进行社会主义教育运动的试点单位，许多为社会主义建设事业做出贡献的教育工作者、科学技术人员和文化工作者受到错误的政治批判，被扣上了种种的政治罪名。

思想文化领域"左"倾错误的发展，把学术观点问题、世界观问题完全等同于政治问题，混淆了是非界限以致敌我界限，破坏了国家的知识分子政策和"百花齐放，百家争鸣"的方针，严重地挫伤了广大知识分子的积极性，阻碍了社会主义教育、科学、文化事业的健康发展。

面对文艺和学术领域的政治批判日益加剧的形势，1965年3月2日，刘少奇主持中共中央书记处会议专门研究了文艺界整风问题。会上，邓小平试图控制这种局面的发展，对文艺领域"左"倾错误批判提出了批评。他说，现在有人不敢写文章了，新华社每天只收到两篇稿子，戏台上只演兵，只演打仗的，电影哪有那么完善？这个不让演，那个不让演。那些"革命派"想靠批判别人出名，踩着别人的肩膀上台。邓小平还提出要赶快刹车，改变这种局面。可是"左"倾列车既然已经奔跑，在强大的惯性下，刹车已经刹不住了。

对于社会主义教育运动和意识形态领域的过火批判，中共十一届六中全会通过的《关于建国以来党的若干历史问题的决议》就此总结说："1963年至1965年间，在部分农村和少数城市基层开展的社会主义教育运动，虽然对于解决干部作风和经济管理等方面的问题起了一定作用，但由于把这些不同性质的问题都认为是阶级斗争或者是阶级斗争在党内的反映，在1964年下半年使不少基层干部受到不应有的打击，在1965年初又错误地提出了运动的重点是整所谓'党内走资本主义道路的当权派'。在意识形态领域，也对一些文艺作品、学术观点和文艺界学术界的一些代表人物进行了错误的、过火的政治批判，在对待知识分子问题、教育科学文化问题上发生了愈来愈严重的'左'的偏差，并且在后来发展成为'文化大革命'的导火线。不过，这些错误当时还没有达到支配全局的程度。"[1]

---

① 《关于建国以来党的若干历史问题的决议》，《人民日报》1981年7月1日。

第九章 维护国家主权和
对外关系的新进展

从 1956 年到 1965 年是新中国外交史上重要的 10 年。这 10 年间，中苏关系经历了重大转折。苏共二十大后，中苏之间在如何对斯大林进行评价等问题上曾出现分歧，波匈事件的发生双方关系一度进入蜜月期；但随后苏联领导人在两国关系上企图搞大国沙文主义，遭到中国领导人的坚决抵制；进入 20 世纪 60 年代初，中苏两党在意识形态领域的分歧迅速扩大，并由此开展了大论战，最终两党两国的关系破裂。通过第二次炮击金门打破了美国制造"两个中国"的企图，总体上中美关系仍维持原有的僵持状态。取得了对印自卫反击战的胜利，中印边界的形势基本稳定了下来。根据和平共处、睦邻友好的政策，通过互谅互让的平等协商，从 1960 年 1 月至 1963 年 3 月，中国先后同缅甸、尼泊尔、蒙古、巴基斯坦和阿富汗五国签订协定或条约，妥善地解决了历史遗留下来的边界问题。这期间，中国与法国正式建交，与日本的关系取得了新进展，发展了同亚非拉国家的友好关系，并且对各国人民的正义斗争给予了大力支持。

一、坚持独立自主，反对大国沙文主义

（一）苏共二十大与中苏关系的发展

1953 年 3 月，斯大林去世，中苏关系进入了一个新的阶段。

这年 5 月，中苏两国签订了关于苏联援助中国发展国民经济的协定与议定书。1954 年 9 月底 10 月中，赫鲁晓夫率代表团访问中国，中苏经过会谈发表了联合声明。会谈商定，苏联从中苏共同使用的旅顺口海军基地撤退，基地设备无偿交给中国；将 1950 年和 1951 年中苏联合创办的四个股份公司中的苏联股份移交中国，股份价值由中国以供款方式数年内偿还；决定联合修建兰州—乌鲁木齐—阿拉木图铁路并组织联运等；双方签订了科学技术合作协定和苏联给予中国与 5.2 亿卢布长期贷款的协定；赫鲁晓夫还慷慨地向中国赠送了为组织拥有两万公顷播种面积的国营谷物农场所必需的全套机器设备。

可是，1956 年苏共二十大赫鲁晓夫批判斯大林后，中苏关系便变得复杂曲折起来。

在苏共二十大前，赫鲁晓夫和苏共中央决定在会上批判斯大林的错误。揭露斯大林个人崇拜问题，对其错误进行批判，必然会在国际共产主义运动内部引起震动，也一定会引起西方国家的注意。要知道，自从列宁去世后，斯大林就是国际共产主义运动的最高领袖和象征。对于这些，赫鲁晓夫和苏共中央事先并非没有考虑。所以会上虽然有人对斯大林作了公开的批判，但调子并不很高。

大会快要结束的时候，即 1956 年 2 月 24 日深夜至 25 日凌晨，赫鲁晓夫突然召集与会代表开会，并作了长达四个小时的秘密报告，题目是《关于个人崇拜及其后果》，"秘密报告详细地说明了斯大林的个人崇拜如何导致了对党的集体领导原则的破坏，如何导致了个人专断独裁，直至产生了完全无视民主与法制的骇人听闻的大规模镇压和恐怖行为"[①]。赫鲁晓夫曾在报告的最后

---

① 杨奎松：《毛泽东与莫斯科的恩恩怨怨》，江西人民出版社 1999 年版，第 372 页。

强调：不要将这个问题传到党外去，尤其不要泄露给报纸。我们之所以在大会的秘密会议上讨论，其理由正在于此。可是，秘密会议结束后，赫鲁晓夫又将这个报告的副本发给了列席苏共二十大的几个大党代表团的负责人。

中国共产党派出了以朱德为团长，成员有邓小平、谭震林、王稼祥、刘晓的代表团出席苏共二十大。当代表团到达莫斯科后，从赫鲁晓夫的暗示中，得知会上将批判斯大林的个人迷信，当即急电中共中央，请示应对办法。中共中央复电说：照常参加。于是，中共代表团决定，对批判斯大林一事不表态，不发言，以回避方式应付之。

中共中央对赫鲁晓夫秘密报告极为重视。3月3日下午一时半，邓小平、谭震林等人回到北京（代表团团长朱德继续在苏联访问）。仅过了三个小时，毛泽东就在中南海怀仁堂休息室召集刘少奇、周恩来、邓小平、彭真、康生、聂荣臻、刘澜涛、谭震林等人开会，由邓小平作关于参加苏共二十大情况的汇报。会上，毛泽东表示，赫鲁晓夫反斯大林的秘密报告，一是揭开了盖子，这是好的；二是捅了娄子，全世界震动。如何对待这一事，是一个大问题。

自此之后，毛泽东把更多的注意力转到苏共二十大问题的处理上，或召集会议，或进行个别谈话，讨论和研究苏共二十大和斯大林问题。随后，毛泽东提议发表一篇关于苏共二十大的文章，公开表明中共中央在斯大林问题上的态度。这就是这年4月4日以《人民日报》编辑部名义发表的《关于无产阶级专政的历史经验》一文。

《关于无产阶级专政的历史经验》对苏共二十大批判个人崇拜作了肯定，表示"苏联共产党对于自己有过的错误所进行的这一个勇敢的自我批评，表现了党内生活的高度原则性和马克思列宁主义的伟大生命力"，"中国共产党庆祝苏联共产党在反对个人崇拜这一个有历史意义的斗争中所得到的重大成就"。文章指出，斯大林在他一生的后期，愈陷愈深地欣赏个人崇拜，违反党的民主集中制，违反集体领导和个人负责相结合的制度，因而发生了一些重大的错误，并对产生个人崇拜的社会历史原因作了分析。但是，毛泽东和中共中央不同意对斯大林采取一棍子打死的办法。所以文章特别强调："共产党人对于共产主义运动中所发生的错误，必须采取分析的态度。有些人认为斯大林完全错了，这是严重的误解。斯大林是一个伟大的马克思列宁主义者，但是也是一个犯了几个严重错误而不自觉其为错误的马克思列宁主义者。我们应当用历史的观点看斯大林，对于他的正确的地方和错误的地方作出全面的和适当的分析，从而吸取有益的教训。"①

不久，毛泽东又明确表示对斯大林要"三七开"。1956 年 4 月，他在《论十大关系》中强调："苏联过去把斯大林捧得一万丈高的人，现在一下子把他贬到地下九千丈。我们国内也有人跟着转。中央认为斯大林是三分错误，七分成绩，总起来还是一个伟大的马克思主义者，按照这个分寸，写了《关于无产阶级专政的历史经验》。三七开的评价比较合适。斯大林对中国作了一些错事。第二次国内革命战争后期的王明'左'倾冒险主义，抗日战争初期的王明右倾机会主义，都是从斯大林那里来的。解放战争时期，先是不准革命，说是如果打内战，中华民族有毁灭的危险。仗打起来，对我们半信半疑。仗打胜了，又怀疑我们是铁托式的胜利，一九四九、一九五〇两年对我们的压力很大。可是，我们还认为他是三分错误，七分成绩。这是公正的。"②

中共两党在斯大林评价问题上的分歧，就成为后来中苏论战的一个原因。

---

① 《关于无产阶级专政的历史经验》，《人民日报》1956 年 4 月 5 日。
② 《毛泽东文集》第 7 卷，人民出版社 1999 年版，第 42 页。

苏共二十大后三个月，中共与苏共在是否悬挂斯大林像上产生了明显的分歧。苏共中央从打破斯大林的个人迷信出发，致函中共中央，说苏共决定五一节时不再在莫斯科红场上悬挂斯大林像，要求中国也照此办理。中共中央经过考虑，决定不予回复。五一节这天，天安门广场上继续按照马、恩、列、斯的顺序，挂着斯大林像。中共的理由是斯大林虽然犯有严重的错误，但仍然是"伟大的马克思列宁主义者"。毛泽东说：他们不挂，我们挂。①

在随后的中共八大上，又发生了两件使双方都不愉快的事情。

一是以米高扬为首的苏共代表团在冗长的祝词中，大讲苏联革命的经验，大讲中国革命的胜利是学习运用苏联经验的结果。由于事先毛泽东看过米高扬的讲话稿，对此十分反感，于是在米高扬正式发表讲话的那天，没有出席会议。1958 年 7 月 22 日，毛泽东对苏联驻华大使尤金明确表示："我对米高扬在我们八大上的祝词不满意，那天我故意未出席，表示抗议。很多代表都不满意，你们不知道。他摆出父亲的样子，讲中国是俄国的儿子。"② 反过来，赫鲁晓夫对毛泽东此举也很不满意，认为中共不尊重苏共。

二是八大快要结束的时候，毛泽东和周恩来分别同苏共代表团进行了一次谈话。毛泽东在同米高扬的谈话中，以谈中共党内的路线斗争为名，对共产国际和苏共作了尖锐的批评，认为苏共以老子党的态度对待兄弟党，形成了国际共产主义运动内部一个党必须听另一个党的话，服从另一个党的政策、策略和利益，跟在另一个党的屁股后面跑的坏习气、坏传统，是一种极为严重的

---

① 丛进：《曲折发展的岁月》，河南人民出版社 1989 年版，第327 页。

② 《毛泽东外交文选》，中央文献出版社、世界知识出版社 1994 年版，第 324 页。

不正之风。毛泽东还用了一句中国的成语说，不平则鸣，表示中共有权说话，写文章。周恩来也作了同样的批评，强调兄弟党之间必须有兄弟间的平等关系，而不应是父子关系。①

赫鲁晓夫那个在苏共二十大上一再要求保密的秘密报告，却没有保守住秘密。苏共二十大后不久，美国中央情报局从波兰获取到了秘密报告的文本。1956 年 6 月 4 日，美国的《华盛顿邮报》将之全文刊登出来，全世界为之轰动，并立即在国际共产主义运动内部引起了大震荡，其中影响最大的要数这年下半年的波兰和匈牙利事件。

1956 年 6 月，波兰的波兹南发生罢工、游行示威和骚乱后，波兰统一工人党决定召开中央全会，改组政治局，选举哥穆尔卡为第一书记。这本是波兰党内部事务，但却为一向以老子党自居的苏共和赫鲁晓夫等人不能容忍。赫鲁晓夫不仅率团强行参加波兰党的中央全会，还命令苏军向华沙及波兰其他地区调动。直至局势不可收拾，苏共中央才不得不请求中共中央出面为之协调。

10 月下旬中共代表团飞抵莫斯科。在苏共中央紧急召开的主席团会议上，代表团首先对苏联调动军队作了严厉批评，指出战争虽然没有真正打起来，但也是一种非常严重的大国沙文主义表现，是冒险的行动。刘少奇、邓小平说：在斯大林后期，苏共对各国共产党有强加于人、使用压力的大国沙文主义错误，使社会主义国际关系处于一种不正常状态，这是波兰事件发生的根本原因之一。党与党、国与国之间的关系要有一个原则，必须承认国与国、党与党的独立平等原则。

中共代表团也与到莫斯科的波兰统一工人党代表团举行了会谈。代表团首先对波兰党反对苏联干涉其内部事务表示支持，并

---

① 参见《在历史巨人身边——师哲回忆录》，中央文献出版社 1991 年版，第 609、612 页。

介绍了中共中央政治局曾严厉警告苏联不要武装干涉波兰的经过。同时，刘少奇和邓小平也劝说波兰党以大局为重，改善苏波关系，加强同苏联的合作，搞好社会主义阵营的团结。

通过中共代表团的工作，波兰问题得到了比较稳妥的解决。不过，波兰事件刚刚平息，10月到11月，匈牙利首都布达佩斯又发生了工人罢工、群众示威游行和骚乱。

当时，苏共中央主席团几乎所有的成员都认为，匈牙利问题已没有别的办法解决，只有撤军一条路了。但是，刘少奇和邓小平严肃地指出，如果苏联真正从现在撤军，对匈牙利撒手不管，那么你们将要成为历史的罪人。

中共代表团离开莫斯科回国时，在赴机场的途中，赫鲁晓夫在汽车上对刘少奇说，中苏两党代表团会谈后，苏共中央主席团开了一夜的会，决定苏军留在匈牙利，帮助匈牙利人民保卫社会主义的成果。不久，匈牙利事件也得以平息。

波匈事件发生后，赫鲁晓夫处在内外矛盾的夹攻之中，威信大受影响，地位也很不稳固，此时需借助中国党的支持，在对待斯大林问题上也就有意与中共缩小差距。

在1956年12月31日的新年宴会上，赫鲁晓夫在众目睽睽之下，特意下台与中国驻苏大使刘晓拥抱，还热情地邀请刘晓到主席台上，然后特意对全场的人说：敌人是仇视我们政府的，敌人说什么"斯大林假面具"，其实斯大林主义就是马克思列宁主义，斯大林曾和阶级敌人无情斗争，我们曾和他们一起进行了这一斗争，我们现在仍然要和以前一样对阶级敌人斗争。敌人说我们是斯大林主义者，是的，我们是斯大林主义者，我们因此而感到骄傲。[1]

---

① 参见丛进：《曲折发展的岁月》，河南人民出版社1989年版，第328—329页。

1957 年 1 月，赫鲁晓夫在欢迎周恩来访苏的宴会上，进一步说："斯大林主义者和斯大林本人是同伟大的共产党员称号不可分割的。当问题涉及革命事业，涉及革命斗争中保卫无产阶级的阶级利益，反对我们阶级敌人的时候，斯大林英勇地、决不妥协地捍卫马克思列宁主义事业。但愿像俗语所说的那样，上帝保佑，让每一个共产党员都能够像斯大林一样地战斗。"①

1957 年 6 月，赫鲁晓夫主动通过其驻华大使尤金向周恩来提出，愿意帮助中国发展原子能科学，建立研究中心和建设原子能工业。7 月，国务院副总理聂荣臻根据周恩来的指示，同时任苏联驻华负责经济技术的总顾问阿尔希波夫会谈，提出苏联在尖端武器主要是导弹核武器的研究制造方面，在技术上给中国以援助，包括派专家、提供资料和样品等。很快，阿尔希波夫在请示莫斯科后答复：苏联政府对中国的要求表示支持，同意中国政府派代表团去苏联谈判。9 月，由聂荣臻、陈赓、宋任穷等组成的代表前往苏联谈判，并签订了《关于生产新式武器和军事技术装备以及在中国建立综合性的原子工业的协定》（即国防新技术协定）。根据这一协定，苏方将在 1957 年至 1961 年底，供应中国原子弹的教学模型和图纸资料，供应中国导弹的样品和技术资料等。

1957 年 11 月 2 日，毛泽东来到莫斯科，这是他第二次也是最后一次出国。毛泽东此行的任务有两个：一是参加庆祝十月革命四十周年庆典活动，二是出席各国共产党工人党代表会议。这次，毛泽东带来了一个阵营强大的代表团，副团长是宋庆龄，主要成员有邓小平、彭德怀、郭沫若、李先念、乌兰夫、陆定一、陈伯达等。

对于毛泽东的到来，苏联方面给了最高的礼遇。其他国家和

① 刘晓：《出使苏联八年》，中共党史资料出版社 1986 年版，第 21 页。

党的领导人安排到了列宁山等处，只有毛泽东下榻在克里姆林宫，并住在最豪华的叶卡捷琳娜女王的寝宫里。

11月6日，毛泽东出席纪念十月革命胜利四十周年大会。大会开了一天，上午由赫鲁晓夫作报告，下午各兄弟党代表团负责人致词或讲话。毛泽东是第一个讲话的。他说："世界各国人民从苏联人民所获得的成就中，一天比一天明显地看到自己的将来。苏联的道路，十月革命的道路，从根本上说来，是全人类发展的共同的光明大道。""中国共产党所领导的人民革命，从来就是十月革命所开始的世界无产阶级社会主义革命的一个组成部分。中国革命有自己民族的特点，估计到这些特点是完全必要的。但是不论在革命事业中和社会主义建设事业中，我们都充分地利用了苏联共产党和苏联人民的丰富经验。"讲话中，毛泽东还谈到了如何对待苏联和维护国际共产主义运动内部团结的问题，强调："增强以苏联为首的社会主义各国的团结，是一切社会主义国家的神圣的国际义务。"① 在毛泽东讲话过程中，一次又一次响起长时间的掌声。代表团成员之一的杨尚昆在其日记中写道："今天主席出席在纪念会上，大受欢迎。主席一出场，全体即起立致敬。下午大会时，主席第一个讲话，全场起立。讲话中不断鼓掌，讲完了全场又起立，为纪念会致最高敬意的表现。其余各兄弟党代表讲话，都是鼓掌没有起立。"②

赫鲁晓夫对毛泽东可谓关怀备至，每天早上都到克里姆林宫看望毛泽东，并且迎来送往，这也使毛泽东对其增加了几分好感。他当面对赫鲁晓夫说："中国有句古话，叫作荷花虽好，还得绿叶扶持。我看赫鲁晓夫这朵花是需要绿叶扶持的。"还说："一

---

① 《在苏联最高苏维埃庆祝十月革命四十周年会议上　毛泽东同志的讲话》，《人民日报》1957年11月7日。

② 《杨尚昆日记》（上），中央文献出版社2001年版，第287页。

个好汉两个帮，一个篱笆三个桩。"① 意思是对赫鲁晓夫还是要多加帮助。

11 月 14 日，社会主义国家共产党和工人党代表会议召开，毛泽东出席了会议并作了发言，中心内容是"以苏联为首"的问题。毛泽东说："我想谈一谈'以苏联为首'的问题。我们这里这么多人，这么多党，总要有一个首。就我们阵营的内部事务说，互相调节，合作互助，召集会议，需要一个首。就我们阵营的外部情况说，更需要一个首。""既然需要一个首，那么，谁为首呢？苏联不为首哪一个为首？""苏联共产党是一个有四十年经验的党，它的经验最完全。它的经验分两部分：最大的基本的部分是正确的；一部分是错误的。这两部分都算经验，都有益于全人类。""苏共产党在几十年来，总的说来，是正确的，这甚至敌人也不能不承认。"

根据事先的协商，社会主义国家共产党和工人党代表会议后，将发表一个宣言。中共代表团抵达莫斯科的当天，就收到了苏方起草的各国共产党和工人党代表会议宣言稿。中方认为，这个稿子中仍保留着赫鲁晓夫在苏共二十大时的一些片面观点，照着这样的观点发表宣言，对国际共产主义运动是有害的。于是，毛泽东决定，中方也准备起草一个宣言稿，并由邓小平主持讨论和修改，最后由他亲自审定。

从 11 月 6 日起，中方由邓小平牵头，苏方由苏共中央主席团成员苏斯洛夫负责，开始讨论双方各自起草的宣言稿。经过讨论，双方一致同意以中共代表团起草的稿子为基础，再进行修改和补充。

在修改宣言稿的过程中，双方争论最大的是关于和平过渡的

---

① 李越然：《中苏外交亲历记》，世界知识出版社 2001 年版，第170 页。

问题。对于这个问题，毛泽东与赫鲁晓夫也多次谈过，并且表示不赞成赫鲁晓夫提出的和平过渡的可能性越来越大，无产阶级有可能通过议会斗争取得政权的观点，但赫鲁晓夫固执己见。为此，毛泽东提出，他与赫鲁晓夫都不再谈这个问题，而由邓小平同苏方有关人员谈。邓小平在同苏斯洛夫的会谈中，代表中方严肃批评了苏方关于"和平过渡"的片面提法。

但是，为了社会主义阵营内部的团结，中共代表团同意保留宣言草稿中的"和平过渡"的提法，并在宣言上签了字。这个宣言的主要观点是：现时代的主要内容是由资本主义向社会主义过渡，社会主义是远比资本主义优越的社会制度，目前和平的力量已经大大成长，已有实际可能防止战争，争取和平已成为各国共产党的主要任务；要加强各社会主义国家、各国共产党和工人党的团结，加强国际工人运动、民族解放运动和民主运动的团结和合作。

尽管如此，中方对"和平过渡"问题仍有不同看法，为阐明自己的立场，中共代表团又向苏共中央提出了一个关于和平过渡问题的意见提纲，提出"按照目前国际共产主义运动的状况，从策略观点出发，提出和平过渡的愿望是有益的，但不宜过多地强调和平过渡的可能"。"必须准备随时迎击反革命的袭击，准备在工人阶级夺取政权的革命紧急关头，如果资产阶级用武力来镇压人民革命（一般说来，这是必然的），就用武力去打倒它"。"取得议会的多数，并不等于旧国家机器（主要是武力）的摧毁，新国家机器（主要是武力）的建立。如果资产阶级的军阀官僚国家机器没有被摧毁，无产阶级及其可靠同盟者在议会中的多数，或者是不可能的"，"或者是靠不住的"。[1] 赫鲁晓夫对中共这个提

---

① 《关于国际共产主义运动总路线的论战》，人民出版社1965年版，第96—98页。

纲是不满意的，但因中共的提纲既未公开发表，又未向其他兄弟党散发，因而也不便说什么。

11 月 16 日，各国共产党和工人党代表会议继续举行，毛泽东第一个作了发言。他首先肯定这个宣言，认为宣言用了一个很好的方法达到目的，这就是协商的方法。坚持了原则性，又有灵活性，是原则性、灵活性的统一。这么一种进行协商的气氛现在形成了。在斯大林的后期不可能。他还说：这个宣言是正确的，它没有修正主义或者机会主义的因素。

毛泽东风趣地说："将来我们见马克思的时候，他问我们，你们搞了一个什么样的宣言？他会怎样评价这个宣言呢？有两种可能性。一种可能是：他老先生发一顿脾气，说你们搞坏了，有机会主义的因素，违背了我的主义。第二种可能是：他说不坏，不是机会主义的，是正确的。也许列宁会出来为我们讲话。他说，马克思、恩格斯呀，你们两位死得早，我死得迟，我熟悉他们，他们现在会作工作了，他们成熟了。"

11 月 16 日，又召开了各国共产党和工人党代表会议，出席会议的有 64 个国家的共产党和工人党代表团。8 月 18 日，毛泽东在会上发表了长篇讲话。在讲到有关国际形势问题时，他提出了著名的东风压倒西风的观点。毛泽东一开头就说："现在我感觉到国际形势到了一个新的转折点。世界上现在有两股风：东风，西风。中国有句成语：不是东风压倒西风，就是西风压倒东风。我认为目前形势的特点是东风压倒西风，也就是说，社会主义的力量对于帝国主义的力量占了压倒的优势。"①

毛泽东本来就不赞成赫鲁晓夫"和平过渡"的论调，他认为发生世界大战的危险性是存在的，共产党和社会主义国家不应该害怕战争。于是，他说："现在还要估计一种情况，就是想发动

---

① 《毛泽东文集》第 7 卷，人民出版社 1999 年版，第 321 页。

战争的疯子，他们可能把原子弹、氢弹到处摔。他们摔，我们也摔，这就打得一塌糊涂，这就要损失人。问题要放在最坏的基点上来考虑。""我们中国还没有建设好，我们希望和平。但是如果帝国主义硬要打仗，我们也只好横下一条心，打了仗再建设。每天怕战争，战争来了你有什么办法呢？我先是说东风压倒西风，战争打不起来，现在再就如果发生了战争的情况，作了这些补充的说明，这样两种可能性都估计到了。"①

这次各国共产党和工人党云集莫斯科，表面上看是二战结束后社会主义力量的一次盛会，但就中苏两个大党而言，在空前团结的表象之下，却潜伏着某种危机。第一，苏联党极力鼓吹"和平过渡"，而中国党则对此大泼冷水；第二，苏联党要千方百计避免战争，特别是核战争，而中国党的态度是既要争取和平但又不要害怕战争，即使是核战争也用不着怕。正是在这些理论问题上的分歧，为后来的中苏大论战埋下了种子。

（二）与苏联大国沙文主义的斗争

莫斯科会议之后，一时间中苏之间确实保持了"友好合作"关系，1957 年 12 月，中苏签订了新的科学技术协定。1958 年 4 月，两国签订了中苏通商航海条约和 1958 年的货物交换议定书。与此同时，对于苏联提出在亚洲建立无核区的主张，中国方面也是积极予以响应。关于苏联提出的社会主义阵营建立"卢布区"的设想，也得到了中国领导人的充分肯定。苏联发动的对南斯拉夫共产主义者联盟的批判后，中国方面也积极给予配合，公开发表批判"南斯拉夫修正主义者联盟"。

可是，中苏之间这种"同志加兄弟"的亲密关系，没有维持

---

① 《毛泽东外交文选》，世界知识出版社、中央文献出版社 1994 年版，第 296—297 页。

多久就出问题了。

1958 年 4 月 18 日，苏联国防部长马利诺夫斯基元帅致函中国国防部长彭德怀说，为了便于指挥苏联在太平洋地区活动的潜艇，迫切希望在 1958 年至 1962 年间，由中国和苏联共同建设一座大功率的长波发报无线电中心和一座远程通讯的特种收报无线电中心（即长波电台）。信中还具体提出：建成长波电台所需要的费用约为 1.1 亿卢布，由苏联出 7000 万卢布，中国出 4000 万卢布。

苏联方面为什么要提这项要求，据赫鲁晓夫后来说，主要是为了便于苏联能同在太平洋活动的潜艇舰队保持通讯联络。在赫鲁晓夫看来，这个想法对苏联和中国都是有利的，他在回忆录中说："我们和中国毕竟有保卫社会主义国家、反对帝国主义的共同目标。"而且苏联领导人觉得，既然在此前苏方已答应帮助中国建造潜艇，且已把设计图纸给了中方，还派出了专家帮助中方选择制造潜艇的地址，因此，"当我们提出要在他们领土上建立无线电台的时候，我们满以为中国人是会给予合作的"。① 在赫鲁晓夫看来，既然中国有求于苏联，所以也一定会满足苏联的要求。然而，赫鲁晓夫却把情况估计错了。在毛泽东看来，苏联在中国建立长波电台，实际上侵犯了中国的主权，并有控制中国的企图，当然不能答应。

4 月 24 日，毛泽东指示有关部门作如下答复：中国同意建设该项设施，但费用全部由中国负担，所有权归中国。根据毛泽东的意见，在 5 月 10 日召开的第 152 次军委会议上，彭德怀提出，长波电台不要合办，应由中国自己出钱办，平时可向苏联提供情报，战时苏方也可派人来，总之不要让外国人在中国搞军事基地，这样影响不好。6 月 4 日，彭德怀向苏联驻华军事总顾问杜

① 《最后的遗言——赫鲁晓夫回忆录续集》，东方出版社 1988 年版，第 398 页。

鲁方诺夫陈述了中国的意见。①

　　第二天，彭德怀将与杜鲁方诺夫的谈话记录呈送给了毛泽东，并报告说，苏方仍坚持原来双方共同投资建台的意见，并建议6月上旬派专家来华进行选址、勘探设计、拟制协定等工作，看来苏方是不会很快接受我们的意见的，为了不影响勘探设计工件的进行，可先同意苏方专家来华着手进行一些技术性工作，有关投资和作用等问题可放在下一步解决。毛泽东很快对彭德怀的报告作出批示，表示同意彭德怀的意见，但同时又表示，钱一定要由中国出，不能由苏方出，电台建成后可由两国共同使用。如果苏方以高压压人，则不要回答，拖一拖再说。毛泽东还特地在彭德怀的报告中加了这样一句："这是中国的意见，不是我个人的意见。"

　　彭德怀根据毛泽东的意见，正式答复了马利诺夫斯基，重申中国同意建立大功率电台，欢迎苏联在技术上给予援助，但一切经费由中方负担，建成后由双方共同使用。然而，苏方仍然坚持电台由两国共建，费用可以各负担一半。此后，双方又就此进行了多次交涉，直到这年7月赫鲁晓夫访华时，这个问题才按照中方的意见得以解决。不过，后来由于中苏关系的恶化，这个争论来争论去的电台，实际并没有建立起来。

　　建立长波电台今天看来算不得什么大事，但它对于双方都是不愉快的，事实上成为促使两方关系恶化的一系列事件的起点。本来，在国与国的关系中一些问题出现争执，是很正常的，但这件事，在中国领导人心中，却留下了挥之不去的阴影，它使毛泽东等人感到，苏联并不尊重中国的主权，有控制中国的企图。后来赫鲁晓夫一再辩白说，他并无侵犯中国主权的想法，也从未考虑到要伤害中国的民族尊严，但毛泽东对此并不相信。

---

① 参见沈志华、李丹慧：《战后中苏关系若干问题研究》，人民出版社2006年版，第386—387页。

如果仅仅一个长波电台的问题，中苏关系的发展也许不至于像后来那样复杂。长波电台风波刚过，又发生了所谓"共同舰队"事件，"使在国家主权问题上极敏感的毛泽东马上把两件事联系起来，怀疑赫鲁晓夫又在搞过去斯大林时代的大国沙文主义那一套了"。①

共同舰队一事的起因是这样的：1958年6月28日，周恩来根据国防部的建议，致信赫鲁晓夫，希望苏联能够在生产核潜艇和快艇方面，向中国提供技术帮助。尽管核潜艇的制造，是当时苏联一项较为尖端的技术，但中方认为，既然中苏是同志加兄弟，原子弹、导弹的技术苏联都可以提供，要苏联帮助提供核潜艇方面的技术算不上是什么过分的要求。

可是，赫鲁晓夫当时之所以很痛快地答应提供原子弹和导弹的技术，是因为在搞掉马林科夫、莫洛托夫等党内元老后，又将下一个打击的目标对准了曾支持他搞掉马林科夫等人的元帅朱可夫，而这件事他希望得到中国方面的支持。可是，到了1958年这个时候，赫鲁晓夫的地位已经稳固了，他已无求于中共，当然也就不可能再不顾国内的反对，向中国提供核潜艇方面的技术了。但是，对于中国方面的要求，他又不好直接拒绝，就想出一个自为聪明的办法，提出由双方共同建一支以中国为基地的共同舰队。认为这样苏方既不需要向中方提供技术，又可将带有核弹头的潜艇有效地靠近美国。

赫鲁晓夫自以为想出了一着妙计，不料毛泽东对此根本不买账。7月21日，从莫斯科返回的苏联驻华大使尤金，向毛泽东、刘少奇、周恩来等通报了赫鲁晓夫的提议。尤金说，大型军舰容易被击中，与其今后发展航空母舰，不如多发展原子潜艇（即核

---

① 杨奎松：《毛泽东与莫斯科的恩恩怨怨》，江西人民出版社1999年版，第426页。

潜艇）舰队，但苏联的自然条件不可能充分发挥原子潜艇舰队的作用，黑海和波罗的海容易受到敌人的封锁，东部的海面又邻近南朝鲜和日本，不算安全，而中国的海岸线很长，条件很好，同时考虑到今后打仗的话，双方共同的敌人是美国，因此，希望两国建立一支共同舰队。

听完尤金的介绍，毛泽东立即意识到这是损害中国主权的行为，表示不同意与苏联搞这样的"合作社"。第二天，毛泽东约见尤金谈话。毛泽东说：现在我们决定不搞核潜艇了，撤回我们的请求。要不然就把全部海岸线交给你们，把过去的旅顺、大连加以扩大。但是不要混在一起搞，你们搞你们的，我们搞我们的。我们总要有自己的舰队。当二把手不好办。毛泽东还说："要讲政治条件，连半个指头都不行。你可以告诉赫鲁晓夫同志，如果讲条件，我们双方都不必谈。如果他同意，他就来，不同意，就不要来，没有什么好谈的，有半个小指头的条件也不成。""在这个问题上，我们可以一万年不要援助。"[①]

在谈话过程中，尤金一再解释，赫鲁晓夫同他谈的时候，没有谈到舰队由谁指挥，也没有谈到要在中国建立基地，只是想把这个问题提出来，跟中国同志研究具体的措施，没有别的意思。

赫鲁晓夫也是一个急性子，没想到一个共同舰队问题惹得毛泽东发了如此大的脾气。一个星期后，他急忙飞到北京，对此事进行解释。

赫鲁晓夫一下飞机，就直奔中南海的怀仁堂。随后，参加欢迎的中国其他领导人都离开了，进行会谈的中方只有毛泽东和邓小平，苏方则是赫鲁晓夫和苏共中央委员波诺马廖夫。

赫鲁晓夫一开始，就绕来绕去只讲过去斯大林如何跟中国搞

---

① 《毛泽东外交文选》，中央文献出版社、世界知识出版社 1994 年版，第 330 页。

合营公司，又讲苏联内部对建设海军有各种各样的意见，避而不谈共同舰队问题。毛泽东听得很不耐烦，就打断赫鲁晓夫的话说，你讲了半天，还是没有讲到实质问题。

赫鲁晓夫还是不愿意直接谈及共同舰队一事，就大讲海军建设是主要搞潜水艇、鱼雷快艇，还是主要搞巡洋舰的问题。毛泽东又打断他的话，并且说，你还是没有说清楚，究竟你们要搞什么？什么是共同舰队。这样一来，赫鲁晓夫没办法了，只得辩解说，苏方并不是要搞共同舰队，而只是建议帮助中国在黄河这样的河流旁边，搞一个制造潜水艇的大工厂，大量生产潜水艇，又说是尤金把话传错了。他还说：中国同志说我们要搞共同舰队，要把俄罗斯的民族主义搞到中国来，我听了很伤心，觉得中国同志不相信我们，对我们的政策不了解，这触犯了我们的自尊心。

听赫鲁晓夫这么一说，毛泽东甚为生气，便说：是谁触犯了谁的自尊心？你们提出搞共同舰队，正是触犯了我们的自尊心！毛泽东还表示，对共同舰队一事本来还有些怀疑，但听尤金三次都这么说也就不能不相信。毛泽东说，我们中央商量以后，提出了几个方案：第一个方案，你们帮助我们建设海军。第二个方案，共同建设共同舰队，因为不共同建设你们就不援助。第三个方案，我们撤回要你们帮助建设海军的要求。因为我们不同意搞"合作社"，你们不帮助，所以我们不建设海军了，不搞舰队了，不要核潜艇了。第四个方案，把中国所有的海岸线都交你们。第五个方案，把旅顺大连和其他港口都交给你们。斯大林过去在旅大搞过，你们想扩大就扩大吧。赫鲁晓夫听毛泽东这么一说，感到事态确实很严重，连忙说，苏联没有要搞共同舰队的想法，永远也不会再提这个问题。①

①　参见吴冷西：《十年论战：1956～1966 中苏关系回忆录》（上），中央文献出版社 1999 年版，第 165—166 页。

8月1日至8月3日，双方又进行了三次会谈。这几次会谈都没有涉及共同舰队问题，而是就国际形势交换看法。共同舰队一事也就这样不了了之。

8月3日下午，双方进行简短的会谈后，赫鲁晓夫离开北京回国。同一天，双方发表了会谈公报。其中说："会谈双方在极其诚恳、亲切的气氛中，就目前国际形势中迫切和重大的问题，进一步加强中苏之间友好、同盟、互助关系的问题和为争取和平解决国际问题、维护世界和平而进行共同奋斗的问题，进行了全面的讨论，并且取得了完全一致的意见。"①

可是，在这"完全一致"背后，却由于共同舰队一事使双方的心里都留下了阴影。在赫鲁晓夫看来，中国已是尾大不掉，搞自己的一套了。而在毛泽东看来，赫鲁晓夫还是想控制中国，使中国成为苏联的附庸，这对于毛泽东来说，无论如何也是不能接受的。经历过这段历史的原新华社社长吴冷西分析说："这次赫鲁晓夫的北京之行，显示在中苏关系上空出现一片乌云、一阵雷声，虽然没有暴雨，但俄罗斯大国主义的幽灵在徘徊，赫鲁晓夫要控制中国的阴谋在进行。从中国方面来讲，毛主席在这次会谈中无比坚强地表明，中国绝不屈从于任何外国压力，对赫鲁晓夫的大国沙文主义一定要抵抗，也是可以抵挡得住的。这是第一次面对面的抗衡，留下的伤痕久久未能愈合。"②

（三）赫鲁晓夫发动突然袭击

1958年赫鲁晓夫访华时，曾对中国的"大跃进"和人民公社很不以为然。在与毛泽东会谈的过程中，赫鲁晓夫明确表示：

---

① 《毛泽东和赫鲁晓夫会谈公报》，《人民日报》1958年8月4日。

② 吴冷西：《十年论战：1956～1966中苏关系回忆录》（上），中央文献出版社1999年版，第173页。

你们这个"大跃进",我们还是不理解。我们认为有超阶段、忽视规律的情况。

赫鲁晓夫也不赞成搞人民公社。1958 年 11 月,赫鲁晓夫访问波兰。在同波兰领导人哥穆尔卡会谈时,他说:"中国人现在组织公社。在我国这在 30 年前就曾有过,对这个我们腻了。可是中国人嘛,就让他们去尝试吧。当他们碰得满头包时,他们将会有经验。"哥穆尔卡说:"然而在中国的公社问题上,我们没有明确的立场。他们取得很大的成就,这是事实。"赫鲁晓夫不以为然地说:"你们就试一试吧,我们决不会出来反对你们。"①

在 1959 年 1 月的苏共二十一大上,赫鲁晓夫不点名地批评了中国的"大跃进",含沙射影地说:"由社会主义发展阶段向高级阶段的过渡,这是个合乎规律的历史过程,这个过程不能任意破坏或越过。""在社会主义社会中,分配基本上按照各尽所能,按劳分配的原则进行。""平均主义并不是意味着向共产主义过渡,而是破坏共产主义的声誉。""所有制的形式不是可以任意改变的,而是在经济规律的基础上发展的,它们取决于生产力的性质和发展水平。"② 赫鲁晓夫在回忆录中直言不讳地承认:"那个文件相当中肯地(而且我认为是非常准确地)分析了当时中国正发生的事情,虽然我当时没有点中国的名。我们的态度是明确的:我们不同意'大跃进'。"③

1959 年 8 月,中印两国军队在有争议的边境地区发生了武装

---

① 沈志华、杨存堂主编:《苏联历史档案选编》第 27 卷,中国社会科学出版社 2002 年版,第 188 页。

② 《1959—1965 年苏联发展国民经济的控制数字》,《人民日报》1959 年 2 月 1 日。

③ 《最后的遗言——赫鲁晓夫回忆录续集》,东方出版社 1988 年版,第 422 页。

冲突。赫鲁晓夫此时正在做访问美国的准备。为了在世人面前树立自己是"和平大使"的形象，赫鲁晓夫置中苏同盟关系于不顾，也不考虑中方的异议，就让塔斯社发表了一个表面上看是采取中立态度的声明，对中印边界冲突表示"遗憾"，并说中印边界的冲突，是"那些企图阻碍国际紧张局势缓和的人搞的"。不难看出，赫鲁晓夫在中印边界冲突问题上没有站到中国一边。这对于中国方面而言，是很难接受的。在中国方面看来，中苏是同志加兄弟的关系，都是社会主义国家，而印度是资本主义国家，社会主义国家不帮社会主义国家说话，反而为资本主义国家说话，实在太不应该。

赫鲁晓夫在苏共二十大后，一直高唱"和平过渡"的高调，高喊"和平竞赛"的口号。在其"和平过渡"理论的支配下，苏联开始走上其自以为是的由苏美合作主宰世界之路。于是，赫鲁晓夫不断地向美国献媚讨好。1959年6月，苏联竟以借口苏美正在讨论签署禁止核试验条约为由，下令停止向中国运送已装箱好的原子弹样品。这对于赫鲁晓夫来说，也许是一直想做却未能做成的事情。可此举就中国原子弹的研制而言，却是一个严重的打击。如果说，在此前，中国领导人对赫鲁晓夫还多少抱有一些好感，到此时，不但好感已荡然无存，而且是十分不满了。

9月下旬，赫鲁晓夫在美国戴维营参加苏美首脑会谈后，兴冲冲地飞到了北京，参加中华人民共和国成立十周年庆典。

9月30日晚上，中国政府举行国庆招待会。赫鲁晓夫在招待会上发表了长篇讲话。他在谈到社会主义力量空前强大之后，说了一段明显对中国不满的话："我们应当对当前局势有现实的看法和正确的理解。这当然绝不是说，既然我们这么强大，就应该用武力去试试资本主义制度的稳固性。这是不正确的，因为人民将不会理解，也绝不会支持那些想这么干的人。"① 赫鲁晓夫此言一出，立即引起毛泽东的不快，并以在宴会上不发表讲话表示不满。

10月2日，中苏两党举行正式会谈。赫鲁晓夫首先介绍了他此次美国之行的感受，认为同美国只能在经济上搞竞赛，搞和平竞争，不能搞武力对抗。毛泽东对此不冷不热地说：我们赞成你访美，赞成同美国搞和平共处，但美国究竟怎么样，不能看表面，应该看其帝国主义的本质。

赫鲁晓夫接着说：中国和美国的关系还是要搞好，希望中国采取一些步骤来改善同美国的关系。又说：你们去年对金门打炮不是办法，台湾现在不能解放，索性像苏联内战时期对远东共和国那样处理。他还解释说，列宁当年同意成立远东共和国，是为了避免东方同日本作战，中国也可以作这样的办法处理台湾问题。毛泽东说：赫鲁晓夫同志，你把问题搞错了，你把两个性质不同的问题搞混了。一个问题是我们同美国的关系问题，这是国际问题；一个问题是我们跟台湾的关系问题，这是国内问题。我们跟美国的关系问题是美国侵略我国台湾，我们要求美国从台湾撤兵；我们同台湾的关系则是解放台湾的问题，这个问题只能由中国人自己来解决，别人无权过问。

赫鲁晓夫又说：为了缓和同美国的关系，中国是不是可以把监狱里的几个美国人释放？在此之前，中国曾击落了一架美国间谍飞机，并俘虏了两名飞行员。毛泽东说：放是要放的，但不是现在，而是在他们服刑期满的时候，或者是在他们服刑期间有好的表现因而提前释放的时候。这都要按照中国的法律办。

赫鲁晓夫又把话题转移到中国和印度的关系上，并说谁开第

① 《在我国国庆宴会上　赫鲁晓夫同志的讲话》，《人民日报》1959年10月1日。

一枪他不知道，反正印度人被打死了。周恩来说：印度人先入境，打了12个小时，怎么能说我们错了呢？赫鲁晓夫说：我打过仗，不管谁先开枪，反正印度死了人。又说：你们为之战斗的土地只是一块人烟稀少、荒凉的高地，边界也是几十年前确定的。陈毅回答说：中印边界是英国在1914年用所谓的麦克马洪线确定的，这块土地是属于中国的，是英国人把它从中国手里夺走的。赫鲁晓夫说：尼赫鲁是主张中立和反帝的，社会主义国家就应当积极同他搞好团结。苏联不同意采取任何疏远和削弱尼赫鲁在国内地位的政策。陈毅回答说：中国对民族主义者的政策是既团结又斗争，而不是迁就主义的态度。①

这次会谈，是中苏关系史上两国领导人第一次公开的争吵。虽然会谈之后赫鲁晓夫曾建议两方均撤销这一次会谈的纪要，但两党两国关系的恶化已经难以避免了。赫鲁晓夫想得很天真，会议纪要固然可以撤销，但留在双方心中的阴影能一笔勾销吗。即便如此，可他在离开北京到海参崴后，却又指责中国领导人是"好斗的公鸡"。中国领导人听到这样的话，内心对赫鲁晓夫的反感也就可想而知了。在1959年12月的杭州会议上，毛泽东在一份关于国际形势的讲话提纲中，明确表达了他对赫鲁晓夫的厌恶。毛泽东写道："赫鲁晓夫们很幼稚。他不懂马列主义，易受帝国主义的骗。""他不懂中国达于极点，又不研究，相信一大堆不正确的情报，信口开河。他如果不改正，几年后他将完全破产（八年之后）。""他对中国极为恐慌，恐慌之至。"

自此之后，中国领导人产生一个基本的判断，赫鲁晓夫可能

———————

① 参见李越然：《中苏外交亲历记》，世界知识出版社2001年版，第192—195页；参见丛进：《曲折发展的岁月》，河南人民出版社1989年版，第353页；参见吴冷西：《十年论战：1956～1966中苏关系回忆录》（上），中央文献出版社1999年版，第221—226页。

沿着修正主义的道路滑下去，而且这种可能性很大。

1960年2月，华沙条约国家召开政治协商委员会例会。中国照例派出观察员列席，这次派出的观察员是康生（中央政治局候补委员）、伍修权（中央委员）和刘晓（中央委员、中国驻苏联大使）。

在讨论世界和平与裁军问题时，双方发生了严重的分歧。苏联方面提出要通过裁军来实现"三无世界"，即没有武器、没有军队、没有战争的世界；中国方面则认为，帝国主义的本性没有变，战争的危险仍然存在，美帝国主义仍然是世界和平的主要敌人。全世界一切真诚为和平而努力的人们，有必要对美国的两面手法保持警惕。赫鲁晓夫认为，世界由此进入了通过谈判解决国际争端，以建立持久和平的新阶段；中国则认为，国际局势出现了某些和缓的趋势，这是社会主义力量、民族革命力量和和平民主力量同帝国主义战争势力反复进行斗争的结果，是东风压倒西风的结果。苏联在会上宣布，将单方面裁军120万，即裁去军队总数的三分之一；中国则宣布：没有中华人民共和国的正式参加和它的代表的签字，有关裁军的国际协议和其他一切国际协议，当然都不能对中国具有任何约束力。2月6日，《人民日报》同时发表《华沙条约缔约国宣言》和康生在这次会议上的讲话，将中苏两国在国际战略和外交政策的分歧公开地暴露出来。

1960年1月，中共中央政治局在上海举行扩大会议，决定利用列宁诞辰九十周年之际，发表文章阐述中共在时代、战争与和平、和平过渡、帝国主义的本质、列宁主义是不是过时等问题上的意见，开展反对现代修正主义的斗争。经过几个月的准备，这年4月，也就在纪念列宁诞辰九十周年的时候，中国方面在《红旗》杂志和《人民日报》上发表了《列宁主义万岁》、《沿着伟大列宁的道路前进》和《在列宁的革命旗帜下团结起来》三篇文章。这些文章采取指桑骂槐的办法，表面上是批判南斯拉夫共产主义者联盟及其领导人铁托，实际上是批判苏共及赫鲁晓夫。

1960 年 6 月 20 日至 25 日，罗马尼亚共产党召开第三次代表大会。会前，苏共中央于 6 月 2 日致函中共中央，建议利用罗共三大的机会，在布加勒斯特举行社会主义各国共产党和工人党代表会议。中共中央收到苏共中央的建议信后，复函建议扩大与会成员，召开世界各国共产党和工人党代表会议，且延期召开，以做充分的准备。后来经过协商，双方同意利用罗共三大各兄弟党派代表团到布加勒斯特的机会，就已经出现的分歧和召开兄弟党会议的问题，内部交换意见，但不作决定和不发表任何正式文件。

以彭真为团长的中共代表团赴罗途中，于 6 月 17 日在莫斯科同苏共中央书记处书记科兹洛夫进行了会谈。科兹洛夫对于各国党代表会议召开的时间采取回避的态度，只说到布加勒斯特后再商讨。中共代表团感觉到里头一定有名堂，致电中共中央说，赫鲁晓夫可能要在布加勒斯特整我们，代表团已根据中共中央的方针做了后发制人的准备。

6 月 19 日，中共代表团抵达布加勒斯特。随后几天，赫鲁晓夫一直不提召开兄弟党会议之事。直至 22 日下午，赫鲁晓夫才同中共代表团举行会谈。在会谈过程中，赫鲁晓夫讲了一大堆十分难听的话，说什么中国搞"大跃进"，可是人民没有裤子穿，穷得要命。中国搞百花齐放，现在怎么样，还放不放？中国那么爱斯大林，把斯大林的棺材搬到北京去好了，他们可以送给中国。中国老讲东风压倒西风，就是中国想压倒大家，要压倒全世界。如此等等，这自然是中共代表团和中共中央难以接受的。

6 月 23 日下午，苏共代表团将一份注明日期为 6 月 21 日的《苏共中央致中共中央的通知书》交给了中共代表团。这份文件的中文译本长达 84 页，主要内容是反驳中共发表的《列宁主义万岁》等三篇文章中的观点。在 24 日举行的社会主义国家共产党和工人党代表会议上，赫鲁晓夫煽动了大多数党向中共代表团进行围攻。代表团同时将上述情况报告了中共中央。中共中央很快发回指示，要求代表团做到坚持团结，坚持原则，留有余地，后发制人，对赫鲁晓夫仍采取团结—批评—团结的方针。

6月25日，中共代表团通过会议执行主席罗共总书记乔治乌·德治，向各代表团发表了一份声明。声明说："中共中央认为，苏共中央代表团赫鲁晓夫同志在这次会谈中完全破坏了历来国际共产主义运动中兄弟党协商解决共同的问题的原则，完全破坏了在会谈以前关于这次会谈只限于交换意见、不作任何决定的协议，突然袭击地提出了会谈公报草案，对这个公报的内容没有预先征求兄弟党的意见，而且在会谈中不允许进行充分的正常的讨论。这是滥用苏联共产党从列宁以来长期形成的在国际共产主义运动中的威信，极端粗暴地把自己的意志强加于人。这种态度同列宁的作风毫无共同之处，这种做法在国际共产主义运动中开了一个极端恶劣的先例。"① 声明明确表示：国际共产主义运动的命运，取决于各国人民的要求和斗争，取决于马克思列宁主义的指导，而绝不是取决于任何个人的指挥棒。

赫鲁晓夫见中共代表团毫不屈服，就在会议结束时，肆无忌惮地对中共大加攻击，称中共是"疯子"，"要发动战争"，"纯粹的民族主义"，对苏共采取"托洛茨基方式"，等等。一些紧随苏共的政党，也跟着起哄，指责中国党是"教条主义""'左'倾冒险主义""假革命""宗派主义""比南斯拉夫还坏"等。针对赫鲁晓夫的所作所为，中共代表团作了针锋相对的斗争。彭真在即席发言中强调：赫鲁晓夫的这种只准自己为所欲为，听不得别人意见，不准别人为自己辩护的做法，是"只许州官放火，不许百姓点灯"，完全违背了国际关系和党际关系准则。他还借用

---

① 《关于国际共产主义运动总路线的论战》，人民出版社1965年版，第100页。

亚里士多德名言"吾爱吾师，吾更爱真理"，来表达中共对苏共的原则立场。

布加勒斯特会议上赫鲁晓夫没有得到任何便宜，但他并不甘心，于是来了个一不做二不休，采取一系列的严重破坏中苏党际关系和国家关系的举动。

1960 年 7 月 16 日，苏联政府通过其驻华使馆突然照会中国政府："包括军事方面在内的苏联专家和顾问，按照他们自己的意愿，将被召回去他们的祖国。"不等中国答复，苏联政府在 7 月 25 日又通知说，在华工作的全部苏联专家均将于 7 月 28 日至 9 月 1 日离境。同时，苏联还片面中止派遣按照两国协议应该派遣的 900 多名专家。

7 月 31 日，中方复照苏方，希望苏联政府重新考虑并且改变召回专家的决定，表示愿意挽留在华工作尚未期满的全部苏联专家，继续按原定聘期在中国工作。但是，苏方以毫无商量余地的态度，在一个月的短期内，撤走了在中国帮助工作的 1390 名苏联专家，撕毁了中苏两国政府签订的 12 个协定和两国科学院签订的 1 个议定以及 300 多个专家合同和合同补充书，废除了 200 多个科学技术项目。

苏联专家分布在中国经济、国防、文教、科研等部门的 200 多个企业和事业单位。他们的撤走，使中国一些重大的设计项目和科研项目中途停顿，一些正在施工的建设项目被迫停工，一些正在试验生产的厂矿不能按期投产。

对于赫鲁晓夫这种背信弃义的做法，中共中央后来在给苏共中央的信中说："在中国遭到严重的自然灾害的时候，你们乘人之危，采取这样严重的步骤，完全违背了共产主义的道德。"①

---

① 《中共中央 1964 年 2 月 29 日给苏共中央的信》，《人民日报》1964 年 5 月 9 日。

苏联撤走专家，撕毁合同，固然给中国的经济建设带来了巨大的困难。但是坏事也能变成好事，它通过这件事进一步激化了中国人民独立自主、自力更生的精神。四年后，中国的第一颗原子弹爆炸成功。毛泽东在谈及这件事时，以幽默的口吻说：应该给赫鲁晓夫发一个一吨重的大勋章。

（四）中苏论战与中苏关系的破裂

虽然赫鲁晓夫严重地损害中苏关系，中国共产党还是不愿看到两党关系继续恶化下去，造成社会主义阵营的分裂。1960 年 8 月，越南劳动党主席胡志明建议中苏两党举行会谈，然后召开全世界的共产党工人党会议，通过一个宣言，共同对付美国。中共中央接受了这个建设，并决定派出以邓小平为团长、彭真为副团长的代表团，赴莫斯科参加中苏会谈和 26 国党的起草委员会会议。

9 月 10 日，邓小平和彭真约见了苏联驻华大使契尔沃年科，将中共中央对苏共中央布加勒斯特会议上的《通知书》的《答复书》交给了他，并通知他：中国共产党代表团将于 15 日动身去莫斯科同苏共代表团谈判。

9 月 17 日，两党会谈正式开始。中方参加会谈的有邓小平、彭真、陆定一和康生，苏方以苏共中央主席团委员、中央书记苏斯洛夫为首，成员有主席团委员、中央书记科兹洛夫，苏共中央对社会主义国家党的国际联络部长安德罗波夫，主席团候补委员、中央书记波斯别洛夫。至 9 月 22 日，双方进行了三次会议，但此次会议并没有弥合相互间的分歧。代表团回国后，将有关情况向政治政治局常委作了汇报。毛泽东表示，中苏两党还是应该团结的，双方都需要团结，问题是如何达到团结，苏共习惯于以老子党自居，不习惯于兄弟党之间进行民主讨论。总的原则是坚持原则，坚持团结，坚持斗争，留有余地。

　　11 月 5 日，中共中央派出以刘少奇为团长、邓小平为副团长的中共代表团，赴莫斯科出席各国共产党和工人党代表会议（因有 81 个党参加，又称 81 党莫斯科会议）。

　　中共代表团到达莫斯科的第三天，即 11 月 7 日，是十月革命胜利 43 周年纪念日，代表团参加了庆祝活动。可是，庆祝活动刚结束，苏方代表团成员苏斯洛夫对邓小平说，他们将对中共的《答复书》作出答复。还说苏共的答复是有些辣椒的，因为中共的《答复书》中间有许多辣椒。果不其然，当天下午，苏共中央对社会主义国家党的国际联络部长安德罗波夫，就将苏方所署日期为 11 月 5 日的《答复书》送来了。苏共的《答复书》集中攻击毛泽东的一些论点，同时也列举了刘少奇、邓小平、陆定一文章和讲话中的论点。

　　11 月 9 日，苏斯洛夫等会见中共代表团时说，两党的分歧今后还可以讨论，不要拿到这次大会上去。还说，开完这次会后要专门谈中苏两国间的贸易问题、援助问题、专家问题，要好好把这些问题解决，苏联还是要继续援助中国建设的。邓小平明确向苏斯洛夫表示，我们这次是抱着团结的目的来的，原定在会议上要讲一段热情、团结的话。现在你们 11 月 5 日的"答复"，破坏了这种可能，原来的想法已经不能不改变了。你们一面说要团结，不争论；一面发出一百多页的"答复"，你们要团结的讲话，是不真实的。看来是非在会上回答你们不可。争论是你们引起来的。①

　　根据会议的安排，中共代表团在 14 日发言，邓小平在发言中一共讲了十几个问题。其中讲到，中共两党的分歧首先是由苏方引起的；把中苏分歧拿到国际会议上并组织对中国的突然袭击也是苏共搞的；把中苏意识形态的分歧扩大到国家关系，撕毁中

---

① 参见《杨尚昆日记》（上），中央文献出版社 2001 年版，第 586 页。

苏签订的所有协议、合同，从中国撤走全部专家的，也是苏共；把中苏之间的分歧首先公开在全世界面前，还是苏共。邓小平接着说，赫鲁晓夫搞什么分工协作完全是假话，搞什么平等协商也是假话，他就是要大家听他的指挥棒，不听他的就打击你，压迫你。①

11月28日，中共中央指示中共代表团：要做到仁至义尽，巩固左派，争取中间，暴露右派。代表团现在的方针应该是力争达成协议，发表一个经过共同协商、达到一致的会议声明。根据中共中央的精神，11月30日，中共代表团刘少奇、邓小平、彭真，与苏共代表团赫鲁晓夫、科兹洛夫、苏斯洛夫会谈。会议中，刘少奇着重谈团结问题。关于中苏两党争论，双方都表示希望就此结束，再不挑起，使两国、两党的关系恢复到1957年以前的状况。

12月1日，81党会议全体大会在克里姆林宫举行，各党代表团团长在《各国共产党和工人党代表会议声明》（即《莫斯科声明》）上签字，并通过了公报、呼吁书等。刘少奇、赫鲁晓夫先后讲话，都着重讲团结问题。就这样，为期22天的81党代表会议结束了。随后，刘少奇以国家元首的身份对苏联进行国事访问，他在访问中反复强调中苏友好团结的重要意义，指出任何损害中苏团结的言论和行动，都是中苏人民通不过的，中国仍然真诚地希望中苏关系能日渐好转，以赫鲁晓夫为首的苏联领导人也作了一些要改善两党两国关系的姿态。

1960年11月的81国共产党工人党莫斯科会议后，曾使中苏两党一年多的紧张关系有所缓和，但这种缓和的背后却潜伏着严重的危机，并最终导致了两党两国关系的进一步恶化。

---

① 参见吴冷西：《十年论战：1956～1966中苏关系回忆录》（上），中央文献出版社1999年版，第382页。

1961 年 10 月 17 日至 31 日，苏共召开了二十二大。会议提出，苏联已进入全面展开共产主义建设的时期，苏联党和国家已进入"全民党""全民国家"时代。赫鲁晓夫在报告中还大讲同帝国主义和平共处、和平竞赛以及和平过渡的问题。此外，苏联领导人还在大会上对阿尔巴尼亚劳动党大打出手，号召推翻阿党第一书记霍查和另一领导人谢胡，暗喻中国党也应该如此。

苏共这样做，自然是中国所不能接受的。10 月 19 日，中共中央代表团团长周恩来在致贺词中指出：社会主义各国之间，各国共产党之间，必须很好地团结在一起，必须像爱护眼珠一样地爱护我们的团结，决不应该有任何损害这种团结的言论和行动。大会期间，周恩来同赫鲁晓夫进行了 9 小时的会谈。周恩来指出："每个国家，由于他们的具体情况不同，因此，他们在革命和建设中的做法也会有区别。"谈到苏阿关系时，周恩来认为赫鲁晓夫等人的作法是错误的，强调兄弟党之间在对敌斗争中应该互相支持，兄弟党的内部事务不能干涉，兄弟党要保持内部团结。① 赫鲁晓夫拒绝接受这些意见。会议期间，周恩来率中共代表团拜谒了列宁、斯大林墓，并献了花圈，以示对苏联再次批判斯大林的不满。由于苏共二十二大出现的不正常状态，于是周恩来决定提前回国。中共代表团继续留在莫斯科参加会议。10 月 24 日，周恩来回到北京时，毛泽东、刘少奇、朱德、邓小平前往机场迎接。

随后，又发生了一系列事件：1962 年 2 月 22 日，苏共中央在致中共中央的信中，给中共扣上"反列宁主义的行为""特殊立场""特殊路线"的帽子。同年 4、5 月间，在苏联驻乌鲁木齐、伊犁领事馆的活动下，致使伊犁、塔城地区的 6 万中国公民

---

① 中共中央文献研究室编：《周恩来传（1949—1976）》（下），中央文献出版社 1998 年版，第 652—653 页。

越境前往苏联。这年 5 月，苏联还策动了伊宁暴乱事件。

这年 10 月 8 日，中国政府通知苏联驻华大使馆，中国获悉印度将发动大规模进攻，印度一旦发动进攻，中国准备坚决自卫，希望苏联政府发挥它对印度的影响，劝其悬崖勒马。这时发生古巴导弹危机，苏联十分需要中国的战略支持，赫鲁晓夫于 10 月 13 日和 14 日向中国驻苏大使刘晓表示："在中印边界问题上，是不能采取中立态度的。如果有人进攻中国，我们说我们中立，那就是叛徒行为。"① 10 月 20 日，中国进行第二次对印自卫还击战，随即粉碎了印军的进攻，拔除了入侵印军所建的据点，收复失地。11 月 22 日，中国军队单方面在中印边境实行全线停火，12 月 1 日起主动从 1959 年 10 月 7 日控制线中国一边后撤 20 公里。这时，古巴导弹危机已经缓和，赫鲁晓夫在中印边境冲突问题上便改变调子，于 12 月 12 日在最高苏维埃会议上发表演讲时，公开指责中国说，中国军队现在后撤了，为什么当初要从原有阵地前进呢？意思这个仗是中国打起来的，而不是印度入侵中国领土。

1962 年冬，东欧一些国家的共产党或工人党相继召开代表大会。苏共领导人又利用这个机会，组织一些党向出席会议的中共代表团发起围攻。在德国统一社会党第六次代表大会上，赫鲁晓夫甚至亲自出马攻击中国。

面对这种情况，毛泽东和中共中央决定发表一系列答辩文章进行反击。在邓小平的主持下，写作班子写出了第一篇答辩文章——《坚持真理，分清是非，团结对敌》，毛泽东亲自作了审定，并将文章标题改为《全世界无产者联合起来，反对我们的共同敌人》。他在给邓小平的批语中说："此文已阅，认为写得很

---

① 丛进：《曲折发展的岁月》，河南人民出版社 1989 年版，第 583—584 页。

好，有必要发表这类文章。"12 月 15 日，这篇文章以《人民日报》社论的名义发表。至 1963 年 3 月 8 日，中共中央又先后发表了《在莫斯科宣言和莫斯科声明的基础上团结起来》等七篇文章，中苏开始公开论战。

1963 年 2 月，苏共中央致信中共中央，表示要停止论战，举行中苏两党会谈，为召开新的兄弟党国际会议做准备。中共中央和毛泽东对此很重视。3 月 9 日，中共中央发出对苏共中央的复信，赞成停止公开论战，举行两党会谈，宣布从 3 月 9 日起，暂时停止发表论战文章。

3 月 30 日，苏共中央又致信中共中央，详细地提出了苏共关于国际共产主义运动的总路线问题，并且建议以其来信中关于这个问题所阐述的一系列观点，作为中苏两党会谈的基础。苏共中央在信中还表示欢迎毛泽东访问苏联，并就各种问题双方交换意见。如果毛泽东不能前往莫斯科，苏共中央"愿意接受你们所表示的关于在莫斯科举行苏中两党高级代表会谈的意见"①。根据毛泽东意见，4 月 4 日，《人民日报》全文发表了苏共中央 3 月 30 日的来信。

6 月 14 日，中共中央向苏共中央发出《关于国际共产主义运动总路线的建议——中国共产党中央委员会对苏联共产党中央委员会 1963 年 3 月 30 日来信的复信》，并在 6 月 17 日的《人民日报》上公开发表。复信阐明中国共产党对待国际共产主义运动若干重大问题的基本立场。这些问题主要是：怎样分析当代世界的基本矛盾；怎样看待社会主义阵营各国共产党和工人党在国内和国际的主要任务；怎样对待帝国主义的侵略政策和战争政策；怎样对待亚洲、非洲、拉丁美洲民族民主革命运动；怎样对待无产

---

① 《关于国际共产主义运动总路线的建议和有关文件》，人民出版社1963 年版，第 59 页。

阶级革命与和平过渡；怎样认识和对待社会主义国家同被压迫人民、被压迫民族的革命斗争是互相支持、互相援助；怎样对待战争与和平、和平共处以及全面禁止和完全销毁核武器；怎样对待关于无产阶级专政条件下的阶级斗争；怎样对待"反对个人迷信"；怎样处理社会主义国家之间的关系和兄弟党关系的准则等。复信最后表示，既然赫鲁晓夫不能到中国来，苏方也没有表示愿意派代表团到中国来，因此，中共中央决定派代表团到莫斯科去进行两党会谈。苏共中央于6月18日发表声明，认为复信"包含有对苏共和其他兄弟党的毫无根据的攻击"，拒绝接受复信。

7月6日至20日，中苏两党在莫斯科举行会谈。按照事前的约定，双方轮流发言，在一方发言时，另一方不得插话打断对方的发言。第一天的会谈，苏斯洛夫代表苏共代表团作了长达五个钟头的发言。讲的还是和平过渡、和平竞赛那一套，然后解释了苏共是全民党的问题，大意是苏联全国人民都拥护党，都拥护马列主义，党的成分来自全国人民的各阶层。7月8日，轮到邓小平代表中共代表团发言。这次发言，连同翻译的时间，也有五个小时。邓小平着重讲了中苏两党的分歧从何而来以及分歧的实质。他回顾了中苏在一系列重大问题上分歧不断加深的经过，指出分歧的实质是革命还是不革命。10日和12日，又是苏斯洛夫和邓小平分别作长篇发言。苏斯洛夫的发言主要是回答邓小平上次发言中提出的分歧从何而来的问题，实际上是对中方提出的问题进行辩解。邓小平在发言中则着重讲苏联搞分裂主义的问题，并列举了一系列的具体事实。

就在中共两党会议期间，即7月14日，苏共中央在《真理报》上发表了《给苏联各级党组织和全体共产党员的公开信》，对中共中央6月14日复信作了全面的批驳。公开信在简单回顾中苏两党分歧产生的经过后说："中国领导同苏共和其他兄弟党的分歧的简单经过就是这样。它表明，中共领导人把自己的特殊路线同共产主义运动的共同方针对立起来，力图把自己的号令、自己对当代根本问题的极其错误的观点强加给共产主义运动。"公开信中对中共充满指责的词句，并把两党产生分歧的责任全都加在中共头上。① 苏共中央公开信的发表是一个极其严重的步骤，表明赫鲁晓夫已决心公开与中共论战。

作为回应，中共中央决定于 7 月 19 日再发表一个声明，同时发表苏共中央的公开信，重播 6 月 14 日中共中央给苏中央的复信。声明中说："至于我们广播苏共中央 7 月 14 日的公开信，则只有一个理由，即这是一篇奇文。中国人有过两句诗：'奇文共欣赏，疑义相与析'。恐怕世界上广大的革命同志和革命人民当着苏联广播他们的这篇'奇文'时，不愿意和不耐心收听，我们奉劝这些革命同志和革命人民，不宜采取这种态度，而要耐心收听，好好研究，公开发表，以便将正、反两种材料对比起来，才能作出比较正确的分析和批判。不批判唯心论，就不能发展唯物论，不批判形而上学，就不能发展辩证法。而要批判，就要掌握对方的材料。苏共这次的公开信，正是一篇绝妙的反面材料。"② 这段文字，是毛泽东在审定声明稿时加上去的。

这期间，中苏双方代表团又进行了几次会谈。在 7 月 20 日双方举行第九次会谈中，邓小平再指出，从过去八次会谈的情况看来，中苏两党存在严重的分歧。特别是从苏共 7 月 14 日发表《公开信》以后，苏联的报刊纷纷攻击中国共产党。在这种情况下，两党就某一些问题达成协议已难以做到。因此，中共代表团建议，中苏两党会谈暂告一段落，休会到另一个商定的时间再举

---

① 《苏联共产党中央委员会给苏联各级党组织和全体共产党员的公开信》，《人民日报》1963 年 7 月 20 日。

② 《中国共产党中央委员会发言人声明》，《人民日报》1963 年 7 月 20 日。

行。下一次会谈在北京举行，请苏联共产党第一书记赫鲁晓夫亲自率代表团到中国来同我们会谈。会议恢复时间可以根据双方协商来确定。①

1963 年 7 月 23 日，毛泽东召开会议，决定组织文章回应和批判苏共中央发表的各级党组织和全体党员的公开信，具体工作由康生负责。从这年 9 月到 1964 年 7 月，在 10 个月的时间里，中共中央以《红旗》杂志和《人民日报》的名义，连续发表了 9 篇评苏共中央公开信的文章，即"九评"。这 9 篇文章是：《苏共领导同我们分歧的由来和发展》（一评，1963 年 9 月 6 日）；《关于斯大林问题》（二评，1963 年 9 月 13 日）；《南斯拉夫是社会主义国家吗?》（三评，1963 年 9 月 26 日）；《新殖民主义的辩护士》（四评，1963 年 10 月 22 日）；《战争与和平问题上的两条路线》（五评，1963 年 11 月 19 日）；《两种根本对立的和平共处政策》（六评，1963 年 12 月 12 日）；《苏共领导是当代最大的分裂主义者》（七评，1964 年 2 月 4 日）；《无产阶级革命和赫鲁晓夫修正主义》（八评，1964 年 3 月 21 日）；《关于赫鲁晓夫的假共产主义在世界上的教训》（九评，1964 年 7 月 14 日）。在这个过程中，双方都在运用各种宣传工具批判对方的观点，并且调子越来越高。

1964 年 10 月 12 日，勃列日涅夫等其他苏共领导人，趁赫鲁晓夫离开莫斯科前往黑海度假的机会，召开苏共中央主席团会议，讨论撤销赫鲁晓夫职务事宜；10 月 14 日，又召集了中央全会，一致通过了撤销赫鲁晓夫苏共中央第一书记和部长会议主席职务的提案。由勃列日涅夫任苏共中央第一书记，柯西金任部长会议主席。10 月 16 日，周恩来打电话给外交部，传达毛泽东指

① 参见吴冷西：《十年论战：1956～1966 中苏关系回忆录》（下），中央文献出版社 1999 年版，第 616—617 页。

示：由毛泽东、刘少奇、朱德、周恩来联名给苏联新领导人发贺电，表示对其寄予希望。这份贺电当天即由外交部苏联东欧司副司长徐明交给苏联驻华大使契尔沃年科，并于当晚广播，次日见报。① 贺电表示："得悉勃列日涅夫同志当选为苏共中央第一书记，柯西金同志被任命为部长会议主席，我们代表中国人民、中国共产党和中国政府，向你们表示热烈的祝贺。""我们衷心地希望，兄弟的苏联人民，在苏联共产党和苏联政府的领导下，在今后各方面的建设工作中和维护世界和平的斗争中，取得新的成就。"同时，贺电也表达了"中苏两党、两国在马克思列宁主义和无产阶级国际主义的基础上团结起来"的愿望。②

苏联十月革命胜利 47 周年前夕，中国领导人又决定致电祝贺。11 月 6 日，北京隆重集会庆祝十月革命胜利 47 周年。11 月 7 日《人民日报》发表社论《在伟大的十月革命旗帜下团结起来》。11 月 8 日，《人民日报》又全文刊登了勃列日涅夫在莫斯科庆祝十月革命胜利 47 周年大会上的报告。在不是逢五逢十的时候，中国这样隆重庆祝十月革命也是破格的，实际上向苏联新领导人发出了改善两党两国关系的信号。

与此同时，毛泽东提议并经中共中央讨论决定，由周恩来率中国党政代表团赴莫斯科，参加十月革命胜利 47 周年庆祝活动。11 月 5 日，中国党政代表团在周恩来率领下，乘专机飞抵莫斯科。在随后的会谈中，苏方坚持要求双方先停止公开争论，召开各国党的会议，在新的气氛中，寻求途径一步一步地实现共同愿望。在场的米高扬明确表示：我们党过去和现在都是有集体领导

① 参见外交部外交史研究室编：《新中国外交风云》第 3 辑，世界知识出版社 1994 年版，第 190 页。

② 《我国领导人致电苏联领导人 祝贺勃列日涅夫柯西金就任新职》，《人民日报》1964 年 10 月 17 日。

的。在同中共的思想分歧上，我们中央是一致的，完全没有分歧，甚至没有细致的差别。周恩来表示，既然你们和赫鲁晓夫在中苏分歧上没有不同，那我们还有什么可谈的？① 为此，周恩来和代表团得出结论："苏共领导还要继续执行赫鲁晓夫路线不变。"② 11 月 14 日，周恩来率代表团回国。

1965 年 3 月初，苏联新领导人不顾中共的一再反对，在莫斯科召开各国共产党和工人党国际会议，这次原定 25 个国家的党参加的会议，只有 18 个国家的党参加。中共事先就发出过警告，如果苏方单方面召开这样的会议，就必须承担分裂国际共运的后果。通过这次会议，中国方面结束了对苏共新领导人的期待和观望，也结束了自赫鲁晓夫下台以来 5 个月时间的"休战"，重新开始批判苏共现代修正主义。苏方自然不甘示弱，也发表大量的文章对中共进行抨击。在这种你来我往的对骂中，两国意识形态的分歧越走越远，国家关系也日益恶化。

1966 年 3 月，苏共将召开第二十三次全国代表大会。按照惯例，苏共中央于 2 月 24 日致信中共中央，邀请中共派代表团参加。这是一封例行公事的邀请信，全信仅 300 字，除了通知大会召开的时间和日程外，最核心的就是这样一句话："邀请中国共产党代表团作为客人参加苏共第二十三次代表大会。"中共中央并没有马上对来信予以答复，直到 3 月 22 日，也就是苏共二十三大召开前一星期，中共中央才复信苏共中央说，"苏共新领导上台以后，沿着修正主义、分裂主义和大国沙文主义的道路越走越远。"因此"我们愿意明确地通知你们：既然你们已经走到这

---

① 参见外交部外交史研究室编：《新中国外交风云》第 3 辑，世界知识出版社 1994 年版，第 25—27 页。

② 中共中央文献研究室编：《周恩来传（1949—1976）》（下），中央文献出版社 1998 年版，第 829 页。

样的地步，中国共产党作为一个郑重的马克思列宁主义政党，不能派代表团去参加你们这一次的大会"。① 事已至此，中苏两党两国关系的彻底破裂已无可挽回了。

事隔多年，邓小平在回顾这段往事的时候，曾这样说："多年来，存在一个对马克思主义、社会主义的理解问题。从一九五七年第一次莫斯科会谈，到六十年代前半期，中苏两党展开了激烈的争论。""经过二十多年的实践，回过头来看，双方都讲了许多空话。马克思去世以后一百多年，究竟发生了什么变化，在变化的条件下，如何认识和发展马克思主义，没有搞清楚。"② "应该说，从六十年代中期起，我们的关系恶化了，基本上隔断了。这不是指意识形态争论的那些问题，这方面现在我们也不认为自己当时说的都是对的。真正的实质问题是不平等，中国人感到受屈辱。"③ 邓小平的此话，实际上对这一段历史作了很好的总结。

二、维护国家主权与领土完整

（一）打破美国"两个中国"图谋

1954 年 12 月，美国与台湾当局签订"共同防御条约"，决意阻止大陆解放台湾，造成"两个中国"的既定事实。1955 年 4 月，第一次炮击金门期间，美国总统艾森豪威尔称，他相信，"从长期来看，除非出现难以预料的情况，（美国）可能得接受

---

① 《中国共产党中央委员会复信苏联共产党中央委员会 中共中央不能派代表团参加苏共二十三次代表大会》，《人民日报》1966 年 3 月 24 日。

② 《邓小平文选》第 3 卷，人民出版社 1993 年版，第 291 页。

③ 《邓小平文选》第 3 卷，人民出版社 1993 年版，第 294—295 页。

'两个中国'的概念"。①

这一时期，中共中央其实调整了自己的对台政策。1955年2月，周恩来指出："我们只有弄清资本主义世界对台湾问题的看法和做法，看清楚世界大势，才能站稳我们的立场，确定我们的方针，运用我们的策略，来达到既维护我们国家的主权，解放我们的领土台湾，又能维护世界和平，反对侵略战争的目的。""解放台湾的斗争，既是军事斗争，又是政治斗争和外交斗争。"②1956年2月，《人民日报》社论提出了"为争取和平解放台湾而奋斗"③的口号。9月，中共八大政治报告首次以正式文件的形式指出："我们愿意用和平谈判的方式，使台湾重新回到祖国的怀抱，而避免使用武力。如果不得已而使用武力，那是在和平谈判丧失了可能性，或者是在和平谈判失败以后。"④

与此同时，中国方面还采取若干措施，力图打破中美大使级会谈的僵局。1956年8月，中国政府取消不让美国记者入境的禁令，向美国15个重要新闻机构发电，邀请他们派记者来华作为期一个月的访问。⑤随后，中方又在大使级会谈中提出消除贸易障碍、促进中美人民来往和开展文化交流等建议。

中国方面的政策调整虽然使得台湾海峡的局势有所缓和，却没能得到美国政府积极回应。1957年，台海局势、中美关系再度

----

① 资中筠主编：《战后美国外交史——从杜鲁门到里根》上册，世界知识出版社1994年版，第310页。

② 中共中央文献研究室编：《周恩来年谱（1949—1976）》上卷，中央文献出版社1997年版，第446页。

③ 《为争取和平解放台湾而奋斗》，《人民日报》1956年2月4日。

④ 中共中央文献研究室编：《建国以来重要文献选编》第9册，中央文献出版社2011年版，第81页。

⑤ 参见陶文钊：《中美关系史（修订本）》第2卷（1949—1972），上海人民出版社2016年版，第207页。

紧张起来。当年 3 月 6 日，美国与台湾当局达成了在台湾部署可携带核弹头的"斗牛士"导弹的协议，并于 5 月 6 日就此发表联合声明。美国还在台湾修建了可对大陆进行核攻击的 B－52 战略轰炸机机场，甚至将可发射战术核炮弹的 240 毫米火炮部署在金门。① 10 月，国民党召开八大，继续强调："'反攻大陆'，并把中共方面的和谈倡议说成是'统战阴谋'和'政治颠覆'手段。"② 11 月，美国第七舰队在台湾海域举行大规模军事演习。与此相配合，国民党军 11 万人举行了代号"昆阳"的全岛军事演习。③ 年底，中美大使级会谈由于美国要求降低谈判级别而中断。美国国务卿杜勒斯多次声称美国将继续实行"对华政策三原则"，即不承认中华人民共和国，反对新中国进入联合国，继续对中国实行封锁和贸易禁运。④

在美国对华政策的鼓励下，国民党军飞机深入大陆，到云南、贵州、四川、青海等地，空投特务，散发传单，甚至出动飞机到福建沿海轰炸。蒋介石还在金门、马祖一线增加兵力，到 1958 年夏季，该地区的国民党军已达 10 万人，占其地面部队总数的 1/3。

事已至此，毛泽东和中国政府不能不适当调整对美政策，从争取和平协商转为加强对美斗争。毛泽东决定，对美斗争采取针

---

① 参见军事科学院世界军事研究部编：《战后世界局部战争史》第 1 卷（1945—1969），军事科学出版社 2014 年版，第 529 页。

② 中共中央党史研究室：《中国共产党历史·第二卷（1949—1978）》下册，中共党史出版社 2011 年版，第 634 页。

③ 参见郭德宏等主编：《中华人民共和国专题史稿》卷二，四川人民出版社 2004 年版，第 290 页。

④ 参见中共中央党史研究室：《中国共产党的九十年（社会主义革命和建设时期）》，中共党史出版社、党建读物出版社 2016 年版，第 539 页。

锋相对、以文对文、以武对武、先礼后兵的做法。①

1958 年 6 月 30 日，中国政府发表《关于中美大使级会谈的声明》，要求美国政府在 15 天内派出大使级代表，恢复会谈，否则中国政府将认为美国已经决心破裂中美大使级会谈。② 美国当初同意参加这一会谈，主要是迫于国内外舆论压力。随后，美方一直采取拖延政策，并试图促使中国主动终止谈判，以便推卸责任。这一次也是这样。国务卿杜勒斯表示，如果中国同意改变会谈地点，美国将派人参加会谈。但他又说，美国不会向中国的"最后通牒"低头。③ 美国政府最终还是没有在 15 天的期限内给出正式答复。

恰在此时，中东局势风云突变。1958 年 5 月，黎巴嫩爆发反对亲美领导人夏蒙的武装暴动。7 月，伊拉克民众推翻亲美的费萨尔王朝，成立伊拉克共和国。美国随即出兵黎巴嫩，进行武装干涉。紧接着，英军也进入约旦。

中东地区的紧张局势使得台湾当局误以为"反攻大陆"有机可乘。7 月 17 日，台湾当局以"中东地区当前的爆炸性局势"为理由，命令所有部队处于"特别戒备状态"。美国也命令驻太平洋地区的第七舰队进入战备状态。④ 美国海军参谋长伯克还于 8 月 8 日扬言，美国海军正密切注视台湾地区局势，随时准备进

---

① 参见中共中央文献研究室编：《毛泽东传（1949—1976）》（上），中央文献出版社 2003 年版，第 850 页。

② 参见《我国政府认为中美会谈不应该继续中断下去　要美国十五天内派出大使级代表　否则就不能不认为美国已经决心破裂会谈》，《人民日报》1958 年 7 月 1 日。

③ 参见《我外交部发言人评杜勒斯谈话　指出他对恢复中美会谈问题闪烁其词自相矛盾》，《人民日报》1958 年 7 月 3 日。

④ 参见宫力：《毛泽东与中美外交风云》，红旗出版社 2014 年版，第 115 页。

行像在黎巴嫩那样的登陆。①

在上述背景下，毛泽东决定抓住时机，炮击金门。他指出，金门炮战，意在击美。金门、马祖是中国领土，打金门、马祖，惩罚国民党军，是中国的内政，敌人找不到借口。② 经过一个月左右的反复思考，至8月中旬北戴河会议期间，毛泽东等中央领导人作出首先集中力量炮击金门并将其封锁起来的决策。这一行动的重要目的之一，就是判明美国同台湾国民党当局订立的"共同防御条约"的范围是否包括金门、马祖。③

8月23日，联合国大会紧急会议讨论通过阿拉伯各国要求美国从中东撤军提案的第二天，毛泽东在北戴河下令对金门进行大规模炮击。当天17时30分，福建前线部队几百门火炮一起开火，金门岛顿时被炮火吞没。20分钟后，金门国民党军炮兵才开始还击，但很快被解放军的炮火压制下去。第一次炮击共持续两个多小时，发射炮弹近3万发，毙伤国民党军官兵数百人，击伤大型运输舰一艘。次日，前线部队实施第二次打击，发射炮弹近万发。国民党军舰艇被迫向外海逃窜时，由坦克登陆舰改装的货轮"台生"号被解放军击沉，"中海"号大型运输舰也受到重创。随后，前线以零星炮击对金门进行封锁，使国民党军物资补给严重困难，岛上每天补给量只相当于炮击前的5.5%。④

---

① 参见《当代中国》丛书编辑部编：《当代中国外交》，中国社会科学出版社1988年版，第105页。

② 参见中共中央文献研究室编：《毛泽东传（1949—1976）》（上），中央文献出版社2003年版，第853页。

③ 参见中共中央党史研究室：《中国共产党历史·第二卷（1949—1978）》下册，中共党史出版社2011年版，第635页。

④ 参见《中国人民解放军军史》编写组编：《中国人民解放军军史》第5卷（1954年1月—1966年5月），军事科学出版社2011年版，第220页。

解放军炮击金门使美国政府陷入两难境地：一方面担心放弃金门、马祖将引起多米诺效应；另一方面又担心台湾当局趁势扩大对抗范围，把它拉下水。因此，美国一边在台海地区进行大规模兵力集结，对中国进行武力威胁，一边又连续发表声明，提出"停火"要求。

8月27日，艾森豪威尔再次指出，美国将不放弃已经承担的以武力阻止中国解放台湾的"责任"。为此，美国迅速调动6艘航空母舰（占其航母总数的1/2）、130艘其他舰只、500架飞机、3800名海军陆战队和5000名地面部队到台海地区。① 9月4日，中国政府发表《关于领海的声明》，宣布领海宽度为12海里。这个声明是针对美国政府的，目的是表明捍卫自己领海领空的严正立场，也包含着试探美国底牌的意思。试探立刻有了结果。就在当天，杜勒斯发表声明，声称"美国负有条约义务来帮助保卫台湾不受武装进攻"，同时表示愿同中方会谈。他说，达成一个在台湾地区"共同和互相放弃使用武力的声明"，是"唯一文明和可以接受的程序"。②

针对美国方面的反应，9月5日，毛泽东在最高国务会议第十五次会议上提出了著名的"绞索政策"。他说："美国现在在我们这里来了个'大包干'制度，索性把金门、马祖，还有些什么大担岛、二担岛、东碇岛一切包过去，我看它就舒服了。它上了我们的绞索，美国的颈吊在我们中国的铁的绞索上面……我们哪一天踢它一脚，它走不掉，因为它被一根索子绞住了。"毛泽东说："我们并不要登那个什么金门、马祖。你登它干什么？它的

_____

① 参见王泰平主编：《中华人民共和国外交史》第2卷（1957—1969），世界知识出版社1998年版，第427—428页。

② 《杜勒斯发表好战声明　公然威胁要扩大对我国的侵略范围》，《人民日报》1958年9月7日。

工事相当坚固。就是吓它一下。但是，金门、马祖并不是一定不打，一有机会，我们就机钻上去，相机而行。"① 6 日，周恩来代表中国政府发表声明，重申"中国人民解放自己的领土台湾和澎湖列岛的决心是不可动摇的"，同时宣布"中国政府准备恢复两国大使级会谈"。②

9 月 7 日，由于中方此前已经表态，万一中国和美国打起来，决不拉苏联"下水"；所以，赫鲁晓夫发表公开声明：美国对中国的侵犯就是对苏联的侵犯，苏联不会"无动于衷""袖手旁观"。③ 在美苏争霸的时代背景下，苏联的表态必然会对美国造成巨大影响。

尽管如此，当台湾方面请求美军为金门补给线护航时，美方仍然答应了，"但条件是美国舰只必须停在离卸货的海滩三浬以外的公海上"，以便"避免在共产党的领海内与他们发生冲突"。④ 可见，美国的态度其实是很克制的。

中国又何尝不是如此？正式作出炮击金门的决策前，受命指挥金门炮战的叶飞来到毛泽东住处汇报炮击准备情况。他回忆道："汇报完了，他（指毛泽东——引者注）别的没有说，突然提出这么一个问题：你们用这么多的炮打，会不会把美国人打死啊？……我说：那是打得到的。听我这样一说，主席又考虑了十多分钟没有说话。后来又问：能不能避免不打到美国人？我说：

---

① 中共中央文献研究室编：《毛泽东传（1949—1976）》（上），中央文献出版社 2003 年版，第 862—863 页。

② 《周总理关于台湾海峡地区局势的声明》，《人民日报》1958 年 9 月 7 日。

③ 中共中央文献研究室编：《周恩来传（1898—1976）》（下），中央文献出版社 2008 年版，第 1288 页。

④ 〔美〕德怀特·D. 艾森豪威尔著，樊迪等译：《艾森豪威尔回忆录》（四），东方出版社 2007 年版，第 77 页。

避免不了。主席听后，再也不问其他问题，也不给我指示，就宣布休息。"关于美国军舰护航，叶飞回忆说："毛主席下令，'只准打蒋舰，不准打美舰。'……这个指示可难执行了，不好掌握。我们又请示一个问题：如果护航的美舰向我们开炮怎么办？毛主席马上答复：'如果美舰开炮，不准还炮。'我怕是电话里没有传清楚，又重复问了三遍，答复是'不准还击'。于是，我向各炮群下达主席的命令。"①

　　9 月 8 日，解放军在国民党军运输船队卸货时对金门实施第三次大规模炮击，击沉、击伤国民党军舰各一艘。11 日，又对金门国民党军及其运输舰船实施第四次大规模炮击。几次炮击中，美军护航军舰都只是故作姿态而已，一遇解放军炮击，便立即撤离。② 13 日后，为配合中美大使级谈判，解放军转为零星炮击。

　　9 月 15 日，中断了 9 个月之久的中美大使级会谈在波兰华沙恢复。为了解美方意图，中方代表、中国驻波兰大使王炳南请美方先谈。美方代表没提方案，而是要求中方停止对金门、马祖等岛屿的炮击。他说，美国认为，中美长期以来对台湾及其附近岛屿存在着严重争议，美国并不要求任何一方在这个阶段放弃自己的意见，美国的目的是消除可能被对方视为战争挑衅的行动，否则，军事行动将可能扩大。对此，中方代表指出，中国政府对盘踞在金门、马祖的国民党部队采取惩罚性的军事行动，完全是中国的内政，绝不容许任何人加以干涉，中美之间没有打仗，根本

———————

　　①　中共中央文献研究室编：《毛泽东传（1949—1976）》（上），中央文献出版社 2003 年版，第 857、860—861 页。

　　②　参见《中国人民解放军军史》编写组编：《中国人民解放军军史》第 5 卷（1954 年 1 月—1966 年 5 月），军事科学出版社 2011 年版，第 221—222 页。

不存在"停火"问题。消除台湾海峡地区紧张局势的关键，在于美国军队撤出这个地区。① 随后，中美双方分别拒绝了对方的提案，谈判再次陷入僵局。

对于这时的情况，周恩来有一段十分精准的分析。他认为，此时，"彼此都露了底，美国知道我们目前不会扩大战事到台湾，我们知道美国不愿卷入金马战争。蒋介石希望金门战争扩大，拖美国下水；美国想压我们停火，摆脱它的被动地位"②。

在此次台海危机中，美国所要面临的国际国内压力显然比中国大得多。所以，为摆脱困境，在意识到不可能迫使中国宣布放弃对金门、马祖使用武力的权力后，美国决定"退一步"，用让出金门、马祖，换取中国同意不对台湾和澎湖使用武力，也就是在金门与台湾之间划线，制造"两个中国"。③

9月30日，杜勒斯在记者招待会上说："如果在那个地区有了看起来相当可靠的停火，我认为，在这些岛屿上保持这批为数不少的部队就是愚蠢的。""我们没有保卫沿海岛屿的任何法律义务。我们不想承担任何这种义务。"第二天，艾森豪威尔也在记者招待会上说："我认为把所有这些军队驻在那里并不是一件好事情。""这两个岛屿本身，作为两块领土，对于福摩萨并不是极为重要的。"④ 美国试图向台湾当局施压，促使国民党军撤出金

① 参见王泰平主编：《中华人民共和国外交史》第 2 卷（1957—1969），世界知识出版社 1998 年版，第 440—441 页。

② 中共中央文献研究室编：《毛泽东传（1949—1976）》（上），中央文献出版社 2003 年版，第 873 页。

③ 《当代中国》丛书编辑部编：《当代中国外交》，中国社会科学出版社 1988 年版，第 108 页。

④ 陶文钊主编：《美国对华政策文件集》第 2 卷·下册（1949—1972），世界知识出版社 2004 年版，第 660、661、669、671 页。

门、马祖，这令蒋介石"十分生气"，"再三地骂美国对不住他"。① 尽管最终目标截然不同，但在反对美国制造"两个中国"这一点上，海峡两岸、国共两党有了共同点。

中共中央敏锐地注意到了形势的变化，10月上旬，毛泽东连续主持召开中央政治局常委会议，最后确定对金门采取"打而不登，断而不死"的方针，即只炮击而不登陆，封锁金门，断其后援，但不把守敌困死。毛泽东说，目前的情况是蒋介石无力反攻大陆，而我们在相当时期内也不可能解放台湾。如果收复金、马或让美国人迫使蒋介石从金、马撤退，我们就少了一个对付美、蒋的凭借，事实上会形成"两个中国"。因此，不如仍以让蒋军留在金门为好。② "金、马、台、澎是一起的，现在统统归蒋介石管，将来要解放一起解放，中国之大，何必急于搞金、马？"③ 周恩来也指出："美国想从金门、马祖脱身，我们不让它脱身，我们要美国从台湾撤军。这样，我们要紧张时，对金门、马祖打一下，要和缓时，松它一下。像少奇同志向你所说，在金门可以小打、中打、大打。我们可以谈谈打打，也可以打打停停。这对我们是有利的。"④

为了扩大美、蒋之间的矛盾，争取同蒋介石在"两个中国"的问题上共同反对美国，10月6日，《人民日报》发表由毛泽东起草、以国防部部长彭德怀名义发布的《告台湾同胞书》，并通过福建前线广播电台向外广播。文告指出："台、澎、金、马是

① 《周恩来外交文选》，中央文献出版社1990年版，第262页。

② 参见中共中央党史研究室：《中国共产党历史·第二卷（1949—1978）》下册，中共党史出版社2011年版，第637—638页。

③ 中共中央文献研究室编：《毛泽东传（1949—1976）》（上），中央文献出版社2003年版，第879页。

④ 《周恩来外交文选》，中央文献出版社1990年版，第265页。

中国领土，这一点你们是同意的"，"世界上只有一个中国，没有两个中国。这一点，也是你们同意的"。"美国人总有一天肯定要抛弃你们的……杜勒斯九月三十日的谈话，端倪已见。站在你们的地位，能不寒心？归根结底，美帝国主义是我们的共同敌人。"文告宣布："从十月六日起，暂以七天为期，停止炮击，你们可以充分地自由地输送供应品，但以没有美国人护航为条件。"①这份文告还再次提出了通过谈判和平解决台湾问题的建议。《告台湾同胞书》发表后，美国国务院于 8 日发表声明，作出暂停对国民党船只进行护航的决定。台湾国民党军队也抓紧时间运送补给。②

10 月 13 日，毛泽东又起草了一项命令，公开发表在当天的《人民日报》上。命令指出："金门炮击，从本日起，再停两星期，借以观察敌方动态，并使金门军民同胞得到充分补给，包括粮食和军事装备在内，以利他们固守。"这的确不是一场普通的战斗，否则哪有专门让对方补充粮食、弹药的道理？命令解释说："这是为了对付美国人的。这是民族大义，必须把中美界限分得清清楚楚。我们这样做，就全局说来，无损于己，有益于人。有益于什么人呢？有益于台、澎、金、马一千万中国人，有益于全民族六亿五千万人，就是不利于美国人。"③

炮击暂停后，杜勒斯等故意把解放军的这一行动等同于美国提出的"停火"。19 日，美国国防部部长麦克尔罗伊跑到台湾，对蒋介石施压，企图以海峡两岸事实上已经"停火"为借口，要求台湾当局从金、马撤军。另一方面，为安抚蒋军，美国军舰又

---

① 《毛泽东文集》第 7 卷，人民出版社 1999 年版，第 420、421 页。

② 参见王泰平主编：《中华人民共和国外交史》第 2 卷（1957—1969），世界知识出版社 1998 年版，第 433 页。

③ 《毛泽东文集》第 7 卷，人民出版社 1999 年版，第 425 页。

恢复了金门海域的护航活动。针对这种情况，经毛泽东批准，福建前线部队以美军又在金门海域护航为由，于 20 日恢复炮击，以示惩罚。这一行动使台湾当局又有了不撤军的理由，也使美国的企图再度落空。21 日至 23 日，杜勒斯跑到台湾，与蒋介石举行多次会谈，结果不但没有达到预期效果，反而使双方矛盾突显。经过讨价还价，美国和台湾当局发表了会谈公报，再次确认金、马与台、澎在防卫上有密切之关联。这表明美国的"脱身"计划已经破产。不过，蒋介石也不得不同意放弃以武力"反攻大陆"的宣传，改称"恢复大陆人民之自由"的主要途径"为实行孙中山先生之三民主义，而非凭借武力"。①

蒋杜会谈后，大陆方面于 10 月 25 日发表《再告台湾同胞书》，宣布逢双日不打金门的飞机场、码头、海滩和船只，以利金门诸岛得到充分供应；逢单日也不一定打，但台湾方面的船只、飞机不要来，以免受到可能的损失。② 这次台海危机由此逐渐平息，美国制造"两个中国"的图谋被击破。

此后，中美大使级会谈继续进行，拖而不断，但始终没有在最关键的台湾问题上取得任何进展，只是在没有外交关系的情况下，成为两国保持某种接触、交换意见的一个途径。至 1970 年 2 月，双方共举行了 136 次会议。③

（二）中印边界争端与对印自卫反击战

印度是第一个同中国建交的非社会主义国家，它曾积极支持

① 宫力：《毛泽东与中美外交风云》，红旗出版社 2014 年版，第 127—128 页。

② 参见《毛泽东文集》第 7 卷，人民出版社 1999 年版，第 427、428 页。

③ 参见《当代中国》丛书编辑部编：《当代中国外交》，中国社会科学出版社 1988 年版，第 110 页。

恢复中国在联合国的合法席位，并在朝鲜战争期间努力扮演调停者的角色。也正是在与印度方面的交往中，周恩来提出了著名的和平共处五项原则。然而，在西藏和边界问题上的纷争始终是一道横亘在中印两国之间的巨大障碍，直至演化为军事冲突。

边界问题方面，印度同中国的新疆和西藏接壤，两国边界长约 2000 公里，过去一直没有正式划定，但按照双方历来的行政管辖范围，形成了一条传统习惯线。这条传统习惯线分为西、中、东三段。

其中在东段，印度政府根据所谓"西姆拉条约"和"麦克马洪线"，把传统习惯线以北的 9 万平方公里土地，也就是相当于一个浙江省的面积，说成是自己的领土。而实际上，在英国殖民主义者和印度人到来之前，中国西藏地方当局一直在此设有行政机构，委派官吏，征收赋税，行使司法权。而"西姆拉条约"和"麦克马洪线"是在 1914 年西姆拉会议期间，英国代表背着中国中央政府代表，同西藏地方政府代表制造的，当时中国政府没有承认，以后历届中国政府也没有承认。直到二战末期，英国利用当时中国政府无力过问西南边疆的机会，占领了"麦克马洪线"以南的一小部分地区。[①]

在西段和中段，印度政府在其地图上所标出的边界线，大大超出实际管辖范围。其中西段涉及 3.3 万平方公里，主要在阿克赛钦地区，中段也有 2000 平方公里。[②]

西藏问题方面，印度一直把西藏看作自己的"势力范围"。1951 年前后，由于阻挠西藏和平解放未果，印度军队趁中国发起

---

① 参见王泰平主编：《中华人民共和国外交史》第 2 卷（1957—1969），世界知识出版社 1998 年版，第 73 页。

② 参见《当代中国》丛书编辑部编：《当代中国外交》，中国社会科学出版社 1988 年版，第 181 页。

抗美援朝战争之机，开始向"麦克马洪线"推进，至 1953 年侵占了该线以南的大片中国领土，在有的地方还同当地居民发生了流血冲突事件。

1954 年 6 月，周恩来第一次访问印度时曾对尼赫鲁说，"麦克马洪线"不仅中印边界有，而且在中缅边界也有，这是英国殖民主义者造成的，他们用铅笔从喜马拉雅山画过来，就像瓜分非洲一样。因此，这条线中国政府不能承认，但是目前维持现状，双方都不要越过这条线。① 当年 10 月，尼赫鲁访问中国，周恩来再次同他谈到边界问题，指出：中印边界全部没有划定，这是首先需要肯定的事实。但是，为了在边界问题全面解决以前维持两国边界久已存在的状况，中国政府对中印边界采取现实主义的态度。1956 年底，周恩来访问印度时，又对尼赫鲁表示，中国政府绝不会承认"麦克马洪线"，但也从来没有越过这条线。②

然而，印度政府拒绝维持边界现状，也无意就此展开谈判。印度领导人公开宣称，边界是没有什么可以讨论的，"麦克马洪线"就在那里。他们想要把单方面划定的边界线强加给中国，还推行了"前进政策"，连续地将自己的边境哨所向北推移，企图在边界问题上造成既成事实，逼中国接受。③ 尽管存在巨大分歧，但从 1950 年到 1958 年，中印边境一般来说还是平静的。

1959 年 3 月，西藏地方政府和上层集团公开撕毁《关于和平解放西藏办法的协议》，有组织、有计划、有步骤地发动了以拉

① 参见中共中央文献研究室编：《周恩来年谱（1949—1976）》上卷，中央文献出版社 1997 年版，第 393 页。

② 参见中共中央文献研究室编：《周恩来传（1898—1976）》（下），中央文献出版社 2008 年版，第 1349 页。

③ 参见《当代中国》丛书编辑部编：《当代中国外交》，中国社会科学出版社 1988 年版，第 181 页。

萨为中心的全面武装叛乱。对此，中共中央决定"彻底平息叛乱，充分发动群众，实行民主改革"。中共西藏工委、西藏军区率领驻藏、进藏部队与工作人员，经过两年多的斗争，全面平息了这场叛乱。这本来完全是中国内政，但是印度却以此为由掀起反华浪潮。当年3月至5月，尼赫鲁在印度议会连续发表8次讲话，把中国在西藏平定叛乱称为"悲剧"，把平叛行动说成是"压迫和镇压""武装干涉"，对西藏人民表示"非常同情"。[①]印度政府还正式提出了大片领土要求，不仅要求中国政府承认印度占领中印边界东段中国领土是合法的，而且要求承认从来没有被印度占领过的中印边界西段的阿克赛钦地区是属于印度的。[②]

尽管如此，中共高层仍然努力维持中印友好关系。5月14日，毛泽东在外交部即将发出的一份给印度方面的答复中加写了一段话，指出："总的说来，印度是中国的友好国家，一千多年来是如此，今后一千年一万年，我们相信也将是如此。""我们的主要敌人是美帝国主义。""中国不会这样蠢，东方树敌于美国，西方又树敌于印度。""我们不能有两个重点，我们不能把友人当敌人，这是我们的国策。几年来，特别是最近三个月，我们两国之间的吵架，不过是两国千年万年友好过程中的一个插曲而已，值不得我们两国广大人民和政府当局为此而大惊小怪。"[③]

可是，印度政府似乎无意解决问题。8月25日，当一支印度巡逻队在中印边界东段"麦克马洪线"以北的朗久村建立一个哨

① 参见《解放西藏史》编委会著：《解放西藏史》，中共党史出版社2008年版，第353、380页。

② 参见《当代中国》丛书编辑部编：《当代中国的西藏》（上），当代中国出版社1991年版，第323—324页。

③ 中共中央文献研究室编：《毛泽东年谱（1949—1976）》第4卷，中央文献出版社2013年版，第48、49页。

所时，双方发生交火，印度士兵一死一伤。这一事件使得中印边界争端第一次公开化。① 10 月 21 日，一支印度巡逻队又在新疆西部空喀山口侵入中国境内，打死中方哨兵一名；中国巡逻队还击，击毙印度武装人员 17 人，俘虏 7 人。

"空喀山口事件"发生后，毛泽东的着眼点是努力避免再次出现冲突，除迅速释放被俘印方人员外，还提出了建立"隔离带"的设想，即让双方武装人员脱离接触。11 月 3 日，毛泽东在杭州主持会议，建议按照双方实际控制线，两国军队各自后撤 10 公里或 20 公里。"武装不要存在，以免引起冲突。不是无人地带，而是无枪地带，一个和平地带。"② 11 月 7 日，周恩来致函尼赫鲁，代表中国政府提出上述建议，同时建议两国总理近期内举行会谈。③

印度政府拒绝接受了军队后撤的提议，并以不能接受整个边界未划定的说法为由，表示中印两国之间"不可能举行任何谈判"，但同意两国总理展开会晤。面对这一情况，毛泽东决定采取单方面的隔离措施——中国军队不进入实际控制线本侧 20 公里之内。在随后两年多的时间里，两国军队一直处于脱离接触的状态。④

1960 年 4 月，周恩来赴新德里与尼赫鲁会晤。两人进行了 7 次会谈，周恩来努力对争议问题作出澄清，积极缩小分歧、寻找共识，但实际上，此次访问未能取得任何成果。

---

① 参见〔英〕罗德里克·麦克法夸尔著，魏海生等译：《文化大革命的起源》第 2 卷（1958—1960），求实出版社 1990 年版，第 289 页。

② 中共中央文献研究室编：《毛泽东年谱（1949—1976）》第 4 卷，中央文献出版社 2013 年版，第 233 页。

③ 参见中共中央文献研究室编：《周恩来年谱（1949—1976）》中卷，中央文献出版社 1997 年版，第 266 页。

④ 参见《徐焰讲稿自选集》，国防大学出版社 2014 年版，第 171 页。

周恩来刚刚离开新德里，印度军队就开始在边境地区调动。随后，由于中国忙于解决国内经济问题，且已单方面停止中印边界的巡逻，印军便从1961年开始，先在西段越过实际控制线，在中国军队后撤的地区，也就是在中国境内设立了43个据点。中国方面发现后，重新展开巡逻。于是，印度军队又在中印边界东段推进。① 从1962年6月起，印军在东段越过"麦克马洪线"，侵入扯冬地区，并不断扩大侵占范围，数次向中国边防部队发动进攻，在不到一个月的时间里，打死打伤中国边防部队官兵47人。② 总之，印度政府采取所谓"前进政策"，不断以军事行动蚕食中国领土，破坏边界现状。边界地区两军对峙，大规模武装冲突一触即发。

1962年9月中旬，前方局势日益紧张。时任副总参谋长的杨成武在20世纪80年代回忆说，前沿哨所的电报越过层层上级，直接打到总参值班室，他接到后往往只过几分钟就向毛泽东汇报，包括印军向中军哨兵扔石头、挥舞刺刀等挑衅细节。毛泽东听取报告后特别嘱咐："打第一枪必须经过我的批准。"边防前沿部队战士的纪律性很强，即使印军刺刀逼到胸前，也只是举起刺刀迎上去，却绝不开火。9月20日夜间，印军以偷袭、摸哨的方式打响了第一枪，中国解放军在一位代理连长牺牲后，被迫进行有限还击。③

10月6日，总参谋部传达毛泽东的指示："假如印军向我进攻则要狠狠地打他一下，除东线西藏作准备外，西线也要配合。如

---

① 参见中共中央文献研究室编：《周恩来传（1898—1976）》（下），中央文献出版社2008年版，第1494、1495页。

② 参见《当代中国》丛书编辑部编：《当代中国军队的军事工作》（下），中国社会科学出版社1989年版，第613—614页。

③ 参见《徐焰讲稿自选集》，国防大学出版社2014年版，第173页。

他进攻，不仅要打退，还要打狠打痛。"12 日，尼赫鲁在一次公开讲话中宣称，他已下令把中国军队从所谓"入侵地区"清除掉。随后，印度国防部部长梅农命令印军于 11 月 1 日前完成这一任务。①

印度方面的态度之所以越来越强硬，有两方面的原因。其一，尼赫鲁政府公开宣称中印边界已定，从而失去了回旋余地，同意谈判会被认作是软弱的表现。例如 1962 年 7 月 26 日，印度方面给中国的照会表示准备"进一步讨论"边界问题，但条件是中方先从所谓"印度领土"撤出。在这个提议里，印度政府的立场并没有发生转变，但它在议会中遭到激烈攻击，被说成是可耻的、"一个最令人震骇和出乎意外的文件"。有的议员甚至说，在这个问题上，"没有和平讨论的余地"。其二，印度政界和军界低估了中国的军事力量。尼赫鲁曾表示，有"充分理由相信中国不会对我们采取什么强烈的行动"。在 8 月的一次辩论中，一名议员也叫嚣："200 名印度兵就等于 2000 名中国兵。为什么我们要怕他们？为什么我们不能把他们撵回去？"印度情报部门认为，在东段的塔格拉山脊只有约 200 名"装备不良和半饥饿"的中国人，不堪一击。这坚定了印度政府开战的决心。②

10 月 17 日，毛泽东召集会议，决定进行中印边境自卫反击战。当天，中央军委下达《歼灭入侵印军的作战命令》。20 日，中国边防部队奉命对印度军队展开自卫反击。③ 周恩来指出，过

① 《中国人民解放军军史》编写组编：《中国人民解放军军史》第 5 卷（1954 年 1 月—1966 年 5 月），军事科学出版社 2011 年版，第 334 页。

② 王绳祖主编：《国际关系史》第 9 卷（1960—1969），世界知识出版社 1995 年版，第 343—344 页。

③ 参见中共中央文献研究室编：《毛泽东年谱（1949—1976）》第 5 卷，中央文献出版社 2013 年版，第 165 页。

去中国是为了谈判所以才没有越过"麦克马洪线"，而今天，印度先已破坏了"麦克马洪线"，因此中国没有必要再受"麦克马洪线"的约束。[1] 至 28 日，自卫反击战第一阶段结束，在西段清除了印军侵入中国边境地区设置的 86% 的军事据点，在东段驱逐了入侵克节朗、达旺地区的印军，并歼其一部。[2]

中国政府极不愿被卷入这场局部战争之中。毛泽东后来在中央工作会议上回忆说："开头你们是要打的，我是死也不要打的。西边加勒万河那一次，总理、少奇同志、小平同志、罗瑞卿同志，实在要打，说不得了，欺负得我们厉害呀，我说，就让他欺负，无论如何不要打。后头怎么搞的，我也看到不打不行了，打就打嘛。你整了我们三年嘛。你看嘛，从一九五九年开始，一九五九年，一九六〇年，一九六一年，一九六二年，四个年头了，我们才还手嘛。"[3]

自卫反击战开始后的第 5 天，即 10 月 24 日，中国政府发表声明，再次建议通过谈判和平解决中印边界问题，希望双方尊重实际控制线，还提议两国总理再一次举行会谈。可是，印度政府当天就拒绝了中国的建议，并提出：除非恢复 9 月 8 日以前的边界线状态，否则不能进行谈判。印度政府还封闭了中国银行加尔各答分行，限制中国驻印度大使馆人员的行动，撕毁两国互设总领馆的协议，关闭了两国总领事馆。印度国会通过所谓把"侵略者从印度土地上赶出去"的决议案。印度总统宣布全国处于"紧

---

① 参见中共中央文献研究室编：《周恩来传（1898—1976）》（下），中央文献出版社 2008 年版，第 1497 页。

② 参见《当代中国》丛书编辑部编：《当代中国军队的军事工作》（下），中国社会科学出版社 1989 年版，第 623 页。

③ 中共中央文献研究室编：《毛泽东传（1949—1976）》（下），中央文献出版社 2003 年版，第 1261—1262 页。

急状态"，成立战时内阁，发行战争公债，进行军事动员，调集兵力于 11 月 14 日至 16 日又一次向中国军队发起攻击。于是，16 日至 21 日，中国边防部队又进行了第二阶段的自卫反击战。①

中印边境自卫反击作战历时一个月，在西段，清除了印军设在中国境内的所有 43 个据点；在东段，中国边防部队进入"麦克马洪线"以南靠近传统习惯线地区，共毙、俘印军 8700 余人，缴获大量武器装备和物资。②

就在全世界都认为中国将乘胜追击、扩大战果时，毛泽东作出了一项史无前例的决策：中国边防部队在自卫反击战取得胜利的情况下，主动实行全线停火，并主动后撤。③ 11 月 21 日，中国政府宣布，从次日零时起，中国边防部队在中印边界全线停火；并自 12 月 1 日起，从 1959 年 11 月 7 日双方实际控制线单方面后撤 20 公里。④

1963 年 3 月 1 日，中国国防部宣布，中国边防部队已经在 2 月 28 日全部完成后撤计划。4 月 2 日，中方又宣布释放和遣返全部 3213 名被俘的印度军事人员。在此之前，还把缴获的大量武器、弹药和军用物资交还给了印方。⑤

这样，中印边境不仅实现了停火，而且双方部队再次脱离接

---

① 参见王泰平主编：《中华人民共和国外交史》第 2 卷（1957—1969），世界知识出版社 1998 年版，第 78、79 页。

② 参见军事科学院军事历史研究所编著：《中国人民解放军的八十年》，军事科学出版社 2007 年版，第 406 页。

③ 参见中共中央文献研究室编：《毛泽东传（1949—1976）》（下），中央文献出版社 2003 年版，第 1263 页。

④ 《我国政府决定边防部队全线主动停火主动后撤》，《人民日报》1962 年 11 月 21 日。

⑤ 王泰平主编：《中华人民共和国外交史》第 2 卷（1957—1969），世界知识出版社 1998 年版，第 81 页。

触。暂且不提从长远来看应该如何评价胜利之后的主动撤退，至少在随后相当长一段时间里，中印边界的形势基本稳定了下来。当然，问题还在那里，只是暂时得到搁置而已。

三、对外关系的新进展

（一）和平解决与西南邻国的边界问题

历史上，由于持有"普天之下，莫非王土"的观念，中国与周边邻国往往没有明确的边界。加之中国政府拒绝全盘接受清政府、民国政府签订的各种条约、协定，中国与不少亚洲邻国都存在边界问题。考虑到问题的复杂性，中国政府其实并不急于划定边界，而是主张按照和平共处五项原则，通过和平协商的方式徐图解决。然而，小国对大国的恐惧可谓"冰冻三尺非一日之寒"，它们急于处理这个问题，敌对国家也试图利用它们的这种心理，破坏中国地缘环境。20 世纪 50 年代中期，解决边界问题已经成为中国外交工作不能回避的任务。在这一时期，中国先后与缅甸、尼泊尔、巴基斯坦、阿富汗等西、南、西南方向的邻国比较圆满地解决了边界问题。

最早同中国商谈边界问题并取得良好效果的是缅甸。1950 年代初，人民解放军在追击国民党残余部队时，曾越过"1941 年线"①，并驻扎下来。当时缅甸内战还在进行之中，对此尚且无暇顾及。但到了 1954 年，结束内战的缅甸开始向该地区派遣军队。为了避免冲突，缅甸领导人吴努希望抓紧解决这个问题。吴努的提议在当年两国总理的互访中得到了初步确认。1955 年底，

---

① 1941 年，缅甸的宗主国英国迫使中华民国政府用换文方式，在佤山区划定了一条对英国有利的边界线，是为"1941 年线"。

在中缅边界南段未定界的黄果园附近，双方前哨部队由于误会而发生了一次武装冲突。"黄果园事件"表明，解决中缅边界问题确有其必要性甚至紧迫性。

1956 年初，中缅两国政府开始就边界问题频繁接触。周恩来认真查阅了有关中缅边界问题的各种资料，研究中缅边界涉及的各项问题，设想解决这些问题的各种方案。他一再强调，对如此复杂的边界问题，想当然绝对不行，若明若暗也绝对不行，一定要做到了如指掌，胸中清晰有数，才能提出好主意。周恩来之所以如此重视解决中缅边界问题，是想把它"作为典范"。① 他在 1957 年 8 月指出，我们社会主义国家当然不扩张，但人家不信，所以要用实际行动使它们慢慢相信，争取和平共处，在十年内要努力解决同邻国的边界问题，先从缅甸开始，解决后它们就放心了。②

在中缅谈判过程中，中方表示，中国人民对"1941 年线"是不高兴的，因为这是英国人乘人之危造成的，而且片面地对英国有利。尽管如此，由于已经成为既定事实，同时为了取得缅方的信任，中国政府仍然决定接受这条线，将追击国民党军的部队撤回来，并要求缅甸军队暂时不进驻人民解放军曾经驻扎的地区。缅方对此表示非常满意，也承认"1941 年线"是英国人强加给中国的，是不道德的。

关于英国政府以"永久租借"名义取得的勐卯三角地（又名南畹三角地），中方要求取消所谓的"永租"关系。但考虑到缅甸有公路通过该地区，如果中国断然收回，缅甸北部交通将会

---

① 参见中共中央文献研究室编：《周恩来传（1898—1976）》（下），中央文献出版社 2008 年版，第 1173、1177 页。

② 参见中共中央文献研究室编：《周恩来年谱（1949—1976）》中卷，中央文献出版社 1997 年版，第 67 页。

面临严重困难，因此，中国政府愿意把勐卯三角地永久地移交给缅甸，但要换回"1941年线"以西的班洪、班老等地区。

此外，晚清时期，英国曾因中国军民奋起反抗而不得不承认片马、岗房、古浪三处各寨属于中国。但事实上，英国随后仍然侵占着这个地区。中国政府要求缅军从上述三地撤出。缅方表示，中国的要求是有法律根据的，缅甸根本不应该要这三个地方，因为那是不公平的。

随后，双方部队如期撤出了前述约定中提及的地区，表现出两国和平解决边界问题的诚意。为了便于双方的行政管理，并考虑到当地居民的部落关系和生产生活需要，两国还同意把按"1941年线"应划归缅方的两个寨子划归中国，应划归中方的四个寨子划归缅甸，使这些"骑线"村寨不再被边界所分割。这一举措再次体现了双方互谅互让的精神。

与此同时，两国领导人还对各自人民，特别是对边境人民做了大量、细致的说服、解释工作。为了增进边境地区人民的友谊，中缅两国分别于1956年3月和12月举行了边民联欢大会。1957年7月，周恩来在一届全国人大四次会议上全面阐述了中国政府关于解决中缅边界问题的立场。他的报告获得了会议的批准。

经过从1956年到1960年的努力，中缅边界问题得到圆满解决。1960年1月24日至29日，新任缅甸总理奈温来华访问，主动提出将原来双方拟签署的关于边界问题的"换文"改为"协定"，并同意签订友好和互不侵犯条约。1月28日，两国总理在《中华人民共和国和缅甸联邦政府关于两国边界问题的协定》和《中华人民共和国和缅甸联邦之间的友好和互不侵犯条约》上签字。中缅边界条约是中国与亚洲邻国签订的第一个边界条约，为解决类似问题树立了一个良好的先例。

在解决中缅边界问题的过程中，中国同其他邻国的边界谈判也陆续开始。

1960年3月，尼泊尔首相柯伊拉腊来华访问，两国领导人开始协商解决边界问题。中尼边界大体由喜马拉雅山脉分隔，虽然未经勘定，但早已形成传统和习惯，争议不多。双方的主要分歧是珠穆朗玛峰（尼方称萨迦玛塔）的归属。对此，周恩来对柯伊拉腊说："珠穆朗玛峰，它在我们境内是有根据的，说这个峰属于尼泊尔是没有根据的，但是这个峰在全世界是有名的，它不仅涉及中国的民族感情，我们也应该照顾到尼泊尔的民族感情。它是一个民族精神的象征，没有多少实际意义"。[①] 毛泽东会见柯伊拉腊时说，这个问题可以解决，"一半一半"，"山南边归你们，山北边归我们"。"全给你们，我们感情上过不去；全给我们，你们感情上过不去。"[②]

尽管尼泊尔领导人没有立即接受"一半一半"的方案，但双方还是于3月21日签订了边界问题协定。同年4月，周恩来在国务院副总理兼外交部部长陈毅陪同下访问尼泊尔，与柯伊拉腊签订《中华人民共和国和尼泊尔王国和平友好条约》，并交换了《中华人民共和国政府和尼泊尔国王陛下政府关于两国边界问题的协定》的批准书。

至于珠穆朗玛峰问题，则直到1961年9月至10月尼泊尔国王马亨德拉访华时才达成协议。10月5日，国家主席刘少奇与马亨德拉签署《中华人民共和国和尼泊尔王国边界条约》。这份立即生效的条约将珠峰峰顶两侧分别划入两国境内，并规定：任何人从北坡攀登珠穆朗玛峰，经中国政府批准后，应该通知尼泊尔政府；任何人从南面攀登萨加玛塔峰，经尼泊尔政府批准后，应

---

① 中共中央文献研究室编：《周恩来年谱（1949—1976）》中卷，中央文献出版社1997年版，第294页。

② 《毛泽东文集》第8卷，人民出版社1999年版，第160页。

该通知中国政府。在珠穆朗玛峰或萨加玛塔峰上，中尼任何一方如要设立服务于和平目的的科学探测站，须经中尼两国政府事先达成协议。①

在另一个西南邻国巴基斯坦方面，边界问题本身并不复杂，只是因为牵涉到印度和巴基斯坦有争议的克什米尔地区而显得有些特殊。中国无意介入克什米尔问题，但巴控克什米尔地区与新疆接壤，边界问题不能长期处于不确定状态。因此，当巴基斯坦政府1961年3月向中国建议通过谈判"标定"边界时，中方经过慎重考虑，于次年2月复照同意，同时明确表示，在克什米尔归属未定的情况下，比较恰当的做法是先达成一个临时协议，并在协议中规定，巴印之间的问题解决后，有关主权当局将与中国政府重新谈判，签订正式的边界条约。巴基斯坦同意了中方的建议，边界谈判乃于当年10月开始。

谈判进行得比较顺利，双方同意基本按传统习惯线，即沿相关山脉的岭脊定界，乔戈里峰（世界第二高峰）则按照中尼解决珠穆朗玛峰的先例，划为边界山峰。1963年3月2日，陈毅与应邀来华访问的巴基斯坦外交部部长佐·阿·布托签订了《中华人民共和国政府和巴基斯坦政府关于中国新疆和由巴基斯坦实际控制其防务的各个地区相接壤的边界的协定》。

在中巴签订边界条约的同一天，中国外交部发表了关于中国和阿富汗两国政府同意举行谈判并签订边界条约的新闻公报。中阿边界问题本身也比较简单，但这里同时与苏联接壤，而俄罗斯帝国在侵占了帕米尔高原后，又与阿富汗缔结了边界条约，这使得问题有其复杂的一面。

不过，由于中方决定对阿富汗加以必要的照顾，两国之间的

① 参见《中华人民共和国和尼泊尔王国边界条约》，《人民日报》1961年10月13日。

边界谈判进行得十分顺利。从 1963 年 6 月 17 日开始，双方仅仅用了一个半月的时间，便于 8 月 1 日就条约草案达成协议。中方在帕米尔高原问题上作出重要让步，同意按实际控制线划界，但声明不涉及中苏边界问题。11 月 22 日，陈毅与阿富汗内务大臣卡尤姆在北京签署《中华人民共和国和阿富汗王国关于边界问题的条约》，并立即生效。

此外，中国还同北面的蒙古国签订了边界条约。至 1963 年底，除印度、不丹外，中国与接壤的民族主义国家之间的边界问题均已得到初步解决。

1957 年 7 月，周恩来在全国人民代表大会上全面阐述了中国解决边界问题的主要考虑。他说："我们要解决边界问题，其目的是安定四邻，争取国际形势的和缓，便于进行建设，而不是使我们同邻国的关系紧张起来。""我们是个大的社会主义国家，我们必须设想到这些民族主义国家和我们社会制度不同，对我们是有疑虑有畏惧的。我们一方面应该坚持和维护我们民族的正当利益，但另一方面也必须而且的确应该在反对大国主义方面做出一些榜样。就边界问题说，重要的在于我们应该做到使双方真正在平等、互利、友好的基础上加以解决，而不在于我们必须多占一点地方。"① 应该说，中国与周边邻国边界问题的解决，很好地贯彻了上述思路，取得了预期的效果。

（二）中法建交与推进中日民间交流

1964 年 1 月 27 日，中法两国政府发表联合公报称："中华人民共和国政府和法兰西共和国政府一致决定建立外交关系。两国

---

① 《当代中国》丛书编辑部编：《当代中国外交》，中国社会科学出版社 1988 年版，第 144 页。

政府为此商定在三个月内任命大使。"① 这是新中国成立以来与外国政府就建交问题发表的一项内容最简洁、措施最独特的公报。然而，这个一共只有两句话的建交公报却强烈地震撼了全世界。中法建交被西方舆论喻为"一次突发的外交核爆炸"②。

1958 年 10 月，法兰西第五共和国成立，政体亦由议会制改为总统制。戴高乐作为第一任总统执掌政权后，出于对法国自身利益的考虑，提出建立"欧洲人的欧洲"的主张。法国开始积极摆脱美国控制，努力充当美苏之间的"第三势力"。基于此，法国政府比以往更加重视加强与中国的关系，两国贸易和民间往来增多，法国政府甚至多次暗示准备承认新中国。

不过，此时法国在阿尔及利亚的殖民战争尚未结束，而中国将支持民族解放运动作为一条重要的外交原则，这引起了法国政府的疑惧。针对这种情况，陈毅明确指出，中国对中法建交可以等待，但中国对阿尔及利亚人民在政治、经济和军事上的支持，将一直持续到他们的独立斗争取得最后胜利为止。③ 1962 年 2 月，法国终于从殖民战争中脱身，阿尔及利亚宣告独立，中法之间的一个主要障碍由此消失。1963 年 10 月，法国前总理富尔带着戴高乐的一封亲笔信访问中国，对外宣称是私人访问，实际上是代表戴高乐与中国领导人探讨建交问题。

这时，中苏关系正处在不断交恶的过程中，中国外交战略的重点由比较单纯的反美，变为既反美又反苏，于是与西欧国家的

---

① 《中国和法国决定建立外交关系　两国政府商定在三个月内任命大使》，《人民日报》1964 年 1 月 28 日。

② 王泰平主编：《中华人民共和国外交史》第 2 卷（1957—1969），世界知识出版社 1998 年版，第 361 页。

③ 参见《当代中国》丛书编辑部编：《当代中国外交》，中国社会科学出版社 1988 年版，第 188 页。

关系便显得愈发重要。所以在与富尔会谈前，中方在周恩来主持下仔细分析了形势，认为通过同法国建交可以打开一个缺口，进一步扩大中国同西欧国家的政治、经济联系，打破美国的封锁，增强中国的国际地位。支持戴高乐维护民族独立和国家主权的政策，有助于打破超级大国对国际事务的垄断。毛泽东决定，抓住这一时机，与法国达成建交。①

有了最高领导人的决策，一些看似不可逾越的"原则问题"也变得能够解决了。10 月 23 日，在与周恩来会谈时，富尔表示，法国不打算搞"两个中国"，如果承认中国，那就是承认中华人民共和国。但对法国来说，"同台湾断绝一切关系有困难"，"戴高乐将军没有忘记在战时他同蒋介石站在一边，不愿意突然切断关系"。对此，周恩来指出："说到法国过去在反法西斯时期同蒋介石的关系，这应该从国家关系来说，而不应该从个人关系来说。""台湾问题解决以前不能建立外交关系和交换大使，但可以建立非正式的关系，如先设立贸易代表机构，半官方的、民间的都可以。"②

25 日，周恩来、陈毅再次与富尔会谈。富尔明确表示法国"只承认一个中国"，但又模棱两可地说要"保留台湾"，实质上是希望中方不要以法国首先宣布同台湾完全断绝关系作为中法建交的先决条件。对此，周恩来指出："关于台湾问题有两种情况，一种是认为台湾地位未定，这就不是一个小问题，这会引导到美国制造'台湾共和国'这条道路上去。另一种情况是作为一个复杂问题，蒋介石在法国设有领事馆，为了摆脱这样一种关系，需

① 参见中共中央党史研究室：《中国共产党历史·第二卷（1949—1978）》下册，中共党史出版社 2011 年版，第 662、663 页。

② 《周恩来外交文选》，世界知识出版社 1990 年版，第 366—367、369 页。

要通过一些手续，从礼遇上说，不使台湾代表太难堪，也不使戴高乐为难，这是一个手续问题。"①

鉴于中法建交符合中国的战略利益，为打破僵局，促成这一目标早日实现，中方最终决定"在驱蒋的具体方式上"，适当"照顾法方的困难"，即同意在中法双方就法国承认中国所应承担的义务达成默契的基础上，先宣布建交，然后由法国按照同中国建交后形成的"国际法客观形势"，"自然地"结束其同台湾的关系。②

11月1日，中方提出了"新的直接建交方案"，建议先由法国政府提出正式照会，承认中华人民共和国政府为代表中国人民的唯一合法政府，并建议中法两国立即建交；然后中国政府复照，表示愿意建交；最后两国相约同时发表上述来往照会。两国领导人都同意了这个方案，只是在双方代表进行具体建交谈判时，法方提出把互换照会改为发表联合公报，才有了前述中法建交公报。③ 法国由此成为西方大国中第一个同中国建立正式外交关系的国家。

与此同时，根据双方事先的协议，中国外交部发言人于1964年1月28日就中法建交发表声明，指出："中华人民共和国政府是作为代表全中国人民的唯一合法政府同法兰西共和国政府谈判并且达成两国建交协议的。按照国际惯例，承认一个国家的新政府，不言而喻地意味着不再承认被这个国家的人民所推翻的旧的统治

① 童小鹏：《在周恩来身边四十年》（下），华文出版社2015年版，第605页。

② 参见王泰平主编：《中华人民共和国外交史》第2卷（1957—1969），世界知识出版社1998年版，第367页。

③ 中共中央文献研究室编：《周恩来年谱（1949—1976）》中卷，中央文献出版社1997年版，第592—593页。

集团。"① 在这种情况下，台湾当局撤走了它驻法国的"大使馆"。

在发展与资本主义国家关系的过程中，中国领导人格外重视近邻日本。20 世纪五六十年代，日本总体上依旧唯美国马首是瞻，其官方在大部分时间内都对中国采取敌视态度。但随着自身经济实力不断增强，日本又必然在某些层面表现出脱离美国控制的倾向。发展日中关系不仅符合日本商界乃至部分政界人士的实际经济利益，更是许多友好人士真诚的愿望。针对这种情况，中国在反对日方恶化中日关系政策的同时，积极开展民间外交，"以民促官"，显著地发展了两国关系。

1957 年初，岸信介接任日本首相。他不仅攻击中国是"侵略国家"，中国共产党"试图渗入整个亚洲"，还阻挠中日民间贸易协定的谈判和执行，甚至公然访问台湾，公开支持蒋介石"反攻大陆"。对此，中方进行了严正谴责和驳斥。

1958 年 5 月 2 日，在长崎市内一家百货公司举办的中国商品展览会上，发生了两名青年扯下并损毁中国国旗的事件，即"长崎国旗事件"。日本政府以没有承认中华人民共和国政府为由，称被毁坏的不是国旗，相关人员没有触犯日本《刑法》中有关损毁外国国旗的条款。这激起了中国政府和人民极大的愤怒。5 月 11 日，中国政府决定断绝同日本的贸易往来和文化交流。

尽管中日关系在此后一段时间内显得比较冷淡，但中国其实一直与日本各界友好人士，包括自民党内态度友好的官方人士保持着联系和交往，并对长期从事中日贸易，特别是一些以进口中国原料为生计的日本中小企业给予了必要的照顾。

1958 年 7 月，国务院外事办公室副主任廖承志在与社会党议员佐多忠隆等日本友人会谈时，按照周恩来的指示，提出了中方

① 《中华人民共和国外交部发言人奉命就中法建交事发表声明》，《人民日报》1964 年 1 月 29 日。

改善中日关系的三项条件，即"政治三原则"。这三项原则是：立即停止并且保证不再有敌视中国的言论和行动；立即停止制造"两个中国"的阴谋；保证不再阻挠中日关系的正常化。在此前提下，即便不立即改变日美、日台关系现状，中日关系也可以改善，贸易可以恢复，文化和友好往来可以发展，政府间的会谈也可以进行。虽然岸信介政府拒绝了中国的要求，"政治三原则"却成为中国对日方针的重要组成部分。

1960 年 6 月，岸信介内阁下台。继任日本首相的池田勇人立即对中国释放善意。他在上台后的第一次记者招待会上说，"对中国的政策，我认为没有必要和美国采取完全雷同的态度"；"现在可以和中国大力开展经济、文化的交流"。[①]

中国政府对日方态度的转变作出了积极回应。8 月 27 日，周恩来在接见日中贸易促进会专务理事铃木一雄时提出了"贸易三原则"：一是政府协定；二是民间合同；三是个别照顾。周恩来解释道：首先，一切协定今后必须由双方政府缔结，才有保证；其次，在条件成熟的时候，即使没有政府协定，也可以签订民间合同；再次，日本中小企业有特殊困难，今后还可以继续照顾，并且根据需要，数量也可以增加一些。[②] "政治三原则""贸易三原则"和"政经不可分"的完整的对日方针由此形成。

"贸易三原则"受到日本经济界广泛欢迎，不但中小企业纷纷要求同中国做生意，不少大企业也希望开展对华贸易，对此，中方同样积极支持。周恩来还进一步部署对日民间友好贸易工作，安排中国国际贸易促进会同日本有关贸易促进团体签订了贸

① 《当代中国》丛书编辑部编：《当代中国外交》，中国社会科学出版社 1988 年版，第 204 页。

② 参见《周恩来外交文选》，世界知识出版社 1990 年版，第 289—291 页。

易议定书。

1962 年 9 月，日本自民党顾问、国会议员松村谦三在池田首相同意下访问中国。周恩来对他说，中日两国，首先是两国人民，应该采用渐进的和积累的方式，把两国的政治和经济关系发展起来，以利于促进两国关系的正常化。[1] 在此基础上，日本前通商大臣、自民党议员高碕达之助于当年 10 月下旬至 11 月上旬率领由 22 家日本大企业、商社代表组成的大型代表团访华。高碕在同周恩来、陈毅会谈时表示，日方强烈要求大力恢复日中贸易。经过磋商，廖承志与高碕签署《中日长期综合贸易备忘录》，并达成了为期 5 年的长期贸易协定。这在中日关系史上是一个重要突破，因为备忘录和贸易协定虽然形式上是民间的，实际上却经过了两国政府认可，具有半官方或官方性质。12 月，中日双方民间机构又签订了《中日友好贸易议定书》。

"备忘录贸易"和"议定书贸易"是 1960 年代中日贸易的两个主要渠道。中日贸易额从 1960 年的 2345 万美元急剧上升到 1963 年的 1 亿多美元。[2] 与之相适应，两国的友好往来也更为频繁，互访人员迅速增加。日本访华人数由 1960 年的 595 人增到 1963 年的 1924 人，中国访日人数到 1963 年也达到了 493 人。[3]

在这种形势下，中日互设常驻机构问题被提上议事日程。1964 年 8 月，中方在日本设立了"廖承志办事处驻东京联络处"，日方则在中国设立"高碕事务所驻北京联络事务所"。此前

① 参见《松村谦三在京举行告别宴会　周恩来总理重申中日两国关系的原则》，《人民日报》1962 年 9 月 20 日。
② 参见中共中央党史研究室：《中国共产党历史·第二卷（1949—1978）》下册，中共党史出版社 2011 年版，第 662 页。
③ 王泰平主编：《中华人民共和国外交史》第 2 卷（1957—1969），世界知识出版社 1998 年版，第 23 页。

几个月，松村谦三再度来华商谈中日互设备忘录贸易机构时，双方还就互派记者问题达成协议。这是中日民间协定从经济领域扩大到文化领域的一个重大步骤。①

（三）发展同亚非拉国家的友好关系

早在 1946 年，中国全面内战爆发后不久，毛泽东就曾用"中间地带"来概括自己对地缘政治和世界形势的认识。他指出："美国和苏联中间隔着极其辽阔的地带，这里有欧、亚、非三洲的许多资本主义国家和殖民地、半殖民地国家。"② 随后，形势的发展使得毛泽东暂时放弃了这个观点，转而接受苏联"两大阵营"的主张。

不过，"中间地带"实际上是毛泽东谙熟于心的统战思想的反映。1957 年初，他分析指出，当时在世界范围内，除了社会主义的力量以外，还存在三种力量：坚持战争和侵略政策的美帝国主义的力量，其他发达资本主义国家的力量，亚洲、非洲、拉丁美洲民族独立国家和民族解放运动的力量。③ 同年年底，毛泽东开始重新启用"中间地带"的提法。他指出，印度、印尼等国家"不是帝国主义国家，也不是社会主义国家，而是民族主义国家。拉丁美洲也有许多这样的国家，将来还会多"④。这种认识促使中国在 1950 年代确立了争取"中间地带"的外交政策。

1960 年代初，随着中苏关系的恶化，中国开始同时与美苏对

---

① 《当代中国》丛书编辑部编：《当代中国外交》，中国社会科学出版社 1988 年版，第 207 页。

② 《毛泽东选集》第 4 卷，人民出版社 1991 年版，第 1193 页。

③ 参见胡绳主编：《中国共产党的七十年》，中共党史出版社 1991 年版，第 397 页。

④ 《毛泽东文集》第 7 卷，人民出版社 1999 年版，第 401 页。

抗。1961 年 3 月，毛泽东提出"两条统一战线"的概念，即"反帝"的统一战线和"反修"的统一战线。为了适应"两条统一战线"的需要，他又进一步深化、发展了"中间地带"理论。1963 年 9 月，毛泽东在中共中央工作会议上说："我看中间地带有两个，一个是亚、非、拉，一个是欧洲。"1964 年初，他又对日本共产党中央政治局委员听涛克己说："中间地带有两部分：一部分是指亚洲、非洲和拉丁美洲的广大经济落后的国家，一部分是指以欧洲为代表的帝国主义国家和发达的资本主义国家。这两部分都反对美国的控制。在东欧各国则发生反对苏联控制的问题。"[1]

"两个中间地带"理论为中国进一步加强同亚非拉等"第一中间地带"国家的团结友好合作，改善和发展同处在"第二中间地带"的西方资本主义国家的关系，奠定了重要的理论和政策基础。[2] 包括前述中法建立外交关系、中日加强民间交流在内，中国努力改善与西方国家之间的关系。同时，中国政府积极支持亚非拉国家的民族独立解放运动，着力发展同亚非拉国家的友好合作关系。

亚非会议后，从 1956 年到 1965 年，特别是 1960 年前后，中国同许多国家建立了外交关系，建交国家数量比 1955 年时多了 1 倍。在这十年间，除法国外，同中国建交的都是亚非拉国家，其中又以阿拉伯国家和非洲国家为主。

在与阿拉伯国家发展关系方面，外交部于 1955 年实质上提出了"善于等待，增进往来，多做工作，水到渠成"的十六字方针。即便埃及等国家迫于美国压力，无法立即与中国建交，中方

---

① 《毛泽东文集》第 8 卷，人民出版社 1999 年版，第 343、344 页。

② 参见当代中国研究所著：《中华人民共和国史稿》第 2 卷（1956—1966），当代中国出版社 2012 年版，第 291 页。

依然与其签订了若干官方协定，积极发展经贸文化关系。①

中国的努力很快收到了回报。1956 年 5 月 16 日，埃及政府正式撤回对台湾当局的承认，宣布愿意同中国建立外交关系，互派外交使节。30 日，中埃两国政府发表建交联合公报。从此开始，中国与阿拉伯国家建交的步伐明显加快。8 月，中国同叙利亚建交。紧接着北也门宣布承认新中国，双方于同年 9 月建交。1958 年，伊拉克共和国以及阿尔及利亚共和国临时政府先后成立，中国迅速同这两个国家建立了外交关系。此外，中国还先后同摩洛哥、苏丹、索马里、突尼斯、毛里塔尼亚、南也门等建交。

在撒哈拉以南的非洲地区，从 1957 年加纳独立开始，民族解放运动蓬勃发展。到上世纪 60 年代末，已有 30 多个国家获得独立。其中仅 1960 年一年就有 15 个之多，这一年又称"非洲独立年"。

黑非洲第一个与中国谈判建交的国家是几内亚。几方原本已经表示只承认一个中国，准备商谈建交问题，甚至提出了赠送 1500 吨大米的具体要求。然而，在商谈签署建交联合公报的过程中，几方态度骤变，说建交问题以后再考虑。原来是美、英、法等西方国家担心中国扩大在非洲的影响，因而竭力设法阻止。直到次年 10 月 4 日，中几两国才正式签署建交联合公报。

非洲大陆上一下子出现了许多新独立的国家，这使台湾当局误认为可以在"外交"上有所作为。在美国的干预下，一些非洲国家同台湾当局建立了"外交关系"。对此，中国采取了一种既坚持原则又宽容大度、充满灵活性的应对方式。例如，乌干达邀请中国派代表参加其独立庆典，但由于原宗主国插手，台湾当局

① 参见《章汉夫传》编写组：《章汉夫传》，世界知识出版社 2003 年版，第 160 页。

的代表也在受邀之列。中国政府当然决定不参加此次庆典，但与此同时，又派人在庆典前夕向乌干达领导人转交了陈毅的一封电报，并向其当面阐明不参加庆典的原因和坚决反对"两个中国"的立场，同时对乌干达的处境表示谅解和同情。乌方当即表示，希望在庆典过后商谈两国关系问题。1962 年 10 月 16 日，中国派代表赴约。18 日，两国就签署了建交联合公报。

1959 年至 1964 年，短短几年间，中国先后同几内亚、加纳、马里、扎伊尔、坦噶尼喀、乌干达、肯尼亚、布隆迪、刚果、中非、赞比亚、贝宁等撒哈拉以南的非洲国家建立了外交关系。

拉美国家方面，古巴是第一个同中国建交的国家。1959 年初，古巴革命取得胜利，随后宣布走社会主义道路。中古两国政府迅速在经济贸易、科技文化领域展开合作。1960 年 9 月 2 日，在哈瓦那 100 万人参加的群众大会上，古巴总理卡斯特罗宣布立即同台湾当局断交。9 月 28 日，中国与古巴发表建交联合公报。

这一时期，为增进同亚非国家的友好关系，国家主席刘少奇、总理周恩来、外交部部长陈毅等人多次出访亚非国家，阐述中国的对外政策。其中，周恩来在 1963 年底至 1964 年初对亚非欧 14 国的访问最具影响力。中国还接待了许多来访的亚非国家领导人。

值得一提的是，1963 年 12 月，周恩来在访问阿拉伯联合共和国时，提出了中国同阿拉伯国家相互关系的五项原则；访问阿尔及利亚时，他又提出了中国同非洲国家相互关系的五项原则。二者内容大体是一致的，所以也被统称为中国同阿拉伯国家和非洲国家相互关系的五项原则。概括起来说，这五项原则的主要内容是：1. 支持阿拉伯和非洲各国人民反对帝国主义和新老殖民主义、争取和维护民族独立的斗争。2. 支持阿拉伯和非洲各国政府奉行和平中立的不结盟政策。3. 支持阿拉伯和非洲各国人民用自己选择的方式实现团结和统一的愿望。4. 支持阿拉伯和非洲国家通过和平协商解决彼此之间的争端。5. 主张阿拉伯和非洲国家的主权应当得到一切其他国家的尊重，反对来自任何方面的侵略和干涉。①

周恩来还在马里提出了中国对外援助的八项原则：1. 中国政府一贯根据平等互利的原则对外提供援助，从来不把这种援助看作单方面的赐予，而认为援助是相互的；2. 中国政府在对外提供援助的时候，严格尊重受援国的主权，绝不附带任何条件，绝不要求任何特权；3. 中国政府以无息或者低息贷款的方式提供经济援助，在需要的时候延长还款期限，以尽量减少受援国的负担；4. 中国政府对外提供援助的目的，不是造成受援国对中国的依赖，而是帮助受援国逐步走上自力更生、独立发展的道路；5. 中国政府帮助受援国建设的项目，力求投资少，收效快，使受援国政府能够增加收入，积累资金；6. 中国政府提供自己所能生产的、质量最好的设备和物资，并且根据国际市场的价格议价；7. 中国政府对外提供任何一种技术援助的时候，保证使受援国的人员充分掌握这种技术；8. 中国政府派到受援国帮助进行建设的专家，同受援国自己的专家享受同样的物质待遇，不容许有任何特殊要求和享受。②

不过，中国与亚非拉国家的关系也存在一些问题，主要是大多数亚非拉国家同美苏两国以及原宗主国的关系相当复杂，中国既反美又反苏的立场很难得到完全赞同。此外，中国在对外宣传中比较突出人民武装斗争的意义，强调"反对帝国主义的走狗各

① 《周恩来外交文选》，世界知识出版社1990年版，第387页；中华人民共和国外交部编：《中华人民共和国条约集》第12集（1963），世界知识出版社1964年版，第17页。

② 参见《周恩来外交文选》，世界知识出版社1990年版，第388—389页。

国反动派"，这使一些国家的政府感到担心。对外援助方面，中国也没有很好地注意量力而行，在 60 年代前期国内经济极为困难的情况下，援外数额竟然超过了偿还苏联债务的总额。①

（四）支持各国人民的正义斗争

20 世纪 50 年代中期至 60 年代中期，亚非拉国家的民族解放运动一直处于高涨的状态之中。在深刻的意识形态背景影响下，中国始终把支持各国人民的正义斗争作为一项基本外交政策，乃至自己义不容辞的国际义务。毛泽东在中共八大开幕词中指出："亚洲、非洲和拉丁美洲各国的民族独立解放运动，以及世界上一切国家的和平运动和正义斗争，我们都必须给以积极的支持。"② 这一时期，中国对阿尔及利亚人民反对法国殖民统治斗争的支持，以及对古巴、越南等国人民反美斗争的支持，都有着广泛的国际、国内影响。

阿尔及利亚民族解放阵线发起反抗法国统治的战争后，中国始终给予大力支持和援助。如前所述，中国宁愿推迟与法国建交，也要坚持支持阿尔及利亚民族解放战争。此外，1958 年 4 月，阿尔及利亚民族解放阵线代表团到北京访问。周恩来对他们说，中国为阿尔及利亚人民的正义斗争提供军事援助，但如果采取直接提供的方式，可能为某些西方国家帮助法国在阿尔及利亚进行殖民战争提供新的借口，从而增加阿尔及利亚人民的困难，因此，中国给予阿尔及利亚的援助，将通过第三国来提供。阿方

---

① 参见中共中央党史研究室：《中国共产党历史·第二卷（1949—1978）》下册，中共党史出版社 2011 年版，第 661 页。

② 《毛泽东文集》第 7 卷，人民出版社 1999 年版，第 116 页。

对中方的这一考虑深表赞赏。①

12月11日，毛泽东对来访的阿尔及利亚共和国临时政府代表团说，中国承认阿尔及利亚共和国临时政府是合法的，应该如此，应该表示支持，因为你们在反对帝国主义，跟中国的斗争一样，这是中国的国际义务。阿尔及利亚对整个世界贡献很大，能牵制住80万法国军队，这就使三个帝国主义中的一个动弹不得。你们不会失败，五年、十年会胜利的。②

除了政治上、道义上的支持外，应阿方要求，中国在物质上也提供了大量援助。阿尔及利亚战争期间，中国提供了价值约7000万元人民币的物资、军火、现汇等各类援助。③1962年3月阿尔及利亚独立后，中国又向其提供了许多经济援助。

1959年1月，古巴反抗亲美独裁政权的革命取得胜利。随后，新政府实行国有化等政策，古巴与美国的关系迅速交恶。当时，中国视美国为世界人民的头号敌人，认为古巴革命在美国的"后院"打开了缺口，古巴人民的反美斗争是全世界人民反帝斗争的重要组成部分，中国有责任加以支持和援助。因此，中国政府采取了积极、主动、耐心、谨慎的方针，大力支持古巴革命及其反对美帝国主义的斗争，巩固和发展中古友好合作关系。

当年12月，中国同古巴签订贸易合同，用实际行动支持古巴克服由于美国经济封锁造成的困难。合同规定，中国向古巴购买5万吨原糖。1960年7月，中国政府贸易代表团访古，双方又

---

① 参见《当代中国》丛书编辑部编：《当代中国外交》，中国社会科学出版社1988年版，第129—130页。

② 参见中共中央文献研究室编：《毛泽东年谱（1949—1976）》第3卷，中央文献出版社2013年版，第556页。

③ 参见王泰平主编：《中华人民共和国外交史》第2卷（1957—1969），世界知识出版社1998年版，第115页。

签订了为期五年的贸易协定、贸易支付议定书、文化合作协定和科技合作协定，还商签了总额为 1300 万英镑的贸易合同。根据达成的协议，中国方面购买 50 万吨古巴原糖，古巴则从中国进口大米和日用消费品。

1960 年 11 月 17 日至 12 月 1 日，时任古巴国家银行行长、后来成为一个时代的文化标志的切·格瓦拉率古巴政府经济代表团访华。毛泽东、周恩来、陈毅分别会见了格瓦拉，李先念与其会谈并发表联合公报。双方签订了经济合作协定、贸易协定书和科技合作议定书。根据这些协议，中国将于 1961 年至 1965 年向古巴提供 6000 万美元无息贷款，在 1961 年购买 100 万吨古巴原糖，以及帮助古巴培训技术人员。

1961 年，美国打压古巴的行动逐步升级。在这种情况下，1 月 6 日，毛泽东破例出席古巴驻华大使举行的招待会，并对大使说："你们会胜利的，中国人民决心从各方面采取一切必要的措施来支持古巴人民的正义斗争。"① 当年 4 月"猪湾事件"发生后，中国政府不仅强烈谴责美国的侵略行为，还于当月 21 日在北京组织了有 10 万人参加的"首都各界人民支持古巴人民反对美帝国主义武装侵略大会"。各大工厂、学校、部队和郊区农民 50 万人收听了大会实况广播。同时，上海、天津、武汉、广州、西安、成都、沈阳、呼和浩特、乌鲁木齐等城市也举行了群众集会和游行示威活动。1962 年 10 月古巴导弹危机爆发后，中方再次作出类似反应。

两国贸易方面，当糖价发生波动时，中方向古方表示："如苏联加价，中国也照加。"中国还将古巴的贸易逆差转为对其的商品贷款，至 1965 年，这一贷款的总额达到 4000 万美元。对此，周恩来说："贷款只是个形式，到时不还或再推迟还都可以，如果到时

---

① 朱祥忠：《我的拉美外交生涯》，上海辞书出版社 2009 年版，第 72 页。

有困难还可延期还。"1964 年 11 月，他在莫斯科会见参加十月革命节庆祝活动的古巴党政代表团团长格瓦拉时表示："古巴有什么需要请告诉我们，不要客气。不要顾虑我们无法满足、使我们为难。我们今年不能提供，可以努力在明年、后年提供。"①

然而，中古关系最终还是受到中苏关系恶化的影响，逐渐趋于冷淡乃至趋向紧张，只维持了基本的贸易往来。

在印度支那地区，1955 年，美国为出钱、出枪、出顾问，支持建立了南越反共政权（"越南共和国"）。面对南越的反共运动，越南劳动党（越共）领导的北越政权（越南民主共和国）决定武装统一越南，广义上的越南战争爆发。

中国政府竭尽全力支持北越对抗越南和美国，组织群众举行集会，举办"越南日"活动，谴责越南的镇压和备战行动。1960年 12 月，越南南方民族解放阵线宣告成立，中国率先表示承认。

1961 年 5 月，美国派出特种部队进入越南开展"特种战争"。面对美国在越南的"不宣而战"，根据越方要求，中国决定无偿提供可装备 230 个步兵营的枪炮。1963 年 5 月，刘少奇赴越南进行友好访问。他向胡志明等越南领导人表示："我们同你们是站在一起的，打起仗来，你们可以把中国当成你们的后方。"1964 年 6 月，毛泽东还对越军总参谋长文进勇说："我们两党两国要合作，共同对敌。你的事就是我的事，我的事就是你的事。就是说，我们两家无条件共同对敌。"②

1964 年 8 月 2 日，支援南越海军进攻北越北部湾地区的美国驱逐舰"马多克斯"号遭到北越部队攻击，是为著名的"东京湾

---

① 王泰平主编：《中华人民共和国外交史》第 2 卷（1957—1969），世界知识出版社 1998 年版，第 495—496、497 页。

② 《当代中国》丛书编辑部编：《当代中国外交》，中国社会科学出版社 1988 年版，第 159 页。

事件"（又称"北部湾事件"）。5 日，美国出动大批飞机轰炸北越。当天，中国人民解放军有关军区和军兵种部队进入战备状态。6 日，中国政府发表声明，指出：美军飞机对北越进行突然袭击，意味着美帝国主义跨过了"战争边缘"，走上了扩大印度支那战争的第一步。"美国对越南民主共和国的侵犯，就是对中国的侵犯，中国人民绝不会坐视不救。"① 此后的几天里，中国各地有 2000 多万人参加了集会游行，声援越南抗美斗争。

北越政府对"东京湾事件"的反应十分强硬，正式派出军队进攻南越。1965 年 3 月，美国总统约翰逊以越南南方民族解放阵线武装袭击驻越美军基地为由，批准对北越实施代号"滚雷"的战略轰炸行动，并派遣 3500 人的海军陆战队进驻南越。这是美国第一次将一整支地面部队投入越南，标志着美国在越南的"特种战争"升级为"局部战争"。

对此，中国政府作出了最强烈的反应。3 月 25 日，《人民日报》发表社论，公开宣布：中国"时刻准备着，当南越人民需要的时候，派遣自己的人员，同南越人民一道，共同战斗，消灭美国侵略者"②。4 月 12 日，中共中央发出《关于加强备战工作的指示》，提出："对于美帝国主义扩大战争的步骤，必须认真对待，绝不能有任何的麻痹大意。要估计到敌人可能冒险。我们在思想上和工作上应当准备应付最严重的情况，准备对付美帝轰炸我国的军事设施、工业基地、交通要地和大城市，以至在我们的国土上作战。"③ 全国随即转入临战状态。

---

① 《中华人民共和国政府发表声明　美国对越南民主共和国的侵犯就是对中国的侵犯》，《人民日报》1964 年 8 月 6 日。

② 《全世界人民动员起来，援助南越人民，打败美国侵略者》，《人民日报》1965 年 3 月 25 日。

③ 中共中央文献研究室编：《建国以来重要文献选编》第 20 册，中央文献出版社 2011 年版，第 126—127 页。

6月9日，第一批中国志愿部队——中国志愿工程队第二支队开入越南。中国支援部队援越抗美军事行动由此拉开帷幕。越南战争最为激烈的时期，也是中国支援部队出动人数最多、担负任务最重的时期。人民解放军先后派出防空、工程、铁道、后勤保障等部队，在越南北方执行任务。到1968年3月为止，先后入越的部队共23个支队、95个大队另83个小队，总计32万余人，其中最高年份为17万余人。①

此外，随着越南战争的扩大，中国开始更大规模地向越南南方民族解放阵线无偿提供各种枪支、火炮、弹药、布匹、粮食等军用物品，甚至外汇。据不完全统计，从1962年到1966年，中国援助越南南方各种枪支27万支、火炮540多门、枪弹2亿多发、炮弹90多万发、炸药700多吨、军服20万套、布匹400多万米，此外还有大批蚊帐、胶鞋、副食、交通通讯器材等。从1964年到1969年，中国向越南南方提供的各种现汇共计约1.8亿美元。在越南南方遭到美国海、空封锁，粮食供应困难的日子里，中国海员冒着被轰炸的危险，冲破封锁线，将船开到越南南方附近海面，把用多层塑料袋严密包装的大米顺潮漂放，支援越南南方民族解放阵线。一些中国海员为此献出了生命。为了迅速运送援助物资，中国开辟了从柬埔寨到越南南方的运输线。另外，中国还在海南岛建立了援越港口基地。总之，中国使用了一切可能的手段支持越南南方民族解放阵线的抗美斗争。②

中国还积极支持其他亚非拉国家争取和维护民族独立。1956年7月，埃及收回苏伊士运河。9月17日，毛泽东对埃及首任驻

---

① 参见中共中央党史研究室：《中国共产党历史·第二卷（1949—1978）》下册，中共党史出版社2011年版，第666页。

② 王泰平主编：《中华人民共和国外交史》第2卷（1957—1969），世界知识出版社1998年版，第35页。

华大使拉加卜说，中国愿意尽力帮助埃及，"我们的帮助没有任何条件。你们有什么需要，只要我们能力所及，一定帮助。我们对你们的帮助，你们能还就还，不能还就算了"。① 英国、法国和以色列对埃及发动第二次中东战争（苏伊士运河战争）后，中国政府不仅发声谴责，周恩来还致电埃及总统纳赛尔，代表中国政府向埃及政府赠送了 2000 万瑞士法郎。

相类似，中国一直关心巴拿马收回巴拿马运河区主权的斗争。毛泽东公开发表谈话指出，"中国人民坚决站在巴拿马人民的一边，完全支持他们反对美国侵略者"② 的正义行动。

对于安哥拉、几内亚比绍、莫桑比克、津巴布韦、纳米比亚等非洲国家为争取独立而展开的武装斗争，中国普遍采取支持态度，在这些国家的民族解放组织开展武装斗争之初，就向它们提供了援助，包括为它们训练军事干部。中国明确表示，这些军事援助是无偿的。中国领导人在会见他们的领导人时一再谈道，我们是兄弟、朋友、受苦受难的人，应该互相帮助。我们援助你们争取独立，在你们独立后还要援助你们进行经济建设。③

对南非人民反对种族主义统治的斗争，中国政府也一直给予支援。1960 年 3 月，南非政府军镇压黑人抗议游行的沙佩维尔惨案发生后，当年 7 月间，中国政府作出了同南非断绝一切经济关系的决定，并严格加以执行。

---

① 《毛泽东外交文选》，中央文献出版社 1994 年版，第 249 页。

② 《毛泽东文集》第 8 卷，人民出版社 1999 年版，第 354 页。

③ 王泰平主编：《中华人民共和国外交史》第 2 卷（1957—1969），世界知识出版社 1998 年版，第 197 页。

主要参考文献

1. 中共中央文献研究室编:《关于建国以来党的若干历史问题的决议注释本》,人民出版社 1983 年版。

2. 中共中央党史研究室著:《中国共产党的七十年》,中共党史出版社 1991 年版。

3. 中共中央党史研究室著:《中国共产党历史·第二卷(1949—1978)》上、下册,中共党史出版社 2011 年版。

4. 中共中央文献研究室编:《建国以来重要文献选编》第 8—20 册,中央文献出版社 1994—1998 年版。

5. 中央档案馆、中共中央文献研究室编:《中共中央文件选集(1949 年 10 月—1966 年 5 月)》第 24—50 册,人民出版社 2013 年版。

6.《毛泽东文集》第 7、8 卷,人民出版社 1999 年版。

7.《周恩来选集》下卷,人民出版社 1984 年版。

8.《刘少奇选集》下卷,人民出版社 1985 年版。

9.《朱德选集》,人民出版社 1983 年版。

10.《邓小平文选》第 1 卷,人民出版社 1994 年版。

11.《陈云文选》第 3 卷,人民出版社 1995 年版。

12. 中共中央文献研究室编:《毛泽东传(1949—1976)》(上、下),中央文献出版社 2003 年版。

13. 中共中央文献研究室编:《周恩来传(1898—1976)》

（下），中央文献出版社 2008 年版。

14．中共中央文献研究室编：《刘少奇传（1898—1969）》（下），中央文献出版社 2008 年版。

15．中共中央文献研究室编：《朱德传（修订本）》，中央文献出版社 2006 年版。

16．中共中央文献研究室编：《邓小平传（1904—1974）》（下），中央文献出版社 2014 年版。

17．中共中央文献研究室编：《陈云传》（下），中央文献出版社 2005 年版。

18．中共中央文献研究室编：《毛泽东年谱（1949—1976）》第 2—5 卷，中央文献出版社 2013 年版。

19．中共中央文献研究室编：《周恩来年谱（1949—1976）》上、中、下卷，中央文献出版社 1997 年版。

20．中共中央文献研究室编：《刘少奇年谱（1898—1969）》下卷，中央文献出版社 1996 年版。

21．中共中央文献研究室编：《朱德年谱（1886—1976）（新编本）》（下），中央文献出版社 2006 年版。

22．中共中央文献研究室编：《邓小平年谱（1904—1974）》（下），中央文献出版社 2009 年版。

23．中共中央文献研究室编：《陈云年谱》中、下卷，中央文献出版社 2000 年版。

24．薄一波著：《若干重大决策与事件的回顾》上、下卷，中共中央党校出版社 1991、1993 年版。

25．《彭德怀自述》，人民出版社 1981 年版。

26．《彭德怀传》编写组著：《彭德怀传》，当代中国出版社 2006 年版。

27．《杨尚昆日记》（上、下），中央文献出版社 2001 年版。

28．苏维民著：《杨尚昆谈新中国若干历史问题》，四川人民出版社 2010 年版。

29．李维汉著:《回忆与研究》（下），中共党史资料出版社 1986 年版。

30．《邓子恢传》编辑委员会著:《邓子恢传》，人民出版社 1997 年版。

31．房维中、金冲及主编:《李富春传》，中央文献出版社 2001 年版。

32．《聂荣臻回忆录》，解放军出版社 2007 年版。

33．萧克等著:《我亲历过的政治运动》，中央编译出版社 1998 年版。

34．李锐著:《"大跃进"亲历记》，上海远东出版社 1996 年版。

35．李锐著:《庐山会议实录》，河南人民出版社 1999 年版。

36．吴冷西著:《十年论战——1956—1966 年中苏关系回忆录》（上、下），中央文献出版社 1999 年版。

37．吴冷西著:《忆毛主席——我亲身经历的若干重大历史事件片断》，新华出版社 1995 年版。

38．黄峥执笔:《王光美访谈录》，中央文献出版社 2006 年版。

39．李新著:《回望流年——李新回忆录续篇》，北京图书馆出版社 1998 年版。

40．董边等编:《毛泽东和他的秘书田家英》（增订本），中央文献出版社 1996 年版。

41．黎之著:《文坛风云录》，河南人民出版社 1998 年版。

42．武衡著:《科技战线五十年》，科学技术文献出版社 1992 年版。

43．（苏）尼基塔·谢·赫鲁晓夫著，述弢等译:《赫鲁晓夫回忆录》第 1 卷，社会科学文献出版社 2015 年版。

44. 军事科学院军事历史研究所编著：《中国人民解放军的八十年》，军事科学出版社 2007 年版。

45. 《中国人民解放军军史》编写组编：《中国人民解放军军史·第 5 卷（1954 年 1 月—1966 年 5 月）》，军事科学出版社 2011 年版。

46. 王泰平主编：《中华人民共和国外交史·第 2 卷（1957—1969）》，世界知识出版社 1998 年版。

47. 中华人民共和国国家农业委员会办公厅编：《农业集体化重要文件汇编》上、下册，中共中央党校出版社 1981 年版。

48. 《当代中国农业合作化》编辑室编：《建国以来农业合作化史料汇编》，中共党史出版社 1992 年版。

49. 韩念龙主编：《当代中国外交》，中国社会科学出版社 1988 年版。

50. 朱荣等主编：《当代中国的农业》，当代中国出版社 1992 年版。

51. 江平主编：《当代中国的统一战线》上，当代中国出版社 1996 年版。

52. 杜润生主编：《当代中国的农业合作制》（上），当代中国出版社 2002 年版。

53. 赵发生主编：《当代中国的粮食工作》，中国社会科学出版社 1988 年版。

54. 武衡、杨浚主编：《当代中国的科学技术事业》，当代中国出版社 1992 年版。

55. 黄树则、林士笑主编：《当代中国的卫生事业》（上），中国社会科学出版社 1986 年版。

56. 韩怀智、谭旌樵主编：《当代中国军队的军事工作》（上、下），中国社会科学出版社 1989 年版。

57. 丛进著：《曲折发展的岁月》，河南人民出版社 1989

年版。

58．郭德宏等主编：《中华人民共和国专题史稿·卷二（1956—1966）》，四川人民出版社 2004 年版。

59．何蓬著：《毛泽东时代的中国（1949—1976）》第 2 卷，中共党史出版社 2003 年版。

60．肖冬连等著：《求索中国——"文革"前十年史》上、下册，红旗出版社 1999 年版。

61．徐达深总主编：《共和国史记》第 1 卷，吉林人民出版社 1996 年版。

62．郑谦等著：《当代中国政治体制发展概要》，中共党史资料出版社 1988 年版。

63．朱正著：《1957 年的夏季：从百家争鸣到两家争鸣》，河南人民出版社 1998 年版。

64．谢春涛著：《大跃进狂澜》，河南人民出版社 1990 年版。

65．杨奎松著：《毛泽东与莫斯科的恩恩怨怨》，江西人民出版社 1999 年版。

66．沈志华著：《中苏关系史纲》，新华出版社 2007 年版。

67．（美）费正清、（英）罗德里克·麦克法夸尔主编，王建朗等译：《剑桥中华人民共和国史（1949—1965）》，上海人民出版社 1990 年版。

68．（英）罗德里克·麦克法夸尔著，魏海生等译：《文化大革命的起源·第 2 卷（1958—1960）》，求实出版社 1990 年版。

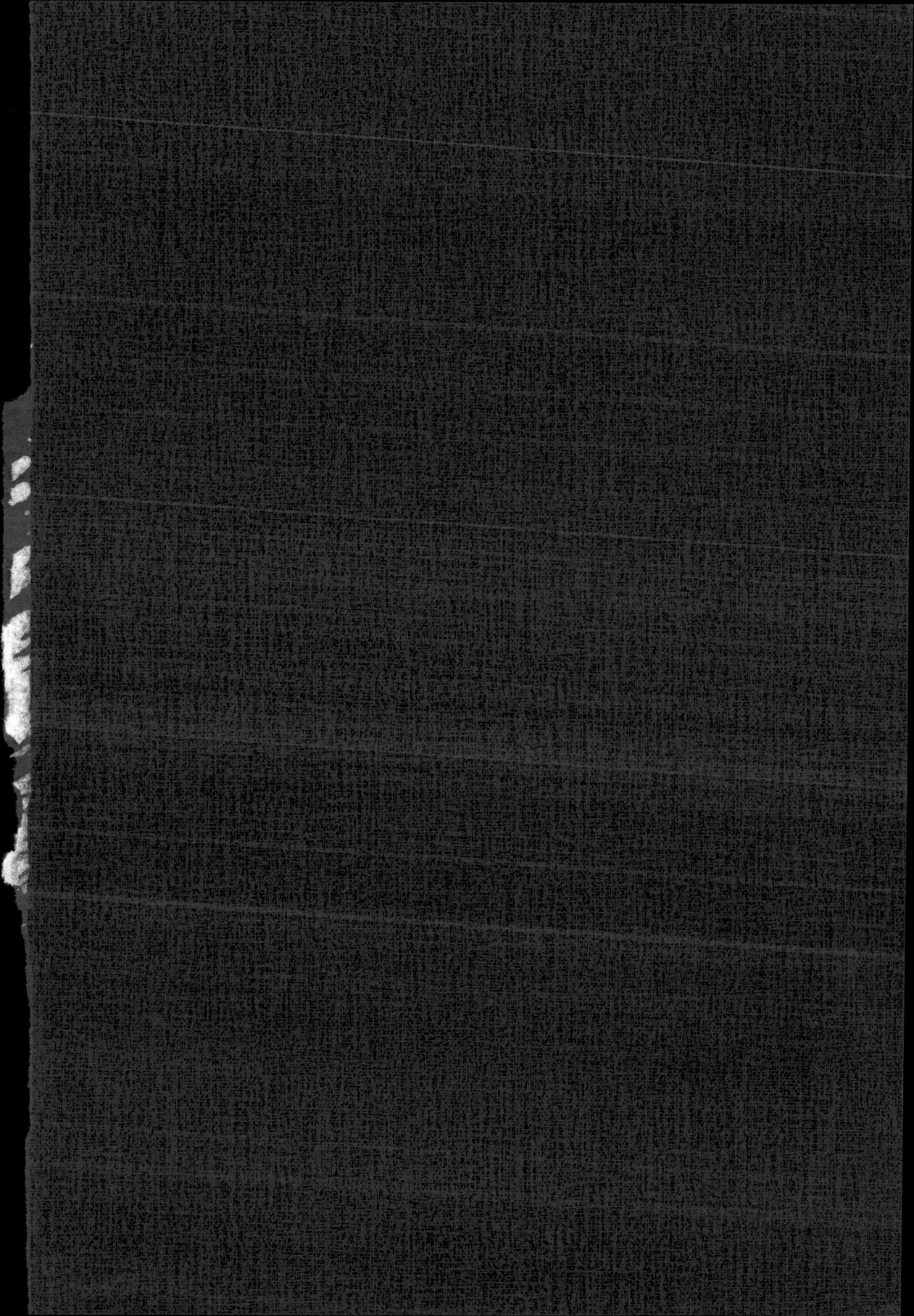